청년 헤겔의 신학론집
베른/프랑크푸르트 시기

프리즘총서 28
청년 헤겔의 신학론집 베른/프랑크푸르트 시기 (개정증보판)

발행일 초판1쇄 2018년 11월 15일
지은이 G. W. F. 헤겔 • **옮긴이** 정대성
펴낸이 유재건 • **펴낸곳** (주)그린비출판사 • **주소** 서울 마포구 와우산로 180, 4층
전화 02-702-2717 • **이메일** editor@greenbee.co.kr • **신고번호** 제2017-000094호

ISBN 978-89-7682-460-8 93230
이 도서의 국립중앙도서관 출판예정도서목록(CIP)은 서지정보유통지원시스템 홈페이지(http://seoji.nl.go.kr)와
국가자료공동목록시스템(http://www.nl.go.kr/kolisnet)에서 이용하실 수 있습니다. (CIP제어번호: CIP2018034765)

철학이 있는 삶 **그린비출판사** www.greenbee.co.kr

청년 헤겔의 신학론집

베른/프랑크푸르트 시기

G. W. F. 헤겔 지음 | 정대성 옮김

프리즘총서 **028**

그린비

옮긴이 해제

1. 개관

청년기 헤겔의 수고들에 주목하고서 그 중요성을 인지한 딜타이Wilhelm Dilthey는 헤겔의 청년 시기의 사상의 궤적을 추적하는 강의를 하고서 그 결과물을 1905년 『헤겔의 청년사』*Die Jugendgeschichte Hegels*로 출판하였다. 이 책은 청년 헤겔에 대한 최초의 체계적인 저술이자 연구자들이 헤겔의 청년기에 주목하게 한 직접적 계기가 되었다. 딜타이의 강의와 이 저술에 자극을 받은 헤르만 놀Herman Nohl은 흩어져 있던 초기 헤겔의 수고들을 모아 1907년 『청년 헤겔의 신학론집』*Hegels theologische Jugendschriften*을 편집하여 출판하였는데, 이 편집본은 청년 헤겔에 대한 폭발적인 연구를 가능하게 하였다. 이후 청년 헤겔에 대한 고전적인 저술들이 많이 출간되었는데, 그 중에는 루카치Georg Lukács의 『청년 헤겔』*Der junge Hegel*과 해리스Henry Silton Harris의 『헤겔의 발전 과정』*Hegels development* 등이 있다. 이 외에도 하버마스Jürgen Habermas, 헨리히Dieter Henrich, 푀겔러Otto Pöggeler, 뒤징Klaus Düsing 등 현대의 많은 연구가들이 청년 헤겔의 단편을 중심으로 생산적 논의를 진행하고 있다.

청년 헤겔에 대한 관심은 여러 가지 이유들로 인해 생겨났다. 무엇보다 체계적 사유가 시작된 후기 헤겔의 도식적 사유에서는 발견될 수 없는 독특한 점들을 새로운 사유의 단초로 삼아 전개할 수 있다는 생각에서이다. 예를 들어 성숙한 헤겔의 사유와는 구별되는 청년 헤겔의 사유의 독자적 중요성을 강조한 딜타이는 '삶'Leben 개념을 자신의 생철학적 입장과 연관시켜 해석한다. 헤겔 후기는 확실히 '정신'이나 '이성' 개념이 사유의 중심을 이루면서 낭만주의적 논의 지평에서 나온 초기의 유기체적 삶 개념에서 벗어나 관념론적이고 이성주의적인 사유의 양상을 드러낸다.

또한 하버마스가 청년기 헤겔에 관심을 보이는 이유는 청년기의 단편들에서는 후기에 등장하는 체계화된 주관주의 대신 상호주관성 이론의 단초가 논의의 핵심을 이루고 있다고 보기 때문이다. 하버마스는 주관주의적 이성은 너무 쉽게 도구적 이성으로 변모하며, 따라서 현대의 수많은 병리현상이 이 주관주의와 깊은 연관이 있다고 한다. 그는 포스트모던의 비합리주의적 혹은 반합리주의적 해결책을 반대하면서, 합리성을 버리지 않으면서도 현대적 병리현상을 치유할 수 있는 방법으로 상호주관적 이성, 즉 의사소통적 이성을 제안한다. 그런데 그는 헤겔의 예나 초기의 단편들이 그러한 이성의 단초를 제공한다고 한다. 왜냐하면 이 단편들에는 헤겔이 인간의 행위모델을 '노동'Arbeit이 아니라 '상호작용'Interaktion에서 보려는 시도들이 집중적으로 나타난다고 보기 때문이다. 노동은 대상을 인간을 위해 가공하고 변형시킬 수 있는 객체로 본다는 점에서, 즉 대상을 인간화하는 목적론적 행위라는 점에서 주체-객체 관계라는 주관주의의 행위이론적 모델로 간주된다. 이에 반해 상호작용은 인간과 인간의 관계를 형상화한 것으로 대상을 단순한 객체로 보는 것이 아니라 나의 행위를 교정시킬 수 있는 또 다른 주체로 본다는 점에서 주체-주체 관계라는 상호주관성 이론의 행위이론적 모델로 간주된다. 예컨대 성숙한 헤겔의 대표적 작품인 『정신현상학』에서 정신은 자신을 세계로 외화하는 자로, 혹은 자신을 노동을 통해 실현하는 자로 그려지는데, 이러한 사고방식은 정신과정을 노동을 모델로 하여 설명하는 하나의 전형을 이룬다.

이처럼 새로운 사유의 가능성을 발견하고자 하는 의도에서뿐 아니라 헤겔 사유에 대한 발전사적인 접근을 통해 난해한 성숙기 사유를 재구성하려는 의도 역시 청년 헤겔에 대한 관심을 불러 일으켰다. 예컨대 헤겔의 전 체계를 일반적으로 청년기와 성숙기로 구별하는 기준이 되는, 헤겔이 37세 되던 해인 1807년에 간행된 『정신현상학』은 그 난해함으로 인해 아주 많은 경우 해독 자체가 문제가 된다. 이 책의 난해함은 독특한 용어 사용과 서술 방식에서 오는 것일 수도 있고, 그의 사유의 성장 과정을 전혀 모른 채 이 책을 접하는 데서 올 수도 있다. 그런데 이 작품에서 다뤄진 많은 부분들은 이미 청년기의 수고나 잡지들에서 다뤄지고 있는데, 예를 들어 고대 그리스의 비극, 운명, 도덕성, 인륜성, 계몽, 기독교, 사랑, 삶, 반성 등에 대한 그의 평가가 더러는 덜 익은 채로 고스란히 발견되고 있다.

이런 발전사적 관점에서 헤겔을 보는 대표적인 작품은 불후의 명작으로 평가 받는 루카치의 『청년 헤겔』이다. 루카치는 튀빙겐 대학 시절부터 『정신현상학』이 출판된 시기1807까지를 발전사적으로 연구하고 있는데, 그 모든 청년기의 과정이 완숙한 『정신현상학』으로 수렴되어 가는 과정을 보여 준다. 말하자면 비변증법적 사유에서 변증법적 사유로 진화해 가는 과정을, 초기의 신학적 단편들이 종교적 문제를 다루는 것이 아니라 사실은 정치적 견해를 표현하는 글들임을, 그리고 사회-정치철학의 영역에서 기껏 정치적 문제에만 관심을 두었던 당시 셸링과 같은 관념론자들과 달리 사회경제사에 깊은 관심을 드러낸 헤겔이 어떤 점에서 그들을 월등히 뛰어 넘는 사상가가 되었는지 등을 설득력 있게 그려 주고 있다.

헤겔은 1770년부터 1831년까지 활동한, 유럽의 질풍노도의 시기를 살다간 철학자이다. 이 시기는 유럽 전체가 급격한 변화를 겪던 시기였으며, 독일의 지성계에 국한해서 보더라도 오늘날도 여전히 유럽 근대의 이름으로 진행되는 연구에서 빠질 수 없는 대가들이 모여 살던 시기였다. 칸트를 필두로, 헤르더, 훔볼트, 괴테, 실러, 피히테, 셸링, 횔덜린, 베토벤 등, 문화의 황금기를 이끈 대가들이 거의 동시대에 직간접적인 영향을 주고받으며 활동하였다.

1788년 튀빙겐 대학 시절부터 예나를 떠난 1807년에 이르는 동안 헤겔은 그 어떤 기간보다 그 시대의 경직된 제도와 자유를 억압하는 체제에 역동적으로 대항했다. 여기에는 프랑스혁명1789 이후 프랑스에서 불어오는 자유풍의 영향이 거의 절대적으로 작용하고 있었다는 것에 연구자들 사이에 이의가 없다. 그에게서 독일 사회의 파편적 개인주의를 생산해 내는 기제는 기독교 문화였으며, 독일 사회의 후진성을 그는 바로 이 기독교 문화가 가지고 있는 억압적 성격에서 찾았다. 이런 이유로 인해 헤겔은 이 시기에 주로 종교 문제에 천착하였는데, 종교의 개혁이 없이는 새로운 사회로의 진입이 가능하다고 생각하지 않았기 때문이다.

베른과 특히 프랑크푸르트 시기에는 그가 영국에서 성장하기 시작한 정치경제학에 깊이 천착했다는 흔적들이 많이 발견된다. 그 후 예나 시기에는 그의 강의록에서 정치경제학이 아주 중요한 부분을 차지하고 있음을 확인할 수 있는데, 앞에서도 잠시 언급했듯이, 그의 이런 공부는 사회적-경제적 변혁이 없이 정치적 변혁만으로는 새로운 세계로의 진입이 불가능하다는 생각을 간직하게 만들었다. 이를 통해 그에게서 프랑스혁명뿐 아니라 산업혁명도 근대를 상징하는 중요한 계기가 된다. 이러한 생각은 한편으로 당대의 관념론자들과 구별되는 헤겔 사유의 특징이자 현실적 힘을 보여 주며, 다른 한편으로 맑스를 선취하는 근대사회의 모순을 볼 수 있는 눈을 제공한다. 『법철학』에서 헤겔의 이러한 생각은 경제적 영역의 독자성을 주장하면서 동시에 정치적 영역의 우위를 강조하는 방향에서 사회와 국가의 두 요소를 구분하여 배치하는 것으로 체계화된다.

청년기 헤겔에 대한 여러 가지 평가가 가능하겠지만, 이 글에서는 그런 평가들을 소개하는 것이 아니라, 특히 헤겔의 베른 시기1793/96의 수고와 프랑크푸르트 시기1797/1800의 수고들의 내용을 중심으로 소개하고, 가능하면 그의 체계와의 관계에서 어떤 의미를 갖는지 살펴보는 것으로 대신하려고 한다. 이 시기에는 『민중종교와 기독교에 대한 단편들』*Fragmente über Volksreligion und Christentum*, 1793/94, 『예수의 생애』*Das Leben Jesu*, 1795, 『기독교의 실정성』*Positivität der christlichen Religion*, 1795/96 그리고 『기독교의 정신과 그 운명』*Der Geist des Christentums und sein Schicksal*, 1798/1800과 같은 상대적으로 큰 단편집들뿐 아니라 「사랑」과 같은 여타의 다른 작은 단편들이 씌어졌으며, 또 그의 가장 유명한 시 「엘레우시스—횔더린에 부쳐」도 이 시기의 작품이다. 『예수의 생애』를 제외한 저 큰 단편집들도 사실은 여러 파편적인 글들을 내용과 시간적 연결 정도에 따라 H. 놀이 하나로 묶어 편집한 것으로, 엄밀한 의미에서 하나의 글이라고 할 수는 없다. 그 제목들 역시 놀이 붙인 것으로, 오늘날 비평본에서는 제목을 모두 없애고 각 단편들을 시간 순에 따라 배치하고 있다. 이것들은 출판을 의도로 집필된 것이 아니기 때문에 문장이 산만하고, 많은 경우 내용 전개가 말끔하게 이뤄지고 있지는 않지만, 후기 출판물에 비해 비교적 구체성을 담고 있으며, 후기를 준비하는 많은 단락들과 독창적인 아이디어들을 담고 있다는 장점을 가지고 있다.

2. 베른 시기(1793~1796) 단편의 내용과 중심사상

대학을 갓 졸업한 헤겔은 스위스 베른의 의회 의원이었던 슈타이거Karl Friedrich von Steiger 집안의 아이들을 가르치는 일로 사회생활을 시작하였다. 슈타이거는 상대적으로 자유로운 정신의 소유자로 헤겔에게 어떤 인상을 심어 주었다고 하며, 그로 인해 헤겔은 현실정치에 대한 관심을 더 구체적으로 가지게 되었다고 한다. 무엇보다 헤겔은 그의 서재에 있는 책들을 마음대로 볼 수 있었는데, 이때 그는 그의 사유의 중요한 틀을 마련하는 데 기여하는 사상가들을 탐독한다. 예컨대 몽테스키외, 휴고 그로티우스, 흄, 라이프니츠, 로크, 마키아벨리, 루소, 스피노자 등을 읽었고, 경제학에 대한 관심도 갖기 시작했다. 이 시기에는 대학 시절부터 줄곧 관심을 가졌던 기독교에 대한 연구도 지속하였는데, 특히 독일 계몽주의자인 레싱과 칸트의 기독교 이해에 깊은 동의를 표했다. 지금 다루게 될 베른 시기의 종교 단편들에서 레싱과 칸트의 흔적을 깊이 느낄 수 있는 이유는 바로 여기에 있을 것이다.

『민중종교와 기독교에 대한 단편들』 시기부터 이미 헤겔은 종교를 사회를 움직이는 핵심적 요소로 파악하였으며, 따라서 종교개혁 없이는 사회의 어떤 질적 도약도 있을 수 없다고 생각했다. 따라서 그가 당대에 존재하는 종교를 비판하는 것, 그리고 새로운 종교의 형태를 제시하는 것은 어쩌면 당연한 일이었다. 사회변혁의 핵심을 종교개혁에서 찾는 헤겔의 이러한 생각은 그가 확실히 프랑스 계몽주의가 아니라 독일 계몽주의의 영향 아래 있다는 것을 보여 준다. 볼테르나 디드로, 그리고 돌바하 등 프랑스 계몽주의자들이 유물론적인 경향으로 급속하게 진행되어 가는 동안, 레싱 등 독일 계몽주의자들은 종교 속에서 인간의 전인적 형태를 발견하고

자 하였다. 헤겔은 미적 종교, 민중종교, 주관종교 등의 이름으로 여전히 종교를 사회적 추동성의 핵심으로 받아들이고 있었는데, 여기서 독일적 전통에서 그가 종교를 바라보고 있음을 알 수 있다. 이런 그의 해석의 경향을 예컨대 루카치는 당시 독일적 사유의 후진성에서 보고자 하지만, 그의 이런 견해는 인간의 정신의 발전을 지나치게 경제-사회사적 과정에서만 보려는 것으로 평가할 수 있을 것이다.

1) 민중종교와 기독교

이러한 문제의식에서 그는 베른 시기에 한 사회 혹은 국가를 지탱할 수 있는 진정한 의미의 '민중종교'Volksreligion를 기획한다. '민중'으로 번역한 독일어 Volk(폴크)는 영어로 people에 해당하는 말로 '인민'으로 번역되기도 하고 '대중'으로 번역되기도 하며, 때로는 '민족'으로 번역되기도 한다. 어떤 번역용어로도 그 의미를 담아내기는 힘들어 보인다. 사실 이 용어의 정치적·사회적 함의가 달라졌기 때문에 정확한 번역어를 발견하기는 사실상 불가능할 수도 있다. 그런데 이 용어는 헤겔의 시기에 이제 막 정치적·사회적 개념으로 새로운 중요성을 인정받아 가고 있었다. 폴크는 일반적으로 정치적 주체에서 제외되는 일반대중을 지칭했었다. 중세시대 폴크는 정치적 주체인 성직자 계급과 귀족 계급을 제외한 모든 대중을 지칭했으며, 근대에 이르러서는 제3계급으로서 정치적 주체로 성장한 부르주아 계급까지를 제외한 모든 대중을 지칭했다. 오늘에 이르러서 폴크는 제1, 2, 3계급 모두를 포함하는 상위 개념으로 성장하였지만, 헤겔의 시기에는 인구의 절대다수를 차지한, 여전히 정치적·사회적 객체에 머물러 있던 폴크가 서서히 주체로 떠오르고 있었다. 헤겔은 이 폴크를 하나의 정치적 주체로 묶을 수 있는 종교를 기획하였던 것이다. 말하자면 진정한 민중종교는 그 구성원들이 단순히 복종적·수동적 존재, 이기적 존재로 머물게 해서는 안 되고, 말하자면 정치적·사회적 객체로 머물러 있게 해서는 안 되고, 자기의식을 획득하여 주체가 되게 함으로써 전체를 위해 기여할 수 있게 하는 종교여야 한다. 그래서 그는 당시 민중들의 삶을 지배하고 있던 종교, 즉 기독교의 실상을 파헤치는 것으로부터 시작한다.

헤겔은 당시 독일의 정신을 지배했던 기독교는 민중종교로서의 자격을 전혀 갖지 못한다고 한다. 그 이유는 한편으로 당대의 기독교는 사회적으로 공적인 기능을 하지 못하고 오로지 사적인 기복신앙에 머물러 있다는 데서, 다른 한편으로는 민중의 현실적이고 생생한 삶에 아무런 능동적인 기여도 하지 못하고 민중들을 오로지 추상적인 오성의 법칙에 묶어 놓는다는 데서 찾아진다. 헤겔은 사적 기복신앙을 '물신신앙'이라 하면서, 이 신앙을 이성적·합리적 덕을 추구하는 것이 아니라 오로지 "선한 의지와는 다른 것을 통해 신에게 아첨할 수 있다고 믿는 신앙"(본문 59쪽, 이하는 쪽수만 표시)이라고 규정한다. 또한 오성의 법칙에 묶여 있는 종교를 인간의 주체성과는 상관이 없는 '객관종교'의 신앙이라고 하면서, 이 종교에서는 실천적·주체적 삶이 아니라 오로지 오성과 회상만이 작동하고 있다고 한다. "오성과 회상은 지식을 탐구하고 숙고하게 하여 그 지식을 보존하거나 믿게 한다. […] 객관종교는 머릿속에서 배열될 수 있으며, 하나의 체계로 정립될 수 있고, 책으로 서술될 수 있으며, 말로 다른 사람들에게 전달될 수 있다."(41쪽)

헤겔에 따르면 민중종교는 물신신앙이 아니라 "정신과 진리 안에서 신에게 기도하고, 덕만"을 예배하는(59쪽) 이성종교여야 하며, 오성과 회상에만 의존하는 객관종교가 아니라 우리의 실제적 삶을 주체적으로 이끌어 가게 하는 주관종교여야 한다. 그러면서 민중종교가 세워져야 하는 목적을 민족이 "a) 문자와 관례에 가능한 한 매달리지 않게 하기 위해", "b) 이성종교로 이끌려 이 신앙에 대한 감수성을 얻게 하기 위해"(59쪽)라고 말한다.

헤겔은 민중종교의 이런 목적에 도달하기 위해서는 개별자들의 생생한 참여를 가능하게 하는 환상이나 상상력이 배제되어서는 안 된다고 한다. 생동성이 배제되어 버린 종교는 죽은 신앙밖에 제공하지 못하기 때문이다. "주관종교는 감응과 행위 속에서만 드러난다. […] 주관종교는 생동적이며, 존재의 내면에서 작용하며, 밖으로 향해 활동한다"(41~42쪽). 이런 점에서 헤겔은 객관종교를 박제된 생물에, 주관종교를 자연에 비유한다. "주관종교는 자연이라는 살아 있는 책이다. 자연에서는 식물, 곤충, 새와 동물들이 서로 맞붙어서 각자 살아가며, 즐긴다. 그들 모두는 섞여 있으며, 도처에서 모든 종류의 생물이 함께 모여서 살아간다. 이에 반해 객관종교는 자연 교사의 조그마한 생물 진열장이다. 자연 교사는 곤충들을 죽이고 식물을 말리며, 동물들을 박제하거나 화주 속에 보존하여 자연 안에 분리되어 있는 모든 것을 분류하여 단 하나의 목적에 따라 배치한다. 이때 자연은 무한하게 다양한 목적을 단 하나의 친숙한 끈으로 얽어맨 체계"(42쪽)이다.

객관종교에 대한 헤겔의 비판은 전통과 회상에 근거해 자유로운 활동을 저해하는 화석화된 기독교에 대한 비판을 담고 있으며, 동시에 감성과 환상을 무가치하게 여기고 차가운 오성의 추론만을 내세우는 계몽을 겨냥하고 있다. 이러한 근거에서 그는 민중종교의 자격요건을 다음과 같이 정리하고 있다. "I. 그 교설은 보편적 이성에 근거해 있어야 한다. II. 환상, 마음, 그리고 감성이 공허하게 되어서는 안 된다. III. 민중종교는 삶의 모든 욕구, 공적인 국가 행위가 이 종교와 연결되게 하는 특성을 가져야 한다"
(64쪽).

2) 예수의 생애

종교에 대한 헤겔의 관심은 점차 시대의 종교였던 기독교의 창시자와 기
독교의 역사적 전개에 대한 탐구로 나아갔다. 1795년 헤겔이 25세 되던 해
에 쓰인 『예수의 생애』는 기독교의 창시자에 대한 자신의 입장 정리를 목
표로 하고 있다. 주체성에 대한 강조는 여기에서 칸트의 도덕성 개념과 자
연스럽게 연결된다. 말하자면 이 시기에 강조되는 주체성은 도덕적 자율
성과 동등한 가치를 갖는 것으로 등장함으로써 칸트의 실천이성이 그의
논의의 중심부에서 작동하게 된다. 사실 헤겔이 가장 먼저 읽은 칸트의 책
은 『이성의 한계 내에서의 종교』라고 하는 비교적 후기의 작품이다. 이러
한 사실에서 도덕성과 자율성을 주체성의 핵심으로 보는 칸트의 실천철학
이 청년 헤겔의 종교 이해에 영향을 주었다고 추론할 수 있다. 『예수의 생
애』에서 예수의 행위는 모두 인간의 실천이성을 깨우기 위한 의도로 해석
되며, 기적이나 부활과 같은 초현실적인 것은 전혀 긍정적 의미를 부여받
지 못한다. 이러한 사실은 기적이나 어떤 특정한 교리에만 얽매이는 당시
의 기독교에 대한 비판을 담고 있다.

　헤겔의 『예수의 생애』는 유럽에서 소위 '예수전'으로 통하는 수많은
책들의 시조가 된다. 1940년 피에르 반 파상Pierre Van Paassen의 서재가 나
치에 의해 몰수되었는데, 그는 "지난 4분의 3세기 동안 출판된 7천 종의 예
수전과 예수의 언행에 대한 비판적 연구"가 있었다고 보고한다. 대부분의
경우 예수에 대한 전통 기독교의 해석을 비판하는 형태를 취하였으며, 예

수전 중에서 가장 유명한 책은 헤겔 좌파에 속하는 D. F. 슈트라우스David Friedrich Strauss의 『예수의 생애』Das Leben Jesu, 1835일 것이다. 그는 복음서를 문자적으로 받아들이는 해석이나 합리주의적 해석을 부정하고, 일종의 신화로 해석함으로써 당시 유럽사회를 폭풍으로 몰고 갔다. 하지만 이러한 종류의 해석은 그 이후 독일 신학에 상당한 영향을 주어, 예컨대 20세기의 위대한 신학자 불트만Rudolf Bultmann은 성서의 신화적 외피 뒤에 있는 참된 의미를 드러내고자 하는 '탈신화화' 작업을 수행하였다. 그런데 예수에 대한 이런 논의의 출발이 청년 헤겔에 있었다.

헤겔은 자신의 『예수의 생애』에서 네 개의 복음서에 등장하는 예수의 행적들을 시대 순으로 배열함으로써 예수의 삶을 재구성하고 있다. 이때 그는 「요한복음」의 서언으로부터 출발한다. 「요한복음」은 "태초에 말씀(로고스)이 계시니라. 이 말씀이 하나님과 함께 계셨으니 이 말씀은 곧 하나님이시니라. 그가 태초에 하나님과 함께 계셨고, 만물이 그로 말미암아 지은 바 되었으니 지은 것이 하나도 그가 없이는 된 것이 없느니라"로 시작한다. 헤겔은 이 유명한 문구를 "한계 지을 수 없는 순수한 이성은 신 그 자체이다. 따라서 세계의 전체 설계도는 이성에 따라 배열되었다"(154쪽)라고 해석하면서 자신의 예수전을 써 내려간다. 즉 헤겔은 이 로고스 (말씀, 이성 등으로 번역됨) 개념에 의지해서 예수의 가르침 전체를 칸트의 이성종교로, 혹은 도덕종교로 해석하려는 의도를 드러낸다. 도덕성과 주체적 자율성을 종교의 핵심으로 보는 『민중종교와 기독교에 대한 단편들』의 관점을 여기서는 예수의 가르침에 적용하고 있다. 예컨대 그는 참다운 예배란 신의 마음에 드는 것인데, 그것을 "이성과 이 이성의 꽃만이, 즉 도덕법만이 지배"(163쪽)하는 상태라고 말한다. 말하자면 이 시기 헤겔은 종교의 계시적 성격을 부정하고, 오로지 이성적 특성, 그것도 도덕성에서 종교의 본질을 보고 있음을 알 수 있다. 이러한 사실은 확실히 그의 후기의 종교철학과 상당한 거리를 취한다. 후기 그의 체계에서는 종교의 최고 형태를 계시성에서 보며, 존재하는 모든 것을 신의 계시의 관점에서 보는 기독교는 종교의 완성된 형태로 간주된다. 그리고 도덕성이란 종교의 작은 한 부분을 이룰 뿐이다. 더 구체적으로 말하자면 종교가 절대정신에 속하는 데 반해 도덕성은 주관정신의 한 부분을 차지하고 있을 뿐이다.

3) 기독교의 실정성

『기독교의 실정성』역시 종교의 본질은 주체성에, 도덕성에 있어야 한다는 관점에 서 있다. 그런데 『예수의 생애』에서는 기독교가 근원적으로 도덕적 종교였음을 보이고자 한 데 반해, 『기독교의 실정성』은 기독교의 실정성, 특히 역사적·현실적 기독교의 경직성을 보여 주고자 한다는 점에서 차이가 난다. 말하자면 현실적 기독교는 『예수의 생애』에 나오는 예수의 가르침을 전혀 전승하고 있지 못하다는 생각을 드러내며, 심지어 여기서는 예수의 가르침 자체에 이미 실정성, 혹은 경직성이 내재해 있다고 말한다. 실정성實定性은 독일어 Positivität를 번역한 것이다. 이 단어는 라틴어 positum에서 온 것으로 '정립함'이라는 의미를 갖는다. 그런데 헤겔은 정립된 것이 정립한 주체를 억압할 경우, 즉 주-객 전도의 상황에 이 단어를 사용한다. 따라서 실정성은 '주체의 자기규정'이라는 원리를 생명으로 하는 도덕적 자율과 대립되는 개념으로 사용된다. 로텐스트라이히Nathan Rotenstreich는 현대의 가장 중요한 사회철학의 개념에 속하는 인간의 '소외'가 이 실정성 개념에 기원을 두고 있다고 말한다.

　헤겔에게서 실정적 신앙이란 어떤 권위에 의해 주어진 교리 체계를 무조건적으로 받아들여야 한다고 주장하는 신앙 체계에서의 신앙을 의미한다. 따라서 그 신앙은 신자의 마음에서 나온 것이 아니라 외부의 명령에서 온 것이며, 그런 의미에서 이 신앙은 주체적이지 않고 객관적인 것이며, 살아 있는 신앙이 아니라 죽은 신앙이다.

　　헤겔은 이런 실정적 신앙을 강요하는 대표적인 종교가 기독교임을 말하고자 한다. 『예수의 생애』에서는 예수의 가르침이 주체성과 도덕성을 지향하고 있다고 강조한 데 반해, 여기서는 예수의 가르침 자체에 그런 요소들을 장려하게 하지 못하는 요소들이 들어 있었다고 한다. 예컨대 예수가 보편적 도덕법보다는 자기 자신의 인격을 강조한 점, 우매한 유대인들의 관심을 끌기 위해 사용한 기적행위, 예수의 말씀에 그저 순종하는 것 외에 어떤 자율적 사상을 전개시키지 못한 제자들의 행태, 제자의 수를 열두 명으로 고정한 것, 포교행위의 강조 등이 기독교를 실정종교로 이끈 초기의 맹아들이라고 한다. 이러한 가르침과 태도들은 제자들에게 사유의 확장을 요구함으로써 자신만의 독창적 이론들을 만들도록 교육한 그리스의 스승 소크라테스와 비교된다고 한다. 순수하게 복종하게 하는 종교인 기독교는 어떤 측면에서 보면 유대교보다 더 실정적인 모습을 띤다. 그는 다음과 같이 말한다.

유대주의에서는 행동만이 명령받는 반면 기독교에서는 감정도 역시 명령받게 되는 모순에 처하게 된다. 그러나 이를 통해 기독교는 도덕과 종교의 목표인 도덕성에 결코 영향을 끼치지 못한다. 반대로 이를 통해 교회는 합법성이나 기계적 덕, 그리고 경건함 등과 같은 것 이외의 것을 산출할 수 없게 되었다. 감정도 명령을 받게 됨으로써 다음과 같은 결과가 초래되었다. 첫째, 자기기만, 즉 누구나 미리 규정되어 있는 감정을 가지고 있다는 믿음, 또는 누군가의 감정이 책 속에 기술되어 있는 것과 일치한다는 믿음. … 둘째, 이런 자기기만에서 오는 평온함. 이 허구적 평온함은 정신적 온실에서 조작된 이러한 감정에 높은 가치를 부여하며, 이 감정의 힘이 대단하다고 생각한다.

헤겔에게서 인간성의 핵심은 도덕성, 자율성 등으로 정의될 수 있는 자유에서 찾아진다. "어떤 인간도 자기 스스로 법칙을 부여할 권리(자율성), 자기 자신의 법칙에 대해서만 해명의 책임을 지는 권리를 포기할 수 없다. 왜냐하면 이 권리를 양도해 버리면 그는 더 이상 인간이 아니기 때문이다"(351쪽). 비록 기독교는 역사적으로 볼 때 대체적으로 복종적 존재를 만드는 데 기여하긴 했지만, 몇몇 분파들에서는 "아주 아름다운 이성의 불꽃이 작렬"하여, "자신의 가슴으로부터 법을 산출해야 한다는 양도할 수 없는 인간의 권리"를 제기했다고 한다(352쪽). 그가 그런 분파를 구체적으로 언급하고 있지는 않지만 루터의 종교개혁과 개혁교회를 염두에 두는 것으로 해석하는 자들이 있다.

헤겔이 이 시기에 기독교를 비판의 핵심으로 삼는 이유는 당시 유럽에서 기독교가 단순한 종교가 아니라 정치, 문화 등 삶의 모든 부분을 지배하는 유럽의 정신 그 자체였기 때문이다. 헤겔은 독일의 후진성과 제국의 분열, 그리고 입신양명과 이기적 욕구충족을 추동하는 당시의 파편화된 개인주의적인 경향을 극복하기 위해서는 그들의 정신인 기독교를 극복해야 한다고 생각했다. 헤겔은 프랑스혁명을 기독교 정신에 입각한 구시대의 유물을 정리하고 아름다운 사회의 도래를 알리는 신호로 간주하였다. 그래서 프랑스도 기독교에서 자유로울 수는 없지만, 프랑스는 이미 기독교 이후의 시대에 접어들었다고 생각했던 것이다. 따라서 프랑스혁명과 같은 혁명을 경험하지 못한 독일에서의 기독교 비판은 헤겔에게서 가장 시급한 문제였으며, 더 나아가 기독교는 모든 구악舊惡의 근원으로서 그에게 혐오의 대상이었다. 『예수의 생애』가 기독교의 본질 회복, 즉 도덕종교로서의 기독교의 회복에 초점을 맞춘 데 반해, 『기독교의 실정성』에서는 기독교가 근본적으로 덕의 종교로 될 수 없는 한계를 갖는다는 사실에 주목하고 있다. 양 저서에서 그가 추구하는 것이 도덕종교, 이성종교였다는 데는 차이가 없지만 기독교를 바라보는 그의 시선은 이미 변하고 있었다.

하지만 종교가 도덕성을 본질로 한다는 이 시기 헤겔의 종교관은 프랑크푸르트 시기가 되면서 변하기 시작한다. 말하자면 종교는 도덕성에 그 본질이 있다는 것에 의심을 품으며, 오히려 삶이라는 생동적 전체에 관여한다는 입장을 전개하기 시작한다.

3. 프랑크푸르트 시기(1797/1800) 단편들의 내용과 중심사상

헤겔은 베른에서의 가정교사직을 사임하고 자기의 가장 친한 친구인 횔덜린이 있는 프랑크푸르트로 이사한다. 그는 이사하기 전 자기의 옛 친구인 횔덜린과의 조우를 기리며 시 「엘레우시스」를 써서 그에게 헌정한다. 물론 그 시가 그에게 개인적으로 전달되었는지에 대해서는 알려져 있지 않다. 그런데 베른 시기 말에 쓰인 이 시는 프랑크푸르트에서 그의 사유가 어떻게 변할 것인지를 예견하고 있는 것 같다.

횔덜린의 사유는 낭만주의적·신비적 경향을 강하게 풍긴다. 그의 '헨 카이 판'(하나이면서 전체) 사상, 즉 만물이 하나의 거대한 생(삶)으로 이뤄졌다는 생각은 계몽의 분석주의, 원자주의, 파편주의를 겨냥한다. 그의 이런 사상은 헤겔이 베른 시기에 의지하고 있던 칸트의 계몽주의로부터 급속도로 멀어지게 하는 계기를 제공하며, 부분을 언제나 전체의 관점에서 생각하게 하는 변증법적 사유의 길로 인도한다. 물론 아직 이 시기는 변증법적 사유에 이르지 못하고, 오히려 낭만주의적 삶(생), 혹은 총체성 개념에 묶여 있기는 하지만 말이다.

범신론적 경향을 보이는 그의 시 「엘레우시스」는 "낮 동안 지켜왔던 소음"과 "해방자, 밤"을 대조하고 있으며, 이와 병행하여 모든 것을 말과 언어로 표현함으로써 진리의 신비함을 제거해 버리는 근대 계몽의 "공허한 미사여구"와 "고귀한 가르침에 침잠한 고대의 신비가들의 침묵"을 대조하고 있다. 이것은 상실된 고대 세계에 대한 동경의 표현이며, 그 세계의 원형을 고대 그리스의 도시인 엘레우시스에서 개최되었던 비의축제에서 찾고 있다. 그가 여기서 고대 그리스 사회를 이상향으로 보고 있다는 사실은 슐레겔 형제로 대표되는 낭만주의에 그가 얼마나 동의하고 있는지를 보여 준다.

그의 변화된 생각을 기독교에 대한 그의 생각에서 확인할 수 있다. 「유대교의 정신」과 「기독교의 정신」으로 나눠지는 『기독교의 정신과 그 운명』은 이 변화를 잘 보여 준다. 이 글은 여러 단편들을 하나로 묶어 H. 놀이 그렇게 이름을 붙였다. 그 제목이 적절한지에 대해서는 의문이 따라다니지만, 이 시기 그가 고대 그리스 비극의 핵심 개념인 '운명' 개념을 강조한다는 사실을 그의 단편들에서 쉽게 확인할 수는 있다. 이 시기에 헤겔은 더 이상 종교의 본질을 도덕성에서 보지 않는다. 그는 좀 더 큰 틀에서 종교를 보기 시작한다.

헤겔에 따르면 칸트가 말하는 도덕성 역시 지배와 복종이라는 실정종교의 틀을 벗어나지 못한다. 헤겔은 도덕성은 살아 있는 전체를 존재와 당위로 구별하고 있으며, 더 나아가 실천이성의 도덕적 명령으로 이뤄지는 당위가 존재를 지배하는 형식을 취한다는 사실을 주의하게 되었다. 도덕법에 따르면 인간의 수많은 능력들 중 보편성을 산출하는 이성을 정점으로 모든 다른 능력들이 위계질서를 형성하게 된다. 이런 점에서 칸트의 도덕법 역시 유대교적인 지배구조를 청산하지 못한다. 물론 이때의 지배구조는 외적인 것이 아니라 내적인 것이긴 하지만, 어쨌거나 이런 도덕성을 통해서는 권위를 그 본질로 하는 실정성이 제거될 수 없다는 통찰을 하기 시작했다. 다른 말로 하면 『기독교의 정신과 그 운명』은 이제 명확히 칸트와 대립하고 있다. 이 글에서 칸트의 윤리학은 칸트 자신이 극복하고자 했던 기독교의 사랑의 정신보다 더 열등한 것으로 그려진다. 왜냐하면 보편적 이성은 차가운 얼굴을 한 독재자인 데 반해, 사랑은 상호성에 기반을 둔 살아 있는 통일의 감정이기 때문이다. 칸트의 도덕성을 통하여 "우리는 실정성을 단지 부분적으로만 제거할 수 있을 뿐이다. 물론 퉁구스족의 샤먼(이들은 교회 및 국가를 통치하는 유럽의 성직자들과 비교된다) 내지는 무굴제국의 사람들과 (이들은 청교도들과 비교된다) 자기 자신의 의무율에 복종하는 사람 사이에는 차이가 있긴 한데, 그 차이는 '전자가 스스로 노예가 된 반면, 후자는 자유롭다'는 점에 있는 것이 아니라, '전자는 자신의 밖에 있는 주인을 섬기는 반면, 후자는 자신 속에 있는 주인을 섬긴다'는 점에, 따라서 후자는 자기 자신의 노예라는 점에 있다. 충동, 성향, 병리적인 사랑, 감성 등, 이러한 특수자에게 보편자는 필연적으로 그리고 영원히 낯선 것, 객관적인 것이다. 파괴할 수 없는 실정성은 그대로 남아 있게 된다"(529~530쪽).

　이 글의 주된 목적 역시 근대 세계의 파편적 개인주의의 근원이 기독교에 있음을 보이는 데 있다. 다른 말로 하면 기독교의 정신인 '사랑'이 유대교의 '율법'이나 칸트의 '도덕성'보다 뛰어난 인간의 살아 있는 능력이긴 하지만, 삶의 총체성을 모두 드러내지 못하는 하나의 감정에 머물기 때문에, 사랑에 기반을 둔 기독교는 총체성을 완전하게 드러내지 못하는 종교에 머문다는 입장을 개진한다. 즉 헤겔은 도덕 개념을 통해서는 그리고 사랑의 이념을 통해서는 삶의 살아 있는 총체성을 생생하게 재현할 수 없다는 것을 밝히고자 한다.

헤겔이 여기서 총체성으로서의 삶(생명) 개념을 들고 나온 것에 주목할 필요가 있다. 삶(생)은 이성에 의해 전적으로 설명할 수 없는 어떤 잉여의 영역에서 그 핵심을 드러낸다. 계몽은 모든 것을 이성에 의해 분해하여 설명하고자 하지만(소위 분석의 방법) 전체는 그런 분석의 방식으로 설명될 수 없다고 한다. 생명체, 유기체는 그 분해된 부분들을 다시 합친다고 해서 전체가 될 수 없다는 것을 보여 주는 결정적 예증들이다. 기계는 부분들로 분해되고 다시 조립될 수 있지만, 생명체는 분해되지만 조립될 수 없기에 부분들의 총합 이상이다. 삶은 부분으로 쪼갤 수 없으며, 다만 전체의 관점에서만 관조될 수 있다. 낭만주의자들이 계몽의 이성을 비판하면서 삶, 사랑, 감정 등을 강조하는 이유는 바로 여기에 있다. 이러한 요소들은 이성의 날카로운 분석에 의해 해체될 수 없는 잉여의 영역에 의해 자신의 생명력을 갖는 것들이다. 우리가 어떻게 가령 생생한 사랑의 감정을 모두 말로 표현할 수 있겠는가?

모든 부분을 해명할 수는 없는 신비한 영역을 간직한 총체성으로서의 삶을 설명하기 위한 그의 전략은 그의 '운명' 개념에서 잘 드러난다. 운명이란 이 시기 헤겔에게서 역사의 기계론적 필연성을 설명하는 중요한 개념이다. 그는 유럽과 독일의 당대의 개인주의, 파편주의는 기독교의 물신신앙, 기복신앙에서 기인하는데, 그것은 또한 신과 인간을 주종관계로 설정한 유대교의 정신에서 배태된 것이라고 한다. 말하자면 유대교의 정신은 분리의 정신인데, 이것이 기독교와 계몽에 그대로 전승되었다는 것이다. 이것은 아도르노가 계몽의 기원을 그리스의 신화로까지 끌고 가는 것과 비견된다.

「유대교의 정신」은 다음과 같은 말로 시작한다. "유대의 진정한 조상인 아브라함과 더불어 유대 민족의 역사는 시작된다. 이 말은 그의 정신이 그의 후손의 모든 운명을 제어하는 통일체이자 영혼으로 작용한다는 것을 의미한다"(458쪽). 그리고 헤겔은 그 정신의 특징을 '자연에 대한 광범한 불신', '모든 것을 지배관계로 보는 것' 등으로 나타난다고 한다. 이 정신은 그 이후 유대의 다양한 역사적 사건들에 계속하여 출현하는데, 그것이 바로 유대의 운명이라는 것이다.

예수는 유대의 이런 분열의 정신과 투쟁하였다. 예컨대 안식일에 길을 가다 밀을 까불어 먹는 제자들에 대한 바리새인들의 비난('안식일에는 아무 일도 해서는 안 된다')을 예수는 허기 상태에 있던 다윗(다윗은 그들의 영웅이었다)이 금지된 성전의 빵을 움켜잡은 이야기로 대응함으로써 그들의 비난을 일축한다. 말하자면 자연적 허기를 달래는 것은 신이 정한 이치라는 것이다. 헤겔은 이를 다음과 같이 해석한다. "자연이 성전보다 더 성스럽다"(526쪽). 그러면서 예수는 그런 율법을 지키는 것보다 사랑이 더 중요함을, 아니 오히려 율법의 진정한 의미가 사랑에 있음을 말한다. 말하자면 사랑을 통해 율법으로 분열되었던 자연과 정신을 화해시키고자 한다. "사랑을 통해서만이 객관성의 힘은 파괴된다. 왜냐하면 사랑을 통해서만이 객관의 전체 영역이 전복되기 때문이다"(578쪽).

하지만 헤겔은 예수의 사랑의 정신이 삶을, 총체성을 온전히 되살릴 수 있는지에 대해 의심한다. 사랑이 화해의 정신인 것은 맞지만, 그것은 감정이기에 직접성의 영역에서나 그 힘을 발휘할 수 있기 때문이다. 그것은 보편적 인류로 향할 수 없다. "인간에 대한 사랑은 서로에 대해 아무것도 알지 못하고, 서로 대면하지도 않았으며, 따라서 어떤 관계도 갖지 않은 사람들에게까지 확장될 수 있는데, 이런 보편적 인류애는 특정한 시대의 김 빠진, 그러나 특징적인 발견물이다"(577쪽). 말하자면 사랑의 정신은 매개를 필요로 하는 좀 더 큰 영역에서는 자신의 힘을 발휘할 수 없다. 그런 큰 영역에서의 통일은 매개를 거쳐야 한다.

따라서 보편적 인류애를 말하는 기독교의 가르침은 어떤 측면에서 기만이며, 결국 분열된 세계를 그대로 두는 결과를 가질 수밖에 없다. 이것이 기독교의 운명이다. (『정신현상학』에서 기독교는 '불행한 의식'을 대변하는데, 그것은 전체가 둘로, 즉 지상의 것과 하늘의 것으로 나뉘어 있다는 것을 의미한다.)

사실 헤겔이 운명 개념을 기독교의 역사적 변화를 설명하는 핵심으로 삼고 있다는 것은 그가 아직 변증법적 사유에 도달하지 못했다는 것, 낭만주의적·신비주의적 사유에 경도되어 있다는 것을 보여 준다. 그리스 비극에서 '운명'은 어떠한 통제에서도 벗어나 있는 강제적·필연적 힘을 의미한다. 그리스의 어떠한 신도 운명의 신을 거역할 수는 없다. 그리스인들은 삶의 통제할 수 없는 어떤 영역을 '운명의 신'(모이라)에게 양도함으로써 불가해한 어떤 영역이 움직일 수 있는 공간을 남겨두었다.

이처럼 정신에 포착되지 않는 어떤 검은 힘, 정신이 포착할 수 없는 어떤 진공의 영역이 존재한다고 하는 것을 표현하는 방식이 바로 운명이라는 개념이다. 성숙한 헤겔에 따르면 운명이 삶의 결정적 요소를 지배한다고 하는 것은 인간의 정신이 아직 성숙하지 못했음을 드러내는 징표이다. 이 시기에 그의 이상적 사회 모델이 그리스였다면, 운명 개념을 더 이상 중요하게 취급하지 않은 후기에는 그리스 사회가 더 이상 돌아갈 수 없는 인류의 과거의 유년기일 뿐이다. 오히려 중세는 그런 운명의 검은 힘을 신의 계시로 대체하는데, 계시라는 개념은 헤겔에 따르면 정신에 의한 좀 더 통제 가능한 개념이다. 우연의 영역은 좀 더 큰 지평인 신의 계시의 영역에서 보면 이해가능한 필연의 영역이 된다. 그리고 근대의 이성의 시대는 신의 계시를 정신의 자기실현의 과거의 양상이라 함으로써 그 통제를 좀 더 직접적으로 수행하게 되는데, 이것은 인간의 정신이 그만큼 성숙해졌다는 것을 의미한다. 말하자면 후기 헤겔은 운명의 맹목적 필연성의 힘이 아니라 정신과 이성의 통제의 필연성으로 사유의 양상을 변화시킨다. 이것은 헤겔의 변증법적 사유가 완성되었다는 것을 의미한다. 그것은 곧 전체를 표시하는 것이 신비함을 간직하고 있는 삶(생)이 아니라 명석함과 통제를 상징하는 정신, 이성이라는 것을 함의하기도 한다.

어쨌거나 프랑크푸르트 시기 헤겔은 운명론에 입각해서 근대의 파편적 개인주의가 어떤 경로를 거쳐 왔는지를 보이고자 했다. 근대 세계의 분리, 즉 개인주의적 시대 상황은 사랑의 정신에 기초한 기독교 정신의 운명적 결과임을 밝히는 것, 따라서 기독교는 삶을 전체로서 표현하지 못하는 종교임을 밝히는 것이 그의 임무였다. 사랑은 헤겔이 체계를 고려하기 시작한 예나 시기 이후 가족에서의 통일의 원리로 자리 매김한다. 이 이념이 사회와 국가 전체를 포괄할 수 없는 이유는 그것이 직접성에 기초한 감정이기 때문이다. 가족보다 큰 공동체에서는 직접성의 원리가 아닌 매개의 원리가 도입되어야 한다.

그렇다면 헤겔에게서 총체성으로서의 삶은 무엇인가? 삶에 대한 그의 입장은 다음과 같이 요약될 수 있을 것이다.

1. 삶은 전체이며, 삶 이외에는 아무것도 없다. 이때 삶은 자연과 구분되

지 않는다. 삶이 전체라고 생각하지 않을 경우에만, 자연이 전체라고 생각하지 않을 경우에만 '삶 이후'니 '초자연'이니 하는 단어가 생성된다.

2. 따라서 신이 초자연적인 것이라고 말하는 곳에 어김없이 분리의 정신이 거하고 있다. "자연에 대한 불신만이 타자를, 즉 초자연적인 것을 기대할 수 있다. '초자연적인 것'은 '자연 이하'라는 것이 전제될 경우에만 현존한다"(502쪽).

3. 초월적 신은 삶이 전체라는 입장에서 보면 분리의 정신이 산출한 하나의 추상이다. 따라서 이 초월적 신의 내재화 내지는 인간화가 삶의 총체성의 완전한 복원이다.

헤겔은 신이 인간에게 외적인 객체로, 즉 분리된 존재로 나타나게 되는 원인을 전제정치가 몰고 온 궁핍한 시대정신에서 찾는다. "전제정치가 몰고 온 빈곤 때문에 사람들은 하늘나라에서의 행복을 추구하고 기다리게 되었다. 신의 객관성은 인간의 타락 및 노예화와 비례하여 발맞춰 나간다. 이 말은 신의 객관성이란 결국 이러한 시대정신의 현현일 뿐이었음을 의미한다. [⋯] 인간과 신이 서로 비아非我의 관계였을 때 시대정신은 신이라는 객관성 속에 현현한다. [⋯] 이러한 시대에 나타나는 이 신은 결코 주관적인 것일 수 없으며, 오히려 완전히 객관이 되어 버릴 수밖에 없었다"(388~389쪽).

따라서 이 시기 헤겔 사유의 특징은 신성을 인간의 본성으로 규정짓는 것이다. "하늘나라에 내던져 버린 보물들을 인간의 재산으로 [⋯] 반환 청구하는 시도가 우리 시대에도 있었다. 그러나 그 권리를 당연한 것으로 여기고 그 소유를 자신에게 귀속시킬 수 있는 힘을 도대체 어느 시대에나 갖게 될 것인가?"(384쪽) 헤겔의 이런 절규에 찬 외침은 역사의 변증법적 필연성에 대한 통찰이 결여되어 있음을 의미하기도 한다. 앞에서도 말했듯이 성숙한 헤겔은 기독교가 운명을 포함하고 있는 그리스 종교보다 훨씬 더 성숙한 종교임을 천명하였다. 프랑크푸르트 시기의 이런 종교관은 이후 신학의 인간학으로의 전이를 이야기한 포이어바흐의 종교관에 그대로 반영되어 나타난다.

이미 말했듯이 프랑크푸르트 시기에 유기체, 생명체, 말하자면 삶 개념이 헤겔의 사유를 이끌어 갔다. 그리고 이런 절대적 삶을 가장 순수하게 드러내는 것이 종교라고 하는 데 헤겔은 주저 없이 동의한다. 그가 종교를 비판한 이유는 종교를 통해서는 사회문제를 해결할 수 없다는 프랑스 계몽주의적 사유에서 비롯한 것이 아니다. 오히려 그는 참다운 종교만이 사회를 건강하게 할 수 있다는 생각에서 그렇게 했다. 그에게서 종교는 인간의 가장 중요한 제도이다. 왜냐하면 "종교에 대한 충동"은 "환상을 통해 미, 즉 신 속에서 주체와 객체를 통일시키려는 충동"으로서 "인간 정신의 가장 고귀한 욕구"이며, "종교적 행위들은 가장 정신적이고 가장 아름다운 것"이기 때문이다. 즉 종교적 행위는 "사태가 전개되어 가는 과정 속에서 필연적으로 분리되어야 했던 것을 다시 통일하고자 갈구하며, 현실에 더 이상 대립되지 않은 완벽한 통일체를 이상理想 속에서 서술하고자 한다"(523쪽). 말하자면 참다운 의미의 종교가 삶의 총체성을 가장 잘 드러내는 것으로 여겨진다. 그리고 찢겨진 운명적 삶이 바로 이 참다운 종교 속에서 치유 가능하다고 생각했다는 것은 의심의 여지가 없다. 그리고 그가 개별자들이 유기적 전체의 일부로 서로 조화를 이루는 그런 종교를 고대 그리스 사회에서 발견했다는 것은 이미 말한 바 있다.

헤겔이 이 시기에 운명을 강조한다는 것은 두 가지 점에서 평가할 수 있다. 하나는 삶은 이성에 의해 전적으로 해명될 수 있는 성질의 것이 아니라는 것을 보임으로써, 즉 이성의 통제 밖에 어떤 검은 힘이 있다고 함으로써 계몽주의를 비판하는 것이다. 이것은 그가 낭만주의 운동의 세례를 받고 있음을 보여 준다. 다른 하나는 피할 수 없는 기계적인 필연성인 운명 개념에 입각해서 역사의 진행을 설명함으로써 운명을 단절하는 힘을 외부로부터의 충격에서 찾게 된다는 사실이다. 운명론에 입각한 역사의 진행에 대한 설명은 청년 헤겔 사상의 급진성과 연관이 있다. 이미 말했듯이 헤겔은 대학 시절 간접적으로 경험한 프랑스혁명에 대한 강한 동의와 열망을 표현하였다. 현재에 이르는 과정, 말하자면 기독교를 자신의 정신으로 삼는 현재의 문명이 정신의 성장과정에서 등장하는 정신의 필연적 전개과정이 아니라, 운명이라는 맹목적인, 기계적인 필연성의 현현이라고 한다면, 이 검은 운명을 끊을 수 있는 유력한 방법은 역사를 외부에서 단절하는 혁명밖에 없을 것이다. 적어도 이 시기 그의 종교관련 단편들은 그 어느 때보다 혁명적 의식을 드러낸다. 유대교 이래 전승되어 온 분리의 정신의 운명적 결과가 심각한 상황에 직면한 근대의 파편적 개인주의라고 한다면, 이제 혁명의 시기가 도래했음을 헤겔은 시사한다. 분리의 정신이 극단을 보일 때는 과거의 모든 혁명이 성공을 거둔 그런 시기라는 것이다. "예수가 유대 민족 가운데 출현했을 때 유대 민족은 아주 혼란한 상태에 처해 있었다. 그들의 상황은 그 이전 시기나 이후 시기에 성공했던 혁명들과 동일한 조건에 의해, 그리고 동일한 일반적 특성들에 의해 유지되고 있었다. 한 민족의 정신이 그들의 체제와 법에서 빗나가서 이 정신이 그 체제와 법에 더 이상 일치하지 않게 될 경우, 사람들은 어떤 다른 것을 찾고 추구하게 된다. … 이런 것들이 이후 점점 더 크게 분리되어 더 이상 서로 양립할 수 없게 될 경우, 그것들은 결국에 폭발하게 되고, 인간의 새로운 보편적 형식에 따라, 새로운 인간 집단에 따라 새로운 규정을 얻게 된다. 이 집단의 유대가 느슨하고 서로 통일되어 있지 않을수록, 그 속에는 새로운 불평등과 미래의 폭발의 씨가 더 많이 내재하게 된다."

자기 시대를 분리와 분열의 시대로 진단한 헤겔이 자신의 시대를 혁명이 무르익은 시대로 진단하고 있음을 간접적으로나마 확인할 수 있다. 그런데 이런 혁명적 열기는 점차 사그라진다. 헤겔이 혁명의식을 버리고 점차적인 개혁의 길을 가야 한다고 마음을 정하게 된 것은 그가 근대의 개인주의가 단순히 파편성과 이기성만을 드러내는 것이 아니라 역사의 진보의 결과임을, 자유의식의 진보의 결과임을 알게 되었을 때, 말하자면 변증법적 사유가 성숙해졌을 때이다. 그의 변증법적 사유는 바로 이 시기 그가 영국의 정치경제학을 공부하기 시작하면서부터 시작된다. 개인의 이기적 욕망의 충돌이 시장을 망가뜨리는 것이 아니라 시장을 더 활성화시킨다는 애덤 스미스의 시장경제이론은 개인과 전체의 관계를 다시 생각하게 하는 계기를 제공하였다. 물론 이런 새로운 사고방식이 근대의 개인주의를 칭송하고 인정하는 것으로 끝나지 않는다. 그는 이제 개인의 자유와 전체의 복리가 동시에 충족될 수 있는 사회를 구상해야 한다. 이런 생각은 예컨대 그의 후기의 『법철학』에서 좀 더 진전된 모습을 드러낸다.

여기 번역된 여타의 다른 단편들도 큰 맥락에서 비슷한 입장을 견지하고 있다. 다만 그의 유명한 소위 「사랑」이라는 단편은 많은 해석을 가능하게 하는데, 왜냐하면 이 단편은 사랑에 대한 긍정적 진술뿐 아니라 부정적 진술을 함께 내포하고 있기 때문이다. 사랑은 궁극적으로 통일의 원리가 될 수 없다고 단정 짓는 『기독교의 정신과 그 운명』에서와는 달리 여기에서는 사랑에 대한 긍정적 진술들을 많이 품고 있다. 즉 통일의 원리로서의 사랑의 모습을 그려 준다. 문제는 이 단편이 문자 그대로 아주 짧은 미

완성의 글이라는 점에 있다. 따라서 그 단편이 독자적으로 헤겔 초기의 사상의 핵심으로 이해될 수는 없다. 즉 이 단편은 그 시기 다른 문헌과의 관계 속에서만 읽혀질 수 있다. 그리고 「독일 관념론에 대한 최초의 체계 계획」에 대해서는 누가 저자인지에 대한 뜨거운 논란이 아직까지 끝나지 않았다.[1]

그리고 지난 2005년 번역 출판된 이후 이번에 새롭게 출간되는 이 개정증보판에서는 베른과 프랑크푸르트시기의 역사-정치적 성격의 단편들인 「역사와 정치에 대한 단상들」이 추가되었다. 이 글은 H. 놀이 자신의 신학론집에 첨가하지 않은 것으로, 『헤겔의 생애』를 쓴 로젠크란츠가 전해 주고 있다. 그의 종교적 글들이 단순히 종교와만 관련이 있는 것이 아니듯이, 이 단편 역시 단순히 정치와 역사와만 관련이 있지 않다. 그리고 그동안 청년 헤겔에 대한 논의와 연구가 상대적으로 활발하게 진행되었는데, 그런 연구성과를 반영하기 위해 옮긴이 해제를 증보 보완하였다.

끝으로 인문학의 위기에 오히려 인문정신의 고양이라는 목적의식으로 이윤을 기대하기 힘들지만 중요한 철학자의 원전이 학문 발전에 필수적이라는 인식으로 재출판을 승낙해 준 그린비출판사에 감사드린다.

2018년 9월 11일
연세대 매지리 연구실에서
옮긴이 정대성

---

1) 이 논쟁사에 대해서는 일본인 요리카와가 쓰고 서정혁이 번역하여 해설을 붙인 「독일관념론의 가장 오래된 체계계획」을 참고하라. 『헤겔연구 15, 논리와 예술』, 동과서, 2004, 265~285쪽.

차례

일러두기

1. 『예수의 생애』를 제외한 모든 단편은 독일 주어캄프(Suhrkamp) 출판사에서 편집한 『헤겔 전집』(G. W. F. Hegel, *Werke in 20 Bänden*, Frankfurt/M. 1985) 중 제1권 『초기 저술들』(*Frübe Schriften*)을 대본으로 하였다. 주어캄프 판본에 수록되어 있지 않은 『예수의 생애』는 독일 펠릭스 마이너 출판사(Felix Meiner Verlag)가 학문적 비판 작업을 거쳐 새롭게 『헤겔 전집』(*Hegel Gesammelte Werke*, Hamburg)을 출간하고 있는데, 그 중 제1권을 대본으로 하였다. 참고로 헤겔의 원래 생각에 보다 충실히 번역하기 위해 H. 놀의 편집본 『청년 헤겔의 신학론집』(*Hegels theologische Jugendschriften*, 1907)과 비평본을 꾸준히 참고하면서 번역하였으며, 각 단편들마다 중요 판본들의 쪽수를 각주에 병기하여 놓았다.
   — 펠릭스 마이너 출판사의 판본을 '비평본'이라 부른다.
   — H. 놀, 『청년 헤겔의 신학론집』(1907)을 'H. 놀의 편집본'이라 부른다.
   — G. 쉴러(Gisela Schüler)가 여러 가지 과학적인 방법으로 헤겔 초기 저서들의 기록 년대를 정하고 시대 순에 따라 번호를 부여했는데, 이 역서에서는 이를 'G. 쉴러의 문집'이라 부른다.

2. 헤겔은 자신의 수고들 중 어떤 것에 대해 추후에 삭제하기도 하고 첨가하기도 하며, 여백에 뭔가를 기록하기도 한다. 특히 『기독교의 정신과 그 운명』은 아주 많은 부분을 손보고 있는데, 여기서는 첨삭과 보충이 다반사로 일어난다. 보통 대본은 최종판으로 이뤄져 있으며, 옮긴이 역시 최종판을 대본으로 한다. 하지만 헤겔이 줄을 그어 삭제한 것, 또 보충한 것 등을 옮긴이 역시 다른 편집자들이 하듯이 각주에 첨부하였다.

3. 각주는 지은이 주와 옮긴이 주, 주어캄프판 『헤겔 전집』의 편집자 주가 있다. 옮긴이 주는 각주 앞에 [옮긴이]라고 표시하고, 주어캄프판 편집자 주는 [편집자]라고 표시하여 지은이 주와 구분하였다.

4. 본문에서 옮긴이가 독자의 이해를 돕기 위해 추가한 내용은 괄호로 묶고 '—옮긴이'라고 표시했다.

5. 본문 중 사복음서가 인용될 경우, 인용출처는 다음의 약어와 함께 장절을 표기했다.「마태복음」→ 마,「마가복음」→ 막,「누가복음」→ 눅,「요한복음」→ 요.(예. "마. 19장 20절")

6. 단행본과 정기간행물 등은 겹낫표(『 』)를, 단편과 논문, 복음서, 희곡 등은 낫표(「 」)를 써서 표기했다.

7. 외국 인명이나 지명은 2002년에 국립국어원에서 펴낸 '외래어 표기법'을 따라 표기했다. 단 성경의 인명이나 지명 등은 '개역한글판 성경'의 표기를 따랐다.

민중종교와
기독교에 대한
단편들

1. 종교는 …[1]

종교는 우리 삶의 가장 중요한 제도에 속한다. 어린 시절 우리는 이미 더듬거리면서 신에게 기도하는 법을 배웠으며, 신을 최고의 존재로 높이기 위해 우리의 작은 손을 모았었다. 그리고 우리는 미래에 사용하기 위해, 그리고 우리 삶에서 위로 받기 위해, 당시에는 이해도 되지 않던 문장들을 우리 기억 속에 저장하기도 했다.

우리가 다소 나이가 들었을 때 종교에 관한 일들은 우리 삶의 큰 부분을 이루며, 어떤 사람들의 경우에는, 마치 바퀴의 테두리가 그 중간 지점을 중심으로 계속 맴도는 것처럼, 자기의 생각과 경향성의 전 영역이 (종교의) 범위를 벗어나지 못한다. 우리는 사이사이 있는 축제일을 제외하고 매 주의 첫 날을 신에게 봉헌한다. 그런데 그날은 우리의 어린 시절부터 이미 다른 날들보다 더 아름답고 더 축제 분위기의 날로 비쳐진다. 우리는 우리 주변에서 오직 종교에만 봉사하도록 구분된 특별한 계급의 사람들을 본다. 인간의 개인적인 행운을 좌우하는 행위들, 혹은 인간의 삶에서 상당히 중요한 모든 일들, 예를 들어 출생, 결혼, 죽음 그리고 장례식 등에는 이미 종

---

1) [옮긴이] H. 놀의 편집본 3~29쪽, 비평본 16번째 텍스트(83~114쪽).

교적인 것이 섞여 있다.

그런데 나이가 들면서 인간은 존재의 본성과 속성에 대해, 특히 자기의 모든 감각을 붙잡고 있는 이 존재와 세계의 관계에 대해 깊이 생각하게 되지 않는가? 신을 우리의 행위의 동력이자 의무 인식의 원천으로, 위로의 근원으로 간주하는 것이 신론神論에서 실천적인 부분이다. 인간 본성에 따르면 바로 이러한 사실은 부패하지 않은 인간의 감관에 즉각 나타나게 되어 있다. 개념들, 이 개념들과 관련이 있는 모든 외적인 것들, 그리고 우리에게 인상 박혀 있는 모든 것들에 대해 우리는 젊은 시절부터 교육을 받아 왔는데, 우리가 받은 이 교육은 인간 정신의 자연적 욕구를 무디게 하도록 만드는 그런 종류의 것이다. 우리가 받은 교육은 인간 정신의 자연적 욕구를 무디게 하도록 하려는 이 목표와 가끔 직접 연결되어 있다. 더 나아가 유감스럽게도 너무 자주 이 목표는 영혼의 본성에도 근거해 있지 않고, 개념들 그 자체로부터 만들어져 전개될 수 있는 그런 진리들에도 근거해 있지 않은 자의적인 끈들에 의해 연결되어 있다.[2]

[…]

[…] 인간의 삶의 […]. 우리의 마음이 인간성으로 가득 차 있을 때 우리는 인간성에 대한 이성의 고귀한 요구가 정당하다는 것을 자주 전심으로 인정한다. 그리고 순수하고 아름다운 환상은 순수한 혹은 현명한 사람들에 대한 매력적인 묘사를 만들어 낸다. 하지만 우리가 그러한 것을 현실에서 발견하기를 희망할 만큼이나, 여기저기에서 이 아름다운 환영을 실

---

2) [옮긴이] 여기서부터 네 쪽이 분실되었다.

제로 붙잡아 볼 수 있다고 믿을 만큼이나 이성의 이런 고귀한 요구와 현명한 사람들에 대한 그런 매력적인 묘사들이 우리의 마음을 지배하지는 않을 것이다. 우리의 감관은 우리가 발견한 것에 대해 불만족스러워 하거나 불쾌해 하지 않았다. 따라서 감성을 인간의 행위와 노력에서 가장 중요한 것으로 생각한다고 믿어야 할 경우에도 우리는 놀랄 필요가 없다. 의지의 규정 근거가 단순한 영특함인지 아니면 실제적인 도덕성인지를 구별하는 일이 얼마나 어려운 일이던가! 행복에 대한 열망을 충족시키는 것이 삶의 최고의 목적이라고 해보자. 이때, 이성의 법이 우리의 의지를 규정하기보다는 계산을 잘 할 때에만 그 만족에 도달한다고 한다면, 결국 외적인 명성에 따라서 만족이라는 위의 결과에 도달하게 될 것이다. 도덕 체계에서 순수 도덕성이 감성과 추상적으로 분리되어 있는 만큼 감성은 도덕성보다 품위가 떨어지는 것이 되고 만다. 그리고 인간과 인간의 삶을 고찰할 때 우리는 그만큼 인간의 감성을, 인간을 둘러싸고 인간의 삶을 규정하는 인간의 외적·내적 자연에의 종속성을, 그리고 감각적 경향과 맹목적인 본능에의 종속성을 무엇보다 고려해야 한다. 인간의 본성은 이성의 이념들과 똑같이 생겨난다. 이것은 마치 소금의 원리와 같다. 소금이 잘 보존되어서 어디에서도 덩어리로 뭉쳐 있지 않아야만 이 소금은 음식물을 잘 뚫고 들어가서 자기 맛을 전체에 고루 전달한다. 혹은 이것은 마치 빛의 원리와도 같다. 빛은 모든 것을 뚫고 들어가 그것들에 가득 차서 자기 영향력을 전체 자연에서 드러낸다. 하지만 빛은 그 스스로 실체로 서술될 수 없다. 빛은 오직 대상들에게 각자의 고유한 형태를 부여한다. 그리고 식물에서 방향芳香이 흘러나오듯, 빛은 각각의 상이한 것들 속에서 반사되어 나온다. 이성의 이념은 이러한 방식으로 인간의 감성의 모든 조직을 생동적으로 만들며, 인간의 행위를 이 이성의 영향으로 그 고유한 빛 속에서 드러나게 한다. 이성의 이념 그 자체는 자기 본질을 거의 드러내지 않지만, 자기의 영향력은 순수한 질료로서 모든 것을 뚫고 들어가며, 모든 경향성과 욕망에 각자의 고유한 색상을 부여한다.

　　종교란 단순히 신, 신의 속성, 신과 우리와의 관계, 세계와 신과의 관계, 그리고 우리 영혼의 지속 등에 대한 학문이 아니며, 더 나아가 한갓된 이성을 통해서건 아니면 다른 길에 의해서건 간에 우리에게 알려진 모든 것을 다루는 학문이 아니라는 사실은 종교 개념 그 자체에 이미 놓여 있다. 즉 종교라는 것은 그 본성상 단순한 역사적 혹은 합리적 인식이 아니라 마음에 관심을 갖는 것, 우리의 감성에, 우리의 의지의 본분에 영향을 미치는 것이다. 이때 종교는 한편으로는 우리의 의무와 법이 신의 법으로 표상되게 하며, 이를 통해 우리에게 그 의무와 법에 대한 아주 강한 인상을 부여하며, 다른 한편으로는 신의 고귀함과 선함에 대한 표상을 제공하여 우리 마음을 경외에 차게 하고 겸손과 감사의 마음으로 가득하게 한다.

　　종교는 따라서 도덕성과 이 도덕성의 활동 근거에 보다 고귀한 새로운 활기를 부여하며, 감각적인 동력의 폭력에 대항해서 보다 강한 새로운 방어벽을 제공한다. 감각적인 인간에게는 종교 역시 감각적인 것이다. 선한 행위를 위한 종교적인 추동력이 감성에 영향을 미칠 수 있기 위해 이 추동력은 감각적인 것이어야 한다. 하지만 이 종교적 추동력이 도덕적인 한, 이를 통해 이 추동력은 일반적으로 자기의 위신을 상실하게 된다. 그러나 이와 더불어 이 종교적 추동력은 아주 인간적인 영예를 얻게 되며, 우리의 감응과 아주 밀착되게 된다. 그래서 우리가 마음에 의해 이끌리고 아름다운 환상에 의해 아첨을 받게 될 경우 우리가 종종 잊게 되는 사실은 '차가운 이성은 그런 형상–표상들Bilder-Vorstellungen에 동의하지 않거나 심지어 그 표상들에 대해 말하고자 하는 것까지도 금지한다'는 사실이다.

공적인 종교는 신과 불멸성의 개념에서 이해된다. 이 개념들이 한 민족의 신념을 이루고 있는 한, 그리고 이 개념들이 그 민족의 행위와 사유 양식에 영향을 미치고 있는 한 종교와 이 개념들은 서로 밀접한 관계를 가지고 있다. 더 나아가 이러한 이념을 민족 구성원들에게 가르치는 수단뿐 아니라 민족의 마음에 이 이념들을 강한 인상으로 남게 하는 수단 역시 이 공공종교의 영역에 속한다. 이 종교에서는 우리와 아주 친숙한 계율, 예를 들어 '신이 금했기 때문에 나는 절도하지 않는다'라는 계율이 단순히 바로 이런 영향 관계에서 이해되는 것은 아니다. 오히려 우리와는 별로 상관없어 보이는 것들이 이런 영향 관계 속에서 고려되어야 하며, 그것들은 종종 가장 중요한 것으로 평가되어야 한다. 잠자고 있는 존엄의 감정을 그들의 영혼에서 일깨우는 것, 민족이 스스로를 버리지 않고 또 버리도록 방치하지 않는 것, 하지만 그 민족이 스스로 인간으로 느낄 뿐 아니라 인간성과 선이라는 보다 부드러운 잉크로 그림을 그리는 것 등, 이 모든 것들은 한 민족의 정신의 고양이며 순화이다.

기독교의 주된 가르침은 그 발생 이래 동일하다. 하지만 시대의 변화에 따라서 어떤 가르침들은 그림자 속에 파묻혔고, 어떤 다른 가르침들은 아주 고귀하게 취급되어 빛 가운데로 모셔졌다. 후자의 가르침은 빛에 가려진 전자의 가르침을 대가로 왜곡되었으며, 그래서 너무 넓게 확장되거나 너무 좁게 축소되었다.

종교의 모든 기본 법령, 이것에서 흘러나온 감정, 그리고 이 법령이 특히 행동양식에 영향을 미칠 수 있는 강력한 힘 등, 이 모든 것은 한 민중종교의 주된 요점이다. 사슬의 부담에 억눌려 청춘의 힘을 상실하였으며, 이제 늙어 가기 시작하는 억압된 정신의 소유자에게 종교적 이념들은 인상을 만들어 낼 수 없다.

한 민족의 젊은 천재와 나이가 든 천재의 차이. 젊은 천재는 스스로 느끼고, 자기 힘에 환호하며, 어떤 새로운 것에 대해 목말라 찾아 날아가며, 이 새로운 것에 가장 생동적으로 관심을 보인다. 하지만 그는 또 다시 이 새로운 것을 떠나 전혀 새로운 것을 붙잡는다. 왜냐하면 이미 발견한 것에 머문다는 것은 자기의 자랑스러운, 자유로운 목에 사슬을 채우는 것과 같은 것으로 여겨지기 때문이다. 나이 든 천재가 자신의 탁월함을 보이는 방식은 전통적으로 내려온 것에 강하게 집착하는 것이다. 따라서 노인이 하소연하면서도 스스로는 떨쳐버리지 못하는 통풍을 지고 가듯, 그는 언제나 족쇄를 지고 간다. 주인이 원하는 것에 따라서 그는 이리 치고 저리 박고 할 수 있지만, 반쯤의 의식으로만 즐길 뿐 결코 자유롭지 않으며, 타자에게 공감을 불러일으키는 유쾌하고 아름다운 즐거움에 개방되어 있지도 않다. 노인에게는 잡담 이외에 어떤 것도 없듯이, 그의 축제는 수다에 불과할 뿐, 커다란 외침도 혈기 왕성한 향유도 아니다.

객관종교와 주관종교의 차이 분석: 전체 문제의 관점에서 이 분석의 중요성

객관종교는 사람들이 의심 없이 받아들이고 있는 신앙fides quae creditur이며, 이 종교에서는 오성과 회상이 작용한다. 오성과 회상은 지식을 탐구하고 숙고하게 하여 그 지식을 보존하거나 믿게 한다. 실천적인 지식 역시 이 객관종교에 속할 수 있지만, 그런 점에서 이 실천적 지식은 활용할 수 없는 지식에 불과하다. 객관종교는 머릿속에서 배열될 수 있으며, 하나의 체계로 정립될 수 있고, 책으로 서술될 수 있으며, 말로 다른 사람들에게 전달될 수 있다. 이에 반해 주관종교는 감응과 행위 속에서만 드러난다. 내가 어떤 사람에 대해 '그는 종교를 가지고 있다'라고 말할 경우, 이 말은 그가 종교에 대한 많은 인식을 가지고 있다는 것을 말하는 것이 아니라, 그의 마음이 신의 행위, 신의 기적, 신의 임재를 느끼며, 자신의 본성이나 인간의 운명에서 신을 인식하고 본다는 것을 의미한다. 그는 신에게 복종하며, 그에게 감사하고, 행위할 때 신을 찬양한다. 그리고 행위할 때 그는 단순히 '그것이 선한 것인가 아니면 영민한 것인가'에만 주의하지 않는다. 더 나아가 그는 '그것이 신에게 합당한 것인가, 신이 그 행위의 작용 근거인가' 하는 문제도 고려한다. 그리고 종종 신은 가장 강력한 작용 근거로 고려된다. 그리고 어떤 것을 즐기거나 행복한 사건이 발생했을 때 그는 동시에 신을 바라보면서 그에게 감사한다. 주관종교는 생동적이며, 존재의 내면에서 작용하며, 밖으로 향해 활동한다. 주관종교는 개인적인 어떤 것이다. 객관종교는 추상이다. 주관종교는 자연이라는 살아 있는 책이다. 자연에서는 식물, 곤충, 새와 동물들이 서로 맞붙어서 각자 살아가며, 즐긴다. 그들 모두는 섞여 있으며, 도처에서 모든 종류의 생물이 함께 모여서 살아간다. 이에 반해 객관종교는 자연 교사의 조그마한 생물 진열장이다. 자연 교사는 곤충들을 죽이고 식물을 말리며, 동물들을 박제하거나 화주 속에 보존하여 자연 안에 분리되어 있는 모든 것을 분류하여 단 하나의 목적에 따라 배치한다. 이때 자연은 무한하게 다양한 목적을 단 하나의 친숙한 끈으로 얽어맨 체계가 된다.

객관종교에 속하는 종교적 지식 전체는 한 큰 민족 전체 구성원에게 동일한 것일 수 있다. 그리고 그 지식은 전 지구에서 똑같은 것일 수도 있다. 이 인식들은 주관종교와 얽혀 있지만, 이 주관종교의 아주 작은, 거의 영향을 발휘하지 못하는 부분만을 이루고 있으며, 각각의 사람들에게 다르게 나타난다. '심정이 종교적인 작용 원인에 의해 규정되도록 그렇게 조율되어 있는지', '어느 정도나 그러는지', 그리고 '이 종교적인 작용 원인에 대해 심정이 얼마나 크게 반응하는지' 등 이런 문제들이 주관종교에서 고려되는 가장 중요한 문제이다. 그리고 '어떤 종류의 표상들이 우선적으로 마음에 인상을 각인하는지', '어떤 종류의 감성이 영혼에 구축되어 있어서 가장 쉽게 산출될 수 있는지' 하는 문제도 뒤따른다. 어떤 부류의 인간은 사랑의 부드러운 표상들을 위한 감각을 가지고 있지 않으며, 신의 사랑으로부터 생겨난 운동원인은 그의 마음을 울리지 못한다. 그의 조야한 감각기관들은 공포의 자극에 의해서만, 천둥과 번개에 의해서만 움직인다. 그리고 그의 마음의 악기는 부드러운 사랑 종소리에 의해 울려 퍼지지 않으며, 귀는 의무의 목소리를 듣지 못한다. 그리고 그 귀에게 인간의 마음에 자리 잡은 행위의 내적인 심판관인 양심에 주의하라고 하는 것은 쓸모없는 일이다. 그 귀에게 이 목소리는 메아리치지 않는다. 기계가 작동할 때 추가 움직이는데, 여기서는 이기심이 추의 기능을 한다.

'각자에게 주관종교는 어떤 모습을 띠어야 하는가' 하는 문제는 이러한 분위기에, 이러한 수용성에 달려 있다. 우리는 젊은 시절부터 학교에서 객관종교를 배운다. 충분히 이른 시기에 객관종교가 우리 기억 속에 저장됨으로써 아직 성숙되지 않은 오성은, 즉 개방적이고 자유로운 감관이라는 아름답고 말쑥한 나무는 무거운 짐에 억눌리게 된다. 뿌리가 부드러운 땅을 가로질러 뻗쳐나가서 그곳에서 영양분을 빨아들이지만, 돌을 만나면 구부러져 다른 방향으로 나아가듯이, 기억 속에 저장된 짐은 해소되지 않은 채 놓여 있다. 성숙한 영혼의 힘들은 그 짐을 완전히 흔들어 놓든지 아니면 그 짐을 한편으로 밀쳐 내고 그것으로부터 어떤 영양분도 빨아들이지 않는다.

자연은 인간에게 도덕성에서 생겨난 보다 순수한 감응Empfindung의 씨를 선사했다. 자연은 인간에게 도덕을 위한 지각, 즉 단순히 감각적인 것이상의 것을 추구하게 하는 지각을 심어 놓았다. 이 아름다운 씨가 질식하지 않고, 도덕적 이념과 감응을 위해 현실적으로 수용되도록 하는 것, 바로 이것이 교육과 도야의 문제이다. 종교는 심정에 뿌리를 내릴 수 있는 첫 번째 것이 아니다. 종교는 자신을 번성하게 할 수 있는 경작지와 관계해야 한다.

이제 문제는 주관종교이다. 주관종교는 고유한 참된 가치를 갖는다. 신학자들은 교리에 대해, 객관종교에 속하는 것에 대해, 그리고 이러한 명제들의 더 세밀한 규정들에 대해 싸우기를 좋아한다. 각각의 종교는 몇 개의 근본 명제에 기초한다. 이 근본 명제는 다른 종교들에서 다소간 변형되어 더 추하거나 더 순수하게 서술된다. 이 근본 명제는 종교가 우리에게 준 모든 믿음과 소망의 토대를 이룬다. 내가 말하는 종교에서 나는 단적으로 신에 대한, 그리고 우리와 신과의, 혹은 전체 세계와 신과의 관계에 대한 모든 과학적인, 혹은 오히려 모든 형이상학적인 인식을 추상한다. 추론적인 오성의 일에 속하는 바로 그러한 인식은 신학이지 종교가 아니다. 나는 여기에서 실천이성의 욕구가 요구하는 정도까지만 신 인식과 불멸성에 대한 인식을 종교에 포함시킨다. 그리고 이 실천이성의 요구와 아주 쉽게 고찰될 수 있는 관계에 있는 것만을 종교에 포함시킨다. 이때 인간의 최선을 위해 필요하다면 신의 특이한 용모에 대해 좀 더 자세히 해명하는 것도 배제되지 않는다.

나의 의도는 '어떤 종교의 가르침이 마음에 가장 관심을 갖는가?', '어떤 종교의 가르침이 영혼을 위로하고 고양하는가?' 하는 문제를 탐구하는 데 있지 않다. 그리고 한 민족을 보다 잘, 보다 훌륭하게 만들기 위해 한 종교의 가르침은 어떠해야 하는지를 탐구하고자 하는 것도 아니다. 나의 의도는 어떻게 해야만 종교의 가르침과 힘이 인간의 감응조직에 스며들게 되는지, 종교적 추동력을 행동으로 바꾸는지, 그리고 한 민족이 그 가르침과 힘 안에서 생동적이고 영향력 있게 드러나는지를 탐구하는 것이다. 즉 종교의 가르침과 힘을 완전히 주관적인 것으로 바꾸는 것이 무엇인지를 탐구하는 것이 나의 의도이다. 상황이 이러하다면 종교의 힘은 손을 모으는 행위에 의해, 무릎과 마음을 성스러운 자 앞에 꿇음에 의해 드러나는 것이 아니다. 종교의 힘은 오히려 인간적 성향의 모든 가지에 퍼져서 (하지만 이때 영혼은 이 사실을 직접 의식하지는 않는다) 도처에서, 하지만 간접적으로만 작용한다. 종교의 힘은 인간적인 기쁨을 유쾌하게 즐길 때, 혹은 고귀한 행위를 수행하고 인간의 사랑이라는 보다 부드러운 덕을 연습할 띠 ―― 이렇게 표현해도 된다면 ―― '부정적으로' 작용한다. 종교의 가르침과 힘은 이렇듯 직접적으로 작용하지는 않지만 섬세한 영향력을 가지고 있다. 종교의 가르침과 힘은 영혼을 자유롭고 개방적으로 발전하게 하며, 영혼이 추구하는 것을 위축시키지 않는다. 즐거움, 삶의 향유 등과 같은 인간의 힘의 표현에는 ―― 그것이 용기이든 인간성이든 간에 ―― 영혼의 사악한 기분에서 질투 등에 이르는 자유가 있으며, 또한 순진무구함과 순수한 양심이 있다. 종교는 이 두 가지 속성을 도와서 장려한다. 이런 한에 종교는 강한 영향력을 행사하는데, 즉 종교는 이 종교와 관련을 맺고 있는 순진무구함이 '즐거움이 무절제로, 용기와 단호함이 낯선 권리에 대한 침해로 변화되는 지점'을 정확하게 지적할 수 있도록 한다.

주관종교[3]

신학은 오성과 회상의 일이고 ―― 신학의 기원 혹은 그 출처는 종교 그 자체일 수 있다 ―― , 종교는 실천이성의 욕구 때문에 마음의 일에 관심을 갖는다. 그렇다면 종교와 신학에서 영혼의 서로 다른 힘이 작용하고 있으며, 양자에게 심정이 서로 다른 방식으로 행동한다고 말하는 것은 당연하다. 최고선最高善의 구성 요소를 현실화하는 것이 우리의 의무이다. 그런데 이 최고선이 총체적으로 현실화되기를 희망할 수 있기 위해 실천이성은 신과 불멸성에 대한 믿음을 요구한다.

이것이 적어도 종교로 나아가는 씨앗이다. 양심은 정의와 불의에 대한 내적 감각, 즉 불의에는 형벌이, 정의에는 행복이 따라야 한다는 감정인데, 이 양심은 이렇게 종교를 연역하는 가운데 자신의 구성 요소로, 명확한 개념들로 해소된다. 보이지 않는 강력한 존재 이념이 무서운 자연 현상을 통해 인간의 영혼 속에 형성되었을 수 있다. 혹은 모두가 신의 현재를 좀 더 가깝게 느끼게 되는 그런 날씨나 저녁 바람이 부드럽게 살랑살랑 부는 가운데 신이 자신을 인간에게 개시했을 수도 있다. 그렇다면 종교는 저 이념이 자신의 욕구에 완전히 적합하다고 느끼는 그런 도덕적 감정과 마주했다.

이런 경우 사람들은 종교에서 행위의 결정 근거를 영특함에서만 찾게 되며, 혹은 신의 불만을 예방할 수 있다고 믿는 행위를 신에 대한 두려움 때문에 행할 수도 있다. 이런 경우 종교는 단순한 미신에 불과할 것이다. 많은 감각적인 민족에게 종교는 다음과 같은 특징으로 나타난다. 즉 신 표상과 신이 인간과 맺는 행위 양식의 표상은 신이 인간적 감성의 법에 따라 작용하는 것에, 그리고 인간의 감성에 작용하는 것에만 한정된다. 도덕적 요소는 이 종교 개념에 아주 미미하게 뒤섞여 있다. 위에 기술한 미신이 미래

---

3) 〈헤겔 수고의 삭제된 내용〉 "종교가 작용하는 방식. a) 종교가 출구를 발견하기 위해 심정의 성질은 어떠해야 하는가?, b) 종교가 출구를 발견했다면 이 종교는 어떻게 작용하는가?"

에 대해 신에게 문의하고, 사업의 성공을 위해 신에게 도움을 요청하는 것들로 뒤섞여 있지만, 모든 것이 신의 논리에 의존한다는 감정이 동반하며, 도처에 믿음이 토대로 놓여 있지만, 혹은 적어도 운명 또는 자연 필연성에 대한 믿음 외에 '신은 정직한 자에게만 행복을 주고 부정직한 자와 교만한 자에게는 불행을 벌로 내린다'는 생각이 일어나지만, 그러나 행위의 도덕적 작용 원인이 종교에서 차용된다면, 신 개념과 신을 향한 예배 개념은 이미 도덕적이다. 즉 그 개념은 이미 감각적으로 규정된 질서보다 더 고귀하고 위대한 목적들을 의식하고 있음을 지시하고 있다.

주관종교는 선한 사람들에게 거의 동일하게 나타나며, 객관종교는 자신이 원하는 하나의 색채를 가질 수 있다. 나탄은,

저를 당신들에게 기독교인으로 만드는 것, 바로 그것이 당신들을 나에게 유대인으로 만들게 합니다

라고 말한다.[4] —— 왜냐하면 종교는 마음의 문제이기 때문이다. 이때 마음이란 종종 모순적으로 보일 수 있으며, 그래서 오성이나 회상에 의존하는 교리체계들과 대립된다. 종교에 대해 심사숙고한 사람들이, 다른 말로 하면 종교를 매우 자주 신학으로 변환시켜 믿음의 심성을 차가운 인식과 말의 향연으로 변화시키는 사람들이 언제나 가장 존경을 받는 자들은 아니었다.

종교는 오성에 의해 얻는 것이 거의 없다. 반대로 오성의 작용, 오성의 회의가 마음을 따뜻하게 유지하기보다는 차갑게 할 수 있다. 다른 민족의,

---

4) Gotthold Ephraim Lessing, *Nathan der Weise*(『현자 나탄』), IV, 7.

혹은 이교의 사유양식은, 사람들이 말하듯이, 수많은 모호함으로 가득 차 있다고 생각하는 사람, 그리고 자기는 다른 위대한 사람들이 보는 것보다 더 고귀한 통찰을 하고 있으며, 그들보다 더 멀리 보게 하는 오성을 소유하고 있기에 가장 뛰어나다고 뻐기는 사람, 바로 그런 사람은 종교의 본질을 모른다. 자기의 여호와를 제우스 혹은 브라마라고 부르는 참다운 신의 숭배자는, 참다운 그리스도인이 그러하듯 아이처럼 감사와 희생제물을 드린다. 만약 순수한 자연에 머물러 있는 선의 관점에서 순수함이란 가장 위대한 자선이며, 이 선에게 최고의 것, 가장 아름다운 것, 곡식과 양의 첫 열매를 드린다면, 아름다운 순수함이 누구의 마음인들 움직이지 못하겠는가? 구스타프 아돌프[5]가 뤼첸 전투에서 하나님 앞에서 겸손해진 것처럼, 만약 자신의 큰 행운에 대한 복수를 두려워한 코리올라누스[6]가 로마의 위대한 신이 아니라 (유대-기독교의) 하나님에게 겸손한 마음을 갖게 해달라고 부탁한다면, 누가 놀라지 않겠는가?

　　이러한 특징들은 모두 마음을 향해 있으며, 마음과 함께하려 하며, 정신과 감응의 단순함과 함께하고자 한다. 이 특징들은 차가운 오성과 함께하고자 하지 않는다. 다른 파당의 모든 사람들보다 (자기 파당의 가장 어리석은 자가―옮긴이) 더 현명하다는 생각은 분파 정신의 어두운 기만에서

---

5) [옮긴이] 구스타프 아돌프 2세(Gustav II Adolf, 1594~1632). 스웨덴의 왕으로 30년 전쟁 당시 루터파 지도자 중 한 사람으로 활동했으며, '북쪽의 사자'라는 별칭으로 가톨릭 세계에는 두려움의 대상이었다. 남부 독일뿐 아니라 오스트리아 지역까지 점령하였으나, 뤼첸 전투에서 전사한다.

6) [옮긴이] 코리올라누스(Gaius Marcius Coriolanus). 기원전 5세기경에 생존한 로마의 전쟁 영웅. 코리올라누스라는 이름은 그가 로마 남부 코리올리(Corioli)를 정복한 후 얻은 것이다. 그는 비참한 최후를 마친 것으로 알려져 있는데, 고대 그리스의 플루타르크(Plutarch)뿐 아니라 셰익스피어도 그의 일대기를 작품으로 형상화하였고, 베토벤도 소나타 형식의 코리올란 서곡을 작곡하여 그를 기렸다.

기인한다. 소크라테스는 최후의 순간, 건강의 신에게 한 마리의 닭을 바쳤는데, 이는 죽음을 치유로서 간주하고 신에게 감사드리는 것이었다. 하지만 어두운 기만에 놓여 있는 분파 정신의 소유자는 소크라테스의 최후의 순수한 의지에서 그의 아름다운 감성이 치유되었다고 말하지 않으며, 테르툴리아누스Quinrus Septirnius Florens Tertullianus가 『아폴로게티쿰』 *Apologeticum* 제46장에서 하고 있는 것처럼 음흉한 주석을 할 수 있을 뿐이다.[7]

『현자 나탄』에서 수도사 형제가 그러하듯, 만약 폐쇄적인 마음을 가지고서 하나의 행동에 대해 논리적으로 추론하는 데 많은 시간을 빼앗긴다면, 즉 마음이 오성보다 더 큰 소리로 말하지 않는다면 그 마음은 이미 크게 쓸모가 없으며, 사랑이 그 속에 거하지 않는다. 부패하지 않은, 순수한 마음의 소리와 오성의 독선의 대립을 보여 주는 가장 아름다운 한 예가 복음서에 나온다. 언젠가 예수는 좋지 않은 소문으로 가득한 한 여인이 자기 몸에 기름을 바르려 할 때 그녀에게 그 행위를 허락했다. 그녀는 예수에게 공개적으로, 주변 사람들의 정신이 번쩍 뜨이도록 그렇게 행동했는데, 예수는 그녀의 행위를 회개, 신뢰 그리고 사랑으로 가득한 아름다운 영혼의 토로로 인정하여 기쁨과 사랑으로 받아들였다. 하지만 이때 그의 사도들 중 몇 명은 차가운 마음을 가지고 있었다. 그래서 그들은 이 여인의 마음의 깊이를, 신뢰에서 나온 그녀의 아름다운 희생제물을 공감할 수 없었다. 그리고 그들은 자비에 관심이 있기나 하듯이 차가운 주석을 덧붙일 수 있었

---

7) "그(아이스쿨라피우스)의 아버지(아폴로)의 명예 때문에, 나는 아폴로가 소크라테스를 사람들 중에서 가장 현명한 사람이라고 칭찬했었다는 것을 믿는다"(Credo ob honorem patris eius (Aesculapii), quia Socratem Apollo sapientissimum omnium cecinit). [옮긴이] 아이스쿨라피우스(Aeskulapius). 그리스 신화에 등장하는 치료의 신으로서 아폴로의 아들이다.

다.[8] 테르툴리아누스가 『아폴로게티쿰』 제46장에서 '어떤 직공은 신을 능가한다'deum quilibet opifex [⋯]라고 말한 것이 의미 없는 언사이듯이, 훌륭한 겔레르트가 어디에선가 한 언사, 즉 '어린아이가 오늘날 이교의 가장 현명한 사람보다 신에 대해 더 잘 알고 있다'라는 언사는 이 얼마나 속이 텅 빈, 폭력적인 언사이던가?[9] 이는 마치 나의 선택 여하에 따라 냄새가 지독한 치즈의 포장용지로 사용할 수도 있을 만큼 하찮은 서랍 안의 도덕개요서가 가끔씩 불공정하게 행동하기도 하는 프리드리히 2세의 마음보다 더 가치가 있다고 말하는 것과 같다. 왜냐하면 테르툴리아누스의 '직공'opifex이나 교리문답서로 신학적 누룩을 주입 받은 겔레르트의 '아이'가 전체적으로 보아 도덕을 인쇄해 놓은 종이와 그렇게 큰 차이가 없기 때문이다. 이 양자에게는 경험을 통해 얻어진 의식이 거의 동일하게 결여되어 있다.[10]

계몽 — 오성을 통해 작용하고자 함

오성은 객관종교에만 봉사한다. 오성은 기본 명제를 해명하고, 그 명제들이 순수하게 서술되도록 기여한다. 오성은 뛰어난 열매를 갖는데, 예를 들어 레싱의 『현자 나탄』을 산출했다. 그리고 오성은 언제나 자기를 드높이

---

8) [옮긴이] 「요한복음」 12장에 나오는 이야기로 마리아는 자기 집을 방문한 예수의 발에 향유를 붓고 머리털로 발을 닦는다. 이때 가룟 유다는 "이 향유를 어찌하여 삼백 데나리온에 팔아 가난한 자들에게 주지 아니하였느냐"(5절)라고 하면서 그녀를 꾸짖는데, 예수는 유다의 이런 진술을 제지하고 그녀의 행위를 칭찬한다.

9) [옮긴이] 겔레르트(Christian Fürchtegott Gellert, 1715~69). 레싱 이전 가장 뛰어난 독일 계몽주의 작가 중 한 사람으로서 클롭슈토크, E. 슐레겔 등과 교제하였다. 그의 대표작은 풍자로 이뤄진 『우화와 이야기』, 『스웨덴 백작부인 G**의 생애』가 있다. 위에 인용된 글은 그의 시 「그리스도」에 나온다.

10) 여기에서 종이 한 장이 없어졌다.

는 그런 찬사를 받는다.

하지만 오성을 통해서는 그런 기본 명제가 실천적으로 되지 않는다.

오성은 주인의 취향에 맞도록 일을 하는 집사이다. 그것은 어떤 고통이나 사업에서도 정당성의 근거를 발견할 줄 안다. 오성은 특히 어느 순간에나 명석하게 있으면서 저질러진 혹은 저질러질 수 있는 실수에 아름다운 색조를 부여할 수 있는 자기애自己愛의 시종이다. 오성의 그러한 자기애는 자기가 자기 자신을 위해 그렇게 좋은 변명을 찾았다는 사실에 대해 종종 자신을 칭찬한다.

오성의 계몽은 영리하게 만들기는 하지만 더 좋게 만들지는 않는다. 덕도 영리함으로 환원된다면, 혹은 인간이 덕 없이 행복해질 수 없다는 사실을 인간에게 계산해 보인다면, 그런 계산은 궤변과 차가움으로 인해 행위의 순간에 효력을 발휘하지 못할 것이며, 삶에 결코 어떤 영향도 줄 수 없을 것이다.

가장 훌륭한 도덕을 가지고 있어서 보편적인 기본 명제에 대해서뿐 아니라 개별적인 의무와 덕에 대해 가장 정확한 규정들을 공지하고 있는 사람이 어디에 있을 수 있는가? 사람들이 실제 행동에서 수많은 규칙과 예외들을 생각해야 한다면, 영원히 불안하고 자신과 불화에 있는 그런 복잡한 행위 양식이 산출될 것이다. 도덕책을 쓴 사람은 사람들이 자기 책에 있는 규범의 적용 방법을 배워야 한다고 믿는 사람이 적어도 한 사람이라도 있기를 바란다. 혹은 그는 사람들이 자신의 모든 행위와 자신에게 닥친 모든 성향에서 그것이 인륜적인지 혹은 그것이 도덕적으로 허용된 것인지를 그의 도덕책에서 찾아봐야 한다고 믿는 사람이 적어도 한 사람이라도 있기를 바란다. 나쁜 성향은 결코 흥하지 않으며, 위대한 높이에 도달하지 못한다는 것 등, 이런 사실을 인쇄된 도덕이, 오성의 계몽이 수행할 수는 없다.

이런 부정적인 결과가 곧 캄페의 『테오프론』*Theophron*[11]이다. 이에 따르면 인간은 스스로 행동해서는 안 되며, 스스로 작용해서도 안 되고, 스스로 결정해도 안 된다. 그리고 타자를 스스로 행동하게 둬서도 안 된다. 이런 경우에 인간은 단순한 기계에 불과하다.

'한 민족을 계몽한다'는 말이 있다면, 이것은 이 민족의 경우 오류가 지배하고 있다는 것을 전제한다. 대부분의 민족들은 다소간 종교와 관련이 있는 민족의 선입견들을 가지고 있다. 그런데 이 선입견들은 감성에 근거하고 있다. 즉 그것들은 원인과는 아무런 관계도 없는 결과가 따라 나올 것이라는 그런 맹목적 기대에 근거하고 있다(일반적으로 원인을 통해 결과가 산출되는 것으로 여겨진다). 많은 선입견을 가지고 있는 민족에게 원인 개념은 대개의 경우 여전히 단순한 계열 개념에 기초해 있는 것처럼 보인다. 왜냐하면 이 계열들은, 이 계열들이 원인들을 말하고 있을 때에도, 드물지 않게 그 계열에 따라 나오는 결과들의 중간의 계기들을 생략하며, 그것들을 검토하지 않기 때문이다. 감성과 환상은 선입견의 근원이다. 저속한 민족들은 오성의 탐구에 의해 명백히 밝혀지지 않지만, 그럼에도 불구하고 올바른 그런 명제들을 그 근거들이 알려지지 않았다는 이유들 때문에 그저 믿음의 대상으로 여길 뿐이다. 그런 점에서 이 민족들에게 그런 명제들은 선입견에 불과하다.

선입견에는 따라서 두 가지 종류가 있을 수 있다.

a) 현실적인 오류

b) 현실적인 진리. 이때 이 진리는 이성을 통해 인식되는 진리처럼 통

---

11) Joachim Heinrich Campe, *Theophron oder der erfahrene Ratgeber für die unerfahrene Jugend*(『테오프론, 혹은 경험 없는 젊은이를 위한 경험 많은 상담자』), Hamburg, 1783.

찰되어서는 안 되고 신뢰와 믿음 위에서 인정되는 진리처럼 통찰되어야 한다. 따라서 이 경우 주관적으로는 어떤 더 위대한 공적도 나타나지 않는다.

따라서 그 민족의 선입견을 제거하고 그 민족을 계몽한다는 것은 (왜냐하면 실천적인 종류의, 즉 의지의 규정에 영향을 미치는 선입견은 완전히 다른 근원과 다른 결과를 갖기 때문이다. 그리고 여기서 이 문제에 대해 다루지 않을 것이다) 오성을 특정한 대상의 관점에서 숙련되게 하여, 한편으로는 오성이 오류의 확신과 폭력에서 실제로 벗어났다는 것을, 다른 한편으로는 이 오성이 근거를 가지고 현실적인 진리를 확신하게 된다는 것을 의미한다. 첫번째 것에만 국한해서 말한다면, 어떤 유한한 존재가 진리인 바를 결정하고자 하겠는가? 여기서 우리는 '인간의 앎이 보다 구체적으로 언급될 때 그것은 어떠해야 하는가'라는 질문만을 전제하고 있다. 그리고 인간적인 사회가 실제로 이뤄져야 한다고 한다면 사람들이 정치적인 관점에서도 보편타당한 원리들이 있다는 사실을 전제해야 한다. 이때 이 원리들은 건전한 인간 오성에만 드러나는 것이 아니라, (종교가 그 이름에 합당하려면) 모든 종교의 토대가 되어야 하는 그런 원리들이다. 물론 이 원리들이 여전히 아주 흉측할 수 있다.

α) 확실히 그런 원리가 많지는 않다. 그리고 그 원리들이 아주 일반적이고 추상적이기 때문에, 그리고 이성이 요구하듯 그 원리들이 순수하게 서술되어야 한다면, 이 원리들이 경험과 감각적 가상에 모순된다는 것은 확실하다. 왜냐하면 그 원리들은 경험과 감각적 가상의 규칙이 아니라 단지 사물들의 대립된 질서에만 적합할 수 있기 때문이다. 이렇듯 그 원리들이 그 민족으로부터 생동적인 인정을 얻기란 쉽지 않다. 그리고 그 원리들이 기억 속에 포함되어 있었다면 그 원리들은 아직 인간의 정신적인, 갈망하는 체계의 일부를 이루지 않는다.

β) 민족 전체에 일반적으로 받아들여지는 하나의 종교가 보편적 진리로 이루어져 있을 수는 없다. 그런 보편적 진리란 언제나 상당히 탁월한 인간들에게만 개방되어 있으며, 이들은 그 진리를 사랑과 온 마음으로 감싸는 자들이다. 따라서 한편으로 그 진리들에는 신실함과 믿음 위에서만 받아들여지는 첨가물들이 언제나 섞여 있어야 한다. 혹은 보다 순수한 명제들이 이해될 뿐 아니라 감성에도 적합한 것이어야 한다면 그 명제들은 거칠어질 것이며, 따라서 상당히 감각적인 덮개 안으로 숨겨져야 한다. 다른 한편으로 저 진리들은 신실한 믿음과 습관에 의해 그 필요성과 유용성이 부정되지 않는, 청년 시절부터 배워온 그런 관습도 역시 가지고 있어야 한다. 이렇듯 종교의 가르침들이 삶과 행위 속에서 영향을 미쳐야 한다면, 민중종교는 (그리고 종교라는 개념 그 자체에 이미 연결되어 있는 것은) 단순한 이성에 구축될 수 없다. 실정종교는 불가피하게 이 종교를 우리에게 전승해 준 그런 전통에 대한 신앙에 의존한다. 따라서 '우리는 전통이 알려 준 종교적 관례들에 대한 의무가 있다'라는 근거를 통해서만, '신은 그 관례들을 우리에게 좋은 것으로, 의무로 요구한다'는 믿음에 근거해서만 우리는 그 종교적 관례들을 확신할 수 있다. 하지만 이성적으로 통찰해 보면, 사람들은 관례들이 경건한 심정을 교화하고 깨닫게 하는 데 이바지한다고 주장할 수 있으며, 여기에서 관례들의 합목적성을 탐구할 수 있다. '신은 관례나 우리의 예배를 통해 영광을 받는 것이 아니며, 정의를 행하는 것이 그의 마음에 가장 합당한 예배이다'라는 사실을 내가 확신하자마자, 그러나 이 관례가 교화에 공헌한다는 사실을 통찰하자마자, 이 관례들은 나에게 박혀 있는 여타의 많은 가능한 인상들을 상실했다.

종교는 마음의 문제라고 했을 때와 동일하게, '하나의 종교가 종교이기 위해 이성적인 판단은 어느 정도까지 섞여도 되는지' 하는 질문이 제기될 수 있다. 감성의 발생, 공동으로 만들어져야 하고 경건한 감정에 의해 일깨워져야 하는 관례들, 이 관례들의 역사적 기원, 이 관례들의 합목적성 등, 이런 주제에 대해 깊이 생각해 보면, 이 문제들은 확실히 우리가 그것들을 바라볼 때마다 가지곤 하는 성스러운 후광을 상실하게 된다. 이는 마치, 만약 우리가 신학의 도그마를 교회사 연구와 더불어 깨닫게 될 경우 이 교리가 그 명성을 상실하고 마는 것과 같다. 하지만 그런 차가운 사변이 인간의 태도를 붙들지 못한다는 사실이 자주 목격된다. 교리가 위기에 처해서 찢겨진 마음이 보다 확고한 지주를 필요로 하는 경우에 특히 그렇다. 그리고 또한 전에는 인간의 행위에 위로가 되었던 교리에서 마음이 다시는 떠나지 못하게 하려고 이 교리가 점점 더 엄격하고 두려운 것으로 되고 있다는 회의가 엄습할 때도 그렇다. 그리고 귀가 오성의 학자연함을 의도적으로 막을 때 그렇다.

지혜는 계몽이나 추론과는 다소 다르다. 지혜는 학문이 아니다. 지혜는 영혼이 고양된 상태이다. 고양된 영혼은 경험을 통해 사변과 연결되어 있으며, 사념과 감각적인 인상에 종속되어 있지 않다. 그리고 고양된 영혼이 단순히 자족적인 혹은 자만하는 지혜가 아니라 실천적인 지혜라면, 이 영혼은 필연적으로 고요한 따뜻함에 의해, 부드러운 불에 의해 동반되어야 한다. 지혜는 거의 추론하지 않으며, 수학적인 방법으로 개념에서 출발하지 않는다. 그리고 바르바라와 바로코처럼 지혜는 추론의 계열을 통해 스스로 진리로 여긴 것에 도달하지 않는다. 사람들은 시장에서 좋은 가격을 제시하는 사람들에게 지식을 팔며, 또 사들인 신념을 번쩍이는 돈을 받고, 유통되는 외화를 받고 다시 팔 수도 있다. 하지만 지혜는 일반 시장에서 자신의 신념을 구입하지 않으며, 충족한 마음을 가지고 말한다.

오성의 도야, 오성을 우리의 관심을 끄는 대상에 적용하는 것, 이것이 바로 계몽인데, 계몽은 따라서 좋은 장점을 가지고 있을 뿐 아니라 의무에 대한 명확한 인식, 실천적 진리에 대한 계몽을 가진다. 하지만 의무 혹은 실천적 진리 그 자체가 인간에게 도덕성을 주는 것은 아니다. 그것들은 그 값어치에 있어서 선이나 마음의 순수함에 비해 무한히 뒤떨어진다. 따라서 그것들은 원래 비교될 수 없다.

쾌활함은 훌륭한 젊은이의 주된 특성이다. 환경 때문에 이 젊은이는 혼자 있기가 쉽지 않다. 이 젊은이는 덕스러운 사람으로 크겠다는 결정을 하지만, 책들이 그를 그런 덕스러운 사람으로 이끌 수 없다는 것을 알 만큼 아직 경험이 충분하지 않다. 이때 그는 아마도 지혜와 영특함을 담은 교설들을 자기 삶의 규준으로 삼기 위해 캄페의 『테오프론』을 읽을 것이다. 그는 아침과 저녁으로 한 장씩 그 책을 읽을 것이다. 그리고 '다음에는 무엇이 나올까?', '현실적인 완벽함이란?', '인간의 지식이란?' 그리고 '실천적인 영특함이란?' 등에 대해 온종일 생각할 것이다. 이런 질문에 대한 답은 수년간의 연습과 경험을 통해 얻어질 수 있다. 하지만 그가 캄페에 대한 명상과 캄페 노선을 벗어나는 데는 일주일도 안 걸릴 것이다. 더 목마르고 화가 난 그는 공동체를 유쾌하게 할 줄 아는 자만이 환영을 받는 그런 공동체에 가서, 유쾌한 마음을 가지고 있는 자에게만 음미되는 그런 기쁨을 수줍어하며 향유할 것이다. 스스로 불완전하다는 감정에 가득 찬 그는 모든 사람에게 몸을 구부린다. 여자와의 교우는 그를 유쾌하게 하지 않는데, 왜냐하면 어떤 소녀의 은근한 접촉으로 인해 타는 불을 혈관에 붓게 되지 않을까 그는 두려워하기 때문이다. 그리고 여자와의 교우는 그를 서툴고 어색하게 만들 뿐이다. 그는 그런 상태를 오랫동안 유지하는 것이 아니라 쌀쌀맞은 관리인의 감시를 털어버리고 더 편한 곳으로 갈 것이다.

계몽의 위대한 찬양자가 계몽에 대해 한 말을 계몽이 수행해야 하고,

계몽이 그 칭송의 말에 어울리는 결과를 가진다면 이 계몽은 참된 지혜이다. 그렇지 않을 경우 계몽은 많은 연약한 형제들보다 자신이 더 많은 것을 가지고 있다고 상상하는 자신의 태도를 드높이며 우쭐대는 사이비 지혜에 더무를 것이다. 계몽의 이런 오만은 글을 통해 새로운 통찰을 얻게 됨으로써 지금까지 함께 가지고 있었던 자신들의 믿음을 포기하기 시작한 대부분의 젊은이나 사람들에게서 발견된다. 이 사람들에게서 종종 허영심이 가장 눈에 띈다. 인간의 형용할 수 없는 어리석음에 대해 아주 많은 말을 할 수 있는 사람, 한 민족이 그런 선입견을 갖는다는 것은 가장 우둔한 것임을 아주 세밀하게 증명하는 사람, 그리고 이때 '계몽', '인간의 인식', '인류의 역사', '행복' 그리고 '완전성' 등과 같은 말들로 자기 주변을 감싸는 사람, 바로 이런 사람은 계몽의 수다쟁이에 불과하며, 김빠진 '만병통치약'을 팔려고 호객행위하는 잡상인에 다름 아니다. 그들은 민숭민숭한 언어로 씹어대며, 성스러운 것, 즉 인간적 감성의 부드러운 직물을 무시한다. 재잘거리며 지껄이는 그런 예들을 사람들은 자기 주변에서 들을 수 있다. 어떤 사람들은 그런 예를 스스로 경험했다. 왜냐하면 모든 것이 완전히 기록되는 우리 시대에 이런 교육과정은 매우 흔한 일이기 때문이다. 전에는 자기 영혼의 한 죽어 있는 단락으로만 머물러 있었던 것을 삶 속에서 더 많이 이히하는 법을 배우고자 하는 이런 저런 사람이 있을 수 있다. 하지만 그 사람은 책을 통해 얻은 박식함이 너무 많아서 그의 위 속에는 그것들이 아직 소화도 되지 않은 채 머물러 있는 경우가 많다. 위는 그런 것들로 가득 차 있어서 보다 건강한 영양분이 들어오는 것을 방해한다. 따라서 위는 몸의 다른 부분에 자양분이 흘러가는 것을 방해할 뿐이다. 살찐 외모가 건강하다는 가상을 줄 수 있지만, 이 때문에 모든 지체에 수액이 없는 점액질로 가득해서 자유로운 운동을 잘 할 수 없게 된다.

계몽적 오성의 한 가지 일은 객관적 종교를 인지하는 것이다. 하지만 만약 인간을 고양하고, 인간을 위대하고 강한 심성의 소유자로, 고귀한 감정의 소유자로, 결단력 있는 자립적인 사람으로 교육해야 할 경우 오성의 힘이 큰 역할을 수행하지 못한다. 동시에 오성의 산물, 즉 객관종교 역시 이 일에서 큰 비중을 차지하지 못한다.

만약 인간의 오성이 그의 작품을, 즉 신에 대한 지식과 인간의 의무와 자연에 대한 지식이라는 거대한 건물을 바라볼 경우 이 오성은 자부심에 가득 찬다. 그런데 오성은 이 건물을 짓기 위한 건축 기계와 자재를 스스로 산출했다. 오성은 바로 그것들로 건물을 완성했으며, 계속하여 그 건물을 더 아름답게 하거나 아름다운 장식들로 꾸며 나간다. 하지만 모든 인류가 매달려 작업한 그 건물이 층수를 더해 가고 완성되어 가면 갈수록 그 건물은 각 개별자와 그만큼 상관없게 된다. 이 보편 건축물을 복사하여 그것으로부터 뭔가를 모으고자 할 뿐, 거주할, 지붕과 공작실을 갖춘 집을 스스로 짓지 않는 사람은 자신의 삶을 스스로 짜지 않는 글자 인간이다. 이에 반해 자기 스스로 지은 집에서 인간은 온전히 평안을 느낀다. 그는 날것의 상태로 놓여 있는 돌들을 완전하게 다듬지는 않지만, 그 돌을 적재적소에 배치하고, 그 돌들을 손으로 직접 나른다.

궁궐을 모형 삼아 저 커다란 집을 지은 사람은, 루이 14세가 베르사유 궁전에 살듯이, 그 속에 산다. 루이 14세는 자기 소유의 방들을 속속들이 알지 못하며, 단지 아주 조그마한 캐비닛을 채울 수 있을 뿐이다. 이에 반해 자기 조상이 지은 조그만 집에서 대대로 살아 온 사람은 나사 하나하나에 대해, 그리고 조그만 옷장에 대해 그 용도와 역사를 아주 잘 전달할 수 있다. 이것은 레싱의 『현자 나탄』 V, 6에서 레카가 한 말과 같다.

대부분의 것에 대해 나는 말할 수 있지요,

어떻게, 어디에서 그리고 왜 내가 그것을 배웠는지.

인간이 자기 것이라고 부를 수 있는 조그만 집은 종교를 구축하는 데 도움을 주어야 한다. 하지만 종교는 그 집을 짓는 데 얼마나 도움을 줄 수 있을까?

순수한 이성종교에서 사람들은 정신과 진리 안에서 신에게 기도하며, 덕만이 신에 대한 예배로 정립된다. 이에 반해 물신신앙은 선한 의지와는 다른 것을 통해 신에게 아첨할 수 있다고 믿는 신앙이다. 그런데 '이성종교와 대립하고 있는 물신신앙은 아무런 값어치도 없으며', '양자는 서로 완전히 다른 종류의 신앙이고', '물신신앙을 점점 더 이성종교로 인도함으로써 그 신앙을 배제하는 것이 인류를 위해 아주 중요하다'고 할 만큼 순수한 이성종교와 물신신앙은 큰 차이가 있다. 그렇다면 다음과 같은 질문, 즉 '정신즉 보편교회는 이성의 이상에만 머무는지', 그리고 '물신신앙의 가능성을 제거하는 공공종교의 확립이 가능하기라도 한지'라는 질문이 제기된다. 이는 마치 a)부정적으로는, 문자와 관례에 가능한 한 매달리지 않게 하기 의해서, 그리고 b)긍정적으로는, 민족이 이성종교로 이끌려 이 신앙에 대한 감수성을 얻게 하기 위해서 민중종교가 세워져야 한다고 말하는 것과 같다.

도덕에서는 성스러움의 이념이 인류의 최고점이며, 추구되는 최종점이라고 할 수 있다. 이 경우 어떤 사람들은 '그런 이념이란 인간이 도달할 수 없는 것'이며, '인간은 법에 대한 순수한 존경 외에도 감성과 관련이 있는 다른 추동력을 필요로 한다'라고 말하면서 이의異意를 제기할 수 있다. 그런데 이 사람들은 많은 사실들을 증명하지 못한다. 예를 들어 '인간은 저 이념에 접근하려고 영원토록 노력할 필요 없이 조야함에, 인륜성을 얻고자 하는 강력한 기질에, 그리고 적법성만을 산출하는 많은 사람들에게 만족해야 한다는 것'을 증명하지 못한다(그런데 적법성을 산출하기 위한 어떤 순수한 인륜적 추동력도 필요하지 않으며「마태복음」19장 16절 참조][12], 이 추동력을 위해 그들은 거의 어떤 감각도 가지고 있지 않다). 또한 그들은 '조야한 감성이 순화되기만 하면, 적어도 어떤 고귀한 것에 대한 관심이 일깨워지기만 하면, 혹은 원래부터 동물적인 욕망 대신 이성의 영향을 더욱 많이 받을 수 있고, 도덕적인 것에 더욱 가까이 다가가는 감수성들이 일깨워질 경우, 이것은 이미 그 자체가 유익함이다'라는 사실도 증명하지 못한다. 혹은 '인륜의 커다란 외침이 다소 김빠질 경우 도덕적 감수성의 발아는 단지 가능적일 뿐이라는 것, 따라서 이런 단순한 문화 전체는 이미 그 자체가 유익함이다'라는 사실을 거의 증명하지 못한다. 그들은 '인류 혹은 개별자 인간은 비도덕적인 추동력을 갖지 않을 수 있다'라는 말이 이 땅에서 개연성이 거의 없음을 보이고자 할 뿐이다. 따라서 비록 도덕적이지 않고, 법에 대한 존경에서 나온 것도 아니며, 따라서 완전히 확고하고 확실하지도 않고, 그 자체 가치를 가지지도 않으며, 다시 주목을 끌지도 못하지만, 그러나 사랑할 만한 가치가 있고, 나쁜 경향들을 방해하며, 인간의 탁월함을 촉진하는 그런 감성들이 우리의 본성에는 여전히 뒤섞여 있다. 모든 선한 종류의 경향들, 동정, 자애로운 마음, 우정 등이 바로 이런 종류의 것이다. 자기의 부

---

12) [옮긴이]「마태복음」19장 16절 이하. 한 부자 청년이 예수에게 찾아와 무슨 선한 일을 해야 영생을 얻는지 묻는다. 예수가 성경에 기록된 계명들을 다 지키라고 하자 이 청년은 모두 지켰으며, 아직 무엇이 부족한지 묻는다. 예수는 "네가 온전하고자 할진데 가서 네 소유를 팔아 가난한 자들을 주라"라고 말한다. 이때 부자 청년은 근심하며 돌아간다. 예수는 온전함의 근거가 계명의 문자적 추종에 있는 것이 아니라 그 정신에 있음을 보인 것이다. 여기서 헤겔은 적법성이 아니라 마음이 종교의 본질임을 말하고자 한다.

드러운 실들을 전체 직물에 스며들게 해야 하는 도덕적 감정 역시 경향의 범위 내에 머물고 있는 이런 경험적인 특성에 속한다. 경험적인 특성의 근본 원리는 사랑이다. 그런데 사랑이 다른 사람 안에서 자신을 발견하는 것인 한에서, 혹은 더 정확히 말해서 사랑이 자기 자신을 망각하고 자신을 자기 실존에서 끌어내 타자 안에서 살고 느끼고 활동하는 한 이 사랑은 이성과 유사성을 갖는다. 이와 마찬가지로 보편적으로 타당한 원리로서의 이성은 모든 이성적 존재 안에서 자기 자신을 지성적 세계의 시민으로 다시 인식한다. 인간의 경험적 특성이 비록 '하고 싶음'과 '하고 싶지 않음'에 의해 촉발되지만, 사랑은 행위의 병리적 원리이긴 하지만, 이기적이지는 않다. 사랑은 자기 행위에서 발생하는 기쁨이 감성에서 혹은 어떤 열정의 만족에서 발생하는 기쁨보다 더 순수하고 오랫동안 지속된다는 것을 이미 계산했기 때문에 그렇게 행동하는 것이 아니다. 그것은 따라서 자아가 결국에 최종 목적으로 드러나는 세련된 자기애의 원리가 아니다.

그런데 단적으로 말해서 경험주의는 근본 명제의 성립에 적합하지 않다. 그러나 '인간에게 어떻게 영향을 주어야 하는가'라는 말을 하게 될 경우, 있는 그대로의 인간이 취해져야 하며, 직접적으로 그의 자유를 고양시키지는 않지만 자기 본성을 고귀하게 할 수 있는 모든 선한 욕망과 감성들이 추구되어야 한다. '환상과 마음은 불만을 갖지 않는다는 것', '환상은 위대하고 순수한 상들로 채워지고, 마음속에는 자애로운 감정이 일깨워진다는 것' 등은 민중종교에서 특히 가장 중요한 것이다. 환상과 마음이 모두 좋은 방향을 향하고 있다는 것은 위대하고 숭고한 대상을 갖는 종교에서 아주 중요하다. 양자는 너무 쉽게 자기들만의 길을 내거나 혹은 잘못된 길에 접어들 수 있다. 이런 잘못된 길에서 다음 두 가지 중 하나가 발생한다. 즉 i) '마음은 잘못된 표상과 자신의 편리에 현혹되어 외부의 사물에 매달리거나 아니면 겸손이라는 빈천한, 잘못된 감정에서 자양분을 발견하고서 신에게 예배드린다고 믿는다. 또는 ii) '환상은 사물들을 단순히 우연적인 계열들로 나타날 뿐인 원인과 결과로 연결하여 자연에 반하는 비범한 결과를 약속한다.' 잘못된 길에서 이런 두 가지 중 하나가 발생한다. 인간은 아주 다양해서, 인간으로부터 모든 것이 만들어질 수 있다. 그렇게도 다양하게 얽혀 있는 인간의 감성의 직물은 그만큼 많은 끝들을 가지고 있으며, 그래서 모든 것은──어떤 것은 조화롭게, 다른 것은 그렇지 않게── 이 직물에 연결될 수 있다. 따라서 인간은 가장 바보스러운 미신도, 가장 계급적이고 정치적인 노예제도도 만들 수 있었다. 이 아름다운 자연의 직물들을 이 자연에 적합하게 고귀한 끈으로 엮는 것이 무엇보다 민중종교의 일이어야 한다.

민중종교는 특히 상상력과 마음에 강하게 영향을 미침으로써 영혼에 활력과 열광을, 즉 위대하고 숭고한 덕에 불가피하게 필요한 정신을 불어넣는 것을 목적으로 한다는 점에서 사적종교와 구별된다. 각자의 특성에 맞는 개별자의 학습, 의무의 충돌 상황에 대한 가르침, 덕의 특별한 촉진 수단, 그리고 개별자의 고통과 불행의 상황에서의 위로와 재기 등은 종교로 나아가기 위한 개인의 도야에 속한다. 사적종교가 공공종교로 될 수 없는 이유는 다음에서 드러난다.

a) 의무의 충돌 상황에 대한 가르침. 의무의 종류는 너무 다양하여서, 나는 '정직한 혹은 경험이 많은 사람의 충고'를 통해, 혹은 '의무와 덕은 최고의 근본 명제'라는 신념을 통해 ──이 신념은 전에 부득이 공공종교를 통해 확고하게 되었고 나의 행위의 규준으로 될 수 있었다── 나의 양심에 가책이 없도록 내 자신을 도울 수 있다. (위에서 말한) 도덕 수업과 같은 공공의 학습은 너무 건조하고 또한 할 수 있는 것이 거의 없어서 심정은 행

위의 순간 순수한 궤변적인 규칙에 의해 규정될 수 있다. 혹은 덕을 위해 요청되는 결연함이나 힘과는 완전히 대립되는 영원한 소심함이 산출될 것이다.

b) 만약 덕이 가르침과 수다의 산물이 아니라, 비록 적당한 돌봄을 필요로 하긴 하지만 자신의 충동과 힘으로 성장하는 식물이라고 한다면, 온실에서 숙성시키듯이 덕을 숙성시키기 위해 인간이 고안한 수많은 인공물들은 쉽게 부패한다. 이런 인공물에는 인간을 야생에서 자라게 할 때보다 훨씬 더 인간성이 없을 수 있다.[13] 공적인 종교 교육이 그 본성상 반드시 산출하는 것은 다음과 같다. 즉 이 교육에서는 오성이 신 이념에 대해, 그리고 우리와 신의 관계에 대해 계몽될 뿐 아니라, 또한 이 교육에서 사람들은 다른 모든 의무들을 우리가 신에 대해 갖는 의무들로부터 유도해 내고자 하며, 우리에게 이 의무를 더 인상적으로 만들고 그 의무를 더 구속력 있는 것으로 생각하게 하고자 한다. 그런데 이 유도는 추구된 것, 즉 멀리서부터 가져온 것이며, 그런 점에서 하나의 결합을 표현한다. 이 결합 속에서 오성은 종종 아주 가장되어 있고, 적어도 평범한 인간의 감각에는 납득이 되지 않는 연관성을 통찰할 뿐이다. 그리고 의무를 위한 행위 근거들이 많이 끌려나올수록 사람들은 이 의무에 대해 그만큼 더 차갑게 대한다.

c) 슬픔 속에서 유일하게 참된 위안은 (아픔에는 어떤 위로도 없다. 이 아픔은 영혼의 강함에 의해서만 극복된다) 신의 섭리에 대한 신뢰이며, 모든 다른 것은 마음으로부터 이끌려 나온 공허한 수다에 불과하다.

---

13) [편집자] 로젠크란츠(Johann Karl Friedrich Rosenkranz)는 『헤겔의 생애』(*Hegels Leben*) 부록 467쪽에서 바로 이 부분에 다음의 글이 덧붙여 있다고 한다. 즉 "도덕적 수다라는 사해(死海)바다에 일찍이 몸이 담겨진 인간은, 아킬레스가 그러하듯, 불사신으로 나올 수 있지만, 그 속에서 인간적인 힘은 익사하고 만다."

민중종교는 어떤 성질을 가져야 하는가? (민중종교가 여기서 객관적으로 다뤄진다.)

a) 객관적인 교설의 관점에서

b) 제례의식의 관점에서

A.

I. 그 교설은 보편적 이성에 근거해 있어야 한다.

II. 환상, 마음, 그리고 감성이 공허하게 되어서는 안 된다.

III. 민중종교는 삶의 모든 욕구, 공적인 국가 행위가 이 종교와 연결되게 하는 특성을 가져야 한다.

B. 민중종교는 무엇을 피해야 하는가?

물신신앙을 피해야 한다. 그 중에서도 특히 계몽에 대해 장광설을 늘어놓음으로써 이성의 요구에 부응했다고 믿는 것, 교조적인 교설에 붙들려 영원히 서로 으르렁거림으로써 자신도 타자도 개선되지 못하게 하는 것은 말 많은 우리 시대에 가장 흔하게 나타나는 현상이다.

I.

교설의 권위가 신적인 계시에 근거해 있다고 하더라도, 그 교설은 인간의 보편적 이성에 의해 권위를 인정받아야 한다. 또한 그 교설은 개별적인 인간이 그 교설을 주목할 경우 그가 스스로 이성의 책무를 통찰하고 느끼게 해야 한다. 신을 만족시키기 위해 우리에게 특별한 수단을 제시하거나 아니면 도달 불가능한 대상들에 대한 보다 높은 지식과 보다 명확한 해명을, 그것도 환상을 위해서가 아니라 이성을 위해서 그런 해명을 하겠다고 약속하는 교설들이 있다. 그런데 이런 교설들은 언젠가는 생각하는 사람들의 공격 대상이 되며, 싸움의 대상이 된다. 이 싸움에서 실천적인 관심은 없다. 혹은 싸움이라는 속성 때문에 관용이 없는 정밀한 상징들이 제시될 뿐이다. 이런 교설들은 확실히 그렇게 되는데, 왜냐하면 이 교설들은 이성의 참다운 욕구나 요구들과 부자연스러운 관계를 가질 뿐이며, 그럼에도 불구하고 이 관계가 습관을 통해 굳어지면, 이 교설은 쉽게 오용되어, 결국 도덕성과 직접적으로 관련이 있는 순수하고 참다운 실천적 계기들의 중요성에 결코 도달하지 못하기 때문이다.

그런데 참다운 교설들은 단순해야 한다. 그것이 이성의 진리들이라면, 이 교설이 현학적인 장치를 필요로 하는 것도 아니고 수고로운 증명을 할 필요도 없다는 바로 그 이유 때문에 그것은 단순하다. 계율들이 쌓여서 인공적으로 배열되고, 바로 그 때문에 더 많은 예외 조항을 필요로 하는 교설들보다 이 단순한 교설은 심정에, 행위를 위한 의지의 규정에 더 많은 정력을 쏟아 부으며, 민족정신의 도야에 훨씬 더 많은 관심을 보인다.

이런 보편적인 교설은 동시에 인간적이어야 한다. 이것은 물론 크고 어려운 요청이다. 이때 인간적이란 말은 이 교설이 한 민족의 정신문화와 도덕성의 단계에 적합해야 한다는 것을 의미한다. 인간에 가장 관심을 갖는 가장 숭고한 이념들 중 몇 가지는 일반적으로 규율로 받아들여지기 쉽지 않다. 이 이념들은 거의 검증되지 않은, 오랜 경험을 통해 지혜로 굳어진 인간의 소유물에 불과한 것처럼 보인다. 받아들여지기 힘든 그 규율들은 사람들 가운데 확고한 신앙으로, 혹은 신앙과 같은 위치에 놓이게 되었으며, 그들에게 결코 흔들림 없는 신념이다. 현명하고 선한 섭리에 대한 믿음이 특히 이러한 종류의 것이다. 이 믿음이 생동적이고 공정할 경우 신에 대한 총체적인 복종은 이 믿음과 굳게 연결되어 있다.

기독교 공동체에서 강론되는 것은 모두 신의 엄청난 사랑으로 환원되며, 모든 것은 결국 신의 사랑에서 기인한다. 더 나아가 신은 연년세세 우리에게 가까이 있고 현재하는 것으로 생각되며, 우리에게 발생하는 모든 것에 영향을 미치는 것으로 생각된다. 바로 이런 교설과 이와 관계 있는 모든 것이 기독교 공동체에서 주된 가르침이다. 그리고 이 교설은 우리의 도덕성이나 우리의 가장 성스러운 것과 필연적인 관계에 있지 않다고 한다. 오히려 그 교설은 신의 빈번한 보증을 통해서 또는 우리에게 그것이 모순되지 않다고 확신시키는 다른 요소들에 의해서 완전한 확신으로 고양된다. 그런데 낙뢰와 차가운 밤에 의해서도 신의 섭리에 대한 신뢰와 이 신뢰에서 기인하는 신의 의지 안에서의 인내심 있는 복종이 소심한 것으로 될 수 있다는 것을 우리는 수많은 경험에서 본다. 그리고 동시에 조급해하지도 않고 잘못된 희망에 대해 분노하지도 않으며, 불행에 대해 불쾌해하지도 않는 것이 현명한 사람의 특징임을 우리는 수많은 경험에서 본다.

신에 대한 신뢰를 저버리지 않고 신에 대해 불만족하지 않게 하는 것은 기독교적인 천민에게 그나마 젊어서부터 그칠 줄 모르는 기도 습관을 갖게 하는 것, 그리고 기도는 확실히 성취된다고 약속함으로써 그들에게 기도의 최고의 필요성을 설득하는 것이다.

더 나아가 도처에서 고통당하는 인류를 위해 불행 중에 필요한 엄청난 양의 위로의 근거들이 만들어졌다. 그래서 일주일 간격으로 아버지와 어머니를 여의지 않는 것, 이유 없이 두들겨 맞지 않는 것 등은 (위로의 근거가 없기에―옮긴이) 결국에 유감스런 일이 될 수가 있다. 여기에서 취해진 고찰 과정은 다음과 같다. 즉 믿을 수 없는 명민함으로 사람들은 가장 멀리 있는 것에 대한 물질적·도덕적 영향력을 추구하면서 지혜를 짜냈으며, 이것을 섭리의 목적으로 제시함으로써 인간에 대한 (신의―옮긴이) 섭리의 계획에 대해, 일반적으로뿐 아니라 가장 세세한 부분에까지, 좀 더 가까운 통찰에 도달했다고 믿게 되었다.

하지만 우리가 성스러운 외경에 눌려 침묵하는 데 만족하지 않을 때 그 즉시 일어나는 가장 일반적인 현상은, '유통되고 있는 많은 이상적인 이념들에 의해 —이런 이념이 저속한 민족에게는 없다— 어떤 기질이 강화되는지', '어느 것이 신의 의지에의 복종과 만족을 촉진시키는 데 기여하지 못하는지' 등 그들의 길을 스스로 정복하고자 하는 불손함이 나타난다는 점이다. 그리스인들의 믿음을 이 믿음과 비교해 보는 것은 매우 재미있을 것이다. 한편으로, 그리스인들의 신앙의 근저에는 '신들은 선한 사람을 좋아하며, 악은 무서운 복수의 여신의 재량에 맡겨져 있다'는 관념이 놓여 있다. 그들의 신앙은 이성의 심오한 도덕적 욕구 위에 구축되었으며, 동시에 감성의 따뜻한 훈기를 통해 훈훈하게 생동하였다. 즉 그들의 신앙은 '모든 것은 최고의 것을 지향하고 있다'는 결코 참다운 삶으로 옮겨질 수 없는, 개별적인 사건에서 연역된 차가운 확신에 기초해 있지 않다. 다른 한편, 그리스인들에게 불행은 불행이었고, 고통은 고통이었다. 발생한 것은 변경될 수 없었고, 그 사건의 의도에 대해 그들은 궁리할 수 없었다. 왜냐하면 그들의 운명(μοίρα, 운명의 여신)은, 즉 그들의 필연적인 숙명(ἀναγκαία τύχη)은 맹인이었기 때문이다. 그들은 모두 이런 필연성에 아주 자발적으로 체념하였다. 그래서 그들은 적어도 몇 가지 장점을 가지는데, 즉 젊어서부터 필연성에 익숙해 있어서, 필연적인 사건을 훨씬 쉽게 견뎌낼 수 있는 장점, 다른 말로 하면 불행이 아픔으로, 그리고 이 아픔이 분만한 고통으로 나아갈 수 있지만, 이 불행이 훨씬 더 힘든 —견뎌내기 어려운— 화, 불쾌, 불만족을 산출하지는 않는다는 장점을 갖는다. 이러한 신앙은 한편으로 자연 필연성의 도도한 흐름에 대한 존경이며, 동시에 인간은 신에 의해 도덕법에 따라 지배된다는 신념이다. 그렇기 때문에 이 신앙은 신의 숭고함과 인간의 연약함에, 그리고 인간의 한계와 자연에의 종속성에 적합한 것처럼 보인다.

보편 이성에 기초한 단순한 교설은 민족의 도야의 정도와 밀접한 관련이 있다. 그리고 민족의 도야는, 비록 우선은 성의 외벽을 따라서, 그리고 감각적인 환상의 그림과 관련해서이긴 하지만, 그 변화에 따라 저 교설을 점차 변경시킬 것이다.

이러한 교설이 보편적 인간 이성에 기초해 있을 경우, 이 교설은 그 특성상 특정한 목적을 갖는데, 이 목적은 한편으로는 그 교설 자체를 통해, 다른 한편으로는 이 목적과 연결된, 강력하게 파고드는 제례의식이라는 마술을 통해 민족의 정신에 크게 영향을 미친다. 따라서 이 교설은 시민적인 정의의 문제에 참견하지 않으며, 부당하게 사적인 검열을 행사하지도 않는다. 그리고 이 교설의 형식은 단순하기 때문에, 이 교설은 이 교설 자체에 대해 쉽게 논쟁하게 할 것이다. 그리고 그 교설은 실정적인 것을 요구하여 확정하지 않기 때문에, 그리고 이성의 입법은 단지 형식적인 것이기 때문에, 그런 종교에서 제사장의 지배욕구는 제약된다.

II.

민중종교이고자 하는 모든 종교는 필연적으로 마음과 환상의 문제를 다루어야 한다. 가장 순수한 이성종교도 인간의 영혼에, 아니 오히려 민족의 영혼에 구현되어 있다. 방탕한 모험을 예방하기 위해, 또한 환상에 아름다운 길을 —— 그러면 환상은 저 길을 꽃들로 수놓을 수 있을 것이다 —— 보여 주기 위해 신화를 종교와 연결하는 것은 아주 좋을 것이다. 기독교의 가르침은 대부분 이야기(역사)와 연결되어 있거나 아니면 이야기(역사)로 서술되어 있다. 그리고 그 무대는, 비록 평범한 인간들이 그 위에서 공연하고 있지는 않지만, 땅이다. 따라서 여기에서 잘 인식될 수 있는 목표가 환상에게 표상되지만, 여전히 환상을 위한 자유로운 여유 공간이 수없이 남겨져 있다. 그래서 환상이 검은 쓸개즙으로 채색될 경우, 무시무시한 세계가 그려질 수 있으며, 다른 한편에서 그것은 아주 쉽게 유치해질 수도 있다. 왜냐하면 원래 사랑스러운 것, 감성으로부터 가져온 아름다운 색들은 우리 종교의 정신을 통해 배제되어 있으며, 우리는 너무 이성적이고 말 많은 사람들이어서 아름다운 그림을 사랑할 수 없기 때문이다. 제례의식과 관련해서 보자면, 한편으로 어떤 민중종교도 제례의식 없이는 생각될 수도 없고, 다른 한편으로는 이 제례의식이 종교의 본질이 아님을 천민들에게 납득시키기보다 더 어려운 것은 없다.

종교는 세 가지로 이루어져 있다. a) 개념들, b) 본질적인 관습, c) 제례의식. 특정한 자선행위와 은혜의 행위는 우리 그리스도인들에게 의무로 규정되어 있으며, 이를 수행함으로써 그리스도인들을 더 완전하고 더 도덕적으로 만든다. 그런데 우리가 세례와 만찬을 이런 자선행위나 은혜처럼 하나의 의례라고 생각해 보면, 이 세례와 만찬은 이류에 속하며, 우리가 위의 세례의식, 만찬을 단순히 경건한 심정을 일깨우려는 목적과 결과의 수단으로 간주한다면, 그것들은 삼류에 속한다.

헌신 역시 이러한 문제에 속한다. 하지만 헌신은 제례의식에 비본래적인 것이라 할 수 있다. 왜냐하면 헌신은 자신이 관련 맺고 있는 종교에서 본질적이며, 건물 자체에 속하는 것인 반면, 제례의식은 이 건물의 장식품, 형식에 불과하기 때문이다.

헌신 역시 두 가지로 고찰될 수 있다.

a) 한편으로 헌신은 속죄 제물로, 면죄로, 무서운 육체적 혹은 도덕적 형벌을 벌금으로 대체하는 행위로서, 그리고 주인 혹은 상벌 집행자의 잃어버린 은총을 얻으려는 아첨으로 신들의 제단에 바쳐진다. 이런 행위가 이성에 모순되고 도덕 개념에 맞지 않다고 정당하게 질책함으로써 그런 관습을 무가치하다고 판결할 수 있다. 하지만 동시에 헌신의 이념이 (아마도 기독교 이외에) 그 어디에서도 실제로 그렇게 터무니없이 존재하지 않았다는 사실이 고려되어야 한다.[14] 이 헌신의 행위에는 순수하진 않지만 가치 있는 정서들이 등장한다. 예컨대 성스러운 존재에 대한 경외감, 이 성스러운 존재 앞에서의 겸손과 회개의 마음, 평안을 찾아 회개하는 고통스런 영혼이 이 존재에 안착하여 얻는 신뢰감 등, 이런 정서들의 가치가 오인되어서는 안 된다. 순례자는 자기의 죄의 짐에 억눌린 나머지 자신의 평안함, 아내, 자식 그리고 자기 조국을 떠나 맨발로 그리고 털옷을 입고 세계를 돌아다닌다. 그리고 자기의 발에 고통을 주기 위해 그는 길도 없는 지역을 찾아다니며, 눈물로 성지들을 적시며, 투쟁하는, 찢어진 그의 정신을 위해 평안을 추구한다. 그는 눈물을 쏟아 내고 참회하는 가운데 마음이 가벼워지는 것을 느낀다. 당시와는 다른 개념들을 사용하는 시대에 살고 있어서, 최초의 분위기를 현재의 개념으로는 더 이상 산출할 수 없게 된 그는 '여기에서 예수가 거닐었다', '여기에서 예수가 나를 위해 십자가에 매달렸다'는 생각에 다시 용기를 얻으며, 다시 힘과 자신에 대한 신뢰를 얻는다. 이런 순수한 마음을 가진 순례자가 '저는 그런 인간들보다 더 분별이 있습니다'라

---

14) 〈여백에 기록된 글〉 "기독교 교회 밖에서는 기껏해야 한 방울의 향유가 범죄자의 영혼에 떨어졌을 뿐이며, 그의 양심은 (한 민족의 그러한 도덕적 부패의 예가 도대체 존재할 수 없을 것이기 때문에) 만족하지 못했다."

고 말하는 바리새인의 감정을[15] 우리에게 생각나게 할까? 아니면 이 성스러운 감정들이 우리에게는 조롱의 대상이 되지는 않는가? 그런 참회 역시 내가 여기에서 말한 일종의 헌신, 즉 저 참회를 발생시킨 것과 동일한 정신으로부터 인도된 헌신이다.

b) 보다 부드러운 풍토에서 나온, 보다 유순한 다른 형태의 헌신이 있다. 이러한 형태의 헌신은 감사와 호의에 기초해 있는 아마도 더 근원적이고 보편적인 헌신의 형태이다. 여기에는 인간보다 더 숭고한 존재에 대한 느낌이 있었으며, 모든 것에 대해 그분에게 감사해야 하고, 순수하게 드린 것을 그분이 거절하지 않는다는 의식이 있었다. 또한 여기에는 모든 사업의 시작 때 그분에게 도움을 요청하는 심정, 매 기쁨과 도달된 행복의 순간에 그분을 생각하고, 매 행운의 기쁨 앞에서 네메시스를[16] 우선 생각하는 심정, 그분에게 모든 상품의 첫번째 것과 모든 상품의 꽃을 드리며, 이 존재를 초대하고서 이분이 인간 주변에 친근하게 머물기를 희망하는 심정이 있었다. 이러한 헌신의 심정은 죄에 대한 생각과는 떨어져 있었으며, 이 죄에 합당한 형벌이 속죄되었다는 생각과도 동떨어져 있었다. 혹은 이 심정에서는 '네메시스는 이런 생각을 통해 만족하며, 그래서 인간에 대한 자기의 요구를, 그리고 도덕적 균형을 산출하는 자기의 법을 포기했다'는 이유로 자기 양심이 설득되지 않는다.

---

15) [옮긴이] 헤겔은 바리새파 사람들의 오만함에 대한 예수의 지적을 암시한다. 원문은 다음과 같다. "바리새인들은 따로 서서 가로되, 하나님이여 나는 다른 사람들 곧 토색, 불의, 간음을 하는 자들과 같지 아니하고 이 세리와도 같지 아니함을 감사하나이다"(「누가복음」 18장 11절).
16) [옮긴이] 네메시스(Nemesis). 그리스 신화에 등장하는 법의 여신으로서 특히 교만해진 자를 벌하는 자로 등장한다. 이 신은 한 손에 사과나무 가지를 들고, 다른 손에는 물레바퀴를 든 모습으로 자주 등장한다.

종교의 그런 본질적인 관습은 원래 이 종교보다는 민족의 정신과 더 밀접한 연관이 있으며, 바로 이 정신으로부터 저 관습들이 튀어나온다. 그렇지 않을 경우 그런 종교적 관습의 실행은 생명도 없이 차갑고 무기력할 것이며, 이 과정에서 사람들이 가지는 감정은 인위적인 것으로 부풀려 진 것에 불과하다. 혹은 그런 것은 민중종교에 비본질적인 관습들에 불과하며, 개인종교에나 어울릴 수 있을 것이다. 오늘날 기독교인들 사이에서 이뤄지고 있는 형태의 만찬이, 비록 원래 그 본질은 공동체 안에서 식사를 즐기는 것이었음에도 불구하고, 바로 이렇다.

민중종교의 제례의식은 필연적으로 다음과 같은 속성을 갖는다:

a) 제례의식은 가능한 한 물신숭배의 기회를 제공해서는 안 되며, 일과 구조만 남고 그 정신은 달아나 버린 상태로 되어서는 안 된다. 제례의식의 의도는 단지 경건한 마음과 성스러운 감정을 고양하는 것이어야 한다. 거의 오용될 가능성이 없이 방금 말한 결과를 가져오는 그런 순수한 수단으로는 아마 성스러운 음악과 전체 민중의 노래, 혹은 아마도 종교가 혼합된 민족의 축제가 유일하게 남아 있을 것이다.

III.

삶과 교리 사이에 장벽이 생기자마자, 혹은 삶과 교리가 분리되어 둘 사이에 아주 먼 거리가 생겨나게 되자마자 종교의 형식Form에 오류가 생겨난다. 즉 이 종교는 너무 많은 말잔치로 이뤄져 있다는, 혹은 인간에게 너무 과도한 경건함을 요구함으로써 인간의 자연적 욕구에, 잘 정돈된 인류의 욕망에 —τῆς σωπροσύνης(사려 깊음에) — 역행한다는, 아니면 이 종교에 이 두 가지가 동시에 존재한다는 혐의를 불러일으킨다. 인간이 한 종교에 대해 기뻐하고 즐거워하는 것을 부끄러워해야 한다면, 그리고 공공 축제에서는 아주 유쾌하게 즐기는 사람이 성전에서는 조용히 있어야 한다면, 이 종교의 형식은 너무 황량한 외면을 가지고 있는 것이다. 따라서 종교는 종교 자체의 필요를 위해 삶의 기쁨이 희생되도록 요구해서는 안 된다.

종교는 삶의 모든 감정의 주변에 친근하게 머물러야 하며, 주제넘게 행동하고자 해서는 안 되며, 모든 곳에서 환영을 받아야 한다. 만약 종교가 민중에게 영향력을 행사할 수 있으려면 종교는 저 유쾌한 사람을 모든 곳에 친근하게 데리고 다녀야 한다. 그리고 종교는 민중들의 사업과 삶의 진지한 행사들, 그리고 그들의 축제와 기쁨의 순간에 언제나 그런 유쾌한 인간을 데리고 다녀야 한다. 물론 이때 종교는 강제적으로 비친다거나 까다로운 관리인이 되어서는 안 되며, 반대로 안내자, 격려자로 머물러야 한다. 그리스인들의 축제는 신을 영예롭게 하고 국가에 좋은 일을 해서 신격화된 인간의 영예를 드높이는 종교 축제였다. 모든 행사에서, 심지어 방탕한 바쿠스 축제에서도 신은 성스럽게 존경받았다. 그들은 성장하는 가운데서 모든 것의 종교적 근원을 결코 부인하지 않았으며, 그들의 공개적인 연극도 종교적 근원을 가지고 있었다. 아가톤[17]이 비극 작품으로 연극에서 상을 받았을 때 그는 신을 잊지 않았다. 다음 날 그는 신들을 위해 축제를 하였다(플라톤, 『향연』*Symposion* 168쪽).

위대한 심정을 산출하고 양육하는 민중종교는 자유와 손을 잡고 나아

---

17) [옮긴이] 아가톤(Agathon)은 그리스 3대 비극시인인 아이스킬로스, 소포클레스, 에우리피데스의 계승자로서 기원전 416년 레나이아 축제에서 처음으로 우승했다. 플라톤의 『향연』은 이 승리를 축하하기 위해 그의 집에서 있었던 잔치를 무대로 하고 있다. 그의 비극은 신화나 전설에 기초하기보다 새로운 인물을 과감히 만들어 내는 데서, 또 합창을 연극의 주제에서 독립시켜 막을 구분 짓게 하는 데서 이전의 비극작가들과 구별된다고 한다.

간다.

우리의 종교는 인간을 언제나 앞만 바라보는 하늘의 시민으로 교육하고자 하며, 따라서 이 종교에서 인간적 감응은 인간에게 낯설다. 가장 큰 공개적인 축제에서 우리는 눈을 아래로 깐 채 슬픔의 색조 속에서 신성한 제물을 먹는다. 어떤 사람들은 일반적인 형제애를 나누는 축제의 순간에 성병환자가 자기보다 먼저 마심으로써 형제의 성배에 의해 감염되지 않았을까 두려워하며, 그래서 자기 심정이 주의를 기울이지 못하고 성스러운 감정에 젖지 못할까봐 두려워한다. 사람들은 의식 중에 제물을 주머니에서 꺼내 접시 위에 놓아야 한다. 이에 반해 그리스인들은 자연의 친근한 선물로, 꽃들로 머리를 장식하고 기쁨의 색조로 옷 입고서, 우정과 사랑으로 초대하는 열린 얼굴을 한 채 기쁨을 전파하면서 그들의 선한 신들의 제단으로 나아간다.

민족의 정신, 그 역사, 종교, 정치적 자유의 정도 등은 어느 것이 다른 것에 철저히 영향을 받고 있다는 관점에서도, 서로 철저히 분리되어 있다는 관점에서도 고찰될 수 없다. 그것들은 하나의 끈으로 서로 엮여 있다. 이는 마치 어떤 한 사람도 다른 형제 없이는 아무것도 할 수 없고, 또한 동시에 각자는 다른 형제들에 의해 받아들여져야 하는 구조를 가진 세 명의 공무원 형제와 같다. 개별적 인간의 도덕성은 개별 종교, 부모, 자기 자신의 노력, 그리고 환경 등 이 전체를 통해 도야된다. 민족의 정신은 부분적으로는 민중종교에 의해, 또 부분적으로는 정치적 관계에 의해 도야된다.[18]

---

18) 〈헤겔 수고의 삭제된 내용〉 "이 정령의 아버지는 자기의 전체 삶을 상당부분 의존하는 크로노스이다. (시대상황). 그의 어머니는 폴리테이아(πολιτεία), 즉 체제(헌법)이며, 그의 조산원, 그의 유모는 종교이다. 이 종교는 교육을 위해 아름다운 예술들, 육체적·정신적 운동인 음악을 받아들인다. 이 정령은 에테르적인 존재이다. 이 정령은 가벼운 끈으로 땅과 연결되어서

아! 인간적인 아름다움과 숭고한 것을 느끼는 영혼 위에 하나의 상像이 과거의 먼 날들로부터 비쳐온다. 이 상은 민족들의 신의 상이며, 행복과 자유의 아들의 상이고, 아름다운 환상의 제자의 상이다. 욕구의 단단한 끈이 그 신 역시 어머니인 대지에 사슬로 묶었지만, 이 신은 그 끈을 자기의 감정과 환상을 통해 가공, 순화하고, 더 아름답게 하며, 미의 세 여신[19]의 도움으로 장미로 휘감았다. 이 신은 이러한 사슬을 자기의 작품으로서, 자기 자신의 일부분으로서 기쁘게 받아들인다. 이 신의 시중들은 기쁨, 유쾌함 그리고 쾌활함이다. 그의 영혼은 자기의 힘과 자유의 의식으로 가득하며, 그의 진지한 놀이 친구, 즉 우정과 사랑은 음탕한 목양신[20]이 아니라, 섬세한 감정의, 영혼 가득한, 마음과 사랑스런 꿈의 열정으로 장식된 사랑의 신Amor[21]이다.

자기 아버지로부터, 행운의 총아로부터 그리고 능력의 아들로부터 이 신은 자신의 행복에 대한 신뢰와 자기 행위에 대한 자부심을 유산으로 물려받았다. 그의 온화한 어머니는 욕을 해대는 고집불통의 여인이 아니었

땅 위에 확고하게 붙들려 있다. 그런데 이 정령은 주술적인 마법을 통해 이 끈을 찢어놓으려는 모든 시도들에 저항한다. 왜냐하면 이 끈은 자기 본질을 완전히 감싸고 있기 때문이다. 이 끈의 개략적인 근본은 욕구들인데, 이 끈은 수천 가닥의 자연의 실로 엮여 있다. 이 정령이 새토운 실에 의해 자연과 더 단단하게 묶이는 곳에서 이 정령은 거의 억압을 느끼지 않는다. 오히려 이 정령은 실들의 자유로운 확장과 다양화 속에서 그만큼 자기 향유의 범위가 확장되었음을, 자기의 삶의 폭이 넓어졌음을 느낀다. 수천 번의 즐거움이 나타나는 가운데 향유와 교제를 가져다주는, 자유롭고 더 정교한 모든 감정들이 이 정령 안에서 전개되어 진다."

19) [옮긴이] 그라치는 미를 상징하는 로마의 세 여신으로 삼미신으로 불린다. 각각 정숙, 청순, 사랑을 상징한다.

20) [옮긴이] 목양신은 반인반양(半人半羊)의 숲의 신으로 그리스에서는 사티로스라고 하였으며, 호색과 음탕을 상징한다.

21) [옮긴이] 아모르는 큐피드라고도 불리는 로마의 사랑의 신으로 그리스에서는 에로스라고 불렀다.

으며, 자기 아들을 자연의 가르침에 위탁했다. 그리고 그녀는 자기 아들의 부드러운 지체를 협소한 강보로 싸지 않았으며, 훌륭한 어머니로서 사랑하는 아들을 얽어매기보다는 그의 기분과 착상에 따라 행하도록 놔두었다. 유모는 이 아들과 조화를 이루고 있었다. 그래서 그녀는 회초리나 흑암의 귀신에 대해 두려워하게 함으로써, 그리고 위胃를 이완시키는 신비라는 달콤새콤한 설탕빵으로 유혹함으로써 이 자연의 자식을 양육할 필요가 없었으며, 그를 영원한 미성숙의 상태로 놔두는 언어라는 보행 연습기에서 청년으로 자라게 할 필요가 없었다. 반대로 그녀는 그에게 순수한 감성이라는 보다 순수하고 건강한 우유를 마시게 했다. 그리고 그녀는 아름답고 자유로운 환상이라는 손을 꽃으로 장식하여 신을 보지 못하도록 두터운 베일을 만들었다. 이 베일 뒤편에 그녀는 생동적인 형상들을 가득 채우며 그것들에 매혹된다. 이 형상들에는 고귀하고 아름다운 감성으로 가득 찬 아들의 마음의 위대한 이념들이 투사되었다. 그리스 사람들에게 유모는 집안의 친구였고, 그 양육된 자의 전체 삶 동안 영원히 친구로 남아 있었다. 이와 동일하게 그녀는 그로부터 자유로운 감사와 사랑을 순수하게 받는 친구로 머물렀다. 그녀는 그의 마음의 친구로서 그의 기쁨과 유희를 나눠 가졌으며, 그의 기쁨이 그녀에 의해 방해받지 않았다. 그녀는 이때 자기의 명예를 올곧이 유지했다. 자기 아들의 양심은 자기 어머니의 명예를 태만히 다루는 모든 것에 벌을 내렸으며, 그녀는 자기의 지배를 영원히 행사했다. 왜냐하면 그 지배는 학습자의 사랑과 감사 위에, 그리고 가장 고귀한 감정 위에 구축되어 있기 때문이다. 그녀는 자기의 장식물에 기뻐했으며, 자기 아들의 환상의 기분을 따랐다. 하지만 그녀는 그 아들이 강력한 필연성을 존경하도록 가르쳤으며, 변경될 수 없는 이러한 운명에 머뭇거림 없이 따르도록 가르쳤다.

우리는 이 신을 풍문으로만 알고 있으며, 그에 관한 단 몇 가지 사실들을—이 신의 형태가 복사물의 형식으로 남겨져 있기는 하지만, —— 사랑과 놀라움으로 통찰할 기회가 우리에게 주어졌다. 하지만 그 복사물은 원본에 대한 고통스러운 열망만을 일깨워 주었다. 이 신이 경솔하게 행할 때에도 이 신은 우리가 사랑하는 아름다운 청년이며, 미의 여신들이 온전히 수행하는, 그들과 함께하는 자연의 향기로운 숨결이다. 그리고 그는 그들에 의해 숨결을 주입 받고, 스스로 꽃에서 자양분을 빨아들이는 영혼이다. 그런데 그는 이 땅에서 떠나 버렸다.[22]

---

22) 〈헤겔 수고의 삭제된 내용〉 "서양은 또 다른 하나의 민족들의 신을 생각해 냈다. 그의 형태는 늙었으며, 결코 아름답지 않았다. 하지만 그에게는 몇 가지 남성다운 씩씩한 특징들이 약한 흔적으로 여전히 남아 있었다. 그의 아버지는 허리가 굽었으며, 세상을 즐거운 마음으로 돌아보고자 하지도, 자기감정 속에서 들뜨려고 하지도 않는다. 그는 근시안이며, 조그마한 대상들만을 단번에 볼 수 있을 뿐이다. 그는 용기도, 자신의 힘에 대한 신뢰도 없이 어떤 날카로운 기획도 감행하지 못하며, 단단한 족쇄를 ……"

2. 우리의 아이들은 …[1]

우리의 아이들은 식사기도, 아침과 저녁의 축도 등을 배운다.

우리의 전통——민족의 노래 등. 하르모디오스와 아리스토게이톤[2]은 폭정을 물리치고, 그들 시민들에게 우리 민족의 입과 노래에도 살아 있는 동등한 권리와 법을 부여하였기에 영원한 명성을 얻었다. 그런데 우리의 전통에는 하르모디오스와 아리스토게이톤 같은 사람이 없다.

우리 민족의 역사 인식은 무엇인가? 우리 민족에게는 조국의 고유한 전통이 결여되어 있다. 우리의 기억 혹은 환상은 인류의 전사前史로 채워져 있으며, 우리와 관련이 없는 낯선 민족의 이야기로, 이민족 왕들의 행위와

---

1) [옮긴이] H. 놀의 편집본 359~60쪽. G. 쉴러의 문집 Nr. 37번. 비평본은 이 글을 서로 다른 글들로 분해한다. 즉 비평본은 "우리의 전통 … 그지없는 것에 맞춰져 있다"까지는 14번째 텍스트(80쪽), 그 이후 나머지는 18번째 텍스트(121~122쪽)로 구분한다.

2) [옮긴이] 하르모디오스(Harmodios)와 아리스토게이톤(Aristogeiton). 기원전 6세기경에 살았던 아테네의 두 청년으로 그들의 우정은 서구 사회에서 우정의 원형으로 그려진다. 독재자인 히피아스의 동생 히파르크는 그들의 우정을 깨려고 하다 실패하자, 아리스토게이톤의 여동생을 공공장소에서 조롱거리로 만든다. 이에 격분한 두 친구는 왕과 그의 동생을 죽이려고 모의하고 동생은 죽였지만 왕에게 붙잡혀 죽게 된다. 몇 년 후 왕은 쫓겨나고 죽은 두 친구는 자유를 위한 순교자로 추대된다.

비행으로 채워져 있다. 아리스토파네스[3]의 농담이 자기 신들에 대해 맞춰져 있었던 데 반해, 우리의 농담은 가소롭기 그지없는 것에 맞춰져 있다.

유대인들은 전도된, 비도덕적인 개념을 가지고 있는데, 이런 것들이 그들의 성마름과 당파적 특성, 그리고 다른 민족에 대한 혐오와 그들 여호와의 너그럽지 못한 성품 등에서 왔다는 것은 의심의 여지가 없다. 그런데 유감스럽게도 그들의 개념은 기독교의 이론과 실천으로 넘어왔다. 그리고 그것들이 너무 많은 폐해를 초래한 나머지, '기독교의 근원은 인간에게 친근한 종교이다'라고 바랄 수 없게 되었거나, 혹은 기독교는 인간에게 친근한 종교에 의해 거의 받아들여지지 않았다. 그리고 우리는 기독교의 다투기 좋아하는 메마른 성질, 너그럽지 못함, 거만함 등이 줄어들게 된 데 대해 기독교의 사제들에게 감사하는 것이 아니라, 이들이 혐오했던 철학에, 우리 시대의 부드러운 빛에 감사해야 한다. 정통주의의 전사들이 기독교를 공격한 거인들에 대항해서 기독교를 방어함으로써 이 전사들은 점차 이 거인들의 개념을 수용하게 되었다. 그리고 성채를 구할 유일한 탈출구는 지탱될 수 없는 성의 외벽을 포기하는 것이었다. 그리고 명성에 흠을 남기지 않으면서 나중에 '이 성채를 거짓 장군과는 달리 방어해야 했다'라고 말하기 위해서라도 성의 외벽을 포기했다. 여기서 거짓 장군이란 밤에 전장戰場에 머물러 있으면서도, 소문을 불어대는 마부들에게 수도에 가서 그의 승리를 알리게 하는 자이다. 그리고 천민들이 이 소식을 믿고서 감동하여 조용히 '오! 신이여!'Te deum를 부르기 시작하지만, 이때 종종 그 장군

---

3) [옮긴이] 아리스토파네스(Aristophanes)는 그리스의 희극 시인으로 현존하는 그의 작품에서 많은 풍자를 엿볼 수 있다. 『아카르나이 사람들』, 『기사』, 『구름』, 『벌』, 『평화』, 『새』 등의 작품이 남아 있다. 플라톤의 『향연』에서 소크라테스와 '에로스'에 대해 논쟁하는 자로 나온다.

은 진짜 승리자가 아니라 그 지역에서 곧 철수해야 하는 운명에 있는 자이다. 이렇듯 신학이 최종 언어를 가지는 것이 아니었으며, 이 신학 요강들의 차이는 10~20년 후에는 드러났다.[4]

"네가 온전하고자 한다면 너는 네가 가지고 있는 것을 팔아 너의 소유를 가난한 자들에게 줘라"[5]라고 그리스도는 제자들에게 말했다. 그리스도가 제시한 온전함에 대한 이 상像은 그리스도가 자기 가르침에서 개별자 인간의 도야와 온전함을 얼마나 생각하고 있었으며, 이 온전함이 한 사회 전체에 확대된다는 것이 얼마나 어려운지를 보여 주고 있다.

기독교의 적대자들은 그리스도인들, 특히 성직자들이 얼마나 진실하지 않으며 자비가 없는 자들인지에 대한 증거로서 그들의 부패를 신랄하게, 그리고 때로는 아주 씁쓸하게 제시했다. 기독교의 방어자들은 이런 증거 제시를 휘황찬란하기는 하지만 가장 유약한 공격으로 생각한다. (그런데 이들이 이렇게 행위한다면 이들의 본질이 오인될 수는 없을 것이다.[6] 어려서부터 도덕적 성숙을 생각해 온 사람들에게 도덕적 성숙이 거의 발견되지 않는다.) 그들의 변명은 언제나 '기독교가 오해되었다'는 것이다. 하지만 그들이 성경을 가지고 있었듯이 우리도 성경을 가지고 있다. 다만 이해가 되는 부분은 그들에게는 기독교 개요서가 없었다는 점이다. 그것이 있었다면, 모든 것이 다르게 되었을 수도 있다. 기독교가 전제주의에 저항했던가? 도대체 얼마나 오랫동안 기독교는 노예매매에 저항했던가? 사제들이 배를 타고 기니로 갔는데, 사람 매매를 위해? 또한 전장에 설교자를 함께 파견했

---

4) [옮긴이] 비평본에는 이 문장 다음에 다음의 문구가 있다. "지금은 더 이상 존재하지 않는 이단이 30년 전에 얼마나 많이 있었으며…."
5) [옮긴이] 「마태복음」 19장 21절.
6) [옮긴이] 이 문장은 비평본에 따라 번역했다.

는데, 전쟁을 위해? 온갖 종류의 전제주의를 위해? 예술들, 계몽은 우리의 도덕을 개선했다. 나중에 사람들은 '기독교가 이 일을 했으며, 기독교가 없었다면 철학이 자기의 근본 원리를 발견하지 못했을 것이다'라고 말한다.

이성은 인간의 정신과 수백 년의 경험으로부터 개념의 집을 창조했다. 이 이성은 이 개념의 집을 아주 만족스럽고 기쁘게 자기 작품으로 제시할 수 있으며, 진리의 특권을 가지고 있다고 오인하는 자들에 대항하여 자랑스럽게 '자신은 그들의 근원 없이 지낼 수 있다'는 사실을 충분히 드러낼 수 있다. 사정이 이러하다면 저 오만한 자들의 태도에는, 마치 그들이 건축 도구를 빌려줬으며, 저 발견물들보다 훨씬 이전에 그들은 이미 그만큼 많은 것을, 아니 훨씬 더 많은 것을 알고 있었으며, 지금도 여전히 알고 있기라도 한 듯한 거만함이 놓여 있다. 이들의 태도에는 한 촌뜨기가 뉴턴에 대항해서, '자기는 이미 5년 이상 나무에서 떨어지는 사과를 보았으며, 그때 이미 태양이 지구로 떨어지지 않는다는 것을 알았다'고 뽐낼 때보다 더한 거만함이 묻어 있다. 과학적인 문화의 도정에서 발생하는 행복한 변화 이전에 종교 개념에서의 변화가 먼저 관찰된 곳은 도대체 어디였단 말인가? 종교에 의해 과학의 변화가 일어나기라도 했단 말인가? 오히려 과학, 즉 실험정신이 확장되고 난 이후에야 비로소 언제나 신학적 개념의 계몽이 뒤따르지 않았던가? 그것도 신학적 개념의 보관자와 가능한 한 아주 대립된 분위기에서.

3. 아주 제한된 영역에서···[1]

아주 제한된 영역에서 자연이 우리에게 허락하는 범위까지만 영향이 미치는 (즉 음성이 미치는 범위에까지만 영향력을 가지는―옮긴이) 구두 수업 외에 넓은 범위에 영향을 미치는 유일한 작용 방식은 문자를 통하는 것이다. 여기에서 선생은 눈으로 보이지 않는 연단에 올라 청중들 앞에 선다. 청중들이 보이지 않기 때문에 그는 그들의 도덕적 부패에 대해 아주 날카로운 묘사로 떠벌리고자 하는 마음을 갖는다. 그래서 경멸스러운 인간에 대해 평소에는 목소리 한번 거의 내지 않던 자가 이 보이지 않는 청중들에 대해서는 인정사정 볼 것 없이 말해 댄다. (자칭―옮긴이) 도덕주의자는 신분과 명예가 뛰어난 청중에게 자신이 한 말의 절반만이라도 인간을 개선하고자 하는 내적인 직업의식으로 인간의 실제 영역에서 진실로 행할 마음이 있었는지 의심이 된다. 물론 그에게 직무상 그 일을 하지 않을 수 없는 경우도 발생한다. 자기의 묘사가 피상적인 것에 그치고 자기의 수단이 이론적인 단순한 돌팔이 의술에 불과하다면, 그가 인간의 영역에서 활동하고 있지 않다는 것은 당연하다. 수업의 양식이 언제나 천재성에, 그리고 한 민족

---

1) [옮긴이] H. 놀의 편집본 30~35쪽. G. 쉴러의 문집 Nr. 38. 비평본 17번째 텍스트(115~120쪽).

에게 다가갈 수 있는 음조에 방향을 맞춰야 하듯이, 여기서도 역시 (그리스와 유대 사이에―옮긴이) 방식의 차이가 있음을 발견하게 된다. 공화주의 국가에서는 모든 시민이 타자와 자유롭게 이야기하며, 아주 낮은 천민들과의 교류에 있어서도 세련된 도시풍이 있었다. 이런 공화주의 국가에서 살았던 소크라테스는 대화 중에 참으로 구김살 없이 사람들을 질책했으며, 가르치는 형태의 목소리나 가장하는 것 없이 그들을 가르치고자 했다. 그는 사람들과 아주 일상적인 대화를 했으며, 스스로 터득한, 디오티마[2]에게도 강압적이지 않게 보일 수 있는 그런 가르침으로 사람들을 아주 정교하게 이끌었다. 이에 반해 유대인들은 예로부터 민족시인들의 아주 거친 장광설에 익숙해 있었으며, 회당에서는 도덕적 설교와 직접적인 교훈의 목소리에, 성서학자들과 바리새인들의 끝없는 논쟁에서는 적대자들 간의 야비한 반박 기술에 아주 익숙해 있었다. 따라서 바리새인이나 사두개인이 아닌 사람을 "너희 뱀과 시정잡배들아!"라고 호칭하는 것은 그들에게 그리스들에게만큼 그렇게 무자비하게 들리지 않았다.

사람들은 인간이라면, 최고의 재능과 최상의 교육을 받은 경우에도, 전체 삶에서 언제나 지적이고 도덕적인 완전성을 향한 전진을 멈출 수 없다고 생각한다. 편견이 없는 활동적인 사람은 한편으로는 우연히 다른 사람과의 관계에 들어가 있으며, 다른 한편으로는 배우고자 하는 자기 활동성 때문에 이 관계 속에 들어온다. 그런데 편견이 없는 이런 활동적인 사람은 여러 관계에서 자기 마음대로 할 수 없으며, 또는 그렇게 할 수 있다고

---

2) [옮긴이] 디오티마(Diotima). 플라톤의 대화편 『향연』에 나오는 여사제로, 소크라테스에게 사랑에 대해 말해 주는 자이다. 횔덜린은 자신이 사랑한 여인에게 디오티마라는 이름을 붙여 그의 작품 『휘페이론』에 등장시킨다.

믿지도 않는다. 그런데 이런 일이 우리의 시민적인 삶의 뒤엉킨 관계에서 크게 문제가 된다. 우리의 뒤엉킨 시민적 삶에서는 종종 가장 명백한 올바름조차도 의무들의 애매한 충돌 속에 끼어 있게 된다. 예를 들어 종종 개별적인 형평성과 연민의 문제와 보편적인 정의의 원리들, 혹은 적어도 시효가 지난 법들 사이에서 성실함이 무엇인지 하는 문제가 나타난다. 그리고 만약 영특함이 자기의 고유한 일에만 몰두하지 않고, 크건 작건 간에 보다 많은 사람들의 복지 분야를 촉진하는 데 조력한다고 한다면, 이 영특함은 시민적 삶의 이런 뒤엉킨 관계에서 당연히 훨씬 더 조심해야 한다. 따라서 양심적인 몇몇 나다나엘[3] 같은 사람들은 자기 마음에 폭력을 행사하지 못하게 하기 위해, 혹은 황당한 경우에 처하지 않기 위해, 이런 모든 관계에서 떨어져 나오는 것을 선호했다. 왜냐하면 관계가 다양하게 될수록 의무도 다양하게 되며, 따라서 관계가 단순할수록 의무도 단순하기 때문이다. 그리고 일반적으로 관계 속으로 결코 들어가지 않는 것보다 빠져 나오는 것이 더 많은 난관의 극복을 요구한다. 마치 특정한 욕구들을 단념하는 것보다 그 욕구들을 처음부터 가지고 있지 않은 것이 더 쉬운 것과 마찬가지다. 따라서 어떤 디오게네스[4] 같은 사람은 기질상 한줌의 물과 초라한 한 조각의 빵을 즐거움으로 취할 수 있으며, 그가 추구하는 것은 자색 옷에 만족

---

3) [옮긴이] 나다나엘(Nathanael). 예수의 제자 바돌로메와 동일인물로 추정되며, 사복음서 중 요한복음에서만 나다나엘로 불린다. 예수의 제자가 된 빌립이 나다나엘을 예수에게 초청하였을 때 그는 나사렛에서 메시아가 나올 수 없다고 회의적인 반응을 보였다. 나다나엘을 처음 본 예수는 그를 참 이스라엘인이라고 칭찬하며, 그 속에 간계가 없다고 말한다. 그는 예수를 만난 후 예수를 메시아로 고백하였다. 「요한복음」 1장 참조.

4) [옮긴이] 디오게네스(Diogenes). 헬레니즘 시대 견유학파의 대표자. 잠잘 통 하나만을 소유하며 개처럼 자유롭게 살았기에 '통속의 디오게네스'라는 이름을 가졌다. 알렉산더 대왕과 조우했을 때 '햇빛을 가리지 말고 비켜 달라'고 주문한 철학자로 유명하다.

될 수 있는 것이 아니며, 물론 그렇다고 찢어진 외투에 만족될 수 있는 것도 아니다. 따라서 그는 친구로서도, 아버지로서도 그리고 자기의 생업을 통해서도 타자에 대해 어떤 큰 의무를 가지지 않는다. 그의 의무는 기껏해야 타자를 치지 않는 것 ──그는 그런 유혹을 쉽게 가질 수도 없다──, 그리고 절도하지 않는 것이다. 그는 쉽게 완전한 도덕적 인간이 되었고, 더 나아가 아주 위대한 인간이라 불리는 일종의 특권도 얻었다. 그는 다른 것에 몰두할 시간과 여가를 충분히 가지고 있다.

로마인들 중에서는 그리스도도 소크라테스도 나타나지 않았다. 하나의 덕만이 유효한 것으로 간주되던 강성한 시대에 어떤 로마인도 자기가 무엇을 해야 할지 알 필요가 없었다. 로마에는 로마인만 있었지 인간은 없었다. 반대로 그리스에서는 인문학studia humanitas이 중시되었으며, 인간적인 정서, 인간적인 경향과 예술이 존중되었으며, 자연에서 벗어나는 여러 가지 사도邪道가 있었다. 그리고 자연으로의 환원이 소크라테스적으로 혹은 다른 방식으로 생각될 수 있었다. 로마의 본성(자연)에서 벗어나는 것은 국가범죄자였다. 한편으로 인간은 어떤 노선에 입각하여 온전함을 확립하고, (그것에 봉사할 때 고통조차 덕이 될 수 있는 그런) 어떤 객체에 덕을 연결시키기도 한다. 다른 한편 보다 고귀한 관심은 일어나기 마련이며, 충돌하는 다양한 의무들이 뒤섞여 있는 곳에서 ──혹은 인간적인 성향과 의무를 강화하는 곳에서 ── 자연이 이성에 복종하게 되는 경계와 덕은 거의 구별되지 않는다. 그런데 덕에 가까이 있는 것과 덕에서 멀어진 것을 더 쉽게 판단할 수 있는 곳은 후자보다는 전자에서이다.

그리스도는 12명의 사도를 가지고 있었다. 12라는 수는 확고한, 고정된 수였으며, 따르는 자들이 몇 명 더 있기는 했지만, 사도들은 그와 신실한 교제를 나누는 자들이었고, 모든 다른 관계를 철폐하고 단지 그와 교제하며, 그의 가르침을 향유한 자들이었다. 그리고 그들은 모든 면에서 그리스도를 닮고자 했으며, 오랜 시간 동안 그의 수업을 들으면서, 그리고 그의 살아 있는 모범을 보면서 그리스도의 정신을 자기 것으로 만들고자 했다. 최초에 그들의 기대와 희망과 이념은 유대인들처럼 아주 제약되어 있었으며 아주 세속적이었다. 그들의 눈과 마음은 상당 기간 동안 유대인들이 생각했던 메시아 상에서, 대장과 시종의 지위로 이뤄진 왕국의 설립자라는 상에서, 그리고 무엇보다 자신만을 생각하는 이기심에서 해방되지 못했으며, 신의 왕국의 시민이 되는 단순한 열망으로 확장할 수 없었다. 나다나엘, 아리마대 요셉[5], 니고데모[6]와 같은 사람들은 위대한 정신과 탁월한 마음의 소유자들과 사상의 교류를 가지면서 새로운 이념, 새로운 불꽃을 자기 영혼에 집어넣었다. 하지만 도구가 좋지 않아서 이 불꽃은 자기 안에 가연물可燃物이 없으면 곧 꺼져 버린다. 그리스도는 바로 이런 사람들을 자기의 제자로 삼는 것에 만족하지 않았다. 이런 사람들은 한편으로는 저녁에 자기 가족의 품에서 행복을 느끼고 만족해하며, 스스로의 활동 범위 안에서 유용한 활동을 하는 자들이고, 다른 한편으로는 세계와 자기들의 선입견을 잘 알고 있으며, 그래서 세계에 대해, 비록 이 세계가 자기들에 대해 아주 완고하다 하더라도, 관용을 갖는다. 그래서 이 사람들은 일종의 모험가가 되라는 (예수의―옮긴이) 요구에 넘어가지 않았을 것이다. 그리스도는 "신의 왕국은 외적인 행위에서 드러나지 않는다"고 말한다. 예수의 학도들은 "세상으로 가서 그들에게 세례를 주라"라는 예수의 명령에서 세

---

5) [옮긴이] 아리마대 요셉. 바리새인으로서 예수의 친구가 된 사람으로 예수가 죽은 후 그의 몸을 자기의 가족묘에 장사지냈다.
6) [옮긴이] 니고데모. 바리새인이었지만 예수의 가르침에 관심을 갖고 예수를 찾아와 교류를 가졌다. 「요한복음」 2장과 3장 참조.

레 자체, 즉 이 외적인 징표를 보편적으로 타당한 것으로 간주했는데, 이것
은 그들이 예수를 완전히 오해한 것이다. 이런 외적인 징표는 아주 치명적
일 수 있는데, 왜냐하면 이단과의 구별과 타자와의 분리가 이런 외적인 징
표에 의해 이끌려 나오기 때문이다. 그리고 여기에서는 도덕적인 것에 다
른 구별점이 첨가됨으로 인해 도덕적인 것을 통한 타자와의 구별이 힘을
잃으며, 동시에 그 빛을 상실해 버린다. 그리스도는 "'믿는 사람'이란 말이
'나를 믿는 사람'을 의미하지 않는다"고 말한다. 그렇게 이해될 수 있건 없
건 간에 사도들은 그것을 일단 그렇게 받아들인다. 사도들의 세계에서 서
로 친구라는 징표, 그들이 신의 왕국의 시민이라는 징표는 덕, 정직함 등이
아니라 그리스도, 세례 등이었다.

> 당신의 그리스도는
> 그렇게 좋은 사람이 아니었던 모양입니다.(『현자 나탄』 II, 1)

소크라테스는 모든 종류의 제자를 가졌다. 아니 오히려 그는 제자를
하나도 가지지 않았다. 그는 성실한 행위와 탁월한 이성을 가진 자로서 모
든 사람에게 탁월하게 출현한 선생이자 스승이었을 뿐이다. 사람들은 그
가 대성당이나 산 위에서 설교하는 것을 듣지 못했다. 그리스의 소크라테
스 같은 사람에게 어떻게 그렇게 설교할 생각이 떠오르겠는가! 그는 밖으
로 나가서 인간을 교화하고 최고의 관심을 일깨우는 것에 대해 계몽하고,
그 관심을 살아 움직이게 했다. 그는 자기의 지혜의 대가로 돈을 받지 않았
으며, 지혜를 위해 자기의 불친절한 부인을 집밖으로 쫓아내지도 않았다.
그는 그녀를 어떻게 하려고 하지 않았으며, 반대로 반감 없이, 자기 지혜에
해를 끼치지 않고서 관계 속에서 남편으로서 아버지로서 머물렀다.

그의 가까운 친구의 수는 정해지지 않았다. 그는 정신과 마음만 맞으면 자기의 선각자로 환영했는데, 13 내지 14명의 사람이 그런 사람들이었다. 그들은 그의 친구이자 제자였다. 그런데 그들은 그들의 모습 그대로 머물렀다. 소크라테스가 그들 가운데 살고 있었던 것은 아니었다. 그리고 소크라테스가 지체인 그들에게 삶의 즙을 공급하는 우두머리도 아니었다. 그는 자기의 특성이라 할 만한 모델을 가지고 있지 않았으며, 자기의 다양함에 통일을 부여하는 규칙도 가지고 있지 않았다. 그에게는 작은 정신 몇 개가 자기의 계율로 있었는데, 그가 그것을 돌보기는 하지만 그렇다고 그것이 그의 가장 친근한 친구는 아니었다. 그는 작은 단체를 자기 호위병으로, 즉 서로 하나의 정신만을 가지고 있다는 징표로서 같은 옷을 입고, 같은 심령을 가지며, 동일한 구호를 가지고 있고, 결국에는 영원히 자기 이름을 달고 다닐 호위병으로 세울 위치에 있지 않았다. 따라서 비록 소크라테스주의자는 있었지만, 벽공들이 망치와 흙손을 들고 있는 것으로 다른 사람들과 구별되듯이, 그만을 따르는 어떤 동아리는 없었다. 그의 제자들 각자는 스스로 대가였다. 많은 사람들은 자기의 고유한 학파를 세웠으며, 몇몇은 위대한 장군이었고, 정치가였으며, 모든 방면에서 영웅이었다. 그들은 모두 동일한 분야에서 온 자들이 아니며, 고유한 분야를 가지고 있었고, 순교와 고통 속에서의 영웅이 아니라 행위와 삶 속에서 영웅이었다. 또한 어부는 과거의 그 어부로 머물렀다. 누구도 집과 정원을 떠나지 않았다. 소크라테스는 사람들과 이야기할 때 일상의 일에서, 모두가 집에서 이미 가지고 있었던 일에서 시작했으며, 손쉽게 그들을 정신으로 이끌었으며, 그들과 대화했다. 그는 인간의 영혼으로부터 이 영혼 속에 이미 놓여 있으며, 나오기 위해 산파 이외에 어떤 다른 것도 더 필요치 않는 개념을 전개시켰다. 그는 누구에게도 "어떻게? 이 자는 소프로니코스[7)]의 아들이 아니더냐? 그가 우리에게 가르치고 있는 지혜가 어디에서 온 것이냐?" 라고 말할 동기를 제공하지 않았었다. 그는 자신의 중요성을 과장함으로써, 혹은 무지한 자들과 경솔한 신자들에게만 감명을 줄 수 있는 신비적이고 고귀한 연설 솜씨를 보임으로써 누군가를 모욕하지 않았다. 그렇게 했다면 아마도 그는 그리스인들 사이에서 조롱거리가 되었을 것이다.

소크라테스는 아스클레피오스[8]에게 닭을 제물로 드리며 죽는 그리스인으로 죽었다. 이것은 모페르튀[9]가 카푸치너 수사의 옷을 입고 죽은 것과 같지 않으며, 영성체를 나누는 것과도 같지 않다. 그리스인이 죽기 전에 이성과 환상에 대해 말한 것과 같이, 소크라테스 역시 죽기 전에 그의 제자들과 영혼의 불멸에 대해 이야기했다. 그는 아주 생생하게 말했으며, 그들에게 이 불멸의 희망이 자기의 전체 본질에 아주 가깝게 있음을 확신에 차서 보여 주었다. 그리고 그들은 이러한 영혼 불멸의 요청을 그들의 전체 삶 가운데서 끌어 모았었다. 이러한 희망이 확신으로 될 만큼 우리에게 충분히 부여된다면 이것은 인간적인 본성과 그 정신의 능력에 모순되는 것이

---

7) [옮긴이] 소프로니코스(Sophronikos)는 조각가로 소크라테스의 아버지다. 이 문장은 예수가 자기 고향 갈릴리에서 가르칠 때 고향 사람들이 예수에 대해 "그가 우리 중에 살던 목수 요셉의 아들이 아니더냐!"라고 비꼰 것을 연상시키고 있다. 예수는 설교와 장광설로 청중을 교화시키려 했기 때문에 동네 사람들에게 저런 말을 듣게 된 반면, 소크라테스는 동네 사람들과 대화하면서 지식을 스스로 터득하게 했기 때문에 저런 비꼼을 받을 이유가 원천봉쇄되었다는 점을 헤겔은 강조한다.

8) [옮긴이] 아스클레피오스는 아폴로와 코로이스 사이에서 태어난 의료와 치료의 신이다. 고대 그리스인들은 질병에서 회복한 후에 아스클레오피오스 신에게 닭 한 마리를 바쳐 감사를 표했다고 한다. 소크라테스는 죽기 전 그 신에게 닭 한 마리를 바치게 함으로써 육체를 입은 인간이 곧 질병 상태에 있으며, 죽음이 회복임을, 죽음을 두려워 말라는 메시지를 남겼다.

9) [옮긴이] 피에르 모페르튀(Pierre Louis Morean de Maupertuis, 1698~1759). 프랑스의 수학자, 물리학자로서 영국으로 건너가 뉴턴 역학을 공부했고, 1746년 베를린 과학아카데미의 원장에 취임한 후 라이프니츠 사상에 기초한 과학이론을 발전시킨다.

다. 소크라테스는 이러한 희망에 생기를 불어넣기는 했지만, 이를 통해 다만 인간적인 정신이, 사멸하는 자신의 반려자(육체—옮긴이)를 망각하고서 스스로를 드러내도록 했을 뿐이다. 그는 한 귀신이 무덤에서 일어나 우리에게 복수의 여신의 통지를 전달하는 것보다 더 많은 것을 듣게 하였으며,[10] 우리가 마음에 가지고 있는 모세의 법령과 선지자들의 신탁보다 더 많은 것을 듣게 하였다. 하지만 그는 이것들이 인간적인 자연의 법에 어긋나게 하면서까지 부활을 통해 이 희망을 강화할 필요는 없었다. 이런 희망에 대한 가설들, 즉 덕과 최고선의 이념을 자기 안에 생생하게 가지고 있지 않은 가난한 정신의 소유자들에게만 불멸의 희망 역시 나약한 것으로 나타난다. 소크라테스는 어떤 벽공의 특징도 남기지 않았으며, 자기 이름을 알리라는 명령도, 영혼을 질책하고 도덕성을 영혼에 붓는 방법도 남기지 않았다. 선善, ἀγαθόν은 우리와 함께 태어났으며, 그것은 설법으로 알려질 수 있는 것이 아니다. 인간을 선의 완전함으로 이끌기 위해 그는 자기를 지나가는 (머리를 파고드는 향기로운 꽃을 지나가는)[11] 어떤 우회로도 제시하지 않았다. 소크라테스는 자신이 중심지점이고 수도이며, 사람들은 고생을 마다 않고 이 수도로 찾아와서 아주 많은 먹을거리를 고향으로 운반하여 이자놀이를 한다는 식의 중심과 우회로의 생각을 가지고 있지 않았다. 각자의 독특한 성격, 신분, 나이, 기질 등에 따라 특정한 단계의 고통과 영혼의 상태가 극복될 수 있다고 떠벌리는 어떤 구원의 질서ordinem salutis도 소크라테스는 제시하지 않았다. 이와 반대로 소크라테스는 전달자 없

---

10) 실러(Friedrich Schiller)의 시 「체념」(Resignation) V. 64f에서 패러디함. 원문 내용: "한 시체가 무덤에서 일어나 왔던가, / 복수의 여신의 통지를 전할?"(Kam je ein Leichnam aus der Gruft gestiegen, / Der Meldung tat von der Vergelterin?)

11) Lessing, *Nathan der Weise*, III, 1 참조.

이 좋 문을 직접 두드렸으며, 인간을 그들 자신 안으로 들어가도록 이끌었을 뿐이다. 여기에서 소크라테스는 낯선 손님을 위해, 먼 나라에서 온 귀신을 위해 집을 마련하는 것이 아니라, 수많은 바이올린과 피리 연주자들 때문에 옛 옥탑방으로 철수해야만 했던 자기의 옛 집주인을 위해 빛을 더 잘 비춰 주고 공간을 더 잘 배치해야만 했을 뿐이다.

4. 민족의 유아기 …[1]

민족의 유아기 때의 근원 정신이 이미 오래전에 사라지긴 했지만, 그들의 헌법, 입법 그리고 종교 등은 그 정신의 흔적들을 지속적으로 간직하고 있다. 권력은 여전히 유일자의 손에 놓여 있다. 민족이 오래전에 이미 더 이상 가족이 아니며, 제후가 더 이상 아버지가 아님에도 불구하고, 가족은 아버지인 이 유일자에게 유아의 감정으로 순순히 권력을 행사하게 뒀었다. 그런데 민족들이 조금이라도 깨이기만 하면 이들은 국가 헌법과 입법에 대한 그들의 유아기 때의 신념이 남용되었다고 느꼈으며, 그래서 그들은 특정한 법에 의해 권력자들의 사악한 혹은 선한 의지를 제약했다. 종교에서는 이런 유아기적인 정신이 더 오랫동안 유지되었다. 허용되거나 명령된 것 외에 어떤 좋은 것도 국가에서는 오래전에 신뢰받지 않게 된 반면, 종교는 언제나 이 정신의 흔적들을 간직하고 있다.

종교에서의 이러한 유아기적인 감각은 신을 성향이나 고통 그리고 기분 등을 가지는——그래서 신도 휴식을 취한다—— 강력한 주인으로 간주

---

1) [옮긴이] H. 놀의 편집본, 36~47쪽. G. 쉴러의 문집 Nr. 39, 40, 41(1794). 이 세 단편이 H. 놀의 편집본에는 요약되어 실려 있다. 비평본 19번째 텍스트(123~126쪽).

한다. 즉 신은 인간 세계의 지배자와 같은 존재로 이해된다. 따라서 신이 언제나 정의의 법칙에 따라 벌하거나 행복하게 하는 것은 아니다. 인간은 그에게 두려움이나 기껏해야 경외감을 느낄 뿐, 사랑을 봉헌하지 않는다. 아주 옛날에, 그리고 오늘날 동방에서는 모든 좋은 것을 제후의 은혜로 돌렸다. 오늘날 우리 풍습에도 자신의 무죄(순수함)를 후견인이나 친구에게 돌리는 일이 있다. 이와 동일하게 종교에서는 자연이 인간에게 부여한 선한 기질들, 예를 들어 명랑함과 만족함 등 가장 아름답고 가장 성숙한 것을 신에 대한 신뢰와 기쁨의 자발적인 표시로 신에게 되돌려 준다. 환상은 어디에서나 신을 보다 가깝게 믿게 만든다. 환상은 신이 어디서나 훌륭하고 명예로운 사람들 주변에 머물고 싶어 하며, 또 순진무구한 자의 보호자로 머물기를 좋아한다고 생각하게 만든다. 신은 환상에게 이러한 장소들과 이 사람들을 더 성스럽고 영예롭게 ―σεμνοί(존경하는 사람들)로, πελώριοι(위대한 사람들)로 ― 비치도록 한다. 유아적인 오성은 신이 날씨와 홍수와 역병 가운데, 그리고 바다의 파도와 바위의 위협 속에서 ―그리고 훨씬 더 많은 것에서 ― 직접 영향을 미치고 있다고 생각한다. 그리고 유아기적인 상상력은 인간의 삶의 문제와 인간관계 등을 신의 문제로 전가한다.[2]

종교제도와 관습, 그리고 종교적 표상(특히 희생제사, 기도 그리고 속죄라는 관념 등) 등은 이성에게 종종 기이하고 우스꽝스러우며 혐오스럽기 그지없는 것으로 보일 뿐 아니라, 인간의 선한 마음이 지배욕에 의해 영향받은 것을 보게 된 이성에게 언제나 무가치한 것으로 비친다. 하지만 그것들은 정신과 환상(이 환상은 앞의 저 이성적인 의미에서 아무 가치도 없다)에

---

2) 〈여백에 기록된 글〉 신은 소돔과 바벨을 보기 위해 하늘에서 내려왔다.

게는 종종 사랑스럽고 고귀하며, 아주 자주는 감동적인 것들이다. 그런데 이러한 종교제도와 관습, 그리고 종교적 표상 등은 바로 저 유아기적인 감각 때문에 생겨났다. 종교제도와 관습 그리고 표상 등은 관례를 통해 성스럽게 되며 계속 전승된다. 또한 많은 사람들의 관심이 아주 다양하게 전개됨으로써, 한편으로는 최고의 변종을, 다른 한편으로는 이성의 진보를 가져오게 된다. 이런 사실은 강력한 충격으로 받아들여지며, 일반적인 습관으로 굳어진 그러한 체계를 추방하게 된다. 애초에 이런 종교제도들에 생기를 불어넣었던 정신이 한쪽으로 너무 치우쳐서 성스러운 관습과 행위들이 전에는 경건함 때문에 느끼지 못했던 짐으로 될수록, 그리고 다른 한편 이성이 보다 많은 토대를 얻을수록, 저 관습들은 보다 확실히 멸망의 길을 가게 된다. 의무의 행위를 요구하는 이성이 발달하게 됨으로써 재능과 희생물을 신의 제단으로 이끄는 경건함은 유지될 수 없게 된다. 혹은 속죄와 금욕, 단식, 열정적인 긴 기도를 하는 가운데 자기 마음의 평안을 가져오게 하는, 혹은 경건한 사랑의 감정 속에, 신비로운 감응 속에 빠져 있는 그런 경건함은 이성의 등장과 더불어 설 자리가 없게 된다. 이성의 진보와 더불어 많은 감응들은 억제할 수 없이 사라져 가며, 상상력이 만들어 내는 그 외의 많은 감동적인 연상들, 즉 우리가 순수한 습속이라고 부르고, 그 그림이 우리를 기쁘게 하며, 우리에게 감동을 주고,[3] 그것의 상실을 종종 당연히 유감스러워 하는 그런 연상들이 유약하게 된다. 그런데 개별적인 인간

---

3) 〈여백에 기록된 글〉 성스러운 숲은 나무 더미로 되며, 성전은 다른 것처럼 돌 무더기로 된다.
　　[옮긴이] 헤겔은 몇 년 후 예나 시기에 반성철학에 대한 비판을 하는데, 이와 유사한 말들을 한다. 예를 들어 『신앙과 지식』에서 근대 반성철학에서는 "아름다운 것이 사물로, 성스러운 숲은 나무들로"(das Schöne zu Dingen überhaupt, der Hayn zu Hölzern) 묘사된다고 비판한다. Hegel, *Glauben und Wissen*, in: GW. Bd. 4, Felix Meiner Verlag, S. 317.

의 성향과 열정과 관련이 있는 것들 외에, 완전히 이성적이고자 하는 인간이 동시에 자기의 인간성에 대해 종종 놀라는 곳에는 언제나 이 과거의 연상의 흔적이 머물러 있다. 왜 사람들은 우리 시대에도 프리드리히 대왕과 루소의 유물들을 부지런히 찾아내 비싸게 팔고 있는가?

이러한 행위 양식으로 인해, 예를 들어, 기사들의 용기와 그들의 신용 외에도 기사 시대 전체의 장면이 우리에게 아주 매력적인 것으로 만들어진다. 그런 연상이 상실됨으로써 노인들은 습속의 사라짐을 보게 되며, 그것에 대해 슬퍼하게 된다. 이런 소박한 습속이 한 민족 전체에 여전히 일반화되어 있고, 제후와 사제들뿐 아니라 전체 민중에게도 모든 것이 과거처럼 여전히 성스러운 것이라면, 거기에는 보다 감동을 주고 보다 자비로운 연극이 있을 수 없다. 그것은 아타우알파와 우아스카르[4]가 싸우는 것을 보고 남태평양 제도 주민과 페루인이 느끼는 행복일 것이다. 그러나 지배 계급이든 성직 계급이든 간에 하나의 계급이, 혹은 이 두 계급이 동시에 그들의 소박한 정신을 상실한다면 ——그런데 이 정신이 그들의 법과 질서를 세웠고 지금까지 그것을 장려해 왔다——, 그 소박함은 회복될 수 없을 뿐 아니라, 그것은 확실히 민족에 대한 억압과 멸시 그리고 그들의 권리를 박탈하는 일이다. (따라서 계급분열은 자유를 위해 위태로운 것이다. 왜냐하면 전체의 정신에 반하는 파벌의식이 생겨날 수 있기 때문이다.) 민족이 전에 했던 것처럼 그렇게 많은 제물과 속죄를 하지 않아도 될 경우, 전체는 이제 더이상 집단적으로 모두 함께 그들의 신의 제단으로 나아가는 하나의 공동체가 아니다. 오히려 전체는 여기서 그들의 지도자가 성스러운 감응으로

---

4) [옮긴이] 아타우알파는 잉카제국 최후의 황제로서 우아스카르와 싸워서 이긴 후 황제가 되었다. 스페인의 침략(1532)으로 잉카제국은 소멸한다.

유혹하지만 그 감응을 전혀 느끼지 못하는 하나의 무리에 불과하게 된다. 이는 경탄할 만한 것을 발견하지 못하고 멍하니 바라보고 있는 청중들 앞에 서 있는 요술쟁이와 같다. 이 요술쟁이는 자신도 전혀 경탄해 하지 않는 곳에서 경탄을 자아내려고 유혹하지만, 그 청중들에게 놀라워해야 한다고 말하는 것 외에 아무것도 하지 않은 채 (청중이) 표정과 말로 자기에게 예의를 보여야 한다는 식의 동감을 구걸하는 자에 불과하다. 순수함과 순진함이 너무 지나칠 경우 청중들을 자극하게 되며, 이 경우 요술쟁이의 이러한 심한 대비는 조용한 구경꾼들을 더 화나게 한다. 눈은 하늘을 향하고, 손은 모은 채 무릎을 꿇고, 깊은 후회와 격정적인 기도를 하는 경건한 민중의 시선은, 연극의 주인공들이 주는 씁쓸함 때문에 어떤 감응도 일어나지 않을 때조차, 순수한 온정으로 억제할 수 없이 자기 마음을 고양할 것이다.

예배할 때 사제들이 민중의 경건함을 배가하려는 의도 외에 다른 의도를 가지고 있지는 않은지, 사제에 대한 신뢰가 오용되고 있지는 않은지를 민중은 어디에서 인식하게 될 것인가?

이러한 변종의 가능성의 원인은 우선 종교의 대상이 신비적인 것이라는 사실에 있다. 또한 대개의 종교들, 특히 외적인 종교들이 자기들만의 은밀한, 혹은 잘 알려진 비교秘教를 가졌다는 사실이 이러한 변종의 가능성의 원인일 것이다. 그리고 특별한 속성들, 특별한 준비물들이 이 비교의 위탁자들에게 속해 있었는데, 이것들이 그들의 영예를 드러내는 것이었다는 사실 또한 이러한 변종의 가능성의 원인일 것이다. 밀실에 가깝게 나아가는 자로서 저 성전에 봉헌된 제물의 일부가 그들에게 흘러들어 왔다. 그들은 종교적인 축제를 준비해야 했고 (국가의 모든 축제는 종교의식의 형식을 띠게 되었다), 신에게 드리는 선물의 수납, 보관 그리고 사용 등은 그들의 양심에 맡겨졌다.

어떤 민족은 이성을 공허하게 버리지 않으면서도 감각과 환상 그리고 마음에 감동을 불러일으키도록 공적인 예배를 조직한다. 그들의 예배는 통일된 영혼의 전체 힘에서 나오며, 엄격한 의무에 대한 생각은 아름다움과 기쁨으로 인해 더 밝고 친숙해진다. 그러한 민족은 한 무리의 계층이 만들어 낸 감응에 종속되지 않기 위해 그들의 축제를 스스로 조직하고 헌물한다. 그들 스스로 준비한 것에 의해 그들의 감관이 작동하게 되고, 그들의 상상력이 즐겁게 되며, 그들의 마음이 감동되고 그들의 이성이 만족스럽게 될 경우, 그들의 정신은 어떤 욕구도 느끼지 않을 것이다. 수천 년 전에 시리아에서만 이해되어 그곳에서 중요한 역할을 했던 상투어와 형상들을 오늘날 일주일에 한번씩 경청한다고 해서 그 민족은 결코 만족하지 않을 것이다.[5]

기독교가 생겨난 이후 객관종교의 역사가 우리에게 보여 주는 사실 중 하나는 객관종교는 국가와 정부라는 상응하는 체제 없이 독자적으로 존립하지 않았다는 사실이다. 그리고 객관종교는 모든 신분의 부패를, 시대의 야만을, 민족들의 거친 선입견들을 거의 극복할 수 없었다는 사실도 알 수 있다. 십자군 이야기, 아메리카 발견의 이야기, 오늘날 노예무역의 이야기, 즉 부분적으로 기독교가 중요한 역할을 담당했던 이런 '휘황찬란한' 사건들뿐 아니라, 제후들의 끝없는 부패와 민족들의 극악무도한 이야기를 읽고서 많은 기독교 반대자들은 자기들의 가슴을 찢지 않을 수 없었다. 그래서 그들은 종교의 선생들과 봉사자들에게 탁월해지기를, 그리고 보편적 이익을 위해 일할 것을 열정적으로 요구하였다. 하지만 이들은 씁쓸하게도 기독교에 대한 증오로 가득 채워졌는데, 왜냐하면 기독교의 옹호자들

---

5) [옮긴이] 비평본은 이 다음 문장부터 20번째 텍스트로 취급한다(127~130쪽).

은 그들의 요구를 마음의 끔직한 악에서 나왔다고 평가해 버리기 때문이다. 기독교의 반대자들은 저런 오싹한 행위와 특별한 종교에 대한 열정이 만들어 낸 궁핍을 무시무시하게 형상화했다. (기독교의 반대자들은 아주 강력한 붓놀림과 아주 날카로운 풍자로 이 종교를 끝없이 비판한다). 하지만 기독교의 옹호자들은 반대자들의 비판의 무기들이 이미 너무 낡았으며, 여기서 이끌려 나올 수 있는 근거들은 이미 오래전에 반박되었다고 한다. 그리고 인류의 행복을 위한 그들의 신앙개요서들이 이미 나와 있었다면 이런 모든 불행이 발생하지 않았을 것이라고 이해를 구한다.

하지만 교황과 추기경들, 쿠쿠페터[6]와 그 시대의 승려들 등, 이들 모두는 모세와 예언자들을 가지지 않았던가? 그들은 오늘날 우리가 도덕의 샘에서 듣는 것과 동일한 것을 들을 수 없었던가? 그들은 오늘날 우리가 가지고 있는 떠들썩한 도덕의 샘을 가지지 않았던가? 도덕이 우리의 해명을, 우리의 교양 있는 학습 개념을 필요로 했던가? 도덕은 불완전했던가? 이 도덕이 민중의 조야함을 개선하거나 아니면 적어도 그들을 길들일 수는 없었던가? 혹은 도덕이 인간의 삶의 문제를 다루는 계층에 보다 큰 영향력을 행사하여, 그들 자신에게 이 도덕을 알게 하고 스스로 작업하게 할 수 없었던가? 성직자들은 정신적인 겸손을 간판으로 내걸고 있었다. 그들은 이 겸손의 덕을 추천했으며, 이 덕에 대해 어떤 보상이 있는지를 가르쳤다. 그렇다면 이런 가르침이, 큰 몰염치든 작은 비열함이든 간에, 성직자들의 지배욕을 완화할 수 없었던가? 그들 가운데 유행하지 않았던 죄가 무엇이던가? 그런데 그들의 주인과 선생(예수—옮긴이)에 의해 금지되지 않았

---

6) [옮긴이] 쿠쿠페터(Kukupeter)는 갈리아 출신의 제1차 십자군 원정대장. 여기서는 자신의 종교를 위해 전쟁을 마다하지 않는 자들의 대명사로 쓰임.

던 것이 무엇이던가? 제후들이 고해 신부에 의해 이끌리던 시대, 정신적인 주인들이 지배하던 나라들이 가장 불행하지 않았던가?

아주 세세하고 현학적으로 서술된 전체 구원의 질서를 저울에 달아본다면 그 얼마나 가볍던가! 어떤 상황에서도 유지될 수 있을 정도로 구원의 질서는 사람들의 머리에 꽉 박혀 있다. 그래서 온갖 고통도, 환경, 교육, 실제 경험, 그리고 정부 등 이것들이 갖는 힘도 저 구원의 질서를 붕괴할 수 없었다.

기독교는 '도덕적 개선과 신의 마음에 드는 것'을 자신의 작용과 주된 목적으로 갖는다. 참다운 종교와 신앙을 갖게 하는 조건으로 요구되는 것은 '인간이 이미 신의 마음에 들어서 신이 인간에게 참다운 신앙을 선사하든지', 아니면 '인간이 아주 도덕적이어서 악을 증오하고 정의에 목말라 하든지' 둘 중에 하나이다. 즉 사람들이 이미 선한 경우 그들은 기독교를 통하여 선하게 될 수 있다.

몽테스키외는[7] 『법의 정신』*Esprit des loix*(24, 제 2장)에서 다음과 같이 말한다.

종교가 산출한 악은 장황하게 서술하면서도, 이 종교가 행한 선에 대해 침묵하는 위대한 작품이 있다면 종교는 이 작품을 악하게 저주한다. 시민법이, 군주제가 그리고 공화주의 정부가 세계에 가져온 모든 악을 내가

---

7) [옮긴이] 몽테스키외(Charles de Montesquieu, 1689~1755). 프랑스의 작가, 철학자, 정치가. 그의 『페르시아의 편지』는 가장 이른 계몽주의의 작품으로 평가되며, 그의 주저인 『법의 정신』은 그를 국가 철학의 대가로 올려놓았다. 그는 여기서 세 가지 형태의 국가, 즉 공화제, 군주제, 전제(專制) 등을 여러 가지 변수들, 예를 들어 기후, 문화 등과의 상관성 속에서 분석하고 있으며, 특히나 현대 민주주의의 원리로 작용하는 3권 분립을 제창하고 있다.

서술하고자 한다면, 나는 정말 끔찍한 것들을 보고해야 할 것이다.[8]

그리스도는 자기 제자들과 청중에게 많은 계명을 주었다. 그런데 덕의 정신을 수행하는 것이 아니라 단지 문자를 준수하는 차원에서 이 계명들이 실행된다면, 이 계명의 실행은 유용하지 않을 뿐 아니라, 종종 치명적으로 될 수도 있다. 이와 마찬가지로 법보다는 습속이 지배하는 국가의 법은 법에 의해 금지되지 않은 모든 것을 허용하는 어떤 국가의 입장에서 볼 때 매우 불완전하고 불필요한 것으로 보일 수 있다. 이런 방식으로 그리스도의 많은 계명은 시민사회에서의 법의 첫번째 토대, 예를 들어 재산권에 대한 법, 자기 방어의 법 등과 어울리지 않는다. 오늘날 그리스도의 계명을 도입하고자 하는 국가는——이 국가는 단지 외적으로만 그 계명을 도입할 수 있는데, 왜냐하면 그 계율의 정신은 명령될 수 없기 때문이다—— 곧바로 해체되고 말 것이다. 외투는 탈취당했지만 조끼와 바지는 건질 수 있었던 사람이 그것들마저 거저 줘 버리지 않았다고 어떤 기독교 선생에 의해 비난을 받았다는 것을 들어보지 못했다. 성직자들은 그리스도에 의해 명시적으로 금지된 것을 확실하게 알고 있다고 전제된다. 그래서 서약할 때 이들은 가장 장엄한 역할을 수행해야 한다.

왜 예수는 서기관들의 혐오를 불러 일으켰으며, 유대의 공회원들은 무엇 때문에 예수에게 흥분했던가? 그 이유는 한편으로는 자기 행위 가운데,

---

8) 편집자는 에른스트 포르스트호프(Ernst Forsthoff) 번역본을 참고하였다. 헤겔이 본문에 쓴 원문은 다음과 같다. "C'est mal raisonner contre la religion, de rassembler dans un grand ouvrage une longue enumeration des maux qu'elle a produits, si l'on ne fait de meme celle des biens, qu'elle a faits. Si je voulais raconter tous les maux, qu'ont produits dans le monde les loix civiles, la Monarchie, le gouvernement republicain, je dirais des choses effroyables!"

다른 한편으로는 타자의 행위를 판단하는 가운데 그가 유대인들의 성스러운 습속에 대해서뿐 아니라, 그들의 시민법에 저촉되는 독특한 삶의 양식을 지녔기 때문이 아니었던가? 한 사건이 법정의 법에 따라 어떻게 판단될 수 있는지에 대해 사람들이 말했을 때 그리스도는 이 법의 집행자들을 공격했다. 이들이 아주 흠이 없는 사람들이며, 주관적인 감정에서 완전히 벗어나 있는 사람들로 받아들여진다면 그들은 법에 따라서 판단하는 것이 아니라 법에 적합하게 판단했어야 한다. 재판관은 종종 인간과는 다르게 말해야 하며, 인간이 사죄하는 것에 대해서도 종종 벌을 내려야 한다.

이 모든 것으로부터 드러나는 것은 예수의 가르침과 그의 근본 원리는 사실 단지 개별적인 인간들의 도야에만 적합했으며, 그들의 도야에 방향이 맞춰져 있었다는 것이다. 예를 들어, "선생이여! 완전하게 되기 위해 제가 뭘 해야 합니까?" 라고 묻는 제자들에게 예수가 "자기 물건을 팔아 가난한 자들에게 나눠줘라"라고 대답했을 때의 경우가 이 경우에 해당한다. 예수의 이 말은 조그마한 공동체에서 혹은 작은 마을에서는 원리로 수행될 수 있을 것이다. 하지만 그 원리를 보다 큰 민족으로 확장할 경우 아주 모호한 결과에 도달하게 될 것이다. 혹은 최초의 기독교인들이 그랬던 것처럼 다른 민족들 가운데 살고 있는 한 공동체가 공산체라는 법에 의해 통일되어 있다고 해보자. 이때 이 법의 정신은 이 공동체의 법의 성립과 동시에 사라져 버린다. 왜냐하면 아나니아[9]의 예에서 보이듯이, 이 법 장치는 일종의 압력으로 나타나기에 공동체 회원들에게 은밀한 행위를 하도록 유도

---

9) [옮긴이] 「사도행전」 5장에는 아나니아와 삽비라 부부에 관한 기사가 있다. 그들은 재산을 팔아 전액을 공동체에 기부하지 않고 일부를 숨긴 죄 때문에 죽음의 형벌을 받았다. 이 기사를 근거해 볼 때 원시 기독교 공동체는 공산체(共産體)를 형성하고 있었던 것 같다.

할 뿐 아니라, 그러한 선행을 단지 그들 구성원들에게만, 그들의 전통과 그들만의 징표를 나누고 있는 자들에게만 제약하고 있으며, 따라서 인류애의 정신과 배치되기 때문이다. 이때 인류애란 할례자뿐 아니라 무할례자에게도, 세례자에게뿐 아니라 비세례자에게도 복을 쏟아 붓는 행위이다.

[…]

마음의 성소聖所는 친구에게만 출입이 자유롭게 허락된다.[10] 이 마음의 성소에 들어 있는 것을 끄집어내려 하는 공개적인 폭력 […]. 이제 상황에 따라 인위적으로 꾸며지는 '의도'를 설명해 보자.

마음과 신장腎臟을 검사하고 양심을 판단하고 벌하려는 침탈행위는 기독교의 최초 근원에 이미 그 맹아를 가지고 있었다. 그래서 작은 가족에만 타당했던 이 침탈행위가 점차 교묘하고 쉽게 시민사회로 잘못 확장되어 갔다. 그리고 이러한 침탈행위는 믿을 수 없을 만큼 확고하게 되었다. 왜냐하면 인간이 자기의 권리를 아주 잊어버렸으면서도 이러한 상실을 거의 감지하지 못한다는 것은 거의 믿을 수 없는 것처럼 보이기 때문이다. 그런데 바로 이러한 침탈행위는 인류의 폭력적인 제도들과 기만행위들 중에서 가장 불쾌한 종양들을 불러일으켰다. 즉 고해성사, 파문, 속죄, 그리고 인간의 굴욕을 나타내는 이러한 수치스러운 기념비들 전체 등. 종교개혁가들은 그들의 교설을 통해 신약 성서의 요청을 따르려 했으며, 그들의 기독교적인 경찰 제도를 통해, 즉 교회 경찰 제도를 통해 최초 교회의 순수함을 따르고자 했다. 그들은 기독교적인 경찰 제도를 만들었는데, 왜냐하면

---

10) [옮긴이] 비평본은 이 문장부터 21번째 텍스트로 간주한다(131~135쪽).

그들은 그런 것들 없이는 종교의 업무가 집행될 수 없다고 생각했기 때문이다. 제후들의 권력에 대항해서 교회 권력을 양심의 자유의 지주로서 내세우는 것을 그들은 생각하지 못했는데, 왜냐하면 그들은 기독교를 세속권력에 종속시켰기 때문이다. 그런데 이 종교개혁가들은 지배적인 민중종교에 필요한 제도들과 개별적인 공동체의 법 내지 어떤 한 단체의 개별적인 법 사이에 존재하는 차이를 간과했으며, 이를 통해 그들은 타락하고 말았다. 어떻게 그들이 상이한 질서status in statu로서의 교회 개념에서, 동일한 형태의 보이는 공동체에서, 특정한 의례와의 관계에서 벗어날 수 있었겠는가? 예를 들어 루터가 '성령과 진리 안에서 신을 숭배함'이라는 이념에서 얼마나 벗어나 있었는지를 츠빙글리[11]나 외콜람파드[12] 등과의 슬픈 논쟁은 보여 준다. 그는 성직자들에게서 권력으로 지갑을 지배할 수 있는 힘을 빼앗았으며, 또한 그들의 마음의 생각들까지 지배하고자 했다.

　한 민족의 후견인인 제후들은 궁내 사제를 가지고 있었다. 그들은 자기 아이들에게 걸음걸이를 가르치고 그들을 훈계하며, 필요한 경우에는 회초리로 교육시키는 가정교사를 붙여 주었다. 따라서 정치적인 형벌 외에도 교회의 형벌, 교회에서 규정한 참회 등, 일종의 참회는 계속 유지되었

---

11) [옮긴이] 츠빙글리(Ulrich Zwingli, 1484~1531). 스위스의 종교개혁자, 네덜란드의 인문주의자 에라스무스의 추종자. 1519년 취리히 대성당의 설교자가 되었으며, 이 무렵부터 M.루터의 영향을 받기 시작하여, 취리히 시의 종교개혁에 나섰다. 시 당국이 기획한 토론회에서 「67제안」을 발표하여, 시 당국을 설득시켜 종교개혁에 호응하도록 하였으며, 제2회 토론회에서는 성화상(聖畵像) 폐지에서 십자가·제단·오르간의 폐지까지 제의하였다. 그러나 1529년의 마르부르크 회담에서 성찬에서의 빵과 포도주를 그리스도의 피와 몸의 상징으로 해석하는 이른바 '상징론'을 주장함으로써 루터와 의견이 대립되었으며, 결국 정치적으로 고립되었다. 가톨릭교를 견지하는 스위스의 5주(州)와 전투가 벌어지자 취리히군의 종군목사로 참전하여, 카펠 전투에서 전사하였다(1531). 그 후에 스위스의 종교개혁 운동은 J. 칼뱅에게로 넘겨졌다.
12) [옮긴이] 외콜람파드(Johannes Oekolampad, 1482~1531). 츠빙글리의 노선에 서 있었던 츠빙글리와 동시대의 종교개혁가이자 휴머니스트.

다. 비록 원래의 고해성사 제도는 폐지되었지만 성직자들은, 불안한 양심에 도움을 주기 위해 고해 사제로서 유지되었다. (양심의 환상 때문에 사람들은 끊임없이 괴로워하고 불안에 떨어야 했다.) 종교는 마음의 회개와 속죄 그리고 귀의로 규정되었지만, 그렇다고 한 상태에 대한 이런 일반적인 표현들에 머물러 있지 않았다. (한 상태에 대한 표현들은 원래 한 개인의 마음 상태에 따라 다르며, 또한 기질, 성향, 환상 등에 따라서도 상이하다.) 반대로 종교는 그 상태들을 잘게 분화하였으며, 스스로 감응들의 장난감으로 채웠다. 이 상태들은 명백하게 보이는 것으로, 혹은 감각적인 것으로 서술되었다. (12시의 여부를 시계에서 쉽게 볼 수 있듯이, 사람들은 감각으로 나타난 것 혹은 감각으로 현존하는 것을 아주 잘 인지할 수 있다.) 그리고 이러한 상태는 심리적으로 상세하게 서술되었는데, 마치 그런 상태가 모든 사람에게 동일하기라도 하듯이 그렇게 하였다. 따라서 그러한 상세한 심리적 서술은 인간의 마음에 대한 실제적인 인식에 따라 이뤄진 것이 아니라, 인간 본성의 근원적 타락이라는 신학적인 편견에 따라서 이뤄졌다. 그런데 이 인간 본성의 타락론은 인간에 대한 인식 없이 동반된 우스꽝스러운 주석에 의해 인공적으로 꿰맞춰져 배열된 것이 아니던가? 그리고 이 모든 것들은 평범한 인간의 기억과 양심에 그칠 줄 모르게 파고 들어가 장난쳤다. 바로 이러한 이유들 때문에 자기의 고유한 성향과 경향에 대한 무수한 오해가 생겨나지 않을 수 없었으며, 다음과 같은 해체된 양심의 옹졸함이 발생하지 않을 수 없었다. 즉 감응의 충만함 대신 진부한 감상이, 실천력 대신 충분히 이해되지 않은 미사여구가, 자신에 대한 신뢰와 자기 자신에 대한 존경심 대신 위선적인 겸손과 정신적인 오만함이 나타났다. 이때 정신적인 오만함이란 언제나 자기와 자기의 경향의 문제에만 몰두하는 것을 말하며, 자기의 감정, 승리, 불안한 시련 등에 대해 무한히 재잘거릴 줄 아는 것을 말한다. 그런데 성직자들은 가득 찬 의심을 풀어야 했으며, 시련에 대항해서 강해져야 했다. 그들은 또한 은밀한 악의 영향을 경고해야 했으며, 세상, 즉 사탄의 시련과 자기 자신의 취향과 욕망이 만들어 낸 고통을 위로해야 했다. 건강한 공기와 신선한 물을 흡수하지 못하고 무미건조한 국물과 약국에서 준 약물에 의존해서 사는 사람들, 방귀와 재채기 그리고 헛기침 등에 대해 매일 기록해야 하고, 누구와도 함께해서는 안 되며, 그들이 먹는 약물을 달라고 요청하는 자에게 신의 보호를 천거할 뿐인 사람들은 환자들이다. 우리는 이러한 사실을 신학 개요서에서 본다. 이 개요서에는 원래적인 종교 지식이 아니라 심리적인 과정의, 혹은 특정한 영혼의 상태를 불러일으키는 종류의 지식에 불과한 것이 주된 영역을 형성하고 있다. 근본 원리에 따르면 원래 속죄와 회개가 가장 중요한 것인데, 신학적 개요서는 결코 기대되지 않는 우회로를 통해서 속죄와 회개로 이끈다. 우리가 이 우회로에서 길을 잃어버릴 경우 원래의 정확한 목적지에 도달하기 힘들다는 것은 놀라운 일이 아니다. 회개와 회개에 이르는 길이라는 이러한 사상은 아주 많은 단계들로 구분되어 있으며, 단조로운 사태들을 표현하는 아주 많은 낯선 이름들을 가지게 될 만큼 발전하였다. 하지만 신학 개요서는, 어떤 위대한 비밀과 중요성이 이런 낯설고 다양한 이름에 의해서만 표현될 수 있기라도 하듯이, 신과의 관계의 은총gratia applicatrix에서 신비적인 합일unio mystica이라는 개념에 이르기까지 낯선 개념들로 장식되어 있다. 그래서 우리는 이 개요서에서 가장 단순한 사태도 결코 인식하지 못한다. 우리가 이러한 사실을 건강한 눈으로 빛 가운데서 고찰할 경우 우리의 오성이 대체로 15분 안에 파악할 수 있는 사태를 위해 이 모든 인공물과 박식함을 소비해야 한다는 사실에 대해 우리는 부끄러워해야 한다. 오늘날 사람들은 주관종교는 도그마 속으로 강제로 들어갈 수 없다는 사실을 발견했다. 객체는 도그마의 주된 부분을 받아들인다. 이때 도그마란 항상 이성을 위해 있는 것만은 아니며, 회상과 오성을 유지하는 가르침이다. 그리스도인들의 이러한 교회 교육은 기독교 공동체의 설립 이후에야 비로소 새롭게 이 공동체의 규약으로 된 것이 아니다. 이러한 교회 교육은 반대로, 우리가 이미 본 것처럼, 아직 정제되지 않은 그리스도인들의 최초의 기획에 이미 내재해 있었으며, 그런 다음 지배욕과 위선에 의해 이용되고 확장되었다. 가장 조야한 형태의 남용의 흔적들이 사라진다 하더라도 그들 정신의 무한히 많은 것들은 여전히 남아 있다. 조그만 공동체는 모든 시민들에게 회원이 되거나 되지 않을 수 있는 자유가 있다는 것을 인정한다. 그런데 이 공동체의 법과 제도들이 만약에 커다란 시민사회로 확대되면 그 법과 제도들은 결코 적절하지 않으며, 시민적인 자유와 양립할 수도 없다.

모든 시민이 다 자기 조국의 당연한 방어자라고 생각하지 않는, 동시에 돈을 위해 국방의 임무를 사고 팔 수 있는 국가가 있을 수 있다. 이 국가에서 어떤 공동체는 어떤 무기도 손에 잡지 않고, 어떤 전쟁에도 참여하지 않은 채 국가와 결합해 있을 수 있다. 이때 이 공동체는 전쟁 참여의 정당성도 인지하지 못하며, 또한 그만큼 그들이 살고 있는 국가가 승리자가 될 경우 얻게 되는 장점도 알지 못한다. 이 공동체는 타자를 살해하는 것이 어떤 경우에도 정당하지 않다고 믿으며, 개별적인 폭력행위들에 대해 단지 인내와 비굴함을 보일 뿐이다. 하지만 그러한 공동체가 스스로 한 국가로 성장하게 될 경우, 모든 자연적인 감정을 억압함으로써 전체의 행복이라는 그들의 전체 건물을 뻔뻔스러운 한줌의 강도들에게 내줄 위험에 처하고 싶지 않으면, 그 공동체는 그들의 규준들을 결코 보편성 속에서 유지할 수 없다.

주변에서 매일 일어나는 좋은 예들이 어린아이들을 위한 최고 교육이

듯이, 그리고 어린아이들에게 명령을 하면 할수록 점점 더 그들이 불복종하게 되고 쌀쌀맞은 성격을 가지게 되듯이, 인간을 교육함에서도 큰 부분에서 이와 다르지 않다. 어린아이들은 그들을 영원히 조종하고자 하는 종교를 꺼린다. 그리고 어린아이들은 아주 추상적으로 묘사되어 있어서 삶 가운데서 구체적으로 마주치지 않는, 혹은 인간의 상황에 유용하지 않는 수많은 덕목과 죄목으로 그들에게 수다를 떨어 대는 종교를 대체로 꺼린다 *ils ne se pretent pas, ils se refusent.* 하지만 그들이 알지 못하는 사이 종교는 그만큼 더 어린아이들에 대한 은밀한 영향력을 가진다. 흠 잡을 데라곤 하나도 없이 가장 순수하고 가장 자유로운 인간 역시 그를 둘러싸고 있는 사람들의 정신에 의존해 있다. 설교단에서 전체 대중을 향해 하나의 덕이, 혹은 속죄와 참회가 아주 일반적인 방식으로 이야기 될 경우, 모든 사람은 그것을 기꺼이 받아들이며, 아무 이의를 제기하지 않는다. 왜냐하면 그 내용이 그 자신보다는 전체와 관련이 있기 때문이다. 하지만 만연한 부패가 상세하고 꼼꼼하게 묘사되고 개별적인 사건들이 섞여서 이야기될 경우, 관련된 사람들, 자기의 재산과 행위방식이 공격받았다고 느끼는 사람들은 이것에 아주 씁쓸해한다. 그리고 그는 어떤 권위도 자기를 그렇게 부당하게 더할 수 없다고 생각한다(어린아이들은 단순한 감성에 의해, 사랑과 공포에 의해 이끌린다. 이에 반해 어른은 이성에 의해 이끌릴 수 있다. 하지만 어른이 타자의 마음에 들도록 자기의 최선을 다한다는 것, 그것이 좋다는 것을 사전에 알지도 못한 채 사랑 때문에 누군가를 위해 자기의 최선을 다한다는 것, 적어도 바로 이런 일을 어른이 행하기는 어린아이가 하기만큼 어렵다). 모든 개별자는, 낯선 사람이 자기 일에, 특히 자기의 행위 방식에 간섭할 경우, 견디기 힘들어한다. 그리고 공적으로 세워진 습속의 파수꾼들이 이런 간섭을 특히 견디기 힘들어한다. 쾌활한 성격을 가지고 행위하는 사람은 처음에 도덕적·

종교적 노선에 서 있는 사람들에 의해 오해받는다.

죽음의 장면의 차이에 대해[13]

그리스도인의 전체 삶은 이러한 변화(죽음—옮긴이)를 준비하는 것이라고 한다. 그의 소망은 이러한 변화를 향해 있다. 죽음의 형상과 저 삶의 희망에 대한 일상적인 태도로 인해 기독교인은 이 현세적 삶의 공연장을 떠나는 것에 대해 두려워하지 않을 뿐 아니라, 심지어 평안해한다. 그는 이 세상에 애착을 갖지 않는데, 이 세상에서의 향유와 기쁨은 저 삶에 대한 희망에 비춰볼 때 주의할 만한 가치가 전혀 없는 것으로서, 마치 한 이방인이 낯선 땅에서 느끼는 것과 같은 것이다. 죽음의 순간이 그를 더 이상 두렵게 하지 않게 되자마자 그는 소멸에 대해서 두려워하지 않으며, 악기가 부러져 화음이 끊어지는 것을 두려워하지 않으며, 또한 자기 미래의 운명에 대해서도 두려워하지 않는다. 그의 전체 삶은 죽음에 대한 명상meditatio mortis이었다. 그의 삶은 미래의 삶을 위한 준비학교로 간주되었다. 그의 삶 자체는 아무런 의미를 갖지 않았으며, 미래의 삶과의 관련 속에서만 몇 가지 가치를 갖는다. 50년에서 많게는 80년이라는 세월 안에 다 사용되고 소모되는 우리 실존의 전체 지속 시간은 끝이 없는 영원에 비해 단지 순간에 불과하지 않겠는가? 60의 나이에 누가 영원한 행복 내지 영원한 지옥이라는 무시무시한 선택에 대해 단 한 순간이라도 잊을 수 있겠는가? 영원한 행복을 선택하게 될 경우 모욕에 대한 두려움이 계속 새롭게 일깨워질 수 있다. 모욕에 대한 이러한 두려움 때문에 우리에게 이러한 공포를 알려준 교설이

---

13) 비평본은 이 글을 22번째 텍스트로 간주한다. (136~137).

제공하는 은총의 수단으로 누가 도피하지 않겠는가? 자기에게 다소 값비싼던 모든 것과 작별할 뿐 아니라, 아주 짧은 순간에 태양의 광휘가 아니라 심판자의 면류관의 광휘가 빛나는 것을 보게 되는 이 무시무시한 재앙의 순간을 누가 기다리지 않겠는가? 이 심판자 앞에서 그의 운명은 이제 영원히 결정될 것이다. 이 두려운 기대의 순간을 위해 누가 위로를 주는 무기를 끌어 모으지 않겠는가? 준비할 시간도 없이 갑자기 여행을 떠나야 하는 사람이 급하게 이것저것 준비하듯, 시간과 질병이 허락하는 만큼 많은 영적인 것들을 누가 챙기지 않겠는가? 따라서 우리는 환자의 침대가 죽어 가는 이의 괴로운 영혼을 위해 감정을 억누른 채 규정된 한숨을 토해내는 사제와 친구들에 의해 둘러싸여 있는 것을 본다. 또한 추억과 훈시가 울려 퍼질 때면 '메멘토 모리'[14] 라는 후렴구로 끝맺는 것을 우리는 듣게 된다. 행동하게 하는 모든 작용인作用因들 중에서 가장 강력한 것들을 무덤 저편에서 가져옴으로써 아름답게 혹은 경건하게 죽을 수 있게 하며, 학교에서 힘써 학습한 주문과 운율을 기억해 내서 이런 저런 것들에 대해 말할 수 있는 의식을 충분히 갖게 한다.

모든 민족의 영웅들은 똑같은 방식으로 죽는다. 왜냐하면 그들은 자연의 힘을 인정하며 살았고, 삶 가운데서 그 힘을 인정하는 법을 배웠기 때문이다. 그러나 이러한 자연의 힘을, 이 자연의 사소한 악을 참아내지 못하면 자연의 보다 강한 작용을 견뎌 가는 데 미숙할 수밖에 없다. 어떤 민족들은 죽음을 준비하는 것에 자기 종교의 요점과 초석을 놓고 있다. 그런데 그런

---

14) [옮긴이] 메멘토 모리(menmento mori!)는 '너도 죽을 수 있음을 명심하라!'라는 뜻이다. 시저는 전쟁 후 포로들을 데리고 로마의 개선문을 통과할 때 포로들에게 이 문구를 계속 읊게 했는데, 이 전통은 중세에 사제들이 임종을 맞은 자 앞에서 살아 있는 자들에게 수행하는 것으로 이어졌다.

민족들이 대개 비참하게 죽어 가는 데 반해, 다른 민족들은 훨씬 더 자연스럽게 죽음의 순간을 맞이하는 것을 도대체 어떻게 설명할 수 있겠는가? 어떤 사람은 아침 일찍이 식사를 하면서 자기 머리를 손질하게 하고, 예복을 입고, 말에 마구를 얹게 하면서 이 시간 동안 내내 직면한 중요한 사업에 대해 어떻게 행동해야 하며, 어떻게 대화를 이끌어 가야 할 것인지에 대해, 마치 젊은 연사가 자기 일을 잘 하고 있는지에 대해 두려워하듯이, 깊이 생각한다.[15] 이에 반해 어떤 다른 사람은 아침에 자기 사업장에 가서 칠판을 보고서야, 만남 바로 몇 분 전에 오늘 초대가 있다는 것을 기억해 내며, 그래서 마치 자기 집에서처럼 수수하고 꾸밈없이 안으로 들어간다. 우리 민족과 그리스인들의 죽음에 대한 환상은 얼마나 다르던가? 그리스에서 잠의 형제인 한 아름다운 정령은 무덤 위에 기념물로 영원히 머물러 있다. 우리의 사신死神은 그의 무시무시한 해골이 모든 관 위에 전시되어 있는 그런 존재이다. 죽음이 그리스인들에게는 삶의 즐거움을 상기시킨 반면, 우리에게는 삶의 고통에서의 벗어남을 상기시킨다. 죽음이 그들에게는 삶의 냄새였던 반면, 우리에게는 죽음의 냄새였다. 명예로운 사교장에서 우리가 어떤 자연적인 것에 대해 말하지 않고 그것들에 대해 결코 쓰지 않는 것처럼, 그들은 죽음을 다른 말로 표현했으며, 죽음의 상을 부드럽게 했다. 반면 우리의 연사와 설교자들은, 우리에게 공포를 불러일으키고, 우리의 즐거움을 망가뜨리기 위해 가능한 한 무시무시한 색채로 죽음의 상을 채색한다.

---

15) 〈여백에 기록된 글〉 경건한 사람들은 일반적으로 현세 삶의 재화에 대해 과장되게 경멸한다 ──찡그린 얼굴.

5. 기독교 비판을 위한 세 단편

구도[1]

α) 나는 우리의 의무와 소원을 신 이념과 영혼의 불멸과의 관련 속에서 파악하는 모든 체계를 객관종교로 이해한다. 신학이 단순히 현존에 대한 인식과 신의 속성에 대한 인식을 다루는 것이 아니라, 이 문제들을 인간과의 관련 속에서, 인간의 이성의 욕구와의 관련 속에서 다룬다면, 그런 체계는 신학이라고도 불릴 수 있다.

β) 이 이론이 단순히 책 속에만 현존하지 않고, 거기에서 인간 개념들이 파악되고, 의무에 대한 사랑과 도덕법에 대한 존경이 (이것들은 이념을 통해 강화된다) 느껴질 경우, 이 종교는 주관적이다. 시민법은 도덕성이 아니라 합법성을 직접적인 목적으로 가지며, 도덕법을 경외하게 하고 법들을 도덕의 정신에 따라 완성해 가도록 할 요량으로 이에 맞는 어떤 장치를 만들지도 않는다. 반대로 시민법은 이런 일을 오히려 종교에 귀속된 것으로 여긴다. 그렇기 때문에 여기에서 이것들이 서로 분리되어 있음을 보이

---

1) [옮긴이] H. 놀의 편집본 48~50쪽. G. 셜러의 문집 Nr. 42. 비평본 23번째 텍스트(138~140쪽).

는 것이 우리의 목적은 아니다. 우리의 목적은 신 이념을 통한 도덕성의 함양만이 아니라 도덕성 일반의 함양 역시 이러한 종교 기구의 목적이라는 것을 보이는 것이다.

γ) 인간 본성(자연)의 전체 욕망이 모두 도덕성을 목적으로 갖는 것은 아니다. 예를 들어 생식의 욕망이 그런 것이다. 하지만 인간의 최고의 목적은 도덕이며, 이것을 함양하기 위한 인간의 제도들 중 종교가 가장 탁월한 것이다. 신 인식은 그 본성상 없어질 수 없다. 신 인식은 인간의 도덕적 본성에, 인간의 실천적 욕구에 그 근원을 갖는다. 그리고 이 신 인식에서 다시금 도덕이 나온다. 그리스도나 마호메트의 이름과 명성을 전파하는 것이 종교의 주된 목적이라면, 그리스에서 오르페우스나 호메로스 역시 제우스나 팔라스(아테네 여신) 만큼 유명하며, 따라서 경외를 받을 만하다고 할 수 있다. 또한 작센의 개종자 카를Karl[2]이나 개종을 집요하게 강요하는 아메리카의 스페인 사람들, 혹은 유대인 색출자 슐츠Schulz에 대해 아주 자랑스러워해야 할 이유가 있다. 혹은 신의 이름을 영화롭게 하는 것이 종교의 주된 목적이라면, 항상 노래하는 제비보다 더 훌륭한 기독교인은 없을 것이며, 베드로 성당에서 거대한 미사를 집전하는 교황이 배가 파선했을 때 자기 목숨을 희생하여 13명의 목숨을 구하고 14번째 사람을 구하려다 죽은 분대장 볼테마Woltemar보다 신의 축복을 더 받는 대상일 것이다.

δ) 객관종교를 주관적으로 만드는 것은 국가의 큰 사업이어야 한다. 기구들은 심정의 자유와 잘 융화되어야 하며, 양심과 자유에 강제를 행사

---

2) [옮긴이] 작센-라우엔부르크의 왕자이자 신교와 구교 간에 벌어진 30년 전쟁의 장군으로 활약한 프란츠 카를(Franz Karl, 1594~1660)을 지칭한다. 그 지역의 제후인 공작 프란츠 2세의 세 아들 중 한 명으로 30년 전쟁에서 처음에는 신교 쪽에 가담하다 나중에 황제가 가담한 가톨릭으로 개종한다.

해서는 안 된다. 오히려 그것들은 의지의 규정 근거에 간접적으로 작용해야 한다. 그런데 국가는 얼마나 많은 것을 할 수 있을까? 각각의 개별적 인간에게 얼마나 많은 것이 양도되어야 하는가?

ε) 도덕성을 함양하고자 하는 종교의 이러한 목적은 a) 교설을 통해, b) 제례의식을 통해 발생한다. 모든 종교는 이미 이 두 가지, 즉 교설과 제례의식을 위해 많은 것을 해왔으며, 이 두 가지를 위한 기구들을 가지고 있다. 국가는 헌법을 통해, 정부의 정신을 통해 이 일을 해왔다.

ζ) 기독교는 어느 정도까지 도덕성을 함양하고자 하는 이 문제를 해왔는가? 기독교는 근원적으로 사적인 종교인데, 그 발생 상황의 욕구에 따라, 인간에 따라 그리고 선입견에 따라 그것은 변화된 모습을 띤다.

a)

ㄱ) 기독교의 실천적 교설은 순수하며, 대개 실제적인 예들로 서술되어 있는 선善을 가지고 있다. 왜냐하면 「마태복음」 5장 6절 등[3]에서는 도덕의 정신이 일반적으로 서술되어 있으며, 단순히 형식적인 것에 한정되지 않고 실제적인 규율을 가진다. 그런데 바로 이런 곳에서 도덕성이 오인되고 결국 오해되고 만다.

ㄴ) 기독교의 기초가 되고 있는 역사적 진리들. 바로 이 역사적 진리 안에서 정말 멋진 것들이 불신에 빠진다. 기독교가 사적 종교인 한 그 진리들을 믿고 안 믿고는 전적으로 개인의 자유에 달려 있다. 하지만 공공종교로서 언제나 불신자는 있기 마련이다.

ㄷ) 그리스의 종교에서와는 달리 기독교에서는 환상을 위한 배려가

---

3) [옮긴이] 「마태복음」 5장 6절: "의에 주리고 목마른 자는 복이 있나니 저희가 배부를 것이요."

없다. 기독교는 슬프고 우울하며, 우리의 토대에서 자라지 않은 동양적인 것이다. 따라서 그것은 우리와 결코 하나가 될 수 없다.

b) 사적 종교가 공공종교로 되었기 때문에 사적인 종교에 적합했던 제례의식은 그 의미와 정신을 완전히 상실했다. 또한 이 제례의식은 여전히 은총의 수단으로 기여한다. 물론 이때 그것은 기쁨의 정신과 결합되어 있지는 않다. 그런데 이 제례의식이 공적으로 되었기 때문에, 만약 사람들이 이 제례의식을 폭력 배제의 원칙과 연결시키지만 않았다면, 이 제례의식이 관용을 촉진할 수도 있었을 것이다. 그런데 유감스럽게 이 제례의식은 오늘날 이단과 구별되는 징표로 되었다. 왜냐하면 이단은 이 의식과는 대립된 것을 가지고 있을 수 있기 때문이다.

c) 삶의 양식의 관점에서 본 여타의 명령들:
ㄱ) 공적인 일에서의 도피.
ㄴ) 자선의 분배─재산의 공동 운영은 사적 종교에서는 가능하지만 국가에서는 실행될 수 없다. 사적인 종교에서는 경건한 행동이었던 것들이 국가에서는 공적인 명예에 해당한다.

첫번째 기획[4)]

a) 모든 사람들이, 혹은 대부분의 사람들이 자발적으로 찬성할 수 있는 종교적·도덕적 진리의 체계를 세우는 것은 어려운 일처럼 보인다. 왜냐하면 우리는 '민중종교는 자기의 교설을 강요하지 않으며, 어떤 인간의 양심도

강요에 시달리지 않는다'는 사실을 민중종교의 필연적인 조건으로 간주하기 때문이다. 이성이 이념으로, 체계와 가설에 대한 사변으로 전개된 이래, 철학자들과 신학자들에 의해 고안된 이 체계와 가설의 무한한 차이만을 대충 고찰한다면 저 과업에 도달하기는 어려워 보인다. '아주 다양한 사유양식이 가능'하며 ── 어떤 것들은 우리에게 아주 기괴하게 보인다 ──, '이 사유양식은 그런데 일반적인 이념 혹은 인류의 욕구와 연결'되어 있으며, '언제나 자기의 추종자를 가지고 있다'는 경험, 또한 동시에 '특정한 사유양식을 공개적으로 명령하거나 금지함으로써 중요한 것들이 이 명령이나 금지 속에 놓이게 되자마자 인간의 양심의 자유가 모욕당할 뿐 아니라 위험한 광신이 쉽게 불 당겨질 수도 있다'는 경험, 바로 이러한 경험들은 민중종교의 교리를 위해 규칙을 제공한다. 즉 이 경험으로 인해 민중종교는 '교리들은 가능한 한 단순해야' 하며, '보편적 인간 이성이 인정하지 않는 어떤 것도 포함해서는 안 된다'는 규칙을 배우게 된다. 다른 말로 하면 민중종교의 교리는 '이성의 한계를 넘어선 것'을 ── 이것의 권한이 비록 그 근원을 하늘에서 가진다고 하더라도 ── 규정하여 교조적으로 주장하는 어떤 것도 포함해서는 안 된다는 것이다.

신비적·이론적 교설

그러한 교설은, 조금 빠르든 다소 늦든 간에, 확실히 이성에 의해 간섭받고 침해될 위험에 노출되어 있다. 너무 빨리 익은 과일은 질식되거나 눌리거

---

4) [옮긴이] H. 놀의 편집본 50~60쪽. G. 쉴러의 문집 Nr. 44(1794). 비평본 24번째 텍스트(141~152쪽).

나 잘려 나갈 수 있다. 하지만 시대가 서서히 성숙해 감으로써 글쟁이들을 태울 장작더미 혹은 책들만을 태울 장작더미도, 저주의 상징들도 인간의 본성에 파괴할 수 없이 놓여 있는 악을 저지하지는 못할 것이다. 왜냐하면 이성은 억제할 수 없이 의무와 덕의 자족이라는 위대한 원리 위에서 운동하기 때문이다. 그런데 의무와 덕의 자족을 보다 장황한 혹은 좀더 이질적인 운동 근거를 통해 ——이 운동 근거는 신 이념과 연결되어 있다—— 촉진하고자 한다면, 이것은 이미 신성모독이다. 그리고 만약 이 신앙의 소유자들이 놀라운 교설의 역할을 불리하지 않은 것으로, 도덕성에 해가 되지 않은 것으로, 하지만 전제주의에 필요한 것으로서 간주한다면, 이 교설의 일이란 기껏해야 조야한 하층민들의 족쇄로 기능할 뿐이다. 그들의 본질과 그들의 이성신앙이 동일하다고 확신하게 되면, 각자는 자기의 방식대로 상대방을 무기력하게 만들고자 한다. 어떤 사람들은 실정종교의 자료들에 근거해서, 예를 들어 위트라는 무기를 동원해서 이 실정종교에 투쟁한다. 다른 사람들은 실정적 교리들이 민중의 신앙에서 숭배의 대상이라는 이유로 자기는 그 교리를 중요하게 여기지 않으며, 실정적 교설을 자기의 이념에 순응시키고자 한다는 자기의 확신에 만족한다. 우리는 '아주 많은 사람들이 도덕의 이념을 순전히 자기의 마음에서 전개시키고, 이 마음속에서 마치 거울에서 자기 모습을 보듯 도덕의 아름다움을 보고서 이 도덕성에 매료되며, 그들의 영혼은 덕과 도덕의 위대함에 대한 존경으로 가득 차 있는' 것을 본다. 예를 들어 스피노자, 섀프츠베리[5], 루소 그리고 칸트 등이

---

5) [옮긴이] 섀프츠베리(Shaftesbury). 17세기 말부터 18세기 초에 활동한 영국 계몽주의자로 로크에게 사사함. 그의 도덕철학은 감정에 기초한 자연적 도덕관으로 인간의 사회성을 강조한다. 또한 기독교 원죄설에 반대해서 선과 미가 조화를 이룬 낙천적인 도덕철학을 전개한다. 주요 저서로 『인간, 풍속, 여론, 시대 등의 특징들』(1711)이 있다

그런 사람이다. 도덕에 대한 존경과 그리스도의 가르침에 나타나는 도덕에 대한 존경이 크면 클수록 그 여타의 것들은 그만큼 이질적인 것으로, 쓸모없는 것으로 나타난다.

비밀들, 이해되지 않는 도그마들은 이성이나 오성의 입장에서 생각될 수 없는 것들이며(왜냐하면 그것들은, 방금 말한 것처럼, 이해되지 않기 때문이다), 환상의 입장에서도 생각될 수 없다. 이 환상에게 그것들은 철저히 모순적이다.[6] 그러한 교설을 말할 때 이 세 가지 모두(이성, 오성, 환상)는 자기들의 일상적인 업무를 중지해야 하며, 자기들이 완전히 무시되는 것을 놔두어야 한다. 왜냐하면 이성, 오성 그리고 환상의 법칙이 여기서는, 마치 내가 포도주를 엘레자[7]로 재고자 하거나 풍자화를 아폴로의 머리 형상에 맞츠고자 하듯이, 무용지물이기 때문이다. 여기에는 낱말들을 특정한 방식으로 연결하는 회상만이 남아 있을 뿐이다. 이러한 특정한 연결방식은 회상에 의해 이뤄지며, 오성을 격리시켜 오성으로 하여금 자신을 보지 못하게 한다.

이해되지 않는 이러한 교설이 우리의 마음과 관련을 갖고 있는 한, 그리고 이 교설이 인간에게 발생하는 실천적인 요청들, 인간의 마음의 동력 그리고 인간의 마음에 약속된 희망들을 자체 내에 간직하고 있는 한, 우리는 여전히 이 교설의 핵심에 묶여 있다. 이 교설들 중 몇 개는 그 자체로는 어떤 실천적인 계기도 포함하고 있지 않으며, 타자와의 교류에 의해서 비로소 이 실천적 계기를 포함하게 된다.

---

6) 〈여백에 기록된 글〉 여기에서는 교설의 객관적 진리와 타당성을 말하고 있는 것이 아니라, 그 교설이 비록 참인 것으로 드러났다 하더라도, 그 교설이 우리의 이성과 환상, 우리의 마음에 어떤 것인지에 대해 말하고 있다.

7) [옮긴이] 과거 독일 자의 명칭. 1엘레(Elle)의 자는 55~85cm에 해당.

모든 종류의 교설의 첫번째 법은 '선한 삶으로의 변화를 통해 신의 마음에 들게 하는 것 외에 어떤 다른 방식도 제시하지 않는 것', '순수하게 도덕적인 것 외에 참으로 도덕적인 행위로 이끄는 어떤 다른 추동력도 제시하지 않는 것'이어야 한다. 종교는 다소간 순수한 의미에서 '신의 마음에 듦'이라는 개념을 가지고 있다. '성스러움의 이상으로 이해되는 신 앞에 서고자 함'이라는 의미에서부터 낮게는 '어떤 감각적인 행위 때문에 오로지 그리고 특수하게 신에게 머묾'이라는 의미에 이르기까지 서로 충분히 분리되어 순수하게 사려 되지 않는 수많은 세목들이 있다.

따라서 종교가 최고의 목적으로 내세우는 '신의 마음에 듦'이라는 개념이 불순한 계율로 될 수도 있기 때문에 종교는 그만큼 주의 깊게 자기에게 실재로 상처를 낼 수 있는 어떤 생각도 침투하지 못하도록 스스로를 보호해야 한다.

이성과 환상을 넘어서는 교설이 실천적인 것과 어떤 관계를 맺을 경우, 이 교설은 우리에게 '선한 삶으로의 변화의 길만을, 신의 마음에 드는 양식만을 제시해야 한다'고 요청할 수 있다. 하지만 이 요청은 모순이다. 왜냐하면 이 교설이 우리에게 새로운 길을 개시하지 않을 경우, 이 교설은 결코 이해되지 않는 교설도 아니며, 따라서 신비가 아니기 때문이다. 그런데 성스러운 존재의 마음에 들게 하기 위해 어떤 교설은 우리에게 특정한 행위를 요구할 수 있다. 물론 이때 이 행위는 입으로 하는 행위일 수도 있고 손과 발로 하는 행위일 수도 있으며, 감성의 선율일 수도 있고 몸의 절제와 훈육일 수도 있으며, 어떤 것에 대한 믿음일 수도 있다. 이러한 교설을 통해 사람들은 도덕의 법에서 해방되어 떨어져 나올 수 있다. 이러한 교설은 민족들의 신앙에, 가장 성스러운 봉인의 역사에 기록될 수 있을 것이다. 하지만 이성은 그것을 비난해야 하며, 도덕적으로 선하고자 하는 자신의 요청에서 이성은 한 발짝도 물러서서는 안 된다.

이런 기본 원칙이 흔들리고, 모든 자연적인 관계가 이런 비도덕적이고 종교적인 허풍에 의해 왜곡되어 나타나는 그러한 국가 구조물 혹은 그러한 인간 계층의 구조물이 얼마나 비난받아 왔는지를 모든 시대의 역사가 우리에게 가르쳐 주었다. 예를 들어 나폴리와 교회국가 등 오늘날도 이러한 체계가 여전히 지배하는 국가의 그런 슬픈 상이 이 사실을 우리에게 가르치고 있다. 죄와 악한 경향을 장려하고, 그것들에 벌을 내리지도 않으며, 그것들을 오히려 정당화시키는 교설들이 있다. 이런 교설들에 제동을 걸 수 있는 유일한 것은 결코 완전하게 파괴할 수 없는 인간 본성의 선함과 시민법의 필연성뿐이다. 물론 저런 부패한 국가에서 인간의 본성은 충분히 망가져 있으며, 시민법은 사회가 부득이하게라도 유지될 수 있게 하기 위해 저 기본 원칙을 어느 정도 수정해야 한다고 떠벌리고 있음에도 불구하고 말이다.

나는 여기에서 '미사에 참여하고 면죄부를 판매함으로써 자기 죄를 탕감할 수 있을 뿐 아니라 어떤 점에서도 선한 사람에게 뒤떨어지지 않는다'고 말하는, 공적으로 허가된 신앙에 대해 말하고 있다. 이 신앙은 의견의 차이에 대해 신체적인 형벌 등을 내릴 수 있다고 한다. 더 나아가 이 신앙에 따르면 범법자가 망명함으로써 공의의 팔에서 놓여나며, 신의 해석자들에 의해 보호된다. 이 신앙에서는 미사에 참여하고 면죄부를 판매하는 것 등이 신앙 그 자체보다 더 칭찬할 만할 뿐 아니라, 공개적으로 수행되어진다. 여기에서는 거지만이 수혜를 입고, 열심히 일하는 사람은 반대로 악하게 취급된다. 여기서 나는 단순히 몇몇 소피스트들이나 경험론자들의 교설을 말하고 있는 것이 아니다. 철학적으로 똑똑하기 그지없는 이 철학자들은 덕과 악 사이의 차이를 확고하게 정립하고 있는 근본원리들이 사실은 충분히 근거지어지지 않았다고 하는 자들이다. 또한 여기서 나는 자기의 삶 가운데서 결코 덕의 소리를 들으려고 하지 않거나 혹은 자기의 격정 때문에 덕의 소리를 들을 수 없는 호색한들을 말하는 것도 아니다. 다른 말로 하면 나는 여기서 도처에서 발견되는 그런 개별적인 것들을 말하고 있는 것이 아니다. 오히려 내가 여기서 말하려는 것은, 도덕성을 거꾸로 파악하여 인간성 혹은 신성을 모독하고 있는 저 근본원리들이 한가한 대가리들에 의해 서재나 대학 강단에서 전혀 다뤄지지 않고 있다는 것이다. 또한 저속한 본체에는 어떤 현저한 피해도 입히지 않고서 어떤 교수는 행복을, 다른 교수들은 다른 경험적 명제를 도덕의, 혹은 자연법의 원리로 받아들여 공개적으로 가르친다. 그뿐 아니라 그들은 교설이 말하는 것보다 더 생동적으로, '가장 내적인 것과 국가는 아주 밀접한 관계에 있다'고 말한다. 선한 사람들이 그러한 국가에서 타락과 죄라는 허가된 대로大路 위를 걸을 수 없는 것과 마찬가지로, 보다 좋은 근본원리의 필요성을 느끼는 사람들은 방향전환을 함으로써 저 근본원리와 자신의 보다 좋은 감응을 연관시킨다. 이때 그들은 이 연관의 약점을 오성 앞에서는 감추지만, 이 연관은 그들의 마음을 만족시킨다. 따라서 그러한 교설은 이성이 개별자에 적용되는 근본원리를 선택한 경우에도, 국가 전체의 경제와 관련이 있는 보다 보편적인 것에 적용되는 근본원리를 선택한 경우에도, 이성에 의해 단적으로 비난받아야 한다.

그 외에 인간 이성에서는 드러날 수 없는 어떤 종교의 실정적 교리들은 보다 훌륭한 목적을 제시하며, 특히 최근에 사람들은 모든 교조적인 교설에서 실천적인 계기를 찾아내고 만들어 내려는 노력에 심혈을 기울인다.

종교의 신비를 이성을 통해 수용할 수 있는 것으로 만들려는 노력은 많이 후퇴했다. 대신 사람들은 오늘날 '저 교설들이 비록 이성 위에 있지만 이성에 배치되는 것은 아니다'라는 말에 나타나는 차이를 매우 중히 여긴다. '이성에 대해 어느 정도 소심한 고려를 하고 이성의 재판 업무에 대해 어느 정도의 경외감을 갖지만 결국 그 이상으로는 더 나아가지 못한다'는 데에 바로 그 차이가 있다. 왜냐하면 이성이 그들 신앙의 최고 재판관이라고 한다면, 이 이성은 자기의 사용과 자기 힘의 적용이 미치지 않는 것을[8] 받아들이지도 않고 믿지도 않을 것이기 때문이다. 이는 마치 아메리카를 배로 관통하고자 온갖 노력을 다한 후에 아메리카를 관통하는 북서 관통 수로가 발견되지 않았을 때 지리학이 '아메리카를 관통하는 북서 수로는 없다'라고 대담하게 주장하는 것과 같다.

이성에게는 없는 그러한 말들은 단순히 마음에 중요할 뿐이다. 왜냐하면 이성은 오성에게는 생각될 수 없고 환상에게는 표상될 수 없으며, 오직 회상을 위해서만 사용될 수 있는 그 말들을 이해할 수 없기 때문이다. 즉 그 말들은 의지 규정에 대한 영향력의 관점에서만 인간에게 중요성을 가질 수 있다.

'기독교 교리의 초인간적인 측면은 근원적인 도덕성을 갖는 것이 아니라, 단지 목적과 결과를 위한 합법성만을 갖는다'라는 사실은 부인할 수 없는 사실이다. 만약 그 교리가 도덕적으로 되기 위해 순화되어 적용될 수 있으려면, 우선은 이러한 시도들이 ──전에는 사물이 그렇게 정확하게 다뤄지지 않았는데, ── 적대자들의 이의제기와 비난을 통해서야 비로소 자극 받았다는 사실이 고백되어야 한다. 그리고 오랫동안 그 교리들은

---

8) 〈첨가〉 사람들은 '그 교설들이 그 자체로는 이성에 반하지 않지만, 그 교설을 믿는 것은 이성에 반한다'고 말할 수 있을 것이다.

법의 불꽃이 시커멓게 타고 있는 곳에서,
몽상가의 환상을 태워 버리[9]

는 데 사용되었을 뿐이다(혹은 그 교리들은 희망을 불러일으키거나 두려움을 산출했는데, 이때 희망이란 도덕성을 초자연적인 방식으로 고대하게 하는 것을 말하며, 두려움이란 바로 이런 초자연적인 방식으로 저주받는다는 것을 말한다). 나는 한편으로는 보상에 대한 생각에, 다른 한편으로는 형벌에 대한 생각에 의존하기만 하면 된다. 이때 '보상'이란 신비적인 행복에 처하는 것, 유치하기 이를 데 없는 이익을 얻는 것, 혹은 비도덕적인 자만심에 근거하는 이익들을 얻는 것을 의미한다. 그리고 형벌은 보상에 대한 서술보다 훨씬 더 많이 서술되어 있는데, 이때 '형벌'에 대한 표상은 지옥의 고통에 대한 가공스럽고 감각적인 형상들을 통해 서술되어 있다. 이 지옥에서는 악마가 언제나 새로운 창작력을 동원하여, 구원에 대한 아무런 희망도 주지 않은 채, 영혼에 영원히, 영원히 고통을 준다고 한다. 이러한 표상의 권력 아래 놓여 있는 몇몇 환상으로 인해 많은 사람들이 정신착란을 일으켰다는 것은 결코 놀랄 일이 아니다. 즉 그 환상들은 그들을 절망으로, 광란의 상태로 이끌었다.

그리스의 바쿠스 축제에서 무희들의 환상은 술을 많이 마셔 정신이 없어질 때까지 지속되며, 이 상태에서 신의 현존을 본다. 그들의 환상은 흥청망청 마셔서 가장 야성적인 폭발상태에 이른다. 이들의 경우 이것은 기쁨의, 환희의 도취였다. 이 도취는 곧 다시 일상의 삶으로 되돌아왔었다. 하지

---

9) 실러의 시 「체념」의 한 구절. "Die Phantasie des Träumers zu erstürmen, / Wo des Gesetzes Fackel dunkel brennt."

만 환상의 저 종교적인 탈선은 가장 슬프고 가장 짜증나는 절망의 표출이다. 이 탈선은 내장을 그 근원에서부터 교란시켜 자주 치료불가능한 상태에 이르게 한다. 도그마는 단순히 교설을 말하고 있는 것이 아니라, 그림의 데이터, 심지어 그림의 특정한 특징들까지 부여한다. 그 데이터들을 더 화려하게 혹은 덜 끔찍하게 서술하는 일은 크든 적든 선생의 생동적인 환상에 위임되어 있다.

'보상'과 '형벌'을 다른 세계에서 기대한다는 것은 이 생의 삶과 다른 삶 사이의 연관을 산출하려는 이성의 실천적 욕구 속에 아주 자연스럽게 정초되어 있다. 그래서 이 교설이 모든 종교의 중심이 되었다. 하지만 도덕종교로서의 가치가 있기 위해서, 그리고 이 도덕종교를 민중의 신앙 속에 확고하게 하기 위해서 이 종교를 다룰 때 주의가 요청된다.

상상력의 계발이라는 문제는 여기에서 아직 다뤄지지 않았다. 여기서는 초이성적인 근본원리에 의존해 있는 기독교의 교설이 다뤄졌다. 이 교설에서는 상상력에 의해 만들어진 형상들에 대한 신앙 역시 교리에 대한 신앙으로 요구된다. 육체의 부활 교리는 도덕적으로 결코 중요성을 갖지 않는다. 그 교리는 그 자체로 전혀 의미 없는 결과를 가졌다. 이 교리를 통해 비육체적인 정신적 존재로서의 인간 영혼의 개념이 보편화될 수는 없었다. 개인적인 실존의 지속(이 말의 반대어는 여기에서 아주 당연하게 죽음, 즉 개인적 실존의 소실이다)이라는 희망은 육체를 단순히 자기의 신실한 동반자로 소생시킨 것이 아니라, 오히려 이 육체를 '자기 자신'으로 다시 소생시키는 데 일조했을 뿐이다. 왜냐하면 이 희망에는 비육체적, 부패하지 않는, 불멸의 존재라는 이념이 없었기 때문이다.

고통을 인내하며 견뎌낼 때는 보상이라는 희망이 있기 때문이다. 그런데 여기서 이 보상의 희망은 우리가 정의의 차원에서 요구하는, 위로를 주는 생각 외에 다른 것이 아니다. 그러나 우리는 이때 우리의 기대에 어긋나게 발생한 모든 것이 다 불의한 것은 아니라고 생각하는 데 익숙해져야 한다. 그리고 우리는 우리가 자연에 훨씬 더 종속되어 있다는 것을 고찰하는 데 익숙해져야 한다. 우리의 정치적·사회적 관계의 혼란과 생활양식과 재화의 불균등으로 인해 모든 종류의 궁핍뿐 아니라 이것들에 대한 성마름과 민감한 감수성도 증가되었다. 우리의 본성 그리고 종종 이 본성에서 벗어난 우리의 삶의 양식 때문에 우리는 고통에서 벗어나 있다. 그런데 '모든 것은 우리에게 좋고 우리의 소원에 따라 진행되어야 한다'는 요구에서 생겨난, 그리고 '불행의 순간에 불의를 겪는다'는 신념에서 생겨난 '고통 없음'과 '조급함' 역시 매우 자주 저 고통과 동등한 것으로 간주된다.

이 세계의 재화와 명예에 대한 가식적인 경멸의 배후에는 자주 세상 사람들이 소유하고 있는 것에 대한 사악한 질투가 숨겨져 있다. 여기서 경멸은 흔히 세상의 재화와 명예에 대한 분노이며, 그것들에 대한 경멸이 없다는 것은 곧 불의로, 고통으로 간주된다. 동시에 이런 인내에 대해 우리는 보상받는다고 한다. '이 세상의 고통은 미래 세계의 영광에 비할 바가 못된다'는 확신을 가지고 있는 많은 사람들은 고통 없이는 이 미래의 세계에 결코 참여할 수 없다고 생각한다. 자기의 의무의 실행과 관계 있는 삶의 평안한 향유의 순간에도 그들은 언제나 자기의 덕에 대해 완전히 깨인 상태로 살아가며, 더 나아가 두려움에 가득 차서 살아간다. 그들은 수많은 실제적인 고통을 산출하든지, 아니면 몽상의 고통을 산출한다. 그리고 그들은 이 세상에서 실제로 어떤 것도 하소연할 것이 없음에도 불구하고, 이 세상을 고통의 골짜기로 하소연한다.[10] 이러한 종류의 모든 생각은 이 생의 삶이 미래의 삶과 도덕적으로, 희망을 주는 방식으로 관련을 맺고 있다는 정신이나 사실에서 빗나가 있다.

이성에게는 알려져 있지 않은 특징적인 기독교의 교설들 중 하나는 저 세상에서 인간을 기다리고 있는 운명은 영원한 복이거나 영원한 저주 중 하나라고 하는, 중간을 허용하지 않는 무시무시한 양자택일의 이론이다. 이 생 이후에 나타날 미래의 표상들은, 퀸마리네데 약초가 열을 치료한다는 확신만큼이나, 사람들에게 아주 확실하고 신뢰할 만하게 받아들여졌다. 그런 한 양자택일의 이론은, 내 생각에, 인간에게 이 생에서 (이 삶 이후에 은총의 왕국은 끝나고 가차없는 정의의 왕국이 시작된다고 한다) 한 순간도 휴식을 허락하지 않고, 인간을 고통스러운 불확실의 상태로 몰아넣었다. 즉 인간은 스스로 불완전하다는 감정을 가진 채 세계의 심판자에 대한 두려움과 자비를 베푸는 아버지에 대한 희망 사이에서 영원히 흔들렸다. 그런 고통 가득한 상태가 그나마 덜 나타나는 이유는 인간의 본성이 일관성이 결여되어 있기 때문이다. 여기서 인간 본성이란 인간의 본성 자체에 정초되어 있는 것이 아니라 단지 외부로부터 머리 안으로 주입된 인간 본성에 대한 근본 원칙의 관점에서 고려된 것을 말한다.

그런데 예수 이야기는, 그의 가르침이나 그의 가르침이라고 알려진 것과는 달리, 매우 중요한 실천적 중요성을 갖는다. 선한 것을 사랑하고 정의를 올바로 실행하는 것, 덕을 순간적인 흥분 속에서 찾는 착각에 빠지지 않고 자유로운 선택에 의해 덕을 사랑하는 것 등, 바로 이런 것들에는 근본 원칙, 형이상학의 자연학에 대한 우위, 그리고 추상적 이념의 감각적인 것에 대한 우위 등이 속한다. 인류는 어느 때쯤이나 감응보다는 근본 원칙이, 개인들보다는 법이 지배하게 될 만큼 성장할 것인가? 플라톤은 말하기

---

10) 〈여백에 첨가된 글〉 식자들은 불리한 검열을 받게 될 경우, 고통을 탄식하며, 분노의 화살을 쏘아댄다.

를, 만약 덕이 인간에게 보이는 것이라면, 모든 인간은 그것을 사랑했을 것이다. 플라톤은 덕스러운 사람이 있다는 것을 믿었다. 하지만 인간을 열정적으로 경탄할 만한 것에 열광할 수 있게 하기 위해서 플라톤은 덕 자체를 요구했다. 예수 이야기는 조용히 홀로 자신을 도야한 후 자기 시간을 인간의 교화에 바친, 그리고 이 목적을 위해 결국에 자기의 삶을 바친 한 인간을 서술하고 있지 않다. 그런 문제라면, 잘 알려져 있듯이, 소크라테스가 우리의 거울이자 모범으로 제시될 수 있을 것이다. 소크라테스는 혼잡한 삶의 활동 속에서, 생명의 위험을 무릅쓰고 자기 친구를 구해야 하는 전쟁터에서 지혜를 터득했으며, 그는 자기 삶을 시민들의 교화에 바쳤다. 그리고 진리는 그에게 결국 독배를 건넸는데, 그는 그것을 장엄한 고요 속에서 비웠다. 우리 생각에 이 이야기가 덕의 모범이 되기에는 결여된 것이 무엇인가? 소크라테스는 우리만큼이나 약한 인간이 아니었던가? 우리는 우리 삶의 양식에서 완전성의 단계에 도달할 수 있을 거라는 희망으로 모방행위를 할 수는 없는가? 그리스도가 병자에게 도움을 주기 위해 무엇을 했던가? 그것은 한마디의 말이었다. 신적인 힘은 감성 때문에 어떤 고요한 경향이나 감응과 대립할 수 없으며, 수단과 힘의 부족 때문에 이 신적인 힘이 방해받을 수 없다. 예수는 바로 이런 신적인 힘으로 무장되어 있었기 때문에, 그의 흠잡을 데 없는 삶, 그의 의연함, 그리고 고통 속에서의 그의 고요함 등은 우리를 경탄하게 할 수 없으며, 우리에게 모방을 자극하지도 않는다. 하지만 환상은 차가운 오성의 이러한 추론을 주목하지 않으며, 신적인 것의 혼합 혹은 첨가 등은 덕스러운 인간 예수를 덕의 이상理想으로 올려놓는다. 그의 인격에 신적인 것이 없었다면 우리는 인간만을, 여기서는 참다운 한 초인적 이상을 가지게 될 것이다. 이때 이 이상은, 인간의 영혼이 그 이상과 멀리 떨어져 있다고 생각되어야 하는 만큼이나, 역설적으로 이 인간 영혼에 낯설지 않다. 이 외에 이러한 이상은 차가운 추상이 아니라는 장점을 갖는다. 이상理想이 말하는 것을 듣고 이상이 행동하는 것을 본다는 것은 곧 이상의 개별화를 의미하는데, 이상의 이러한 개별화는 이미 우리 정신에 친숙한 그 이상理想을 우리의 감응에 더 가까이 가져온다. 따라서 신자들에게는 여기에서 더 이상 덕스러운 한 인간이 존재하는 것이 아니라, 덕 자체가 현상했다. 전자에서(덕스러운 한 인간의 경우) 우리는—소크라테스의 경우 단지 얼굴 형상으로부터 그렇게 하듯이—, 언제나 여전히 비밀스러운 그림자를, 혹은 과거의 투쟁을 전제하는 경향이 있고, 여기에서는 신앙이 흠 하나 없는, 하지만 동시에 형태가 없지 않은 덕을 갖는다.

예수에게 신적인 특성을 첨가하는 것은 우리로 하여금 그에게 다가가는 것이 불가능하다는 통찰을 하게 함으로써 우리를 겁먹게 할 수 있으며, 이를 통해 그를 모방하려는 우리의 열정을 외관상 약화시킬 수 있는 것처럼 보인다. 하지만 실제로는 이와 반대로 예수에게 신적인 특성의 첨가는 초인간적인 이상을 추구하는 우리의 경향에 훨씬 유리하다.

하지만 훌륭한 모방이기 위해 적어도 어느 정도는 원본과 유사해야 하듯이, 도덕적인 것에서는 훨씬 더 그래야 한다. 그렇지 않으면 그것은 단지 강요된 것에 불과할 것이다. 강요된 것이란 자연적이지 않은 것을 말하며, 자기의 올바른 장소에 놓여 있지 않은 것이며, 다른 것과 잘 어울리지 않고 눈에 띄는 것을 말한다. 이와 마찬가지로 덕이란 특히 스스로 경험한 것이며, 스스로 실행한 것이다. 다른 사람에게 전해 듣고 배워서 습득한 덕은 세계를 경험하고 세계와 점진적으로 사귀는 가운데 사라질 수밖에 없는, 그래서 어떤 가치도, 어떤 공로도 갖지 않는 꼴사나운 것에 불과하다. 수많은 사람들이 중요하지 않은 사소한 것에 고귀한 덕의 이름을 가져다 놓았었다. 다른 말로 하면 그들은 고귀한 감응도 가지고 있지 않았으며, 덕과 강함 혹은 인내를 필요로 하는 섬세한 입장이나 정세 혹은 상황에 처해 보지 않았으며, 그와 유사한 상황이나 유사한 활동에 처해 있지도 않았으면서도, 그들은 자기들의 상황을 덕과 강함 혹은 인내 등의 근원 형상과 동일한 것으로 여기고자 한다. 따라서 부족한 것이 아무것도 없는 수많은 사람들이 고통을 호소한다. 즉 다른 사람들이 전혀 건드리지도 않고 조용히 놔두는 수많은 사람들이, 혹은 자기들을 추적할 때까지 스스로 조용히 있지 못하는 수많은 사람들이 추적당하는 자가 되며, 누구에게도 필요 없는 지혜를 만들어 내는 수많은 사람들이 선생이 된다. 자기들의 이상理想에 따라 만들어 낸 덕의 모형은 당연히 주로 그 이상 때문에 유명해진 사람들의 덕의 죽음을 가정했다. 하지만 모방된 것은 이러한 덕들이 종종 변형되어 세련되지 않게 정착하도록 했다. 가르치고자 하는 의지로부터 '독선'과 그리고 이로부터 '너그럽지 못함'이 발생했다.

기독교에 고유한 개념인 예정론은 ——그것은 오성 개념이 아니며, 따라서 그것은 어떤 것도 설명하지 않기 때문에 ——, 우리가 원래는 그 어떤 경우에도 이용해서는 안 되는 이성의 개념이다.

실천적 도덕적 교설

기독교 왕국의 본성에 적대성을 보였던 많은 사람들이 기독교의 도덕에 대해서는 아주 커다란 존경을 보였다. 그들은 삼위일체론, 화해론 그리고 원죄론 등을 그들의 조롱의 대상으로, 그들의 공격의 대상으로 삼았지만, 동시에 그만큼 그들은 기독교의 도덕에 열광했으며, 이 도덕을 인류에게 일어난 은혜로 고양했다. 실제로, 모든 질료적 원리들을 배제하는 도덕의 가장 순수한 체계는 도덕의 관점에서 가장 자연스럽게 기독교와 연결될 수 있었다. 예수나 사도들이 행한 어떤 개별적인 잠언들, 심정에 대한 어떤 개별적인 명령이나 심정의 표현들 중 순수 도덕과 하나가 될 수 없는 것도 있지만, 그리스도의 도덕의 전체 정신은 가장 숭고한 모든 도덕과 일치될 수 있으며, 법에 대한 가장 무제약적인 복종은 바로 이 속에서 지켜지게 된다.

하지만 순수 도덕의 담화가 예수의 가르침에서 발견될 수 있는지 하는 것이 주된 문제이다. 그런 순수 도덕의 담화는 플라톤, 크세노파네스 그리고 루소의 글들에서 아주 잘 발견될 수 있다. 실천적인 근본 명제들은 한 체계로 묶이지 않는다는 것, 혹은 적어도 모든 의무와 이 의무의 동기는 반드시 주어져 있다는 것 등, 이런 것들 역시 평가될 수 없다. 문제는 오히려 어떤 빛에서, 어떤 관계 속에서, 어떤 등급 안에서 그것들이 제시되고 있는지에 있다.

요한이 민중에게 한 연설은 다음과 같았다. "회개하라!" 그리스도는 다음과 같이 말했다. "회개하고 복음을 믿으라!" 사도들의 말은 다음과 같았다. "그리스도를 믿으라!" 이 마지막 말은 오늘날까지 모든 학교에서, 모든 기독교 개요서와 설교에 함유되어 있다. 정신이, 혹은 시대의 이념이 범죄에 대한 속죄의 욕구를 더 이상 가지지 않는 오늘날에도 사람들은 한편으르는 시간마다, 다른 한편으로는 아주 중요하게 그리스도를 죄의 화해자르 알도록 우리에게 가르치는 것에서 시작한다. 이때 그리스도는 모욕당한 신의 성스러움을 위해 인류를 위한 희생물로 떨어졌다고 하며, 개별자들은 개별적인 사건들에서가 아니라 그의 실존을 위해, 그의 삶 전체를 위해 속죄를 필요로 하는 상황에 처해 있었다고 한다. 사람들은 우리의 실존 전체의 속죄를 위해 우리를 위해 고통당하고 죽은 사람에게 감사한다. 마치 이미 수백만의 사람들이 보다 사소하긴 하나 어떤 목적을 위해 자신을 바치지 않았다는 듯이, 즉 웃으면서, 피 튀기는 공포의 땀도 흘리지 않고, 기쁨으로 자신을 자기 왕을 위해, 조국을 위해, 자기의 사랑하는 사람을 위해 ──이들이 어떻게 인류 전체를 위해 죽었겠는가! ── 자신을 내던지지 않았다는 듯이, 사람들은 저 사람에게 감사한다. 이 죽은 사람(예수)에 대한 감사는 우리 종교의 가장 중요한 것이자 중심이며, 우리의 환상이 그려내는 가장 장엄한 것이다. 바로 이 감사가 그리스도와 신을 영예롭게 한다고 한다. 이러한 신의 영예에는 특히 그의 이름을 전파하는 것 등이 포함되며, 마침내는 경건함, 자애로움 등도 이에 포함된다. 이런 우회로를 통해서야만이 우리는 도덕에 도달한다. 하지만 상승하는 선線 위에서가 아니라 강하하는 선 위에서. 따라서 기독교 일반은 도덕성을 장려하지 않는다는 비난은 올바르지 않을 것이다. 하지만 도덕성을 유일한 주목적으로 간단히 받아들여 버림으로써 도덕성의 저 우회로가 도덕성에 얼마나 해를 입혔는지의 문제는 오늘날 실제적인 문제가 되었다. 도덕성이 아니라 지복을 기독교 교설의 최후의 목적으로 만들어 버림으로써 이미 도덕성이라는 목표는 쓸모없는 것으로 되었다.

신앙의 전파는 종종 죽은 신앙에, 즉 회상과 입술의 신앙에 만족하며, 그래서 선한 심성과 선한 행동을 억제하는 결과를 가져왔다. 인간을 자기들의 단체로 수용하는 사도들의 절차 양식은 그리스도가 사람들을 자기 친구로 받아들일 때 관찰했던 절차 양식과 이미 완전히 달랐다. 사도들은 무지한 수많은 인간들이 자기들의 연설을 한 시간 혹은 약간의 시간 동안 듣고 놀라움에 빠져, 자기들의 말을 믿고서 그들에게 세례를 베풀게 한다면, 이에 만족하였다. 이와 더불어 그 사람들은 만들어진 그리스도인이 되었다. 이러한 개종방식은 수백 년 동안 지속되었으며, 오늘날에도 여전히 동일한 방식으로 갠지스 강 지역에서, 오리노코 지역에서 그리고 로렌츠

유역에서 계속되고 있다.

그리스도에 감사하며 그의 영예를 높이는 것, 그의 이름을 이 땅에 전파하는 것이 주된 목적이자 주된 의무로 주어졌기 때문에 『현자 나탄』에서 시타가 한 비난은 결코 틀리지 않다.[11] 그리스도인들 중에 도덕적으로 사악한 인간들이 많이 있는데, 왜 선교사들이 해외로 파송되어야 하는가? 해외의 민족들은 자기들의 욕구에 맞게 자기들의 신들과 종교를 창시했었다. 하지만 구교도들뿐 아니라 신교도들과 영국 교회까지도 그 민족들의 환상을 오직 하나의 이름과 이야기로 가득 채우기 위해, 수많은 노동과 땀 그리고 어려움과 심지어 피를 지불해야 하는 광대하고 값비싼 일들을 하고 있다.

두번째 판[12]

A. 서론

기독교에 대해 쓸 경우, 언제나 기독교의 목적과 본질에 대한 옳지 않은 표상을 만들지나 않았나 하는 죄의식에 노출될 위험이 있다. 이러한 표상에 대해 '이것은 기독교와 맞지 않으며, 기독교의 한 특정한 표상에 불과하다'라고 말함으로써 반대 담론을 펼 수 있다. 기독교의 순수한 체계에

---

11) Lessing, *Nathan der Weise*, II, 1. "그의 덕이 아니라, 그의 이름이 / 도처에 전파되어야 합니다."

12) [옮긴이] H. 놀의 편집본, 60~69쪽. G. 쉴러의 문집 Nr. 46(1794). 비평본 25번째 텍스트(153~162쪽). 이 여백에 다음과 같은 목차가 쓰여 있다. 즉 A. 서론. B. a) 교설, b) 전통, c) 제례의식, d) 공공종교.

확실히 들어맞는 그런 교리 개념을 보고 싶다고 간청하면, 주인님들은 모두 한 목소리로 다음과 같이 말할 것이다. "당신은 아직 나의 교리 개요서를 모르시던가요?" "하지만 주인님들이시여, 당신들이 쓴 개요서, 혹은 당신들이 당신들의 신앙 체계의 토대로 삼은 그 개요서는 서로 너무 달라서, 당신들이 어떤 것을 기독교와 상관없는 것으로 결론 내렸을 때 어떤 기준으로 그렇게 했는지 미리 논구해 봐야 합니다." 이 글은 신약 성서에서 직접 산출된 것, 아니면 추기경 회의나 교회의회에 의해 공개적으로 인정된 민중 교설, 대부분의 교단과 학교에서 수용되고 있는 학습과정, 그리고 적어도 장성한 세대 전체가 양육되고 교육받았던 체계 등을 기독교에 속하는 것으로 간주할 것이다. 나는 여기서 한 체계의 가르침 이상으로 간주될 수 있는 것, 매우 희귀한 몇몇 학습서들과 몇몇 계몽된 사람들의 신념들을 뺐다. 따라서 아주 많은 사람들이 건전한 표상들을 가지게 될 때까지, 그리고 흘러간 시대정신에 호기심을 보이는 그런 탐구자들에게만 저 체계들이 관심의 대상이 될 때까지 이 구원의 질서에서 해명되지 않은 것들을 해명하는 것은 여전히 매우 중요하다. 따라서 나는 다른 사람들을 긁어줄 수 있기 위해 그들에게 가려움 병을 주는 자들의 실수에 빠졌다고 생각하지 않는다. 나에게 아주 불쾌한 표상양식들이 있다. 그런데 사람들은 이미 오래전에 잊혀진 그런 표상들을 내가 상기시킬 필요가 없다고 생각할 수 있는데, 그런 표상에 대한 나의 이런 생각이 다른 사람들에게도 일반적으로 참된 것으로 받아들여질 수 있다면, 이보다 나를 더 만족시키는 보험은 없을 것이다.

종교의 기능은 도덕적 입법자로서의 신 이념을 통해 인류의 추동력을 강화하는 것이며, 우리의 실천적 이성의 과업을 이성에 의해 우리에게 부여된 목적, 즉 최고선의 관점에서 만족시키는 것이다. 이러한 기능들 때문에 종교는 한 국가의 입법자와 행정가의 목적으로 될 수 있으며, 종교를 향한 인간의 자연적인 욕구는 그들이 준비한 특별한 시설에 의해 만족될 수 있다. 일반적으로 민족의 의지는 정부들이 특정 종교를 목적으로 정립할 수 있기 훨씬 이전에 이미 그 종교에 반영되어 있다. 정부는 그 종교를 번성케 하고 유지하며, 이 종교의 인식을 계속 갱신하는 것만을 목적으로 삼을 수 있다. 어떤 왕정 국가들에서 민중은 스스로 탐구하고 스스로 선택할 수 있는 위치에 거의 있지 않으며, 교육받을 기회가 거의 없다. 이런 왕정 체제를 가진 수많은 민족들의 경우 공적인 시설들이 특정한 종교 체계를 유지하기 위해 아주 큰 영향력을 행사하고 있다는 사실을 인식한다면, 우리는 다음과 같은 질문을 할 수 있을 것이다. 즉 "한 종교가 과거에 민중에게 유용했다고 해서 ——그렇지 않았다면 민중이 그 종교를 애초에 택하지 않았을 것이다—— 이 종교가 환경의 완전한 변화상태에서도 동일한 형태를 유지하는 것이 여전히 우리에게 유용한가?" "정부형태가 완전히 변하고 계몽이 이뤄졌음에도 불구하고 그 종교가 보편적인 종교로도 사적 종교로도 그 명예와 유용성을 유지하면서 동시에 동일한 효과를 실행할 수 있도록 처음부터 그렇게 되어 있었는가?" "민족의 정신이 세속적인 것에서 점차 벗어나거나 혹은 그것으로부터 변화되었던가?" 아니면 혹은 "종교를 시혜로 거저 주는 행위를 권력자들이 자기들의 권력으로 받아들였고, 그들의 관심은 조상에게 물려받은 형태를 확고하게 유지하여, 그것을 그들에게 상속된 값비싼 재화로서 전혀 변경시키지 않고 자기 후손의 손에 다시 전해 주는 것이었던가?" 우리는 바로 이런 질문들을 할 수 있을 것이다. 변화가 한 민족 전체의 욕구로 되어서 상속물을 더 이상 그대로 지탱할 수 없게 될 때까지는 수백 년의 시간이 필요하였다. 민중은 일반적으로 돌풍에 만족했으며, 지배권이 곧 다시 어딘가로 흘러가게 두었다. 민중은 새로운 발견물에 애착을 보였으며, 동시에 그 발견물을 그들의 손에서 빼앗길 거라는 불신을 가지고 있었다. 이러한 사실들을 통해 한 발짝 더 나아가는 진보와 다소간의 개혁조차 수백 년 동안 불가능하게 되었다.

종교는 다음과 같은 관점에서 고찰될 수 있다.

a) 교설의 관점에서

b) 전통의 관점에서

c) 의례의 관점에서

d) 국가와의 관계의 관점에서, 혹은 공적인 종교 혹은 제도로서.

이런 관점에서 한 민중종교에 필요한 것들은 무엇인가? 우리는 기독교에서 그것들을 마주하는가?

B.

a. 교설

a) 실천이성은 인간이 힘써 추구하는 최고의 목적을 인간에게 정립하며, 이를 위해 인간에게 다음의 과제를 부여한다. 즉 세계에 가장 고귀한 재화를 산출함, 즉 도덕성과 이에 적합한 행복.

내 생각에, 영원한 지복至福에 대한 희망은 그리스도인들에게 가장 큰 관심 사항이며, 다른 모든 것은 이에 비해 열등한 것에 불과하다는 것이 기독교의 가장 일반적인 교리에 속한다. 신의 마음에 드는 것은 그리스도인에게 대단히 중요한데, 왜냐하면 신이 저 지복의 수여자이기 때문이다. 이러한 지복의 이념은 질료의 관점에서 볼 때 이성이 정립한 것과 상당히 일치한다. 가장 고귀한 재화의 가능성에 대한 최고의 조건은, 이성에 따르면, 심성과 도덕법의 합치이다. 기독교에 따르면 영원한 지복의 최고의 조건은 그리스도에 대한, 화해를 위한 그의 죽음의 힘에 대한 믿음이다. 그 이유는 이 믿음이 결국 도덕성으로 이끌 수 있기 때문이 아니라,——이 도덕성은 본래적인 조건이며, 저 신앙은 수단일 뿐이다—— 오히려 믿음 그 자체가 신의 만족의 근거이며, 따라서 이러한 신의 만족은 그리스도를 믿는 사람들이 스스로 벌어들일 수 없는 영원한 지복을 그들에게 주기 때문이다.

인간에게 최고의 계율이라고 하는 것에서의 이러한 상이함 때문에 이에 상응하는 몇 가지 결과가 나타난다. 좀 더 정확히 말하면 이 상이함은 선행하는 몇몇 중요한 명제들에 기초해 있다. 즉 모든 노력에 의해서도, 선을 향한 숨김없는 모든 열정에 의해서도 도덕성에 대한 자신의 완전한 무능력 때문에 인간은 결코 지복에 도달할 수 없다는 것. 그가 이 지복 중 어느 정도를 나눠 갖게 될지는 철저히 신의 자유로운 은총에 의존한다. 물론 그는 이 은총을 받을 자격이 없다. 정의의 관점에서 볼 때 그는 불행과 형벌 이외에 어떤 것도 기대해서는 안 될 것이란다. 그런데 여기에는 '선한 인간은 지복을 받으며, 이 지복을 권리로서 요구할 수 있으며, 그리고 이 지복을 받을 가치가 있다'라는 명제가 그 근저에 일관되게 놓여 있다. 문제는 여기에 '선한 인간으로 될 가능성이 없음'이라는 전제가 동시에 놓여 있다는 점이다.

이 명제들은 소크라테스 같은 사람, 수많은 덕스러운 이교도들, 아주 순수한 몇몇 민족들과 아주 고루하게 대치되곤 했는데, 여기서는 언제나 감성이 풍부한, 덕을 믿는 사람들을 화나게 하는 그런 아주 궁핍한 대답이 나타났을 뿐이다. 이 대답은 마음이 비어 있는 교부가 고안한 것이었으며, 똑같이 공허한 학생들이 구역질 날 정도로 그것을 암송하며 지껄여 댔던 것이다. 이 대답이란 곧 '이 사람들은 단지 휘황찬란한 패륜아에 불과했다'라는 것이다. 인간의 보편적이고 도덕적인 본성에 깊이 박혀 있는 저 명제, 즉 '선한 사람은 지복을 받을 자격이 있다'라는 명제 ——이 명제는 건전한 인간 오성의 판단 양식에서 일반적으로 드러나는 근본 명제이다 ——, 이 명제를 신학자들은 자기들의 정의론의 근거로 삼는다. 하지만 이 명제는 그들을 고생스럽게 하며, 그래서 그들이 숨기고자 하지 올바로 고백하고자 하지 않는 그런 명제이다. 왜냐하면 이 명제는 그리스도의 고통과 죽음이 만족할 만한 것이라는 그들의 교설의 어느 부분에 부합되지 않기 때문이다.

인간뿐 아니라 인간의 본성 자체의 부패라는 명제는 '사악한 정부조차 인간성의 품위를 떨어뜨리지 못했던' 경험에 모순된다. 그런데 인간 본성의 부패라는 명제는 외견상 인간의 이러한 부패를 말하는 것처럼 보이는 성서 내의 몇몇 비논리적인 문맥에 대한——만약 이 명제가 이 단락의 전체 맥락에서 그렇게 중요성을 갖지 않을 경우—— 허약한 주석을 통해 주장되고 완성되었다. 인간의 부패에 대해, 그리고 이성이 참을 수 없는 구토를 느끼는 선에 대한 인간의 적의에 대해 사람들은 더 나아가 성서에서 실제적인 원인을 발견했다고 믿었다. 여기에서는 '인간의 의지는 단적으로 어떤 힘도 행사할 수 없으며', '이 의지에 따를 경우 어린아이들도 이미 벌을 받을 만하다고 설명되는' 교설이 번식하게 된다. 그래서 인간은 사악한 정신의 영향 아래 여전히 갇혀 있다고 한다. 그런데 이런 이론의 번식과 더불어 '인간은 모든 죄에서 자유롭다고 설명된다'는 사실이 더 이상 진지하게 심사숙고되지 않는다. 그리고 인간에게 어떤 실천적 자유도 없으며, 한편으로는 선 그 자체를 인정하는 것, 또 한편으로는 선을 존중하는 것, 그리고 다른 한편으로는 선을 감성보다 중히 여기는 것 등, 이런 판단 능력을 인간에게서 탈취해 버린 이런 교설에 어떤 것도 더 덧붙일 수 없다는 사실에 대해 사람들은 더 이상 숙고하지 않게 되었다. 따라서 '이교도들은 은총과 자비를 받지 못하고 저주받는다'라고 말하는 것은 아주 일관된 진술이다. 이 문제에 대해 결코 동의하고자 하지 않는 신학자들의 아주 인간적인 심정은 따라서 이제 그들의 여타 체계와 모순에 있게 된다.

인간은 스스로 행복할 수 없기 때문에 도덕성이 지복至福의 최고의 조건으로 될 수 없으며, 따라서 (도덕성을 통해) 지복은 결코 나타날 수 없을 것이다. 그렇기 때문에 인간이 행복을 얻고자 한다면 인간이 할 수 있는 다른 요소가 신의 은총에 의해 이 자리를 대체해야 한다. 그리스도에 대한 믿음이 곧 이 대체물이다. 선한 행위를 할 때 그 속에 믿음이 작동하고 있어야 한다는 것을 사람들은 믿음의 아주 필연적인 구성요소로서 요청할 수 있다. 따라서 신학자들의 견해에 따르면 신을 기쁘게 하는 것은 '우리 자신의 공로일 수 있'고, '우리 스스로에게 고유한 가치를 부여할 수 있는' 우리 자신의 선한 행위에 놓여 있지 않다. 그렇다면 믿음은 오성이나 환상의 확신에 의존하게 되는데, 이때 한편으로는 역사적인 신뢰성에 기초해 있고 다른 한편으로는 오성과 양립할 수 없는 그런 사물들이 오성과 환상의 이 확신을 진리로 간주해야 한다.

역사적인 인물로서의 그리스도에 대한 믿음은 실천적인 이성욕구에 근거한 믿음이 아니라, 타자의 증거에 의존하는 믿음이다. 이성에 대해 관심을 갖는 것, 인간의 현존과 활동에 최고의 목적을 정립하는 것, 인간에게 위안을 주는 모든 체계의 기초와 인간의 중요한 질문에 해답을 주는 초석으로 작용하는 것 등, 이 모든 것은, 이성이 우리에게 말한 바에 따르면, 그 원리와 토대를 이성 그 자신 안에 가지고 있다. 모든 인간이 저 문제들을 해결하기 위해서는 이성의 전개만 필요할 뿐이다. 그리고 이성에 이르는 길은 이성의 목소리를 듣고자 하는 모두에게 열려 있다(날은 날에게 말하고…).[13] 이에 반해 역사적인 믿음은 그 본성상 제약되어 있으며, 이런 믿음의 전파는 우연적인 상황에 의존한다. 이것이 곧 모든 사람이 다 이 믿음에 접할 수 없는 원인이다. 신이 우리에게 만족하는 조건, 혹은 우리가 영원한 삶을 얻을 조건은 이러한 믿음에 의존한다고 한다. 많은 다른 경우들에도 사람들은 섭리의 흔적을 발견하고자 하는데, 이 경우에 사람들은 아주 겸허하고 겸손하게도 섭리의 길과 의도에 관하여 우리가 아주 무지하다고 한다. 따라서 우리는 "왜 자연은 동물들에게 인간의 능력, 즉 이성과 도덕성을 위한 기질을 허락하지 않았는가?"라고 질문할 수 없다. 우리의 자연(본성)이 부패해 있다고 믿는 경우 자만심이란 결국 이러한 인간 본성의 부패에 의존해 있다. 그런데 이러한 궁핍한 자만심에 근거하여 우리가 다른 무수한 민족들보다 본질적으로 우수하다고 주장하지 않는다면, 우리는 '인간에게만 가치로운 그런 온전함'에 이르는 수단이나 학파가 전 인류에게 열려 있다고 기대할 수 있다. 이때 두 가지 경우만이 가능하다. 인류의 상당히 큰 부분이 저 믿음을 가진 우리 선택된 자들에게만 주어지는 신의 은총에서 배제되었다. 우리 선택된 자에 대해 말하자면, 우리의 부패는, 우리 자신의 고백에 따르면, 여타 인류의 부패와 적어도 동일하였으며, 따라서 우리는 어떤 더 좋은 것을 받을 만한 자격이 없었다. 그리고 어떤 경우에도 우리는 인류와 관계되어 있는 '행복할 가치가 있음', '우리의 이성,' 그리고 '보편적인 인간 감정' 등과 같은 그런 중요한 개념들을 부정한다. 또한 우리는 신이 세계와 인간과 맺는 도덕적 관계, 이 관계의 공정성의 개념

---

13) [옮긴이] 헤겔은 여기서 이성의 목소리의 보편성을 여호와의 목소리의 보편성을 말한 「시편」을 패러디하여 말하고 있다. 「시편」 원문의 내용은 다음과 같다. "날은 날에게 말하고, 밤은 밤에게 지식을 전하니 언어가 없고 들리는 소리도 없으나 그 소리가 온 땅에 통하고, 그 말씀이 세계 끝까지 이르도다"(「시편」, 19: 2~4).

(사실 그런 도덕적 관계가 있기 때문에 신의 우리에 대한 관심도 나타난다) 등을 철폐한다. 그리고 우리는 '신의 도덕적 속성들은 어느 정도 우리에게 인식되고 규정될 수 있다'는 사실을 부정하며, '우리 스스로 신의 도덕적 본성의 어떤 개념을 산출할 수 있다'는 사실을 부정한다. 즉 인간을 판단하는 그의 방식으로부터 그의 눈에 덕으로 나타나는 것을 우리 스스로 산출할 수 있다는 사실을 우리는 부정한다. 왜냐하면 우리는 신의 몇몇 선험적이고 완전히 신비적인 속성들을 기독교로부터 알아야 하기 때문이다. 따라서 우리는 '저 신앙이 사람들이 생각하듯이 그렇게 엄청나게 중요한 것이 아니며, 인간에게 세계에서의 최종목적을 파악하게 하며, 신과 이성 앞에서 가치를 가질 수 있게 하는 유일한 조건이 아니다'라는 사실을 완전히 무시해야 하거나 아니면 인정해야 한다.

그리스도에 대한 믿음의 근거는 이야기(역사)에 의존한다. 한 민중의 순수한 풍습이 신분상의 커다란 불평등 가운데서도 유지되었고, 그 이야기(역사)가 그 민족의 고유한 토대에서 이뤄진 것이었다면, 그 전설들은 부모로부터 아이들에게로 계속 이어지며, 모든 사람들에게 동일하게 재산으로 된다. 그런데 한 민족에서 특수한 신분들이 형성되고, 가족의 아버지가 더 이상 대제사장이 아니게 될 경우, 한 신분이 이 이야기의 보관자로서 빠르게 두각을 나타낼 것이다. 그리고 이 신분에 의해 이 이야기들에 대한 지식이 민중들에게 전해진다. 특히, 이 전설들이 다른 나라에서, 다른 풍습에서, 다른 언어권에서 발생했을 경우 이런 일이 더 두드러질 것이다. 그런데 다른 나라에서 온 전설들의 근거나 내용은 그 근원적인 형식에 있어서 더 이상 만인의 재산이 아닐 것이다. 왜냐하면 그 전설들의 형식을 알기 위해 인식을 위한 많은 종류의 장치들과 많은 시간이 요구되기 때문이다. 이러한 방식으로 저 신분은 곧 공적인 신앙에 대한 지배계급으로 된다. 이러한 지배는 아주 광대한 권력으로 확대될 수 있거나, 아니면 적어도 민중종교의 교설의 관점에 있어서는 언제나 지배권을 보유하게 된다.

우리의 신뢰를 받는 사람들 내지 신뢰해도 된다고 국가에 의해 특권화된 사람들이 우리에게 말한 것을 믿는 믿음은 사람들이 스스로 생각할 때보다 훨씬 더 편안한 것이다.[14] 역사적인 믿음 역시 탐구를 유발할 수 있다. 하지만 차근차근 생각하는 정신을 일깨우는 것이 이러한 믿음의 본성에 놓여 있는 것은 아니다. 도덕적인 규율에서 혹은 지혜의 규율에서 볼 때 모든 사람은 각자 이러한 믿음의 본성을 자기의 감정, 자기의 경험과 결합할 수 있으며, 이 믿음의 진리성과 적용가능성에 대해 판단할 수 있다고 생각하며, 동시에 그것들을 결합하고 판단하려는 동기를 부여받는다고 생각한다. 이야기들의 진리문제의 경우 민중은 젊어서부터 들어온 것을 믿고, 그것에 대해 결코 의심하지 않는 경향이 있다. 그래서 그들은 그 이야기들의 진리성에 대해 탐구하려고 하지 않는 데 처하게 된다. 여기에서 우리의 복의 근거는 '우리의 이성', '우리 자신과 타자에 대한 주의', 그리고 '우리의 자립적인 생각' 등을 검토할 수 있는 것에 의존하는 것이 아니라, 국가에 의해 이야기들의 진리성을 계속 지켜나가도록 위임받은 사람들의 권위에 의존한다. 따라서 그러한 믿음의 경우 본질상 '오성의 사용과 계발, 오성 자신의 통찰에 대한 신뢰, 오성의 확신에서의 자립성 등은 저 이야기들에 의해서는 거의 촉진되지 않으며 그런 것들은 거의 일반적이지 않다'라고 말할 수 있을 것이다.

그러나 훨씬 더 생동적이며 영혼에 긴장을 준다는 점에서 역사적 믿음과 구별되는 믿음은 결국에는 이런 운명에 놓이지 않는다. 이 믿음 역시 권

---

14) 〈여백에 기록된 말〉 "회상의 문제"

위로 둘러싸일 수 있으며, 복잡한 사태들이 우리가 맞설 수 없는 한 체계로 정교하고 인공적인 방식으로 결합될 수 있다. 이때 이 체계는 모든 전제들, 모든 가능성들을 철폐하기 위해서 무한히 세세한 부분에 이르기까지 엉켜서는 안 된다. 그런데 이런 신앙에서 이성은 스스로 한쪽으로 치워놓은 저 인공적이고 역사적인 건축물, 이성적 진리의 확신보다 스스로 우월하다는 것을 역사적 근거로부터 주장하는 저 건축물에 전혀 개의치 않으며, 감히 스스로 저 신앙을 검토하고, 가능성과 개연성의 원리들을 스스로 창조하고자 한다.

이성이 일단 스스로 자기의 이러한 자율성을 느낄 만큼 성장하게 되면, 자기 스스로 창조한, 자기 안에 근거를 가진 이성의 확신은 강력한 힘을 갖게 되어 결국 다음과 같은 도전을 불러일으키게 된다. 즉, i) 이성은 저 역사적 신앙과 그 증거 토대를 주의하지 않고 그것을 돌보지 않게 되며, 이로 인해 용서할 수 없는 경솔함을 범했다는 비난을 초래하거나, 아니면 ii) 이성에게 저 신앙을 확실히 알리고자 하며, 이를 통해 이성을 귀찮게 하는 일이 중단되지 않을 경우, 이성이 역사적인 근거에 입각해서 이 신앙을 공격하는 일에 숙달되어 있지 않을 경우, 그리고 역사적 근거에 대한 박식함이 이성에 결여되어 있으면서도 작업이양을 완고하게 주저할 경우, 이성은 의도적인 맹목성에 사로잡혀 있다고 송사될 수 있다. 또는 iii) 이성은 역사적 신앙을 흔들어 놓고자 하는데, 이때 이성은 위트를 통해, 몇몇 이야기들이 조리에 맞지 않다는 생각으로, 혹은 이성이 성서의 이야기들을 다른 작품 다루듯이 다루고, 그 이야기에서 변경될 수 있는 가능성을 전제함으로써, 혹은 그 이야기가 다른 민족이 아니라 특정한 한 민중종교에서만 토대를 가졌다고 전제함으로써 역사적 신앙을 흔들어 놓는다. 다른 말로 하면 이성은 자신만의 무기를 가지고서 역사적 신앙을 공격하며, 이성은 그 신앙의 토대를 이루고 있는 책들에서 이 신앙의 내용을 발견하지 못하겠다고 하며, 이것들을 가능한 모든 방식으로 자신에 순응시키고자 한다. 이 경우에 이성은 신의 말씀에 대한 존경이 결핍되었다고, 악하고 불성실하다고 비난받는다.

그리스도에 대한 믿음은 인격화된 이상理想에 대한 믿음이다(이 책 125쪽 "그런데 예수 이야기는…" 이하 참조).

덕을 위한 투쟁에서 우리를 고무하는, 우리 안의 신적인 섬광을 느끼게 하는, 즉 감각적인 것을 정복하게 하는 내면의 힘을 느끼게 하는 그런 사람들의 예가 왜 우리에게는 충분하지 않은가? 덕스러운 사람들은 우리 육체에서 육체만을, 우리 다리에서 다리만을 느끼는 것이 아니라, '이 정신은 우리의 정신에서 기인하고, 이 힘은 우리의 힘에서 기인한다'라는 도덕적인 감응도 느낀다는 것을 왜 우리는 그 덕스러운 사람들에게서 인식하지 못하는가? 아! 우리는 이러한 힘들이 우리에게 낯선 것이며, 인간은 단지 자연적 존재의 계열에, 그것도 부패한 존재에 속한다고 설득당해 왔다. 성스러움의 이념은 전적으로 고립되었으며, 머나먼 존재에게만 부여되었다. 그리고 이 이념은 감각적인 본성(자연)에 제약되어 있는 것과 통일될 수 없는 것으로 간주되었다. 따라서 도덕적 온전함이 성스러움의 이념에 속하는 것이라면 이 도덕적 온전함은 당연히 우리의 고유한 본질의 일부분을 이룰 수 없으며, 단지 모든 존재자들 중 저 존재와 우리 자신을 연결함으로써, 그 존재가 우리 안에 거함으로써unio mystca(신비적 합일) 그 존재가 우리 안에서 작용하게 할 수 있을 뿐이다. 그러므로 인간적 자연(본성)에 대한 이러한 비하 때문에 우리는 덕스러운 인간들에게서 우리 자신을 다시 발견할 수 없게 되었다. 우리에게 덕의 상이 되는 바로 그러한 이상을 위해 하나의 신인神人이 필요하였다. 하지만 어쨌거나 우리가 그 안에서 참으로 신적인 것을 발견한다면 우리는 '그는 신의 두번째 인격이며, 그는 아버지에 의해 영원에 산출되었다' 등과 같이 말해서는 안 되고, '그의 정신, 그의 심정은 도덕법과 일치했다'라고 말해야 한다. 그리고 이 도덕법의 이념을 우리는, 이 법의 철자가 기호와 단어 속에서 주어질 수 있다면, 종국에 우리 스스로 길러 내야 한다. 그런데 이렇게 참으로 신적인 것은 이 이념에서 종종 오인되고 무시되었다. 이러한 사실은 학자들과 사제들, 즉 도덕적인 속성에 대한 관심을 유지하는 것이 그들의 의무인 자들이 도덕에 그렇게 생산적이지 않은 술어들, 예를 들어 '영원한 산출', '신적인 것과 인간적인 것의 관계 양식' 등에 대해 생사를 건 투쟁을 해왔다는 데서 부분적으로 드러난다. 그런데 이런 비본질적인 속성과 관련하여 사람들은 유파의 규칙에 따라 만들어진 개요서에서 가장 고갈된 규정들을 발견하게 된다. 그런데 이 규정들은 아주 세세하여서 결국에는 손가락 사이로 모두 빠져나가고 만다. 이러한 문제들에 대한 상이한 견해들은 종교의 본질적인 요소에 속하게 되었다. 그리고 이 견해들은 단순히 서재에 머물지 않았으며, 민중과 정부기구 등은 다르게 생각하는 파당에 대항해서 폭력을 사용하여 이 파당을 피로 억압하거나 감옥에 넣어 그들의 오류에 대한 벌을 받게 하라고 끊임없이 관여를 요청 받았다. 이러한 방식으로 이상理想의 본질적인 측면이, 즉 우리에게 이상으로, 신적인 것으로 여기게 만드는 속성이 명백히 간과되고 오인되었다. 하지만 이와 동일하게 우리를 슬프게 하는 것은, 이러한 사실이 이상의 본질을 오인하는 유일한 방식이 아니라는 경험이다. 즉 '인간은 여전히 이상의 보다 비본질적인 속성에 붙들려 있으며', '이 비본질적인 속성을 위해, 그의 단순한 이름을 위해, 그리고 이 이름과 연결되어 있는, 혹은 이 이름에서 기인하는 말들을 위해 인간은 자신과 낯선 자의 피를 희생할 수 있다'는 경험(129쪽 참조). 하지만 '그리스

도 안에서 인간과 그의 이름만이 아니라 덕 자체가 인식되고 사랑 받는 일'
이 무엇에 의해 현실화될 수 있는가 하는 질문에 대한 답은 '어떻게 한 민
족이 도덕적 이념을 환영하도록, 도덕성을 갖도록 잘 교육될 수 있는가' 하
는 문제의 해명에 달렸다. 그런데 이 문제를 상술하는 것은 우리의 의도와
는 너무 동떨어진 것이며, 우리의 탐구의 대상은 이 문제들 중 기독교가 잠
정적으로 신앙이라는 우회로를 통해 취하고자 하는 부분이다. 그런데 우
리의 행복의 전 소망을 휘감고 있는 축은 신과 세계의 화해자로서의, 우리
대신 형벌을 지는 자로서의 그리스도에 대한 믿음이다. 인류는 한편으로
는 자신의 자연적인 부패 때문에, 다른 한편으로는 자기 실수 때문에 저 형
벌을 받았었다. 따라서 측량할 수 없는 인류의 죄를 대신하여 죄 없는 자
의 — 왜냐하면 그는 신이기 때문이다 — 고통이 있어야 하며, 우리와 상
쇄되어야 한다고 한다. 기독교 신앙이라는 건축물에서 다른 교설들은 바
로 이 층을 지지하는 아주 많은 버팀벽 정도로만 여겨진다. 따라서 인간의
무존엄성과 무능력에 가치를 부여할 필요가 있었으며, 그리스도의 신성
에 대한 교리를 주장할 필요가 있었다. 왜냐하면 그런 자의 고통만이 인류
의 죄를 짊어질 수 있기 때문이다. 그리고 또한 바로 그 때문에 신의 자유
로운 은총의 교리와 — 왜냐하면 반쪽의 세계는 아무런 영문도 모른 채 우
리의 행복과 연결되어 있는 저 이야기를 전혀 모르고 지나칠 수 있기 때문
이다 — 이 교리와 관련이 있는 다른 교리들이 만들어질 필요가 있었다.
많은 사람들은 '그리스도는 전 세계의 형벌을 자신의 고통 속에서 실제로
견뎌냈다' 라는 시시콜콜한 생각을 가지고 있다. 그런데 우리는 '신은 죄의
용서를 이 고통과 연결했으며, 이런 고통은 그의 은총의 회복의 조건이며,'
'이런 사실을 인간은 신과의 도덕적 관계로부터 파악할 수 없으며', '이러
한 사실은 위의 잡담에 그렇게 많은 도움이 되지 않는다'라고 말함으로써

저런 시시콜콜한 생각을 제거할 수도 있을 것이다. 그럼에도 불구하고 여기에는 '인간이 이것을 믿기만 하면 인간의 죄는 낯선 자의 공로에 힘입어 면제된다'는 생각이 여전히 남아 있다.

6.[1]

더 이상 공적인 덕을 가지고 있지 않으며, 억압의 상태에 내팽개쳐져 살고 있는 군중들은 이제 스스로는 감히 개선시킬 수 없는 자기들의 궁핍에 대한 보상으로 다른 버팀목, 다른 위로의 근거를 필요로 한다. 신과 불멸에 대한 믿음의 내적인 확신은 외적인 보증을 통해 대치되어야 하며, 또한 인간에 대해 더 많은 것을 알고 있어서 자신의 의견을 개진할 줄 알았던 자에 대한 믿음을 통해 대치되어야 한다. 자유로운 공화국에서 사는 사람은 자기 민족의 정신 속에서 살면서 자기 조국을 위해 자기의 힘과 삶을 바치고, 이런 삶을 자기의 의무로 생각하며 행한다. 따라서 그는 자기 행위에 대해 보충과 보상을 요구할 수 있을 만큼 자기의 수고를 그렇게 높게 평가하지 않는다. 그는 자기의 이념을 위해, 자기의 의무를 위해 일했을 뿐이다. 그것에 대한 보상으로 그가 무엇을 요구해야 한단 말인가? 그가 기대했던 것은 단지, 그는 용감했기 때문에, 영웅들의 사회에서, 엘리시움[2]이나 발할라[3]

---

1) [옮긴이] H. 놀의 편집본, 70~71쪽. G. 쉴러의 문집 Nr. 45. 비평본 26번째 텍스트(163~164쪽).
2) [옮긴이] 엘리시움(Elysium). 고대 그리스 신화에 나오는 영웅들이 거한다는 이상향.
3) [옮긴이] 발할라(Walhalla). 북유럽 신화에 등장하는 오딘 신의 전당.

에서 사는 것이었다. 그에게 그곳이 이 인간 세상보다 더 행복한 곳으로 여겨졌던 유일한 이유는 단지 그곳이 불완전한 인간성에서 오는 역병에서 자유로운 곳이라는 사실 때문이다. 이와 동일하게, 자연과 필연성에 대한 순종을 자기 이성의 규준으로 받아들이고, 이 법을, 비록 우리에게 이해되지는 않지만, 신성한 것으로 공경하는 사람이 자기 행위에 대한 보상으로 무엇을 더 요구하겠는가? 운명에 봉사하고 있었으며 운명의 지배 아래 서 있다고 믿는 오이디푸스[4]와 같은 사람이 자기에게 책임이 없는 고통에 대한 손해배상으로 무엇을 요구할 수 있단 말인가? 최고로 부패한 민족만이, 도덕적으로 가장 무능한 민족만이 극악무도한 인간의 사악한 기분에 맹목적으로 순종하는 것을 그들의 규준으로 삼을 수 있다. 한 민족이 그런 상태로 되기 위해서는 오랜 시간과 보다 좋은 상태에 대한 완전한 망각이 필요하다. 자기 자신과 모든 신으로부터 떠나 사적인 삶을 영위하는 그런 민족은 그들이 미래의 삶을 가질 것이라는 징표와 기적을 필요로 하며, 그것에 대한 신의 보증을 필요로 한다. 왜냐하면 그 민족은 이러한 믿음을 자신 안에 더 이상 간직할 수 없기 때문이다. 그런데 이 민족은 더 이상 도덕성의 이념을 파악하고 이 이념 위에 자기 신앙을 건축할 수 없는데, 왜냐하면 그

---

4) [옮긴이] 오이디푸스(Ödipus). 그리스 신화에 테베의 왕으로 나옴. 그가 태어나기 전 테베의 왕인 아버지 라오스에게 '아들이 아버지를 죽이고 어머니와 결혼할 것'이라는 비극적인 신탁이 내린다. 이 운명을 피하기 위해 아버지는 새로 태어난 아이의 발을 묶어 적막한 산에서 죽게 버렸는데, 한 목동이 발견하여 데려다가 자기 도시의 왕에게 맡긴다. 장성하여 아버지를 죽일 사람이라는 신탁을 알게 된 그는 자기 집을 떠나며, 포키스로 가는 도중 좁은 길에서 만난 행인과 사소한 말다툼으로 그를 죽인다. 그는 나중에 테베의 왕이자 자기 친아버지로 밝혀진다. 스핑크스의 수수께끼를 풀고 난 후 그는 왕의 궁으로 가서 라오스의 부인(사실은 자기의 친어머니)을 자기의 부인으로 맞이하고 스스로 왕이 된다. 이리하여 신탁은 성취된다. 하지만 이 운명을 뒤늦게 알게 된 오이디푸스는 스스로 두 눈을 뽑고 걸인으로 생활하게 된다. 어린아이의 아버지에 대한 혐오와 어머니에 대한 사랑을 '오이디푸스 콤플렉스'라는 이름으로 밝히려고 했던 프로이트에 의해 오이디푸스는 현대에 다시 한 번 유명해졌다.

이념들은 건조해졌고, 이제는 망상에 불과하기 때문이다. 오히려 이 민족의 믿음은 개별자에 얽매일 수밖에 없으며, 그에게 본보기가 되는, 그에게 환희의 대상이 되는 인격에 기댈 수밖에 없다. 따라서 공적인 덕이 로마에서 사라지고 소멸할 수밖에 없는 외적인 위대함이 지배하는 시기에 기독교가 공개적으로 환영받은 것은 당연할 것이다. 수백 년이 지나 인류가 다시 이념을 산출할 수 있게 된다는 사실, 개별자에 대한 관심이 사라지고, 인간의 부패에 대한 경험이 여전히 있긴 해도, 인간의 타락론이 감소할 것이라는 사실, 그리고 우리에게 개체에 관심을 갖도록 만들었던 것이 그 자체 아름다운 이념으로 나타나서 우리에 의해 생각되고, 우리의 재산으로 될 수 있다는 사실 등, 이러한 사실들은 당연히 일어날 것이다. 우리는 인간 본성에 대해 온갖 더러운 것을 부여함으로써 인간 본성의 아름다움을 낯선 개별자로 만들었었다. 하지만 우리는 인간 본성의 아름다움을 되찾고, 그것을 다시금 우리 자신의 작품으로 즐겁게 인식하며, 그것을 다시 우리의 것으로 점유하고, 이를 통해 우리 자신에 대한 자긍심을 느끼도록 배울 수 있을 것이다. 왜냐하면 우리는 전에 경멸의 대상일 수 있었던 것만을 우리 인간에게 적합한 것으로 여겼기 때문이다.

사적인 삶에서는 사랑이 삶으로 되어야 했으며, 삶의 평안함과 미화는 우리의 최고의 관심사여야 했다. (그리고 이것들은 지적인 것으로 포장되어 우리의 도덕성을 이루게 되었다.) 하지만 도덕적인 이념이 인간에 자리를 잡을 수 있게 된 지금 저 (부패한) 덕들의 가치는 사라져 가며, 생명과 재산만을 보증한 체제는 더 이상 최상의 것으로 간주되지 않는다. 두려움을 주었던 전체 요소들, 수천의 연약함에 청량제를 제공했던, 촉진과 위로의 근거를 제공한 인공적인 체제 등은 점점 더 무용지물이 된다. 순종이란 모든 것을 다른 곳에서 기대하는, 악 자체도 부분적으로는 기대하는 무능력에 대한 의식인데, 과거 종교 체제는 이 순종을 최고의 덕으로 여겼던 시대와 국가 체제의 색조를 언제나 받아들였었다. 하지만 이제 종교의 체제는 참되고 자립적인 고유한 영예를 간직하게 될 것이다.

7.[1]

I. 사변이성이 가장 실제적인 존재인 신의 초월적 이념의 실재와 실존을 증명할 수 있다 하더라도, 혹은 단지 그 존재에 대한 믿음만을 산출할 수 있다 하더라도, 이 이념은 그 자체로 우리에게 단적으로 인식되지 않는다. 오히려 이 이념은 자연 고찰과 세계의 최종 목적에 대한 개념의 도움 없이 그 존재의 속성에 따라 스스로 규정될 수 있을 뿐이다. 이상理想이란 원래 단순히 논리에 대한 관심이 아니라 인간에 대한 관심을 나타내는 것이다. 그렇다고 한다면 자기의 이상에 본질과 규정을 수여하려는 사변이성의 시도는, 비록 자연 고찰의 도움을 받는다 하더라도, 실패하기 마련이다. 바로 이런 이유 때문에 실천이성만이 신에 대한 믿음을 정초할 수 있다.

A

실천이성은 위에서 말한 열망능력의 형식으로서 현실적인 법을 스스로 산

---

1) [옮긴이] H. 놀의 편집본 361~62쪽. G. 쉴러의 문집 Nr. 47번. 비평본 28번째 텍스트(195~196쪽).

출한다. 셸링은 다음과 같이 말한다. "실천적인 의미의 표상은 이 표상에 포함되어 있는 자아가 절대적인 자아를 통해 직접적으로 규정한 것이며 (표상 속의 비아非我가 규정행위의 형식 아래 현존하는 한, 표상 속에 포함된 비아를 지양하는 것이다)."[2]

B

충동은 비아를 통한 규정행위이다. 감각적인 열망능력, 의지의 질료 그리고 등물적인 열망능력 등을 이성에 의해 배치하는 것….

C

의지의 자유는 법에 복종할 것인지 안 할 것인지, 즉 모순적으로 대립해 있는 행동에서 절대적인 자기 활동성에 의해 규정하는 행위이다. 아니면 자유란 단순히 비아의 규정행위를 (피히테는 이 행위를 자의Willkür의 자유라고 부른다) 지양하는 것인가? 즉 자유란 열망능력의 요청을 만족스럽게 혹은 불만족스럽게 규정하는 것인가? (그렇다면 개 역시?)

충동은 관습법을 통해 합법적으로 (도덕적으로는 가능적으로) 규정되거나 제약된다. 그리고 충동이 현상들의 세계를 지배할 경우, 충동은 법적으로도 역시 (도덕적으로는 현실적으로) 가치를 얻는다. 관습법이 충동에 할당된 모든 권리를 철회할 수 있을까? 사람들이 충동의 모든 요청을 자발적으로 거부한다면 그래도 그 권리는 그대로 유지되는가? 만약 어떤 사람이

---

2) *Über die Möglichkeit einer Form der Philosophie*, 1794, S. 32.

관습법을 어길 경우에만 형운의 물건을 향유할 수 있다면, 그래서 예를 들어 관습법을 어길 경우에만 행복한 결혼을 할 수 있으며 그래서 차라리 관습법을 포기한다면, 그가 행복한 결혼에 대해 갖는 그의 권리들 역시 떨어져 나가는가? 그리고 행복의 향유를 포기했던 사람이, 다른 삶에서 이 권리를 누리기 위해, 자기 권리의 향유를 단지 연기하기라도 한 것처럼 그렇게 고찰될 수 있는 것인가? 충동을 스스로 거부한 사람에게서가 아니라, 인간의 본성(자연)과 악의를 통해 자기의 합법적 충동의 권리를 성취할 수 없는 사람에게서 자연(본성)은 이성이 자기 권리를 타당하게 만들기를 요구할 수 있는가? 이성은 최고의 선, 즉 인류성과 이에 상응하는 행복을 세계의 최종 목적으로 정립한다. 하지만 이성 스스로가 이 최종 목적을 정립하는가? 이성이 감성을 통해 제약되는 한, 이 이성은 다른 존재에 의해서 ─ 하지만 적어도 인간에 의해서는 아니다 ─, 이성의 인과성에 의해서 이 목적의 현실화를 요구한다.

D

신, 즉 이성이 나누어 준 권리를 타당하게 만드는 권력. 이러한 규정을 통해서 신의 다른 모든 속성들에 대한 인식이 규정되어야 한다.

예수의 생애

예수의 생애[1]

(요. 1) 한계 지을 수 없는 순수한 이성은 신 그 자체이다. 따라서 세계의 전체 설계도는 이성에 따라 배열되었다. 이성이 종종 어둡게 되기는 하지만 결코 소멸되지는 않는다. 암흑천지에서도 이성의 가느다란 빛줄기는 나타나기 마련이다.

인간이 그런 고귀한 존재임을 다시 일깨우기 위해 세례 요한이 유대인들 가운데 나타났다. 이 고귀함은 그들에게 낯선 것이 아니라, 그들이 자신 안에 간직하고 있는 것이며, 그들의 참다운 자아 안에 있다고 한다. 그리고 그 고귀함은 혈통에서 나오는 것이 아니며, 지복을 추구하는 욕망에서 나오는 것도 아니고, 존경받는 위대한 자에게 예배드리는 데서 찾아지는 것도 아니라고 한다. 오히려 그것은 그들 자신이 분유하고 있는 신적인 섬광을 계발함으로써 가능하다고 한다. 이 섬광은 숭고한 의미에서 그들이 신에게서 기원하고 있다는 증거가 된다. 따라서 이성의 계발은 진리와 평안의 유일한 원천이다. 그래서 요한 자신만이 또는 몇 사람만이 이 평안을 가지는 것이 아니라, 모든 사람이 자기 안에서 발견할 수 있다.

---

1) [옮긴이] H. 놀의 편집본 75~136쪽. 비평본 제1권 205~278쪽.

(마. 1. 2) 인간의 타락한 규준들을 개선하고 참다운 도덕성과 신에 대한 진실한 존경을 알게 하는 데 있어서 예수의 공헌은 훨씬 더 크다.

그가 태어난 장소는 유대 베들레헴이라는 마을이었다. 그의 부모는 요셉과 마리아였으며,[2] 요셉은 다윗 왕의 혈통이었고, 많은 유대인들처럼 족보를 가지고 있었다. 예수는 유대의 계율에 따라 태어난 지 팔일 후에 할례를 받았다. (눅. 2. 21)

(눅 2. 41) 그의 성장 과정에 대해 알려진 것은 거의 없다. 다만 그가 아직 어려서 이미 평범한 이해력을 넘어섰다는 흔적이 있으며, 어린 시절에 이미 종교적인 대상에 관심을 가지고 있었다고 한다. 한 가지 예는 이 사실을 잘 보여 준다. 즉 그가 열두 살 때 언젠가 부모와 헤어져 길을 잃은 적이 있는데, 이로 인해 그들은 큰 근심을 하게 되었다고 한다. 하지만 그들은 그가 예루살렘 성전에서 제사장들에 둘러싸여 있는 것을 발견하였는데, 이때 어린 예수는 그 나이에 어울리지 않은 지식과 판단력으로 제사장들을 놀라게 하고 있었다.

그 이후 청년기 시대의 교육으로부터 성숙한 성인이자 선생으로 나타날 때까지, 즉 그의 전체 발전 시기에서 최고의 주의를 끌었던 30살이 될 때까지 그에 관해 우리에게 남겨져 있는 소식은, 앞에서 말했듯이, 위에서 언급한 요한을 그가 알고 있었다는 사실뿐이다. (눅. 3) (마. 3) 요한은 스스로를 세례자라고 불렀는데, 왜냐하면 그는 그의 외침에 자극되어 개심하고자 하는 자들에게 세례를 베풀었기 때문이다. 요한이 직업의식을 가지고

---

2) 〈여백에 기록된 글〉 "그들은 갈릴리 나사렛에 살고 있었지만, 요셉의 가족의 뿌리가 있는 베들레헴으로 가서, 아우구스투스 황제가 유대 민족에 한 명령에 따라, 거기에서 호구조사를 받아야 했다. 이것이 그들이 베들레헴에 있었던 이유라고 한다."

서 하고자 했던 일은 그의 나라 사람들에게 단순히 즐기는 것 이상의 어떤 고귀한 목적을 갖게 하는 것이었고, 과거 유대 왕국의 광휘를 재산출하는 것보다 더 좋은 소망을 갖게 하는 것이었다. 그가 가르치고 머물렀던 곳은 대개 외딴 장소였다. 그리고 자기의 직업의식 외에 그의 여타의 욕구는 매우 단순하였다. 그의 의복은 낙타털로 된 외투였고, 그의 음식은 그 지역에서 식용으로 사용되는 메뚜기와 야생 벌꿀이었다. 그의 가르침에 대해 알려져 있는 것은 그가 인간에게 감성의 변화를 요구했으며, 이것이 행위를 통해 증명되어야 한다고 외쳤다는 사실이다.[3] 그리고 그에게 오는 사람이 누구든 그의 과거 일을 후회할 경우 그는 그에게 세례를 베풀었다. 이것은 더러운 것을 물로 씻어 버리는 행위를 모방한 것으로서, 타락한 기질에서 벗어났음을 암시하는 하나의 상징적인 행위였다. 바로 이런 상황에서 예수 역시 그에게 다가갔으며, 그에게서 세례를 받았다. 하지만 요한은 제자들을 만들어 그들과 공동체를 형성하는 식의 영예를 가지려 하지 않았던 것 같다. 왜냐하면 그가 예수에게서 위대한 성품을 발견했을 때, 그는 그에게 자신에게서 세례 받을 필요가 없다고 말했으며, 다른 사람들에게도 예수에게 가서 그에게 배우라고 말했기 때문이다. 그리고 나중에 예수가 아주 많은 청중을 가지고 있으며 아주 많은 사람들이 그에게서 세례를 받는다고 들었을 때 요한 역시 기뻐했기 때문이다. (그런데 사실 예수 자신은 세례를 베풀지 않았고, 그의 제자들이 세례를 베풀었다.) (요. 3. 27)

(마. 14) 요한은 마침내 이 지역의 제후인 헤롯과 한 여인의 모욕당한 자존심 때문에 희생되었다. 요한은 헤롯 왕과 이 왕의 처제인 헤로디와의 비

---

3) 〈여백에 기록된 글〉 "신의 마음에 들기 위해서는 아브라함의 후손이라는 사실만으로 충분하다고 하는 유대인들은 오류에 빠져 있다는 사실을…."

정상적인 관계를 질책했으며, 이 일로 인해 감옥에 갇히게 되었다. 그러나 헤롯에게는 그를 완전히 제거할 용기가 없었는데, 왜냐하면 민중이 그를 선지자로 여기고 있었기 때문이다. 그는 자기 생일에 큰 잔치를 베풀었고, 거기에서 헤로디아의 딸에게 춤을 추게 했는데, 이것이 그를 아주 기쁘게 하였다. 그래서 그는 그녀에게 왕국의 반이라도 요구하면 주겠다고 은혜를 약속했다. 모욕당한 자존심을 되찾고자 지금까지 요한에게 복수를 불태우던 그녀의 어머니는 그녀의 딸에게 요한의 죽음을 요청하라고 말했다. 헤롯은 손님들 앞에서 행한 약속을 깰 용기가 없었다. 요한의 머리는 소반에 담겨 그 아이에게 건네졌으며, 그 아이는 그것을 자기 어머니에게 가져갔다. 요한의 몸뚱이는 그의 제자들이 묻었다.

(눅. 4) (마. 4) 이것 외에 예수의 삶에서 그의 정신의 발전 과정 중 나타나는 몇몇 유약한 사건이 우리에게 전해지고 있다.

홀로 명상에 잠겨 있을 때 한번은 그에게 한 생각이 떠올랐는데, 즉 자연을 연구함으로써, 그리고 아마도 보다 높은 정령과 관계를 맺음으로써 쓸모없는 질료를 유용한 질료로, 인간에게 직접 필요한 것으로 변화시키는 것, 예를 들어 돌을 빵으로 만드는 것과 같은 일[4]이 정말 좋은 일이 아닐까 하는 생각이 그에게 떠올랐다. 하지만 예수는 자연이 인간에게 자연 자신에 대해 허락한 힘의 한계를 통찰함으로써 이 생각을 철회했다. 그리고 또한 인간은 자연을 넘어서는 힘을 소유하고 있으며, 따라서 그것을 계발하고 고양하는 것이 인간의 삶의 참다운 규정이기 때문에, 그러한 힘을 추구하는 것 자체가 인간의 영예에 속하는 일이라고 통찰함으로써 그는 저 생각을 철회했다.

---

4) 〈여백에 기록된 것〉 "또는 스스로를 자연 일반과 더 독립적으로 만드는 것."

그 다음 인간에게 위대하고 값 있는 것으로 여겨지는 모든 것이 그의 상상력을 스쳐 지나갔다. 즉 인간의 활동의 목표가 되는 것, 수백만의 사람을 지배하는 것, 세계의 절반을 자기 것으로 갖는 것, 수천의 사람들을 자기의 의지와 기분에 종속시키는 것, 또는 자기 소원을 성취한 후 즐기며 사는 것 등, 허영심이나 감각을 자극할 수 있는 모든 것이 그의 상상력을 스쳐 지나갔다. 하지만 어떤 조건하에서 이것들이 습득될 수 있는지를 곰곰이 생각한 후, 사람들이 이러한 소유물을 인류의 안녕을 위해 사용하고자 한다 하더라도, 즉 자신의 보다 높은 품격을 잊고 자기 존경을 거부한다 하더라도, 예수는 주저 없이 저 소원의 성취를 단호하게 거부했으며, 그의 가슴 속에 지울 수 없이 기록되어 있는 영원한 것에, 즉 인류의 영원한 법에 신실하게 머물고자 했으며, 이 법의 성스러운 의지가 이 법과는 다른 그 어떤 것에 의해서도 추동될 수 없다는 사실에 경의를 표했었다.

30세가 되어서야 예수는 선생으로서 공공의 장소에 나타났으며, 그의 첫 가르침들은 주로 개별적인 것에 국한되었던 것 같다. (요. 1. 35~51) 그리고 곧이어 동아리가 형성되었는데, 이 동아리는 한편으로는 예수의 가르침에 매혹되어, 다른 한편으로는 예수가 사람들을 직접 그의 제자로 불러서 형성되었다. 이들은 대개 예수를 도처로 따라 다녔고, 예수는 그들에게 예를 들어 설명하고 가르침으로써 유대 민족의 편견과 민족적 허영심이라는 협소한 정신을 탈피하게 하고자 했으며, 그들을 그의 정신으로, 즉 특정한 민족이나 실정적 체제에 얽혀 있지 않은 덕을 행함으로써만 가치가 정립된다는 것을 가르치고자 했다. 그가 머물렀던 일상의 장소는 갈릴리, 그 중에서도 가버나움이었다. 여기에서 그는 이미 유대의 큰 축제에 익숙해졌으며, 특히 매년 열리는 유월절 축제에는 예루살렘으로 여행했다.

(요. 2. 22) 예수가 공개적으로 선생으로 등장한 이후 맨 처음으로 예루살

렘에 나타났을 때, 그는 눈에 띄는 사건으로 많은 사람의 주목을 받았다. 유대인에게 성전은 유대의 모든 거주민들을 함께 모아, 신에게 공동의 기도를 드리는 가운데 삶의 사소한 관심을 초극하고 신에게 더 가까이 다가가게 하는 장소였는데, 예수가 이 성전에 들어섰을 때, 그는 유대인들의 종교성에 회의를 품게 만드는 수많은 장사꾼들을 마주쳤다. 그들은 유대인들의 희생 제물에 필요한 모든 종류의 물품을 취급하고 있었으며, 유대의 모든 지역에서 온 수많은 사람들이 운집하는 이 축제의 시기에 이 성전에서 사업을 하고 있었다. 예수는 이런 상업적 정신에 완전히 분노하여 이 상인들을 성전 밖으로 쫓아 버렸다.

그는 자기의 가르침을 청취하는 많은 사람들을 발견했다. 하지만 뿌리 깊은 민족적 허영심에 대한 유대인들의 애착과 보다 고귀한 것에 대한 그들의 결여된 감각에 대해 그가 너무나 잘 알고 있었기 때문에, 그는 그들과 더 밀착될 수 없었고, 그들의 확고한 신념에 대해 신뢰를 보낼 수 없었다. 예수는 그들의 신앙이 보다 훌륭한 것을 구축하게 하는 것이 아니라고 생각했다. 그리고 예수는 수많은 인간들의 칭찬을 받음으로 존경받고 싶어하는 의식인 허영심, 그리고 자기 내 확신을 통해서보다는 그런 외적인 허영심을 통해서 자신을 더 드러내려는 연약한 자가 결코 아니었다. 그는 어떤 칭찬도 필요로 하지 않았으며, 이성을 믿기 위해 어떤 권위도 필요로 하지 않았다.

(요.3) 예수가 여기에서 행한 볼거리가 민족의 선생들과 제사장들에게 많은 인상을 남긴 것 같지는 않다. 아니면 적어도 그들은 경멸의 눈초리로 그를 음모하기 시작했다. 하지만 그들 중 한 사람인 니고데모는 이 사건을 통해 예수와 더 가깝게 지내고 싶어했으며, 예수의 가르침에서 새로운 것과 차이점이 무엇인지를 그의 입에서 직접 확인하고 싶어했다. 그리고 그

의 새로운 가르침이 관심의 대상이 될 수 있는지 직접 확인하고 싶어했다. 니고데모는, 미움을 받기 싫어서, 또는 조롱거리가 되지 않으려고, 어두운 밤중에 그에게 왔다.

니고데모가 말하기를, "나도 당신에게 배우러 왔습니다. 왜냐하면 내가 당신에게 들은 모든 것을 종합해 볼 때, 당신은 신으로부터 보냄을 받은 자이며, 신이 당신에 거하고 있고, 당신은 하늘에서 왔다고 확신하게 되었기 때문입니다". 예수가 대답하기를, "잘 하셨습니다. 하늘에 자기의 근원을 가지지 않은 사람은, 즉 자기 안에 신적인 힘을 가지지 않은 사람은 신의 왕국의 시민이 아닙니다". 하지만 니고데모가 질문한다. "인간이 어떻게 자신의 자연적 기질을 거부할 수 있으며, 보다 고귀한 기질에 도달할 수 있습니까? 인간은 어머니의 자궁으로 다시 들어가 다른 존재로, 즉 다른 혈통을 가진 존재로 다시 태어나야 합니까?"

예수는 다음과 같이 반박한다. "인간으로서의 인간은 단순히 감각적인 존재가 아닙니다. 인간의 본성은 단순히 쾌락을 추구하는 데 한정되지 않습니다. 그에게는 정신, 즉 신적 존재의 섬광도 있으며, 모든 이성적 존재의 유전 형질이 그에게도 분유되어 있습니다. 이는 마치 당신이 바람 소리를 듣기도 하고 그 부는 것을 느끼기도 하지만, 당신이 그것에 대해 아무것도 할 수 없으며, 그 바람이 어디에서 와서 어디로 가는지 전혀 알지 못하는 것과 같습니다. 이러한 사실을 통해 당신이 확실히 알 수 있는 것은 자립적이고 변화되지 않는 저 능력이 내적인 것이라는 사실입니다. 하지만 이 능력과 변해야 할 인간의 다른 심정이 어떻게 관계 맺게 되며, 이 능력이 어떻게 감각적인 능력을 지배할 수 있게 되는지 하는 문제는 우리에게 알려져 있지 않습니다".

니고데모는 예수가 사용하는 개념들을 이해하지 못하겠다고 고백한다. 예수가 말하기를, "당신은 이스라엘의 선생인데 어떻게 내가 당신에게 말한 것을 이해하지 못합니까? 내가 보고 들은 것에 대한 확신이 내 안에서는 아주 생동적입니다. 하지만 여러분이 여러분 자신의 내적인 증거에, 하늘의 음성에 주의를 기울이지 않는다면, 어떻게 내가 여러분에게 나의 증거를 믿게 할 수 있겠습니까? 하늘에 뿌리를 가지고 있는 하늘의 음성만이 여러분에게 이성이라는 보다 고귀한 욕구가 있음을 가르칠 수 있을 것입니다. 그리고 이성에 대한 믿음에서만, 이성에 복종함으로써만 평안과 참된 위대함, 그리고 인간의 품위가 발견될 수 있을 것입니다. 왜냐하면 신은 인간에게 자신의 본질의 광휘로 영혼을 불어넣고, 이성을 선물함으로써 인간을 그만큼 여타의 자연보다 뛰어나게 하였기 때문입니다. 따라서 신에 대한 믿음을 통해서만 인간은 자기의 고귀한 본질을 충족하게 될 것입니다. 신은 자연의 충동을 저주하지 않고 오히려 그것을 이끌고 고귀하게 합니다. 신에 순종하지 않은 자만이 저 빛을 이해하지 못하며, 그 빛에 다가가지 못하도록 처신합니다. 따라서 사람은 자신의 행위를 통해서 스스로 정신의 아들인지 아닌지가 드러납니다. 그 아들은 인류를 의무로서 받아들이게 하는 이성의 빛 앞으로 다가갑니다. 왜냐하면 그의 나쁜 행위는 그를 수치스럽게 하고, 스스로를 경멸하게 할 뿐 아니라 후회하게 하는 저 밝은 빛에 저항하기 때문입니다.

하지만 정직한 일을 하는 자는 당당하게 이성의 법정으로 나가며, 이성의 질책과 이 이성이 그에게 준 자기 인식에 부끄러워 아니합니다. 그리고 그는 그의 행위를 감출 필요가 없는데, 왜냐하면 이 행위는 그에게 영혼을 불어넣는 정신, 즉 이성적 세계의 정신, 신의 정신에 의해 산출되기 때문입니다".

(요.4) 많은 사람들이 자신의 가르침에 찬사를 보내며, 그것이 바리새인

의 주의를 끌기 시작했다는 소리를 예수가 들었을 때 그는 다시 예루살렘을 떠났다. 그는 그래서 다시 갈릴리로 떠났으며, 사마리아 땅을 가로질러 갔다. 그는 그의 제자들을 먼저 사마리아 도시로 보내 음식을 사오게 하였다. 그리고 그는 그 사이 유대 민족의 한 조상인 야곱이 소유했다고 전해지는 한 우물가에서 휴식을 취하고 있었다. 그는 거기에서 한 여인을 만났는데, 그는 그녀에게 마실 물을 달라고 부탁했다. 그녀는 그가 유대인임에도 불구하고 사마리아 여인에게 마실 물을 요청하는 것에 놀랐다. 왜냐하면 두 민족은 서로 종교적·정치적 혐오를 드러냈으며, 그래서 결코 어떤 교류도 없었기 때문이다.

예수는 다음과 같이 대답했다. "당신이 나의 원칙을 안다면 당신은 나를 유대인들의 저속한 풍속에 따라 판단하지 않을 것입니다. 그리고 당신도 내가 부탁한 것에 대해 이상하다 생각하지 않을 것입니다. 그리고 나는 당신에게 생명의 물이 흐르는 다른 샘을 개시할 것입니다. 이 샘에서 나는 물을 마시는 자는 목마름이 멈출 것이고, 이 샘에서 나오는 물은 영원한 삶으로 이끄는 강으로 이끌 것입니다." 사마리아 여인은 이에 대해 다음과 같이 말한다. "내가 듣기에 당신은 현명한 사람입니다. 나는 당신에게 우리 종교와 당신 종교 사이에 가장 논쟁점이 되고 있는 문제에 대해 답을 구하고 싶습니다. 우리 조상들은 여기 이 그리심 산에 예배당을 지었는데, 당신들은 예루살렘만이 최고 존재자가 경배 받을 곳이라고 주장합니다." 예수는 이에 대해 다음과 같이 대답한다. "나를 믿으십시오. 여러분들이 그리심 산에서도 예루살렘에서도 더 이상 예배드릴 필요가 없는 때가 올 것입니다. 거기에서 사람들은 더 이상 숭배하지 않을 것입니다. 거기에서 드리는 예배는 특정한 행위와 장소에 한정되어 있기 때문입니다. 때가 올 것이며, 또한 신의 참다운 숭배자들이 종교의 참다운 정신 속에서 보편적인 아버지를 섬기게 되는 곳에는 그때가 이미 와 있습니다. 왜냐하면 그들만이 신의 마음에 드는 자들이기 때문입니다. 이 정신 속에서는 이성과 이 이성의 꽃만이, 즉 도덕법만이 지배합니다. 신에 대한 참다운 숭배는 이 위에 정초되었을 때만 가능합니다."

이 여인은 사마리아 시민들에게 예수에 대해, 그리고 그와 나눈 대화에 대해 전달하면서 예수의 고귀한 견해를 전했다. 그녀는 많은 사마리아인들에게 가서 그의 가르침을 전하고 싶었다. 예수가 그들과 이야기를 하는 동안 되돌아온 제자들이 먹을 것을 예수에게 주면서 먹기를 청한다. 이때 예수는 그들에게 다음과 같이 대답했다. "나는 눈에 보이는 음식을 생각하지 않는다. 신의 의지를 행하고 인간을 개선하는 일이 나의 일이다. 너희들의 생각은 음식과 너희 앞에 있는 수확물에 맞춰져 있다. 눈을 들어 인간이 익기를 기다리는 저 추수물들을 봐라. 씨들이 모두 열매를 맺었다. 이 들판에 너희들은 아무것도 씨뿌리지 않았었다. 자연이 인간의 마음속에 심어 놓은 선善의 씨앗이 여기저기서 성장하였다. 하지만 너희가 할 일은 이 꽃들을 돌보고, 자연이 시작했던 일에 탑승하여 그 열매를 추수하는 것이다." 사마리아인들의 간청으로 예수는 그들과 이틀을 머물렀으며, 그들이 저 여인에게 들었던 것을 스스로 확인할 수 있는 기회를 제공했다.

(요.4.43) (마.4.12) (눅.4.14) (마.4.17) 이틀 후에 예수는 계속하여 갈릴리를 향해 갔으며, 거기에 도착해서 사람들에게 마음의 변화와 개심을 요청했다. 그리고 그는 그들을 '메시아가 곧 나타나 유대인들의 예배와 국가의 광휘를 재건할 것이다'라는 그들의 미몽에서, 의미 없고 비활동적인 희망에서 일깨우고자 했다. 예수는 소리쳐 외치기를, "다른 것을 기다리지 말고 스스로 개선되고자 하십시오. 그리고 과거의 유대인의 모습으로 되고자 하는 것보다 더 고귀한 목표를 정립하고 변화하십시오. 그런 다음에야 여러분

들은 신의 왕국을 가지게 될 것입니다".(눅. 4. 16~30) 이렇게 예수는 도처에서, 즉 갈릴리 호수 근처 가버나움에서도 공개적인 장소에서도 그리고 유대인들의 회당에서도 가르쳤다. 무엇보다도 그는 그가 태어난 나사렛에서 그의 민족의 경전의 한 구절을 찾아 그것을 읽는다. 이때 사람들은 다음과 같이 말했다. "이 사람이 우리 가운데서 나고 자란 요셉의 아들이 아니더냐?" 유대인들의 선입견에 따르면 그들의 구원자로 오는 자는 품격이 높은 가문 출신이며, 외적인 영광을 입고 나타날 것이라고 한다. 그 마을 사람들은 이런 선입견에서 벗어나지 못했다. 그리고 결국 예수는 그 마을 사람들에 의해 도시 밖으로 멀리 쫓겨났다. 이때 그에게 한 속담이 생각났다. 즉 '선지자는 그의 고향에서 가장 존경을 받지 못한다'는 속담.

(마. 4. 18~22) 여기에서 예수는 베드로와 안드레뿐 아니라 야고보와 요한도 그를 따르도록 초대했다. 예수는 그들이 고기를 잡고 있을 때, 그들이 손으로 작업하고 있을 때 마주쳤다. 예수는 이때 베드로에게 말했다. "고기를 버려두라. 내가 너로 사람을 낚는 어부가 되게 하겠다."

(마. 4. 25) 그의 추종자들의 수가 이제 눈에 띄게 많아졌다. 도시와 시골에서 온 많은 사람들이 예수를 따라다녔다. 이 많은 사람들 앞에서 예수는 언젠가 산 위에서 다음과 같이 연설하였다.

(마. 5) "겸손하고 가난한 자는 복이 있나니 천국이 저들의 것입니다.

애통하는 자는 복이 있나니 저희가 위로를 받을 것입니다.

온유한 자는 복이 있나니 평안을 향유하게 될 것입니다.

의를 추구하는 자는 복이 있나니 그 의가 충족될 것입니다.

긍휼히 여기는 자는 복이 있나니 사람들의 사랑을 받을 것입니다.

순수한 마음을 소유한 자는 복이 있나니 성스러운 것으로 나아가게 될 것입니다.

평화를 사랑하는 자에게 복이 있나니 신의 자녀라는 이름을 얻게 될 것입니다.

의를 위해 고통을 받는 자는 복이 있나니 기뻐하고 즐거워하십시오. 그들은 신의 왕국의 시민이기 때문입니다.

나의 친구들이여, 나는 여러분에게 말할 수 있게 되기를 원했습니다. 여러분은 세상의 소금입니다. 하지만 만약 소금이 맛을 잃으면 그것을 어디에 뿌리겠습니까? 그것은 다른 물질들 속에서 자기 기능을 상실해 버린 것입니다. 만약 여러분 속에서 선의 힘이 죽어 버리면, 여러분의 행위는 일반적인 사람들의 쓸모없는 여타 사물이나 행위와 똑같이 몰락으로 향할 것입니다. 여러분들은 세상의 빛으로 드러나, 여러분의 행위가 사람들을 일깨우며, 사람들 속에 놓여 있는 보다 선한 것들이 불꽃을 일으키며 타게 하십시오. 그리고 그들이 눈을 들어 보다 고귀한 목적과 하늘에 있는 아버지를 배우게 하십시오.

내가 법과 법의 구속력을 무효화하려 왔다고 생각하지 마십시오. 나는 이 법을 완전하게 하고자 왔습니다. 즉 법이라는 해골에 정신을 불어넣으려 왔습니다. 하늘과 땅은 사라질 수 있지만 도덕법의 요청과 이 요청에 따라야 할 의무는 그렇지 않을 것입니다. 이 요청에 순종하기를 거부하는 사람은 신의 왕국의 시민이라는 이름을 얻을 자격이 없습니다. 하지만 이 요청을 수행하고 또 다른 사람에게도 이것을 알게 한 사람은 천국에서 존경을 받게 될 것입니다. 그런데 내가 법의 전 체계를 완성하기 위해 덧붙이고자 하는 것은 가장 중요한 것인데, 그것은, 바리새인이나 이 민족의 선생들이 그렇게 하듯이, 법조문을 준수하는 것에 만족해서는 안 되고,[5] 법의 정

---

5) 〈여백에 기록된 글〉 법조문을 준수하는 것은 인간적인 법의 대상에만 타당할 뿐이다.

신 속에서, 의무에 대한 존경심에서 행동해야 한다는 것입니다. 율법서에 있는 몇몇 예들을 인용함으로써 여러분들에게 이 사실을 더 잘 설명하고자 합니다. 여러분이 잘 알고 있는 옛 계명에는 다음과 같은 것이 있습니다. '살인하지 말라. 살인하는 자는 심판을 받게 될 것이다.' 하지만 나는 여러분들에게 말하고자 합니다. 타자를 죽이는 행위만이 형벌을 받는 것이 아닙니다. 자기 형제를 부당하게 화나게 하는 자는 세상의 법정에서 심판을 받지는 않지만, 법의 정신에 다르면 그 역시 전자와 똑같이 벌 받을 만합니다. 그런데 인간에 대한 혐오에서⋯ (중략)

따라서 '너희들이 예물을 드리러 제단에 나아갔다가 거기에서 한 인간을 욕되게 했으며, 그로 인해 그가 불만족스러워했다는 것이 기억나거든 너희 제물을 제단에 두고 너희 형제들에게 손을 내밀어 먼저 화해하라' 라고 명령하고 있습니다. 그런 다음에야 여러분들은 신의 자비의 마음으로 제단에 나아가라고 말합니다.

여러분들에게 또 다른 법. 즉 '간음하지 말라'에 대해 말하고자 합니다. 나는 여러분에게 말하고자 합니다. 실제적인 행위뿐 아니라 음탕함 그 자체도 마음이 순수하지 못하다는 것을 증명합니다. 여러분이 법조문을 어기지 않으면서 여러분의 성향을 만족시키려면, 그것이 어떤 성향이든지, 그것이 가장 자연스런 성향이든 아니면 가장 사랑스런 성향이든 상관없이, 여러분은 이 성향에 폭력을 가합니다. 심지어 이 성향이 법의 테두리를 벗어나, 여러분의 격률을 점차 전복시키고 황폐하게 하기도 전에 여러분은 이 성향에 상처를 입히게 됩니다.

또 다른 옛 법은 다음과 같습니다. 즉 '거짓 맹세하지 말라.' 그런데 여러분이 스스로를 신뢰하고 자기 자신을 존경한다면, 여러분들은 '예' 혹은 '아니오'라고 한 모든 약속에 대해 그 약속대로 해야 하는데, 마치 신에게 맹세한 것처럼 정직하게, 성스럽게 그리고 신실하게 해야 합니다. 왜냐하면 여러분들은 '예'나 '아니오'를 영원히 그렇게 행할 것이란 확신으로 말해야 하기 때문입니다.

'눈에는 눈, 이에는 이'라는 시민법도 있습니다. 하지만 이 법적 조항이 사생활의 기준으로, 즉 모욕을 갚는 원리로 혹은 호의를 베푸는 원리로 되게 해서는 안 됩니다. 재산을 소유하는 것에서 대범해지십시오. 그래서 종종 다주 공정하게 여러분 것으로 드러난 자신의 이익을 포기하십시오. 이와 다찬가지로 온유함과 선이라는 고귀한 감정에 상관없이 복수심을 포기하십시오.

또한 율법은 여러분에게 친구와 민족에 대해서는 사랑하라고 하지만 적과 낯선 자에 대한 혐오는 허용하고 있습니다. 하지만 내가 여러분에게 말하고 싶은 것은 여러분이 적들을 사랑할 수 없을 경우에도 그들의 인간성만은 존중하라는 것입니다. 여러분을 저주한 그들에게 좋은 일이 있기를 빌어 주십시오. 그리고 여러분을 혐오하는 자들에게 자비를 행하십시오. 다른 사람들에게 여러분을 음해하고 다른 사람을 통해 여러분을 불행하기 하고자 하는 사람들에 대해 여러분은 다른 사람들에게 좋게 말하십시오. 이렇게 할 경우 여러분은 하늘에 있는 아버지의 혹은 대자대비하신 자의 참다운 자녀가 될 것입니다. 그분은 선과 악을 너머 자신의 태양을 고루 비추며, 성실함과 부정직함을 너머 자기의 비를 고루 적시는 분입니다. 왜냐하면 여러분을 사랑하는 자를 사랑하고, 여러분에게 선을 행한 자에게 좋은 것을 행할 경우, 또는 ^(눅. 6. 35) 차용한 것을 동등한 가치가 있는 것으로 되갚는다면, 여기서 여러분의 공적은 아무 곳에도 없기 때문입니다. 이것은 악한 자들에 의해서도 부정되지 않은 자연의 감응입니다. 이 경우 의무를 위해서 여러분이 행한 것은 아무것도 없습니다. 신이 성스럽듯이 성스럽게 되는 것이 여러분의 목표입니다.

^(마. 6) 자선을 행하는 것과 온유함은 아주 추천할 만한 덕입니다. 하지만 이것들이 위에 말한 계명들처럼 덕의 정신에서 행해지지 않는다면, 즉 은밀하게 계획되고 행해지지 않는다면 그것들은 헛것입니다. 만약 여러분이 자선을 행하고자 한다면, 그것을 거리에서, 그리고 설교단이나 신문에서 떠들썩하게 하지 마십시오. 이는 마치 사람들에게 칭찬을 들으려고 행동하는 위선자와 다를 게 없습니다. 오른손이 하는 것을 왼손이 모르게 은밀하게 하십시오. 격려 받기 위해 상금에 대해 생각할 필요가 있는데, 이때 여러분의 상금은 좋은 일을 했다는 고요한 생각일 뿐입니다. 그리고 세상이 그 행위자가 누군지 알지 못하도록 은밀하게 하십시오. 하지만 여러분의 행위, 즉 불행한 자에게 베푼 도움, 곤궁한 자에게 베푼 위로 등, 이러한 행위의 결과는, 그것이 아무리 작다 하더라도, 자비로운 일들을 영원히 풍족하게 할 것입니다.

기도할 때 사람들 앞에 자신을 드러내 보이려 예배당에서 무릎을 꿇고, 거리에서 손을 펼쳐서, 혹은 노래를 부르면서 이웃에 방해를 줘 가며 기도하는 위선자들처럼 기도해서는 안 됩니다. 그들의 기도는 열매가 없습니다. 자유로운 본성에서 나온 기도, 혹은 여러분의 방에서 이뤄지는 기도는 여러분 가슴속에 새겨 있는 법을 상기시키는 성스러운 것을 생각하게 합니다. 그렇게 함으로써 그 기도는 여러분의 심성을 고양시켜 범인凡人들의 사소한 목표를 넘어서게 하며, 그들이 이리저리 추구하는 욕망을 넘어서게 합니다. 그리고 그 기도는 여러분에게 법에 대한 존경을 갖게 하면서 동시에 모든 경향성의 자극에 의해서도 상처받지 않고 법을 완수합니다.

기도의 본질은 수많은 말들을 늘어놓는 데 있지 않습니다. 미신적인 사람은 이렇게 많은 말들을 함으로써 신에게 은혜를 얻고자 하거나 혹은 신과 그의 영원한 지혜의 계획에 대해 무언가를 할 수 있다고 생각합니다. 그 사람들을 본받지 마십시오. 여러분의 아버지는 여러분이 그분에게 부탁하기 전에 여러분이 무엇을 필요로 하는지 압니다. 자연의 욕구, 경향의 바람들은 따라서 기도의 대상일 수 없습니다. 왜냐하면 욕구의 만족이 성스러운 자의 도덕적 계획의 목적인지를 여러분은 알 수 없기 때문입니다. 신에 대한 생각에 젖어 여러분의 전체 태도를 덕에 맞추려고 신 앞에서 결의하는 것이 기도의 정신입니다. 이러한 기도의 정신을 말로 표현하면 대략 다음과 같을 것입니다. 즉 '모든 하늘을 지배하는 인간의 아버지 당신이여, 당신은 유일하게 성스러운 분이시며, 우리 눈에 아른거리며 우리를 이끄는 형상이십니다. 당신의 나라가 언젠가는 올 것인데, 이 나라에서는 모든 이성적인 존재가 우리의 행동의 규칙을 위해 법을 만들 것입니다. 모든 경향, 심지어 자연의 외마디 외침도 이 이념에 복종할 것입니다. 당신의 성스러운 의지에 비춰볼 때, 우리는 불완전함을 느낄 수밖에 없는데, 이런 상황에서 우리는 어떻게 우리 형제를 완고한, 심지어 복수심에 불탄 심판관에게 내던질 수 있겠습니까? 오히려 우리는 우리의 마음을 개선하고, 우리의 행위의 추동력을 고귀하게 하며, 우리의 심정을 악에서 날로 깨끗하게 하는 일에 전념하게 되기를 바랍니다. 그래서 우리가 그 성스러움과 영적인 속성에서 무한하신 당신을 닮아 가기를 원합니다.'

　　여러분의 도덕적 완전성이 증가했다는 징표를 여러분 스스로 가지고 있습니다. 형제에 대한 사랑과 용서의 경향이 증가했으면 그것이 곧 그 징표가 됩니다. 단 한번도 완전히 여러분의 것이라고 할 수 없는 땅위의 보물들, 예를 들어 금과 은, 또는 미, 기술 등 소멸되는 것, 환경에 따라 변화되는 것, 심지어 녹이 슬거나 벌레에 의해 손상되는 것, 또는 도난 위협이 있는 것 등은 우리의 영혼을 만족시킬 수 없습니다. 소멸되지 않는 보물인 도덕성의 부를 쌓도록 하십시오. 바로 이것만이 진정한 의미에서 여러분의 것이라고 할 수 있을 것입니다. 왜냐하면 그것은 철저히 여러분 자신에 의지하기 때문입니다. 자연의 강압, 혹은 인간의 사악한 의지 그리고 심지어 죽음조차도 이 보물에 대해서는 아무것도 할 수 없습니다. 눈이 등불로서 몸에 봉사하듯이, 그리고 눈이 건강하면 몸을 모든 방향에서 잘 인도하고, 눈에 이상이 있으면 몸이 모든 점에서 어색하듯이, 만약 영혼의 빛인 이성이 어두워져서 어디선가 어떤 욕망이나 경향이 튀어나오면 어떻게 참다운 방향을 유지할 수 있겠습니까? 사람이 두 주인을 동일한 열정으로 섬길 수 없듯이, 신과 이성에 대한 봉사도 감각에 대한 봉사와 통일될 수 없습니다. 따라서 둘 중 하나는 타자를 배제하거나, 아니면 둘 사이에서 비영적非靈的이고 무기력하게 우왕좌왕하는 상황이 발생하게 될 것입니다. 그래서 내가 여러분에게 말하고 싶은 것은 먹는 것, 마시는 것 그리고 입는 것 등에 대한 영원한 염려에서 벗어나십시오. 다른 말로 하면 대부분의 사람들의 전체 삶을 구성하고 있으며, 그 중요성에서 그들의 본질, 즉 그들의 현존의 최종 목적을 이루는 것처럼 보이는 욕구들에서 벗어나십시오. 인간의 심정에는 음식이나 의복의 문제보다 더 고귀한 욕구가 있지 않습니까? 하늘 아래 아무 염려도 없는 새를 보십시오. 그들은 심지도 거두지도 않고 창고에 모으지도 않습니다. 자연이라는 아버지는 그들의 음식을 이미 염려해 두었습니다. 여러분의 본질은 그들보다 더 높지 않습니까? 만약 여러분의 모든 고귀한 힘을 위胃를 만족시키는 데 다 쏟아붙는다면, 이는 여러분이 자연에 의해 저주받은 것을 의미할 겁니다. 여러분은 자연이 여러분에게 양도한 형상을 깨끗하고 아름답게 하는 데 힘을 쏟으십시오. 여러분의 허영심이 모든 감각과 염려를 다 동원하여 여러분의 키를 일 인치라도 늘릴 수 있습니까? 오늘 화려하게 피었다가 내일 마른 풀이 되어 버리는 들에 핀 꽃들을 보십시오. 자연의 자유로운 아름다움을 화려하게 입었던 솔로몬이라고 그것을 흉내 낼 수 있겠습니까? 그러므로 여러분, 음식과 의복 같은 걱정스런 염려를 이제 조금이나마 벗어버리십시오. 여러분이 추구해야 할 최고의 목표는 신의 나라이며, 이 신의 나라의 시민이 될 자격을 갖게 하는 인륜성입니다. 그렇게 되면 그 여타의 것은 저절로 따라올 것입니다.

(마. 7) 다른 사람들에 대해서 너무 강하게 판단하지 마십시오. 왜냐하면 당신이 사용한 그 판단 기준을 사람들이 당신에게도 적용할 것이기 때문입니다. 그리고 이것이 언제나 여러분에게 장점으로 작용하는 것은 아닐 것입니다. 왜 여러분들은 다른 사람들의 눈에 있는 티는 보면서, 여러분 자신의 눈에 있는 훨씬 더 큰 것을 인지하지 못합니까? 그리고 심지어 여러분들은 다른 사람에게 다음과 같이 말합니다. '잠깐, 내 친구여, 그대 눈에 있는 티를 빼 주겠네.' 하지만 여러분 눈에 있는 훨씬 더 큰 것을 보십시오. 위선자여, 이 큰 것을 빼내고 그 다음에야 다른 사람을 치료할 생각을 하십시오. 당신이 다른 사람을 위해 일하기 전에 자기 일을 먼저 하십시오. 소경이 어떻게 소경을 인도할 수 있으며, 그 경우에 둘 다 구덩이에 떨어지지 않겠습니까? 혹은 선생이 어떻게 학생을 자기 자신보다 더 숙련되게 만들 수 있겠습니까? (눅. 6. 40) 여러분이 다른 사람을 개선하고자 한다면, 모든 사람을 무차별적으로 대하는 부주의를 범하지 마십시오. 성스러운 것[6]을 개에게, 진주를 돼지에게 던지지 마십시오. 그들은 그것들을 발로 밟을 뿐이며, 되돌아서 여러분에게 돌진하여 여러분을 쓰러뜨릴 것입니다. 부탁하는 사람들을 물리치지 마십시오. 그들이 종종 여러분에게 더 많은 것으로 되돌려 줄 것입니다. 여러분이 그들에게 하나라도 해줄 수 있는 것이 무엇인

---

6) [편집자] 이 진술 아래 '반지'라는 말이 기록되어 있음.

지 찾아보십시오. 그러면 하나를 발견할 것입니다. 그리고 조용히 문을 두드리십시오. 그러면 입구를 발견하게 될 것입니다.

여러분이 하고자 하는 것을 인간들의 보편적 법칙으로서 여러분에게도 타당한 그런 규준에 따라 하십시오. 이것이 인류의 기본 법칙입니다. 즉 이것은 모든 입법의 내용과 모든 민족의 경전의 내용입니다. 법(권리)의 문을 통해 덕의 성전으로 들어가십시오. 이 문은 좁고, 이 길로 가는 길은 매우 위험하며, 함께하는 동료가 거의 없을 것입니다. 악덕과 부패의 궁전을 찾는 자들은 점점 더 많아질 것입니다. 이 궁전의 문은 넓고 그곳으로 향하는 도로는 평탄하기 때문입니다. 저 좁은 길을 따라 가십시오. 특히 거짓 교사들을 조심하십시오. 그들은 부드러운 양의 모습으로 여러분에게 다가오지만, 그 안에는 광포한 늑대의 욕구가 숨겨져 있습니다. 여러분들은 그들의 속임수를 쉽게 알아볼 수 있는 징표를 가지고 있습니다. 즉 그들을 그들의 행위에 따라 판단하십시오. 가시나무에서 포도를 딸 수 없고, 엉겅퀴에서 무화과를 딸 수 없습니다. 좋은 나무는 좋은 열매를 맺고, 나쁜 나무는 나쁜 열매를 맺게 되어 있습니다. (눅.6.43) 따라서 나쁜 열매를 맺는 것은 결코 좋은 나무가 아니며, 좋은 열매를 맺는 것은 쓸모없는 나무가 아닙니다. (눅.6.45) 따라서 그들의 열매에서 여러분은 그들을 인식할 수 있습니다. 좋은 마음씨가 풍부한 곳에서 좋은 것이 솟아 나오고, 나쁜 마음씨가 가득한 곳에서 나쁜 것이 솟아나옵니다. 경건한 말들에 현혹되지 마십시오. 신을 부르는 자, 그에게 기도하는 자 그리고 그에게 희생 제물을 드리는 자가 그의 나라의 성원이 아니라, 그의 의지에 따라 행하는 자, 즉 인간에게 이성의 법에 따라 행하도록 한 자의 의지에 순종하는 사람이 그의 나라의 성원입니다. 많은 사람들은 영원한 세계의 심판자 앞에서 다음과 같이 말할 것입니다. '주여, 주여, 우리가 기적을 행하고 악령을 쫓아내며 그리고 다른 위대한 일들을 할 때 우리는 당신의 이름을 필요로 했으며, 당신을 칭송했으며, 그것을 당신의 작품으로 여기고 당신께 감사하지 않았습니까?' 이때 그들에게 다음과 같은 대답이 들려 올 것입니다. '너희의 기적, 예언 혹은 위대한 일들이 무엇을 위해 행해졌느냐? 신은 너희를 자신의 것으로 인식하지 않는다. 너희 기적을 행하는 자들아, 예언을 말하는 자들아, 그리고 위대한 행동을 한 자들아, 너희들은 그분의 나라의 시민이 아니다! 너희들은 악을 행했고, 인류는 신의 자비의 유일한 척도이다!' 이 원칙을 듣고 그것을 자기 것으로 삼은 자를 나는 반석 위에 집을 지은 현명한 자와 비교하고자 합니다. 이 집은 폭풍이 오고 창수漲水가 지배하며 바람이 불어 이 집에 부딪혀도 무너지지 않습니다. 왜냐하면 그 집은 반석 위에 지어져 있기 때문입니다. 이 말씀을 들었지만 그것을 따르지 않는 사람을 나는 모래 위에 집을 지은 미련한 자에 비유하고자 합니다. 폭풍이 몰아쳐 이 집에 부딪치면 이 집은 큰 굉음과 함께 부서질 것입니다. 왜냐하면 이 집은 그 토대가 허약하기 때문입니다."

이 말들이 예수의 청중들에게 커다란 인상을 주었다. 왜냐하면 그는 힘차고 강하게 말을 했으며, 그가 다룬 것은 인간의 최고의 관심을 이루는 대상이었기 때문이다.

(마. 9) (막. 2. 13) 예수에게서 무언가를 들으려는 무리가 이 시간 이래로 점점 더 커졌다. 이와 동시에 바리새인들과 유대 제사장들의 예수에 대한 주의도 더 커져 갔다. 저 무리들의 소란과 후자들의 추적을 피해서 예수는 종종 고요한 곳으로 피했다. 갈릴리에 체류하는 동안 언젠가 그는 세관을 지나가다 거기서 마태라는[7] 이름을 가진 세리가 앉아 있는 것을 보았다. 예

---

7) 〈여백에 기록된 글〉 "아마도 이 이야기는 「누가복음」 5장 27절과 「마가복음」 2장 13절에 나오

수는 그에게 자신을 따르라고 초대하였고, 나중에는 그와 신실한 교제를 나누는 자가 되었다. 예수는 그와 식사를 같이 했으며, 이 식사 자리에는 보다 많은 세리들도 함께했다. 세리와 죄인은 당시 유대인들에게 동일한 의미의 단어였기 때문에[8] 바리새인들은 예수와 그의 친구들의 행위에 놀라움을 표시했다. 예수의 친구들이 이 소식을 들었을 때 예수는 그 친구들에게 다음과 같이 말했다. "건강한 사람들이 의사를 필요로 하는 것이 아니라 병든 자들이 의사를 필요로 합니다. 여러분들은 길을 가면서 성서 어딘가에 기록되어 있는 '제사가 아니라 공의公義가 나를 즐겁게 한다' 는 말이 무엇을 의미하는지 생각해 보십시오". (호세아 6장)

세례 요한의 제자들과 바리새인들이 많은 단식을 하는 데 반해 예수의 친구들은 단식하지 않는 것이 세례 요한의 몇몇 제자들의 눈에 띄었다. 그래서 그 이유를 예수에게 물었다. 예수는 그들에게 대답했다. "그들에게 실제로 슬퍼할 일이 일어날 것입니다. 여러분 선생이 여러분을 떠났던 것처럼 저들의 선생이 저들을 떠날 그날이 곧 올 것입니다. 그러면 그들은 금식할 것입니다. 왜 내가 그들에게 그렇게 엄격한 생활양식을 요구해야 합니까? 그런 엄격한 생활양식은 그들의 지금까지의 관습도 아니고, 외적인 일에 가치를 부여하지 않는 나의 원칙에도 맞지 않습니다. 그리고 또한 나는 다른 사람들에게 특정한 관습을 지키라고 말해서는 안 됩니다."

(요.5) 이제 다시 유월절이 되었기 때문에 예수 역시 예루살렘으로 갔다. 그곳에서 체류하는 동안 그는 안식일에 가난한 병든 자에게 사랑의 봉사

는 이야기의 인물과 동일한 것일 것이다. 여기서는 사람의 이름이 레위라고 되어 있을 뿐이다."
8) [옮긴이] 예수 당시 유대는 로마의 속국이었다. 세리는 로마의 대리인으로 유대인들에게 세금을 걷어 식민지 모국에 봉사할 뿐 아니라 민족으로부터 착복했기 때문에 유대인들이 가장 싫어하는 자들이었다.

를 하였는데, 그것이 유대인들을 자극하였다. 그들에게 그의 이 행위가 성
스러운 날을 더럽히는 것으로 보였으며, 신이 수여한 계율을 구속력이 없
는 것으로 만드는 불법을 행했다고 생각했다. 그리고 그들은 예수의 행위
에서 신만이 할 수 있는 권리를 자기 것으로 삼아, 자기의 권위를 신의 권
위와 동등하게 하는 위법을 범했다고 생각했다. 예수는 그들에게 대답했
다. '여러분이 교회의 규약과 실정적 계율을 인간에게 부여된 최고의 법으
로 여긴다면 여러분은 인간의 존엄을 오인한 것입니다. 그리고 또한 여러
분은 신 개념과 신의 의지의 인식을 산출할 수 있는 인간의 능력을 오인한
것입니다. 자기 안에 있는 이 능력을 존중하지 않는 사람은 신을 존중하지
않습니다. 신Gottheit은 인간이 자기의 자아라고 부를 수 있는 것이며, 무
덤과 부패를 너머 고양된 것이고, 원인과 결과의 당연함을 스스로 규정하
는 것, 즉 스스로를 정립할 수 있는 능력입니다. 그것은 이성으로 나타납니
다. 이성의 입법 행위는 어떤 것에도 의존하지 않습니다. 즉 이성은 지상이
나 하늘에 있는 어떤 다른 권위로부터도 판단의 다른 척도를 건네받지 않
습니다. 나는 내가 가르치는 것이 나만의 착상이라거나 나만의 소유물이
라고 생각하지 않습니다. 나는 어떤 사람이 나의 권위 때문에 나의 이 가르
침을 받아들여야 한다고 요구하지 않습니다. 왜냐하면 나는 명성을 추구
하지 않기 때문입니다. (나는 모두를 규정하고 있는 보편적 이성의 판단에 그
것을 종속시킵니다. 물론 사람들이 보편적 이성이 모두를 규정한다고 생각할 수
도 있고 그렇지 않을 수도 있는데, 나는 그렇게 생각한다는 것입니다.) 여러분
이 신의 소리를 청취하지도 않고, 여러분의 마음속에서 이 소리의 메아리
를 듣지도 않으며, 이 소리를 내는 것에 주의를 기울이지 않는데 어떻게 여
러분의 이성을 지식과 신앙의 최고의 규준으로 타당하게 할 수 있겠습니
까? 여러분은 신의 의지를 알려주는 지식 체계를 여러분만이 소유하고 있

다고 생각하며, 다른 모든 인간의 자식들 앞에서 가장 우월한 존재라는 자
존심을 가지고 있는데, 어떻게 그런 일이 가능하겠습니까? 여러분 스스로
모세에게, 그리고 언제나 모세에게만 의존하고, 여러분의 신앙을 어떤 개
별적인 인간의 낯선 권위에 근거짓고 있는데, 어떻게 그런 일이 가능하겠
습니까? 물론 여러분의 성서를 주의 깊게 읽으십시오. 하지만 여러분들은
그때 진리와 덕의 정신으로 읽어야 하며, 바로 이 진리와 덕 안에서 이 정
신의 증거를 발견할 것이며, 동시에 그 안에서 여러분 스스로 자신들이 얼
마나 잘못되었는지를 발견하게 될 것입니다. 즉 편협한 관점에 빠져 있는
여러분의 자만심이 여러분의 비생동적인 지식 체계와 그것에 대한 기계적
적용 이외의 어떤 고귀한 것을 바라보지 못하게 한다는 것을 여러분은 보
게 될 것입니다."

(마. 12. 1~8) (눅. 6. 1~5) 또한 몇몇 다른 행위들 때문에 바리새인들은 예수와
그의 제자들을 안식일 모독으로 비난하였다. 안식일에 그는 그의 친구들
과 밀밭 사이를 거닐었다. 그들은 배가 고팠고, 그래서 밀⁹⁾을 뜯어 그 알갱
이를 먹었다. (그날이 아니라면 그것은 허용되는 일이었다.) 이것을 본 바리새
인들은 그리스도에게 그의 제자들이 안식일에 허용되지 않는 것을 행했다
고 주지시켰다. 예수는 그들에게 대답하였다. "여러분은 다윗이 배고팠을
때 봉헌된 성전의 떡을 먹었으며, 그의 동료들에게도 나눠줬던 여러분 민
족의 역사를 기억하지 못하십니까? 혹은 성전의 제사장들이 안식일에 여
러 일들을 하는 것을 알지 못하십니까? 성전이 이 일들을 신성하다고 합니
까? 나는 여러분에게 인간이 성전보다 크며, 어떤 장소가 아니라 인간이 행
동을 성스럽게 하거나 성스럽지 않게 한다고 말하고자 합니다. 안식일이

---

9) 〈여백에 기록된 글〉 "혹은 동양의 콩 종류에 속하는 식물."

인간을 위해 제정된 것이지, 인간이 안식일을 위해 만들어진 것은 아닙니다. 인간은 안식일의 주인입니다. 만약에 여러분이 내가 전에 '신은 사랑을 원하지 제물을 원하지 않는다'는 것이 무엇을 의미하는지 설명했던 것을 기억한다면, 여러분은 죄 없는 자들을 그렇게 질책하지 않았을 것입니다."

(마. 12 9~12) 이런 식으로 바리새인들은 예수를 송사할 근거를 찾기 위해 또 질문했다. 다른 안식일에 한 회당에서 그들은 예수에게 '한 쪽 손이 상한 사람을 오늘 치료해도 되는지'에 대해 물었다. 예수는 대답했다. "여러분 중 누가 안식일에 우물에 빠져 있는 여러분의 양을 끄집어 내지 않겠습니까? 한데 인간이 양보다 훨씬 더 큰 가치를 가지고 있지 않습니까? 이렇듯 안식일에 선한 일을 행하는 것은 허용되어 있습니다!" 우리는 여러 예들을 통하 예수에 대한 바리새인들의 사악한 의지를 보았다. 그리고 그때부터 그들은 실제로 헤롯당과 결탁하여 예수를 가능한 한 제거하고자 하였다.

우리는 예수를 다시 갈릴리에서 마주한다. 그는 저 바리새인들의 음모를 피해 이곳에 은신하고 있었다. 그리고 그는 그를 따르는 그의 청중들에게 그의 체류지를 알리지 말도록 엄중히 경계했다.

(눅. 6. 12~13) 그의 많은 청중들 중에서 예수는 12명을 선별하였다. 그리고 그들을 유용한 사람으로 만들기 위해, 그리고 그의 가르침의 확신을 지원하게 하기 위해 그들에게 특별한 교육을 시켰다. 한 인간의 삶과 힘이 한 민족 전체를 도덕성으로 빚어내기에는 턱없이 부족하다는 것을 너무나 잘 알고 있었기 때문에, 예수는 자신의 정신을 순수하게 불어넣을 수 있는 몇 사람을 선택했던 것이다. 그 이름은 「마가복음」 3장에 기록되어 있다.

(눅. 7. 18f) 요한이 그의 제자들 중 몇 명을 예수에게 보내 예수의 목적이 무엇인지 물었을 때, 예수는 요한의 개심의 외침을 수용하지 못한 바리새인의 냉담함을 비난했다. 그는 말한다. "어떤 호기심에 여러분은 이끌립니

까? 개심하고자 하는 여러분의 욕망이 여러분을 광야로[10] 몰고 간 것은 아니었습니까? 아니면 사치를 일삼고 사치스런 옷을 입은 사람을 보러 간 것이었습니까? 그런 사람을 여러분들은 사막에서 볼 수 없고 왕궁에서나 볼 수 있을 것입니다. 아니면 예언자를 보러 갔습니까? 아니면 기적 행하는 자? 요한은 이런 사람들 이상입니다. 요한은 일반적인 세속인에게서는 입구를 발견했지만, 바리새인과 법에 충실한 율법사들의 마음을 흔들어 놓을 수는 없었습니다. 혹은 그들에게 선을 수용하게 할 수 없었습니다. 그렇다면 나는 이 사람을 무엇과 비교해야 합니까? 시장에서 놀면서 다른 사람들에게 '우리가 피리를 불어도 너희들은 춤을 추지 않고, 우리가 슬픈 노래를 불러도 울지 않는구나!'라고 소리 지르는 아이와 이 사람을 비교해도 되겠습니다. 요한은 빵도 먹지 않고 포도주도 마시지 않았습니다. 그래서 여러분은 나쁜 기운이 그를 덮쳤다고 말합니다. 나는 다른 사람들처럼 먹고 마십니다. 그래서 여러분은 '이 사람은 먹기를 탐하고 포도주를 즐기는 자이며 나쁜 사람들과 어울린다'고 말합니다. 하지만 지혜와 덕은 자신의 가치를 인정하는 숭배자를 발견할 것입니다."

형벌을 받을 만한 이런 설교에도 불구하고 시몬이라는 이름의 바리새인은 예수를 자기의 점심 식사에 초대하였다. 예수의 가르침에서 아마도 많은 감동을 받은 한 여인이 이를 알고 값비싼 향유가 담긴 항아리를 들고 그 방으로 들어와 예수에게 가까이 갔다. 덕스러운 삶을 주시할 수 있게 된 것과 그녀의 과거 죄 많은 삶의 감정이 복합적으로 작용하여 그녀는 눈물을 쏟았다. 그녀는 그의 발쪽으로 몸을 숙여, '예수가 자신의 과거를 후회하게 하였으며, 자신을 덕의 길로 이끄는 데 기여하였다'는 감정으로 그의

---

10) [옮긴이] 세례 요한의 활동 장소.

발에 입을 맞추었다. 그리고 그녀는 그 발들을 눈물로 씻고, 자기의 머리카락으로 그것을 말렸으며, 값비싼 향유를 발랐다. 예수는 후회와 감사로 가득 찬 그녀의 마음을 가벼워지게 하는 이러한 호의를 받아들였다. 미세한 규칙주의자인 바리새인들은 이러한 감정을 물리치지 않은 예수의 태도를 모욕하였다. 그들은 예수가 그런 나쁜 소문을 가진 여인과 그렇게 친절하게 만나는 것을 보고서 낯선 표정을 지었다. 예수는 이것을 알아차리고 시몬에게 말했다. "내가 당신에게 몇 가지를 말해야겠습니다." 시몬이 대답했다. "말씀하시지요." 예수는 이야기했다. "아주 큰 채권자에게 두 명의 채무자가 있었습니다. 그들 중 한 명은 그에게 500데나리온[11]을, 다른 한 명은 50데나리온을 빚지고 있었습니다. 그들이 그에게 빚을 지불할 능력이 없었기 때문에, 그는 그들의 빚을 면해 줬습니다. 둘 중 누가 그를 더 사랑하겠습니까?" "물론 아주 많은 것을 탕감 받은 자이겠지요"라고 시몬이 대답했다. "틀림없이 그렇겠지요"라고 예수가 말을 받고는 여자 쪽을 바라보며 계속하여 말했다. "여기 이 여인을 보십시오. 내가 당신 집에 들어왔을 때, 당신은 나에게 발 씻을 물도 주지 않았지만, 그녀는 눈물로 발을 적셔 그녀의 머리털로 그것을 말렸습니다. 당신은 나에게 입맞추지 않았지만, 그녀는 자신의 자존심도 버리고 나의 발에 입맞췄습니다. 당신이 나의 머리를 기름으로 바르지도 않았는데, 그녀는 심지어 값비싼 향유로 내 발을 발랐습니다. 그런 사랑과 감사를 할 수 있는 여인의 죄가 크다고 하더라도 그 죄는 면제됩니다. 그런 고귀한 감정에 냉담한 것은 덕의 순수성으로 회귀하지 않았음을 보이는 것입니다." 예수는 그 여인에게 계속하여 말했다. "스스로 선해질 수 있다는 자기 자신에 대한 신뢰를 이렇게 얻은 것, 그리

---

11) [옮긴이] 1 데나리온은 당시 일용직 노동자의 하루 품삯에 해당한다고 한다.

고 당신의 용기의 승리를 보는 것, 바로 이런 신적인 향유를 누리십시오. 잘 사십시오."

^(눅. 8) 예수는 계속하여 도시와 시골들을 돌아다니면서 도처에서 설교 하였다. 그의 동반자들은 12 사도였고, 몇몇 부유한 여인들도 자신들의 능력에 따라 이 공동체를 지원하면서 따라다녔다. 언젠가 한 큰 집회에서 그는 그들에게 다음과 같은 비유Parabel를 소개했다. (비유는 어떤 가르침을 구체적으로 서술하기 위해 꾸며낸 이야기이다. 이것은 동물을 주인공으로 하는 우화Fabel와 다르며, 신이나 우의적 존재를 주인공으로 하는 신화와도 다르다. 이 비유에서 인간은 행동하는 인격으로 다뤄진다.) "한 씨 뿌리는 자가 씨를 뿌리러 갔다. 그것들 중 일부는 길바닥에 떨어져 뭉개지고 새들에 의해 먹혔다. 다른 일부는 흙이 거의 없는 자갈밭에 떨어져서 곧 자라지만 더위 때문에 곧 다시 시들해졌다. 왜냐하면 그것들은 깊은 뿌리를 가지지 않았기 때문이다. 다른 씨앗들은 가시밭에 떨어져 곧 질식해 버렸다. 일부는 좋은 땅에 떨어져 30배, 60배 그리고 100배까지 결실을 맺었다." 그의 제자들이 그에게 "왜 당신은 민중에게 가르침을 비유로 감춰서 가르치느냐?"라고 질문받았을 때 그는 그들에게 다음과 같이 대답했다. "너희는 신의 나라라는 고귀한 이념을 위한 감각, 즉 신의 왕국에서의 시민권인 인륜성을 위한 감각을 가지고 있다. 하지만 나의 경험에 따르면 이것은 유대인들에게는 이미 소멸된 언어이며, 그래서 그들은 나에게서 어떤 것을 듣고자 한다. 하지만 그들의 뿌리 깊은 선입견 때문에 그들은 날것의 진리를 파고들어 그 심장에까지 도달하지 못한다. 보다 훌륭한 것을 자기 안에 받아들일 기회를 가진 사람은 내 가르침으로부터 어떤 유용성을 끌어낼 수 있을 것이다. 하지만 저 감각을 결하고 있는 사람에게는 스스로 도달하고자 하는 선에 대한 인식이 너무 협소하며, 그래서 이 인식은 그를 개선하는 데 아무 도움도 되

지 않을 것이다. 그들은 눈을 가지고 있지만 보지 못하며, 귀를 가지고 있지만 듣지 못한다. 그래서 나는 그들에게 비유를 통해서만 말한다. 나는 이제 그 비유를 너희에게 해명하고자 한다. 뿌려진 씨앗은 도덕법에 대한 인식이다. 이 인식을 얻을 기회를 가졌지만 그것을 확고하게 붙잡지 못하는 사람으로부터 유혹자는 뿌려진 씨앗을 품고 있는 그 마음에서 쉽게 그 약간의 선을 탈취해 버린다. 이것이 길 위에 떨어진 씨앗을 의미한다. 자갈밭에 떨어진 씨앗이란 기쁘게 받아들여졌지만, 깊이 뿌리박히지 않았기 때문에, 환경이 변해 궁핍과 불행이 정의를 위협할 경우 좌초해 버리는 사람을 의미한다. 가시밭에 떨어진 씨앗이란 덕에 대해 말한 것을 듣기는 하지만, 삶의 염려와 부의 기만적 유혹에 질식되어 열매 없이 머물러 있는 상태를 의미한다. 좋은 땅에 뿌려진 씨앗은 이해된 덕의 소리로서 30배, 60배 그리고 100배까지 열매를 맺는다.”

(마. 13 18~23) 그는 그들에게 또 다른 비유를 제시했다. “선善의 왕국은 소유주가 그 위에 좋은 씨앗으로 뿌려 놓은 밭과 비교된다. 사람들이 잠자고 있는 사이 적이 와서 밀 가운데 잡초를 심고 그곳에서 사라졌다. 씨앗이 싹을 틔우기 시작할 때 잡초 역시 그렇게 했다. 그때 ‘당신이 순수한 씨앗을 뿌렸는데 어떻게 이 많은 잡초들이 밭에 있을 수 있습니까’라고 노예가 주인에게 물었다. 주인은 ‘내 적이 그렇게 뿌려 놓았다’라고 대답했다. 노예는 ‘당신은 우리가 그것을 제거하기를 원하지 않습니까’라고 물었다. 더 현명한 주인은 ‘안 된다. 왜냐하면 잡초와 더불어 너희들이 밀 이삭도 베어 버릴 수도 있기 때문이다. 둘 다 추수 때까지 서로 자라게 둬라. 그 다음 나는 추수꾼들에게 명령해 잡초를 가려내서 내버리고 순수한 밀을 추수하게 할 것이다’라고 대응하였다.”

예수가 그의 제자들과만 있었을 때, 그리고 그들이 그에게 그것을 설명해 달라고 요청했을 때, 그는 그들에게 다음과 같이 말했다. "좋은 씨앗을 뿌리는 자들은 자기의 가르침과 예를 통해 인간에게 덕을 주의하게 하는 좋은 사람들이다. 밭은 세상이고, 좋은 씨는 보다 훌륭한 인간이며, 잡초는 악한들이다. 잡초를 뿌린 적은 유혹이자 유혹자이다. 추수의 시기는 영원이며, 선과 악에 대한 보답이다. 그 사이에는 덕과 악이 서로 밀접하게 연합되어 있어서 선을 상해하지 않고서 악을 도려낼 수는 없다."

또한 그는 선善의 왕국을 밭에 감춰진 보물과 비교하였다. "선의 왕국은 누군가가 한 밭에서 보물을 발견하고서는 다시 감춘 다음, 그가 가지고 있는 모든 것을 즐거움으로 팔아 그 땅을 사는 것과 같다. 또는 선의 왕국은 좋은 진주를 구하는 장사꾼과 같다. 그는 매우 값진 것을 발견하고서 그것을 소유하기 위해 모든 것을 팔 것이다. 또한 선의 왕국은 그물에 모든 종류의 고기를 다 잡아서 뭍에 나와, 좋은 것을 그릇에 넣고, 나쁜 것을 버리는 고기잡이와 같다. 이렇듯 위대한 추수의 시기에 선한 사람과 악한 사람이 서로 구별되어, 전자는 덕이 부여한 평안에서 얻어지는 보상을 받고, 후자는 후회와 자책 그리고 부끄러움의 보상을 얻을 것이다."

다른 관점에서 그는 선의 왕국을 겨자씨와 비교하였다. "이 씨는 아주 작지만 새들이 그곳에 둥지를 틀 수도 있을 만큼 큰 관목으로 자란다. 또한 선의 왕국은 밀가루 세 말에 아주 조그만 양이 넣어지기만 해도 전체를 부풀게 하는 누룩과 같다. 땅에 씨가 뿌려지면 그 다음 어떤 다른 수고가 필요 없듯이, 선의 왕국에서도 덕의 씨가 뿌려지면 사람들이 의식도 못하는 사이에 스스로 자라난다. 왜냐하면 땅은 본성상 씨가 싹이 되고, 줄기로 되며, 완벽한 이삭으로 피어나게 하는 추동력을 가지고 있기 때문이다."

^{(막. 4. 26) (눅. 8. 19)} 그 사이에 예수의 친척들이 그를 방문하려고 왔다. 그를 둘러싸고 있는 수많은 사람들 때문에 그들은 그에게 접근할 수 없었다. 사

람들이 이 사실을 예수에게 말했을 때, 예수는 "신의 목소리를 듣고 그것을 따르는 자만이 나의 형제요 친척이다"라고 대답했다.

(눅. 8. 22) (마. 14. 13) 요한이 살해되었다는 소식을 듣고 그는 디베랴 호수의 동쪽 기슭으로 갔다. 거라사 땅에서 그는 짧은 시간만 체류하고는 다시 갈릴리로 되돌아 왔다.

(눅. 9) 이때쯤 예수는 자기의 12 사도를 파견하여 유대인들의 편견, 즉 그들의 이름과 종족에 대한 자만심으로 가득한 그들의 편견에 대항하여 싸우게 했다. 그들의 눈에 위대한 장점인 이러한 자만심 대신 그는 인류가 인간에게 부여한 유일한 가치를 제시하게 했다. 예수는 그들에게 다음과 같이 말했다. "너희는 여행을 위해 큰 준비를 할 필요도 없고, 비용을 가져갈 필요도 없다. 너희의 소리를 듣는 곳에서 잠시 동안 체류하여라. 너희를 반기지 않는 사람에게 강요하지 말고 그 자리를 즉시 떠나 계속 너희 길을 가거라."

그들은 짧은 시간 동안만 밖에 머물렀다 다시 예수에게 되돌아 왔던 것 같다.

(막. 7) 언젠가 그는 예루살렘에서 온 바리새인들과 율법사들의 모임에 함께 있었다. 예수의 제자들이 깨끗하지 않은, 즉 씻지 않은 손으로 식탁에 앉아 있는 것이 이들의 눈에 띄었다. 왜냐하면 유대인들은 전통적으로 내려오는 규율에 따라 깨끗하게 씻기 전에 먹지 않았기 때문이다. 식사하기 전에 깨끗이 씻는 것 외에도 그들은 모든 식기와 그 외의 용기들, 의자와 벤치 등을 모두 물로 세척해야 했다. 바리새인들이 예수에게 물었다. "당신의 제자들은 왜 우리 조상들의 규율에 따라 살지 않고 더러운 손으로 식탁에 앉아 있습니까?" 예수는 이들에게 대답했다. "여러분들에게 아주 잘 적용되는 성서의 한 구절이 있습니다. 그 구절은 다음과 같습니다. '이 민족

은 나에게 입술로만 봉사할 뿐 그들의 마음은 나에게서 멀리 떠나 있다. 이들의 숭배에는 영혼이 없다. 왜냐하면 그 숭배는 자의적인 규정을 따르는 것에 불과하기 때문이다.' 여러분은 신적인 계율을 존중하는 것이 아니라 완전히 인간의 습속, 예를 들어 대야와 의자를 물로 깨끗하게 하는 것 등, 이와 유사한 것만을 존중합니다. 여러분은 바로 그런 일을 하는 데 존재할 뿐입니다. 교회의 규례를 신실하게 유지하기 위해 여러분은 '네 아비와 어미를 공경하라. 아비나 어미에 대해 사랑 없는 말을 하는 자는 죽을 것이다'와 같은 신적인 계율을 철폐해 버렸습니다. 여러분은 이 법을 이와는 다르게 변경하였습니다. 만약 누군가가 자기 아비나 어미에게 '제가 당신들에게 봉사해야 할 것, 당신들을 위해 할 수 있는 좋은 것을 저는 성전에 봉헌했어요'라고 화를 내면서 말한다면, 그가 신에게 기도하며 봉헌했기 때문에, 여러분은 그가 그 부모에게 더 이상 어떤 좋은 것을 할 필요가 없다고 설명합니다. 그리고 만약 그가 그의 아비나 어미에게 어떤 봉사를 할 경우, 이것이 그에게 죄로 여겨집니다. 이렇듯 여러분은 저 신적인 계율을 여러분의 법으로 대체하였습니다. 그리고 이와 유사한 방식으로 여러분은 많은 규율들을 그렇게 하였습니다." 예수는 그를 둘러싸고 있는 무리들을 보면서 말했다. "내 말을 들으시오. 내가 말하는 것을 이해하지요. 인간이 외부에서 자기 안으로 들이는 어떤 것도 그 자신을 더럽게 할 수 없습니다. 반대로 자기에게서 기원한, 자기 입에서 나오는 것을 통해 그의 영혼이 순수한지 그렇지 않은지를 알 수 있습니다." 그의 제자들은 바리새인들이 그의 이 연설에 화가 났다는 것을 예수에게 주지시켰다. "화내게 버려 둬라. 인간을 휘젓는 그런 식물들은 뽑혀 버려야 한다." 예수는 계속 말했다. "그들은 장님들이며, 이들이 길을 인도하고 있다. 나는 이 장님들이 민족의 길을 안내하는 것을 철폐하고자 한다. 그렇지 않을 경우 이 민족은 그토록 신뢰했던 그들과 함께 구덩이에 빠지고 말 것이다." 대중들이 흩어지고 예수가 집으로 돌아왔을 때, 그의 동료들은 그에게 그가 대중에게 순수한 것과 순수하지 못한 것에 대해 한 말이 무슨 의미인지 설명해 달라고 부탁했다. "어떻게 말해야 할까?" 예수는 그들의 질문에 대응했다. "너희도 이것을 이해할 만큼 아직 성숙하지 않았느냐? 그렇다면 너희는 인간의 입을 통해 들어간 것이 위와 장으로 퍼져 배설관을 통해 계속 진행되는 것을 이해하지 못하느냐? 하지만 입에서 나오는 것, 즉 말과 행동 일반은 인간의 심성에서 나온 것이며, 이것들은 순수할 수도 있고 순수하지 않을 수도 있으며, 성스러울 수도 있고 성스럽지 않을 수도 있다. 따라서 사악한 생각, 살인, 간통, 절도, 거짓 증거, 중상, 모략, 자만심, 교만, 탐식 그리고 인색함 등은 모두 영혼에서 나온 것들이다. 이런 악덕들이 인간을 불경하게 만들지, 인간이 식사 전에 손을 씻지 않은 것이 인간을 그렇게 하는 것은 아니다."

(요. 7) 유대의 초막절 축제를 맞이하여 예수의 친척들은 예수에게 함께 예루살렘으로 가서, 갈릴리의 도시와 마을에 있는 것보다 훨씬 큰 공연장에서 사람들에게 자기의 소리를 듣게 하고, 그를 세상에 알리라고 말한다. 하지만 예수는 그들에게 아직 자신에게 그렇게 할 적당한 때가 아니라고 대답한다. 그들은 언제든지 그저 갈 수 있다. 그리고 그들은, 그가 사람들에게 기움받는 것과는 달리, 사람들에게 미움을 받지 않는다. 왜냐하면 예수는 유대인들에게 그들의 풍습이 부패했고, 그들의 행위가 악하다고 증거하기 때문이다. 갈릴리의 친척들이 여행을 떠난 며칠 후 예수 역시 조용히 예루살렘으로 떠났다. 거기서는 이미 예수에 대한 소문이 퍼지고 있었다. 왜냐하면 사람들은 그를 한 명의 유대인으로 기대했기 때문이다. 민중들의, 특히 갈릴리인들의 예수에 대한 평가는 다양했다. 일부는 그를 공의로운 사람이라 생각했고, 다른 부류는 그를 미혹하는 자로 간주했다. 하지만

갈릴리인들은 유대인들을 두려워하여 예수에 대해 공개적으로 말하는 것을 삼갔다.

명절 중간에야 비로소 예수는 성전에 나타났고, 거기에서 가르쳤다. 유대인들은 이에 대해 경탄했는데, 왜냐하면 그들은 그가 전혀 배우지 않았다고 알고 있었기 때문이다. 예수는 그들에게 다음과 같이 대답했다. "나의 가르침은 다른 사람으로부터 고생스럽게 배워야 되는 인간의 고안물이 아닙니다. 선입견 없이 인류의 순수한 법을 따르기로 다짐한 사람은 나의 가르침이 내 자신의 고안물인지 아닌지 금방 알아차릴 수 있을 것입니다. 하지만 자신의 명성을 추구하는 사람은 인간의 사변과 계율에 높은 가치를 둡니다. 이에 반해 신의 영예를 진실로 추구하는 사람은 정직하게도 인간이 도덕법에 첨가한 것 나지 도덕법 대신 내세운 것을 비난할 것입니다. 나는 여러분이 나를 증오할 뿐 아니라 심지어 나를 죽이려 한다는 것을 알고 있습니다. 왜냐하면 내가 안식일에 사람 고치는 것을 허용되는 것으로 설명했기 때문입니다. 모세 역시 여러분에게 안식일에 할례를 허용했습니다. 하지만 나는 그를 얼마나 더 많이 건강하게 했습니까?" 그가 말하는 것을 들은 몇몇 예루살렘 사람들은, 자기들끼리 말하는 가운데, 예수를 죽이고자 한 최고 의회의 계획을 그들이 들었다는 것을 드러낸다. 그들은 그가 저렇게 공개적으로, 그리고 자유롭게 말하는 것을 듣고 놀랐다. 그런데 누구도 그를 붙잡는 자가 없었다. 유대인들이 고대하는 메시아는 그들의 예배의 광휘와 그들의 왕국의 독립을 재산출할 것이라고 모두 구체적으로 생각하고 있었기 때문에, 사람들은 예수가 그일 수 없다고 생각했다. 왜냐하면 그들은 그가 어디에서 온 자인지를 알았기 때문이다. 이에 반해 메시아는 예언에 의하면 홀연히 나타날 것이라고 한다. 이렇듯 그들의 습속을 개선하고 도덕성에 대립된 그들의 선입견을 철폐하고자 한 선생에 대해서는 거의 질문도 하지 않고, 오직 로마의 종속에서 그들을 해방시킨다는 메시아만을 원하는 유대인들의 선입견에 예수는 언제나 대항하였다. 유대인들은 예수에게서 그런 메시아적 성격을 발견하지 못했다. 최고 의회 의원의 종들은 그들에게 예수가 성전에 있다는 것을 알려줬다. 그 종들은 예수를 곧바로 잡아오지 않았다는 질책을 들었다. 그들은 용서를 구하고는 누구도 그렇게 말하는 것을 듣지 못했으며, 감히 그를 붙잡을 엄두가 나지 않았다고 말했다. 바리새인들이 그들에게 다음과 같이 말했다. "뭐라고? 그가 너희들도 미혹하였느냐? 의회의 의원이나 바리새인 중에 그를 믿는 자가 있는지 너희들은 보았느냐? 우리의 법을 알지 못하는 천민들만이 그에게 현혹되고 있다." 어느 날 밤 예수를 찾았던 니고데모가 그들에게, "법에 따르면 우리는 그에 대해 듣고 그의 행위를 정확하게 고찰하기 전에 누구에 대해서도 저주할 수 없습니다"라고 말했을 때 다른 사람들은 그도 갈릴리 사람의 추종자가 아니냐고 그를 질책했다. 그들은 갈릴리에서는 어떤 선지자도 나올 수 없다고 한다. 여기서 보이듯이 예수에 대한 어떤 형식적인 결론도 없이 의회는 다시 해산되고 말았다.

(요. 8) 예수는 감람산에서 밤을 지냈다. 아니면 아마도 이 산에서 걸어갈 수 있는 거리에 있는, 그가 이미 알고 있던 베다니에서 밤을 지새웠다. 그리고 그는 다시 시내로, 성전으로 돌아 왔다. 그가 거기에서 가르치고 있는 동안 몇몇 율법 선생과 바리새인이 간통 혐의로 끌려온 여인을 그에게 데리고 왔다. 그리고 그녀를 가운데로 끌고 와서 그녀에 대한 재판을 시작하고자 했다. 그들은 예수에게 모세의 법은 이런 여인을 돌로 쳐 죽이라고 한 경우에 해당한다고 말했다. 그리고 예수에게 그의 생각은 어떤지에 대해 물었다. 예수는 그들의 의도가 그를 덫에 걸리게 하려는 것임을 통찰하고, 어떤 것도 듣지 않고, 몸을 구부려 손가락으로 모래 바닥에 뭔가를 그렸

다. 그들이 그의 견해를 듣고자 재촉했을 때, 그는 일어서서 그들에게 "너희 중에 죄 없는 자가 먼저 그녀에게 돌을 던져라"라고 말했다. 그런 다음 그는 다시 처음에 그랬던 것처럼 모래 바닥에 손가락으로 그림을 그렸다. 예수의 저 대답에 성서학자들은 하나 둘 그 자리에서 빠져나가고, 예수와 그 여인만 남게 되었다. 예수는 이제 몸을 일으켰고, 그녀 외에 누구도 더 이상 없다는 것을 보았다. "당신의 고소인들은 어디에 갔습니까? 누구도 당신을 판단하지 않았습니까?"라고 예수는 물었다. "누구도 하지 않았습니다"라고 그녀가 대답했다. "나 역시 당신을 저주하지 않습니다. 잘 사십시오. 앞으로는 결코 다시 죄를 짓지 마십시오"라고 예수는 말했다.

(요. 8. 12~20). 예수가 또 언젠가 성전에서 공개적인 강좌를 하고 있을 때, 바리새인들이 그에게 와서 어떤 증거로 그의 가르침의 진리를 예수 그 자신과 다른 사람에게 보증할 수 있는지 물었다. 그들은 신의 장엄한 계시에 의해 정당화되었다고 하는 법과 체제를 소유하는 행운을 누리고 있는 자들이다. 예수는 그들에게 대답했다. (요. 8. 21~30) "여러분은 신이 인류를 세계로 보냈을 때, 법도, 신의 현존의 최종 목적에 대한 의식도, 그리고 어떻게 인류가 신의 마음에 들 수 있는지를 자기 안에서 찾을 가능성도 없이 인류를 자연에 위탁했다고 생각하십니까?[12] 지상의 모든 다른 민족은 배제한 채, 세계의 이 조그만 구석에 있는 여러분들만이 도덕법을 인식할 수 있다면 그 이유를 아무도 모를 것입니다──이는 참으로 행복한 일입니다. 그런데 이것이 여러분의 두뇌를 병적으로 협소하게 만듭니다. 나는 내 마음과 양심의 순수한 목소리만을 말합니다. 이 소리에 정직하게 청종聽從하는

---

12) 〈여백에 기록된 글〉 "괴테: 모두는 그(신─옮긴이)를 듣네. 삶의 샘물이 모두의 가슴에서 순수하게 흐르네."

자에게 진리의 빛이 반짝이며 나타날 것입니다. 나는 나의 제자들에게 이 소리를 들으라고 요청합니다. 이 내적인 법은 자유의 법입니다. 이 법은 자기 내면에서 스스로에게 부여한 법이며, 인간이 자발적으로 복종하는 법입니다.[13) 여러분은 노예입니다. 왜냐하면 여러분은 외부에서 여러분에게 주어진 법의 멍에를 지고 있으며, 따라서 관습적인 예배에서 벗어날 수 있는 힘인 자기 존중을 갖지 않기 때문입니다."

(눅. 9. 21) 예수가 예루살렘에서 받았던 냉대 때문에, 유대인들의, 특히 예수를 유대인들이 고대하는 메시아로 간주하는 사람들을 추방하고, 그들을 예배와 공공의 가르침에 참여하지 못하도록 결정했던 바리새인들의 예수에 대한 적대적인 분위기 때문에, 그는 앞으로 참고 견뎌야 할 폭력에 대한 예감을 갖게 되었다.[14) 그리고 그는 이런 생각을 그의 제자들에게도 알렸다. 이때 베드로가 말했다. "우리는 이를 원하지 않습니다. 하나님이 함께하십니다." 예수가 대답했다. "어떻게 너는 그것을 맞을 준비도 안 할 만큼, 또는 내가 그것을 맞을 준비를 했다고 믿지 못할 만큼 그렇게 약할 수가 있느냐? 너는 참으로 감각적으로만 생각하는구나! 그리고 경향의 요청과 삶에 대한 사랑을 극복하게 하는 의무에 대한 존경심을 부여하는 신적인 힘이 너에게는 아직 알려져 있지 않구나!" 그런 다음 그는 그의 다른 제자들을 보며 말했다. "덕을 좇고자 하는 사람은 자기를 부인해야 한다. 덕에 올바로 신실하게 머물고자 하는 자는 그 덕에 자기의 삶을 희생할 준비

---

13) 〈여백에 기록된 글〉 "그것은 영원하며, 그 안에 불멸의 감정이 놓여 있습니다. 인간에게 이것을 알리는 것이 나의 임무입니다. 이는 마치 신실한 목동이 양떼의 삶을 지켜 주는 것과 같습니다. 여러분들이 나의 삶을 취하고자 해도 그렇게 할 수 없습니다. 오히려 내 스스로 내 삶을 희생할 겁니다."

14) 〈여백에 기록된 글〉 "아마도 죽음을 (예감)"

가 되어 있어야 한다. 자기 삶을 사랑하는 자는 자기 영혼을 모욕할 것이다. 자기 삶을 경멸하는 자는 자기의 보다 훌륭한 자아에 신실하게 머물 것이고, 자연의 강제에서 그것을 구할 것이다. 전세계를 약탈한 사람에게, 자신을 추하게 평가절하하는 사람에게 어떤 가치가 남아 있겠는가? 무엇으로 상실된 덕에 대해 보상할 수 있을까? 억압받은 자는 언젠가 영광 속에서 빛날 것이고, 자신의 권리를 행사하는 이성은 모든 행위에 그에 맞는 보상을 할 것이다." 이것 외에도 예수는 예루살렘에서 여러 가지 일을 했다. 오랫동안 예루살렘에 머문 후(왜냐하면 그는 장막절에서 12월에 있는 성전 봉헌 축제 때까지 그곳에 머물렀기 때문이다), (요.10.22) 그는 그의 삶의 일상적인 무대였던 지역, 즉 갈릴리로 마지막으로 돌아왔다. (마.17.22) (막.9.30) 그곳에 체류하는 동안 그는 큰 대중을 가르치던 그 전과는 달리, 주로 자기 제자들의 도야에 헌신했던 것처럼 보인다.

(마.17.24~27) 가버나움에서 사람들이 예수에게 성전을 위한 연례세를 요구했다. 그가 베드로와 집에 돌아왔을 때, 그는 그에게 말했다. "너는 어떻게 생각하느냐? 이 땅의 왕은 세금을 그의 아들들에게 요구하느냐 아니면 다른 사람들에게 요구하느냐?" 베드로가 대답했다. "다른 사람에게입니다." 이에 예수가 대답했다. "그렇다면 아들들은 세를 면하겠구나. 신의 말씀의 정신 속에서 숭배하는 우리는 신을 예배하는 데 필요치도 않은 성전을 유지하기 위해 어떤 것도 기여할 필요가 없다. 왜냐하면 우리는 신에 대한 예배를 선한 삶의 양식으로의 변화를 통해서 하고자 하기 때문이다. 하지만 그들에게 화를 돋구지 않기 위해, 그리고 그들에게 그토록 성스러운 것을 우리가 경멸하지 않는다는 것을 보이기 위해 그들에게 우리 몫을 지불해라."

(눅.9.46~50) 예수의 제자들 중에서 서열에 대한 싸움이 있었다. 그 싸움

은 특히 언젠가는 도래할 것이라고 하는 신의 왕국에서의 서열 문제에 대한 싸움이었다. 그들은 이 싸움에서 감각적인 이념을 여전히 신의 왕국에 연결하는 모습을 보였으며, 지상 왕국이라는 유대적인 의미에서 아직 완전히 자유롭지 못함을 보였고, 신의 왕국의 이념을 이성과 그 법만이 지배하는 선의 왕국으로 아직 순수하게 생각하지 못하고 있음을 드러냈다. 예수는 참담한 심정으로 이 싸움의 소식을 들었다. 그래서 한 아이를 불러 놓고, 그들에게 말했다. "너희들이 변하지 않을 경우, 즉 이 아이처럼 죄 없는 상태로, 단순함에로 그리고 겸손함에로 되돌아오지 않는다면, 너희들은 진실로 신의 왕국의 시민이 되지 못할 것이다. 타자에 대해, 그리고 그런 아이에 대해 적대감을 느끼는 사람, 그리고 그들을 마음대로 끌어내거나 그들을 아무렇게나 취급해도 된다고 믿는 사람은 값어치 없는 자이다. 무죄의 성스러움을 모욕하고, 그 순수성에 상처를 내는 자에게는 맷돌을 그 목에 걸어 바다에 빠뜨려 버리는 것이 오히려 나을 것이다. 그런데 세계에서 순수한 심정이 입는 상처가 결코 없어지지는 않겠지만, 그런 화를 준 사람에게는 고통이 있을 것이다. 적어도 마음의 순수함을 가진 그 누구도 경멸하지 않는 것이 가장 우아하고 가장 고귀한 인간성의 꽃이며, 신의 가장 순수한 초상이다. 신만이 최고의 지위를 부여한다. 이러한 순수함은 너희가 사랑하는 모든 경향성, 즉 허영이나 욕심에서 오는 흥분 상태, 거짓 수치에서 오는 흥분 상태, 이윤과 이익을 위한 고려 등을 모두 포기하고서라도 추구할 만한 가치가 있는 것이다. 만약 너희가 바로 이 순수함을 추구한다면, 만약 너희가 모든 인간의 본래 규정이자 가능성인 인간의 존엄의 가치를 안다면, 그리고 마침내 너희가 나무껍질이 모든 나무에서 다 성장할 수 있는 것이 아니며, 궁핍한 상황에서 너희에게 저항하지 않고, 다른 습속과 행동양식을 갖는 문제에 대해 아무 상관하지 않는 사람이 바로 너희와 같은 사람이라고 생각하기에 이른다면, 그렇다면 어떤 허영이나 타자에 대한 거만함도 너희를 덮치지 못할 것이다. 하지만 너희가 진실로 잃어버렸다고 믿는 곳에서도 수고를 아끼지 않아야 하는 것은 인간을 덕의 길로 인도하는 일을 경멸하는 대신 그것을 촉진하는 것이다. 너희는 어떻게 생각하느냐? 백 마리의 양 중 한 마리를 잃어버린 목동은 이 잃어버린 양을 찾기 위해 산을 헤매지 않겠느냐? 만약 그가 그 한 마리를 찾는 행운을 갖게 되면 그 찾은 한 마리에 대한 기쁨은 잃어버리지 않은 아흔아홉 마리에 대한 기쁨보다 더 클 것이다.

하지만 만약 한 사람이 너에게 잘못을 하거든, 우선 그와 너 사이에 화해를 시도해라. 그에게 해명하게 하고 그에게 너를 이해시켜라. 그가 네 말을 들으려 왔는데, 네가 네 자신을 그에게 이해시키지 못할 경우, 이것은 네 잘못이다. 그가 네 말을 듣지 않을 경우 한두 사람을 대동해서 그와 오해를 풀도록 해라. 이것이 성공을 거두지 않을 경우 너희의 싸움을 다수의 심판관의 판결에 맡겨라. 그가 너희에게 화해의 손을 내밀지 않고, 네가 할 수 있는 모든 것을 다했다면 그를 멀리하고 그와 더 이상 아무것도 하지 말라. 모욕과 불의를 사람들이 서로 용서하고 다시 화합을 이루면, 이것들이 하늘에서도 역시 용서받을 것이다. 만약 너희가 사랑과 화해의 정신에 살고 있으면, 이는 내가 너희에게 살게 하고 싶었던 정신이 너희 가운데 있다는 증거이다."

(마. 18. 23~35) 이에 대해 베드로가 예수에게 물었다. "나를 모독한 자, 혹은 나에게 불의를 행한 자를 얼마나 자주 용서해야 합니까, 일곱 번까지입니까?" 이에 예수가 대답했다. "너는 그것이 자주라고 생각하느냐? 나는 너에게 일흔 번씩 일곱 번까지도 용서하라고 말하겠다. 너희에게 한 가지 이야기를 들려주겠다. 한 제후가 자기 시종들과 결산하고자 했다. 한 종에

게 그는 1만 달란트의 채무가 있음을 알았다. 그러나 그 종은 그만한 돈을 가지고 있지 않았기 때문에 재산이라고 불릴 수 있는 모든 것, 심지어 아내와 자식까지도 노예로 팔아 그 제후에게 지불해야 할 처지가 되었다. 그 종은 그 앞에 엎드려 모든 것을 갚을 테니 참고 시간을 연장해 달라고 간청했다. 주인은 그의 처지에 연민을 느껴 그의 모든 채무를 탕감해 주었다. 이 시종이 주인으로부터 되돌아오는 길에 그에게 1백 데나리온 (이 금액은 위의 저 금액에 비해 1백만 분의 1도 되지 않는다) 빚을 지고 있는 같은 동료 시종을 만났는데, 그는 그에게 다가가서 빚을 갚으라고 윽박질렀다. 무릎을 꿇고 기다려 달라는 요구를 듣지도 않은 채 그가 전체를 지불할 때까지 그를 감옥에 가두어 버렸다. 이 사건을 함께 지켜 본 다른 시종들은 이러한 취급에 극히 서글퍼져 제후에게 이 사실을 알렸다. 이 제후는 그 완고한 사람을 자기에게 오게 하고는 그에게 말했다. '마음이 악한 자여! 내가 너의 청을 들어 너의 큰 채무를 탕감했다. 내가 너에게 동정을 가졌던 것처럼 너는 다른 사람에게 따뜻하게 대할 수는 없었느냐?' 그리고 그는 명령했다. '그를 데려가서 그가 모든 것을 지불할 때까지 감옥에 가둬라.' 이 이야기에서 너희들은 화해란 심정이 순화되었다는 징표임을 보게 된다. 이 순화된 심정은, 그 행위가 다소 불완전하더라도, 성스러운 신에 의해서 완전하게 타당한 것으로 받아들여지며, 너희들의 이전의 삶의 양식이 쌓아 놓은, 정의의 입장에서는 없어질 수 없는 형벌로부터 너희들이 자유로울 수 있는 유일한 조건이다. 이때 조건이란 심정의 변화를 통해 다른 사람으로 될 수 있는 조건을 말한다."

(눅.9.51) 예수는 이제 다시 예루살렘으로 돌아가기로 결심했다. 그것도 사마리아를 가로질러 가기로 하였다. 그는 그의 공동체 안의 몇 사람을 먼저 보내, 한 마을에 가서 필요한 것을 준비하게 했다. 하지만 사마리아 사람

들은 그들이 유월절을 기념하기 위해 예루살렘으로 여행하는 것임을 알았기 때문에 그 일행에게 손님 접대를 하고자 하지 않았으며, 또는 그들이 그곳을 지나서 여행하는 것을 돕고자 하지 않았다. 예수의 몇몇 동료들은 예수에게 하늘에 빌어 이 마을을 번개로 치게 하자는 의견을 개진했다. 하지만 예수는 그것을 원하지 않았다. "이것이 너희들의 영혼을 지배하는 정신, 즉 복수의 정신이 아니냐? 자연의 힘들이 계율의 형태로 이 정신에 마주해 있을 경우 이 정신은 그 자연의 힘을 불쾌하게도 파괴와 만나도록 유도한다. 선의 왕국을 파괴하는 것이 아니라 건설하는 것이 너희들의 목표이다!" 그런 다음 그들은 계속 갔다.

(눅. 9. 57) 길을 가는 도중 한 율법 선생이 예수의 항구적인 동반자가 되기를 간청했다. 예수는 그에게 말했다. "하지만 여우들도 굴이 있고 새들도 자기 처소가 있는데, 나는 내 머리를 기댈 내 집이라고 일컬을 만한 어떤 것도 가지고 있지 않습니다."

(눅. 10) 예수는 예루살렘을 향한 다른 긴 길을 택했다. 그는 두 명씩 짝을 지어 미리 보내 사람들에게 자기의 도착을 알리게 했다. 왜냐하면 그를 따르는 자가 무수히 많았기 때문이다. 그는 그들에게 여행 중 지켜야 할 행동 규칙을 제시했다. 즉 그들을 받아들이고자 하지 않은 곳에서 강제로 호의를 요구하지 말고 계속 갈 것이며, 어디에서나 주목을 끌어 사람들에게 선을 행하도록 격려하라고 그는 말했다. "여기 해야 할 일은 많은데, 일하는 자는 아주 적구나."

(눅. 10. 18) (마. 11. 20~30) 그의 제자들이 돌아와 좋은 일들이 일어났다는 소식을 그에게 가져왔다. 이때 예수는 말했다. "하늘과 땅의 아버지여, 당신에게 감사와 찬양을 올립니다. 모두에게 적용되는 의무를 인식하는 것은 학식과 지식을 소유하는 문제가 아니기 때문이며, 부패하지 않은 마음만

이 선과 악의 차이를 느낄 수 있기 때문입니다. 아! 이성이 제시한 의무 외에 가련한 인류를 괴롭히는 수많은 짐들을 인간이 고안하지 않았다면, 인간은 그런 상태로 여전히 머물러 있었을 텐데! 그런데 그 안에서는 덕의 상실 외에 어떤 위안도 발견할 수 없는 이 고안물들은 자존심의 원천이 아니던가!"

이 여행에서 예수는 예수의 근본 원리가 무엇인지 알아보고 검토하기 위해 말을 걸어 온 한 율법 선생을 만났다. "선생이여, 내가 행복하기 위해 무엇을 해야 합니까?" "법에는 당신에게 무엇을 하라고 되어 있습니까?" 라고 예수가 되물었다. 그는 대답하기를, "너의 전체 영혼의 근원적인 상으로서의 신과 네 이웃을 내 자신처럼 사랑하라'고 하였습니다." "당신은 잘 대답하였습니다. 이것을 따르십시오. 그러면 당신은 지고의 행복을 얻을 가치가 있습니다"라고 예수는 대답했다. 율법 선생은 이 단순한 대답이 자신의 심오한 정신을 만족시키지 못한다는 것을 보이고자 했다. "우리에게 사랑하라고 명령한 이웃을 우리는 누구라고 이해해야 하는지 설명이 필요합니다." "내가 당신에게 한 이야기를 함으로써 이를 해명하고자 합니다. 한 사람이 예루살렘에서 여리고로 여행하고 있었습니다.[15] 강도들이 그를 덮쳐 옷을 벗기고 많은 상처를 입혔으며, 거의 죽게 버려두었습니다. 이 사건 직후 한 제사장이 이 길을 가다 이 부상당한 사람을 보았습니다. 하지만 그는 자기 길을 계속 갔습니다. 이와 같이 한 레위인이 이 길을 가다가 동정도 없이 지나쳐 갔습니다. 하지만 지나가던 한 사마리아인이 그를 보자마자 연민을 느껴, 그에게 다가가 그의 상처를 싸매고, 기름과 포도주를 상처에 발라 주었습니다. 그리고 그를 자기의 나귀에 태워다가 그

---

15) 〈여백에 기록된 글〉 "광야를 가로지르는 불안한 길"

를 보살필 수 있는 여관으로 데려 갔습니다. 그리고 그는 그 환자에게 필요한 비용을 부담하기 위해 주인에게 돈을 주면서 그 환자를 맡겼습니다. 그리고 비용이 이 돈을 초과하더라도 아끼지 말고 지출하라고 하였습니다. 돌아오는 길에 보충해 주겠다고 하면서 말입니다. 그럼 이 세 사람 중 누가 저 불행한 자의 이웃으로 드러났습니까? 누가 그를 자기의 이웃으로 여겼습니까?" 율법 선생이 대답했다. "그에게 동정을 베푼 자입니다." "당신도 당신의 도움과 동정을 필요로 하는 모든 사람을 당신의 이웃으로 여기십시오. 그가 어떤 민족에 속하건, 어떤 신앙을 가지고 있건, 어떤 인종이건 간에 상관하지 말고"라고 예수는 대답했다.

(눅. 11. 16) (마. 16. 1) 바리새인들은 그들의 법적인 행동을 인류와 어울리지 않는 것으로 폄하하는 예수의 가르침에 적응할 수 없었으며, 그래서 여러 번 예수에게 그들의 법을 평가하는 그의 강연이 확실한 것이라는 보증으로, 그들의 여호와가 그것을 승인했다는 웅장한 알림 의식으로 어떤 특이한 대기 현상을 보이라고 요구했다. 예수는 그들에게 대답했다. "저녁에 여러분들은 하늘에 아름다운 석양이 있는 것을 보고서 내일 날씨가 좋겠다고 말합니다. 하지만 아침 하늘이 아주 흐리고 붉으면 여러분들은 비가 오겠다고 예언합니다. 이렇듯 여러분들은 하늘을 보고서 날씨를 예보합니다. 그런데 여러분들은 현시대의 징표를 분별하지는 못합니까? 인간 안에서 보다 고귀한 욕구, 즉 이성이 깨어나는 것을 지각하지 못합니까? 이 이성은 지금 여러분의 자의적인 가르침과 법령에 인간의 최종 목적인 덕을 종속시킨 것, 그리고 여러분의 신앙과 계명이 민족 구성원들에게 유지되게 하기 위해 여러분이 하고 있는 강압 등, 이런 것들의 철폐를 요구할 것입니다. 여러분과 인류에게 최선을 다하는 것이 무엇인지를 여러분에게 가르칠 수 있는 선생들 외에 다른 어떤 징표도 여러분에게 주어지지 않았습니다."

(눅.11.37) (마.23) 한 바리새인이 예수를 자기의 점심 식사에 초대했다. 그런데 그는 예수가 앉기 전에 손을 씻지 않는 것을 보고서 놀랐다. 예수는 그들에게 말했다. "여러분은 그릇과 식탁의 겉은 잘도 씻는데, 그렇다고 그것들의 내면도 깨끗해집니까? 자기 외면을 잘 정돈하는 사람이 자기 내면도 올바로 유지한다고 할 수 있습니까? 영혼이 정화된 곳에서는 이미 외면도 정화되어 있습니다. 여러분은 밭에서 자라는 식물인 마요라나와 운향과 의미 없는 채소들의 십일조는 드리면서, 여러분이 온전해지기 위해 드리는 이런 형편없는 고지식함보다 뛰어난 고귀한 의무가 있다는 것을 잊지 않았습니까? 그것을 준수하는 것이 덕의 본질을 이루며,[16] 그 다음에야 사람들은 다른 것을 해야 합니다. 여러분에게 가치 있는 것들은 외적인 것만 고려된 것이 아닙니까? 여러분은 회당에서 가장 높은 자리에, 식사 때는 상석에 앉으며, 거리에서는 사람들에게 인사 받기를 좋아할 뿐입니다. 여러분은 수많은 무거운 계율로 민중을 괴롭게 하면서, 여러분 자신은 그 짐 밖에 머둘러 있습니다. 여러분은 스스로 진리의 성전으로 들어가는 열쇠를 지키는 자라고 참칭하지만, 불필요한 계율들을 만듦으로써 여러분도, 다른 사람도 그 성소로 들어가는 입구를 막아 버렸습니다." 예수가 바리새인과 율법 선성들에게 ── 그런데 이들의 손에 그 나라의 운영권이 맡겨져 있었다 ── 그렇게 강한 표현으로 가르쳤던 그런 지침들 때문에, 그리고 그들의 성스러운 관습에 대한 그런 비난 때문에, 그들은 점점 더 예수에 대해 씁쓸해하기 시작했다. 그래서 그들은 마침내 그를 송사하기에 이르렀다.

(눅.12) 그는 큰 무리 앞에서 바리새인의 정신에 전염될 수 있는 위험에 대해 훨씬 더 긴박하게 이야기했다. 그는 다음과 같이 말했다. "전체의 외

---

15) 〈여백에 기록된 글〉 "정의, 동정 그리고 신실함."

면은 변화시키지 않으면서 브지불식간에 전체의 맛을 완전히 변화시키는 바리새인들의 누룩을 조심하십시오. 위선을 조심하라는 말입니다. 이런 위선이 전능자의 눈까지 속이지는 못할 것입니다. 사람들이 마음을 숨기려고 한다 하더라도, 전능자의 눈앞에서는 마음의 상태가 활짝 열려 있습니다. 모든 것을 아는 그분은 인간을 그 행위에 따라, 즉 종종 그 본질을 기만적으로 숨기고 있는 외적인 현상에 따라 판단할 필요가 없습니다. 반대로 그분은 의지의 내적인 선함에 따라서 인간을 판단합니다. 내 친구들이여! 내가 여러분에게 말하고자 하는 것은 몸뚱이만을 죽일 수 있을 뿐, 자신의 힘을 그 이상으로는 행사할 수 없는 인간을 두려워 말고, 행복의 상실로 여겨진다 하더라도 이성과 신을 두려워하라는 것입니다. 인간을 두려워한 나머지 진리와 덕의 원리를 행위에 적용하지 못하면서 말로만 그것을 고백하는 것은 경멸적인 위선입니다. 나와 다른 덕의 교사에 대해 나쁘게 말하는 것은 용서받을 수 있는 사태이지만, 덕의 성스러운 정신 그 자체를 방해하는 자는 극악무도한 자입니다. 사람들이 여러분을 선에 대하여 자유롭게 고백했다는 이유로 법정이나 회당에 세워 그것을 방어해야 할 처지에 놓인다 하더라도, 여러분은 어린아이처럼 불안해하지 마십시오. 덕의 정신에 흠뻑 취한 여러분에게 용기와 해야 할 말이 결여되는 일은 없을 것입니다."

군중 가운데서 한 사람이 예수에게 나아와, 예수의 명망 때문에 자기보다 더 많은 것을 할 것이라는 희망으로, 자기 형을 움직여 자기와 유산을 나누게 해달라고 예수에게 간청했다. 하지만 예수는 그에게 대답했다. "누가 나를 여러분 사이의 재판관으로, 나누는 자로 세웠습니까?" 그리고 다른 사람들을 향해 계속 말했다. "끝없이 부유해지려는 소유욕에 굴복하지 마십시오. 그렇게 되면 인간은 자기 본분을 다하지 못할 것입니다. 나는 이것을 여러분에게 예를 들어 설명함으로써 더 분명히 하고자 합니다. 한 부자가-자기 농장에서 아주 많은 수확을 하게 되어 그 많은 양을 어떻게 처리할까-고민에 빠졌습니다. 그는 그것을 보관하기 위해 자기의 창고를 더 크게 만들게 했으며, 그런 다음 생각했습니다. '이것이 완성되면 너는 모든 것을 아주 세심하게 준비했으니 여러 해 동안 풍족하게 살 수 있겠다. 이제 쉬고, 먹고, 마시며, 평안히 거하자'라고. 그런데 그는 죽음의 목소리를 들었습니다. '얼간이! 오늘밤 너의 영혼이 청구될 것이다. 누구를 위해 너는 이것들을 모았더냐?' 이렇듯 천박한 목적을 위해 보물을 쌓아 둘 뿐 그 목적이 영원한 데 있는 부와 본분에 대해서는 생각하지 않는 실패자의 일이다 그렇습니다. 부를 위한 염려가 여러분의 영혼을 충족시키지 못합니다. 여러분의 정신은 의무를 위해서만, 여러분의 일은 선의 왕국을 위해서만 봉헌되었습니다. 이렇듯 여러분은 성인成人들로서 삶과 죽음을 준비하십시으. 그렇지 않으면 삶에 대한 사랑이 놀랍게도 죽음으로 하여금 여러분에게 대항하도록 무장하게 할 것입니다. 그리고 죽음에 대한 공포는 여러분데게서 삶을 훔쳐 갈 것입니다. 보물을 모으고 즐겁게 사는 것보다 더 고귀한 목적에 헌신하는 일을 뒤로 미루지 마십시오. 그리고 그 일이 급한 일이 아니라고 생각하지 마십시오. 여러분이 선한 일을 하지 않는 데 소비한 모든 시간은 여러분의 본분을 상실하는 시간들입니다. 혹은 여러분이 급하게 죽음으로 나아가는 시간들입니다. 여러분은 자기 주인이 집을 비운 사이 그 집안일을 위임받은 한 집사에 비유됩니다. 이 관리인은 자기 주인이 오랫동안 밖에 머무를 것이라고 생각하고는 하인들을 마음대로 취급하고, 실컷 먹고 마시기 시작했습니다. 하지만 그가 거의 기대하지도 않았던 시간에 주인은 그를 놀라게 할 것이며, 그에게 합당한 대가를 지불할 것입니다. 주인의 의지를 알면서도 그것을 따르지 않은 노예가, 비록 여전히 벌

받을 일을 했지만 주인의 의지를 알지 못했던 자보다 훨씬 더 강한 벌을 받는 것처럼, 많은 것을 위임받은 사람, 선을 많이 행할 수 있는 능력과 기회를 가진 사람에게 훨씬 많은 것이 청구될 것입니다. 여러분들은 내가 여러분을 조용히 삶을 향유하도록 초대했다고 생각하십니까? 내가 스스로 기대하고 요구한 나의 운명이 걱정 없고 행복한 미래였다고 생각하십니까? 아닙니다. 고난이 나의 운명일 것입니다. 그리고 그것은 여러분의 것이기도 합니다. 내 가르침의 결과는 불일치이며 투쟁일 것입니다. 악덕과 덕 사이의 이런 투쟁, 어떤 권위에 의해 인간의 머리와 가슴에 뿌리내린 전래된 견해와 믿음의 습관을 무조건 따르는 것과 자기 권리를 되찾은 이성의 생동적인 활동에 귀의하는 것 사이의 이러한 투쟁, 바로 이러한 투쟁이 가족과 친구를 갈라놓을 것입니다. 이 투쟁은 인간의 보다 고귀한 부분을 영예롭게 할 것입니다. 하지만 단약에 이성의 자유에 족쇄를 채웠다는 이유로, 인류의 근원을 더럽혔다는 이유로 과거의 것을 전복한 자들이 다시금 문자에 대한 명령된 믿음을 강제한다면, 즉 스스로 법을 창조하고, 그것을 자유롭게 믿으며, 스스로 그 법에 복종할 수 있는 권리를 이성으로부터 빼앗아 버린다면, 이는 결코 영적이지 않을 것입니다. 그리고 그들이 이 명령된 믿음을 칼과 외적인 힘으로 무장시킨다면, 아! 아버지가 아들과, 형제가 형제와, 어머니가 딸들과 서로 투쟁할 것이며, 인류를 인류에 대한 배신자로 만들 것입니다.

^(눅. 13) 이때 사람들이 전달된 소식을 예수에게 이야기했다. 유대의 로마 총독인 빌라도는, 어떤 이유에서인지는 알려져 있지 않으나, 몇몇 갈릴리 사람들을 희생물로 처형했다고 한다. 이러한 일에 대한 예수의 제자들의 사유 양식은 이미 잘 알려져 있다. ^(요. 9) 그들은 언젠가 나면서부터 봉사인 사람을 마주친 적이 있는데, 그들은 이 봉사나 그의 부모가 굉장한 범죄

자였어야 한다고 성급한 결론을 내렸었다. 예수는 여기서 그들에게 다음과 같은 기억을 상기시킬 필요가 있다고 생각했다. "너희들은 이 갈릴리 사람들이 이런 운명을 당했다고 이 민족에서 가장 사악한 사람들이라고 생각하느냐? 혹은 실로암의 망대가 무너져 죽은 8명 혹은 10명의 희생자가 예루살렘에 거주하는 자들 중에서 가장 부패했다고 생각하느냐? 그렇지 않다. 너희가 그 일에서 보아야 할 것은 그런 불행 당한 사람들에 대해 무자비한 판단을 내리는 것이 아니라, 이 사건을 통해 감짝 놀라 자기만족 속에 처해 있었던 그 고요에서 벗어나, 마음으로 이것을 파악하는 것, 그리고 여러분도 이 일을 당해야 하는 자가 아닌지 스스로 질문해 보는 것이다. 다음 이야기를 들어보아라. 포도밭을 소유하고 있는 한 사람이 그 밭에 무화과나무를 심었다. 열매를 수확하러 올 때마다 그는 열매가 하나도 없다는 것을 발견했다. 그래서 그는 농장지기에게 말했다. '이미 3년씩이나 나는 이 나무에 무익하게 왔구나. 그것을 베어 버려라. 그 나무가 차지하고 있는 땅이 더 유용하게 쓰일 수 있도록.' 그 농장지기는 다음과 같이 대답했다. '그대로 둡시다. 제가 그 나무 주변 땅을 파고 거름을 주겠습니다. 그러면 아다도 열매가 맺히지 않겠습니까? 그래도 열매가 맺히지 않을 경우 제가 그것을 베겠습니다.' 받아야 할 운명이 종종 그렇게 길게 연기되어, 범죄자에게는 올바로 될 시간이 주어지며, 아무런 염려도 없는 자에게는 보다 고귀한 목적을 알 수 있는 시간이 주어진다. 그가 부지불식간에 이 기간을 놓치면 운명은 그를 몰아붙여, 그에게 형벌의 보복을 받게 한다."

그 사이 예수는 계속하여 예루살렘으로 향하고 있었다. 그는 사람들을 가르치기 좋은 곳에서는 어디서나 여기 저기 체류하였다. 이 여행 중에 그는 영혼의 순수성에 도달한 자가 아주 적은 수에 불과한지에 대해 질문 받았다. 예수는 이 질문에 대답했다. "각자는 좋은 생활 태도를 갖기 위해 혼자서 싸워 갑니다. 하지만 그것을 추구하는 많은 사람들이 이에 도달하지 못합니다. 한 집주인이 일단 자기 집 문을 닫아 버렸는데, 여러분이 문을 두들기며 열어 달라고 소리친다고 하더라도, 그는 여러분에게 '나는 너희를 알지 못한다'라고 대답할 것입니다. 이때 여러분이 그와 함께 먹고 마셨으며, 그의 말을 들은 자였다그 말한다고 하더라도, 그는 동일한 대답을 반복할 것입니다. 즉 '너희들은 나와 먹고 마셨으며, 내가 가르칠 때 나의 말을 듣는 자였다. 하지만 너희들은 악덕스런 자들이 되었고, 그래서 나는 너희들을 나의 동료로 알지 못한다. 여기서 떠나라'라고 말할 것입니다. 아침과 저녁에, 오후와 밤중에 제우스나 브라마, 혹은 보단 신Wodan[17]을 숭배하는 많은 사람들이 세계의 심판자 앞에서 은총을 입을 것입니다. 그리고 그들은 그들의 신 인식에 대한 자랑이 보다 훌륭한 인식인 그들의 삶에 비해 얼마나 부끄러운 것인지를 알게 될 것이며, 자기가 우수한 자라고 상상했던 많은 사람들이 비난을 받을 것입니다."

몇몇 바리새인들은, 선한 의도로 그랬는지 어떤 다른 의도로 그랬는지는 알려져 있지 않으나, 예수에게 헤롯의 지배 영역을 떠나라고 경고했다. 왜냐하면 헤롯 왕이 그를 죽이려 하기 때문이란다. 예수는 자기의 일들이 헤롯에게 염려를 끼칠 수 있는 그런 유의 것이 아니라고 대답했으며, 그 외에 예루살렘이 그에게 그런 죽음의 운명을 가져다 줄 장소가 아니라면 이는 전통적인 규칙에도 어긋나는 일일 것이라고 대답했다. 왜냐하면 예루살렘은 완고한 선입견과 이 선입견을 유지하기 위해 인륜과 지혜의 모든 규칙을 파괴해 버린 사기로부터 유대 민중을 치유하고자 했던 수많은 선

---

17) [옮긴이] 고대 게르만족의 신으로 오딘(Odin) 신으로 불리기도 했다. 수요일을 나타내는 영어 Wednesday는 보단의 날이라는 의미이다.

생들의 죽음의 처형 장소였기 때문이다.

(눅. 14) 예수는 또 다시 한 바리새인의 집에서 식사를 했다. 여기서 그는 몇몇 사람들이 그들의 서열을 표시한다고 믿는 상석에 앉으려고 염려하는 모습을 보았다. 그래서 그는 상석에 자리를 잡는 것은 가끔씩 아주 당혹스런 상태에 빠질 수 있다고 주의했다. 왜냐하면 만약 더 높은 자가 올 경우 그 자는 창피하게 자기 자리를 내 주고 낮은 자리로 내려가 앉아야 하기 때문이다. 반대로 말석에 앉아 있다 주인이 높은 자리로 불러 올려 간 사람은 이를 통해 보다 큰 영예를 얻게 된다고 말했다. "자기 자신을 높이려는 자는 낮아질 것이고, 반대로 자신을 낮추는 자는 높아질 것이다." 그리고 예수는 초대한 주인에게, 친척이나 가족 혹은 부유한 이웃을 식사에 초대할 경우 그들은 초대에 대한 답례로 또 다시 그를 초대하여 그들의 우정을 증거하는 자들인데, 이러한 종류의 초대 외에 보다 고귀한 초대, 즉 가난하거나 병든, 혹은 다른 불행한 사람을 식사에 초대하는 것도 있다고 말한다. 그들은 감사와 위로 받은 고뇌의 감정을 솔직하게 표현하는 것 외에는, 그리고 당신에게 그러한 행위를 하게 한 의식, 불행한 자의 상처에 기름을 붇게 한 의식, 곤궁한 자에게 자선을 하게 한 의식 외에는 다른 어떤 것으로도 당신데게 되돌려 줄 것이 없는 자들이다. 손님 중에 이 부류에 속하며 신의 왕국의 시민인 한 사람이 그에게 복이 있기를 소리쳤다. (마. 22장 참조) 예수는 신의 왕국의 개념을 자기 아들의 결혼식에 수많은 사람들과 함께 축하하고 싶어 많은 손님을 초대한 한 왕의 이야기로 들려줬다. 잔칫날 왕은 초대받은 손님들에게 자기 종들을 보내 그들을 기다리고 있는 식사에 오라고 청했다. 어떤 사람은 갈 수 없는 것에 대해 용서를 구했다. 왜냐하면 그가 땅을 샀는데, 그것을 엄밀히 검토해야 하기 때문이라고 한다. 두번째 사람은 새로 산 다섯 쌍의 소를 살펴봐야 하기 때문에 올 수 없다고 한다. 세

번째 사람은 이제 막 장가를 가서 갈 수 없다고 용서를 구했다. 다른 사람들은 심지어 이 종을 경멸적으로 다루기까지 했다. 그래서 결국 초대받은 손님들 중 아무도 나타나지 않았다. 왕은 이에 기분이 상해서 종들에게, 비용이 이미 지출됐기 때문에 시내 골목과 거리로 가서 가난한 자, 맹인, 절름발이 혹은 그 외에 허약한 자들을 초대해 오라고 명령했다. 종들은 그 일을 했다. 그런데도 자리가 남았기 때문에 주인은 종들을 다시 보내, 시골길과 울타리 주변에서 그들이 발견한 모든 사람들을 데려다 그 집을 가득 채우라고 말했다. "신의 왕국도 이와 같습니다. 많은 사람들은 작은 목적을 그들의 보다 고귀한 본분보다 귀중하게 여깁니다. 많은 사람들은 자연에 의해 혹은 행운에 의해 큰 영향력을 행사할 수 있는 위치로 올려졌음에도 불구하고 많은 선한 일을 할 수 있는 기회를 무책임하게도 내버립니다. 그리고 정의는 종종 비천한 오두막으로 추방되거나 제약된 능력으로 처리될 뿐입니다. 희생할 수 있음은 선의 왕국의 시민의 최고의 특성입니다. 아들 혹은 형제로서의, 남편으로서의 그리고 아버지로서의 관계를 덕보다 더 고귀한 것으로 여기는 사람은, 혹은 자기의 행복이나 자기의 삶을 덕보다 더 고귀한 것으로 여기는 사람은 스스로 완전한 자가 되기에도 적합하지 않고, 다른 사람들을 그렇게 인도하는 데도 적합하지 않습니다. 특히 다른 사람을 위해 일하고자 하는 사람은 자기가 끝까지 일을 수행할 수 있는지를 사전에 검토해야 합니다. 마치 집을 짓기 시작한 사람이 전체 비용을 사전에 계산하지 않아 중간에 부득이 공사를 중단하게 될 경우 사람들의 비웃음을 사게 되듯이 말입니다. 또는 이것은 한 왕이 자신에게 전쟁으로 위협해 오는 다른 왕과 전쟁을 하기 전에 자기의 힘이 어느 정도인지를 사전에 검토해 보는 것과 같습니다. 만약 그의 힘이 상대방보다 약하다고 판단되면 그 왕은 그와의 화평을 추구합니다. 이렇듯 인간을 개선하는 데 헌신하고자- 하는 자는 이 싸움에서 자신에게 매력적이었던 모든 것을 무시할 수 있는 능력이 있는지를 검토합니다."

(눅. 15) 여기서도 역시 바리새인들은 예수의 청중들 중에 세리와 나쁜 사람들이 있는 것을 보고, 그리고 예수가 그들을 배척하지 않는 것을 보고 불쾌해 했다. 이것에 대해 예수는 말했다. "양 한 마리가 한 목동의 양떼에서 일탈하여 길을 잃어버렸는데, 그 양을 다시 발견한다면 목동은 기뻐하지 않겠습니까? 혹은 한 여인이 동전 하나를 잃어 버렸다면 노심초사 그것을 찾으려 하지 않습니까? 그리고 만약 그녀가 그것을 찾으면, 그녀는 잃어버리지 않은 다른 것에서보다 다시 찾은 그 하나에서 더 큰 기쁨을 누리지 않습니까? 이렇듯 선한 사람은 덕을 잃어버린 자가 되돌아 온 모습에 기뻐하지 않겠습니까? 나는 여러분에게 한 이야기를 들려주겠습니다. 한 남자에게 두 아들이 있었습니다. 상속분을 미리 달라는 동생의 간청에 아버지는 자기 아들들에게 나눠줬습니다. 작은 아들은 며칠 후 짐을 싸서, 방해받지 않고 자기 취향을 즐길 수 있기 위해 외딴 곳으로 갔습니다. 그리고 그곳에서 자기 재산을 탕진했습니다. 그는 이미 궁핍한 상태에 빠졌으며, 큰 흉년으로 이 궁핍이 증가되어 아주 심각한 상황이 되었을 때, 그는 마침내 한 사람 밑으로 들어갔습니다. 그 사람은 그를 들판으로 보내 돼지들을 돌보게 했습니다. 그리고 그는 그 돼지들과 도토리 열매를 나눠 먹어야 했습니다. 그의 비극적 운명 때문에 그는 다시 자기 아버지의 집을 상기하게 됐습니다. 그는 다음과 같이 생각했습니다. '내 아버지 집의 인부들은 이 보다 얼마나 더 좋은 조건에 있던가? 그들에게는 빵이 없어 내가 여기서 당하고 있는 배고픔을 겪지는 않지 않던가? 나는 내 아버지 집으로 돌아가 아버지에게 고백해야겠다. '아, 아버지! 저는 하늘과 당신께 죄를 지었습니다. 저는 당신의 자식이라 불릴 자격이 없습니다. 저를 당신의 인부 중 하

나로 여겨 주십시오'라고. 그는 이 생각대로 했습니다. 그의 아버지는 그가 멀리서부터 오는 것을 보고, 그에게로 달려가 그의 목을 껴안고, 그에게 입 맞췄습니다. 후회로 가득 찬 그 불행한 자는 말했습니다. '아버지! 제 실수로 당신의 아들이라 불릴 가치도 없게 되었습니다.' 하지만 아버지는 그의 종들에게 가장 좋은 옷을 가져오고, 신을 그에게 주라고 명령했습니다. 그리고 말했습니다. '살진 송아지를 잡고, 우리 모두 포식해 보자. 나에게는 죽어 없어졌던 아들이 다시 살아 왔기 때문이다. 그를 잃어버렸지만 이제 다시 찾았다.' 이때 큰 아들이 들에서 돌아왔습니다. 그가 집에 가까이 왔을 때 커다란 즐거움의 소리를 듣고는 무슨 일인지를 물었습니다. 한 종이 그 일을 고했을 때 그는 불쾌하게 되었고, 그래서 집으로 들어가려 하지 않았습니다. 아버지가 밖으로 나와서 그에게 권고하였으나, 그 아들은 그 말을 들으려 하지 않았습니다. '내가 당신에게 있는 동안 당신을 위해 일했고, 당신의 뜻을 따랐습니다. 그런데 당신은 지금까지 나의 친구들과 기쁨을 나눌 수 있는 아무것도 해주지 않았습니다. 자기 재산을 방탕한 여자들과 허비한 저 아들이 오자 당신은 축제를 베풀고 있습니다.' 아버지가 말했습니다. '내 아들아! 너는 항상 내 곁에 있었고, 너에게 부족한 것은 하나도 없다. 나의 모든 것이 네 것이다. 잃어버린 네 형제가 다시 돌아왔으니, 우리가 포기했던 네 형제가 다시 살아 왔으니 이 얼마나 좋은 일이냐. 너도 기뻐해야 한다'라고."

(눅. 16) 어떤 이유에서인지는 우리에게 알려져 있지 않으나, 예수는 그의 친구들에게 다음과 같은 이야기를 들려 줬다. "부유한 한 사람에게 한 관리인이 있었다. 이 사람은 자신에게 위탁된 재산을 허비하는 자라고 주인에게 보고 되었다. 주인은 그를 불러오게 하고는 그에게 말했다. '내가 너에 대해 듣는 말이 무엇이냐? 네게 위탁된 장부를 나에게 내놓아라. 네가

네 직무를 더 이상 유지할 수 없기 때문이다.' 이 사람은 이제 무엇을 해야 할 것인지를 생각했다. 직업을 잃은 후, 일용직에 종사하기에는 그에게 힘이 없고, 구걸하자니 부끄럽겠다는 생각을 했다. 마침내 그에게 그 궁지에서 나올 수 있는 한 생각이 떠올랐는데, 즉 그가 자기 직위를 잃으면 주인의 채무자들이 자기를 영접할 수 있도록, 그들을 자기 친구로 삼아야겠다고 생각했다. 그는 그들을 차례로 불러, 100톤의 기름을 빚진 자에게는 50톤의 빚만 지고 있다고 다른 회계 장부에 기록하게 했다. 또 100말터[18]의 밀을 빚진 다른 사람에게는 80말터로 감해 주었다. 이렇게 그는 다른 사람들에게도 계속했다. 주인이 이 소식을 나중에 듣고는, 그 불성실한 관리인이 적어도 아주 영리하긴 하다고 인정해야 했다. 선한 사람들은 대개 바로 이 점에서 악한 사람들보다 뛰어나지 못한데, 왜냐하면 저 관리인의 영특함은 양심에 가책도 없이 진실성에 상처를 입히기 때문이다. 나는 이 이야기로부터 너희들에게 한 교훈을 주고자 하는데, 즉 너희가 가진 약간의 돈을 사용할 때, 너희는 사람들을 친구로, 특히 불행한 사람들을 친구로 만드는 데 너희의 영특함을 사용하라는 것이다. 물론 이때 저 관리인이 하듯 정의를 포기하면서까지 그렇게 해서는 안 된다. 왜냐하면 조그만 일에 불성실한 자는 큰일에서 더욱 불성실할 것이기 때문이다. 너희들이 돈과 관련된 일에서 진실할 수 없다면, 어떻게 인간의 보다 고귀한 관심을 수용하겠느냐? 만약 너희가 낯선 것으로 취급되어야 하는 어떤 것에 붙들려서, 그것을 너무 사랑한 나머지 덕을 질식시켜 버린다면, 어떤 더 큰 일이 너희에게서 기대될 수 있겠느냐? 이윤을 내는 일과 덕에 종사하는 일을 생의 최고의 목적으로 설정하는 것은 서로 화합될 수 없는 두 가지 일이다."

---

18) [옮긴이] Malter. 곡물의 부피 단위로 곡물에 따라 100~700리터에 해당함.

이 말을 함게 들었던, 그리고 돈을 무척 사랑했던 몇몇 바리새인들은 예수가 부유함의 가치를 평가절하하는 것에 대해 비웃었다. 예수는 그들을 향해 말했다. "여러분은 사람의 눈에 보이려고 성스러움을 가장하고 나타납니다. 하지만 신은 여러분의 마음을 아십니다. 감각적으로는 위대하고 주의할 가치가 있는 것으로 평가되는 것이 신 앞에서는 아무것도 아닌 것으로 사라져 버립니다."

"옛날에 자색 옷[19]과 비단 옷을 입었으며, 매일 향연을 열어 포식하는 한 부자가 있었다. 그의 문 앞에는 나사로라는 이름을 가진 한 불쌍한 사람이 병든 몸을 이끌고 앉아 있었다. 그의 몸은 궤양으로 가득했고, 개가 그 상처를 핥아 통증을 가볍게 하는 것 외에 누구도 그 상처를 돌봐 주지 않았다. 그는 종종 자기의 배고픔을 그 부유한 자의 상에서 떨어지는 빵 부스러기로 진정시켰다. 이 불쌍한 사람은 죽고, 이제 낙원에 거했다. 곧이어 부자도 죽었고, 화려하게 땅에 묻혔다. 그런데 저 가난한 자의 운명은 이제 이 부자의 운명과 달랐다. 그가 눈을 들어 아브라함의 품에 있는 나사로를 보았을 때, 그는 크게 소리쳤다. '아버지 아브라함이여, 나를 가엽게 여기시어 나사로를 내게 보내, 열병 환자가 물 한 방울로 원기 회복하듯이, 그가 물 한 방울만 내게 찍어 주어 내 고통을 누그러뜨리게 하소서.' 아브라함이 대답했다. '내 아들아, 너는 너의 좋은 것을 저 세상의 삶에서 즐겼고, 나사로는 반대로 불행했다는 것을 기억해라. 나사로는 이제 위로를 받고, 너는 고통을 당하느니라.' '아버지여, 그러면 내가 당신에게 부탁하오니, 그를 내 조상의 집으로 보내소서. 내가 아직 다섯 형제를 가지고 있는데, 그가 그들에게 나의 운명을 전하게 하소서. 그리고 그들에게 경고하여 동일한 벌을

---

19) [옮긴이] 자색은 황제나 교황, 혹은 왕과 같은 지도자들이 입는 옷의 색.

받지 않게 하소서. 그들은 스스로 이성의 법을 가지고 있으며, 그들이 청종해야 할 훌륭한 사람들의 가르침을 가지고 있습니다. 하지만 이것만으로 그들에게 충분하지 않습니다'라고 그 불행한 사람은 말했다. 그리고 계속 말했다. '하지만 한 죽은 사람이 무덤에서 그들에게 나타나면 그들이 바뀔 것입니다.' 아브라함은 그에게 대답했다. '인간에게 자기의 이성의 법이 주어져 있고, 하늘로부터나 무덤으로부터도 인간에게 다른 가르침이 주어지지 않는다. 왜냐하면 그런 다른 가르침이란 자유로운 복종을 요구할 뿐 두려움으로 강요된 노예적인 복종을 요구하지 않는 저 이성의 법의 정신과 모순되기 때문이다.'"

(눅.17.5) 또한 앞과 동일하게 어떤 이유에서 이런 대화가 나왔는지 알려져 있지 않으나, 예수의 친구들은 예수에게 그들의 용기와 단호함을 강화시켜 달라고 부탁했다. 예수는 그들에게 대답했다. "너희에게 부여된 의무를 행하고 인간의 본분의 위대한 목표를 행하는 자만이 이에 도달할 수 있다. 너희들은 너희 일을 끝냈다고 믿지 말 것이며, 이제 즐길 권리가 있다고 생각하지 말라. 한 노예가 밭에서 돌아왔을 때, 주인이 그에게 '이제 가서 네게 좋은 것을 해라'라고 말하지 않고, '이제 내 식사를 준비하고, 나를 접대한 후에 너는 먹을 수 있다'라고 말한다. 그리고 종이 이 일을 행했을 때 주인이 그에게 감사의 빚을 졌다고 생각하지 않는다. 이렇듯 너희도 역시 너희가 해야 할 것을 행했을 때, '우리가 어떤 특별한 것을 했다. 일할 시간은 지나갔고, 이제 즐길 시간이 와야 한다'라고 생각하지 말고, '우리는 우리가 할 일 외에 아무것도 하지 않았다'라고 생각해야 한다."

신의 왕국을 감각적으로 표상할 수 없었던 바리새인들은 언젠가 또 한 번 이 왕국 이념에 대해 자주 이야기하는 예수에게 '언제 신의 왕국이 옵니까?'라고 물었다. 예수는 그들에게 대답했다. "신의 왕국은 화려함이나 외적인 모습으로 드러나지 않습니다. '보아라, 신의 왕국이 여기 혹은 저기 있다'라고 사람들은 말할 수 없습니다. 왜냐하면 신의 왕국은 우리 안에 있기 때문입니다." 그리고 여기에서 그는 그의 제자들을 향해 말했다. "너희는 종종 신의 왕국이 땅 위에 세워지기를 기대할 것이다. 사람들이 종종 너희에게 '덕의 법 아래 모인 사람들의 행복한 형제 공동체가 여기 혹은 저기에 있다'라고 말할 것이다. 그런 유혹에 넘어가지 말아라. 신의 왕국은 사람들에 의해 만들어진 찬란하고 외적인 통일체 속에 있지 않다. 신의 왕국은 예를 들어 국가라는 외적인 형식에서, 사회 속에서, 혹은 교회의 공개적인 법 아래에서 보이는 것이 아니다. (고요하고 찬란하게 빛나는 신의 왕국의 상태에 도달하기 이전에 신의 왕국의 참다운 시민, 즉 덕스러운 사람은 유대인들처럼 저 외적인 공동체의 일원임을 자랑하는 자들에 의해서 대개 고통을 당할 것이다.) 하나의 신앙을 고백하고 동시에 한 교회에 속해 있는 두 사람 중 한 사람은 덕스러운 사람일 수 있고, 다른 사람은 저주받은 자일 수 있다. 그러므로 외적인 형식에 묶이지 말 것이며, 외적인 형식을 정확하게 고찰함으로써 자기 의무를 완수했다고 자신하여 나태한 평안 속으로 떨어지지 말아라. 이때 삶과 삶을 즐기는 것에 탐닉하는 자 역시 자기 행위의 결과를 얻게 될 텐데, 왜냐하면 의무를 위해 삶과 삶의 향유를 포기할 수 없는 사람은 바로 그 사실에 의해 스스로 삶을 향유할 가치가 없는 자로 되기 때문이다."[눅.18] "또한 너희들은 의연함에서 떠나서는 안 된다. 투쟁을 통해 좋은 것을 성취하고자 하는 너희의 희망이 상당 기간 성취되지 않을 경우 너희는 피곤하게 되고, 일반적인 부패의 경향에 역겨워져서 결국 시류에 몸을 싣게 될 것이다. 이는 마치 종종 피고인이 재판관의 공정한 처리에 의해 다뤄지는 것이 아니라, 피고인이 끊임없이 재판관을 찾아와 부탁함으로써 재판관의 마음이 풀어져 버리는 것과 같다. 이렇듯 너희도 의연함을 잃지 않을 경우 많은 좋은 것을 성취할 것이다." 그런 다음 예수는 계속 말했다. "만약 너희가 의무의 위대한 목표를 온 마음으로 간직할 경우 너희의 노력은, 이 목표가 무한하듯 무한할 것이며, 결코 희미하게 되지 않을 것이다. 그리고 너희는 너희 삶 속에서 열매가 익는 것을 볼 수도 있을 것이다."

자기를 완전하다고 생각하며, 이런 자만 때문에 다른 사람들을 경멸하는 바리새인과 관련하여 예수는 다음과 같은 이야기를 했다. "두 사람이 성전에 기도하러 갔다. 그중 한 사람은 바리새인이었고, 다른 한 사람은 세리였다. 바리새인의 기도는 다음과 같았다. '당신에게 감사하나이다, 신이시여! 저는 여타 사람들, 즉 강도, 불법을 행하는 자, 가정 파괴자, 또는 이 세리 중 하나 같은 자가 아닌 것에 감사하나이다. 저는 일주일에 두 번 금식을 하며, 규칙적으로 예배를 위해 성전을 찾고, 양심적으로 저의 수입의 십분의 일을 성전을 위해 바치나이다.' 세리는 이 성스러운 사람과 멀리 떨어져 서서, 자기 눈을 하늘로 향하지도 못한 채, 자기 가슴을 치며 탄식했다. '아, 신이시여! 이 죄인을 용서하소서!' 나는 너희에게 말한다. 이 사람이 저 바리새인보다 더 참된 양심의 평안을 가지고 집으로 돌아갔다고."

(눅. 18. 18f) 상류 계층의 한 젊은이가 예수에게 다가왔다. "선한 선생이여, 덕스러운 자가 되려면, 이 생의 삶 이후에 신 앞에 다가가는 지고의 행복을 얻으려면 내가 무엇을 하여야 합니까?" 라고 그는 예수에게 물었다. 예수는 그에게 대답했다. "왜 당신은 나를 선하다고 합니까? 신 외에 완전히 선한 자가 없습니다. 그건 그렇고, 당신은 당신들의 풍습의 선생들의 계율을 잘 알고 있습니다. 당신은 간음해서는 안 되고, 살인해서도 안 되고, 거짓 증인이어서도 안 됩니다. 그리고 당신의 부모를 공경해야 합니다." 이때 그 젊은이는 말했다. "나는 어려서부터 이 계율들을 모두 지켰습니다." 그러자 예수가 말했다. "당신이 더 많은 것을 할 수 있다고 느낀다면 당신

의 재산을 가난한 사람들을 지원하고 인류을 촉진하는 데 사용하시오. 그런 다음 나의 제자가 되시오." 그 젊은이는 근심하며 이 말은 들었다. 왜냐하면 그는 매우 부자였기 때문이다. 예수는 이를 알아차리고는 그의 제자들에게 말했다. "부에 대한 사랑이 인간을 얼마나 강하게 묶어 둘 수 있느냐? 그자에게 부가 얼마나 방해되는 것이냐? 덕은 희생을 요구하며, 부에 대한 사랑은 언제나 새로운 습득을 요구한다. 전자는 자신을 한계 짓는 것이고, 후자는 자신을 확장하고, 자신의 것이라고 부르는 것을 계속 확대하는 것이다." 예수의 친구들이 그에게 물었다 "하지만 인간 본성의 이러한 욕망을 어떻게 덕스러운 것으로 변화시킬 수 있겠습니까?" 이에 대해 예수는 대답했다. "신은 한편의 사람에게 의무를 제정하는 자신의 고유한 입법권을 양도하여 타자에 대한 우세를 얻게 하였을 뿐 아니라, 이 후자에게도 이것을 할 수 있는 힘을 첨부했는데, 이러한 사실을 통해 이러한 욕망의 모순은 지양된다." 그의 친구들 중 하나인 베드로가 이에 대해 질문했다. "당신은 우리가 당신에게 교육받고, 인류을 위해서만 봉사하기 위해 모든 것에서 떠났다는 것을 알고 있습니다." 이에 예수가 말했다. "의무에만 살겠다는 의식의 획득은 너희들이 포기한 것에 대한 이 생에서의 풍족한 대체이며, 영원한 것이다."

(눅. 18. 31) (마. 20. 17) 예수는 이제 12명으로 이뤄진 그의 선택된 친구들을 동반하여 예루살렘 근처에 당도했다. 그리고 희미한 예감으로 그가 예루살렘에서 어떻게 받아들여지고 취급받을 것인지에 대해 그의 친구들에게 말했다. 그런데 이 예감은 그의 제자들이 예루살렘에 도착하여 체류하면서 얻게 될 것이라고 기대했던 것과는 완전히 거리가 먼 것이었다. 심지어 예수와 매일 대화를 나누고 그로부터 가르침을 받은 그들조차도 그들의 유대적인 두뇌 때문에, '예수가 곧 왕으로 공개적으로 드러날 것이며, 유대

국가의 영광과 로마로부터의 독립을 성취할 것이며, 그의 친구이자 제자인 그들 자신을 지금까지 그들이 가지고 있지 않던 권력과 영예로 보상할 것'이라는 열렬한 희망을 가지고 있었다. 이 희망을 그들은 아직 버리지 못하고 있었으며, 인간들 사이에 덕의 법이 지배하는 신의 왕국의 정신적 의미를 자기의 것으로 체화하지 못하고 있었다. 이런 상황에서 요한과 야곱 형제의 어머니가 그들과 함께 예수에게 나아와 그의 발에 엎드려 예수에게 뭔가를 부탁하고자 했다. 왜냐하면 그녀는 그들의 희망이 거의 성취되었다고 생각했기 때문이다. 그리고 그녀가 원하는 것이 무엇인지 말하라는 예수의 질문에 다음과 같이 부탁했다. "당신이 당신의 나라를 세우면 제 아들들을 당신 다음의 위치에 앉히소서." 이에 대해 예수는 대답했다. "너희는 너희가 원하는 것이 무엇인지 모르고 있구나! 너희가 스스로 짊어진 의무, 즉 인간을 개선하기 위해서 살고, 나를 기다리고 있는 나의 운명을 나눠 가질 준비가 되어 있느냐?" 그들은 이것이 명예로운 것일 것이라는 희망으로 대답했다. "예, 저희는 준비되었습니다." 이때 예수는 말했다. "너희의 의무를 행하고, 너희 운명에 조용히 복종하라. 그러나 너희가 나에게 부탁한 소망이 성취될 것이라고 기대하지 말아라. 너희의 심정의 순수함만이 ─이것은 신 앞에서 의미 있는 것이지 내 앞에서 의미 있는 것은 아니다 ─ 너희가 신 앞에서 가지고 있는 가치를 규정할 수 있다."

예수의 다른 친구들은 이 두 형제의 부탁에 매우 씁쓸해졌다. 예수는 그들에게 말했다. "너희는 지배욕이 인간에게 매우 매혹적이며 매우 일반적인 열정임을 알고 있다. 이 욕구는 삶의 큰 집단에서뿐 아니라 작은 집단에서도 드러난다. 너희 집단에서는 그것이 없어야 할 것이다. 너희는 서로 호의를 베풀고, 서로 봉사하는 데서 영예를 찾아라. 나의 삶의 목적이 다른 사람에게 명령하는 데 있지 않고, 인류에게 봉사하고, 그들을 위해 내 삶을 희생하는 데 있는 것처럼 말이다." 그와의 우정 때문에 임박한 그의 권력의 시기에 그 권력에 찬란하게 참여하게 될 것이라는 동료들의 이러한 기대와 관련하여 예수는 인간의 가치의 차이를 다음의 우화로 가르쳤다. "한 왕이 언젠가 한 먼 나라의 정부를 접수하기 위해 길을 떠났다. 그가 군주로 있던 자기 나라를 떠나기 전에 그는 그의 시종들에게 10파운드씩 맡겨 이윤을 내게 했다. 시민들이 사자를 보내 그를 그들의 제후로 인정하지 않는다고 설명했음에도 불구하고 그는 왕위를 받고서 돌아왔다. 그리고 그의 시종들에게 맡겼던 돈에 대해 정산하라고 요구했다. 첫번째 사람은 "당신이 저에게 맡긴 돈에 10파운드를 더 벌었습니다"라고 대답했다. "잘 하였다"라고 왕은 대답했다. 그리고 계속 말했다. "네가 작은 것으로 살림을 잘 꾸렸다. 그래서 나는 너를 더 크게 사용하고자 한다. 나는 너에게 10개의 도시를 다스리게 한다." 다른 한 사람은 5파운드를 더 벌었다. 그 왕은 그에게 5개의 도시를 다스리게 했다. 또 다른 한 사람은 말했다. "저는 당신의 돈을 잃어버리지 않고 다시 가지고 왔습니다. 저는 그것을 조심스럽게 잘 보관했습니다. 당신은 엄격한 주인이며, 두지 않은 곳에서 취하고 심지 않은 곳에서 수확하고자 하기 때문에, 저는 그것을 어떤 것에 투자하는 것이 두려웠습니다." 이에 왕이 대답했다. "너의 변명이 너 자신을 판단하고 있다. 만약 나는 엄한 사람이고, 나는 뿌리지 않은 곳에서 수확하고자 한다는 것을 네가 알았다면, 왜 너는 너의 돈을 돈 비는 자들에게 맡기지 않았느냐? 그렇게 했다면 네 돈을 이자와 함께 받을 수도 있었을 것이다. 너는 너의 돈을 잃을 것이고, 그것은 10파운드를 번 사람에게 속할 것이다." 다른 시종들이 이것을 빼앗았고, 10파운드를 번 사람이 이것 역시 가졌다고 한다. 그런데 왕은 그들에게 말했다. "자기에게 위임된 것을 훌륭하게 수행한 사람에게는 더 많은 것으로 덧붙여질 것이다. 하지만 자기에게 위임된 것에 대해 나쁘게, 혹은 전혀 수행하지 않은 자는 바로 그 사실을 통해 그에게 부여된 것을 행할 가치가 없는 자이다. 이제 나에게 복종하지 않은 자들을 내 앞으로 데려와라. 내가 그들은 벌하겠다.” 이 왕처럼 신은 인간의 가치를 인간 내면에 양도되어 있는 힘들을 신실하게 사용하는지에 따라, 그리고 이 힘들을 지탱하고 있는 도덕법에 순종하는지에 따라 평가한다.”

(예수는 예루살렘에서 여섯 시간 떨어져 있는 여리고에 머물고 있다.) 여기서도 역시 바리새인들은 예수가 한 세리의 집에 들어가는 것을 비난했다. 삭개오라는 세리는 군중들 때문에 예수에게 접근할 수 없었으며, 그는 아주 작은 사람이었기 때문에 예수를 보기 위해 한 나무 위로 올라갔다. 그리고 그는 예수가 자기 집에서 쉬겠다고 하는 영예를 받자 놀라워했다. 그는 예수가 자기의 지금까지의 직책으로 보아 자기에게 어떤 개념을 요구할 것이라는 것을 생각할 수 있었기 때문에, 그리고 이제 자기가 손해를 보지 않으면 안 된다고 느꼈기 때문에 그는 예수에게 지금까지의 사유 양식을 개선하겠다고 고백했다. 그리고 “내가 습득한 재산 중 절반을 가난한 사람들에게 줄 것이며, 나의 속임으로 더 많은 것을 세금으로 낸 사람에게 네 배르 되갚겠다”고 말했다. 예수는 그가 공의의 길로 되돌아 온 것에 대해 즐거워했고, 지상에서의 자기의 일은 인간을 이 길로 이끄는 것이라고 말했다.

(요. 11. 54) 유월절 행사가 다시 시작되었고, 그래서 많은 유대인들이 예루살렘으로 모였다. 예수는 며칠 더 예루살렘 근처 에브라임이라는 도시에, 그 중에서도 베다니라는 마을에 머물렀다. 여기서 그에게 베풀어진 접대 만찬에 한 여인, 즉 예수의 친구 마리아도 동참했다. 그녀는 그의 발에 값비싼 향유를 바르고, 자기 머리로 그 발을 말렸다. 예수의 한 사도인 유다는 그들 무리의 돈을 관리하고 있었는데, 그는 이를 보고 다음과 같이 주의

를 환기했다. "그 향유를 팔아 돈을 가난한 사람에게 나눠주면 더 좋은 곳에 사용할 수도 있었는데"라고. 유다는 이 돈을 자기 주머니에 넣고 싶었으며, 그 돈을 가난한 사람들에게 나눠줄 때 자신의 것을 잊지 않았을 것이다. 하지만 예수는 그에게, 그녀의 행위에서 그녀의 우정의 표현을 알아차렸다면, 책망으로 마리아의 마음을 아프게 해서는 안 된다고 말했다. 이는 사람들이 죽은 자에게 향유를 바름으로 자기의 사랑을 표현하는 것과 유사하다. 앞서 말한 가난한 자에 대한 그의 온유한 행위를 그는 그 외 어느 때고 할 수 있다고 한다.

(마. 26.3) 모든 유대인들이 그러하듯 예수도 이 명절에 올 것으로 기대하고 있던 예루살렘의 최고 법원은 이 기회에 예수를 붙잡아 사형에 처하기로 그 사이 결정했다. 그런데 사형에 처하는 일은 축제 뒤로 미뤄졌는데, 왜냐하면 그들은 이 기간에 참가하는 시골 사람들, 특히 갈릴리 사람들이 예수를 풀어 주려고 시도할지도 모른다고 두려워했기 때문이다. (요. 11. 56~57) 최고 법원은 사람들에게 예수가 성전에 나타날 경우 알리라고 했으며, 이 소임을 받은 사람들은 축제 처음 날들 동안 예수를 보지 못하자 당혹스러워 했다.

저 만찬이 있고 6일이 지난 후 예수는 스스로 예루살렘으로 갔다. 도시를 보게 되자 그의 눈에서 눈물이 흘렀다. 그리고 이 도시를 향해 다음과 같이 말했다. "아! 네가 너의 평화를 본다면 좋으련만! 하지만 그것이 네게는 감춰져 있구나! 왜냐하면 너희의 자만심, 너희 편견의 완고함, 너희의 불관용 때문에 너희의 적들이 너희를 자극하고, 너희를 에워쌀 것이며, 모든 장소에서 너희 국가가, 그리고 너희 자존심의 대상인 너희의 체제가 완전히 파괴될 때까지, 너희가 그 폐허에 묻힐 때까지 너희를 괴롭힐 것이기 때문이다. 좋은 일, 훌륭한 일을 고귀하게 방어하다 죽었다는 의식도 명성도 없이!" 예수는 동방의 방식대로 나귀를 탔으며, 그를 아는 많은 무리가 그에게 와서 손에 감람나무 가지를 들고 그를 따랐으며, 그는 환호의 노래를 들으면서 도시로 들어갔다.

(마. 21. 17) 예수는 예루살렘이 아니라 베다니에서 밤을 지냈다. 그리고 아침에 다시 그곳으로 돌아와 성전에서 공개적으로 가르쳤다. 그의 적들은 그에게 곤혹스런 질문을 함으로써, 한편으로는 그를 고발할 근거를 찾기 의해, 다른 한편으로는 민중이 그를 미워하게 하기 위해 나쁜 대답을 하도록 유도했다. 그 적들은 예수 때문에 조용히 있지 않았으며, 특히 그가 그 도시에 도착했을 때 군중으로 대성황을 이룬 것을 보고 그들의 염려는 더 커졌다. 그래서 그들은 그가 성전 앞 수많은 청중 앞에 앉아 있을 때 그에게 어떤 권리로 공개적으로 가르치는 이 직무를 수행하는지 물었다. 예수는 이에 대해 대답했다. "당신들께 되묻는 것을 허락하십시오. 요한이 공개적으로 가르친 활동은 진리와 덕에 대한 열정에서 온 것입니까 아니면 어떤 이기적인 욕구에서 온 것입니까?" 그에게 질문했던 사람들은 다음과 같이 생각했다. "우리가 첫번째 것이라고 대답하면 예수가 우리에게 다시 '왜 너희들은 그의 말을 듣지 않았느냐?'라고 물을 것이고, 우리가 두번째 것이라고 대답하면 민중들이 우리에게 적대적으로 될 것이다." 그래서 그들은 '모르겠다'고 대답했다. 이때 예수가 말했다. "나도 여러분의 질문에 대답할 수 없습니다. 하지만 한번 생각해 보십시오. 두 아들을 가진 한 남자가 그 둘 중 하나를 불러 포도밭에 나가 일하게 했습니다. 그는 가지 않겠다고 대답했습니다. 그러나 이 사람은 곧 후회하고 갔습니다. 아버지는 똑같은 명령을 두번째 아들에게도 했습니다. 그는 준비가 되어 있음을 보였고, 가겠다고 약속했습니다. 하지만 그 다음 그는 가지 않았습니다. 누가 아버지에게 순종했습니까?" 그들은 첫번째 아들이라고 대답했다. 바로 예수는 이

말에 대답했다. "이것이 여러분에게 그대로 적용됩니다. 인륜적 부패에 빠져 있다고 일반적으로 알려져 있는 사람들은 덕의 소리를 전하는 요한의 요구를 청종했으며, 따라서 그들은 훌륭한 심성이라는 관점에서 신의 이름을 입 속에 달고 다니는, 그를 예배하며 살고 있다고 말하는 여러분을 능가하고 있습니다."

예수는 그들에게 다른 이야기 하나를 더 했다. "한 사람이 큰 포도 농장을 개간하고, 둘레에 벽을 만들어 견고하게 한 후 포도지기들에게 경작을 하게 하였습니다. 그리고 그는 먼 곳으로 여행을 떠났습니다. 가을에 그는 사람들을 그곳으로 보내 포도밭에서 추수하게 했습니다. 그런데 그 사람들은 저 포도지기들에 의해서 가능한 모든 방법으로 학대받았습니다. 농장의 소유자가 보낸 두번째 사람들도 그렇게 되었습니다. 그는 '그들이 자기 아들에 대해서는 경외감을 가질 것'이라는 희망으로 이제는 자기 아들을 보냈습니다. 그런데 그 포도지기들은, 이 사람은 상속자이고, 그가 죽는다면 그들이 그 농장의 완전한 소유자가 될 것이라고 생각했습니다. 그래서 그들은 그 역시 죽였습니다." 그리고 예수는 "이제 포도원의 주인은 무엇을 해야 할까요?"라고 주변 사람들에게 물었습니다. 그들은 대답했습니다. "그는 그 포도지기들을 엄격하게 벌하고, 열매를 걷어들이는 데 문제없는 다른 포도지기에게 맡기겠지요." 예수는 말했다. "이렇듯 유대인들은 다른 민족보다 먼저 신의 위엄 있는 개념을 획득하여 자기 의지를 인간에게 적용할 수 있는 행운을 가졌습니다. 하지만 여러분은 인간을 신의 눈에 적합하게 만드는 열매를 맺지 못했습니다. 따라서 저런 장점 때문에 여러분만이 신의 총애자라고 믿는 것은 공허한 망상이며, 인간에게 참된 가치를 부여하는 보다 고귀한 것이 있다는 것을 느끼고서 이것을 여러분에게 말한 사람들을 학대하는 것은 범죄에 다름 아닙니다." 이 사람이 자기들을 비난하기 위해 이 말을 했다고 생각한 최고 법원의 일원들은 예수를 붙잡고자 했다. 그러나 그들은 민중 때문에 그것을 감행하지 못했다.

(요. 12. 20) 명절에 맞춰 예루살렘을 찾아온 그리스계 유대인 몇 명이 예수와 이야기를 나누고 싶었다. 그래서 예수의 친구 몇 명을 찾아가 예수와 개인적으로 말할 수 있게 해달라고 부탁한 모양이다. 예수는 아마도 그러고 싶지 않다고 말한 것 같은데, 왜냐하면 그들이 유대인의 일반적인 메시아 사상을 가지고 있으며, 무엇보다 자기를 유대의 미래의 왕 내지 지배자로 알고 있을 것이라고 생각했기 때문이다. 이와 관련해서 그는 그의 제자들에게 다음과 같이 말했다. "내가 공명심에 젖어 나를 메시아로 불러 주기를 바란다고 그들이 생각한다면, 또는 '그들은 나에게 봉사해야 한다'는 것이 그들에 대한 나의 요구일 것이라고 생각한다면, 이는 그들이 잘못 생각하고 있는 것이다. 혹은 만약 그들이 그런 이유로 자청하여 나를 추종하고자 한다면 나는 그것을 아첨으로밖에 보지 않는다. 만약 그들이 그들의 이성의 성스러운 법을 따른다면 우리는 서로 형제이며, 한 공동체에 속한 자들이다. 만약 그들이 권력과 명성을 나의 목적이라고 믿는다면 그들은 인간의 고귀한 본분을 잘못 생각하고 있는 것이다. 아니 적어도 그들이 그렇게 잘못 생각하고 있다고 나는 생각한다. 땅에 떨어진 씨앗이 죽고 나서야 비로소 배胚가 줄기로 자라나는 것과 똑같이, 나는 나의 일의 목적이었던 것에서 곧바로 열매를 체험하라고 요구하지는 않는다. 그리고 나의 정신 역시 나의 육체의 껍데기 속에서 그 본분을 충족시키지 못했다. 이 삶을 유지하기 위해 내가 나의 의무로 인식하는 것에 불충해야 되겠느냐? 나는 이 민족의 지배자들이 무엇을 행하고자 하는지 비탄스럽게 본다. 그들은 나의 생명을 취하고자 한다. 하지만 내가 그것을 바라고 소원해야 할까, 아니면 내가 신에게 '아버지여! 나를 이 위험에서 벗어나게 하소서'라고 해야

할까? 아니다. 신에게 참다운 예배를 드리도록 인간을 부르려는, 즉 인간을 덕으로 부르려는 나의 노력 때문에 나는 바로 이런 상황에 도달하게 되었다. 나는 이것에서 발생한 모든 결과에 순응할 준비가 되어 있다. 기대하는 메시아는 죽지 않을 것이라고 너희들은 희망하고 있다. 하지만 이 희망과 (나의 죽음이라는) 이 사실이 서로 모순될 경우, 너희들은 존경을 받을 만한 사람의 죽음을 결코 수긍할 수 없다. 그만큼이나 너희에게 삶은 크고 죽음은 두려운 것이다. 내가 내 인격에 대한 존경을 요구했느냐, 아니면 나에 대한 믿음을 요구했느냐? 아니면 내가 인간의 가치를 측정하고 인간을 심판할 수 있는 어떤 척도를 고안하여 너희에게 강요하였느냐? 아니다. 너희 자신에 대한 존경, 너희의 이성의 성스러운 법에 대한 믿음, 그리고 너희 가슴에 있는 내면의 심판관, 즉 신의 척도인 양심에 대한 세밀한 주의를 나는 너희에게서 일깨우고자 했다."

^(눅. 20. 20) 바리새인과 헤롯의 추종자들 중 몇 명이 예수에게 파견되었는데, 그들은 예수를 로마 당국에 고소할 수 있는 근거를 잡기 위해 그와 대화하는 임무를 가졌다. 유대인들은 낯선 제후에게 세를 바치는 것을 결코 참지 못하는 사유 양식을 가지고 있었는데, 왜냐하면 그들은 그것을 그들의 신에게, 그들의 성전에 바치고자 하기 때문이다. 이 사실을 기억한다면 그들이 예수에게 한 질문이 얼마나 곤혹스러운 것이었으며, 그 질문에 대한 예수의 대답이 아주 쉽게 로마 당국 아니면 유대의 선입견을 위반하게 될 수밖에 없다는 것을 보게 될 것이다. 그에게 파송된 자들이 그에게 말했다. "선생이여! 우리는 당신이 말하는 것을 보고 당신이 옳다는 것을, 당신이 진리에 확고하게 서 있음을, 그리고 누구의 맘에 들게 하려고 주장하지 않음을 알고 있습니다. 우리가 로마의 황제에게 세금을 납부하는 것이 옳은지 말해 주십시오." 예수는 그들의 의도를 알고 다음과 같이 대답했

다. "너희 위선자들아, 너희들은 나를 함정에 넣으려고 하지 않느냐? 나에게 한 데나리온을 보여라. 이 형상과 글이 누구의 것이냐?" 그들이 대답했다. "황제의 것입니다." 이에 대해 예수는 말했다. "너희가 동전을 사용하기 위해 주조할 권리를 황제에게 양도했다면 황제의 것을 황제에게 주고, 예배에 필요한 것은 신에게 바쳐라." 그들은 그에게 어떤 해도 끼치지 못한 채 이 대답에 만족해야 했다. 유대교의 한 종파로서 영혼의 불멸을 믿지 않는 사두개인들 역시 예수에 대립해서 자기들의 생각을 펴 보이고 싶었다. 그래서 그들은 다음과 같이 그에게 말했다. "우리 법에 따르자면 자식도 없이 죽은 형제를 가진 사람은 그 남은 과부와 결혼해야 합니다. 그런데 이런 방식으로 한 여인이 7명의 형제와 차례로 결혼하는 일이 발생했습니다. 왜냐하면 아이를 낳지도 못한 채 하나 하나 죽어 버렸기 때문입니다. 사람이 죽은 후에 영속할 경우 이 여인은 누구의 부인이 될까요?" 예수는 이 어리석은 질문에 대답했다. "이 생에서 사람들은 결혼을 합니다. 하지만 순수한 정신의 사회로 구원받은 불사자不死者들은 육체와 더불어 생겨나는 이런 욕구를 버릴 것입니다."

다른 사람의 질문에 예수가 잘 대답하는 것을 경청한 한 바리새인은 아마도 나쁜 생각 없이 예수에게 '윤리학의 최고 격률이 무엇이냐'라고 물었다. 예수는 그에게 대답했다. "하나님은 한 분이십니다. 이 분을 온 마음으로 사랑하십시오. 그리고 그 분에게 당신의 의지와 전체 영혼, 그리고 모든 힘을 바치십시오. 이것이 첫째 되는 계명입니다. 두번째 계명은 그 구속력에 있어서 앞의 계명과 완전히 동일합니다. 그것은 다음과 같습니다. '모든 사람을, 그가 당신이라도 되듯이 사랑하라.' 이보다 높은 계명은 없습니다." 그 바리새인은 이 대답의 탁월함에 감탄하여 말했다. "당신은 진리에 적합하게 대답했습니다. '신에게 전체 영혼을 드리는 것, 이웃을 자기처럼 사랑하는 것'은 희생 제물과 분향 이상의 것입니다." 예수는 그 사람의 좋은 마음씨에 기뻐서 그에게 말했다. "이런 마음을 가진 당신은 신의 왕국의 시민의 자리에서 멀리 떨어져 있지 않습니다. 신의 왕국에서는 은총이 희생과 속죄로, 혹은 입술만의 예배로, 또는 이성을 거부함으로써 습득되지 않기 때문입니다."

^(눅.21.1) 성전의 한 모퉁이에 사람들이 성전을 위해 헌물하도록 모금함이 놓여 있었다. 예수는 기부금을 내는 사람들 중에서 많은 금액을 내는 부자 옆에 단지 잔돈 두 닢을 집어넣는 가난한 과부를 관찰하고 있었다. 그리고 이 문제에 대해 말했다. "이 여인이 다른 모든 사람들보다 많이 냈다. 왜냐하면 모든 다른 사람들은 잉여의 것에서 냈는데, 이 여인은 비록 적지만 그녀의 전 재산을 드렸기 때문이다."

^(마.23) 자기에 대해 끊임없이 저항하고자 하는 바리새인들의 이러한 시도에 자극 받은 예수는 민중과 친구들에게 이들에 대해 경고하는 기회를 가졌다. 그는 다음과 같이 말했다. "바리새인과 율법 선생들은 모세의 자리에 앉아 있다. 그들이 너희에게 가르치는 것은 지키지만, 그들의 예들, 그들의 행위 방식을 따르지는 말아라. 왜냐하면 그들이 비록 모세의 법을 가지고 있기는 하지만 그것을 지키지 않기 때문이다. 그들의 행위의 유일한 목적은 인간 앞에서 공의의 외적인 가상을 보여 주는 것일 뿐이다."

예수는 바리새인과 율법 선생들을 계속 비판했다. "너희는 과부들의 재산을 탕진하고, 그들과 함께 기도한다는 변명 아래 그들로부터 너희만 즐겁게 할 뿐이다. 너희는 그 외면은 깨끗이 칠해져 있지만, 그 내면에는 부패한 시체가 거하고 있는 회를 칠한 무덤과 같다. 외적으로 너희는 성스러움의 가상을 보여 주지만, 너희 내면은 위선과 불공정이 자리하고 있다." 그는 계속하여 지금까지 자기에게 주어졌던 기회에 그들에 대해 비판했던

것들 중 몇 가지 것들을 요약하였다.

성전의 여러 부분을 돌아다니면서 예수의 친구들은 성전의 화려함에 대해 대화했다.[20] 예수는 이에 대해 자기의 예감을 말했다. "이 화려한 예배당, 이 건물이 곧 끝장날 것이다." 예수의 친구들에게 이 말은 매우 인상적이었다. 그래서 그들이 나중에 그 아름다운 성전과 시내 전체를 한 눈에 바라볼 수 있는 감람산에 있게 되었을 때, 그들은 그에게 질문했다. "당신이 전에 말한 이 일이 언제 일어납니까? 그리고 메시아의 왕국의 성취가 가까워졌음을 어떤 징표로 알 수 있습니까?" 예수가 그들에게 대답했다. "메시아에 대한 이러한 고대는 나의 고향 사람들을 커다란 위험에 빠뜨릴 것이며, 다른 선입견과 유착되어 있고, 맹목적인 완고함과 결합되어 있

---

20) [편집자] 이 문장부터 「마태복음」 25장 바로 앞까지는 헤겔이 원래 썼던 것을 많이 보충하여 고쳐 썼다. 첫 판의 내용은 다음과 같다.

성전의 여러 부분을 돌아다니면서 예수의 친구들은 성전의 아름다움에 대해 대화했다. 예수는 이에 대해 자기의 예감을 말했다. "이 화려한 예배당, 이 건물이 곧 끝장 날 것이다." 예수의 친구들에게 이 말은 매우 인상적이었다. 그래서 그들이 감람산에 있게 되었을 때, 그들은 그에게 질문했다. "이 일이 언제 일어납니까? 그리고 메시아 왕국의 성취를 어떤 징표로 알 스 있습니까?" 예수가 그들에게 대답했다. "메시아에 대한 이러한 형태의 고대는 나의 고향 사람들을 커다란 불행에 빠뜨릴 것이다. 너희들도 이를 통해 잘못되지 않게 조심해라. 종종 사람들이 '여기 혹은 저기에 기다리던 메시아가 있다'라고 말할 것이다. 많은 사람들은 스스르를 메시아라고 말할 것이다. 그들은 예언을 하고, 기적을 일으킬 것이다. 이런 것에 유혹되어 그들을 따르지 말라. 이것은 폭동과 분열을 유발할 것이다. 사람들은 당을 만들 것이고, 당의 이런 정신 속에서는 사람들이 서로 증오할 것이다. 그리고 그 사람들은 이름과 단어에 대한 이런 맹목적인 열정에 인류의 가장 성스러운 의무를 희생하고서도 그것이 정당한 것이라고 믿는다. 이런 혼돈의 순간에도 너희들은 고요하게, 제 정신을 차리고 덕에 충실하게 머물러라. 너희의 열정이 너희를 엄습하고 너희를 잘못 이끌려고 한다 하더라도 너희는 당을 가지려는 유혹에 빠지지 말아라. 한 인간의 이름과 신앙에 걸고 신의 계획의 완성을 보았다고 맹세하는 집단이나 연합체를 믿지 말아라. 그의 계획은 한 민족이나 한 신앙에 국한되지 않고, 편파성이 없는 사랑으로 전체 인류를 포괄한다. 이름과 말에 의한 예배가 아니라 이성과 덕의 예배가 전 지구에서 인정되고 실행될 때, 그의 계획이 완성되었다고 너희는 말할 수 있다. 특정한 신앙 형식에의 애착에, 입술의 예배에, 그리고 교회의 의식에 대한 정확한 준수에 근거해 있는 거짓된 위안을 통해 만성적인 평안에 빠지지 않도록 깨어 있어라."

어서 결국 완전한 몰락에 이르고 말 것이다. 이런 망상적인 희망은 그들을 간교한 사기꾼의 노리개로, 혹은 머리 없는 몽상가로 만들 것이다. 너희들도 이런 희망으로 잘못되지 않게 조심해라. 종종 사람들이 '기다리던 메시아가 여기 혹은 저기 있다'라고 말할 것이다. 많은 사람들은 스스로를 메시아라고 말할 것이다. 그들은, 선한 사람들을 가능한 한 오류에로 이끌기 위해, 이 명칭을 사용하면서 자신을 반란의 수령과 종교 단체들의 우두머리로 내세우고, 예언을 하고, 기적을 일으킬 것이다. 종종 사람들이 말하기를 '저기 사막에 고대하던 메시아가 나타났으며, 여기 이 동굴에 그가 여전히 몸을 숨기고 있다'라고 할 것이다. 이런 것에 유혹되어 그들을 따르지 말라. 그런 참칭행위와 소문은 정치적 소용돌이와 신앙의 분열을 야기할 것이다. 사람들은 당을 만들 것이고, 당의 이런 정신 속에서는 사람들이 서로 증오하고 배반할 것이다. 그리고 그 사람들은 이름과 단어에 대한 이런 맹목적인 열정에 인류의 성스러운 의무를 희생하고서도 그것이 정당한 것이라고 믿는다. 국가의 파탄, 사회와 인류의 모든 유대의 해체, 그리고 그 결과로서 따라오는 흑사병과 굶주림 등, 이런 것들을 짊어진 불행한 나라는 외부의 적에 쉽게 노획되고 말 것이다. 그러면 임신한 자와 젖먹이 아이에게 화가 있을 것이다. 이런 소용돌이에서 너희는 당에 끼어드는 일을 하지 말아라. 많은 사람들은 그들에게 무슨 일이 일어났는지 올바로 알지도 못한 채 이 혼돈의 정신에 감염될 것이며, 이 소용돌이에서 발을 한 걸음 뗄 때마다 그들은 중심에서 멀어질 것이고, 결국에 회귀의 가능성도 없이 범죄와 자기 당의 파괴에로 빠져들어가는 것을 보게 될 것이다. 따라서 할 수만 있다면 파멸과 무자비한 이 광경에서 멀리 떠나라. 모든 가족 관계에서 떠나고, 이것 혹은 그것을 염려하거나 구하기 위하여 망설이지 말아라. 어떤 상황에서도 제 정신을 차리고 너희의 근본 원칙에 충실히 머물러라. 셀롯당[21]의 정신이 너희를 엄습하여 너희를 잘못 이끌 수도 있다. 중용을 설파하고, 사랑과 평화를 위해 경고해라. 그리고 어떤 종교적·정치적 파당에도 관심을 갖지 말아라. 한 인간의 이름과 신앙에 걸고 신의 계획의 완성을 보았다고 맹세하는 집단이나 연합체를 믿지 말아라. 신의 계획은 한 민족이나 한 신앙에 국한되지 않고, 편파성이 없는 사랑으로 전체 인류를 포괄한다. 이름과 말에 의한 예배가 아니라 이성과 덕의 예배가 전 지구에서 인정되고 실행될 때, 그의 계획이 완성되었다고 너희는 말할 수 있다. 유대 민족의 거만한 희망이 아니라 인류의 희망이라는 이러한 확고한 입장은 너희를 분파 정신에서 자유롭게 할 뿐 아니라, 너희 자신을 언제나 올바르고 용기 있게 유지시킬 것이다. 이런 분열에서도 너희의 평안과 용기는 진실한 덕에 기초하게 된다. 신앙 형식에의 애착에, 입술의 예배에, 그리고 교회의 의식에 대한 정확한 준수에 근거해 있는 거짓되고 만성적인 위안이 너희 마음에 끼어들지 못하도록 깨어 있어라. (마. 25) 이는 마치 열 처녀가 등을 들고서 아내를 맞아들이려는 신랑을 기다리고 있는 것과 같다. 그 중 다섯 명은 현명하게도 기름을 준비하고 있었고, 다른 다섯 명은 어리석게도 이것을 준비하지 못했다. 오랜 기다림이 있은 후 마침내 밤늦게 신랑이 왔다는 전갈이 왔다. 그들은 그를 마중하러 나아갔다. 기름을 준비하지 못한 다섯 명은 급히 나가 기름을 사고자 했고, 나머지 다섯은 그들에게 기름을 빌려줄 수 없었다. 왜냐하면 그들은 자기에게 필요한 만큼만 가지고 있었기 때문이다. 이 다섯 명이 없는 사이에 신랑이 도착하였고, 다섯 명의 현

---

21) [옮긴이] 셀롯당. 예수 시대 로마의 식민지에서 벗어나기 위해 무장 봉기나 테러를 포기하지 않았던 유대교의 한 파당. 그 열정 때문에 성경에서는 '열심당'이라고 번역하기도 한다. 예수의 수제자인 베드로도 그 당원이었다는 설이 있다. 예수는 이들의 폭력주의를 비판한다.

명한 여인은 그를 동반하여 혼인 잔칫집으로 갔고, 초대를 기대했던 나머지 다섯은 스스로 가장 중요한 것을 준비하지 못한 관계로 배제되었다. 이렇듯 평상시에 가장 필요한 것, 즉 덕의 실행을 하지 않다가, 위급한 순간에 혹은 죽음이 임박했을 때 재빨리 몇몇 근본 원리를 끌어 모으거나, 모두가 다 이미 족할 만큼 수행하여서 다른 사람과 더 이상 비교될 수 없는 타자에 대한 봉사로 자신을 꾸민다면, 비록 그가 하나의 신앙을 가지고 있다고 할지라도, 그것이 아무런 의미도 없다는 것을 너희도 생각하지 않으면 안 된다. 너희가 교회 신앙만 유지하고 타자에 대한 선행을 미루면 세계의 성스러운 심판자 앞에서 버티기 힘들 것이다. 나는 그분의 법정을 자기 백성을 모으고서, 목동이 양과 염소를 구분하듯이, 선한 사람을 악한 사람 중에서 구별해 내는 한 왕의 법정과 비교하고자 한다. 그는 선한 사람들에게 말했다. '너희 나의 친구여, 내게 가까이 와서 너희에게 합당한 행복을 누려라. 왜냐하면 내가 배고프면 너희가 나에게 먹을 것을 주었고, 목마르면 나에게 마시게 했다. 내가 낯선 자로 너희 중에 있을 때 너희들은 내게 친근히 다가왔다. 내가 헐벗었을 때 너희는 나를 입혀 주었고, 내가 병들었을 때 나를 돌봐 주었다. 그리고 내가 감옥에 있을 때 너희들은 나를 방문하였다.' 그들은 완전히 놀라서 그에게 물을 것이다. '주인이여, 우리가 언제 당신이 굶주리고 목마른 것을 보고서 당신을 배부르게 했고, 낯선 자로서 헐벗고 병들고 혹은 감옥에 있는 것을 보고서 당신에게 옷 입히고 친절히 접대하고 방문하였습니까?' 왕은 아마 그들에게 다음과 같이 대답할 것이다. '너희가 나와 너희 형제들 중 가장 작은 자에게 행했던 것을 나는 나에게 한 것으로 간주한다.' 나머지 다른 사람들에게 그는 말할 것이다. '너희는 나에게서 떨어져서, 너희가 한 일의 대가를 받아라. 내가 배고프거나 목마를 때 너희는 나에게 먹을 것과 마실 것을 주지 않았다. 내가 헐벗고, 아프고 감옥에 있을 때 너희는 나에게 다가오지 않았다.' 이들 역시 그에게 물을 것이다. '우리가 어디에서 당신이 배고프고 목마른 것을 보고서, 그리고 헐벗고 아프고 감옥에 있는 것을 보고서 당신을 영접하지 않았습니까?' 왕이 그들에게 동일한 대답을 할 것이다. '너희가 가장 작은 자에게 하지 않은 것을 나에게 하지 않은 것으로 간주하고 나는 너희에게 갚을 것이다.' 이렇듯 세계의 심판자 역시 신을 그분의 형상, 즉 인간성 속에서 경외하지 않고, 오직 입술로만, 경건한 표정으로만 경외하는 사람들에게 저주의 심판을 내릴 것이다."

낮 동안 예수는 성전 건물과 뜰에 머물렀으며, 밤에는 도시 밖에 있는 감람산에서 체류하였다. 최고 법원은 예수를 체포하려는 자기들의 결정을 공개적으로 집행할 수 없었다. 이런 상황에서 예수의 신실한 친구 중 하나인 유다가 그들에게 한 제안보다 그들의 환영을 받은 것은 없었다. 유다는 그들에게 약간의 돈을 주면 예수의 밤 체류지를 알려 주겠으며, 그를 그곳에서 은밀하게 체포할 수 있도록 도와주겠다고 했던 것이다. 소유욕은 유다의 주된 열정이었던 것 같다. 그는 예수와의 관계를 통해 이 열정을 개선하지 못했으며, 이 열정은 예수의 제자가 되고자 했던 그의 근원적인 근거였다. 왜냐하면 그는 예수가 메시아 왕국을 세울 때 이 욕망을 만족시킬 수 있을 것이라고 희망했기 때문이다. 유다가 예수의 목적이 그런 왕국이 아님을, 그리고 그가 자기 희망에 스스로 속았다는 것을 알아차렸을 때, 그는 예수를 배신함으로써 그와의 우정으로부터 최대한의 이윤을 이끌어 내고자 했다.

예수는 예루살렘에서 유대의 관습에 따라 양을 주된 음식으로 하는 유월절 만찬을 준비하게 했다. 이 날은 그가 그의 친구들과 보낸 마지막 밤이었다. 그는 그들에게 자신에 대한 강한 인상을 남기기 위해 전심으로 그들에게 자신을 헌정했다.

(요.13) 식사를 시작할 때에 그는 일어나 웃옷을 벗고, 옷자락을 걷어 부친 후, 수건을 취하고서 그의 친구들의 발을 씻었다. (이 일은 종이 일상적으로 하는 것이었다.) 베드로는 이 일이 자기에게 일어나는 것을 허락하지 않았다. 예수는 '네가 그 이유를 곧 경험하게 될 것이다'라고 그에게 말했다. 모든 것이 끝나고 난 후 그는 다음과 같이 말했다. "너희는 내가 한 것을 보았다. 너희가 선생이라고 부른 나는 너희의 발을 씻겼다. 나는 이것으로 너희가 서로 어떻게 해야 하는지에 대한 한 전례를 남기고자 한다. (눅.22.25) 왕들은 지배를 사랑하며, 이를 위해 스스로 인류의 복지를 증진하는 자라고 말한다. 그러나 너희는 누구도 다른 사람 위로 올라가지 말며, 자신을 그 보다 높게 여기지 말라. 오히려 각자는 친구로서 서로를 위하고 도와주어라. 자기의 일을 타자에 대한 자선이나 겸손으로 여기지 말라. 너희가 이것을 알고 있으며, 따라서 이것을 행하면 너희에게 복이 있을 것이다. 내가 여기에서 너희 모두에게 말하고 있는 것은 아니다. 왜냐하면 '나와 떡을 먹는 자 중 하나가 발로 나를 찰 것이다'라는 말이 여기 우리에게도 적용되기 때문이다. 왜냐하면 너희 중 하나가 나를 배신할 것이기 때문이다." 이 생각은 예수를 슬프게 만들었고, 그의 친구들 역시 당혹스럽게 만들었다. 예수 옆에 앉아 있던 요한이 예수에게 작은 목소리로 "그가 누구입니까?"라고 물었다. 예수는 그에게 말했다. "내가 이 빵을 주는 사람, 그가 그 사람이다." 그리고는 유다에게 "네가 하고자 하는 것을 빨리 해라"라고 말을 하면서 그 빵을 주었다. 다른 사람들 중 누구도 이 말이 무엇을 의미하는지 이해하지 못했으며, 그들은 다만 그가 어떤 특별한 임무를 받았다고 생각했을 뿐이다. 왜냐하면 유다는 이 단체의 회계 일을 보고 있었기 때문이다. 유다는 아마도 예수에게서 도망하면서 얼굴이 붉어졌을 것이다. 왜냐하면

그는 자기 계획이 예수에게 알려졌다는 것을 보았기 때문이다. 혹은 그는 상당 기간 함께 있으면서 자기의 결의가 흔들렸을 것이고, 마침내는 재빨리 이 단체를 떠났을 것이다.

예수는 이제 계속해서 말했다. "나의 사랑하는 자들아, 너희의 친구는 곧 자기 본분을 다 마칠 것이다. 사람의 아버지가 그를 자기 영혼의 안식처로 받아들일 것이다. 오래지 않아 나는 너희를 떠날 것이다. 너희에 대한 유언으로 나는 너희에게 서로 사랑하라는 계명과 너희에 대한 나의 사랑의 예들을 남긴다. 서로간의 사랑을 통해서만 너희가 나의 친구임이 드러날 것이다." 베드로가 예수에게 물었다. "당신은 우리를 떠나 어디로 갈 작정입니까?" 예수가 대답했다. "내가 가는 길에 너는 나를 동행할 수 없다." 베드로가 대답했다. "왜 내가 당신을 따를 수 없습니까? 나는 나의 삶을 걸 준비가 되어 있습니다." 이에 예수는 말했다. "네 삶을 나를 위해 희생하고자 하느냐? 나는 네가 그럴 만한 힘을 가지고 있지 않다는 것을 잘 알고 있다. 아침이 되기 전에 너는 이 문제로 시험을 받을 것이다. 내가 너희와 헤어진다고 해서 당황하지 말아라. 너희 안에 있는 정신[22]을 경외하고, 그의 거짓 없는 음성을 들어라. 그러면 우리 인간들은 비록 서로 다르며, 서로 헤어진다고 해도, 우리의 본질은 하나로 드러날 것이다. 그리고 우리는 서로 멀리 떨어져 있지 않다. 지금까지 나는 너희의 선생이었다. 그리고 내가 너희와 함께하면서 너희의 행위를 이끌었다. 이제 내가 너희를 떠나지만, 나는 너희를 고아로 남기지 않을 것이다. 나는 너희에게 너희 안에 있는 한 지도자를 남기고 갈 것이다. 이성이 너희 안에 심은 선의 씨앗을 나는 너희 안에

---

22) 〈여백에 기록된 글〉 "이것을 통해서 너희는 신의 의지를 알게 될 것이며, 이것을 통해 너희는 신과 가까워지며, 이 안에서만 신과 진리를 향한 길이 개시된다."

서 일깨웠었다. 나의 가르침과 너희에 대한 나의 사랑을 기억하면 진리와 덕의 이 정신이 너희 안에서 올곧게 유지될 것이다. 그런데 인간이 이 정신을 모르며, 자기 안에서 찾지 않기 때문에 그들은 이 정신에 경의를 표하지 못한다. 너희는 마침내 누구에 의해 조종될 필요가 없는, 자기 자신을 신뢰하는 성인이 되었다. 내가 비록 너희와 더 이상 있지 못하지만, 이제부터 너희 스스로 발전시킨 인류가 너희의 안내자가 될 것이다. 내가 너희를 이끌었던 공의의 길을 감으로써 너희는 나를 기억하고, 너희에 대한 나의 사랑을 기억하라. 덕이라는 성스러운 정신은 너희가 잘못 가지 않도록 돌봐 줄 것이며, 너희가 아직 갖지 못한 것을 더 완전하게 가르칠 것이고, 너희에게 많은 것을 기억나게 할 것이며, 너희가 아직 이해하지 못한 것을 이해하게 할 것이다. 나는 너희에게 의미 없는 인사가 아니라 선의 열매가 풍부한 은총을 남긴다. 내가 너희를 떠나는 것이 오히려 너희에게 더 좋다. 왜냐하면 자기의 경험과 실행을 통해서만 너희는 자립을 얻을 것이며, 스스로 인도하는 법을 배울 것이기 때문이다. 내가 너희를 떠나는 것은 너희를 슬픔이 아니라 기쁨으로 가득 채우는 것이다. 왜냐하면 나는 정신이 모든 선의 근원으로 무한히 용솟음치는 더 좋은 세계로, 이 정신의 고향으로, 즉 무한성의 왕국으로 한 단계 더 높이 들어 올려 가기 때문이다.

나는 너희 공동체에서 이 식사를 즐기고자 했었다. 음식과 잔을 돌려라. 그리고 우리의 우정의 유대를 새롭게 하자." 그런 다음 그는 ─오늘날도 아랍인들이 같은 식기에 놓인 동일한 빵과 음료를 먹음으로써 변하지 않는 우정이 형성된다고 하는 것과 똑같이 ─ 동방의 관습에 따라 각자에게 빵을 나눠줬고, 식사 후에는 잔을 돌리고서 말했다. "너희들이 우정의 공동체에서 함께 식사할 때 너희 옛 친구, 너희 옛 선생을 기억하라. 그리고 너희에게 유월절이 너희 조상들이 이집트에서 먹었던 유월의 상이었고, 피가, 「출애굽기」 24장 8절에서 보여 주고 있듯이, 여호와와 그의 백성들 사이에 맺었던 유대에서 희생의 피의 상징이듯이," 앞으로 빵에서 그가 희생으로 던진 자신의 살을, 포도주에서 그가 쏟은 피를 기억하라고 그는 말했다. "너희를 위해 삶을 던진 나를 기억하라. 나에 대한 기억, 나의 사례는 너희에게 덕을 위해 살도록 하는 강력한 자극제가 될 것이다. 포도나무의 가지들이 포도나무에 의해 양육되어 열매를 맺고, 곧 그 나무에서 떨어져 나오듯이, 나를 따르는 너희가 자신의 삶의 힘으로 선을 성숙시켜 나가는 것을 나는 본다. 내가 너희를 사랑한 것 같이, 너희도 서로 사랑하고, 모든 사람을 사랑하라. 내가 나의 삶을 내 친구들의 안녕을 위해 준 것은 나의 사랑의 증거이다. 나는 너희를 더 이상 제자나 학생이라고 부르지 않는다. 제자나 학생은, 왜 그들이 그렇게 행동해야 하는지 그 원인을 알지도 못한 채, 자주 자기 양육자의 의지를 따를 뿐이다. 너희는 어른의 자립성을 갖기 위해, 자신의 의지의 자유를 얻기 위해 양육되었다. 사랑의 정신, 즉 너희와 나를 열광시켰던 힘이 동일한 것이라면, 너희는 너희의 고유한 덕의 힘으로 자신의 열매를 맺을 것이다.

만약 사람들이 너희를 박해하고 학대할 경우 나와 수많은 다른 사람들에게는 더 안 좋은 일이 발생했었다는 것을 기억하라. 만약 너희가 지배적인 악과 선입견에 동조한다면, 너희는 많은 친구들을 발견할 수 있을 것이다. 하지만 너희는 선의 친구들이기 때문에, 사람들이 너희를 미워할 것이다. 악한 사람은 공의로운 사람의 삶에 격노를 느끼며, 그 삶을 비난한다. 그리고 그가 선한 사람, 즉 선입견 없는 사람을 박해할 어떤 변명도 더 이상 발견하지 못할 경우, 그는 선입견, 억압, 그리고 죄 등의 문제를 신의 문제로 만들며, 자신과 타자에게 설득하기를 '선한 사람을 증오함으로써 신에게 봉사한다'라고 한다. 하지만 더 훌륭한 세계에서 비추는 빛이 그러하듯, 덕의 정신이 너희를 북돋울 것이며, 너희를 사소하고 죄스러운 인간의 목적 위로 고양시킬 것이다. 내가 너희에게 이것을 말하는 것은 기대되지 않은 것이 너희에게 오지 않게 하려는 것이다. 한 사람을 출산했을 때, 산모의 불안이 기쁨으로 바뀌는 것처럼, 너희가 가진 염려는 언젠가 지복으로 될 것이다."

(요. 17—옮긴이) 그런 다음 예수는 눈을 들어 하늘로 향했다. 그리고 그는 말했다. "나의 아버지여! 나의 때가 왔습니다. 당신의 영원함 속에 그 근원을 가지고 있는 정신을 그 존엄 속에서 드러내고 당신에게 귀환할 바로 그때 말입니다! 그 정신의 본질Bestimmung은 영원이며, 그 본분Bestimmung은 처음과 끝을 갖는 모든 것 위로, 즉 유한한 모든 것 위로 고양되는 것입니다. 지상에서의 나의 본분은 아버지 당신을 인식하는 것, 내 정신이 당신과 유사하다는 것을 인식하는 것, 이 사실에 충실해서 내 자신을 존중하고, 이런 존엄의 깨인 의식을 통해 인간을 고귀하게 하는 것 등이었습니다. 지상에서의 이런 본분을 나는 다 이루었습니다. 당신에 대한 사랑으로 인해 나는 내가 인간에게 어떤 낯선 것 혹은 자의적인 것을 가르친 것이 아니라는 것을 알게 된 친구들을 만났습니다. 그들은 내가 그들에게 가르친 것이 단지 사람들에 의해 오인되고 있을 뿐 그들의 가슴속에 여전히 거하고 있는 당신의 법임을 알고 있습니다. 재산이나 명예와 관련해서 영예를 얻게 하는 것이 나의 의도가 아니라, 내팽개쳐진 인간성에 대한 잃어버린 존중을 다시 일깨우는 것이 나의 의도였습니다. 이성적 존재의 일반적 특성, 즉 모든 사람에게 분유되어 있는 덕에 대한 능력이 그들에게 충만해졌는데, 그것이 나의 기쁨입니다. 선에 대한 사랑만이 그들을 지배하는 그들 내면의 최고의 법이라는 사실을 그들이 계속 간직한다면, 그들은 하나이며, 그들은 당신과도 그리고 나와도 통일된 채 머물러 있을 것입니다. 나는 당

신어 게로 갑니다. 나를 생동적이게 만들었던 친근한 목소리가 그들에게도 관류되기를 당신에게 기도합니다. 나는 그들에게 당신의 계시를 알게 했습니다. 그리고 그들이 그것을 받아들였기 때문에 세상은 자기에게 속하지 않은 나를 증오했듯이, 그들을 증오합니다. 내가 당신에게 부탁하는 것은 당신이 그들을 세계에서 끌어내라는 것이 아니라, ——이런 종류의 부탁은 당신에게 할 수 있는 것이 아닙니다—— 당신의 진리를 통해 그들을 성스럽게 하라는 것입니다. 당신의 법에 의해서만 그들이 빛나게 하십시오. 인간을 덕으로 빚으려는, 내가 지금까지 따라 왔던 당신의 고귀한 외침을 나는 그들의 손에 맡깁니다. 그들 역시 그들에게 맡겨진 부분들 속에서 이 외침을 완수할 수 있기를! 그리고 또한 그들이 덕, 즉 성스러운 당신에게 가까이 가는 것 외에 어떤 우상 앞에서도 더 이상 무릎을 꿇지 않고, 또한 그것 외에 어떤 말이나 신앙도 그들의 통일의 원리로 삼지 않는 친구들을 교육시킬 수 있기를!"

 이 말 후에 (이제 밤이 되었다) 이 공동체는 일어나, 예전처럼 예루살렘을 떠나, 기드론 시냇가를 지나, 감람산 근처에 있는 겟세마네라는 동산으로 갔다. 예수가 밤에 체류하는 이 지역은 유다에게도 이미 알려져 있었는데, 왜냐하면 그도 예수와 종종 거기에 있었기 때문이다. 예수는 그의 제자들에게 그곳에 모여 있으라고 말하고, 자기 생각을 드러내 보이려고 세 사람만 데리고 한적한 곳으로 갔다. 여기에서 자연이 얼마 동안 자기의 권리를 주장하는데, 자기 앞에 놓인 운명의 완고함은 밤의 적적함 속에 빠져 있는 여기 이 예수를 장악했다. 그리고 그 완고함은 그를 떨게 했고, 그를 공포로 가득 채웠다. 그는 그의 제자들에게 자기 옆에 머물러 깨어 있기를 부탁했다. 그리고 그는 불안해서 이리저리 오갔으며, 곧 다시 그들과 몇 마디를 나누면서 그들을 격려했다. 그들이 잠에 떨어졌을 때 그는 때때로 한쪽으로 가서 기도했다. "나의 아버지여, 가능하다면 내게 놓여 있는 고통의 쓴 잔을 거둬 주십시오! 하지만 나의 뜻이 아니라 당신의 뜻이 일어나게 하소서! 이 시간이 나에게 꼭 일어나야 하는 것이라면 나는 당신의 뜻에 따를 것입니다." 땀이 그에게서 큰 방울로 땅에 떨어졌다. 그가 다시 그의 제자들에게 와서 그들에게 깨어 있으라고 말했을 때, 그는 사람들이 오는 것을 들었다. "일어나 가자! 나의 배신자가 다가온다"라고 그는 제자들에게 소리쳤다.

유다가 무장한 사람들과 함께 다가왔다. 예수는 다시 자기의 결의를 다지고는 그들에게 다가가 물었다. "누구를 찾습니까?" 그들이 대답했다. "나사렛 예수." 예수는 대답했다. "내가 그입니다." 그들은 스스로 잘 들었는지 어리둥절해졌다. 그는 그들에게 동일한 질문을 다시 한 번 하고는 한마디 덧붙였다. "여러분이 나를 찾는다면 나의 이 친구들은 가게 하시오." 이때 유다가 다가와서 예수 식별을 위해 미리 약속한 표식을 보였다. 즉 그는 다음과 같이 말했다. "선생님, 안녕하신지요." 그리고 그를 안았다. 이에 예수가 다시 말했다. "친구여, 입맞춤으로 너는 나를 폭로하느냐?" 그런 다음 병정들이 예수를 붙잡았다. 베드로가 이것을 보았을 때, 그는 자기 칼을 뽑아 휘둘러 대제사장의 종의 귀를 잘랐다. 예수는 그를 진정시키고, 신이 그에게 규정한 운명을 받아들이고 그 운명을 존중했다. 무리들이 예수를 제압하고 결박하여 후송해 가는 것을 보았을 때, 예수의 다른 친구들은 달아나 흩어졌다. 한 제자가 잠에서 놀라 깨어나서 급하게 외투 외에는 아무것도 걸치지 않은 채로 예수를 따르고자 했지만, 병사들에게 붙잡혔다. 그는 그들을 속여, 외투를 그들의 손에 남겨 놓은 채 도망하여 살아났다. 길 가는 도중 예수는 자기 인도자에게 말했다. "당신들은 나에게 무기를 들고 와서 나를 마치 강도를 결박하듯 묶어 갑니다. 그런데 나는 매일 성전에서 공개적으로 당신들 가운데 앉아 있었는데도, 당신들은 나를 붙잡지 않았습니다. 하지만 밤은 여러분의 시간입니다. 그리고 암흑은 여러분의 토대입니다."

예수는 처음에 옛 대제사장이자 가야바의 장인인 안나스에게 인도되었고, 그 다음 그 해의 대제사장인 가야바에게로 인도되었다. 그곳에는 예루살렘의 최고 의회 의원 전체가 모여서 죄인을 기다리고 있었고, 가야바가 '전 민족을 위해 한 사람을 희생하는 것이 의무이다'라는 규준을 명심케 하였다. 베드로는 멀찍이 떨어져 포졸들을 따라갔으며, 대제사장과 이미 안면이 있었고, 자유롭게 그의 집에 들어 다녔던 요한이 문지기 여인에게 베드로의 출입을 부탁하지 않았다면, 그는 스스로 관저 안으로 들어갈 용기가 없었을 것이다. 이 여인은 사람들에게 베드로를 주목하게 만들었다. "당신도 저 사람의 추종자들 중 하나가 아닙니까?" 베드로는 이 사실을 곧바로 부인하고서, 법정 하인들과 종들이 모여서 몸을 따뜻하게 하고 있는 숯불 주변에 앉았다.

예수를 앞에 세운 대제사장은 예수에게 그의 가르침과 제자들과 관련이 있는 여러 가지 질문들을 하였다. 예수는 이 질문에 대해 답했다. "나는 자유롭고 공개적으로 모든 사람들 앞에서 말했습니다. 나는 유대인들이 규칙적으로 왕래하는 성전과 회당에서 가르쳤습니다. 나는 어떤 비밀스런 가르침을 가지고 있지 않습니다. 그런데 왜 당신은 나에게 질문합니까? 내가 가르친 것을 나에게 들은 자들에게 물어보시오. 그들 모두가 당신에게 대답할 수 있을 것입니다." 대제사장에 대한 예수의 이 대답이 포졸들 중 하나에게 불손한 것으로 여겨졌던 모양이다. "너는 대제사장에게 이렇게 밖에 말 못하느냐?"라고 말하면서 그는 예수를 쳤다. 예수는 그에게 조용히 대답했다. "내가 잘못 대답했다면 그 잘못을 나에게 말해라. 하지만 내

가 잘 말했다면 왜 너는 나를 때리느냐?"[23] 예수에 대해 불리한 진술을 하
게 하려고 많은 증인들이 소환되었지만, 제사장들은 그 진술들을 사용할
수 없었다. 왜냐하면 한편으로 그 진술들은 충분히 결정적이지 않았으며,
다른 한편으로는 그 진술들이 서로 일치하지 않았기 때문이다. 마침내 그
가 성전에 대해 불경스럽게 말한 것을 들었다고 진술한 사람들이 나타났
다. 그런데 이 사람들 역시 세세한 표현에서 서로 일치하지 않았다. 예수는
이 모든 것에 대해 조용히 입을 다물고 있었다. 마침내 대제사장이 참지 못
하고 말했다. "너는 이 모든 질문에 대해 대답할 아무것도 없느냐? 살아 있
는 신에게 걸고 네가 봉헌된 자, 신의 아들인지 말하라." 예수는 대답했다.
"내가 그입니다. 여러분은 언젠가 신과 덕으로 성스럽게 된 이 모욕당한 인
간이 영광의 옷을 입고 별들 위로 고양되는 것을 볼 것입니다." 대제사장은
자기 옷을 찢고 소리쳤다. "그는 신을 모독했다. 우리가 무슨 다른 증거를
필요로 하느냐? 여러분은 그의 말을 직접 들었다. 여러분은 어떻게 생각합
니까? 그는 사형에 해당하는 죄를 지었다. 너희들의 판단은 어떠냐?" 이 진
술은 하속들에게 이제 그들 손에 있는 예수를 마음대로 취급하고 조롱하
게 하는 기폭제가 되었다. 왜냐하면 최고 의회가 이른 아침에 다시 모이기
위해 몇 시간 동안 각자 흩어졌기 때문이다. 베드로는 그 사이에 계속 불가
에 서 있었다. 그때 대제사장을 시중드는 다른 한 여자 종이 베드로를 알아
보고 그 주변 사람들에게 말했다. "이 사람은 확실히 저 죄수의 동료 중 한
사람입니다." 베드로는 다시 한 번 단호하게 아니라고 대답했다. 하지만 대

---

23) 〈여백에 기록된 글〉「요한복음」 18장 24절에 따르면 이 일은 안나스의 관저에서 일어났던 것
   같다. 하지만 가야바 집에 최고 의회 의원들이 모였고, 그곳에서 청문회가 열렸다면 베드로가
   예수를 부인했던 장소는 일치하지 않는다.

제사장의 한 종, 즉 베드로가 몇 시간 전에 상처 입혔던 사람의 친척이 말했다. "내가 당신을 동산에서 보지 않았습니까?" 다른 사람들 역시 그의 말투가 갈릴리 사람임을 드러낸다고 말했다. 자기에 이롭지 않은 수많은 정황들 속에서 베드로는 당혹과 두려움에 빠져, 그들이 무엇을 말하는지 전혀 이해하지 못하겠다고 맹세하고 확언했다. 즉 베드로는 그들이 자기 친구라고 말하는 그 사람을 전혀 알지 못한다고 맹세했다. 그 사이에 닭들이 다음 날이 시작되었음을 알리기 시작했으며, 이렇게 맹세하고 있는 사이 예수가 끌려 자기 옆을 지나갔다. 예수는 몸을 베드로 쪽으로 돌리고 그에게 시선을 향했다. 베드로는 이 시선을 깊숙이 느꼈고, 자기 행동의 경멸스러움을 느꼈으며, 예수가 전날 밤 대화에서 했던 말, 즉 베드로가 자랑하던 결연함이 시험을 견뎌 낼 수 있는지에 대해 의심했던 예수의 말이 얼마나 옳았는지를 알아차리고서 그는 뛰쳐나가 수치와 후회의 쓰디쓴 눈물을 쏟았다.

짧은 시간 후에 밤이 지나가고, 최고 의회는 다시 모였다. 최고 의회가 예수를 사형에 해당하는 자로 인식했지만, 그런 판결을 집행하고 수행할 권리가 없었기 때문에, 이 의회는 예수를 이른 아침에 이 지역의 로마 총독인 빌라도에게 데려갔다. 그들은 예수를 그에게 넘겨줌으로써, 만약 그들의 손에 예수가 계속 있을 경우 발생할지 모를 민중들의 소요가 발생하지 않도록 하고자 했다.

배신자 유다는 예수가 사형 선고를 받는 데까지 사태가 진행되는 것을 보고서 자신의 행위를 후회했다. 그는 돈(은 30전)을 제사장에게 다시 돌려주고서 말했다. "내가 너희에게 죄 없는 사람을 넘겨 준 것은 잘못된 일이었다." 하지만 사람들은 그에게 "이것은 네 일이며, 우리는 네 행위와 아무 관련이 없다"고 대답할 뿐이었다. 유다는 돈을 성전의 모금함에 던지고는 스스로 목매달았다. 제사장들은 이 돈을 성전의 돈으로 처리하기에는 양심의 가책을 느꼈으며, (왜냐하면 이 돈은 피 값이었기 때문이다), 그래서 약간의 땅을 사서 이방인을 위한 장지로 지정했다.

최고 의회 의원들은 더럽혀지지 않기 위해 관정 안으로 들어가지 않았다. 왜냐하면 이 날은 여전히 축제일이었기 때문이다. 그래서 빌라도가 뜰 밖으로 나와 그들에게 물었다. "너희들은 어떤 죄 때문에 이 사람을 고소하여 판결을 요구하느냐?" 제사장들은 대답했다. "이 사람이 죄인이 아니라면 우리가 당신에게 데려오지 않았을 것입니다." 빌라도가 말했다. "그러면 재판을 열어 너희 법에 따라 처리해라." 이에 대해 그들은 말했다. "우리에게는 사형 집행이 금지되어 있습니다." 범죄가 사형에 해당한다는 말을 들었을 때, 빌라도는 예수에 대한 재판관이 되는 것을 거부할 수 없었다. 그래서 예수에 대한 의회의 고소 내용을 읽어보게 했다. '유대의 개념에 따르면 예수가 스스로 신의 아들이라고 고백하는 것은 신에 대한 모독이며, 의회가 사형에 해당하는 범죄로 여기는 것이다'라는 공소 사실로는 예수가 빌라도에 의해 결코 사형을 얻을 수 없다는 것을 유대의 의회는 잘 알고 있었다. 그래서 그들은 예수가 민중을 현혹하여 국가의 체제를 무시하도록 함으로써 황제에게 조세 바치는 일을 주저하게 할 뿐 아니라, 그 스스로 왕이라고 한다고 고소했다. 이런 공소 사실을 들은 후 빌라도는 관정으로 들어가, 예수를 자기 앞에 불러서 물었다. "너는 참으로 스스로 유대의 왕이라고 생각하느냐?" 예수가 그에게 반대로 물었다. "내 자신을 왕으로 여긴다는 혐의를 당신 스스로 판단해서 묻는 것입니까, 아니면 다른 사람들이 나를 그렇다고 올가미를 씌웠기에 당신이 나에게 그렇게 묻는 것입니까?" 빌라도가 대답했다. "네 민족과 대제사장이 너를 나에게 그런 죄목으로 넘겼다. 내가 민족의 왕을 고대하는 유대인이냐? 네가 무슨 일을 하였기에 그

들이 너를 그렇게 하였느냐?" 예수가 대답했다. "그들은 내가 한 왕국을 참
칭했다고 고소합니다. 하지만 이 왕국은 사람들이 일반적으로 생각하는
그런 것이 아닙니다. 이 왕국이 정말 그들이 생각하는 그런 것이라면, 내가
유대인의 손에 붙잡히지 않도록 나를 위해 싸우는 하속과 추종자들이 있
었을 것입니다." 빌라도가 이에 대해 말했다. "네가 네 왕국을 이야기하기
때문에 너는 스스로를 왕으로 말한 것이 아니냐?" 예수는 이 말에 대답했
다. "만약 당신이 그렇게 말하고자 한다면, 나는 그렇다고 말할 것입니다.
나는 그것을 위해 태어났으며, 진리를 가르치고, 진리의 추종자를 모으는
일이 세상에서의 나의 본분이라고 생각하고 있습니다. 그리고 진리를 사
랑하는 자는 나의 음성을 듣습니다." "진리가 무엇이냐?" 라고 빌라도는

진지한 문제를 근시안적으로 비웃으면서 저주하는
간신의 표정으로

되물었다. 그리고 빌라도는 예수를 자기 영혼에서는 아무 의미도 없는
한마디 말에[24] 자기를 희생하는 몽상가로 간주했다. 그리고 그는 전체 문
제를 단순히 유대 종교와 관련이 있는 문제로 고찰했으며, 시민법에 저촉
되는 범죄도, 국가의 안전을 위태하게 하는 범죄도 아니라고 판단했다. 그
는 예수를 떠나 유대인들에게 가서, 자기는 그 사람에게서 아무런 죄도 발
견하지 못했다고 그들에게 말했다. 그러자 그들은 다시금 예수가 자기 가
르침을 통해 갈릴리에서 예루살렘까지 전체 나라를 어지럽게 했다고 호소
했다. 빌라도는 그들이 갈릴리를 예수가 처음 가르치기 시작했던 지역으

---

24) 〈"한마디 말에" (für ein Wort)의 여백에 기록된 글〉 "추상에" (für die Abstraktion).

로 말한 것에 주목하여, 그가 갈릴리 사람인지를 물었다. 그가 그렇다는 이야기를 들었을 때, 그는 이 귀찮은 일에서 놓여날 수 있을 것이라는 생각에 기뻐한 것 같다. 왜냐하면 갈릴리 사람 예수는 그 지역의 제후인 헤롯의 영향 아래 있으며, 따라서 그를 축제 때문에 현재 예루살렘에 막 도착한 헤롯에게 보냈기 때문이다. 예수를 보고 헤롯은 기뻐했다. 그는 오래전부터 예수를 보고 싶어 했는데, 왜냐하면 그가 예수에 대해 많은 것을 들었으며, 그로부터 어떤 특이한 일을 직접 보고 싶었기 때문이다. 그는 예수에게 많은 질문을 했으며, 대제사장과 그 동료들은 반복하여 그를 송사했다. 예수는 그 모든 것에 대해 아무 말도 하지 않았으며, 헤롯과 그 간신들이 그를 조롱하고, 마침내 그에게 제후를 상징하는 옷을 입혔을 때도 그는 조용히 있었다. 헤롯이 그에게 어떤 것도 할 수 없다는 것을 알았기 때문에, 그리고 그에게 예수는 벌을 내릴 대상이 아니라 단지 조롱거리에 불과하다는 것을 그는 알았기 때문에, 그는 다시 예수를 빌라도에게 보냈다. 이 문제 외에, '헤롯이 갈릴리 사람인 예수에 대한 재판권을 갖는다'라고 배려한 빌라도의 태도는 이전에 단절되었던 둘 사이의 우정을 다시 회복시키는 작용을 하였다. 빌라도는 이전의 그런 당혹감에 다시 빠졌다. 그리고 그는 대제사장과 의회 의원들을 불러 모으고, 그들에게 설명했다. 즉 그들이 그에게 이 사람을 소요 주동자로 고소했지만, 그는 사형을 내릴 만한 죄를 그에게서 발견하지 못했다고. 이것은 헤롯이 내린 것과 동일한 결론이었다. 예수를 채찍질한 후 그에게 다시 자유를 주겠다고 그는 계속 말했다. 유대인들은 이 형벌에 만족하지 않고 계속 사형을 요구했다. 빌라도는 이런 모든 상황에서도 고요하게 있는 예수의 태도에 놀랐고, 유대인의 종교적 증오에 예수를 희생시키는 도구로 자신이 사용되고 있다는 생각에 이르렀다. 왜냐하면 그의 부인이 그에게 사람을 보내 예수에 대한 관심을 보였기 때문이다. 그래서 빌라도는 다른 길을 찾았다. 로마의 총독이 유월절에 유대 죄수 중 하나에게 자유와 삶을 선사하는 관례가 있었다. 예수 외에 유대인들이 강도짓과 살인 사건 때문에 고소했던 바라바라는 이름의 다른 하나의 죄수가 감옥에 있었다. 빌라도는 유대인들이 이 전통을 포기하지 않을 것이며, 살인자보다는 예수의 자유를 요구할 것이라는 희망으로 둘 사이의, 즉 바라바와 그가 예수를 조롱하며 불렀던 '유대의 왕' 예수 사이에 한 사람을 선택하도록 그들에게 선택권을 양도했다. 제사장들은 주변에 서 있는 사람들을 쉽게 설득해서, 바라바를 석방하고 예수를 죽이라고 요구했다. 빌라도가 그들에게 다시 한 번 누구를 석방하기를 원하는지 그 결정 사항을 물었을 때, 그들은 '바라바'를 소리쳤다. 원하지도 않은 채 빌라도는 소리쳤다. "내가 예수를 어떻게 하기를 원하느냐?" 그들이 소리쳤다. "그를 십자가에 달아라!" 하지만 빌라도는 다시 한 번 "그가 무슨 잘못된 일을 했느냐?"라고 물었다. 그들은 더 강하게 소리쳤다. "그를 십자가에, 십자가에 달아라!" 이때 빌라도는 예수를 채찍질하게 했고, 병사들은 가시로 만든 관을 만들어 예수의 머리에 씌웠다. 그리고 그들은 그에게 자색 망토를 입혔고, 홀笏 대신 갈대를 그의 손에 쥐어 주고는 "유대의 왕이여, 평안하소서!"라고 소리쳤으며, 그를 발로 찼다. 빌라도는 그들의 분노가 이것으로 풀어지기를 희망했으며, 그들에게 이렇게 말했다. "내가 다시 말하건대, 나는 그에게서 아무런 죄도 발견하지 못했다." 그리고 그는 그를 그곳으로 데리고 나오게 하고서 말했다. "이 사람을 보고, 이 광경을 즐겨라!" 하지만 이 광경이 그들을 누그러뜨리지 못했다. 그들은 소리치며 사형을 요구했다. "그러면 너희가 그를 데려다 십자가에 달아라. 나는 그에게서 죄를 발견하지 못했다"라고 그는 참지 못하고 소리쳤다. 이에 유대인들이 반박했다. "그는 우리 법에 따르면 사형에 해당합니다. 왜냐하면 그는 자기를 신의 아들이라고 말하기 때문입니다." 이 말은 로마의 개념에 따라 신의 아들이란 말을 이해하는 빌라도를 더욱 상념에 잠기게 했다. 그래서 예수에게 물었다. "너는 도대체 어디 출신이냐?" 예수는 이 질문에 아무 대답도 하지 않았다. 이에 빌라도가 말했다. "너는 어떻게 나에게도 대답하지 않느냐? 너의 생명과 죽음이 나의 손에 달려 있다는 것을 너는 모르느냐?" 예수가 대답했다. "나의 삶 혹은 나의 죽음이 섭리에 따라 이뤄진다 하더라도, 이것이 나를 넘겨준 자들의 죄를 감하는 것은 아닙니다." 빌라도는 점점 더 예수에 이끌려 그를 놓아주고 싶었다. 이것을 본 유대인들은 황제를 위해 일하는 충복의 역할 문제를 말하기 시작했다. 이때 그 충복의 역할이란 그들에게 참으로 씁쓸한 것이었지만, 자기들의 목적을 위해 쉽게 버릴 수 없는 것이었음에 틀림없다. 그들은 소리쳤다. "당신이 이 사람을 풀어 주면, 당신은 황제의 친구가 아닙니다. 왜냐하면 왕임을 자칭하는 자는 우리의 제후에 대한 반란자이기 때문입니다." 빌라도는 장중하게 재판석에 앉아서 예수를 데려 오게 했다. "여기 너희 왕을 보라! 내가 너희 왕을 십자가에 매달게 해야겠느냐?" "그를 십자가에 다시오! 우리는 카이사르 외에 다른 왕을 알지 못합니다." 빌라도는 소음과 소란이 점점 더 커지는 것을 보고서, 그리고 소란과 혹시 있을지 모를 소요를 두려워한 나머지, 그리고 유대인들의 완고함을 제어할 수 없다는 것을 보고서, 깨끗한 물이 담긴 용기를 가져오게 했다. 그리고 그는 민중들 앞에서 자기 손을 씻었다. 그리고는 말했다. "나는 이 정직한 사람의 피에 아무 잘못이 없다! 너희들이 이 모든 것에 책임을 져라!" 이에 유대인들이 소리쳤다. "물론이오. 그의 죽음이 우리와 우리 후손들에게 벌이 되게 하소서!" 유대인들의 승리가 확정되었다. 바라바는 풀려나고, 예수는 십자가형에 처해졌다(십자가형은 오늘날의 참수형에 비교되는 치욕스러운 로마의 사형 방식이다). 예수는 집행장에 도착할 때까지 병사들의 조롱과 학대를 받았다. 유죄 판결을 받은 자는 나무 기둥을 스스로 짊어지고 가야 했다. 그런데 예수는 기둥을 스스로 짊어지지 않았고, 옆에 서 있던 시몬이란 이름의 남자가 대신 짊어졌다. 군중의 행렬은 아주 컸다. 예수의 친구들은 감히 그의 근처로 다가가지 못했으며, 다만 멀리서 흩어진 채 형 집행을 지켜봤을 뿐이다. 그를 알고 있던 몇몇 여인들이 그에게 다가와 울면서 그의 운명을 슬퍼했다. 예수는 길가는 중에 그들을 향해 말했다. "나를 위해 울지 마라, 예루살렘의 여인들아! 너희 자신과 너희 아이들을 위해 울어라! 자식이 없는 자, 젖을 먹이지 않은 가슴, 출산하지 않은 몸이 행복하다고 칭송할 때가 올 것이다. 너희는 나에게 닥친 일을 본다. 그리고 너희는 한 민족의 정신이 문제를 어떻게 결론 맺는지 보고 있다."

예수는 두 명의 죄수와 함께 십자가에 매달렸다. 그의 십자가는 중앙에 서게 되었다. 사람들이 그를 나무에 고정시키고 있을 때(손은 못으로, 그리고 다리는 아마도 단지 끈으로 묶이기만 한 것 같다), 예수는 소리쳤다. "아버지여! 그들을 용서하십시오. 그들이 하는 일이 무엇인지 그들은 알지 못합니다!" 그의 옷은 관습에 따라 병사들이 나눠 가졌다. 빌라도는 그의 십자가 위에 히브리어와 그리스어, 그리고 라틴어로 "이 사람은 유대의 왕이다"라는 푯말을 쓰게 했다. 제사장들은 이것에 기분이 상했다. 그들의 생각에는 빌라도가 '예수 스스로 자신을 왕이라 한다'라는 내용으로 쓰게 했어야 한다는 것이었다. 전체 송사 사건 때문에 그들에게 기분이 상한 빌라도는 그들 때문에 쓴 그 패를 보고 그들이 느끼는 굴욕을 즐겁게 바라보았다. 그리고 그것을 바꾸라는 그들의 요구에 다음과 같이 말했다. "내가 쓴 대로 놔 둬라." 그 사이에 예수는 육체적인 고통 외에 상류층과 하류층으로 이뤄진 유대의 천민 근성에 의해 승리의 조롱을 받았으며, 로마 병사들의 거친 조롱도 받았다. 예수와 함께 십자가에 달린 한 범죄자 역시, 그들의 운명이 서로 같음에도 불구하고, 예수에 대해 친절하지 못했다. 그 역시 군중들이 조롱하듯 예수를 비웃었다. 하지만 다른 한 사람은, 자기의 범죄 행위에도 불구하고, 인간적인 감응과 양심을 완전히 버리지는 않았다. 그는 앞의 저 죄수에게, 이런 상황에서도 자신과 동일한 고통을 나누고 있는 사람에 대항해서 그렇게 쓸쓸하게 할 수 있는지 대꾸했다. 그리고 다음과 같이 덧붙였다. "우리의 운명은 옳다. 왜냐하면 우리는 우리 행위의 결과를 받는 것이기 때문이다. 하지만 죄도 없이 이 사람도 우리와 동일한 운명에 처해 있다!" 그리고 그는 예수에게 말했다. "당신이 당신 나라에 있을 때, 나를 기억하십시오." 이에 예수는 말했다. "우리는 곧 지복의 땅에 있을 것입니다."

십자가 밑에는 예수의 어머니와 그녀의 몇몇 친구들이 슬픔에 잠겨 서 있었다. 예수의 모든 친구들 중 요한만이 그들 곁에 서서 그들과 함께 고통을 나누고 있었다. 예수는 그들 모두를 바라보았고, 자기 어머니에게 말했다. "여기 보십시오. 제 대신 여기 아들이 있습니다." 그리고 요한에게 말했다. "이 분을 자네 어머니로 모셔 주게." 요한은 죽은 자기의 친구의 소원에 따라 그녀를 자기 집에 데려다 돌봤다.

그가 십자가에 달린 지 몇 시간이 지난 후에 그는 고통에 못 이겨 소리쳤다. "나의 신이여, 나의 신이여, 왜 당신은 나를 버리십니까?" 그가 소리 지른 후에 그는 목이 말랐고, 그래서 사람들이 스펀지에 약간의 식초를 적셔[25] 그에게 마시게 했다. 그리고 그는 말했다. "다 이루었다." 그리고 마지

---

25) 〈여백에 기록된 글〉 λεγων αφετε —가만 두어라. 그를 더 이상 고통스럽게 하지 마라. 그가 너무 일찍 죽을지 모르니까. 우리는 그저 엘리야가 와서 그를 도와주나 보기나 하자. (「마가복음」 15장 36절)

막으로 크게 외쳤다. "아버지여, 나의 정신을 당신의 손에 맡깁니다"라고
말하고는 고개를 떨어뜨리고 고인이 되었다.

사형 집행을 관장한 로마의 장교조차 예수가 죽을 때 보여 준 그 침착
함과 변함없는 위엄에 놀랐다. 그의 친구들은 그들의 귀중한 선생의 종말
을 멀리서 바라봐야 했다.

십자가에 달린 사람은 서서히 죽어 가기 때문에, 또한 종종 여러 날 기
둥에 매달려 살아 있기 때문에, 그리고 다음 날은 유대인들의 가장 큰 명절
이기 때문에, 유대인들은, 내일도 몸뚱이가 십자가에 달려 있게 하지 않기
위해, 빌라도에게 저 죄인들의 다리를 부러뜨려 치워 달라고 부탁했다. 예
수와 함께 처형당한 두 죄인에게는 이 일이 발생했는데, 왜냐하면 그들은
아직 살아 있었기 때문이다. 하지만 사람들은 예수에게 이것을 하는 것이
불필요하다고 생각했다. 그들은 단지 창으로 그의 옆구리를 찔렀고, 그곳
에서 물(임파액)이 피와 섞여 흘러 나왔다. 예루살렘의 최고 의회의 의원이
자 예수의 알려지지 않은 친구인 아리마대 사람 요셉이 빌라도에게 가서
예수의 시체를 달라고 요청했다. 빌라도는 이것을 허락했다. 요셉은 예수
의 다른 친구인 니고데모와 함께 죽은 몸을 가져와, 미르라 향과 알로에로
바르고, 그를 세마포로 쌌다. 그리고 그는 자기 동산의 바위를 파서 만든,
법 집행 장소에 가까이 있는 자기의 가족묘에 그를 안장했다. 그렇게 함으
로써 그들은 죽은 사람과 관련 있는 일이 금지되어 있는 축제가 시작되기
전에 모든 준비를 마칠 수 있었다.(1795년 7월 24일)

기독교의
실정성

1. 기독교의 실정성[1] (1795/96)

[2] 우리는 기독교에 대해, 그것이 어떤 종류의 것이든, 극단적으로 서로 모

---

1) [옮긴이] H. 놀의 편집본 152~213쪽. G. 쉴러의 문집 Nr. 53. 비평본 32번째 텍스트(281~251쪽).

실정성(實定性, Positivität)은 청년기 헤겔의 가장 중요한 비판적 개념에 속한다. 그것은 굳어 있고 딱딱한 객관성을 지칭하는 말로서 주관이 개입할 가능성이 없는, 아니 오히려 주관을 억압하는 객관의 특성을 의미한다. 유대교의 율법, 기독교의 교리, 억압적인 법 등이 헤겔에 따르면 대표적인 실정적 대상들이다. 이것들은 인간에 의해 정립(positum)되었지만 인간을 도리어 억압하는 딱딱하고 완고한 대상이 되었다. 바로 이런 점에서 이 개념은 개념사적으로 이후 맑스의 '소외' 개념으로 연결된다. Positivität의 이러한 성격 때문에 혹자는 그것을 '율법성' 내지는 '경직성'으로 번역한다. 또 혹자는 '실증성'이라고 번역하기도 하는데, 이 번역은 Positivismus를 '실증주의'로 번역하는 데 착안한 것일 것이다. 이런 번역들이 모두 잘못되었다고 할 수 없으나, 옮긴이의 생각에 Positivität를 일면적으로 고찰한 느낌을 준다. '율법성'이나 '경직성'이 그 개념의 내용적 측면에 주안점을 주고 있기는 하지만, '정립하다'라는 그 근원적 의미가 이 번역에서 보이지 않으며, '실증적'이라는 말은 경험적 증명 가능성과 관련 맺고 있는 다분히 긍정적인 단어이다. 이런 이유 때문에 옮긴이는 이 단어를, 자주 상용되는, '실정성'으로 번역할 것이다. 이때 이 번역은 "실제적인 것, 하지만 정립된 것"을 의미하게 될 것이다. '실제적인 것'은 객관성을, '정립된 것'은 그것이 주체의 산물임을 보여 준다. 즉 실정성은 주체가 관여할 수 없을 만큼 완고해 보이는 객체도 사실은 주체와 관계 맺고 있음을 보여 준다. 이것은 변증법적 사유로 나아가는 헤겔의 통찰력의 첫 단계를 보여 준다. 참고로 헤겔 초기에 이 단어는 '자연성'(Natürlichkeit), 예를 들어 '인간의 욕구', '삶' 등과 대립되며, 헤겔 후기에는 '부정성'(Negativität)과 대립된다.

2) [옮긴이] 수고의 첫번째 쪽은 분실되었다. 하지만 문맥을 통해서, 그리고 특히 헤겔이 1800년에 이 글을 새롭게 다듬고 보충한 원고를 통해서 소실된 이 부분을 재구성할 수 있을 것이다. (이 책 「기독교의 실정성의 개정판」 참조.)

순되는 견해들을 제시할 수 있다. 많은 사람들은 나름대로 정당한 근거를 제시하면서 상대편의 기독교관에 문제가 있음을 지적한다. 즉 그들은 어떤 한 주장이 기독교의 이런 또는 저런 체계에는 맞아떨어질지 모르지만, 그것이 기독교 자체는 아니라고 말한다. 모든 사람들은 자신의 기독교 체계만을 기독교로 여기며, 다른 사람들에게 그것만을 받아들이도록 요구한다. 이성과 도덕성을 시금석으로 삼고 민족정신과 시대정신을 설명의 보조 수단으로 삼아 기독교를 다루는 것이 오늘날 유행하는 기독교 취급 방식인데, 이러한 방식을 우리 시대의 저명한 인사들은 서로 전혀 다르게 평가하고 있다. 명쾌한 이성적 인식과 선한 의도를 지닌 우리 시대의 저명인사 일부는 이러한 기독교 상像을 인간성의 목표인 진리와 덕으로 이끌기 위한 훌륭한 계몽으로 간주한다. 이에 반해 전자와 동일한 수준의 학식과 선의를 가지고 있을 뿐 아니라 세기의 명망과 공개적인 권력의 보호를 받고 있는 다른 부류의 저명 인사들은 이러한 기독교 관을 완전한 타락으로 간주한다.

그런데 여기서 이 글이 다루고 있는 기독교 취급 방식은 어떤 특정한 관점에서 보면 더욱더 불쾌한 것으로 보일 수 있다. 다른 말로 하면 다음과 같다. 기독교 체계에는 (교권적인 ─ 옮긴이) 신학자에 의해서도, 그것이 작위적인 것이건 오래전에 사라져 버린 것이건 간에, 기독교의 환영幻影으로 간주되는 것들이 있다. 그런데 사람들 중에는 그런 환영을 문제삼는 것이 아니라, 많은 사람들에게 경외와 숭배의 대상이 되고 있는 기독교의 본질적인 체계의 측면 자체를 문제 삼는 자가 있을 수 있다. 이때 사람들은 그가 기독교에서 중요한 것이 무엇이며, 어디까지가 신성불가침의 영역인지를 전혀 모른 채 어두운 기만 속에 처해 있다고 말하면서 그를 단순히 동정하고 말 것이다. 그는 그들의 이러한 자비에 만족해하면 된다.

따라서 이 글의 첫머리에 신앙고백을 늘어놓는 것이 만족스러운 설명을 위한 방책이 될 수는 없을 것이다. 더군다나 신앙고백을 늘어놓는 행위는 사태 자체Sache selbst를 풍부한 근거를 가지고 설명함으로써 그 내용을 충분히 정당화시키고자 하는 이 글의 목표에 대립되기조차 한다. 그런 무미건조한 묘사는 저자가 자기의 개인적인 확신을 중요한 것으로 간주하여, 자기의 개별성을 전체의 관점에서 파악하기라도 한 것 같은 사념思念을 불러일으키게 한다. 사태 자체와 관련되어 있다는 것은 여기에서 다음의 사실들을 주목한다는 것이다. 1. 기독교의 상이한 형식들, 변형태들 그리고 정신 등에 대한 모든 판단의 근저에 기독교의 근본 원리가 놓여 있다는 것. 2. 모든 참된 종교와 우리 종교의 목적과 본질은 인간의 도덕성이라는 것. 3. 기독교의 모든 특수한 가르침, 전파를 위한 모든 수단, (믿음의 의무이건 아니면 자발적인 행위의 의무이건 간에) 모든 의무 등, 이 모든 것은 저 목적과 얼마나 밀접하게 연결되어 있는가에 따라서 그 가치와 신성함이 측정된다는 것.

유대교의 상태―예수

유대인들은 최고의 지혜로부터 그들의 법을 이끌어 냈으며, 그들의 정신은 율법적 명령의 부담에 강하게 억눌려 있었다. 이 율법은 일상의 모든 행위들에 대하여 아주 세세하게 규칙을 정해 주고 있으며, 민족 전체가 금욕적 질서의 세계관을 갖도록 만들었다. 이러한 체계로 인해 가장 신성한 신에 대한 봉사와 덕이 죽어 있는 공식 속에 타율적으로 억눌리게 되었다. 그들 스스로 만들지 않은 법에 대해 이렇게 노예적으로 복종하는 가운데 유대의 정신에 남아 있는 것은 (유일한 선민選民이라는―옮긴이) 자존심밖에 없었다.

그러나 국가가 외세에 의해 지배됨으로써 이러한 유대의 정신은 깊은 상처를 받고 비참하게 되었다. 이러한 비참한 상황 속에서도 자립심을 포기하거나 부정하지 않은 유대인들, 죽어 있는 기계처럼 되지 않으려고 노력한 유대인들이 있었다. 그리고 그들 중에는 기계적인 노예 상태에 자만하며 살기보다는 더 고귀한 희열의 욕구를 간직한 사람들도 있었다. 또한 그들 중에는 자기의식도 없이 현존상태에, 즉 사소하고 기계적이며 비정신적인 일상생활에 수도승처럼 삶을 열중시키기보다는 자유로운 활동을 욕구한 사람들도 있었다. 그들 중에는 또한 다른 민족과의 교류를 통해 인간 정신의 보다 아름다운 정수精髓를 배우기도 했을 것이다. 에세네파 사람들은[3] 스스로 보다 독립적인 형태의 덕을 발전시키고자 했고, 세례 요한은 원인과 결과가 서로 전도되어 있는 도덕적 타락에 용감하게 대면하였다.

장성할 때까지 자기 자신의 도야에 힘을 쏟았던 예수는 그와 동시대의 사람들이 앓고 있던 전염병에 전혀 걸려 있지 않았다. 일반적으로 사람들은 일상적인 삶의 욕구와 평안함 속에서 생활할 경우 자기 자신의 자발적 활동성이 생겨나기 힘든데, 예수는 그런 일상의 관성慣性의 제약으로부터도 자유로웠다. 그리고 그는 또한 결과의 쾌락을 생각하여 편견이나 악과 타협하게 하는 야망이나 욕망에서도 자유로웠다. 그는 종교와 덕을 도덕성에로 고양하여 도덕성의 본질인 자유를 회복시키고자 했다. 왜냐하면

---

3) [옮긴이] 에세네파. 예수가 살던 당시 바리새파, 사두개파와 함께 유대교의 3대 종파 중 하나. 로마의 속국으로 전락한 유대의 운명을 대하는 방식이 각 파마다 달랐는데, 에세네파는 바리새파의 종교적 형식주의나 과격한 민족 해방론자들과 거리를 취하면서 자기들만의 공동체 속에서 메시아를 기다렸다. 그들은 광야에서 엄격한 공동체 생활을 하였고, 회원 상호간의 형제애를 무엇보다 중요시하였다. 세례 요한뿐 아니라 예수 역시 이 공동체의 일원이었을 것이라는 추측이 있다.

각 민족은 전통적인 민족적 특질, 먹고 마시는 고유한 양식 그리고 생활양식에 있어서 그들만의 고유한 습관 등을 가지고 있는데, 이를 통해 본성상 자유를 내포하고 있는 도덕성이 그러한 풍습의 체계로 물들여져 있기 때문이다.

예수는 그의 민족의 경전經典에서 도덕 원리들을 불러내어 상기시켰다. (예수는 지고至高의 도덕 원리를 그 경전에서 가져왔을 뿐, 그 원리에 새로운 것을 부과하지 않았다. 「마태복음」 22장 36절은 이를 잘 보여 준다. 이 구절을 「신명기」 6장 6절, 「레위기」 19장 18절, 「레위기」 18장 5절 등과 비교해 보라. 그러나 「마태복음」 7장 12절과 "그러므로 … 같이 너희도 온전하라"라고 기록되어 있는 「마태복음」 5장 48절은 — 악한 사람에게도 영리함이 무엇인지 판단할 수 있게 하는 규준으로 응용될 수 있을 만큼 — 너무 넓은 외연을 가지고 있어서, 이것은 도덕 원리로 제시될 수 없다. 그리고 신을 그들의 정치적 입법자로 만든 유대교 같은 종교가 순수 도덕적 원리들을 하나도 내포하고 있지 않다면, 이것은 얼마나 이상한 일이겠는가.)[4] 그리고 도덕성과 직접적인 관련이 없는 그들의 제례 의식, 그들이 법을 피하기 위해 고안한 수많은 핑계거리들, 그리고 법을 문자 그대로 준수하면서 얻게 되는 양심의 평안함, 즉 인륜에 복종하기보다는 희생 제물과 여타 성스러운 행동 양식들을 기계적으로 따라가면서 얻게 되는 양심의 위안 등을 예수는 비판하고 있는데, 이러한 평가는 그가 바로 그러한 도덕 원리에 입각했을 때 가능하였다. 예수는 사람이 단순히 아브라함의 후손이라는 데 신적인 가치가 있는 것이 아니라, 도덕성이 신적인 가치의 척도라고 생각했다. 그는 내세의 삶의 복을 나누어 가질 수 있는 요소를 도덕성에서 발견했다.

예수는 덕스러운 심성의 가치를, 그리고 외적이고 종교적인 의식을 위한 위선적이고 정밀한 행동의 무가치함을 그의 고향인 갈릴리에서뿐 아니라 유대주의 중심이 되는 예루살렘에서도 민중들에게 공개적으로 가르쳤다. 특히 그는 전체 민중에게 영향력을 행사할 수 있도록 그를 지지해 준 몇몇 사람들과 좀 더 친근한 관계를 유지했다. 그러나 그의 가르침, 즉 타성, 체념 그리고 외적인 헌신 등에 대한 그의 투쟁은 그들 민족정신에 깊이 뿌리박힌 자존심, 믿음과 율법을 지켜가는 사람들의 완강한 저항 그리고 전체 제도와 뒤엉켜 있는 위선과 외식外飾이라는 통일된 힘 등, 그것들 앞에서 성공할 수 없었다. 예수는 도덕성을 민중의 종교적 삶으로 가져오고자 한 그의 계획이 완전하게 파산되었음을 보고서, 그리고 단지 몇 사람에게라도 보다 고귀한 희망과 보다 훌륭한 신앙을 갖게 하려는 그의 노력이 만족스럽지 못한 결과를 가져온 것을 보고서 커다란 고통을 맛보았다. (「마태복음」 20장 20절. 요한과 야고보가 예수와 몇 년간 교제하고 난 이후에도 여전히 예수의 진의를 깨닫지 못하고 엉뚱한 요구를 한 사건.[5] 「사도행전」 1장 6절.

---

4) [옮긴이] 「마태복음」 22장 36절 이하. "선생이여, 율법 중에 어느 계명이 크니이까? 예수께서 가라사대 네 마음을 다하고 목숨을 다하고 뜻을 다하여 주 너의 하나님을 사랑하라 하셨으니, 이것이 크고 첫째 되는 계명이요, 둘째는 그와 같으니 네 이웃을 네 몸과 같이 사랑하라 하셨으니 이 두 계명이 온 율법과 선지자의 강령이니라."
「신명기」 6장 6절. "오늘날 내가 네게 명하는 이 말씀을 너는 마음에 새기고." 헤겔은 본문에서 「신명기」를 '두번째 모세의 책'으로 기록하고 있으나 이는 실수이다. 그것은 「출애굽기」이고 「신명기」는 '다섯번째 모세의 책'이다.
「레위기」 19장 18절. "원수를 갚지 말며, 동포를 원망하지 말며, 이웃 사랑하기를 네 몸과 같이 하라. 나는 여호와니라."
「레위기」 18장 5절. "너희는 나의 규례와 법도를 지키라. 이를 행하면 그로 인하여 살리라. 나는 여호와니라."
「마태복음」 5장 48절. "그러므로 하늘에 계신 너희 아버지의 온전하심과 같이 너희도 온전하라."
「마태복음」 7장 12절. "그러므로 무엇이든지 남에게 대접을 받고자 하는 대로 너희도 남을 대접하라. 이것이 율법이요 선지자니라."
5) [옮긴이] 「마태복음」 20장 20~21절. "그때에 세베데의 아들의 어미가 그 아들들을 데리고 예수께 와서 절하며 무엇을 구하니, 예수께서 가라사대 무엇을 원하느뇨, 가로되 이 나의 두 아들을 주의 나라에서 하나는 주의 우편에, 하나는 주의 좌편에 앉게 하소서".

예수가 지상에 존재하던 마지막 순간에조차, 소위 승천하기 직전의 마지막 순간에조차 제자들은 예수가 이스라엘을 회복할 것이라는 전통적인 유대인의 희망을 포기하지 않았다.[6]) 예수 자신은 제사장들의 증오와 유대 민중의 비뚤어진 민족적 허영심의 희생자가 되고 말았다.

실정적인 요소는 어디에서 발생하는가?

우리는 그러한 교사(예수―옮긴이)가 어떻게 하여 실정종교, 즉 권위에 근거하고 있어서 인간의 가치를 전혀 담보해 내지 못하는 종교, 또는 적어도 도덕성에 기반하지 않는 종교를 창조하고자 했다고 할 수 있겠는가! 그는 기존 교회 자체를 비판한 것이 아니라 종교가 제정한 관습을 잘 준수함으로써 도덕법이 완성될 수 있다고 주장하는 도덕적 미신에 대항하였던 것이다. 또 그는 '권위에 근거한 덕'을 (이 말은 무의미하며 그 자체 직접적인 자기 모순이다) 주장한 것이 아니라 인간 자신의 존재에서 터져 나오는 '자유로운 덕'을 주장하지 않았던가! 이런 의미에서 예수는 순전히 도덕종교의 교사였지 실정종교의 교사는 아니었다.

그는 본래 기적을 가르치려고 의도하지 않았다. 왜냐하면 그의 가르침은 관찰된 사실에 의존하는 것이 아니기 때문이다. 그런 기이한 현상들은 아마도 도덕성에 눈먼 민중들을 일깨우기 위하여 사용되었을 것이다. 이러한 관점에서 그 시대에 널리 퍼져 있던 많은 표상들, 예를 들면 메시아 대망待望 사상, 부활 형상이 가지는 불멸성에 대한 표상表象, 그리고 치명적

---

6) [옮긴이] 「사도행전」 1장 6절. "저희가 모였을 때에 예수께 여짜와 가로되 주께서 이스라엘 나라를 회복하심이 이때이니이까 하니."

이고 치료 불가능한 병을 악한 존재의 활동으로 묘사하는 관념 등을 예수
는 하찮은 것으로 간주하였다. 왜냐하면 한편으로는 그러한 사상들이 도
덕성과 직접적으로 연관되어 있지 않았기 때문이며, 또 한편으로는 그러
한 것들에 보다 고귀한 개념을 부여하고 싶었기 때문이다. 그것들은 시대
이념으로서 종교의 내용에 속하는 것이 아니다. 왜냐하면 종교의 내용은
영원하고 변경 불가능한 것이어야 하기 때문이다.

예수의 가르침은 실정적인 것이 아니며, 그는 그의 권위에 근거하여
어떤 것을 설립하고자 하지 않았다는 주장에 대립되는 두 가지 견해가 있
다. 그들은 기독교가 물론 덕의 원리를 포함하고 있지만, 기독교는 또한 도
덕성이 아니라 예배, 강림, 종교적 행위 등을 통해 신의 은총을 얻고자 하는
실정적 규율도 포함하고 있다고 하는 데서 상호 일치한다. 그러나 한편에
서는 순수 종교 속에서는 그러한 실정적 요소가 비본질적이며 심지어 나
쁜 것이기까지 하다고 주장하며, 이러한 이유 때문에 예수의 종교를 덕의
종교의 테두리에 두려고 하지 않는다. 또 한편에서는 이러한 실정적 요소
속에서 예수 종교의 탁월성을 발견하며, 그러한 것을 인륜성의 원리만큼
이나 신성불가침하다고 주장한다. 그들은 후자(인륜성의 원리)를 전자(실
정적 체계)로부터 이끌어내며 때때로 후자보다는 전자에 훨씬 더 중요성을
부여한다.

예수 종교가 어떻게 실정적으로 되었는가 하는 질문에 대해 두번째 부
류의 사람들은 쉽게 대답할 수 있다. 왜냐하면 그들은 실정종교의 요소가
예수의 입술에서부터 기원하며, 그 자신의 권위에 의하여 그의 모든 가르
침과 덕의 규율들을 믿으라고 명령한 데서 나왔다고 말하면 되기 때문이
다. 이 사람들은 『현자 나탄』에서 시타가 기독도에게 한 말을 비난으로 여
기지 않는다.

그 설립자 때부터

인간성을 [미신 또는] 신앙 위에 양념으로 쳐 놓은 것.

그것을 기독교인들은 사랑한다. 그것이 인간적인 것이기 때문이 아니라,

그것을 그리스도가 가르쳤기 때문에, 그리스도가 그렇게 행했기 때문

에.[7]

이러한 부류의 사람들은 실정종교가 아주 광범위하게 받아들여질 수 있었던 이러한 현상을 다음과 같이 설명한다. 즉 그들은 어떤 종교도 이 종교(기독교)만큼 인간의 욕구에 부합하지 않는다고 주장함으로써 이 현상을 설명한다. 왜냐하면 이 종교는 실천이성이 제기했지만 그 스스로 풀 수 없었던 문제들, 예를 들면, '가장 훌륭한 사람들조차도 그들이 죄에서 자유롭지 못하기 때문에 자신의 죄를 용서해 달라고 소망할 수밖에 없다' 등과 같은 문제들을 만족할 만하게 설명해 주기 때문이다.

이러한 당연한 문제가 실천이성의 요청이라는 문제로 고양되었으며, 전에는 이론적인 과정으로 추구되었던 것, 즉 추론된 논의에 의해 기독교의 진리성을 획득하고자 했던 것이 이제는 소위 실천이성을 통해 증명된다. 그럼에도 불구하고, 잘 알려져 있다시피, 오늘날 존재하는 기독교의 체계는 수세기 동안 이루어진 작품이며, 개별적인 교리들을 결정해 감에 있어서 교리 결정자들인 교부들이 항상 인식, 중용 그리고 이성에 의해 이끌렸던 것은 아니다. 또한 심지어 기독교가 최초에 채택될 때 순수한 사랑이

---

7) Lessing, *Nathan der Weise*, II, 1, 869ff.

"Was noch von ihrem Stifter her / Mit Menschlichkeit den (Aber-)glauben würzt, / Das
lieben sie, nicht weil es menschlich ist: / Weils Christus lehrt, weils Christus hat getan."

결정적 동기로 작용한 것이 아니다. 적어도 어느 정도까지는 매우 복합적인 동기가 작용했는데, 그 동기들이란 일반적으로 미신의 기초를 이루는 불경스러운 고려, 순수하지 않은 정열 그리고 다른 정신적 욕구 등이었다.

그러므로 기독교의 기원을 설명하고자 할 때, 우리는 외적인 환경과 시대정신이 그 형태를 발전시켜 가는 데 영향을 미쳤다고 하는 사실을 받아들여야 한다. 이러한 영향 관계를 연구하는 것이 교회사敎會史, 더 엄격히 갈하면 교리사敎理史의 목표가 된다. 지금의 문제 상황에서 역사를 인도해 나가는 손을 추적하고 싶은 생각은 없다. 더군다나 교회에 의해 채택된 교리 정립 과정을 더 상세하게 연구하고 싶은 생각도 없다. 우리는 여기에서 한편으로는 예수 자신의 종교의 근원적인 형태를, 또 한편으로는 시대정신을 탐구하고자 한다. 왜냐하면 그러한 것 속에 덕의 종교로서의 기독교의 특성이 초창기에 잘못 받아들여져서 처음에는 그러한 덕의 종교가 종파로, 나중에는 실정적인 신앙으로 변하게 될 가능성이 이미 내재해 있기 때문이다.

덕의 본질과 신 앞에서의 정당성인 정의의 본질은 단순히 모세 율법을 순수하게 추종함으로써 실현되지 않는다는 사실을 예수는 유대인들에게 확신시키려고 했다. 위에서 제시한 예수의 상像은 모든 기독교 공동체들에 의해 정당하게 받아들여진다. 비록 그들이 매우 불완전하게 공표하고 있긴 하지만 말이다.

'예수에 의하여 공표된 도덕법까지도 실정적이다'라는 주장, 즉 '도덕법의 타당성은 예수 자신이 그것을 명령했다는 사실에서 나온다'는 주장이 있는데, 이 주장은 인간의 비천함을, 그리고 인간 본성의 고유한 선과 고귀함, 그리고 위대함의 포기를 보여 주고 있지만, 이 주장은 적어도 '인간이 신적인 명령에 복종해야 할 자연적인 의무감을 가지고 있다'라고 전제

했어야만 했다. 만일 덕이 도전받을 때, 우리 마음속에 그 도전에 대항하고자 하는 어떤 반응도 일어나지 않는다면, 따라서 그러한 외침이 우리 자신의 본성과 조화롭게 맞아떨어지지 않는다면 인간을 덕으로 교화시키려 했던 예수의 노력은 파두아의 성 안토니우스가 물고기에게 설교했던 열정과 전혀 다를 바 없을 것이다.[8] 성 안토니우스는 자신의 설교와 물고기의 본성이 서로의 한계 때문에 만날 수 없다는 것을 알면서도 '하늘에 계신 자'의 도움으로 그들 사이에 어떤 영향이 생겨날 것이라고 믿었다. 어쨌거나 여기서 우리가 다루어야 할 문제는 어떻게 도덕법까지도 실정적인 것으로 간주되었는가 하는 것이다.

이러저러한 실정적 교리가 어떻게 기독교 속으로 침입해 들어왔는가, 그러한 교리 체계에 점차로 어떠한 변화가 일어났는가, 그리고 이러저러한 교리가 전체적으로 실정적인가 부분적으로 실정적인가, 또는 이성으로 순수하게 인식 가능한 것인가를 탐구하는 것이 이 글의 의도는 아니다.[9] 따라서 우리는 예수의 종교에서 이 종교를 실정적인 것으로 이끌게 된 것이 무엇인지를 다룰 것이다. 이 종교를 실정적인 것에로 이끈 계기는 예수의 종교가 이성에 의해 요청되지 않은 것을, 심지어 이성에 모순되는 것을 포함하고 있기 때문이거나, 아니면 비록 이성과 일치한다고 해도 신앙을 권위 위에만 세우려고 하는 데 존재한다.

하나의 종파는 일반적으로 다른 종파와는 구별되는 상이한 교설敎說

---

8) [옮긴이] 성 안토니우스 파두아(Antonius von Padua, heiliger, 1195~1231). 프란시스코 수도회의 수도승이자 대중 설교가. 그는 파두아와 그의 출생국인 포르투갈의 수호성인으로 추대된다. 거주민들뿐 아니라 물고기들까지도 경청할 만큼 그의 설교는 뛰어났다고 한다.
9) [옮긴이] 이 책에 수록된 「기독교의 실정성」의 개정판(1800년)에서는 이 문장까지 내용의 수정이 있었다. 이후 부분("따라서 우리는…")은 개정판에 수정 없이 수록되었다.

과 견해, 즉 일반적인 가르침과는 다른 교설, 또는 다른 것들과는 구별되는 자기들만의 교리教理를 전제하고 있다. 인간에게 의무와 덕이 본질적으로 무엇인지를 문제 삼는 종파, 그리고 신의 표상은 어떠한지를 문제 삼는 종파를 철학적 종파라고 부를 수 있다. 이때 철학적 종파는 추론 과정에서 나타나는 오류를 영원한 형벌에 처해질 것으로, 그리고 무가치한 것으로 여기지 않고, 오히려 인륜성人倫性의 타락을 그러한 형벌이나 무가치함과 관계시킨다. 그리고 그들은 환상이 살아 있는 민족 종교를 사유하는 인간에게 무가치하다고 생각하지만, 그 종교를 비난받을 것으로 여기지는 않는다.

철학적 분파와 대립되는 것은 종교적 분파가 아니라 실정적 분파이다. 여기서 실정적 분파는 인륜성을 고려하지 않으며, 이성과 상관없이 민족의 환상에 기반하고 있는 신앙의 대상을 도덕성에 비본질적이라고 말하는 대신, 그것을 죄라고 단정하여 그것으로부터 자신을 보호하거나 아니면 이러한 실정성의 위치에 다른 실정성을 가져다 놓을 뿐이다. 이 실정적 분파는 믿음을 (철학적 종파에서 최고의 가치로 여겨지는─옮긴이) 인륜성과 동등한 가치와 지위를 갖는 것으로 여긴다. 그래서 믿지 않는 자들이 도덕적으로 죄가 없다고 하더라도(이때 죄란 용어는 도덕적인 믿음에서가 아니라 실정적인 믿음에서 사용될 수 있는 용어이다), 이 분파는 그들이 믿지 않는다는 이유로 그들을 도덕적으로 사악한 자들과 동일하게 여긴다. 원래 이러한 유의 실정적 분파에 '분파'라는 명칭을 첨부하는 것이 적합하다. 왜냐하면 분파라는 이름은 그 자체가 원래 부정적인 의미를 갖는 것이며, 철학적 분파는 '저주'나 '너그럽지 못함' 등과 같은 부수적인 이념을 간직하고 있는 그런 이름을 거부하기 때문이다. 더 나아가 그런 실정적 분파는 일상적인 의미의 종교적 분파라고 불려져서도 안 되는데, 왜냐하면 종교의 본질은 실정적인 것과는 완전히 다른 것이기 때문이다.

이 두 종류의 분파 사이에 제3의 분파가 놓일 수 있다. 이 제3의 분파는 의무와 신의 의지에 대한 믿음과 인식을 실정적 원리로 받아들여 그것을 성스럽게 여기고 신앙의 기초로 간주하기는 하지만, 신앙에 있어서 본질적인 것은 실정적인 가르침이나 명령되어진 행위가 아니라 덕의 명령이라고 주장한다.

예수의 가르침은 이 세번째 부류에 속한다. 예수는 유대인이었고, 그의 신앙과 복음의 원리는 유대의 전통이 그에게 전승해 준 것과 똑같은 신의 계시된 의지였다. 동시에 그의 신앙과 복음의 원리는 의무와 권리에 대한 자기 마음에서 나온 살아 있는 감정이었다. 그는 신의 자비의 근본적인 조건을 이런 도덕법의 추구에 두었다. 그런데 이런 가르침에 여러 가지 다른 요소들이 첨가되었는데, 이 가르침을 개별 사건에 응용하고 가공된 예(비유)들을 열거하는 가운데 이 요소들은 신앙을 권위 위에 정초하는 데 기여하였다.

예수는 자기에 대해 많은 것을 이야기한다

덕을 가르치고 그의 시대의 도덕적 타락에 맞서 투쟁하는 사람에게 그 자신의 도덕성은 무엇보다 중요하게 여겨지며, 그에게 지고의 도덕성이 없다면 그의 가르침은 입술에서 떨어지자마자 식어서 죽게 될 것이다. 그래서 진리 자체를 추천하고 전달하기 위해 필요한 것보다 그 진리를 말한 선생의 인격을 더 중요하게 만드는 상황이 발생했다.

예수는 따라서 자기 자신에 대해, 자기의 인격에 대해 아주 많이 말할 필요가 있었다. 그가 그렇게 할 수밖에 없었던 이유는 그것이 그의 민족에게 접근할 수 있는 유일한 길이었기 때문이다. 그들의 예배법, 정치와 시민법 등, 그들의 전체 체제는 그들이 그것들을 신으로부터 받았다는 확신의 다른 표현이다. 이것은 그들의 자랑이었다. 이 믿음은 더 이상의 모든 사변思辨의 싹을 잘랐으며, 그들의 사변을 오로지 그들의 성서 연구에만 제한하였다. 그리고 그들은 덕을 이러한 권위적인 명령에 대한 맹목적인 순종으로 정의하였다.

예수는 이러한 권위적 명령에 새로운 주석을 달고자 하는 것 이상으로 그의 민중들에게 영향력을 미치고 싶어했으며, 규율화된 교회 신앙이 얼가나 불충분한가를 납득시키고자 했다. 그래서 그 교사는 필연적으로 자기의 주장을 동일한 권위에 근거시킬 수밖에 없었다. 유대 민중의 이성에 호소하고자 하는 시도는 물고기에게 설교하는 것과 다를 바 없었다. 왜냐하면 유대인들은 그러한 도전을 받아들일 수 있을 만큼 그렇게 이성적이지 않았기 때문이다. 물론 확실히 예수는 도덕적 심정에 대해 가르칠 때 인간 내면의 억누를 수 없는 도덕적 규율의 외침, 즉 양심의 외침의 도움을 받았다. 그리고 이러한 외침 자체는 교회 신앙이 그들의 생각보다 훨씬 덜 중요한 것이라고 생각하게 만드는 데 영향을 미쳤다. 하지만 도덕의 감정이 교회 신앙의 방향에 완전히 수용되어 그것과 완전히 혼합되어 있을 경우, 교회 신앙이 마음의 유일한 지배자일 경우, 그리고 모든 덕이 그 신앙에 근거하고 있어서 잘못된 것이 그것으로부터 튀어나올 경우 그 교사가 할 수 있는 일이란 이 신앙과 동등한 권위, 즉 신적인 권위로 자신의 가르침을 그 교회 신앙과 대립시키는 것이다. 그래서 예수가 그의 가르침에 주의하라고 요구했을 때, 그 이유는 그 가르침이 우리 정신의 도덕적 욕구에 부합도기 때문이 아니라 신의 의지이기 때문이다.

그의 말과 신의 의지를 일치시키는 진술들, 예를 들어 "나를 믿는 자는 아버지를 믿는 것이다", "나는 아버지가 나에게 가르쳤던 것 외에 아무것도 가르치지 않는다"(이것은 특히 성 요한이 계속 가지고 있었던 생각들이다) 등과 같은 진술들은 그에게 권위를 부여하였는데, 이러한 권위가 없었다면 예수는 그 시대 사람들에게 덕의 가치에 대한 위에 진술된 표상表象을 전혀 설득력 있게 전달하지 못했을 것이다. 그는 자신과 신 사이의 관계를 의식하고 있었으며, 그는 우리 마음속에 묻혀 있는 법만이 직접적인 신의 계시 내지는 신의 섬광이라고 주장하고 싶어했으며, 따라서 그는 그의 가르침과 신의 의지를 의식적으로 일치시키고 있었다.

인간이 자기 자신의 고유한 힘과 자유를 얼마만큼이나 양도해 버릴 수 있는지를 일상의 예에서 우리는 자주 본다. 또한 이성의 사슬에 얽매일 수록 고통은 그만큼 더 크며, 따라서 영원한 보호 아래 자발적으로 복종하는 것이 인간에게 훨씬 행복하다고 하는 진술들을 역시 일상 생활에서 자주 경험한다. 덕의 종교를 추천했던 예수는 또한 덕의 종교의 교사로서 스스로 활동해야만 했으며, 자기 인격에 대한 믿음을 요구했다. 왜냐하면 적어도 그의 이성 종교는 실정적인 것에 대립하기 위해 자기 인격에 대한 믿음을 필요로 했기 때문이다.

예수는 자신을 메시아라고 한다

예수 종교가 실정화한 또 다른 원인은 메시아 대망待望 사상이다. 메시아는 여호와의 전권 대사로서의 힘을 구비하고 있으며, 유대 국가를 그 기초부터 새롭게 재건할 수 있을 것이라고 믿어지는 존재이다. 정경正經 속에 기록되어 있는 말씀과는 다른 새로운 말씀을 전할 수 있는 존재는 메시아밖에 없다고 유대인들은 생각했다. 그들과 대부분의 예수 동료들이 예수의 말을 경청한 이유는 대부분 예수가 바로 그 메시아이며, 따라서 곧 그가 영광 속에서 메시아로 드러날 것이라는 가능성에 근거하였다.

예수는 그들을 정면으로 논박할 수 없었다. 왜냐하면 그들의 이러한 미신을 이용하는 것이 그들의 마음속으로 들어가기 위한 불가피한 조건이었기 때문이다. 그러나 그는 그들의 메시아 대망 사상을 도덕의 영역으로 이끌고자 했으며, 그의 영광의 출현의 시기를 죽음 이후의 시기로 설정하였다. 나는 위에서 그의 제자들이 어떻게 이 믿음에 이끌렸는지 회상했었다. 여기에 예수가 자기의 인격을 말하게 되는 동기가 또다시 나타난다.

또 다른 원인은 예수가 그의 안정성, 자유 그리고 삶에서 위험에 직면해 있었다는 사실이다. 자기의 신체에 대해 항상 염려해야 했기 때문에 그는 자주 자신을 방어해야 했으며, 그의 의도와 그가 선택한 생활양식의 목표를 설명해야 했고, 정의 일반에 대한 예찬과 자신의 상황에서의 정의에 대한 예찬을 결합시켜야만 했다.

마지막으로 그의 가르침을 통하여 비범하게 된 사람은 예수의 가르침뿐만 아니라 그의 생활환경 역시 탐구하고자 했으며, 또 그렇게 했다. 그리고 보통 사람들이 무관심하게 취급하는 그의 사소한 특징도 그들에게는 관심을 불러일으키는 요소가 되었다. 따라서 예수의 인품이 그의 가르침과 별개의 것으로 간주된다고 하더라도 그들에게는 그의 개인적 인품이 무한히 중요한 것으로 취급되지 않을 수 없었다. 왜냐하면 그의 삶과 부당한 죽음의 이야기보다 그들에게 중요한 것이 없을 것이기 때문이다.

그리고 그들은 그의 인품에 대해 관심을 집중하여 상상력을 발휘하지 않으면 안 되었다. 우리는 유명하지 않은, 심지어 허구적인 인물의 흥미 있는 운명에 함께 참여한다. 즉 우리는 그의 운명 때문에 슬퍼하기도 하고 기뻐하기도 하며, 한 인디언이 겪었던 괴로움에서 불공정함을 느끼기도 한다. 하물며 죄 없고 희생적인 그들의 친구이자 선생인 예수의 생이 그의 친구들의 마음속에 얼마나 깊이 자리 잡고 있었겠는가? 그의 가르침이 확산되고 있는데 어떻게 그들이 그들의 선생을 잊을 수 있었겠는가? 그들이 그에 대해 갖는 감사의 추억과 그에 대한 찬양은 그의 가르침만큼이나 값비싸며, 절실하게 필요한 것이었다. 그런데 그들에게 훨씬 더 절실히 필요했던 것은 그러한 것을 그의 이야기에서 아주 비범한 것, 즉 인간의 본성과 힘을 초월해 있는 것으로 만들어야 한다는 것이었다.

기적

유대인들은 자신의 노력으로 신앙을 형성할 수 없었으며, 자신의 본성에 따라 신앙을 정초할 수 없었다. 따라서 그들이 예수에게 보여 준 신뢰와 관심은 대부분 그의 기적 때문이다. 비록 기적을 행하는 그의 능력이 보통 사람들보다는 자연적인 가능성과 불가능성에 더 친숙한 사람들, 즉 그 시대의 학식 있는 사람들에게 더욱 강한 충격을 준 것 같지는 않았다 하더라도 말이다. (다른 유대인들도 미치광이를 고칠 수 있었다. 더 나아가 예수가 회당에서 손 마른 자를 고쳐 주었을 때 유대인들이 처음에 그에게 다가간 이유는 병이 치료되었다는 기적 때문이 아니라 그가 안식일을 모독했다는 신성모독 때문이었다.)

기독교의 반대자들이 기적의 현실성에 이의를 제기했고, 철학자들이 기적의 가능성에 이의를 제기한 것이 사실이지만, 이것이 기적의 효과를 감소시키지는 않았다. 여기서 중요한 것은 예수의 이러한 행위가 그의 제자들과 친구들에게 기적으로 받아들여졌다는 사실이다. 이 기적보다 예수 종교를 더 실정화시킨 것은 없으며, 그 종교 전체를 (비록 이 종교가 덕을 가르치고 있기는 하지만) 권위에 근거시킨 것은 없다.

예수는 그의 기적의 힘이 아니라, 그의 가르침의 힘에 대한 믿음을 요구했다. 그리고 그는 또한 영원한 진리가 필연적이고 보편적으로 유효하려면 본성상 이성의 본질에만 근거하고 있어야 하며, 이성에게는 우연적인 것으로 드러나는 외부 세계의 현상에 근거해서는 안 된다고 말했다. 그럼에도 불구하고 의무에서 덕으로 나아가는 확신의 과정은 다음의 길을 따랐다. 즉 기적을 신실하게 그리고 충실하게 받아들임으로써 기적은 기적을 일으킨 사람에 대한 믿음의 근거가 되었으며, 그의 권위의 토대가 되었다. 그의 권위는 도덕적인 의무의 원리가 되었다. 그리고 만일 기독교인들이 이 도정을 올바르게 끝까지 유지했다면 그들은 유대인들 이상으로 덕을 실정화시키는 데 뛰어났을 것이다. 물론 그들은 그러한 도정을 중도에 포기했다. 유대인들이 희생제물, 제례의식 그리고 강제적 신앙 등을 종교의 본질로 받아들인 것과 마찬가지로, 기독교인들은 입술의 예배, 외적인 행위, 내적인 감응 그리고 역사적 신앙 등을 종교의 본질로 만들었다.

기적과 개인의 권위를 지나, 그리고 나서 정차하지 않으면 안 될 몇몇 정거장을 지나 도덕성으로 향해 가는 이러한 우회로는 목표점을 실제 거리도다 더 멀리 떨어뜨리는 실수를 저지르며, 구부러진 길들과 산재해 있는 정거장에서 여행자들에게 길을 쉽게 잃어버리게 한다. 이외에 우회로는 자기 외부에 어떤 근거도 갖지 않은 자기 충족적이고 자기 근거적인, 즉 자립적인 도덕성에 커다란 손상을 입힌다.

예수의 덕론德論은 이제 더 이상 그 자체로 주목의 대상이 아니다. 일반적으로 덕론 자체가 주목을 받게 되면 그 이후에 그 덕을 가르친 선생에 대해서도 주목하게 된다. 그러나 예수의 덕론은 그 선생 때문에, 그 선생은 그가 행한 자기의 기적 때문에 주목을 받았다. (덕과 도덕성의 근원을 자기 자신에게서 찾는 것이 아니라 그의 선생의 명령에서 찾는다는 점에서 그는 우회로 위에 서 있는데—옮긴이), 이러한 우회로를 따라서 가는 경건하고 덕스러운 사람은 너무나 겸손하여서 그의 대부분의 도덕적 기질을 자기 자신의 덕스러운 능력, 성스러움에 대한 존경에서 나왔다고 생각할 수 없다. 더 일반적으로 말해서, 그는 덕과 자유의 특성에 대한 원초적인 능력이나 수용성이 자기 자신에게서 나왔다고 보지 않는다. 반대로 주인의 형벌에 대한 두려움 때문에 법에 복종할 뿐인 이러한 사람은 도덕의 근원에 대한 이러한 특질을 처음부터 단념하고 만다. 그래서 자신이 의존하고 있는 이러한 힘에 대한 믿음이 자기 속에서 제거될 때, 이 사람은 해방된 노예처럼 어떤 법도 알지 못하게 된다. 왜냐하면 그가 멍에로 지고 있었던 그 법을 그 자신이 (또는 이성이) 스스로에게 부여한 것이 아니었기 때문이며,[10] 그는 이 이성을 자유로운 것으로, 주인으로 간주할 수 없었고, 반대로 이 이성을, 잘 알려진 표현으로 말하자면, 하녀로 간주해야 했으며, 그의 여러 경향성들 중 이성에게는 이제 하녀로서의 직무만이 남아 있게 되었기 때문이다.

기적 이야기로부터 한 인간에 대한 믿음에 이르는 이러한 길, 이러한 믿음으로부터, 인륜성에 이르는 이 길은 기껏해야 이정표를 통해 지시되는 지방도로와 같다. 이러한 사실은 덕의 고유한 토대가 인간의 이성에 있으며, 인간 본성의 등급, 즉 그 완전성의 단계는 미성년자의 수준보다 높은 위치에 있음을 보여 준다. 이 단계에서 미성년자는 항상 보호자를 필요로

---

10) 〈헤겔이 수고에 첨가한 내용〉 "그래서 만약 어떤 사람이 믿는 신앙이 단순히 실정적일 뿐인 신앙이라면, 그가 이 실정적인 종교를 떠나게 될 경우 그는 매우 자주 인륜성이라고는 전혀 없는 상태로 떨어진다. 따라서 이러한 결과에 대한 책임은 직접적으로 실정적인 신앙 자체에 있지 실정적인 신앙을 떠난 데 있지 않다."

하며 결코 어른의 위치에 들어갈 수 없다.

작은 목표를 세우는 것….

예수는 자기의 종교에 대한 가르침을 자기만의 고유한 관례를 가진 종파로 고양하지 않았다. 그의 가르침이 종파로 고양된 이유는 그의 동료들의 열성 때문이며, 그들이 그 가르침에 덧붙인 주장들 때문이며, 그 주장들을 정당화하기 위해 내세운 이유들 때문이다. 따라서 여기서 예수의 가르침을 실정적 종파로 만드는 데 있어서 한편으로는 예수의 제자들의 성격과 재능이, 다른 한편으로는 그들과 그들의 선생의 관계 방식이 그것에 어떤 기여를 했는지가 질문되어야 한다.

실정적 요소는 그의 제자들로부터 왔다

예수의 제자들의 성격은 대부분 우리에게 잘 알려져 있지 않다. 그런데 그들은 선생의 가르침에 정직하고 용기 있게 그리고 침착하게 다가간 자들이었던 것 같다. 그리고 또한 그들은 겸손과 우정을 소유한 자들이었던 것 같다. 그러나 그들은 제한된 영역에서 활동하는 것에 익숙했던 것 같으며, 따라서 직공들처럼 일상 속에서 평범하게 장사를 배워 열심히 일하는 자들이었다. 그들은 장군이나 심오한 정치가가 아니었다. 심지어 그들은 그런 사람이 되지 않는 것이 명예로운 것이라고 알고 있었다.

바로 이것이 그들이 예수를 만나 그의 제자가 되었을 때 그들이 가지고 있었던 정신이었다. 예수는 그들의 지평을 다소간 넓히기는 하였지만 모든 유대인이 가지고 있던 생각과 편견을 넘어서게 하지는 못했다. (예를 들어 그들 중 가장 열성적인 제자인 베드로를 보라. 「사도행전」 10장에서 "내가 이제야 비로소 이상한 동물들이 많이 들어 있는 바구니의 환상을 알겠다"라고 말한 베드로의 정신세계와 위에서 말한 사실을 비교해 보라.)[11] 정신적인 에너지를 쌓아 둘 만한 그릇이 부족하였기 때문에 그들은 예수의 가르침에 대한 확신의 토대를 그와의 우정에서, 그에게 의존함으로써 발견했다. 그들은 자신의 노력에 의해서 진리와 자유를 얻으려 하지 않았다. 단지 열성적인 학습을 통해서 그들은 진리와 자유에 대한 희미한 감정과 공식을 얻었을 뿐이다. 그들의 꿈은 그의 선생의 가르침을 신실하게 붙잡고 유지시키는 것이었으며, 그것에 어떤 것도 덧붙이지 않고서, 또 그것을 다양하게 변화시켜 상세하게 이론화하지 않고서 다른 사람들에게 전달하는 것이었다. 그들은 기독교가 공공종교로 확립되어 그들의 후손들 역시 동일한 신실함으로 기독교를 유지하기를 바랐을 뿐이다. 소크라테스의 철학과 예수의 가르침의 운명을 비교해 본다면 우리는 왜 소크라테스의 철학이 그리스나 여타 지역에서 공공종교로 성장하지 않았나 하는 이유를 그 두 현인의 제자들의 차이에서 발견할 수 있다.

예수의 제자들의 관심사는 확실히 제한되어 있었으며, 그 제한된 영역을 뛰어넘기가 어려웠다. 이러한 사실을 감안한다 하더라도 여기서 지적되어야 하는 것은 그들이 그들의 모든 다른 관심사들을 희생시켜 버렸다

---

11) [옮긴이] 예수는 유대 종교의 폐쇄성을 부수고 사랑의 보편성을 이야기한다. 그의 제자들이 이러한 가르침을 받아 왔지만 예수가 죽은 이후에도 유대적인 폐쇄성이 그들에게 계속 남아 있었다. 유대인들이 이방인들을 자주 짐승에 비교하는 데 반해, 예수는 이방인과 유대인의 동질성을 회복시키고자 했다. 그 한 예를 헤겔은 본문에서 보듯이 「사도행전」 10장에 나오는 베드로 이야기에서 찾는다. 유대인으로서 베드로는 여전히 이방인에 대한 무의식적인 혐오감을 가지고 있었다. 그가 비몽사몽간에 더러운 짐승이 담겨 있는 바구니가 하늘에서 내려오는 것을 보는데, 하늘에서 이것을 잡아서 먹으라는 소리가 들린다. 그는 "속되고 깨끗하지 아니한 물건"을 먹을 수 없다고 말하며 끝까지 그것들을 잡아먹지 않았다. 꿈이 깨인 후 그는 이탈리아 출신의 군인인 고넬료의 초대를 받고, 이 이방인의 초대에 응해야 하는지를 고민할 때 그가 꾼 꿈을 상기한다. "속되고 깨끗하지 않은 물건"(여기서는 '이방인'을 지칭함)이라도 주가 깨끗하게 하였다면 그들과 동거할 수 있다고 그는 비로소 깨닫는다.

는 것이다. 그들은 모든 것을 예수의 추종자가 되는 것에 바쳤다. 자유로운 공화국의 시민들이 자기의 고국에서 했던 것과는 달리, 그들은 정치에 전혀 관심이 없었다. 그들의 전체 관심은 예수라는 개별자였다.

소크라테스의 동료들은 젊어서부터 다방면에 걸쳐 그들의 능력을 발전시켜 나갔다. 그들은 공화주의적인 정신을 흡수하였는데, 그 정신은 개별자에게 더 많은 자립심을 부여하였으며, 어떤 훌륭한 한 사람에게 완전히, 전적으로 의존하게 하는 것을 불가능하게 하였다. 그들의 국가에서는 정치적인 관심사를 갖는 것이 가치 있는 일이었으며, 그러한 종류의 관심사를 결코 포기하지 않았다. 그들 대부분은 다른 철학자들과 선생들의 문하생이었다. 그들은 소크라테스를 사랑하였는데, 이는 철저히 그의 덕德과 철학 때문이었다. 즉 그들은 소크라테스라는 인물 때문에 그의 덕과 철학을 사랑한 것이 아니다. 소크라테스가 그의 고국을 위해 전시에는 군인으로서 평화시에는 공정한 재판관으로서 자유로운 시민이 해야 하는 의무를 수행했던 것과 꼭 마찬가지로, 그의 모든 동료들도 단순히 비활동적인 철학 행위 속에, 단순히 소크라테스의 제자로 머물러 있지는 않았다. 더구나 그들은 그들이 배웠던 것에 따라 자기 스스로의 두뇌를 사용하여 일할 수 있었으며, 그러한 것에 자기의 고유한 상표를 붙일 수도 있었다. 많은 사람들은 그들 자신의 학파를 형성했으며, 소크라테스만큼이나 자립적이고 위대한 사람들이었다.

12명의 제자

예수는 그의 신실한 친구의 수를 12명으로 고정시키고자 했으며, 부활 이후에는 그의 대리인으로서, 그의 계승자로서 그들에게 많은 권위를 부여하였다. 그런데 모든 사람은 덕을 확산시킬 수 있는 권리를 가지고 있지 않은가! 따라서 신의 왕국을 이 땅에 건설하기 위해 선택받았다고 느끼는 사람들의 수를 성수聖數(12라는 숫자)로 고정시킨다는 것은 말도 되지 않는다.

소크라테스는 7명의 제자 또는 9명의 제자를 둔 것이 아니다. 그는 덕을 친구로 삼고자 하는 모든 사람을 환영했다. 시민 정치체제에서 민중의 대표와 법정의 대표를 특정한 수로 고정시키는 것은 시민 정치체제를 확고하게 하기 위해 적절하고도 필연적인 것이다. 하지만 덕의 종교는 그 형태를 국가법으로부터 차용할 수 없다. 가장 위대한 명망을 특정 수數로 한정함으로써 개별자들의 명망이 (상대적으로—옮긴이) 정초되었다. 그리고 이것은 이후 발전된 기독교 체제에서 더욱더 본질적인 것이 되었다. 종교회의에서 진리에 대해 결정을 내릴 때 그 기준은 다수의 찬성이었으며, 종교회의는 그들이 고백한 신조를 모든 사람의 신앙의 표준으로 강요했다.

제자들을 세상으로 파견함

예수의 이야기에서 눈에 띄는 또 다른 사건은 예수가 직접 방문할 수 없었던 지역에 (때로는 대규모로 또 때로는 소규모로) 그의 동료들과 제자들을 파견한 사건이다. 이 경우에 그들은 며칠간이기는 하지만 예수와 떨어져 독립적으로 살아갈 수 있었다. 비록 짧은 여행기간이었지만 사람들을 교육시키고 그들을 더 훌륭하게 만들기 위해 헌신할 수 있었던 좋은 기회였는데, 그들은 많은 것을 할 수 없었다. 그들은 기껏해야 사람들의 주목을 끌었을 뿐이며, 예수의 기이한 행적을 단순히 전달했을 뿐이다. 그들은 덕 자체를 위해서는 아무것도 하지 않았다.

이런 식의 종교 전파 방식은 실정종교에나 알맞다. 그것은 유대교의 미신을 근절시키고 인륜성을 확산하기 위한 방법일 수 없었다. 예수 자신이 그의 동료들과 몇 년 동안 노력하고 교제하였지만 그의 신실한 친구들을 온전히 개조시키지는 못했기 때문에 그런 결과가 나왔다.

부활과 부활 이후의 명령

이런 관점에서 예수가 부활 이후에 그의 제자들에게 자기의 가르침과 이름을 전파하라고 한 명령은 주목할 만하다. 그가 죽기 전에 그의 제자들에게 형한 말들은 덕의 교사로서의 성격을 보여 준 반면, 부활 이후 「마가복음」(16장 15~18절)에서 행한 그의 명령은 실정종교의 교사로서의 성격을 보여 준다.[12] 그는 가장 중요한 시기에 온화하고 우정이 가득 찬 목소리로, 종교와 인륜성의 가치에 도취된 감정으로 남아 있는 몇 분의 시간을 사랑과 관용을 명령하는 데, 진리와 덕 때문에 그들에게 닥칠지 모를 위험에 신경 쓰지 말기를 당부하는 데 소비하였다.

덕의 교사라면 "가라" 등과 같이 말하지 않고, "자연과 섭리가 명령한 활동 영역에서 가능한 한 많은 선을 행하라"라고 축복하면서 모든 가치를 행함 속에 두었을 것이다. 그러나 예수는 「마가복음」 마지막에서 믿음에 모든 가치를 두었다. 더군다나 예수는 외적인 표적, 세례 등을 특별한 상징

---

12) [옮긴이] 「마가복음」 16장 15~18절. "또 가라사대 너희는 온 천하에 다니며 만민에게 복음을 전파하라. 믿고 세례를 받는 사람은 구원을 얻을 것이요, 믿지 않는 사람은 정죄(定罪)를 받으리라. 믿는 자들에게는 이런 표적이 따르리니, 곧 저희가 내 이름으로 귀신을 쫓아내며, 새 방언을 말하며, 뱀을 집으며, 무슨 독을 마실지라도 해를 받지 아니하며, 병든 사람에게 손을 얹은즉 나으리라 하시더라."

으로 격상시켰으며, 이 두 실정적인 요소, 즉 믿음과 세례를 구원의 조건으로 삼았고, 불신자를 정죄하는 조건으로 삼았다.

우리는 믿음을 살아 있는 믿음으로, 자비와 박애의 정신 속에서 활동하는 믿음으로 고양시킬 수 있으며, 불신을 훌륭한 지식과 양심에 어긋나는 것으로, 그리고 복음의 진리를 받아들이지 않으려고 완강하게 거부하는 거친 마음으로 평가절하할 수 있다. 또한 우리는 이런 종류의 믿음과 불신앙이, 비록 건조한 언어로 표기되지는 않지만, 유일하게 의미 있는 기준이라고 긍정할 수도 있다. 그럼에도 불구하고 이런 믿음에는 여전히 실정적인 것이 본질적으로 붙어 있으며, 이러한 실정적인 것은 적어도 도덕의 영예와 동등하게 정립되며, 그것과 뗄 수 없게 된다. 구원과 저주는 이 요소에 긴밀하게 연결되어 있다. 제자들에게 당부한 이 명령의 실정성은 신자에게 부여된 은사와 능력을 기록한 다음의 구절에서 특히 분명해진다. 즉 "내 이름으로 귀신을 쫓아내며, 새 방언을 말하며, 뱀을 집으며, 무슨 독을 마실지라도 해를 받지 아니하며, 병든 사람에게 손을 얹은즉 나으리라 하시더라."

신자들이 갖는 이러한 능력은 「마태복음」 7장 22절에서 언급되고 있는 내용과 엄청난 대조를 이룬다. 여기에서도 「마가복음」에서와 동일한 능력들이 묘사되어 있는데, 즉 '예수의 이름으로 귀신을 쫓아내는 것', '그의 이름으로 예언하는 것Prophetensprache(이 말은 문자적으로 '예언하다' weißsagen라는 말보다 훨씬 더 넓은 외연을 갖는다. 이 말은 대체로 '새 방언을 말하다'καίναις γλώσαις λαλείν[「마가복음」16장 17절]와 유사한 의미를 갖는다고 할 수 있다), 그리고 '많은 다른 기이한 일을 행하는 것' 등이 묘사되어 있다. 그런데 「마태복음」에서는 「마가복음」에서와는 달리 이런 능력의 소유자를 세상의 심판자에 의해 저주의 심판이 내려질 인물로 그려진다. 결

론적으로 말하자면 「마가복음」 16장 15~18절은 실정종교의 교사 입에서
나 나올 법한 것이지 덕의 교사 입에서 나올 수 있는 성질의 것이 아니다.

예수의 가르침은 신의 의지와 관습법에 무조건적으로, 이기적이지 않
은 마음으로 복종할 것을 요구하고 있다. 그리고 그의 가르침은 이러한 복
종을 신의 은혜와 구원의 희망의 조건으로 삼았다. 그런데 예수의 가르침
에서 발견되는 이런 서로 다른 문맥들 때문에 그의 종교를 유지하고 확장
시킨 사람들이 취할 수 있는 행위는 신의 의지를 인식하고 그것에 복종해
야 할 의무를 단지 예수의 권위에 근거시키는 것뿐이었다. 그리고 그들은
이러한 권위의 인정을 신적인 의지의 일부로, 따라서 의무로 여겼다. 그 결
과 이성은 순수하게 수동적인 능력으로 전락했으며, 따라서 이성은 스스
로에게 법을 부여할 수 있는 능력을 상실하였다. 그리고 예수나 그의 대리
자가 가르친 것으로 증명된 것은 모두 숭배의 대상이 되었다. 왜냐하면 그
것은 단순히 예수의 가르침 내지는 신의 의지였으며, 구원과 저주가 바로
이것에 연결되어 있었기 때문이다.

도덕적인 계율조차도 그 자체의 이유 때문이 아니라 예수의 명령이라
는 이유 때문에 의무로 받아들여졌는데, 바로 이런 의미에서 그것은 실정
적인 것으로 되었다. 따라서 그의 도덕적 계율은 그 필연성의 내적 기준이
상실되었고, 모든 다른 실정적인 명령과 동등한 수준으로, 환경이나 단순
한 신중함 외에 아무것도 내포하지 않은 외적인 의식과 동등한 수준으로
전락했다. 그리고 일면 모순된 말의 조합으로 비칠지 모르지만 예수의 종
교는 '실정적 덕론'positive Tugendlehre이 되었다.

결국 예수의 가르침은 공공의 신앙과 구별되지 못했고, 그 신앙에 무
관심하지 못했으며, 따라서 하나의 철학 학파로 성장하지 못했다. 그리고
이와 반대로 그의 가르침은 이 공공의 신앙과 이 신앙이 제시한 계율과 관

습을 죄로 간주했으며, 인류의 궁극 목적을 부분적으로는 덕의 계율로 이루어진, 또 부분적으로는 실정적인 믿음의 견해들과 제례 의식으로 이루어진 계율을 통해서만 성취할 수 있다고 생각했다. 다른 말로 하면 그리스도의 가르침은 실정적 분파의 신앙으로 되었다. 바로 이 사실들로부터 그의 가르침의 외적인 형태에서뿐 아니라 그 내용에서도 아주 중요한 결과가 뒤따라 나왔다. 즉 예수의 가르침은 최초에 모든 참된 종교와 기독교의 정수로 간주될 수 있는 것으로부터, 또한 인간의 의무와 그 동기를 순수하게 정립하고 지고의 선의 가능성을 신의 이념을 통해 제시할 수 있을 규정으로부터 점점 동떨어져 나가게 되었다.

한 공동체에서 적용 가능한 것이 국가에서는 부당하다

덕의 계율을 실정적인 것으로 간주하여 그 계율들을 다른 실정적인 계율들과 연결시키는 종파는 순수하게 철학적인 분파(즉 종교적 교리 체계는 갖추고 있지만 이성 이외에는 어떤 판단도 허락하지 않는 분파)와는 완전히 다른 특성을 요구한다. 이런 특성들이 한 종파 신자들로 이루어진 조그만 사회에서는 적합하고 유리하며 합리적이다. 하지만 그 신앙이 점점 더 확대되어서 한 사회 또는 한 국가 전체에 퍼지게 되었을 때 그것은 더 이상 적합한 것이 아니며, 현실에서 잘못되고 억압적인 것으로 된다. (그럼에도 불구하고 계속 유지된다면 그것은 다른 의미로 변모되어 버린다.)

기독교인의 수가 증가하여 마침내 그 국가의 모든 시민을 포섭하게 된 결과 조그마한 사회에서는 권리를 침해하지 않던 종교 의식과 제도들이 국가적·시민적 의무로 된다. 조그마한 분파에 적합했던 이상은 그 수가 증가함에 따라 완전히 사라져야 했다. 예를 들면 그들이 억압받고 경멸받을 수록 그들을 더 가깝게 만들었던 회원들 상호간의 긴밀한 유대감과 의형제 관계는 아무 의미 없는 것이 되고 만다. 동등한 신앙이라는 이러한 끈은 이렇게 느슨해졌다. 그래서 신앙의 유대를 벗어나서는 어떤 관심도 우정도 가지지 못한 사람, 이러한 끈 외에는 어떤 더 밀접한 관계도 가지지 않는 사람, 어떤 지원을 얻기 위해 그리스도 안에서의 형제애 외에는 어떤 다른 것(예를 들어 우아함, 소득, 재능 또는 부 등)에도 호소할 수 없는 사람, 바로 그 사람은 이제 선한 기독교인에게서조차 동정과 추천을 거의 기대할 수 없게 되었다.

실정적 분파의 회원으로서 기독교인들 사이의 긴밀한 유대는 철학 분파를 형성한 동료들 사이에 유지되는 관계와 근본적으로 다르다. 철학 분파에 가입한다는 사실이 가족, 시민 또는 다른 관계를 무시해야 한다는 것을 의미하지 않는다. 그곳에 가입한 사람은 가족의 관계, 심지어 그가 알지 못했던 사람들과 전에 가지고 있던 관계들까지도 그대로 유지한다.

그러나 조그마한 기독교 분파에 속해 있는 사람은 전에 혈통, 직장 그리고 봉사 등으로 유대를 맺고 있던 많은 사람들로부터 스스로를 고립시킨다. 그들은 아주 제한되고 협소한 한 단체에서만 서로에게 연민을 느끼고 자선을 베푼다. 그 단체의 특징은 무엇보다도 의견이 서로 같으며, 사람에 대한 사랑을 이야기한다는 데서 찾아진다. 또한 그 단체의 업무와 그 단체가 가질 수 있을 영향에서도 그 특징은 발견된다.

재화의 공동 소유

소규모의 분파에서나 가능한 재화의 공동 소유 제도는 어느 순간 갑자기 사라졌다. 그 분파는 그 단체에 가입했으면서도 여전히 자기의 소유를 가지고 있던 자를 처음에는 신의 위엄에 대한 모독으로 단죄하는 원리를 가지고 있었다.[13] 이러한 격률은 무소유자에게 아주 알맞은 제도이다. 그러나 유산자로서 과거의 활동 영역 전체에 대한 권리를 포기해야 하는 사람에게 이 제도는 심각한 것으로 받아들여졌음에 틀림없다. 만약 이 격률이 아주 엄격하게 유지되었다면 기독교의 확장은 쉽지 않았을 것이다. 긴급한 필요에 의해서였건 신중한 사려에 의해서였건 간에 이 제도는 아주 일찍 폐기되었다. 어쨌든 그것은 기독교를 수용하고자 하는 사람에게 더 이상 고려의 대상이 되지 않았다. 대신 신의 왕국에 처소를 구입하기 위한 수단으로 공동 자금을 확보해야 한다고 했는데, 이를 위해 자유로운 헌금의 필요성이 더욱 열성적으로 강조되었다.

시간이 지나감에 따라 결과적으로는 사제들에게 더 유리하게 되었다. 사제들은 평신도들에게 자유롭게 기부하도록 독려했다. 그들은 평신도들에게 벌어들인 재산을 낭비하지 말라고 설교하였으며, 가난하고 궁핍한 자들인 자기들에게 기부하게 함으로써 스스로 부를 증대시켰다. 그리고 결국 그들은 인류의 나머지를 거지로 만들어 버리고 말았다. 가톨릭 교회에서는 수도사, 사제 그리고 교회들이 이런 방식으로 부를 유지하였다. 재화는 가난한 자들에게 거의 분배되지 않았고, 거지들도 같은 방식으로 거의 구제받지 못했다. 이런 부자연스런 사물의 전도顚倒 속에서는 밤을 거리에서 지새우는 게으른 방랑자가 산업에 종사하는 직공보다 더 풍족하게 지내는 경우도 생겨나게 되었다.

프로테스탄트 교회에서는 영혼의 목자가 자기 목축 떼에게 호의를 요구하면 그들은 그 목자를 친구로 여기고서 그에게 약간의 버터와 계란을

희사한다. 그리고 이때 이 희사는 하늘나라에 처소를 구하는 수단으로서
가 아니라 자발적으로 이루어진다. 자선에 관한 한 가난한 유대인 거지조
차 자비의 문에서 쫓겨나지 않는다.

평등

평등은 초기 기독교인들 사이에서 하나의 원리였다. 노예는 그 주인의 형
제였으며, 자기를 다른 사람 위에 올려놓지 못하는 원리로서 자기의 무가
치함을 표현해 주는 말인 겸손은 기독교인들에게 최고의 법규였다. 사람
들은 명예나 위엄으로 가치를 평가받지 않았으며, 재능이나 어떤 뛰어난
자질로 평가받는 것이 아니라 그들의 믿음의 강도로 평가받았다.

　이런 이론은 물론 지금까지 고스란히 유지되고 있다. 그러나 하나님
의 눈으로 보면 몰라도 이 땅 위에 살아가는 사람들은 이제 더 이상 그따
위 이론에 주의를 기울이지 않는다는 사실을 덧붙여 두는 것이 현명할 것
이다. 이 이론은 따라서 지상에서의 삶에 어떤 참고자료도 되지 않는다. 소
박한 마음의 소유자는 그의 감독이 설교 시간에 유창하게 겸손의 원리에
대하여, 모든 자만심과 허영심을 증오하는 것에 대하여 설교하는 것을 들
을 수 있으며, 또한 회중의 신사 숙녀가 이 설교를 듣고 감동된 표정을 짓
는 것을 볼 수 있다. 그러나 설교가 끝났을 때, 이 소박한 자가 고위 성직자
와 상류 계층의 사람들에게 겸손한 형제이며 친구이기를 바라는 마음으로
접근하면, 그는 곧 그들의 비웃고 경멸하는 얼굴에서 이 모든 것이 말 그대
로 되는 것이 아니라 하나님에게서나 문자 그대로 적용될 수 있다는 것을
발견할 것이다. 심지어 오늘날에도 유명한 기독교 성직자들이 연례적으로
수많은 가난한 자들의 발을 씻어 주지만, 그것은 모든 것이 그전 상태 그대

로 남아 있는 코미디 이상 아무것도 아니다. 여기에서는 발을 씻어 주는 행위의 본래적 의미가 사라져 버린다. 왜냐하면 발을 씻는다는 것이 유대인들에게는 하인이나 노예가 손님에게 행하는 일상적인 행위이며 예의였지만, 그것이 오늘날 우리의 생활 습관은 아니기 때문이다. 중국의 황제가 일 년에 한번 쟁기질하는 것과는 달리, 그러한 행위(세족식洗足式)는 코미디로 전락하고 마는데, 왜냐하면 중국에서는 쟁기질하는 것이 백성의 가장 주된 직업이므로 제삼자가 볼 때 훨씬 더 직접적이고 중요한 의미를 갖기 때문이다.

만찬

덕의 교사인 예수가 직접 수행한 또 다른 하나의 행위가 있었는데, 그것은 폐쇄적이었으나 나중에 보편화된 다른 분파에서 완전히 다른 형태로 보존되었다. 예수가 자기의 신실한 친구들과 함께 보냈던 최후의 며칠간의 기록을 조직신학적인 개념으로 주석을 달 필요 없이 순수하게 읽어보면 그 대화가 얼마나 숭고한 것이었는지를 발견하게 된다. 예수는 이때 운명에 복종해야 할 필요성에 대하여, 자신이 수행해야 하는 의무로 인해 겪어야 할 고통과 그 부당함, 그리고 그것들을 초월하는 덕의 숭고함에 대하여, 그리고 신에 대한 복종의 유일한 증거인 보편적 인류애 등에 대하여 그의 제자들과 담소를 나누었다.

유월절[14]에 제자들이 자기들의 임무를 완수하고 종교적인 또는 우정 어린 식사로 원기를 회복했을 때, 예수는 그 최후의 순간에 그들과 함께 유대 민족의 유월절을 기념한다. 이때 그는 그들 가운데 더 이상 있지 않을 그들의 선생이자 친구인 자기를 기억하게 하는 방식을 일러주는데, 그를 기념하는 이 방식 역시 동일하게 감동적이고 인간적이다. 그들이 빵을 먹을 때마다 진리를 위해 희생한 자기의 몸을 생각하게 했으며, 포도주를 마실 때마다 자기가 쏟아 흘린 피를 생각하게 했다. 그들은 예수가 그에 대한 기억과 일상의 식사를 상징적으로 결합시킨 이러한 감각적 징표를 그들 앞에 놓여 있는 식탁 위의 식사에서 자연스럽게 이해했다. 그러나 그 감각적 징표는 단순히 미적인 측면에서 보았을 때 다소 유희적인 것으로 드러날 수도 있다. 그러나 어쨌든 신학자들조차도 설명하기 어려운 형이상학적인 의미로 기록된 「요한복음」 6장 47절 이하의 "피와 살", "피와 음료" 등과 같은 아주 오랫동안 사용되어 온 언어 사용보다 예수 스스로 베푼 기억을 위한 이 의식은 그 자체로 훨씬 더 마음에 든다.

자기 친구들과 작별하면서 그들에게 요청한 그의 이런 인간적인 요청은 분파의 형성과 더불어 기독교인들에게 신성의 명령과 동일한 계율이 되었다. 우정으로부터 자발적으로 수행되어야 할 선생에 대한 추모가 종교적인 의무로 변형되었고, 그 의식 전체는 신비적인 예배 행위로 돌변했다. 그래서 그것은 유대인과 로마인의 희생 제사를 대신하게 되었다. 유대인과 로마인의 희생 제사에서 가난한 사람들은 부유한 사람들의 자유로운 희사를 통해 자기의 의무를 수행할 수 있었다. 그렇지 않았다면 그들은 그 희생 제사에 거의 참석할 수 없었을 것이다. 일상의 유익한 식사가 육체에, 자우스런 오락이 기분 전환에, 또는 경건한 대화가 종교적 감동에 영향을 미치는데, 기독교의 성찬 예식은 이것들과는 아무런 상관이 없는 결과만

---

14) [옮긴이] 이스라엘인의 이집트 탈출을 기념하는 축제. 탈출 직전 모세는 이집트의 노예인 이스라엘인들에게 집 앞 기둥에 양의 피를 바르게 한다. 신의 사자들은 이 피를 보고 그곳이 이스라엘인의 집임을 인식하고 건너 뛰어 이집트인의 집만 공격하였다. 유월(Passah)은 '뛰어 넘음'이라는 의미를 갖는다.

을, 즉 그리스도의 영광을 위해서만 수행되었다.

그런데 기독교가 보편화되면서 이론 속에서는 배제되지만 현실에서는 그대로 유지되는 기독교도들 간의 불평등이 생겨났던 것과 똑같이, 형제에 대한 사랑도 더 이상 존속할 수 없게 되었다. 정신적인 사랑의 식사가 때때로 육체적인 사랑의 연회로 변질되었다는 비난의 소리가 전에는 들려오곤 했다. 그러나 점차 이러한 비난의 근거가 엷어져 갔는데, 왜냐하면 정신적이고 신비적인 요소가 지고의 것으로 평가된 반면, 육체적인 만족은 점점 덜 중요한 것으로 되어 버렸기 때문이다. 예수의 만찬에서 일어났었던 다른 사소한 감응들, 즉 우정 어린 대화, 사교적인 모임, 상호적인 마음의 개방과 기분 전환 등은 더 이상 고려의 대상이 되지 않는다.

팽창주의

실정적 분파의 또 하나의 특징은 자기의 신앙을 위해, 그리고 하늘나라를 위해 전도에 아주 열심히 참여하며, 다른 종교에 속한 사람들에게 개종을 열심히 강요한다는 것이다.

덕이 확산되기를 진심으로 원하는 정직한 사람은 다른 모든 사람 역시 자기 스스로의 확신과 의지에 따라 판단하고 행동할 수 있는 권리가 있다는 사실에 깊이 공감한다. 그래서 그는 각자가 가지고 있는 견해와 신앙의 우연적인 차이들을 결코 과소 평가하지 않으며, 신앙이 한번 선택되면 누구도 그것을 바꾸게 할 권리를 갖지 않는다고 생각한다.

도덕성을 삶과 철학함의 토대와 목표로 삼는 철학 체계에 동조하는 정직한 사람은 에피쿠로스주의자 또는 행복을 자기의 도덕 체계의 원리로 삼는 사람의 비일관성을 문제삼지 않는다——에피쿠로스주의자 또는 행복주의자는 엄격한 논리성을 추구하여 선과 악, 덕과 부덕 사이에 어떤 논리적 차이도 남기지 않으려는 이론적인 시도를 하지만, 그럼에도 불구하고 자기의 더 좋은 부분을 부각시키는 사람들이다. 그리고 또한 위의 그 정직한 사람은 진정한 기독교인 역시 높이 평가한다. 왜냐하면 그 기독교인은 자신의 교리 체계 또는 교리 체계의 많은 부분이 양심을 속이는 거짓된 평안을 준비하고 있다는 것을 인정하지만, 그러나 그는 그러한 교리보다는 그의 종교의 참되고 신적인 요소, 즉 도덕을 더 소중히 여기며, 그런 점에서 덕스러운 사람이기 때문이다.

머리와 가슴 사이의 그러한 모순으로 인해 그 정직한 사람은 덕을 파괴하는 오성의 신념과 학습된 기억 언어를 정복하는 자아의 엄청난 위력에 경탄하게 된다. 따라서 어떤 실정적 분파에 속해 있건 정직한 사람은 도덕성을 자신의 신앙의 최고의 것으로 인정하며, 덕을 기뻐하는 다른 분파 신앙의 추종자를 형제이자 같은 종교의 추종자로 감싸 안는다. 이런 기독교인이 유대인을 만날 경우 수도사가 나탄 일행에게 한 말과 같이 말할 것이다.

당신들은 그리스도인이군요! 신의 입장에서 진실로 당신들은 그리스도인이에요! 더 훌륭한 그리스도인이 어디에도 없었습니다!

이 기독교인에게 유대인 나탄은 다음과 같이 대응한다.

우리 모두에게 기쁨이! 왜냐하면
저를 당신들에게 그리스도인으로 만든 것, 바로 그것이 당신들을 나에게 유대인으로 만드니까요![15]

예! 당신들 모두에게 기쁨이! 왜냐하면 당신들 모두는 마음의 순수성을 신앙의 본질로 삼으며, 그래서 각자는 상대방을 자기의 동료로 받아들일 수 있었으니까요.

반면 자기 종교의 실정적 성격을 무한한 가치로 여기고 이 실정태보다 더 고귀한 것을 정립하고자 하는 마음이 전혀 없는 사람은 자신의 성격에 따라 다른 분파의 추종자를 동정하든지 혐오한다. 첫번째 경우에 (즉 동정을 하게 되는 경우에—옮긴이) 그는 무지하고 불행한 사람들에게 행복에 도달할 수 있는 유일한 길을 제시할 필요성을 느끼는데, 특히 그가 그 사람들을 사랑할 여타의 이유가 있을 때 더욱더 그렇다. 왜냐하면 무엇보다도 그들에게는 이런 길을 발견하는 것이 아주 쉽고 간단해서 여기에 필요한 모든 것을 단 몇 시간 동안만 기억해 내서 이해시키기만 하면 되기 때문에, 그리고 길을 잃은 자가 한번 제 길로 들어서기만 하면 그는 자기를 지지해 줄 많은 형제들과 강장제, 휴식 그리고 위안을 발견하기 때문이다.

두번째 경우 (즉 혐오하게 되는 경우—옮긴이) 그에게는 실정적 신앙이 자기의 실존의 의미와 동일하기 때문에 다른 분파의 구성원들을 혐오한다. 그래서 그는 다른 사람들이 자기의 신앙을 받아들이지 않는 이유를 그들이 사악한 의지에 종속되어 있기 때문이라고 생각한다. 사람들은 일반적으로 성격과 경향에서 오는 차이보다 관점의 차이를 더 쉽게 이해하지 못하며 참지 못한다. 사람들은 관점을 변화시키기가 아주 쉽다고 생각하며, 동시에 이런 변화를 요구할 수 있다고 생각한다. 왜냐하면 사람들은 다

---

15) Lessing, *Nathan der Weise*, VI, 7.

　"Ihr seid ein Christ! —Bei Gott, Ihr seid ein Christ! Ein bessrer Christ war nie!"

　"Wohl uns! Denn was Mich Euch zum Christen macht, das macht Euch mir Zum Juden."

른 사람에게 쉽게 자기의 방식을 보고 믿기를 요구하는 경향이 있으며, 우리의 두뇌에 모순이 없다면 다른 사람에게도 역시 그럴 것이라고 쉽게 생각하기 때문이다. 경건하기는 하지만 협소하기 그지없는 생각이 이 경우에 그 근거로서 또는 변명으로서 작용하고 있다. 즉 신의 영예를 장려하는 것, 신에게만 가치 있는 신앙과 예배 의식을 창출하는 것, 자기 분파의 필수적인 견해나 교리에 어긋나게 살아가는 사람들을 가장 신성한 의무의 위반자로 생각하여 그를 억압하는 것 등, 이런 모든 것을 그들은 의무로 받아들인다.

어떤 사람이 그들 교리가 지시하는 것과는 달리 살아갈 경우 그 종파의 사람들은 확신과 설득으로 그를 개종시키고자 할 것이다. 그런데 아메리카의 스페인 사람들과 오늘날도 여전히 존립하는 그들의 종교 재판소는 신성한 교리의 위반자를 벌하고 신의 존엄성을 모욕한 이러한 범죄 행위를 죽음으로 복수하도록 소명을 받았다고 느꼈다. 그리고 대부분의 가톨릭과 개신교 정권은 그런 위반자에게서 그들의 시민권을 강제로 박탈하는 것이 자기들의 의무라고 생각한다.

실정적 신앙에 대해 많은 사람이 확신을 하면 할수록 개별자들은 그 신앙을 더욱더 확신에 차서 붙든다. 덕德에 대한 신앙은 덕의 필연성에 대한 감정에 기초한다. 이 감정은 덕이 자기의 가장 내적인 자아와 하나라고 하는 감정이다. 그러나 실정적 신앙을 주장하는 사람들은 가능한 한 많은 사람들을 실정적 신앙의 깃발 아래 끌어 모음으로써 끊임없이 회의될 수 있는 자기의 고유한 감정을 멀리하고자 하며, 동시에 실정적 신앙을 거부할 충분한 이유가 되는 다른 사람들의 경험 역시 멀리하고자 한다. 실정적 신앙의 소유자는 자기의 신앙과 다른 사람의 말을 들었을 때 놀라움을 표시하며, 그들이 그에게 야기한 그 불유쾌한 감정은 그들에 대한 미움과 혐오로 변화한다.

실정적인 가르침, 역사에 근거한 가르침들에 필연성의 성격을 부여할 수 없다고 느끼는 것이 이성의 특징이다. 그리고 또한 이성은 그 가르침들에서 이성적 진리의 또 다른 특징인 보편성을 부과하거나 발견해 낼 수조차 없다고 느낀다. 그런데 신 존재 증명들 중 소위 인종학적 신 존재 증명ex consensu gentium[16]은 항상 하나의 위치를 가졌으며, 그 증명은 사람들에게 어느 정도 위안을 가져다주었다. 사람들은 무시무시한 지옥에서조차 거기서는 많은 사람들이 같은 운명을 가지고 있다고 생각함으로써 종종 어떤 위안을 얻지 않는가. 또한 (동일한 신앙으로 이뤄진―옮긴이) 한 사회가 클수록 사람들은 신앙의 멍에 역시 그만큼 더 잘 지고 간다. 또한 타자를 개종시키고자 하는 전도자의 마음 한 구석에는 다음과 같은 불만이 은밀히 작용하고 있다. 즉 그 전도자 자신은 너무 약해서 (자신의 실정적 신앙의―옮긴이) 족쇄에서 벗어날 수 없는데, 그 타자는 그러한 강한 족쇄로부터 자유롭게 벗어나고자 한다는 것, 바로 이러한 사실이 그 전도자에게 은연중에 불만으로 작용하고 있다. 하지만 기독교가 이교도의 영역을 광범위하게 정복하였기 때문에, 그리고 신학자들은 그리스도에 대한 믿음이 전 지구상에 퍼져서 세상의 모든 민족이 그에게 경배할 것이라는 구약성서의 예언이 성취되었거나 적어도 성취되고 있다고 아주 만족스러워하고 있기 때문에 그렇게도 많은 기독교도들이 생겨난 이후 개종에 대한 열정이 점차 식어 버렸다. 물론 투쟁론자들은 유대인과 이방인에 대항하여서

---

16) [옮긴이] 역사적 또는 인종학적인 신 존재 증명. 모든 민족에게 신이 존재한다는 경험적 사실에서 신이 실제로 존재한다고 결론짓는 신 존재 증명 방식으로 키케로에 의해 아주 중요하게 취급되었으며, 18세기 역사에 대한 관심과 더불어 다시 힘을 얻었다.

자주 승리를 이끌어 내었던 기독교의 무기고를 여전히 보유하고 있다. 그리고 유대인들과 특히 이슬람교도들 사이에서 여전히 해야 할 일이 아주 많이 남아 있다고 할 수 있다. 그럼에도 불구하고 기독교인들이 누리고 있는 엄청난 양의 우수한 예술과 부에 기초하여 볼 때 그들이 인도인이나 아메리카 사람들에게 기울이는 노력은 사실상 기대보다 훨씬 빈약하다고 하지 않을 수 없다. 우리 사회의 중심에 점점 더 많이 뿌리 내리고 있는 유대인들에 대립하여 "온유함은 승리할 것이다"Sanftmut sieget라는 표어 외에는 다른 어떤 행동도 나타나고 있지 않다. 그리고 기껏해야 소수의 무리만이 십자군 원정을 일깨우고 있다.

기독교는 기적, 신봉자들과 순교자들의 끝없이 이어지는 용기, 그리고 가끔 선한 사업을 한다는 구실로 성스러운 사기 행위를 강요하는 최근 지도자들의 경건한 교활함 등을 통해 빠르고 넓게 확산되었다. 물론 비성직자들은 그런 사기를 어떤 경우에나 성스럽지 않은 것으로 여긴다. 기독교의 재빠른 확장이 곧 기독교의 진리와 신의 섭리를 보여 주는 것이라고 말한다 할지라도, 오늘날 말라바, 파라과이 또는 캘리포니아 등지에서 일어나는 기독교의 개종 이야기가 사람들 사이에 관심을 불러일으키는 이유는 그 개종 이야기를 저술한 저자의 경건한 활동성 때문이 아니다. 또한 그리스도의 이름으로 갠지스 강이나 미시시피 강에서 강론했다는 이유로, 그래서 그리스도의 왕국이 확장되었다는 이유로 그 저술들이 인기를 끄는 것도 아니다. 그 이야기들이 가치 있는 이유는 오히려 그 저술들이 스스로를 기독교인이라고 부르는 많은 사람들의 눈에 지리학, 자연사 그리고 인류학을 풍부하게 할 수 있는 자료를 포함하고 있을 수 있다는 데 있다.

요즈음에도 드물긴 하지만 여기저기서 개종이 일어난다. 그들은 영광이나 관심을 거의 받지 못하기 때문에 이러한 승리감에서, 즉 개종한 유대인의 세례 광경에서 나타나는 경이로움이란 것은 한낱 그가 오류에서 돌아왔다는 사실에 대한 축하에 불과하며, 또는 길을 잃고 방황하다 기독교로 돌아와야만 했던 것에 대한 놀라움의 표시이다. 그러나 전체적으로 이러한 사건들조차도 거의 발생하지 않는다는 사실은 다음과 같은 사실을 통해 변명할 수도 있다. 즉 기독교의 가장 무서운 적인 내부의 적들에 대한 경계심과 그들에 대적하기 위해 너무 많은 것을 준비하게 된 나머지 터키인들이나 사모아인들을 구원해야겠다는 생각을 거의 할 수 없게 되었다는 것이다.

도덕 또는 종교 공동체의 국가화 과정

시민사회 체제에서는 타자의 권리에서 발생하게 되는 나의 의무를 우선적으로 고려한다. 바로 그런 한에서 국가는 나에게 어떤 것을 의무로 부과할 수 있다. 타자의 권리는 존중되어야 한다. 그리고 나는 도덕적 이유에 근거하여 그 권리를 존중하거나 존중하지 않을 의무를 갖게 된다. 내가 후자를 선택할 경우 나는 마치 자연 속의 대상물처럼 국가로부터 강력한 통제를 받게 된다. 타자의 권리는 그 권리를 존중해 주어야 할 나의 의무가 생겨나기 전에 우선적으로 증명되지 않으면 안 된다. 타자가 자신의 권리를 증명하기도 전에 자기의 권리를 인정하라고 요청할 경우 아주 양심적인 사람은 그 권리 인정을 주저하지 않을 수 없다. 하지만 그 양심적인 사람은 그 타자의 권리가 증명되기만 하면 법관의 요청이 없어도 타자의 권리를 지켜야 한다는 자신의 의무를 생각해 낼 것이다. 그가 이런 의무를 가진다는 사실은 다른 사람의 권리에 대한 인정에서 나온다.

　이와 달리 타자의 권리에서 도출되지 않는 의무도 있는데, 이것은 자비의 의무이다. '불행한 사람을 도와주는 것이 우리들의 의무이다'라고 전제하지 않는 한, 그 사람은 우리들의 지갑에 대한 어떤 권리도 갖지 못한다. 여기서 우리의 의무는 그의 권리와 아무런 상관이 없다. 그런데 삶과 건강을 보존할 그의 권리는 개인에 속하는 것이 아니라 인간 일반에게 속한다. (하지만 어린아이의 살 권리는 부모에게 달려 있다.) 그리고 그의 생존 권리를 보존할 의무는 또 다른 특별한 개별자가 아니라 국가나 그가 직접적으로 몸담고 있는 사회단체에 속한다. (어떤 개인은 가난한 사람을 돕자고 요청 받으면 왜 그가 그것을 해야 하는지 모르겠다고 변명한다. 어떤 다른 사람은 사람들과 함께 기꺼이 그 일을 받아들인다. 왜냐하면 한편으로는 그 경우에 전체 비용을 혼자서 짊어질 필요가 없기 때문이며, 다른 한편으로는 그 의무가 그뿐 아니라 다른 사람들에게도 역시 해당된다고 느끼기 때문이다.) 가난한 사람은 한 국가의 일원인 나에게 권리나 되는 것처럼 보시普施를 요구할 수 있다. 하지만 그가 나에게 개별적으로 요구해 온다면, 이는 그가 국가를 통해 간접적으로 해야만 할 요구를 직접적으로 하는 것이다. 도덕적 존재로서의 나에게는 도덕법의 이름으로 자비의 의무를 짊어져야 한다는 도덕적 요청이 존재한다. 그가 나에게 요청할 때 그는 나를 병리학적인 존재(즉 동정적인 충동을 소유한 존재)로 본 것이 아니다. 그는 이 경우 나의 동정심을 자극함으로써 자연 존재로서의 나를 작용시킨 것이다.

정의는 내가 타자의 권리를 존중하는 데서 성립한다. 만약에 내가 타자의 권리 존중을 나의 의무로 여기고서 나의 행동의 규범으로 삼는다면 그것은 덕이다. 왜냐하면 이는 단순히 국가가 나에게 요청했기 때문이 아니라 그것은 단순히 의무이기 때문이다. 그런 한에서 그것은 국가의 요청이 아니라 도덕법의 요청이다. 두번째 부류의 의무, 즉 빈민 구호 기금이건 병원 건축 기금이건 간에 베풀어지는 자비를 국가는 특정한 환경에 있는 특정한 개인에게 요구할 수 없고, 다만 시민 대중에게 일반적인 의무로서 요구할 수 있다. 자비는 도덕성에 의해 요구되는 의무이다.

이러한 의무들 외에, 즉 타자가 개별자로서의 나에게 주장하는 권리에서 발생하지도 않고 인간성 일반에 속하는 권리에서 발생하지도 않는 다른 종류의 의무들이 있다. 이런 종류의 의무들은 타자의 권리에서 결코 발생하지 않는다. 나는 단순히 그 의무들을 자발적으로 나 자신에게 부과해 왔다. 그렇게 한 이유는 도덕법의 요청이 있었기 때문도 아니다. 여기에서 나는 단순히 나의 자유의지에 따라서 타자에게 권리를 허용하였다. 이런 종류의 의무는 국가의 목적과 대립되지 않는 목적을 갖는 어떤 사회에 내가 들어갔기 때문에 생겨난 것이다. (이 사회의 목적이 국가의 그것과 대립되는 경우라면 나는 국가의 법을 어기는 것이 된다.) 내가 그러한 사회에 들어간다는 것은 곧 그 사회의 일원들이 나에 대해 특정한 권리를 갖는다는 것을 의미한다. 이러한 권리는 내가 자발적으로 그 사회에 들어갔기 때문에 성립되며, 반대로 그것은 자발적으로 수용된 나의 의무의 토대를 이룬다.

그러한 사회에 동의한 나에 대해 그 사회의 일원들이 갖는 권리는 국가가 나에 대해 갖는 권리와 같은 것일 수 없다. 그렇지 않다면 나는 국가 속에서 국가와는 다르지만 그것과 동등한 권리를 갖는 힘을 인정하는 것이 된다. 국가는 내가 국가 속의 한 사회에게 삶에 대한, 또는 재산상의 분쟁에 대한 법적인 판결을 내릴 수 있는 권리를 부여할 수 있다고 인정하지 않는다. (비록 내가 그 사회의 판결에 자발적으로 복종할 만큼이나 그 사회를 친근한 심판자로 인정한다 하더라도 말이다.) 그러나 나는 그러한 사회가 나의 도덕적 삶을 감독하고, 나를 도덕적으로 안내하며, 나에게 나의 과오를 고백하도록 요구하며, 나에게 적절하게 고행을 부과할 수 있는 권리를 갖는다는 사실을 인정할 수 있다.

그런데 이러한 권리를 발생시키는 나의 의무를 내가 결정 능력을 가지그 계속 인정하는 한 그 권리는 계속해서 보존될 수 있다. 이러한 의무는 타자의 권리에 근거하여 있지 않기 때문에 나는 자유롭게 그 의무를 포기할 수 있으며 타자의 권리를 지양할 수 있다. 왜냐하면 이 의무들은 단 한 번도 도덕법에 의해 명령되지 않았으며, 따라서 그만큼 나는 이 의무들을 자발적으로 떠맡은 것이기 때문이다. 그런데 나는 도덕법에 의해 부과된 의무에서 발생한 타자의 권리 역시 지양할 수도 있다. 예를 들어 어떤 가난한 사람이 나에게 일주일에 한번 자선을 베풀도록 요구하였을 때 내가 그것을 그의 권리로 인정하였다 하더라도 나는 자발적으로 그 권리를 철폐할 수 있다. 왜냐하면 그의 권리는 본래적인 것이 아니라, 내가 그의 요구를 나의 의무로 부과함으로써 비로소 발생했기 때문이다.

국가로서가 아니라 단지 도덕적 실체로서만 국가는 그 시민들에게 도덕성을 요구할 수 있다. 그리고 이 외에 국가는 도덕성에 위반되는 명령이나 도덕성을 은밀히 파괴시키는 명령을 내려서는 안 되는 의무를 지니는데, 왜냐하면 자기의 목표인 합법성을 산출하기 위하여 국가는 그의 시민들이 도덕적으로 선하게 되는 것에 아주 커다란 관심을 갖고 있기 때문이다. 바로 이런 이유 때문에 국가는 곧바로 이것을 성취하고자 여러 가지를 기획할 것이다. (민족의 덕스러운 정신이 국가 체제의 보이지 않는 영향에 의해 형성되는 한 여기에서 국가 체제의 차이를 말하고 있지는 않다.) '국가의 시민은 도덕적이어야 한다'는 내용을 담은 국가의 법이 있다면 그것은 그 자체 국가에 어울리지 않은 것이며, 모순적이고 우스운 것에 불과할 것이다. 국가는 시민들에게 신뢰를 줌으로써만 그들에게 국가 제도에 복종하도록 할 수 있다. 종교는 이를 위한 훌륭한 수단이며, 종교가 이러한 목적에 알맞게 기능을 하느냐 그렇지 않느냐 하는 문제는 국가가 종교를 어떻게 이용하느냐에 달려 있다.

어느 민족의 어떤 종교도 분명히 이러한 목적을 가지며, 모든 종교가 공통적으로 가지고 있는 것은 바로 어떤 시민법도 산출해 내지 못하는 심성Gesinnung을 산출해 내는 일에 관여한다는 점이다. 우리는 종교가 시민법이나 도덕법에 적합한 행동을 산출하는 이러한 심성을 생산해 낼 수 있는지의 여부에 따라 훌륭한 종교인지 아닌지를 판가름하게 된다. 그리고 또한 종교가 상상력을 혐오하지는 않는지, 자발적 의지를 거부하지는 않는지, 또는 도덕적 동기에 의해 작용을 하는지 등에 따라서 한 종교의 우수함이 결정된다. 만약에 한 국가의 종교적 질서가 시민법적인 법으로 된다면 국가는 모든 시민법 아래에서나 산출될 수 있는 단순한 합법성만을 주장하게 될 것이다.

비록 국가가 종교의 도움으로 인간을 현혹하여 국가가 제정한 종교적 실천을 준수할 때에만 도덕성 자체가 만족될 수 있다고 믿게 하고, 또 이렇게 하는 것이 인간 일반에게도 타당하다고 설득한다 하더라도, 인간을 의무에 대한 존경에서 행동하게 할 뿐인 국가가 도덕성을 산출한다는 것은 근원적으로 불가능하다. 바로 이 불가능한 일을 훌륭한 사람들이 작은 영역에서뿐 아니라 큰 영역에서 현실화하려고 항상 추구해 왔다.

예수 역시 도덕성을 결코 습득할 수 있을 것 같지 않은, 그리고 '합법성이 도덕성 전체이다'라는 기만적인 사고가 깊이 뿌리 박혀 있는 한 민족에게서 바로 이것을 현실화하려고 했다. 그 민족 구성원들에게 그들의 모든 도덕적 명령은 종교적 명령이었다. 따라서 그것은 단지 명령일 뿐이었고 신적인 것이라는 이유만으로 의무적인 것이었다.

이스라엘 사람이 신의 명령을 잘 준수하여 안식일을 잘 지키고, 희생제물을 바치며, 그의 신에게 십일조를 한다면, 그는 그가 자기의 의무라고 여길 수 있는 모든 것을 했다. 그런데 종교적이면서 도덕적인 이러한 계율들은 동시에 국가의 법이며, 그 법은 단지 합법성만을 산출할 수 있다. 경건한 이스라엘 사람이라면 이러한 신적인 계율을 준수할 것이다. 즉 그는 모든 법적인 요구를 완수했으며, 따라서 그가 또 다른 의무를 가지고 있다고 생각할 수 없었다.

예수의 목표는 도덕성에 대한 의미를 다시금 새롭게 일깨우는 것이었다. 이는 심성에 영향을 끼침으로써 진행되었다. 이러한 이유 때문에 그는 의로운 행동이 어떤 양식을 취해야 하는지를 부분적으로 비유의 형식으로 보여 주었다. 특히 그는 순수하게 법적인 마음만을 소유한 레위인의 의무 의식에 대비하여 하나의 모범을 제시하였다. 그리고 그는 그 레위인의 행동이 완전한지의 여부를 그의 청중들이 스스로 느껴서 판결하도록 하였다.[17]

특히 예수는 그의 청중들에게 도덕성이 요청하는 것과 시민법과 시민법으로 된 종교적 계율이 요청하는 것이 어떻게 대조되는가를 보여 주었다. (특히 그것은 그의 산상수훈에 잘 나타난다. 산상수훈을 종합해 보면 그는 도덕적 심성을 율법의 완성complementum이라 하였다.) 그는 그들에게 율법의 명령을 준수하는 것이 덕의 본질을 구성하는 것과 얼마나 무관한 것인가를 보여 주고자 하였다. 덕의 본질은 의무에 대한 존경심에서 행동하게

---

17) [옮긴이] 예수는 '진정한 우리의 이웃이 누구냐?'라는 유대 율법사의 질문에 비유로 대답한다. 그 비유의 내용은 이렇다. 길을 가던 한 유대인 청년이 강도를 만나 죽어 가고 있을 때, 그를 구해 준 사람은 지나가던 제사장이나 성전 일을 도맡아 하는 유대 율법의 상징적인 부족에 속한 레위인이 아니라, 유대인들이 '개' 취급할 만큼이나 싫어하는 사마리아 출신의 사람이었다. 이 이야기를 마친 후 예수는 '이들 중 누가 진정한 이웃인가'를 율법사에게 반문하고서 '사마리아인'이라는 답을 유도한다. 예수가 여기서 보여 주고자 하는 것은, 헤겔에 따르면, 율법의 실천이 아니라 도덕적 심성이 진정한 종교의 기준이라는 것이다.

되는 정신이다. 왜냐하면 덕은 의무이기 때문이며, 따라서 덕의 본질은 신적인 계율이기 때문이다. 즉 그는 진정한 의미의 종교를 그들에게 주입시키고자 했다.

그들의 모든 종교성에도 불구하고 그들은 유대인 국가의 시민일 수밖에 없었고, 단지 몇 사람만 신의 왕국의 시민이었다. 그들이 도덕성의 지위를 대신한다고 하는 실정적 계율들에 얽매여 있지 않았다면 자유롭게 정립된 그들의 이성은 자신의 명령에 따를 수 있었을 것이다. 하지만 자신의 계율을 따르기에는 그들의 도덕성이 너무나 어렸으며 따라서 실천되지 않았다. 그들의 이성은 자기 스스로 획득한 자유를 향유하지 못했으며, 궁극적으로 다시 한 번 형식주의의 멍에에 종속되게 되었다.

초기 기독교인들은 공동체적인 신앙을 통해 연결된 사회를 형성했다. 이 사회의 구성원들은 살아가는 가운데 서로에게 신실함과 확고한 믿음으로 격려했으며, 신앙과 또 다른 의무의 문제에 대해 서로 학습하고 배웠으며, 서로간의 의심을 해소시켰고, 흔들리는 자를 강하게 했고, 이웃의 과오를 지적해 주었으며, 공동체 사회의 품속에서 자신의 과오를 고백하고 회개하였으며, 감독관에 의해 계도된 것에 복종하겠다고 약속했고, 이 공동체가 부과하는 어떠한 형벌도 순응하여 받겠다고 동의하였다. 간단히 말해서, 기독교 신앙을 받아들인 자는 이 공동체에 들어가게 되었으며, 그 공동체에 대한 의무를 받아들였고, 그 공동체에 자신을 제어할 수 있는 권리를 자발적으로 인정했다. 기독교 사회에 복종하지도 않고서, 그리고 이 공동체가 개종자와 모든 기독교인에게 한 요청을 받아들이지 않고서 기독교 신앙을 받아들인다고 하는 것은 모순일 것이다. 그리고 특히 초기에는 한 사람의 경건함이 탁월한가 그렇지 않은가 하는 척도는 그의 그 공동체에 대한 신실함이나 복종의 정도에서 정해졌다.

바로 이 지점에서도 역시 실정적 분파는 철학적 분파와 다르다. 한편으로 어떤 사람은 어떤 철학 체계의 가르침을 인정하고 확신함을 통해서 철학적 분파의 추종자가 되거나, 다른 한편 실천적인 관점에서 덕을 통해서 도덕 왕국의 시민, 즉 보이지 않는 교회의 시민이 된다. 그럼으로써 그는 자기 스스로에게 부과한 의무 외에는 어떤 의무도 받아들이지 않으며, 그가 속한 사회에 스스로 양도한 권리 이외에 자신에 대한 어떤 권리도 더 이상 인정하지 않는다. 즉 그는 단지 의롭게 행동할 의무와 자신에게 그렇게 행동하게끔 요구할 수 있는 권리만을 인정한다.

반면 실정적 기독교 분파에 들어간 자는 그 법령을 받아들여야 한다는 것을 의무로서 긍정한다. 이는 그가 그것을 스스로 의무로, 선한 것으로, 유용한 것으로 여기기 때문이 아니라, 그가 사회에 그러한 문제를 결정하도록 양보했으며, 타자의 명령과 판단에서 나온 것을 의무로 인정하였기 때문이다. 그는 어떤 것을 믿어야 할 의무를 받아들였으며, 그것을 진실한 것으로 여길 의무를 받아들였다. 왜냐하면 그 사회가 그것을 믿으라고 명령했기 때문이다. 반면 내가 만약 한 철학 체계를 확신할 경우, 나는 나의 이성의 요구가 있을 때 나의 확신을 바꿀 수 있는 권리를 간직한다. 하지만 기독교 사회로 들어감으로써 개종자는 진리를 스스로 정립할 수 있는 권리를 사회에 양도하며, 이 진리를 무조건 의무로 받아들이겠다고 한다. 이것이 이성에 모순된다 해도 어쩔 수 없다. 그는 사회 계약에서처럼 자기의 개인적인 의지를 다수의 표, 즉 일반의지에 종속시킬 의무를 갖는다. 그러한 상황으로 빠져 들어가는 것은 진심으로 걱정스러운 일이다. 그리고 더욱더 슬픈 것은 그런 옹졸함에서 헤어 나오기가 쉽지 않다는 점이다. 그런데 이 모든 것 중에서도 실제 역사에서 인류가 얼마나 빈곤한 문화를 받아들였는가를 바라보는 것보다 비통한 광경은 없다. 여기서 빈곤한 문화란 신앙과 지식이라는 가장 중요한 문제에서, 또 다른 많은 문제들에서 자신과 자기의 후손들이 참되고 선하며 옳은 것이 무엇인지를 스스로 판단할 수 있는 권리를 완전히 탈취 당했다는 것을 의미한다.

기독교 분파가 자기 회원들 속에서 실현시키고자 했던 완전한 이상은 각 시대마다 달랐다. 그리고 그 이상은 모든 시대에 걸쳐 완전히 혼란스럽고 불완전하였다. 이러한 평가는 기독교가 산출한 결과에 의해, 즉 의지와 이성의 자율성이 (즉 이론이성과 실천이성의 자율성) 모두 상실되었다는 사실에 의해 추측될 수 있다. 이러한 평가는 또한 기독교의 이상을 실천하고 실현시켰다고 여겨지는 기독교의 영웅들을 보면 곧 드러난다. 교회가 요구하고 있는 성스러운 의지를 실현시켰다고 여겨지는 이 영웅들은 진실로 경건한 사람과 건달, 미치광이 그리고 악당 등이 모두 공동으로 가질 수 있는 것을 공허한 개념 속에서 통일시켰을 뿐이다.

도덕적 완전성에 대한 이상이 시민법의 대상일 수 없기 때문에, 그리고 기독교의 이상이 적어도 유대와 이방 정권의 대상일 수 없기 때문에 기독교 분파는 각자의 심성에 작용을 미쳐 이 심성에 따라 인간의 가치를 매기고 보상이나 형벌을 내리고자 했다. 이때 기독교 분파가 보상한 덕은 국가가 보상할 수 없는 종류의 것이었다. 그리고 동일하게 어떤 실수가 시민법과는 모순되지만 신적인 계율에는 모순되지 않는 한, 국가의 처벌 대상은 교회의 형벌의 대상이 아니었다. 따라서 위법행위에는 세 가지 종류가 있을 수 있는데, 첫째는 비도덕적이긴 하지만 시민법의 권한에 속하지 않는 악덕과 위반이며, 둘째는 시민법의 처벌 대상이면서 동시에 도덕성에 또는 교회의 도덕성에 위반되어서 그러한 위반 사항에 대해서 교회에서도 처벌할 수 있는 죄이고, 셋째는 순전히 외적인 교회의 질서를 위반한 죄이다.

교회는 국가의 법정을 담당할 목적으로 국가의 위치로 들어서지 않는다. 두 법관들은 완전히 서로 다르다. 교회는 시민법을 어겼지만 자기의 분파 행동 수칙에 따라 행동한 사람을 시민법 주관자의 팔에서 건져내려고 노력했다. 유사한 목적을 위해 그리고 상호간의 용기 부여와 보상 그리고 서로간의 충고를 통해 도덕성을 증진시키려 했기 때문에, 작은 사회는 어떤 개별자나 국가의 권리에 손상을 주지 않고서도 통일될 수 있다. 동료의 도덕적 기질에 대한 나의 존경과, 사랑 속에 담긴 나에 대한 그의 신용으로 말미암아 그에 대한 나의 신뢰가 싹텄으며, 내가 경멸스럽게 취급된다거나 쓰디쓴 비웃음으로 받아들여지지 않는다는 사실을 확신하였으며, 내가 그에게 은밀한 것을 털어놓아도 결코 배신을 두려워할 필요가 없다는 것을 확신하게 되었다. 그리고 그가 나에게 나의 선善, 그것도 지고의 선에 대해 충고해 줄 때 그 동기가 나의 물질적인 유용성보다는 오히려 나의 안녕과 권리에 대한 존경에 관심을 갖기 때문이라고 확신하지 않을 수 없었다. 간단히 말해서 사람들이 이러한 방식으로 통합될 수 있기 위해서 그들은 친구가 되어야 한다. 모든 회원이 친구가 되려면 필연적으로 이 사회는 작은 규모일 수밖에 없다. 하지만 만약에 그 사회가 확장되면 나는 나에 대해 어떤 감정을 가지고 있는지에 대해 전혀 알지 못하는 사람을 나의 수치스러운 일에 대한 증인으로 선택하지 않을 수 없으며, 나에 대해 어떤 것을 알고 있는지 전혀 경험해 보지 못한 사람을 나의 상담자로 선택해야 하고, 그의 덕이 어느 정도인지를 측정할 수도 없는 사람을 나의 의무의 안내자로 선택해야만 할 것이다. 도대체 이런 부당한 요청이 세상에 어디 있겠는가!

동료가 몇 명 되지 않는 조그마한 사회에서 나는 순종함으로 경배를 할 수 있고, 그 사회는 나에게 순종을 요구할 수도 있다. 물론 이 경우 나는 그 사회가 나에게 '특정한 행동 양식이 나의 의무이다'라는 사실을 확신시킬 때에만 그렇게 한다. 내가 진리의 근거에 대해 그 사회와 하나가 되었을 경우에만 나는 그 사회에게 나의 믿음을 약속할 수 있고, 사회 역시 나에게 믿음을 요구할 수 있다. 동시에 내가 더 이상 그것을 필요로 하지 않는다고 생각할 경우, 즉 내가 성년이 되었다고 믿을 경우, 또는 그 단체의 성격이 더 이상 내가 신뢰할 수 없는 것으로 나타날 경우, 또는 그 단체의 성격이 나의 목적을 충족시켜 줄 것 같아 보이지 않으며, 내가 도덕적 발전 과정 속에서 그 목적을 포기하고자 할 경우(그 목적은 덕이 나에게 요구한 것이지 어떤 인간이 그렇게 한 것은 아니다), 나는 이러한 종류의 사회를 떠날 수 있다. 내가 그 사회의 목적을 공감한다 하더라도 나는 그 사회에서 그 목적을 위한 수단을 자유롭게 선택할 수 있어야 한다. 이때 나의 선택은 그것이 선하다고 하는 나의 판단에 근거하여 이뤄지거나 아니면 나의 동료들에 대한 신용에서 채택되어야 한다.

모든 우정에 ──이 우정은 선에 대한 상호 존경이나 그것에 대한 일반 의지로부터 발생한다── 본래부터 내재한 이러한 계약이 사소한 문제에도 관여할 수 있을 정도로 확대될 경우, 그리고 항상 개별자의 선택에 남겨져 있어야만 하는 것에도 관여하게 될 경우, 그 계약은 쉽게 성가시고 하찮은 것으로 되어 버릴 수도 있다.

이런 의미에서 초기 기독교도들은 서로 친구들이었다. 가르침과 억압이라는 상황이 서로 같았기 때문에 그들은 쉽게 친구가 되었으며, 그 이전의 친숙함을 더욱 강화할 수 있었다. 각자는 서로에게서 위안, 훈계 그리고 여러 가지 종류의 지원을 받았다. 그들에게 진리는 이미 주어져 있었기 때문에 그들의 목적은 자유롭게 진리를 탐구하는 것이 아니었다. 그들의 목적은 오히려 의심의 제거와 신앙의 공고화였으며, 또한 이것들과 가장 내적으로 연결되어 있는 기독교적인 완전성 속에서 성장하는 것이었다.

이러한 이상을 그대로 간직한 이 신앙이 아주 넓게 퍼졌을 때, 모든 기독교인들은, 이집트 사람들이 영국 사람들 가운데서 자주 발견되듯이, 그가 마주치는 모든 다른 사람들 사이에서 그의 가족이나 이웃사람들 속에서나 발견될 만한 친구나 형제를 만나게 될 것이다. 하지만 현실적으로는 이러한 유대 관계가 점차적으로 느슨해졌다. 이 우정은 그 공동체 회원 상호간에 실제로 발생한 우정처럼 깊지 않게 되었다. 그 공동체 회원들은 허영심과 서로 상충된 이해관계로 상호간에 분리되어 있었으며, 그래서 그들이 기독교의 사랑에 따라 행동은 하지만, 그 사랑은 외적인 것이고 말속에서만 이뤄졌다. 그리고 그들은 그들의 타자에 대한 사소한 질투심, 독선 그리고 오만함 등을 기독교도들의 덕에 대한 열정으로 여기고서 그것들을 판매하였으며, 현실적인 적대감을 가르침에 있어서의 불평등으로, 또는 금액의 부족으로 쉽게 단정해 버렸다.

그 공동체에 들어가는 것은 모든 사람의 의무, 그것도 신에 대한 그의 가장 성스러운 의무로 여겨졌다. 그곳에서 나오는 것은 지옥으로 들어가는 것이었다. 그리고 그 분파가 그들의 공동체를 떠난 사람을 증오하고 박해하기도 했다. 그럼에도 불구하고 그 사람의 시민권이 상실되는 것은 아니었다. 또한 그 공동체에 가입한다 해서 시민권을 행사할 수 있는 가능성을 획득한 것도 아니었다. 기독교 공동체로 들어가기 위한 근본적인 조건은 그 공동체에 맹세하지 않으면 안 되는 신앙과 행동 양식에 회원이면 누구나 무조건적으로 순종해야 한다는 것이다. 그리고 바로 이것이 기독교 공동체가 철학적인 분파와 완전하게 구별되는 지점이다. 모든 사람은 그 공동체에 가입할 것인지 안 할 것인지를 자유롭게 선택할 수 있었기 때문에, 그리고 그 공동체의 속성상 시민권과 결코 관계가 없었기 때문에, 이러한 조건은 결코 부당한 것이 아니었다.

진리를 추구하고 도덕적 향상을 위해 모인 신실한 친구들의 연합체에서 발견되는 이러한 특성들은 기독교의 완성을 위해 노력하고 기독교의 진리를 강화시키기 위해 모인 기독교 분파의 공동체에서도 동일하게 발견된다. 이와 동일한 특성들이 이후 보편화된 거대한 교회에서도 발견된다. 하지만 이 교회가 전 국가에 걸쳐 존재하는 보편 교회로 되었기 때문에, 이 특성의 본질은 사라졌다. 보편 교회는 그 자체 모순이기도 했고 부당하기도 했다. 이제 교회는 그 자체가 국가이다.

기독교 교회가 처음에 생겨났을 때, 각각의 교회 공동체는 자기 교회의 집사, 장로, 감독관을 선택할 수 있는 권리를 가지고 있었다. 교회가 확장되어 국가로 되었을 때, 이 권리는 상실되었다. 시민 국가에서 각각의 개별적인 협동체는 공무원, 세금 징수자들을 (각 협동체는 이들을 이제 더 이상 스스로 결정할 수 없다) 스스로 선택할 수 있는 권리를 교회에 양도했으며, 자신의 의지가 모든 자의 의지로 표현되는 통치권자에게 모든 것을 양도하는 것과 꼭 마찬가지로 각각의 교회는 자기들의 목자를 선택할 수 있는 권한을 상실하였으며, 이 권리를 정신적인 국가에 양도했다.

그리고 소위 고해 신부가 양심의 상담자로 선택되었다. 원래 모든 사람은 자기가 존경하는 친구를 자유롭게 선택하여 그의 비밀과 과오를 털어놓았다. 하지만 이것 대신 정신적 국가의 지배자들은 그 고해 신부들을 모든 사람이 의존하지 않으면 안 되는 공무 집행자로 배치하였다.

자신의 과오의 고백은 원래 자발적인 것이었으나, 이제 정신적 국가에 속한 모든 시민의 의무이며, 그 의무를 위반했을 때 교회는 최고의 형벌인 영원한 저주를 선포한다.

도덕성에 대한 기독교의 감독은 이 정신적 국가의 최대 목표이다. 따라서 원래 국가가 형벌을 내릴 수 없는 죄나 악한 충동뿐 아니라 생각까지도 정신적 국가의 입법 대상이며 형벌 대상이 된다. 시민 국가에 반한 범죄

(이 범죄는 원래 국가에 의해서 징계된다)는 시민법의 대상일 수 없는 모든 죄조차 죄로 벌하는 정신 국가에 의해서 다시 한 번 처벌된다. 결과적으로 정례화된 형벌의 목록이 무한히 많게 되었다.

어떤 사회에 들어가는 것, 그 사회 회원 상호간의 의무를 받아들이는 것, 그리고 그것이 부여한 수혜受惠를 받을 권리 등을 누구나 자유롭게 선택하는 것 때문에 그 사회는 자기의 법에 복종하고자 하지 않는 자를 배제할 권리를 보유한다. 모든 협동체와 길드 조직이 이러한 권리를 당연하게 받아들였는데, 이와 마찬가지로 교회 역시 부과된 조건들, 즉 신앙과 또 다른 행동 양식들을 받아들이지 않는 사람들을 상호간의 교제로부터 배제할 수 있는 권리를 가졌다. 그런데 이 정신적 국가의 영역이 시민 국가의 영역과 동일해졌기 때문에 정신적인 국가에서 배제된 사람은 그의 시민권 역시 빼앗겼다. 이런 일은 교회가 소규모였을 때, 그리고 지배적이지 않았을 때는 발생하지 않았다. 이제 시민 국가와 정신적인 국가가 서로 충돌하게 되었다.

가톨릭뿐 아니라 프로테스탄트 교회 역시 다음과 같은 사실을 통해 볼 때 국가라는 사실이 드러난다. (후자는 자신에게 붙여진 프로테스탄트라는 이름을 싫어한다.)[18] 즉 교회는 공동체의 모든 구성원들을 특정한 신앙과 특정한 종교적 신념 속에서 보호하기 위해서, 그리고 이 신념을 유지하고 이 신앙 속에서 모든 회원들을 적으로부터 방어하기 위해서 전체가 하나와 맺는 계약이고 하나가 전체와 맺는 계약이다. (내가 '특정한 신앙'이라고 말했는데, 왜냐하면 각자의 개별적인 신앙 속에서 개별자 모두를 보호하는 것, 그

---

18) [옮긴이] 프로테스탄트란 '저항하는 자'라는 뜻인데, 이는 가톨릭에 저항하는 집단, 즉 종교개혁자들에게 가톨릭이 붙인 이름이다. 이후에는 개신교의 총칭으로 쓰인다.

리고 누구도 그의 신앙 속에서 또는 그 신앙 때문에 권력에 의해 [사실 권력은 상해를 입힐 수 있는 유일한 가능성이다] 침해받지 않게 되는 것 등이 바로 시민 계약의 목록일 것이기 때문이다).

그러므로 각 개별자들은 이러한 제도의 관점에서뿐 아니라 일반적 신앙의 관점에서 (이 신앙은 교회 계약의 대상이 되는데, 이는 마치 신체권과 재산권이 시민 계약의 대상이 되는 것과 마찬가지다) 자기의 사적인 의지를 일반의지에 종속시키지 않으면 안 된다. 이때 일반의지는 통치권자의 의지 속에서 표현된다. 이제 통치권자는 입법권과 관계되는 한에서는 공회Konzilien나 공동의회Synode에 속하게 되며, 행정권과 관계되는 한에서는 감독청Bischöfen과 종교국[19]에 속하게 된다. 이 행정 관청들은 의회의 결의와 신경信經들 속에 포함되어 있는 결정 사항들을 올바르게 보존하고, 공무원에게 명령을 내리며, 그 공무원들에 대한 권리를 당연한 것으로 주장한다. 공무원들은 신앙과 순종이라는 기본 원칙을 준수해야 하며, 만약 그들 중 누가 이 전제를 충족시키지 못하면 그는 엄격한 법에 따라 다시 자기의 직책을 내놔야 한다.

이러한 정신적 국가는 모든 권리와 모든 의무의 원천이 되는데, 이 원천은 시민 국가와는 완전히 독립적인 것이다. 그리고 만약 교회 계약 관계라는 것이, 근본적으로 계약 기간이 완전히 본인의 의사에 달려 있으며, 이러한 결정이 후손의 결정에 아무런 영향을 미치지 않는 것을 의미한다면, 바로 이 정도까지는 교회의 권리와 그 사람의 자연적 권리가 본질적으로 서로 모순되지 않으며, 교회의 권리가 국가의 권리도 손상시키지 않는다.

기독교인들 각자는 자신의 공동체에서 웅장한 세례 의식을 통하여 이

---

19) [옮긴이] 종교국(Konsistorium)을 가톨릭에서는 추기경 회의라고 한다.

계약 관계로 들어온다. 그러나 교회에서의 의무와 권리는 신앙과 견해에 있어서의 의무와 권리를 의미하며, 그런 한에서 어린아이는 자발적으로 그 계약 관계에 들어갈 수도 없고, 그 계약 관계에 강제로 들어갈 수도 없다. 그렇기 때문에 한편으로는 세례 입회인이 교회의 신앙 속에서 그 아이를 양육할 의무를 진다. 그리고 어린아이는 그가 스스로 신앙의 계약을 완수할 수 있기 이전에도 교회가 베푸는 자선을 향유하지만, 교회는 그 자선 행위를 공짜로 기꺼이 낭비하지 않으며, 어린아이는 그가 장차 미래에 그에 상응하는 의무를 수행할 것이라는 전제하에 그 수혜물에 대한 권리를 갖게 된다. 바로 이런 이유 때문에 세례 입회인은 그 아이가 스스로 자기의 계약을 완수할 수 있도록 교육하려는 교회의 계획에 반대하지 않으며, 또 그것을 보증한다.

또 한편 몇몇 프로테스탄트 국가에서는 소위 '첫 성찬식'Konfirmation-saktus 제도가 도입되었다.[20] 이 의식을 통해 어린아이는 세례의 맹세를 새롭게 하는데, 즉 14 내지 15세에 그는 자기 자신의 의지에 따라서 교회와 계약 관계에 들어가며, 따라서 유아 시절 세례의 목격자들이 약속하기만 했던 것을 이제 그는 근엄하게 스스로 행한다. 그런데 이 의식에서 교회는 그 어린아이가 교회 신앙 이외에는 어떤 것도 들어서는 안 된다고 아주 주의 깊게 주입하며, 교회는 14살 어린아이의 지성과 판단력을 성인과 동일

---

20) [옮긴이] Konfirmation을 가톨릭 교회에서는 '견진성사'로 번역한다. 이 의식은 가톨릭 교회에서 행해지는 일곱 성사 중 하나로 성세(聖洗) 성사를 받고 정식으로 입교한 신자가 참되고 굳센 그리스도의 군사가 되려고 이마에 성유(聖油)를 바르고 성신(聖神)과 그 칠은(七恩)을 받는 의식이다. 종교개혁 이후 개신교에서는 이를 '첫 성찬식'으로 간소화했다. 젖먹이 시절 부모의 동의로 유아 세례를 받은 사람이 14 내지 15세가 되어 교회 앞에 스스로 신앙 고백을 할 수 있는데, 신앙 고백을 마친 후 그는 세례 교인만이 참가할 수 있는 성찬식에 드디어 참여할 수 있다. 한국 개신교에서는 이를 '입교 의식'이라고 부른다.

한 수준에 도달한 것으로 간주한다. 그리고 그 어린아이가 신조들을 대부분 비지성적으로 단순하게 수용함에도 불구하고 교회는 그것을 지성의 자유로운 선택이었다고 선언한다. 즉 교회는 그 아이가 대상의 중요성, 즉 영원한 구원의 중요성에 대해 성숙한 결정을 내렸다고 공포한다.

반면에 시민 국가는 성년, 즉 법적 타당성에 맞게 시민권을 행사할 수 있을 연령을 20~25살까지 연장한다. 그런데도 시민 국가에서 행해지는 시민의 행동들은 교회의 대상들과 비교해 볼 때 오물에 불과한 것으로 여겨졌다.

어린아이들은 성년이 되면 언젠가는 교회의 정식 회원이 될 수 있을 것이다. 이 때문에 국가로서의 교회는 그 어린아이들을 신앙 안에서 교육하는 문제에 대해 항상 깊이 생각하지 않을 수 없다. 부모들은 신앙 속에서 이기는 하지만 자기의 아이들이 바라고 소원하는 교육을 받을 권리가 있다고 주장한다. 하지만 교회와의 계약 속에서 그들은 이 교육받을 권리를 어린아이에게 양도하지 않고 교회에 양도해 버렸다. 왜냐하면 부모들은 교회 신앙에 따라 어린아이를 교육받게 하겠다고 약속했기 때문이다. 그리고 교회의 의무는 어린아이의 공허한 환상을 교회의 형상으로, 지성이 아직 없는 그의 기억을 공허한 개념으로 충만케 채워 주는 것이었으며, 그의 온화한 마음을 교회가 지정해 놓은 감정의 영역에서만 움직이게 하는 것이었다. 그래서 이런 말이 가능하다.

아이들을 다루는 방식이
모두 힘에 의한 것이 아니더냐?
그런데 말들 하기를 교회가 아이들에게 행한 것은
예외였다고 한다.[21]

이러한 순수한 교회의 권리에 만족하지 않고서 교회는 옛날부터 국가와 결합되었다. 그리고 이것으로부터 혼합된 교회 권리가 생겨났다. 이와 동일하게 시민권이 순수하게 유지되고 있는 국가는 이제 거의 없다. 교회와 국가는 그들의 의무와 권리를 서로 완전히 다른 원천에서 이끌어 낸다. 입법권의 관점에서 양자는 본질상 연합될 수 없고, 따라서 서로 다른 질서 status in statu가 항상 존재한다. 프로테스탄트들은 한편으로는 이러한 표현에 저항했으며, 다른 한편 그들은 사태 그 자체 이외에 어떤 것도 아주 영광스럽게, 아주 열렬하게 방어하지 않았다. 행정권의 관점에서도 가톨릭 교회는 시민 국가와의 완전한 독립을 주장하며, 그들의 공무 집행자와 교회 봉사자들을 시민 국가의 재판권에서 완전히 분리시킨다. 그런데 이에 반해 프로테스탄트 교회는 이 경우에 한해서 국가에 보다 많이 복종한다. 그러나 교회와 국가의 권리가 상충될 경우 대부분의 국가들은 가톨릭 교회뿐 아니라 프로테스탄트 교회에 양보하고, 그들의 권리를 포기해야만 한다.

교회와 국가의 충돌

a) 시민권의 문제

시민법은 모든 시민의 인명과 재산의 안전에 영향을 미친다. 그리고 이것

---

21) Lessing, *Nathan der Weise*, IV, 2.

        – ist

Nicht alles, was man Kindern tut, Gewalt?

Zu sagen: – ausgenommen, was die Kirch'

An Kindern tut.

은 결코 종교적인 견해와 관련성이 없다. 따라서 시민 각 개인의 신앙이 어떻든 간에 시민으로서의 권리를 보호하는 것은 국가의 의무이다. 그리고 국가와의 관련에서 그가 타자의 권리를 침해하는 경우에 한해서 그는 이 권리를 상실한다. 그 경우에 국가는 시민의 표현에 따라 그에게 타당한 법규를 적용하고 그에 맞게 그를 취급한다. 신앙의 관점에서 그는 국가의 어떤 것과도 연결되지 않는다. 왜냐하면 국가는 그러한 종류의 조건을 만들거나 받아들일 수 없기 때문이다.

그러나 다른 한편 이 국가의 모든 성원들은 하나의 교회에서 서로 통일되어 있다. 그리고 교회는 공동체로서 자신의 법에 동의하지 않는 사람을 배제할 권리를 갖는다. 그런데 교회의 신앙을 받아들이지 않거나 포기한 시민이라도 국가에 권리로서의 시민권을 향유할 수 있는 능력을 요구한다. 하지만 교회는 자기의 교제 범위에서 그를 배제하며, 그리고 교회가 전체 국가를 구성하기 때문에 국가로부터 역시 그는 배제된다. 이런 상황 속에서 어떠한 권리가 관철될 수 있겠는가? 국가의 권리인가, 교회의 권리인가? 국가는 훌륭한 시민(우리는 그의 신앙이 어떻든 시민법과 관련해 볼 때 훌륭하다고 할 수 있는 사람을 생각할 수 있다)을 그 권리에 있어서 보호해야 할 의무가 있다고 생각하며, 교회는 자기의 교제 범위를 벗어난 사람을 배제할 권리를 가지며 그러므로 국가로부터 역시 배제한다.

거의 대부분의 가톨릭과 프로테스탄트 국가에서 교회 국가는 시민 국가에 대립하여서 자기의 권리를 주장한다. 그리고 그 속에서는 어떤 이단자도 시민권을 획득할 수 없다. 이 이단자는 범죄나 재난을 당할 때도 시민이 향유할 수 있는 법의 보호를 향유할 수 없다. 그는 일정한 부동산도 얻을 수 없고, 공공 관직에 들어갈 수도 없으며, 세금 문제에 있어서도 차별적인 대우를 받아야 한다. 더구나 세례는 사람들이 교회에 들어가는 교회의 의식일 뿐 아니라 국가에 어린아이의 실존을 알리는 시민의식市民儀式이었다. 그리고 적어도 그 시민의식을 통해서 사람들은 교회가 허용할 만한 권리를 국가에 요구하였다. 국가 교회의 이러한 특성으로 인하여 결국 그 국가와 신앙을 달리하는 아버지라고 하더라도 그는 자기 아들을 그 형식에 따라서 공무 집행자의 집도로 세례 받게 하지 않을 수 없다. 교회는 이러한 의식을 어린아이들을 교회에로 받아들이는 표식으로 행한 것이 아니다. 왜냐하면 교회는 이러한 의식을 끝낸 후 그 아이를 그의 아버지에게 그의 종교 속에서 양육할 수 있도록 보내기 때문이다. 오히려 종교의 그러한 의식은 단지 교회가 국가로부터 시민을 인정해 주는 권리를 빼앗았다는 증거를 보여 주고 있을 뿐이다. 왜냐하면 국가 교회를 추종하는 자의 자식이 세례를 받게 될 경우 그는 그 자체 교회와 국가에서 동시에 받아들여지기 때문이다.

결혼에서도 유사한 문제가 발생한다. 많은 나라에서 결혼 예식은 지배적인 교회의 관리에 의해 수행되어야만 타당한 것으로 받아들여진다. 이 경우 교회는 교회의 의식에 따라 예식을 거행하는데, 이것은 신랑, 신부가 믿는 낯선 신앙에 따라 예식을 수행하지 못하도록 하는 강제적인 행위가 아니라, 단지 시민권적인 행동을 집행하고 있을 뿐이다. 따라서 시민 국가와 교회 국가가 충돌할 경우 뿐 아니라 양자의 재가를 동시에 필요로 하는 경우에도 역시 시민 국가는 교회 국가에 자기의 권리와 직무를 양보했다.

교회가 국가와 맺는 방식과 유사하게 길드와 이 길드의 권리 역시 국가에 대해 그러한 관계 방식을 취한다. 이것들 역시 국가 속에 존재하는 공동체를 형성한다. 그 회원들 역시 자기 공동체에 어떤 권리를 인정해 주며, 그곳에 들어가자마자 어떤 의무를 지게 된다. 이러한 종류의 길드 조직은 한 도시에서 동일한 사업에 종사하는 모든 사람들로 구성되며, 이 공동체의 법에 따라서 누군가를 받아들일 수 있는 권리와 또 그 질서에 순응하지 않는 자를 배제할 수 있는 권리를 갖는다.

반면 이제 국가는 시민법을 모욕하지 않으면서, 그 방법이야 어떻든 자기 스스로의 삶을 영위하고자 하는 자를 보호해야 할 의무를 진다. 그리고 시민법은 길드에 대해 아무것도 결정할 수가 없다. 그러나 만약에 길드가 어떤 사람 스스로 선택한 장사를 하지 못하게 한다면, 그리고 길드가 그를 그들의 교제권 바깥으로 축출한다면, 이는 곧 길드가 전체 공동체와의 관계 속에서 그를 축출한 것이며, 국가가 그에게 부여한 권리를 박탈한 것이고, 그에게 시민권을 행사하지 못하게 하는 것이다. 이러한 문제에서도 역시 국가는 그 시민의 권리를 희생시킨다.

또한 국가가 젊은이들을 교육시키기 위해 누군가를 고용하고자 할 때 국가는 적합한 자를 공무를 수행하는 교사로 임명할 권한을 갖는다. 하지만 교직에 종사하는 모든 사람들이 길드를 형성하여서 그들의 규칙에 따라 새로운 교사를 받아들일 것인지 아닌지를 결정할 수 있는 권리를 행사한다. 그래서 만약 국가가 보기에 교사로서 자격을 갖추고 있다고 생각되는 자가 이 길드의 회원이 아닐 경우 그는 이 교사 단체에서 배제된다. 이 말은 그가 교사가 되지 못하는 것을 의미하기 때문에 그는 동시에 국가에서 배제된다는 것을 의미한다. 이런 이유 때문에 국가는 교사를 임명할 자신의 권리를 포기했다. 이제 국가는 그 교육 분야에 적당한 길드 안에서 교사 자격(석사magistri나 박사doctores 학위)을 취득한 자만 교사로 임명할 수 있게 되었다. 그렇지 않을 경우 적어도 국가는 자격 없는 자를 공무 집행자로 임명하여 사후에 적합한 길드에 등록하게 할 수 있다. 그런데 그가 그 길드 조직에 가입하고 싶은 생각이 없을 경우에도 길드는 계속해서 그에 대해 자기의 권리를 주장하고자 하기 때문에 길드는 그가 아주 기이하게 행동하지 않는 한 결코 거절할 수 없는 영예인 스승 신분증을 그에게 선물로 스여한다.

오늘날 어떤 가톨릭 정부는 비가톨릭 신자에게 시민권을 수여하며, 그들에게 자신의 사제를 임명할 수 있게 허락하며, 자신의 회당을 설립하도록 인가한다. 이러한 사실은 두 가지 관점에서 해석이 가능하다. 한편으로는 그런 행위가 굉장한 관용으로 칭송된다는 측면이고, 다른 한편으로는 '관용'이나 '묵인'이라는 말이 여기서 사용되어서는 안 되며, 단지 공정한 일이 일어났을 뿐이라는 주장이 있다. 국가의 측면에서 볼 때 이러한 권리의 인정은 명백히 커다란 부당성을 제거하는 것이며, 따라서 이런 권리 인정이 국가의 의무로 받아들여질 경우 이러한 모순들은 통일될 수 있다.

하지만 교회의 측면에서 볼 때 이러한 권리 인정은 '묵인'이다. 왜냐하면 교회는 공중, 땅 그리고 물로부터 이단자를 배제해야 한다고 옛날부터 주장해 왔으며, 오늘날도 문자 그대로 그 권리를 주장하지는 않지만 국가르부터 그들을 배제할 권리를 갖는다고 여기저기서 주장하기 때문이다. 그리고 만약 국가가 교회에 타종교 신봉자들의 권리 존중을 의무로서 요청할 경우 그들의 권리를 묵인해 주는 교회의 관리들은 (프로테스탄트 교회의 관리 역시) 항상 포용, 동정, 실수한 사람들에게 보여 주지 않으면 안 되는 사랑, 그리고 의무가 아니라 자발성에서 기인하는 성향Neigung 등을 교회의 본질적인 덕이라고 이야기한다.

b) 소유권의 문제

예배를 위해 그리고 자기들의 종교 대상을 강의할 수 있기 위해 모든 개별 교회는 자기들만의 특별한 건물, 선생 그리고 약간의 필요한 다른 사람들을 둔다. 건물을 짓고 선생과 필요 인원을 유지하기 위해 그리고 예배에 필요한 기구들을 더 깨끗하고 아름답게 보존하기 위해 전체 민족이 개인적으로 자유롭게 헌물하고 기부한다. 따라서 세워진 건물, 교회의 선생과 다른 봉사자들이 받는 고정된 급료와 수입은 그 공동체의, 전체 민족의 재산이지 국가의 재산이 아니다. 하지만 국가가 단 하나의 교회 국가를 형성하고 있는 경우에 한해서, 또는 국가에 포함된 수많은 교파가 하나로 통일되어 있는 경우에 한해서 그것들은 거의 항상 국가 재산으로 간주된다. 한 국가에 하나의 교회만 존재하는 한 교회와 교회 지도자들의 수입이 시민 국가의 재산인지 교회 국가의 재산인지 구별하는 것은 중요하지 않으며, 이런 구별 자체가 거의 발생하지 않는다. 하지만 다른 종류의 교회가 그곳에 설립되자마자 구별은 가시화되며 투쟁이 발생하기도 한다.

일단 근거를 확보한 교회는 시민권으로부터 도출된 이유에 근거하여 이 국가의 재산에 대한 지분을 요구하며, 국가는 종교단체가 그들이 어떤 신앙을 갖든 예배를 위한 그들만의 교회를 허용할 수밖에 없고, 또한 그들에 적합한 선생을 지명하도록 허용할 수밖에 없다.

하지만 지금까지 지배해 왔던 교회는 국가에 의해 그들에게 양도되어서 결코 논쟁되지 않았던 재산에 대한 그들의 권리를 계속 주장하는데, 만약에 국가가 자신의 권리를 유지할 만한 충분한 힘을 가지고 있다면, 그리고 당국이 이것을 국가의 권리로 인식하고 주장할 만큼 통찰력이 있고 공평하며 아주 공정하다면, 국가는 각각의 교회들에 그들의 필요에 맞게 그들의 방식에 따라 그들의 예배를 유지할 수 있는 수단을 제공할 것이다.

이제 시민 국가로서의 국가와 국가의 입법자와 통치자들이 결코 어떠한 신앙도 가져서는 안 된다 하더라도, 그들은 지배적인 교회의 성원들로서 교회의 권리를 보호해야 할 의무를 교회로부터 짊어지게 된다. 그리고 두 교회 사이의 투쟁은 일반적으로 국가의 제도적인 법에 의해서 해결되는 것이 아니라 일방의 힘에 의해서 그리고 타방의 불가피한 수용에 의해서 해결된다. 기존의 지배적인 교회가 새로운 가르침의 추종자들을 근절하거나 아니면 적어도 거대한 권력 작용과 엄청난 지출을 해야만 지속될 수 있을 만큼 새로 생겨난 교회의 교세가 커져서 기존의 교회가 신흥 교회에 대해 자신의 권리를 강하게 주장할 경우 국가는 커다란 해를 입게 되고 법과 권리는 아주 깊은 모욕을 입게 되는데, 이 경우 국가는 커다란 위험에 처했다고 생각하고서 새로운 교회에 몇몇 권리를 양도해 준다. 하지만 이 경우 국가는 교회의 언어를 사용하여 이를 '관용'이라고 표현한다.

반면 논쟁이 달리 전개될 경우, 즉 지금까지 억압받던 교회가 지배적인 교회로 되고 지금까지 지배적인 교회가 이제 단순히 관용을 기대하는 교회가 될 경우, 국가는 보통 새롭게 지배적인 교회로 된 단체와 유대를 맺게 되고, 그 이전 지배적이었던 교회가 누렸던 만큼의 제한 없는 권리를 유지시킨다.

여기서도 위에서 말한 것처럼 다음과 같은 사실이 명백하게 드러난다. 즉 많은 날카로운 역사가들에 따르면 기억만 하고 있어도 상대편에 관용을 베푸는 자로 될 수 있을 과거의 고통을 교회는 놀랍게도 쉽게 잊어버리며, 따라서 그들이 지배적인 교회가 되자마자 관용을 잃어버린다. 그 진술은 역사와 경험을 통해 도출된 사실적인 추론일 뿐 아니라 교회가 소유하고 있는 권리로부터 필연적으로, 불가피하게 따라 나오는 추론이다. 이때 그들의 권리란 자기들의 법과 규칙에 순응하지 않는 자들을 자기들의 교제 범위에서 배제할 수 있는 힘을 갖는 공동체의 권리를 말한다. 따라서 한 교회 공동체가 한 국가에서 지배적인 교회로 될 때, 교회는 자기의 권리를 주장하며, 이방인을 그 교제 범위에서 축출하고 따라서 국가에서도 역시 축출하며, 신앙과 재산과 같은 문제에서 비지배적인 교회를 무자비하게 취급한다.

교회 재산과의 관계에서 사태의 이러한 전개 과정은 초기 기독교의 팽창 속에서뿐 아니라 기독교 내의 새로운 정파의 확장 속에서 확연하게 드러난다. 처음에 기독교인들은 사가私家에서 모였다. 그 이후 그들은 예배할 특별한 건물을 자기들의 비용으로 지었다. 그러나 그들이 지배적인 교회로 되었을 때 교회는 자기의 권리를 주장했으며, 이방 사원을 파괴했고, 어떤 도시나 공동체 내의 거주자가 여전히 이방인으로 가득 차 있을 때에도 그들의 재산을 자기들의 것으로 만들었다. 완전히 기독교화된 공동체는 이러한 일들을 할 수 있는 법적 권리를 가졌다.

황제 율리아누스는 이방인의 종교적·법적 권리를 주장했으며, 기독교인들이 이방인들에게서 빼앗은 사원을 다시 기독교인들로부터 빼앗았다.[22) 프로테스탄트들은 지금까지 가톨릭 교회였던 교회를 예배를 위해 사용했으며, 성직자와 수도원의 수입을 자의로 유용했다. 시민법은 그들에게 이것을 할 수 있는 권리를 부여했으며, 그들은 또한 그들 자신의 종교적 권리를 주장하였다. 그러나 그렇게 함으로써 그들은 가톨릭 교회의 권리를 위반했다. 가톨릭 교회는 여전히 항상 이러한 권리를 주장했으며, 프로테스탄트의 교회, 주교구들 그리고 수도원과 성직자들의 수입 등을 법적으로 자기의 것으로 여겼으며 감독청과 수도원을 부분적이기는 하지만 자기 것으로 주장했다.

---

22) [옮긴이] 배교자 율리아누스(Julianus Apostata, 대략 331~363). 콘스탄티누스 대제의 조카로 그를 이어 로마의 황제(361~363)가 되었다. 351년부터 기독교 신앙을 포기하고 신플라톤주의와 이교 신앙을 받아들였다. 그리고 그는 가는 곳마다 기독교를 철폐하고 이교의 전통을 부활시키려고 하였다. 이 때문에 그의 이름에 '배교자'(Apostata)라는 별칭이 따라붙게 되었다.

두 교회의 권리는 법적으로 조정될 수 없다. 왜냐하면 그것들은 서로 간에 직접적으로 화해할 수 없는 모순으로 대립되고 있기 때문이다. 그것들은 힘으로 또는 국가에 의해서만 조절될 수 있다. 후자의 경우에 있어서는 국가가 교회보다 더 높은 법적 지위를 보장받지 않으면 안 된다. 가톨릭 교회는 이것을 결코 인정하지 않으며, 프로테스탄트 교회는 특정한 사안에 대해서만 이를 받아들인다. 프로테스탄트가 국가에 자기보다 우월한 어떤 권리를 인정해 주는 한에서 그 교회는 자기 권리의 일부를 희생하게 되며, 이것은 그들의 입장에서 보면 은혜의 행위이다.

자기 나라의 교회를 떠난 사람은 그의 나라에서 배제되며, 그는 시민적 자유를 상실한다. 이러한 절차를 집행하는 것, 즉 신앙 때문에 사람을 박해하는 것, 그에게서 시민권을 박탈하는 것, 그를 사랑스러운 자연과 풍습으로부터 추방하는 것 등은 가혹하고 부당한 것처럼 보인다. 그러나 교회는 그에게 결코 부당한 일이 발생하지 않는다는 사실을 '합법성'이나 '관대함'이라는 말을 함으로써 증명한다. 즉 교회는 그의 신앙을 변화시키고자 하지 않는다고 주장한다. "교회는 그가 교회를 떠날 수도 있는 그의 자유를 존중한다"라는 관용의 언어를 사용한다. 그리고 이 나라에서 시민권을 향유할 수 있는 가능성의 조건이 교회와의 긴밀한 유대에 있으며, 자신의 신앙을 개종함으로써 이러한 조건들을 스스로 포기했다는 것을 그도 잘 알고 있기 때문에 그에게 발생한 결과는 그에게 어떤 부당함도 의미하지 않는다는 것이다. 물론 그는 이러한 양자택일의 문제에서 자유로운 선택권을 갖는다. 만약 교회에서 배제되는 것이 교회에서 배제되는 것만을 의미한다면, 교회는 교회를 떠나 버린 사람만을 배제시켰을 것이다. 하지만 교회는 그를 국가에서도 역시 배제시키며 국가는 그러한 권리 위반자의 처벌을 받아들인다. 이렇게 되는 한 국가와 교회는 하나로 융합되어 있다.

c) 교육의 문제

모든 사람은 자신을 동물적으로 보존하기 위한 권리, 즉 생존권 외에도 자신의 가능성을 계발하고 한 인간으로 될 수 있는 권리를 태어날 때부터 가지고 태어난다. 이러한 천부의 권리로 인해 부모와 국가는 그를 합목적적으로 교육할 의무를 떠안으며, 그 의무를 나누어 갖는다. 이러한 의무 외에 국가의 가장 큰 관심사는 성장하고 있는 국가 시민의 어린 마음을 머지 않아 국가에 영광과 이익을 가져다 줄 성인으로 자라나게 훈련시키는 것이다. 이제 국가는 이 의무를 완수하고 이 목표를 달성하기 위해 이에 관한 거의 모든 문제에 대한 책임을 교회에 일임하는 것이 훌륭하고 자연스런 만족을 얻게 될 것이라고 믿게 되었다. 결과적으로 국가는 국가의 관심사뿐 아니라 젊은 시민을 교회의 시민으로도 교육해야 하는 교회의 관심사에 대해서도 충분히 고려하게 되었다.

하지만 이러한 교육 방법이 젊은 시민이 자기 능력을 자유롭게 계발하는 데 위태로운지 아닌지의 여부는 교회가 그 교육의 임무를 어떻게 수행하는지에 전적으로 달려 있다. 어린아이들의 권리, 적어도 인격체로서의 권리를 존중하여 결과적으로 어린아이들을 보호하는 국가가 어린아이들을 자기의 기준과 목표에 따라서 양성할 수 있는 권리를 가지듯이, 교회도 동일하게 이런 권리를 주장한다. 왜냐하면 교회는 어린아이들에게 처음부터 자기들이 베푼 은혜를 향유하도록 하였기 때문이다. 따라서 교회는 일정한 시간이 되면 그들을 교회에 대한 의무를 능숙하게 수행하도록 만들며, 그들의 경향성이 이 임무에 일치하게끔 교육한다.

오늘날 지성을 갖고 있는 성숙한 한 시민이 그의 나라의 법과 제도들에 적응하지 못할 경우, 거의 모든 유럽의 나라들에서 그는 조국을 떠날 수 있는 자유로운 선택권을 갖는다. 그의 나라의 법에 그가 의존한다는 사실은 곧 그 법 아래서 살겠다는 자유롭게 선택된 결정에 근거한다. 이러한 결정이 관습이나 두려움에 의해 여전히 크게 영향 받는다 하더라도, 이 관습과 두려움이 자유로운 선택의 가능성 자체를 제거할 수는 없다.

그러나 만약 교회가 그 교육적 방법으로 대단히 성공을 거두었다면, 즉 종교가 종교적 사변 속에서 이성과 오성을 완전히 제압하였거나 아니면 상상력을 아주 흉측한 것으로 가득 채워서 이성과 오성이 더 이상 자유를 의식할 수도 없고 의식해서도 안 되게 만든 후 자유를 종교적인 대상에서 완전히 지워 버릴 경우 교회는 자유 선택의 가능성과 자유로운 선택에 속할 수 있는 결정의 가능성을 완전히 탈취한 것이다.

그러나 교회는 그러한 요청을 오직 선택의 문제로 인간에게 근거지을 수 있고 또 근거지을 것이다. 교회는 자기 능력을 자유롭게 계발해 나아갈 수 있는 어린아이들의 자연권을 침범하여서 그들을 자유로운 시민이 아니라 노예로 양육하였다. 어떠한 교육에서도 어린아이의 마음과 상상력은 초창기의 인상적인 힘과 그와 가장 가깝게 생활하면서 그와 일차적인 자연적 유대를 맺고 있는 사람들의 본보기를 통해 학습된 힘에 의해 영향을 받는다. 물론 이성이 이런 영향들에 철저하게 얽매이는 것은 아니다. 교회는 어린아이들에게 이러한 강력한 영향을 미치며, 동시에 덧붙여 어린아이들로 하여금 다음과 같은 신앙을 갖도록 교육한다. 즉 이성과 오성은 결코 자신들의 원래의 원리들에 따라 이끌리지 않으며, 자기 앞에 놓여 있는 것을 자신의 표준에 따라 판단하지도 못한다고.

오히려 상상력과 기억 속에 각인되어 있는 표상과 말들이 아주 흉측한 것으로 포장되어 있으며, 그것들은 신성불가침한, 번쩍이는 빛 속에서도 명령으로 수행되어지기 때문에, 한편으로 이성과 오성의 법칙은 그런 빛 앞에서 벙어리가 되어 사용되지 못하며, 또 다른 한편으로 상상력과 기억 속에 각인되어 있는 그 표상과 말들이 오성과 이성의 법칙에 이질적인 것을 규정하여 주기도 한다는 것이다. 교회는 어린아이들에게 바로 이런 것을 믿게 한다. 이러한 낯선 입법 작용을 통하여 이성과 오성은 자유, 즉 자기에게 고유하고 자기의 본성 속에 근거하고 있는 법을 따를 수 있는 능력을 빼앗겼다. 교회에 가거나 가지 않을 수 있는 선택의 자유는 사라졌다. 의도가 어떻든 국가는 자기의 정신적 능력을 자유롭게 계발할 수 있는 어린아이의 권리를 배신했다.

어른이 된 이후 자유롭게 선택할 수 있는 능력을 가질 수 있도록 하기 위해서는 교회가 아이들을 교육시킬 때 실정적 신앙으로 가르쳐서는 안 된다. 그러나 교회가 이 교육 수단을 실행한다는 것은 여간 어려운 일이 아니다. 따라서 교회에는 정신적 능력을 자유롭게 계발할 수 있는 어린아이의 권리를 받아들여서는 안 되는 필연적인 이유가 있다. 왜냐하면 교회는 한편으로 신앙의 문제에서 그런 무지 속에 어린아이들을 남겨 두는 것을 죄악으로 천명해야 할 의무를 지며, 또한 어려서 실수한 것을 나중에 보충한다는 것은 교회의 입장에서 지극히 어려운 일이며, 성장하여서 영혼의 골수에 신앙을 각인시킨다는 것은 거의 불가능하기 때문이다. 그래서 (『현자 나탄』 IV장 2절에서) 그 족장이 그 유대인으로부터 다음과 같은 소리를 들었을 때, 즉 그 유대인은 '그 소녀를 자기의 신앙 속에서 양육한 것이 아니라 전혀 비신앙의 상태에서 양육했으며, 그녀에게 신에 대해 이성이 요구하는 것 이상도 이하도 교육하지 않았다'고 하는 말을 족장이 들었을 때, 그는 격노하여 다음과 같이 말했던 것이다.

세 번씩이나 화형에 처할 놈! 뭐라고? 아이가 어떤 신앙도 없이 자라나게 버려두었다고? 도대체 어떻게? 아이에게 신앙의 큰 의무를 교육하지 않았다고? 정말 못된 놈이로구나![23]

어려서부터 자기의 오성이 신앙에 얽매여 있는 사람을 다른 교회로 인도하는 것은 교회의 상像에 얽매여 있지 않는 자유로운 상상력을 가진 사람, 교회의 족쇄에 얽매이지 않는 오성을 가진 사람을 교회에 인도하는 것보다 훨씬 더 힘들다.

두 가지 사실만 덧붙이고 싶다. 기독교 국가의 시민이 되고자 하는 사람이 그 나라의 신앙을 받아들인다 하더라도 그 개종자가 곧바로 그 국가의 시민이 되는 것은 아니다. 그 이유는 교회가 국가보다 더 넓은 영역을 가지며, 국가는 어디에서나 그 자체 독립적인 권리를 주장한다는 자연스런 이유 때문이다. (히브리인들 가운데 성문의 개종자proselyti portae는 어떤 경우에 있었던가?)

더 나아가 교회의 계약의 대상이 되는 것은 근본적으로 신앙과 의견이다. 최근 프로테스탄트의 교회에서 자유의 문제는 가톨릭에서보다 훨씬 중요하게 다뤄지고 있다. 그러나 양 교회는 이러한 계약에서 나온 권리를 엄격하게 주장한다. 가톨릭 교회에서는 각 개별자의 개인적 견해에 대해 아주 심한 부분까지 감시가 이루어진다. 이에 반해 프로테스탄트 교회는 학식이 있고 정직한 신학자의 신앙과 신경信經들에 서명하고 맹세한 자들의 신앙이 결코 같지 않다는 것을 인정한다. 더군다나 시민 국가의 다른

---

23) Lessing, *Nathan der Weise*, IV, 2.
　　"...dreimal verbrannt zu werden! Was? ein Kind ohn' allen Glauben erwachsen lassen? Wie? die große Pflicht, zu glauben, ganz und gar ein Kind nicht lehren? Das ist zu arg!"

공무 집행자들은 그 신경들에 서명하고 맹세해야 함에도 불구하고 거기에 나오는 교리들에 거의 익숙하지 못하다. 예를 들어 어떤 사람이 세례에 대한 정통적인 견해를 알지 못한다거나, 프로테스탄트 교리 중 어떤 중요한 것의 요점에 대해 완전히 다르게 생각하여서 이러한 사실을 책이나 어떤 출판물에 기록하였다 하더라도 사람들은 그에게 그 사실에 대해 질문하지 않는다. 그러나 그가 진심으로 일관성이 있어서 그의 아이를 세례 받도록 하지 않았다면, 또는 공직을 받을 때 신경信經에 서명하지 않는다면 교회는 그의 의견에 어떤 저항도 하지 않은 채 그것에서 자연스럽게 흘러나온 결과를 압류하여 교회 자신의 권리를 계속 유효하게 할 것이다(즉 교회는 그에게 법이 정한 대로 공직에서 일하지 못하게 한다—옮긴이).

교회의 계약

이제 교회의 권리를 가능하게 하는 계약 그 자체에 대해 고찰해 보자. 봉건 제후의 최초의 권리는 그를 정복한 자의 권리에 의존하는데, 그 정복자는 복종하겠다는 조건하에서 정복된 자들의 생명을 살려 준다. 그리고 정복자와 정복당한 자 사이의 이러한 계약에 그 제후들의 후손의 권리 역시 의존한다. 물론 이 경우 후손의 권리는 정복에 의한 것이 아니라 유산에 의한 것이다. 이러한 이론의 입장에서 (그 이론이 타당하건 그렇지 않건 간에 그것을 여기서 문제 삼을 필요는 없다) 개별자의 의지를 그 지배자에 복종시키는 것 역시 동일한 계약에 근거한다. 여하튼 적어도 다음과 같은 사실은 상당히 진실하다. 즉 시민 사회의 권리, 시민 사회의 지배자와 입법자들의 권리가 발생할 수 있는 곳은 바로 시민 사회 그 자체의 본성에 놓여 있으며, 시민 사회는 그 내부에 존재하는 개별자들의 권리가 국가의 권리로 되었다는 것, 즉 국가는 개별자의 권리를 자신의 권리인 것처럼 지지하고 보호해야 한다는 사실을 함축하고 있다.

그러나 교회가 국가로서 소유하고 있는 권리에 대해 고찰해 볼 때 적어도 교회의 형성기 때에는 그 계약과 권리가 개별자의 자발적인 의지에 기초한 합의에만 근거되어 있었다는 사실은 의심의 여지가 없다. 이러한 교회 국가에서 일반의지, 즉 다수 표결은 신앙의 법으로 표현된다. 그리고 사회는 이러한 신앙을 보호하기 위해 단합하는데, 이때 일자는 전체에, 전체는 일자에 연결되게 한다. 한편으로는 법을 만드는 보편적인 대표 회의의 조직과 질서를 위해, 다른 한편으로는 모든 종류의 가르침과 예배 규정들을 포함하고 있는 신앙의 법을 보호하기 위해 교회 국가는 공무원들을 필요로 하며 그래서 그들을 임명한다.

모든 사람이 하나의 신앙에 동의한다는 관점에서 다음의 사실들은 서로 커다란 차이가 있다. 즉 교회의 계약은, 그 통일성이 모든 사람의 자발적인 동의에 의해 발생되는 것으로 간주할 것인지 그렇지 않은지의 문제, 만인의 신앙이 보편 신앙 속에서만 표현되어지는지 그렇지 않은지의 문제, 또는 만인의 신앙이 부분적으로는 다수결에 의해 결정되며, 이런 식으로 결정된 사항이 가능한 것으로 받아들여질 수 있는지의 문제 등, 이 문제들이 어떻게 결론 나느냐에 따라서 결과의 커다란 차이를 가져온다.

가톨릭 교회는 후자, 즉 다수결과 다수결의 보편성의 원리만을 받아들였다. 즉 가톨릭 교회에서는 종교회의가 교회 신앙의 본질을 결정할 수 있는 최종 심급으로 인정받았으며, 그 시대 소수파가 다수의 결정에 복종하는 것은 피할 수 없는 의무로 간주되었다. 그런 회의에서 참가한 회원들은 한편으로는 자기 공동체의 대표로, 다른 한편으로는 무엇보다도 교회의 공무 집행자로 현존한다. 그들의 권한은 그들이 자기 공동체의 대표라는 데서 나오는 것으로 간주된다. 그러나 민중들은 자신들이 수백 년 동안 가지고 있었던 자신의 대표와 공무 집행자를 선택할 수 있는 권리를 오래 전에 상실했다. 따라서 또 다른 공무 집행자에 의해 임명된, 또는 어느 정도 민중과 독립되어 있는 단체에 의해 임명된 교회의 공무 집행자들이 종교 회의를 구성한다. 그들 모두는 하나의 완벽한 조직체를 구성하여 민중, 즉 평신도들의 신앙을 제어하고 규정하며 통제한다. 그리고 그들은 평신도들이 교회의 일에 결코 관여하지 못하게 한다.

교회의 관심사는 힘으로 통제할 수 있는 사람이나 재산이 아니라 견해와 신앙이다. 개별자가 자기 자신의 견해를 다수의 견해에 복종시킨다는 것은 견해 자체의 본성에 정면으로 모순된다. 자신의 의지를 일반의지에 종속시키고 후자를 자신의 법으로 여긴다는 것은 시민 계약에서는 가능하다. 그러나 종교 계약, 즉 신앙에 대한 계약을 이러한 방식으로 시행한다는 것은 완전히 불가능하다. 사실상 신앙에 대한 계약은 본질적으로 불가능하며, 그럼에도 불구하고 계약이 체결되었다면 그것은 완전히 무효이며 공허한 것이다.

만약 종교회의가 명목상으로뿐 아니라 실제에 있어서도 공동체에 의해 선출된 대표자들로 구성된다면 그들에게는 자기 공동체 신앙의 본질은 무엇이며, 어떤 항목이 가장 중요한 것인지, 그리고 그들이 다른 공동체와 하나의 교회에 속해 있다고 말할 수 있는 전제 조건은 무엇인지를 설명하는 권한 이외에 어떤 다른 권한도 부여될 수 없다. 자기의 통찰에 따라서 공동체의 신앙을 규정하고 자기의 생각을 다수결의 원리에 종속시킬 수 있는 권한을 그 대표들에게 줄 경우 대의제 공화체가 생겨나게 될 것이다. 대의제 공화체는 자신의 견해를 낯선 권위에 종속시킬 수 없는 인간의 권리와 완전히 모순되며, 인간 자체를 이 낯선 권위 아래 위치시킨다.

그리고 결국 방금 고찰한 계약 관계에서 인간은 낯선 권위 아래 놓이게 된
다——이런 체제가 순수 민주주의라고 불릴 수 있을 것이다.

교회는 사실상 초기 몇 세기 동안의 팽창 기간 중에 이런 대의제 공화
체였다. 그 공화체에서 우리는 개별적 공동체와 대표들이 의견의 자유를
갖는다는 원리와 다수결의 원리에 복종할 의무라는 원리 사이에 심한 갈
등이 있었음을 알 수 있다. 실제로 매 시기마다 의견의 불일치가 발생하였
는데, 이때 당사자들은 자유로운 교무 총회[24]에 조정을 호소했다. 그런데
이러한 호소에 대한 욕구 자체는 다수에 대한 복종의 의무가 있음을 전제
한다. 각자는 일관성 있는 논리와 논의를 통해, 그리고 음모와 무력을 사용
하여 상대방을 이기고 싶어했다. 승리한 측은 소수파에게 소수의 복종의
원리를 요구했고, 소수파는 또 다른 원리에 의지하여 자기들의 신념의 자
유를 짓밟는 폭력에 대해 절규했다. 이 경우 매우 빈번히 그들은 자신들의
목표를 보호하기 위해 특별한 연합체를 구성하였다. 이제 이 연합체의 회
원들은 하나의 도덕적 인격체moralische Person를 형성하였다. 따라서 회의
의 결정은 자유로운 다수의 결정에 의해서가 아니라 한 파당의 승리로 받
아들여지게 되었다. 이 파당은 자기의 목적을 성취하기 위해 온갖 종류의
폭력적 활동을 서슴없이 저지르고 배반한 측을 폭도로서 단호하게 취급
한다. 이런 종류의 교부 연합체를 상대편에서는 '강도 단체'라고 불렀다.[25]
모스하임Johann Lorenz von Mosheim은 그 회의 내용들이 우리에게 여전히
잘 알려져 있는 몇몇 다른 종교회의에서는 이 거친 표현만 사용되지 않았

---

24) [옮긴이] allgemeines Konzilium. 주교와 고위 성직자들이 신학적인 그리고 교회의 문제를
　　해명하고 결정하기 위해 모인 회의.
25) [옮긴이] '강도 단체'라는 표현은 제2차 에베소 종교회의에서 사용되었다.

을 뿐 그와 동일한 행태가 있었다는 것을 보고하고 있다.[26]

그러나 평신도가 자신의 신앙관에 따라 자기 자신을 표현할 수 있는 권리를 상실한 이후, 즉 기독교의 감독과 지도자들이 공무 집행자가 된 이후 신앙의 법은 완전히 그 통치자들에 의해 만들어졌으며, 신앙의 통치자와 법관이 교황 한 사람이건 아니면 민중과는 동떨어진 집단이건 간에, 그것의 정신적 체제가 군주제이건 귀족제이건 간에 감독이 아닌 민중은 그 법에 무관심하였다. 이 민중의 권리는 이 두 경우 모두에서 동일하게 위대하면서도 동일하게 헛된 것이다. 그러한 정부, 그러한 체제의 정당성에 대해 신앙의 관점에서 한 마디도 말할 수 없는 권리는 완전히 무용한 것에 불과할 것이다.

계약은 만인의 합의에 기초해야 하며, 신앙을 다수결의 원리에 종속시켜야 한다고 말하는 사람이 교회 계약 관계에로 들어와서는 안 된다고 생각하는 것은 프로테스탄트 교회의 근본 원리이다. 루터가 위대한 일을 시작할 즈음에 그는 자유로운 교무 총회에 호소하였다. 하지만 프로테스탄트의 자유의 위대한 토대, 즉 프로테스탄트의 진정한 정신은 사람들이 종교회의에 참석하기를 거부하고 모든 회의에 불참하게 되었을 때에야 가능하게 되었다. 그 이유는 그들의 주장이 그 회의에서 무시당해 버릴 것이라고 미리 확신해서가 아니라, 다수결의 원리로 종교적 견해를 결정한다는 것이 종교적 견해 그 자체의 본성과 모순되기 때문이며, 따라서 모든 사람은 자기의 신앙의 본질을 스스로 결정할 수 있는 권리를 갖는다는 사실에 모순되기 때문이다. 그러므로 프로테스탄트의 개별자들의 신앙은 그 신앙이 교회의 신앙이 아니라 자신의 신앙이라는 바로 그 이유 때문에 그의 신

---

26) Mosheim, *Historicae ecclesiastica*, 제5권, 제2장, 5편, §14.

앙이지 않으면 안 된다. 그가 프로테스탄트 교회의 일원인 이유는 그가 교회와 자유롭게 결합되어 있으며, 그 속에서 자유롭게 유지되기 때문이다. 프로테스탄트 교회가 그에 대해 갖는 권리는 그 교회 신앙이 바로 그의 신앙이라는 사실에만 의존한다.

프로테스탄트 교회는 그 법조항이나 헌법을 신앙의 관점에서 입안한다. 그런데 이 교회가 모든 행동을 순수한 교회의 권리라는 기본 명제에 입각해서만 고려했다고 판단한다면 그것은 옳지 못하다는 비난이 일어날 수 있다. 교회를 설립한 선생들과 교회가 임명한 공무 집행자들(이들에 대해서는 나중에 자세히 다룰 것이다)은 그들의 공동체의 대표로서 자기 공동체의 의지를 단순히 설명하는 데 그치지 않았다. 더 나아가 그들은 그들의 권위를 스스로 보다 크다고 생각하였으며, 이런 생각에 기초하여 교회 신앙의 본질이 무엇인지를 판단할 수 있는 권리를 자기의 공동체로부터 부여받았다고 주장하기도 하였다.

이러한 사실은 프로테스탄트 교회의 많은 신경信經들이 여러 가지 미묘한 문제 때문에 전체 민중에 의해 인정될 수 없으며, 그것들은 단지 교활한 신학자들의 작품일 뿐이라는 사실에서 명확히 드러난다. 그리고 이 몇 권의 책이 어떻게 발생하였으며, 신학자들에 의해 조작된 거의 모든 것들이 어떻게 신앙의 규범으로 받아들여지게 되었는지는 역사로부터 명확하게 알 수 있다. 이 일에 참여할 수 있는 유일한 평신도는 이 책들의 권위를 창출하고 보존하는 데 도움을 줄 수 있는 권력의 소유자들뿐이었다.

두 가지 입장에서 저 신학자들을 정당화하는 논리가 나타난다. 첫째, 신학자들은 그들의 신경信經에 보다 학적인 형태를 부여하여 유사한 무기를 가지고 싸우는 가톨릭 교회와 대면할 때 자기 회원들을 만족시킬 수 있는 많은 교리들을 보다 날카롭게 정의 내리지 않으면 안 되었다. 더 나아가 교회의 보다 덜 유식한 층이 자기들의 불변하는 권리를 탈취당하지 않기 위해 그들의 교리가 그렇게 취급되도록 신학자들에게 양도했다는 것이다.

이에 반해 신학자들이 교회의 일에 전혀 손상을 가하지 않고서 자기의 글에 학적인 증명과 교활한 구별 행위를 해왔다고 말하는 사람도 많다. 그들이 그렇게 한 이유는 그들의 주된 임무가 자신들의 신앙의 합법화였다는 것에서 찾아진다. 민중은 자신의 신앙을 합법화시킬 수 없는데, 왜냐하면 그들은 그 신앙의 근거를 알고 있지 못하기 때문이다. 만약 신경信經들이 보다 단순한 형태를 취하고 있었다면, 그것들은 그토록 논쟁적인 측면을 갖지 않았을 것이며, 좀 더 많이 신앙의 표준으로 받아들여졌을 것이다. 이 경우에 그것들은 프로테스탄트의 장엄한 원리와 보다 많이 일치하였을 것이다. 왜냐하면 그것들은 민중 자신의 판단에 의해 자신의 신앙으로 인정될 수도 있었을 것이기 때문이다. 이것은 한 시대에 유용하게 쓰이던 무기가 다음 시대에 쓸모없게 되어 버리는 경우와 유사하다. 오늘날 민중들이 아니라 학자들에 의해서 논거된 현학적인 신경信經의 형태는 무가치하다. 왜냐하면 우리 시대의 신학자들은 그 신경에 기초해서 자신들의 신앙을 합법화하지 않기 때문이다. 민중들도 이제 이 무기를 필요로 하지 않으며, 학자들 역시 그 무기를 멸시한다.

민중의 신앙의 본질을 규정하여 주는 저 신학자들이 정당화되는 두번째 논리는 다음과 같다. 프로테스탄트 교회의 신앙을 내포하고 있는 신경들을 대할 때 신학자들은 과거에 민중이 받아들였던 신앙의 규범을 단순히 해석해 주는 자로서만 행동했으며, 이러한 해석자로서의 직무가 민중의 신앙의 권리를 해치지 않는 정도에 한해서 그들에게 양도되었다고 말할 수도 있다는 것이다. 그러나 만약 해석되는 표준 신앙의 문구가 단지 하나의 의미만을 가진다면 이러한 방식으로 해석하는 해석자로서의 그들의 행동은 비판될 수 없다. 그러나 하나의 교리가 두 가지 이상의 해석을 수용할 수 있는데, 신학자들이 그 중 한 가지를 수용한다면, 또는 그들이 단 하나의 문장에서 엄격하게 논리적 추론을 함으로써 그 결과를 교회의 교리로 정립한다면, 그들의 행위는 독재자의 행위와 다를 바가 없다. 가능한 두 가지 해석 중 어느 것이 교회의 정신과 일치하는지 알기 위해 우선은 교회에 물어 보는 것이 필수적이며, 추론에 관해서 문제 삼는 것 역시 중요하다. 왜냐하면 특히 논쟁이 있을 때 거의 주목되지 않지만 올바른 비판의 척도가 있기 때문이다. 그 척도에 따르면 하나의 체계에서 아주 정당하게 결론이 도출된다고 해도, 바로 그 이유 때문에 이 체계를 따르는 자는 이 결론을 받아들인다고 고백해서는 안 된다는 것이다.[27]

　　신앙의 문제에서는 원리상 사회 계약의 문제가 발생하지 않는다. 물론 사람들이 소유권의 문제에서처럼 타자의 신앙을 존중하겠다고 맹세할 수 있지만, 신앙의 문제에 관해 자유를 가지는 타자의 권리를 존중하는 것은 원래 시민의 의무이다. 사람들은 어떤 것을 믿겠다고 결코 약속할 수 없으며, 더군다나 그의 후손을 자기의 특정한 신앙으로 구속할 수는 없다. 왜냐하면 모든 신앙의 계약은 결국 의지에 근거해 있기 때문이다. 따라서 사람들은 어떤 것을 믿고자 할 수 없으며, 교회의 신앙은 엄격한 의미에서 이 교회의 보편적 신앙, 즉 모든 개별자들의 신앙이어야 한다.

---

27) [옮긴이] 이 문장은 다음과 같이 정리될 수 있다. 즉 하나의 가르침에 대해 추론 이전에는 두 가지 해석의 가능성이 동시에 존재했는데, 추론 이후 단지 하나의 결론만 나왔다면 문제는 추론의 과정에서 발생한 것이라고 봐야 한다. 이런 의미에서 추론의 결론을 곧바로 자신의 신앙으로 고백해서는 안 된다고 한다.

국가와의 계약

만약 하나의 교회로 뭉쳐 있는 인간 공동체만을, 즉 하나의 교회만을 받아들이는 하나의 또는 다수의 국가들이 또 다른 사회(내지 국가)와 계약을 맺었다면, 그리고 이때 계약 당사자들이 다른 측면에서 이미 서로 관련 맺고 있는 경우, 또는 그 국가의 구성원들과 계약을 맺었다면, 그러한 공동체는 자신의 입장에서 볼 때 현명하지 못한 행동을 한 것이다. 왜냐하면 그 공동체는 계약을(이 계약의 조건에 근거하여 상대방이 계약 사항을 완수해야 한다) 신앙과 변경 가능한 것에 기초하여 체결하였기 때문이다. 만약에 그 공동체가 계약에 근거하여 상대편에게 의무 이행을 요구할 경우, 그 계약의 종교적 형태 때문에 그 공동체는 모든 개별자와 사회의 첫째 되고 가장 성스러운 권리, 즉 자기의 신념을 변화시킬 수 있는 권리를 부정하게 되는 위험에 처한다.

다른 한편 만약 그 공동체가 자신의 종교를 바꿔 다른 신앙을 받아들인다면 상대방의 의무는 사라진다. 상대방의 의무는 그 신앙의 내용에 제약되어 있다. 국가 구성원 모두가 신앙을 바꿔 버리면 국가와 교회는 곧 바로 그들의 구성원들과 만족할 만하게 협정한다. 프로테스탄트의 시민과 농부들은 그들이 과거에 가톨릭 교회에 지불했던 것과 똑같은 세금, 지대, 십일조 그리고 무수히 많은 사소한 다른 징수금들을 지불한다. 그들은 교회의 예배를 위해 이러한 것들을 모두 지불해야 하는데, 왜냐하면 교회를 설립하고 유지하는 데 돈이 필수적이기 때문이다. 예를 들어 누군가가 강의 물결이 좋아서 강가에 위치한 한 장소를 아름답게 꾸미고자 할 때, 그 조건은 아름답게 꾸미고 난 이후에도 그 강의 물결이 여전히 전과 동일하게 남아 있어야만 한다는 것이다. 이와 마찬가지로, 교회에 기부하고 교회의 권리를 인정해 주기 위해서는 교회가 여전히 전과 동일하게 남아 있어야 한다.

그런데 오늘날 프로테스탄트에서는 더 이상 태워지지도 않고 사용되지도 않는 제단에 밀초를 봉헌하며, 성직자도 없고 수도승들도 없는 수도원에 공과금을 내며, 그리고 무수히 많은 다른 법과 짐을 부담하는데, 이것들은 원래 가톨릭 교회의 예배와 신앙을 위해 제정되었던 것이다. 만약에 가톨릭 예배와 신앙이 폐기된다면 그것에 기초해 있는 법 역시 폐기된다. 새로운 교회에 지급되어야 하는 공과금이 과거의 교회에서 지정된 것과 동일한 범위와 법에 기초하여 있기 때문에 적어도 하나의 교회 구성원들이 내는 싸다고 할 수 없는 공과금에 있어서 커다란 불평등이 유지되고 있다. 기부자들, 세금 징수자들 그리고 농노들은 과거에 대수도원, 수도원 그리고 교구에 완전히 종속되어 있었으며, 공과금을 내야 할 의무가 있었다. 그리고 현재의 교회가 과거의 교회 재산과 권리를 양도받았기 때문에 현재의 교회는 과거의 교회의 입장에 서게 되었다. 저 사람들의 의무가 바로 이러한 사실에 근거해 있다고 한다면, 이 의무는 개별자들이나 대 수도원의 건물 등 때문에 존재했던 것이 아니라 가톨릭 교회의 일원으로 또는 공무 집행자로 일하는 개인들 때문에, 즉 그 교회 자체 때문에 존재했다. 그런데 가톨릭 교회가 더 이상 여기에 현존하지 않기 때문에 기부자들 역시 더 이상 그 교회에 속하지 않는데, 바로 이 때문에 그 교회에서 발생하여 그것에 얽매여 있는 권리 역시 사라지지 않으면 안 된다.

예를 들어, 종교개혁을 받아들이는 나라에 몇몇 가톨릭 교도들이 여전히 생존하고 있다면 그 나라가 그들에게 전과 동일한 공과금을 요구하는 것이 정당하겠는가? 즉 그 국가가 그들을 강요할 권리를 갖는가? 그렇지 않다. 왜냐하면 시민으로서 가톨릭 교도들은 국가에 다른 세금을 지불하며, 이 교회의 공과금은 결코 국가의 재산과 상관이 없기 때문이다. 그렇다면 새로운 교회가 강제로 자신들을 위한 세금을 징수할 수 있는 권리를 갖는가? 그렇지도 않다. 왜냐하면 가톨릭 교도들의 의무는 단지 옛 교회에만 해당되며, 그들이 새 교회에 속하지 않기에 그 교회에 아무것도 기부할 필요가 없다고 정당하게 주장할 수 있기 때문이다.

동일한 사건이 가톨릭 국가인 오스트리아에서 발생했는데, 오스트리아에서는 특히 요제프 2세의 신교 자유령 이래로 대단히 많은 논쟁과 어려움이 발생하였다.[28] 비가톨릭 신도들은 그들이 전에 가톨릭 교회에 지불했던 것과 동일한 공과금을 지불해야 할 것인가? 또는 그들은 세례, 참회 비용 그리고 가톨릭 예배에 필요한 수많은 요구들을 그들이 과거에 지불했던 것처럼 지불해야 하는가? 프로테스탄트 신도들은 "아니다!"라고 말한다. 왜냐하면 그들은 더 이상 가톨릭 교회에 속해 있지 않으며, 그들이 과거에 지불했던 것은 가톨릭 교회에 지불한 것이기 때문이다. 가톨릭 교도들은 "그렇다!"라고 말한다. 그들에 따르면 프로테스탄트 신도들은 그들이 어떤 교회에 속해 있든 간에 이 교구 또는 이 수도원에 전과 같이 공과금을 지불해야 할 의무를 지고 있다는 것이다. 이 사건에서 신교도들은 자기들이 속해 있는 프로테스탄트 교회가 자기 자신의 구성원들에 대해서 주장하는 것과 상반된 원리를 통해 논쟁하며, 가톨릭은 프로테스탄트 교회가 자기들의 정당성을 위해 사용한 원리와 동일한 원리를 통해 논쟁한다.

만일 특정한 신앙을 가지고 있는 한 교회가 다른 국가와 계약을 체결

---

28) [옮긴이] 요제프 2세(Joseph II, 1741~1790). 합스부르크 왕가 출신으로 신성로마제국의 황제가 됨. 그의 제위 시 그는 검열 폐지, 학교, 병원 건축 등 많은 민주화 조치를 단행했고, 특히 로마 교황의 간섭을 배제하였으며, 종교의 자유를 선포했다. 그러나 그의 사후 그의 개혁적 조치들이 철회되었다.

한다면 동일하게 불편한 점이 발생한다. 만약 그 교회가 계약 당사자인 상대방에게 어떤 것을 의무로서 부과하고자 한다면, 교회는 이 의무를 가변적인 권리와 연결시켰다. 이와 동시에 교회는 상대방의 의무가 변화되지 않고 남겨져 있어야 한다고 요구했다. 바로 이 때문에 프로테스탄트의 신도들은 자기들의 신앙과 예배를 위한 제국을 합법적으로 건설할 수 있는 자유를 쟁취하기 위해 많은 피를 흘렸다. 하지만 모든 평화조약에서 계약은 가톨릭 제후들이 복음주의 개혁 교회의 예배 의식과 재산을 보호할 의무를 지는 것으로 체결되었다. 이제 프로테스탄트 교회의 본질이 근본적으로 무엇인지에 대해 프로테스탄트 교회는 그들의 신앙고백과 신조들 속에서 장엄하게 설명하였다.

이러한 계약이 특정한 신앙을 갖는 교회와 체결되었기 때문에 피더리트는 (내가 잘못 이해했는지도 모르겠지만,) 몇 년 전에 있었던 프로테스탄트의 엄청난 분노를 다음과 같이 해석했다.[29] 즉 현재의 프로테스탄트 신앙은 얼마 전의 그 신앙과 결코 같지 않다. 이것은 프로테스탄트의 신경信經들과 그들의 지도자와 가장 유명한 그들의 신학자들의 저서들을 비교하여 보면 즉시 드러난다. 결과적으로 그들은 평화조약에서 가톨릭이 그들에게 보증한 권리를 더 이상 요구할 수 없다. 왜냐하면 그 합의가 특정한 신앙을 공표한 교회와 체결되었기 때문이다. 만약에 프로테스탄트 신도들이 여전히 동일한 권리를 주장한다면, 그들은 그 교회의 원래의 신앙을 유지해야만 하며, 그들의 신앙을 변화시킬 수 있는 그들의 권리를 포기해야만 한다. 그리고 그들이 변경한 것을 다시 원래의 상태로 가져와야 한다.

그 논의는 충분히 논리적이다. 하지만 만약 평화조약을 체결한 제후들

---

29) J. R. A. Piderit, *Einleitung und Entwurf einer Religionsvereinigung*, 1781

이 교회의 수장이나 구성원으로서가 아니라, 그리고 항상 그들의 근처에서 그들에게 영향력을 행사하는 신학자들의 조력을 받지 않고 오직 제후로서, 즉 국가의 수장으로서 계약을 체결했다면, 다시 말하면 교회의 대표가 아니라 국가의 수장으로서 그런 계약을 체결했다면, 그러한 논리적 추론은 처음부터 불가능한 것이었을 것이다. 그리고 이때 프로테스탄트 신도들에게는 어떤 계약에 의해서도 상실될 수 없는, 그들의 신앙을 향상시키려는 자유가 속박당한 것으로 드러나지 않을 것이다.

자기의 신앙에 충실하고 자기 종교에서 자유롭게 실천하는 것은 본질적으로 어떤 교회의 신자로서가 아니라 한 사람의 시민으로서 마땅히 보호되어야 할 개인적 권리이다. 실권을 지닌 군주의 한 가지 의무는 자기의 백성들에게 이 권리를 보장해 주는 것이다. 그리고 계약 체결의 당사자인 이 제후들은 이러한 권리보다 더 신성한 권리를 요구할 수 없었는데, 유감스럽게도 그들은 그 권리를 정복을 통해서 겨우 획득하였다. 현재 계약에 표현되어 있는 진술, 즉 '개혁 교회와 루터 교회는 독일 제국에서 신앙의 법적 자유를 갖는다'라는 단순한 진술 대신, '가톨릭의 제후들은 브란덴부르크나 작센 등지에서 종교적 신앙의 자유를 방해하거나 침해해서는 안 된다'고 진술되었다면 개신교는 훨씬 더 올바르게 세워졌을 것이다. 그리고 이러한 의무가 브란덴부르크 교회나 작센 교회에도 주어졌다면 이와 동일한 결과에 이르렀을 것이다. 왜냐하면 여기서 교회란 그 신앙이 어떤 것이든 하나의 신앙을 신봉하는 국가를 의미하기 때문이다. 그리고 이러한 일이 실제로 발생했다면 야만성이 난무하는 수세기가 지난 후, 그리고 이러한 신앙의 권리를 위한 검붉은 피의 강물이 계속된 수년 후 우리는 민족적 일치감 속에서 사회 계약의 가장 기본적인 테제, 즉 어떤 사회에 들어가더라도 결코 양도될 수 없는 인간의 권리에 대한 근엄한 승인과 공정한 발전을 보면서 만족했을 것이다.

교회의 모든 개별자들은 자기 신앙을 향상시키고 자신의 신념을 진전시킬 수 있는 권리를 갖는다는 드높은 감정이 있다. 동시에 다른 한편으로는 교회와 국가 사이에 맺어지는 이런 모든 계약이 신경信經에 의존하는 교회를 위해 체결되었기 때문에 이러한 권리가 대단히 손상되었다는 느낌도 있다. 그리고 더군다나 교회 국가의 전체 계약의 토대가 어떤 상징체계, 즉 신경들에 의존하며, 이러한 상징 속에서 엄격한 신앙을 열정적으로 유지하는 것을 의무로 여긴다면, 오늘날 위대한 사람들은 교회 국가가 이 영원한 권리와의 관계에서 완전히 비논리성의 영역으로 떨어져 버리게 되었다는 느낌을 갖게 된다.

바로 이러한 감정과 느낌 속에는 ‘프로테스탄트’라는 개념에 특별한 의미를 부여하고자 하는 의도가 있다. 이런 느낌과 감정에 따르면 프로테스탄트란 어떤 변화하지 않는 신앙의 표준에 결코 묶여 있지 않다는 확신의 표현이며, 신앙의 문제에서 발생하는 모든 권위에 도전하고, 신성한 권리와 모순되는 모든 의무에 저항하는 사람이나 교회라는 확신의 표현이다. 그리고 만약에 교회가 이런 부정적 규정에만 만족했다면 교회는 두 가지 장점을 가지게 되었을 것이다. 즉 교회는 백성들을 신앙의 자유 가운데서 보호해야 할 의무를 갖는다고 국가에 상기시켰을 것이고(그렇지 않을 경우 국가는 이 의무를 잘못 판단하게 될 것이다), 또한 국가가 부정했던 것을 국가 대신 방어했을 것이다.

이러한 계약이 원래는 시민 국가에서만 발생하는 권리에 해당하는 것인데도 교회가 모든 또는 몇몇 개별 구성원들과 계약을 맺었거나, 또는 개별자가 교회와 계약을 맺었다면 교회는 자기 자신이나 어떤 개별적인 구성원들에게 부당하게 행동한 것이다. 이것은 즉시 느껴지지는 않지만 조만간에 명백하게 되지 않을 수 없다. 그렇게 되면 교회를 떠났다는 이유로 자신의 시민권을 상실한 국가의 시민은 국가에 이 권리를 반환 청구하는 쓸데없는 짓을 하게 된다. 왜냐하면 국가는 그 시민의 권리를 규정해야 하는 자신의 권리를 게을리 했기 때문이다. 그리고 국가가 교회에 그 권한을 양도했기 때문에 교회는 국가의 권리를 자기의 권리로 간주하며, 국가의 권리 일체를 자기의 권리로 주장한다. 왜냐하면 교회는 자신의 충족된 목적이자 보편적인 권리인 신앙과 예배의 자유를 단지 개별자에게만, 자기의 경우에만 타당한 것으로 만들었기 때문이다.

여하튼 신앙의 관점에서 하나의 교회를 형성하는 것은 결코 계약으로 간주될 수 없으며, 한 가지 목적을 위한 연합체인 교회가 신앙이라는 보편적 획일성에서 자동적으로 발생한다면 교회의 목적은 이 신앙을 보호하고 유지하는 것, 적절한 예배 의식을 조직하는 것, 그리고 교회의 완전성의 이념에 적합한 특성들을 자기의 구성원들에게 산출해 주는 것 등이다.

이제 신앙을 보호하고 유지하는 것에 대해서 말하자면 (이 말은 신앙과 자유로운 예배 행위를 보호하는 것, 그리고 교회의 다른 행사들을 유지하는 것 등을 의미한다), 이것들은 엄격히 말해서 국가의 의무이다. 그리고 이러한 보호와 보증은 필연적으로 사회 계약 속에서 파악된다. 사악하게 조직된 국가에서만, 그리고 이미 말했듯이, 이러한 의무를 인식하지 못한 국가에서만 이러한 보호권이 인정되지 않는다. 그리고 이러한 국가에서는 시민들 또는 그들 중 일부가 이러한 권리를 힘으로 유지해야 하거나 아니면 이런 권리를 향유해서는 안 되는 상황도 발생할 수 있다.

프로테스탄트 신도들은 자신들이 바로 이러한 상황에 처해 있다고 생각했으며, 그들의 제후들은 자기 백성들의 자유로운 신앙 행위를 권리로서 보호하기 위해 국가의 다른 권력 기관에 맞서 용기 있게 말하고 용감하게 싸웠다. 왜냐하면 이렇게 하는 것이 제후로서의 그들의 의무였기 때문이다. 그러나 평화를 정착하고 조약을 체결할 때 그들은 제후로서가 아니라 교회의 구성원이나 교회의 수장으로서 그렇게 했는데, 이것이 옳지 않았음을 나는 앞에서 말한 적이 있다. 따라서 교회는 무력이나 폭력 앞에서는 자기의 신앙을 보호할 수 없기 때문에 교회에 대항해서 신앙을 보호하고 유지하는 것 외에 아무것도 남겨져 있지 않다.

보호되어야 하는 신앙이 보편적 신앙으로 간주된다면, 그리고 어떤 개별자가 이 보편적 신앙에서 전체적으로건 부분적으로건 벗어나 있다면 그는 더 이상 교회의 일원일 수 없다. 그는 교회의 혜택을 포기해야만 하며, 교회 역시 그에 대해 어떤 권리도 가지지 않는다. 그럼에도 불구하고 그가 교회의 가르침에 굴복하지 않으면 안 되고 그가 할 수 있는 것과 없는 것이 무엇인지에 대한 교회의 지침을 따르지 않으면 안 되는 상황이 전개될 수 있다. 이런 의미에서 교회는 여전히 그에 대한 권리를 가진다고 할 수 있다. 이 경우 이러한 권리의 성립 근거는 교회와 맺은 계약에 따르면 그가 참된 신앙을 규정함에 있어 다수결의 원리나 교회 대표들을 신뢰하고 그들의 지도를 용인하겠다는 미래의 경우를 지시하고 있다는 것에 기초한다. 하지만 이것은 이미 교회에 일종의 무오성無誤性을 부여하는 것이며, 따라서 이러한 종류의 권위에 저항하는 것이 진정한 프로테스탄트의 최고의 의무이다.

비국교도는 여기서 시민법(권력자들은 그에게 이 법에 대한 존경을 강요한다)의 위반자와 동일한 위치에 처하게 된다. 그러나 교회 계약은 이러한 질서일 수 없다. 그 교회의 신앙과 법은 이것들을 자발적으로 받아들이고 이것들에 맞게 생활하는 사람들에게만 유효하다고 할 수 있다.

교회의 권리는 이제 어떤 한 개인이 언젠가 고백했던 신앙, 즉 교회의 보편적 신앙을 개인에 대립해서 보호하는 것에 기초한다고 해석하는 가능성만 남아 있다. 여기서 개인이 고백한 신앙이 '보편적 신앙'으로 나타나는데, 왜냐하면 그것이 교회의 신앙이기 때문이 아니라 언젠가 이 개별자가 고백했던 신앙이기 때문이다. 이 경우에 비국교도는 헛되이 낭비하는 자와 같지 않다. 왜냐하면 국가는 그의 여타의 재산을 통제하고 감독하기 때문이며, 자신에 대립하는 저 낭비자의 권리를 보호하는 것이 아니라 추정상의 상속인의 권리, 또는 그를 달리 양육시켜야 했을 공동체의 권리를 보호하기 때문이다. 오히려 이때 비국교도는 국가에서는 받아들이지 않을 수 없는 미치광이와 같다. 왜냐하면 다른 많은 중요한 이유들이 있을 수 있는데, 그 중에서도 그는 건전한 오성에 대한 자기 자신의 권리를 스스로 확증할 수 없으면서도 여전히 그 오성에 대해 포기했다고 생각하지 않기 때문이다. 따라서 그의 친척들이나 국가는 그를 다시 제정신이 들게끔 하고자 한다. 교회 역시 각각의 개별자의 권리를 교회의 신앙에 묶으려고 한다.

그런데 문제는 여기서는 그 경우가 아니라는 것이다. 왜냐하면 각자가 자기의 이러한 권리를 타당한 것으로 받아들일 것인지의 문제는 개별자에게만 달려 있기 때문이다. 미치광이와는 달리 그는 특정한 신앙에 대한 이러한 권리의 향유를 포기했다고 생각할 수밖에 없다. 그리고 자기의 의지와는 상관없이 그에게 이러한 권리를 누리게 하는 것이 교회의 의무라고 말할 수도 없다. 교회에서는 국가가 성인을 취급하듯이 각각의 개별자 역시 그렇게 취급되어야 한다. 왜냐하면 권리의 타당성을 인정할 것인지 안 할 것인지 문제가 각자의 자유로운 의지에 달려 있기 때문이다. 이러한 기본 원칙에서 볼 때 자기의 신앙을 자기 내부에서 보호해야 한다는 교회의 의무는 분명히 한계를 드러낸다.

교회의 입장에서 볼 때 이것은 타자의 권리에서 생겨나는 의무가 아니다(이때 타자는 이 권리를 향유하는 가운데 단적으로 정립되어야 한다). 반대로 이것은 교회가 스스로에게 의무로 규정하는 한에서만 교회의 의무로된다. 물론 교회가 인류를 위해 그들의 가르침이 중요한 것으로 가득 차 있으며, 인류에게 자기의 교리의 은총을 제공하기 위한 과다한 열정으로 가득 차 있을 때 교회는 그런 의무 의식을 느낀다. 그러므로 교회가 할 수 있는 것은 교회의 자비로운 행위를 받고자 하는 모든 사람이 그것에 대한 인식을 습득할 수 있도록 행사를 계속 개최하는 것이다. 이러한 수단을 사용하는 것은 모든 사람의 자의恣意에 달려 있지 않으면 안 된다. 왜냐하면 강압적인 수단이나 형벌의 방식을 사용하는 것은 스페인 사람들이 신대륙에서 행한 것처럼, 또는 카를 대제가 작센 지방에서 행한 것처럼 권력으로 밀어붙이는 것을 의미하기 때문이다.

몇몇 프로테스탄트 국가에서 공개적인 예배와 성만찬에 소홀한 사람들은 법정에 소환되며, 그런 사실이 몇 번 반복될 때에는 형벌이 가해진다. 그리고 또한 교회를 자신의 힘으로 개혁시킨 몇몇 나라에서, 이론상 누구도 옛 신앙을 떠날 필요가 없음에도 불구하고, 형벌에 대한 위협 속에서 모든 사람은 새로운 교리에 대한 설교를 청취한 이후에 스스로 판단하도록 허락 받지도 않았다. 또한 어떤 지역에서 유대인들은, 적어도 그들의 대의원들은 때때로 결코 까다롭지 않은 프로테스탄트의 예배 의식에 강제로 참여해야 한다고 한다. 하지만 이 모든 것에도 불구하고 프로테스탄트 교회는 대체로 위에 언급한 한계 안에서 유지되었다.

반면 가톨릭 국가들의 역사의 가장 추악한 측면은 비국교도를 폭도로서 취급하는 것이며, 그렇게 취급할 수 있게 하는 그들의 원리이다. 그 폭도들이란 신앙이 다수결에 의해서, 또는 절대적 폭력에 의해서 고착되어 있는 교회에 대항하는 자들이며, 교회가 그 재판권을 국가 대신 갖기에 누구도 침범할 수 없다고 여기는 신성에 대항하는 자들이다. 여기에서 교회 계약은 완전히 시민 사회의 계약에 동화되며, 교회 국가는 시민 국가와 동일한 권리를 부여받는다.

물론 교회의 가르침을 유지하기 위한 이러한 제도에 관하여 계약이 이뤄질 수도 있다. 즉 다수 대중, 대표 기구 또는 제후들 등에게 그들의 견해에 따라서 민중의 교사들을 검증하고 그들을 임명할 뿐 아니라 이러한 제도를 구성할 수 있도록 자기의 권리를 양도할 수도 있다. 교회가 스스로 임명한 공무 집행자가 자기의 공동체와 교회의 가르침에서 떠나 그 교회와 인연을 끊어 버린 경우 그를 교회가 제거할 수 있는 권리를 갖는다는 것은 결코 문제가 될 수 없다. 왜냐하면 이 공동체는 스스로 하나의 교회를 형성하였으며, 따라서 이 교회에 대해 또 다른 교회가 어떠한 힘도 행사할 수 없으며, 이 교회는 적어도 자기 내부에서 스스로 힘을 소유한 국가로 간주될 수 있기 때문이다. 이 새로운 공동체는 저 다른 교회와 국가에게 기껏해야 자기는 저 교회와 분리되었다는 것을 설명할 의무를 진다.

하지만 그 공동체는 저 교회와 국가 양자 중 누구에게도 자신을 정당화시킬 수는 없다. 옛 교회가 이러한 분파를 인정하고자 하지 않는다면, 그리고 옛 교회가 그것을 방해하기 위해 국가에 도움을 요청할 경우(지배적인 교회란 자신의 이익을 위해 국가의 법을 사용할 수 있다는 것을 의미하며, 그 교회는 국가를 거의 자신의 수중에 두고 있다고 할 수 있기 때문에 도움을 요청한다), 새로운 교회를 신앙과 예배 행위의 자유 속에서 보호해야 하는 것이 국가의 피할 수 없는 의무일 것이다.

최근 대단한 관심으로 넓게 퍼진 또 다른 문제는 절박한 위험을 느끼고 있는 교회의 지도자들이 새로운 공동체의 설교자들에게서 그들의 직책과 빵을 빼앗아 버릴 수 있는지의 문제이다. 그들은 교회의 신앙을 보호하고, 교회 신앙이 어떻게 교육되고 있는지에 관심을 기울이는 것이 자기의 의무라고 아주 논리적으로 주장한다. 따라서 다른 것을 교육하는 설교자는 그 직책에 적합하지 않다는 것이다. 가톨릭 교회에서는 교회의 이러한 권리에 대해 의문을 제기하지 않는다. 하지만 프로테스탄트 교회에는 서로 다른 논리로 논쟁하는 수많은 사람들이 있다. 그들에 따르면 교회는 덕과 진리 일반을 그 제도의 목표로 삼고 있으며, 따라서 그것에 입각해서만 교회는 무한한 영예를 얻게 된다고 한다. 덕과 진리를 고정된 상징으로 묶어 두고자 하는 것은 바로 덕과 진리 자체에 모순될 뿐이며, 이러한 목표에 집착하여 여전히 그것들을 주장하는 영혼의 소유자들은 소위 진리의 빛을 감지하지 못할 것이다. 만약에 교회 그리고 교회와 국가의 지도자들이 덕과 진리를 그들의 분투적 노력의 목표로 여긴다면 그들은 자기 공동체의 선과 도덕성을 위해 의롭고 열정적이며 활동적으로 일하긴 하지만, 그의 공동체가 속해 있는 교회의 공식적 가르침을 철저하게 고수하지 않는 사람에게 심술부리는 일을 결코 하지 않을 것이다. 그리고 그들은 그와 같은 사람과 화합할 수 없다는 것을 창피함으로 여길 것이다. 그들이 그런 사람에게 할 수 있는 최선의 것은 그가 자기들을 모방하도록 충고하는 것, 다른 사람들의 견해를 고려할 수도 있을 영특함을 갖도록 충고하는 것일 것이다. 그리고 만약 그가 교회와 국가의 지도자들에게 가치가 있다면, 또는 그들이 그를 가치 있게 여긴다면, 이러한 충고조차 필요하지 않을 것이다.

교회의 신앙을 보호할 수 있는 가장 효과적인, 따라서 가장 일반적으로 사용되는 수단은 교회의 구성원들이 의심하지 못하도록 하거나, 신앙의 문제에서 다른 사람의 의견에 빠져들지 못하게 하는 것이다. 내부에서, 즉 개별자 자신의 오성 또는 이성의 활동으로부터 발생하는 모든 의심을 피하기 위한 온갖 종류의 수단이 아주 오래전부터 탐구되어 왔다. 이것을 위해 그들이 사용한 수단은 다음과 같다. 즉 '인간의 전체 삶의 과정을 지배하는 어떤 힘이 있다'는 인상을 젊은이의 영혼은 교회로부터 최초로 제공받는다. 또한 교회의 가르침은 상상을 초월한 공포로 무장되어 있어서, 어떤 마법사가 육체적인 힘을 사용 못하도록 할 수 있는 것처럼, 그 가르침은 영혼의 능력을 마비시키거나 이 가르침의 상像만을 따라서 영혼이 기능하게 할 수 있다는 것이다. 더 나아가 영혼의 능력을 자유롭게 개발하는 것을 금하고, 교회의 가르침에 대한 지식을 분리시킴으로써 교회의 목적을 달성하고자 한다. 그런데 이때 교회의 가르침은 가공스러운 위엄 속에 고립되어 있으며 다른 교리와의 친화성과 혼합 등 다른 법에 의존하는 것을 완전히 경멸한다. 그리고 여기서 교회의 가르침에 대한 지식을 분리한다고 했는데, 그러한 분리는, 상이한 방향으로 향한 두 길이 결코 만날 수 없듯이 세속적인 길과 교회의 길이 서로 만나지 않는다는 의미이다. 즉 세속적인 것들, 즉 과학 분야에서는 심오하고 유능한 지성을 가지고 있고, 아름다운 예술 분야에서는 날카로운 재치와 훌륭한 감수성을 가지고 있는 사람이 교회의 길과 맞부딪칠 경우, 그는 이 교회의 영역에서 어떤 것도 더 이상 인식할 수 없으며, 자기가 다른 분야에서 보여 주었던 속성들 중 어느 것도 더 이상 감지할 수 없는 것과 같다.

외부의 영향을 통해 신앙이 변경될 가능성이 있는데, 교회는 이를 피하기 위해 검열을 엄격하게 시행하며 금서에 대한 목록을 제정한다. 이외에도 교회는 대학 강단이나 설교단에서 낯선 견해가 보급되지 않도록 철저하게 감시한다. 왜냐하면 교회는 각자가 가지고 있는 신앙이라는 재산을 보호해야 할 의무를 가지며, 그리고 또한 만약 자기의 의심이나 타자의 논리가 신자에게서 이 재산을 빼앗아 간다면 이를 통해 이 재산은 상해를 입게 되기 때문이다. 모든 교회는 그들의 신앙이 모든 진리들 중의 진리non plus ultra라고 여기며, 돈을 주머니에 집어넣고 마음대로 쓰듯, 신앙을 뇌수에 집어넣고 이 신앙이 현실적으로 상용될 수 있다는 원리에서 시작한다. 그리고 모든 교회는 세상에서 진리만큼 발견하기 쉬운 것이 없다고 한다. 그리고 교리 문답서 중 하나만 기억하면 더 이상 요구되는 것이 없다. 따라서 교회에서 다음과 같이 말하는 것은 오류이다.

 진지함, 어떤 노고로도 창백해지지 않는 것,
  진리를 깊이 감추고 있는 샘은 그에게만 속삭인다.[30]

교회는 공개적인 시장에서 진리를 제공한다. 교회의 진리의 샘은 모든 거리에서 시끄럽게 흘러내리며, 모든 사람은 자기의 뇌수를 그 물로 충만하게 할 수 있다.

이 물의 분배자는 교회의 선생들인데, 그러므로 그들은 또한 교회의 공두 집행자이기도 하다. 그들은 스스로 신의 말씀의 하인이라고 부르는데, '하인'이라고 하는 이유는 그들이 지배자나 입법자가 아니라 또 다른 의지에 복종하는 사람이라고 생각하기 때문이며, '말씀'이라고 한 이유는 그들의 학식이 그들의 내적인 삶에서 이끌려 온 것이 아니라, 단지 그들에게 전달된 말들로 구성되어 있기 때문이다.

신앙이 사회 계약의 문제일 수 없듯이, 예배의 양식은 사회 계약의 문제가 아니다. 왜냐하면 만약 예배가 그 말의 고유한 의미에 따라 신에 대한

---

30) Schiller, "Das Ideal und das Leben", *Horen*, 1795년 9월 호에 실려 있음.
　"Nur dem Ernst, den keine Mühe bleicht,
　Fauscht der Wahrheit tief versteckter Born."

직접적인 의무로, 즉 자신이나 타자에 대한 또 다른 의무로부터 연역할 수 없는 특수한 행동으로 받아들여진다면, 그러한 의무에 대한 자발적인 인정만이 그 의무에 대한 구속력의 근거를 이루기 때문이다. 어떤 것이 의무인가 아닌가 하는 판단은 다수결에 부쳐질 수 없다. 그러나 만약 그런 의무가 보편적으로 받아들여진다면 그 의무의 실행을 규정하기 위해 상호 계약이 체결될 수 있는데, 이는 민주적인 교회 체제에서처럼 다수결에 따르든지 독재적인 또는 귀족적인 체제에서처럼 통치 권력에 위탁하는 형식을 취한다.

이런 서로 다른 기능들이 일반적으로 그리고 매우 자연스럽게 통일된다. 즉 성직자들은 교회의 진리에 대한 자유로운 선생들일 뿐 아니라 동시에 신앙을 보호해야 할 교회의 의무를 대신 위탁받은 공무 집행자들이기도 하다. 또한 동시에 그들은 민중의 이름으로 신의 은총의 산물로 간주되는 행위인 기도와 희생 제물을 신에게 드리고, 이러한 문제에서 민중들을 인도함으로써 스스로 민중의 우두머리로 나타나는 사제이기도 하다. 이외에 무엇보다도 그들은 한편으로는 교회의 교의학敎義學을 통해서, 다른 한편으로는 그들의 도덕, 여타의 감독 행위와 훈계 등을 통해서 소위 경건함과 신에 대한 경외감을 산출하는 것이 그들의 업무이다. 그러므로 각각의 교회마다 서로 다른 음조와 강조점을 갖지 않으면 안 된다.

교회가 갖춰야 하는 도덕의 형태

기독교의 확장을 통해 드러난 가장 중요한 변화는 도덕성을 촉진시키는 방식의 변화였다. 교회가 사적인 공동체에서 국가로 성장했을 때 사적인 일이 국가의 일로 되었으며, 본성상 자의恣意이며 자의였던 것이 의무로 규정되었다. 이와 더불어 교회는 교회 밖의 문제에 대해서도 권리를 가지게 되었다. 교회는 도덕성의 원리들을 수립하였으며, 이런 도덕 외에 이 원리들을 자기 것으로 삼을 수 있는 수단도 제공하였다. 그리고 특히 교회는 이 원리들을 개별적인 경우에 응용하기 위해 결의론決疑論[31]이라고 불리는 포괄적인 학문도 정립하였다.

교회의 도덕 체계의 특징은 그것이 종교와 신성에 의존해 있다는 것이다. 교회 도덕 체계의 토대는 우리의 정신의 현실, 즉 우리의 의식으로부터 전기될 수 있는 명제가 아니라, 반대로 학습된 것이다. 이런 관점에서 볼 때 도덕은 자기 지속적인 것이 아니며, 독립적인 원리를 가진 학문도 결코 아니다. 그리고 이러한 도덕성의 본질은 자유에 근거하고 있지 않으며, 의지와 자율성에 근거하지도 않는다.

교회의 도덕 체계는 역사적 지식과 더불어 출발한다. 이 역사적 지식에는 우리가 우리의 의무를 충실하게 이행할 수 있기 위해 어떤 느낌과 감정을—예를 들어 감사와 두려움의 마음 등을— 산출해야 하는지가 이미 규정되어 있다. 물론 이때 우리의 의무의 기준은 신의 마음에 드는 것이어야 하며, 모든 개별적인 의무는 이러한 사실을 이미 알고 있다. 그러나 여타의 수많은 것들은 이 의무들로부터 인위적으로 계산되어 산출되어야 한다. 이러한 계산 기술은 아주 광범위하게 확장되어 있으며, 이를 통해 의무의 양이 무한히 확대되었고, 결과적으로 자유의지에 남겨져 있는 것은 거의 아무것도 없게 되었다. 의무로 규정되지 않은 것은 완전히 금욕주의의 형태에서만 허락되었다. 금욕주의에 따르면 어떤 사유도 검열 없이 이루어져서는 안 되며, 어떤 행동이나 자발적인 구경, 그리고 즐거움, 사랑, 우

---

31) [옮긴이] 결의론(Kasuistik): 교리나 율법에 의거하여 도덕성을 판별하는 학문.

정 그리고 사교 등과 같은 향유 등도 통제되지 않은 채 허락되지 않는다.

금욕주의는 모든 영혼의 충동, 사유의 연상작용, 그리고 순간순간 인간의 머릿속을 스쳐 지나가는 모든 관념과 행복감을 인간에게서 빼앗고자 한다. 그리고 금욕주의는 행복론의 체계가 의무를 연역해 내는 것과 같은 계산 방식으로 의무를 연역해 내며, 아주 긴 추론을 통해 위험이 어떻게 출현하는지를 연역할 줄 안다. 금욕주의는 따라서 대량의 실습 과정을 정립하며, 이 과정을 통해 영혼이 성장한다고 생각한다. 인간의 가슴속에는 어느 장소나 순간을 가리지 않고 경건함을 파괴하려는 적이 있는데, 금욕주의는 이 적에 대항하여, 그리고 특히 지옥의 보이지 않는 적에 대항하여 싸울 수 있도록 교묘하고 규칙적인 책략을 가르치는 전술학이다.

평신도와 학식이 없는 자들이 각각의 구체적이고 개별적인 상황에서 어떻게 행동해야 하는지를 판단하기는 매우 어렵다. 왜냐하면 도덕 규칙과 신중을 요하는 규칙들이 아주 많이 있는데, 이 규칙들 중 몇 가지는 아주 사소한 부분에서 서로 충돌하게 되며, 따라서 이렇게 혼란스러운 상황에서 그들이 만족할 만한 길을 발견하려면 다소간 명민하고 실천적인 눈을 필요로 하기 때문이다. 그런데 건전한 상식을 가진 사람은 이러한 주의 사항에 대해 미리부터 생각하지 않으며, 자기의 직접적인 느낌을 학식 있는 궤변론자의 궤변보다 훨씬 더 올바른 행동 양식으로 받아들인다. 그리고 학자연하는 자들이 내린 결정으로 인해 일반적으로 발생하게 되는 것과는 달리 건전한 상식을 가진 사람은 선한 행동을 할 수 있는 기회를 상실하지 않았다. 왜냐하면 그들에게 죄라고 하는 것은 행동과 동떨어진 채 규정에만 얽매여 있는 것을 의미하기 때문이다.

도덕 규칙과 현명한 것이 무엇인지를 정해 놓은 규칙들의 경우 그 절차는 이미 선험적으로 주어져 있다. 즉 죽어 있는 문자가 그 기초에 놓여 있으며, 그것에 근거하여 하나의 체계가 정립되는데, 거기에서는 인간이 어떻게 행동하고 느껴야 하는지, 그리고 이런 저런 소위 진리하고 하는 것들이 어떠한 행동을 산출해야 하는지 등이 미리 규정되어 있다. 입법권은 모든 것, 심지어 가장 고귀한 영혼을 가졌음에도 불구하고 이제 단순히 기억에 양도되고 말았다. 어려서부터 이렇게 규칙적으로 조직된 세계에 얽매이지 않고 다른 수단, 즉 타자의 경험을 관찰함으로써 또는 자기 자신의 감정을 따라감으로써 인간의 본성을 알게 된 사람이 있다고 해보자. 그런데 만약 그가 이제 그 체계와 익숙해져서 그 체계에 맞춰 살아가야 한다면, 그는 자신이 마법에 걸린 세상 가운데 서 있다고 느끼게 될 것이다. 그 체계에서 양육 받은 사람들에게서 그는 자신과 똑같은 본질적인 형상을 결코 발견할 수 없다. 그가 그들에게서 자연을 발견하고자 하기보다는 차라리 동양의 선녀 이야기나 우리의 기사들의 로망스에서 그것을 찾으려는 시도가 더 좋을 것이다. 더 나아가 만약에 그가 그러한 시적인 환상을 물리학의 기초로, 그리고 우리 시대가 만든 이러한 성과물들을 심리학의 기초로 하고자 했다면 오히려 훨씬 더 혼란에 빠지지 않았을지도 모른다. 그리고 만약 그가 신과 인간 앞에서 자신은 불쌍한 죄인이며 타락한 자라고 고백하고서 그 앞에 굴복한다면, 그는 인간 본성의 근원적 타락을 믿는 자이며, 따라서 그런 인물로서의 그는 신과 자기 자신 그리고 타자 앞에 어떤 실수에 책임이 있다고 인식할 필요도 없다. 그리고 이러한 책임 의식이 없다면 우리에게 유용한 것은 이제 아무것도 남아 있지 않다. 또한 다른 모든 사람 역시 어차피 이런 타락의 본성을 나와 공유하고 있다고 하는 데서, 그리고 각자는 타자와 비교해서 어떤 것도 더 우월하지 않다고 믿는 데서 우리는 위안을 얻는다.

만약 어떤 사람이 지식, 감정 그리고 심정 상태 등이 어떠해야 하는가에 대해 교회가 제정한 과정을 아주 충실하게 이행하고 실천하였지만, 이런 모든 절차를 가지고 있지 않는 다른 사람보다, 예를 들면 소위 맹목적인 이교도에 속한 몇몇 덕스러운 사람들보다 인생에서 더 많은 것들을 달성하지 못했다면, 그리고 만약 그가 고지식함과 신중함에서, 굴복과 순종함 등에서 커다란 진전을 가져왔지만, 용기, 결단력, 힘, 그리고 개별자와 국가의 복지를 촉진시키는 데 필수적으로 요구되는 다른 많은 덕들 등에서는 뒷걸음질을 쳤다면 도대체 인류는 교회의 그 고통스러운 규칙 체계를 통해 무엇을 얻었단 말인가?

마지막으로 이러한 종류의 체계를 가지고 있는 교회에 무수히 많은 위선자들이 있음을 생각해 보라. 그들은 교회의 지식을 터득했으며, 이미 제정된 감정을 습득하였고, 교회의 신조에 복종한다. 그들은 교회의 활동 안에서 살아가고 움직인다. 만약에 그들이 교회가 요구하는 모든 것을 준수하고 행했지만, 여전히 악한으로 남아 있고 게다가 사기꾼이라면, 도대체 사람들은 그들에게 어떤 힘을 귀속시킬 수 있겠는가?

국가 아니 오히려 국가의 권력자는——왜냐하면 국가는 권력자에 의해 파괴되기 때문이다—— 심성에 영향을 미치는 교회의 이러한 정책을 통해 하나의 장점, 그것도 커다란 장점을 보유하게 된다. 즉 권력자들은 교회를 통해 지배를 그것도 전제주의를 쉽게 실행할 수 있다. 이 전제주의는 성직자들이 의지의 자유를 억압해 주기만 하면 손쉽게 얻어질 수 있는 것이다. 교회는 사람들에게 시민적·정치적 자유를 하늘의 축복과 영원한 삶에 대한 향유와 비교해 볼 때 똥과 같은 것으로 멸시하도록 가르친다. 육체적 욕구를 만족시켜 줄 매개가 전혀 없으면 인간의 동물적 측면인 생명이 없어지는 것과 마찬가지로, 만약 우리가 정신의 자유를 향유할 수 있는 능력을 탈취 당한다면 이성은 곧 죽는다. 그리고 일단 우리가 그러한 위치로 떨어지고 나면 우리는 그것이 결핍되어 있다는 것도 느끼지 못하며, 죽은 육체 덩어리가 음식과 음료를 갈망하는 것보다 그것에 대한 갈망을 더 하지 못하게 된다. 유대 민족이 그들의 법을 준수해 갈 때 진실로 신의 마음에 들려면 그들이 생동적이지 않으면 안 된다고 생각했기 때문에, 예수는 그의 민중의 관심을 정신과 심성에로 이끌고자 했다. 예수의 이러한 시도를 통허 율법은 교회의 통치하에서 완성(보충complementum)이 되었지만, 그러나 율법의 완성은 언제나 또 다시 완성(보충)을 필요로 하는 규칙과 명령 체계로 다시 변해 버렸다. 교회의 이러한 시도는 다시 실패하였다. 왜냐하면 정신이나 심성은 진실로 에테르 같은 존재여서 명령적인 문자나 공식 속에 꼭 붙잡혀 있을 수 없으며, 미리 규정된 감정이나 심정 상태 속에서 서술될 수 없기 때문이다.

여기에서 필연적으로 흘러나오는 또 다른 폐단은 다음과 같다. 개선되어 가는 과정 중에 나타난다고 하는 이러한 감정들, 그리고 이 감정의 표현으로 간주되는 행동들은——이 행동에는 성찬식, 고해성사, 그때 그리고 예배 시간에 내는 희사 등이 속한다—— 공공적인 것이며, 이것들은 모두 교회 국가에서, 또는 공무 집행자 앞에서 이루어진다. 그런데 공무 집행자는 그들이 공무 집행자이기 때문에 우리의 친구이어야 한다. 경건함에 이르는 길 위에서 각자는 진보하고 있다는 것을 이렇게 공개적으로 드러내 보여야 하기 때문에, 어떤 한 사람이 뒤에 홀로 남아 있는다는 것은 결코 쉬운 일이 아니다. 그리고 그는 감정과 이 감정의 기호Zeichen를 체험한다. 교회가 더 이상의 것을 요구하고 영향을 미친다는 것은 불가능하다.

우리의 관습이 외적인 기호를 통해 우리의 감정을 서술하고 있는 한, 이 관습 역시 사람들이 현실적으로 가지고 있는 감정이 아니라 그들이 가져야 할 감정과 관련을 맺고 있다. 예를 들면 사람들은 자기의 친척이 죽었을 때 그들이 현실적으로 느끼는 슬픔보다 더 많은 슬픔을 느껴야 하며, 이러한 감정의 외적인 기호는 그들이 실제로 느끼는 것에 의해서가 아니라 그들이 느껴야만 하는 것에 의해서 형성된다. 그리고 이 경우에 사람들은 감정이 어느 정도 강해야 하고 얼마나 지속되어야 하는지에 대해 일치된 견해를 가지고 있다. 우리의 많은 관습에서뿐 아니라 우리의 공공종교 역시 단식일, 사순절의 애도, 부활절의 장식과 축제 그리고 이런 모든 문제들에서 보편적으로 유효한 감정의 규칙을 제정해 두고 있다. 그래서 이제 우리의 풍속에는 그토록 많은 공허하고 생명력이 없는 것들이 생겨나게 된 것이다. 왜냐하면 감정이 저 규칙과는 전혀 상관없는 것임에도 불구하고, 규칙은 우리에게 특정한 상황에서는 어떤 감정을 가져야 하고, 그 강도는 어떠해야 하는지를 계속 요구하기 때문이다. 인간의 도덕감을 크게 함양하고 인간 영혼의 본성에 대한 보다 훌륭한 인식을 갖는 것이야말로 수도원적인 금욕주의와 결의론決意論에 타격을 가할 수 있는 최상의 것이다.

이러한 방식으로 교회는 수많은 외적인 행동들을 규정하여 놓았다. 이러한 행동은 한편으로 우리가 신의 영예를 직접 표현한 것이며, 우리에게는 신의 은총을 보여 준 것이고, 다른 한편으로 우리는 이러한 행동을 통해 교회가 우리에게 요구한 우리의 정신의 음조와 방향을 산출해야 한다. 그뿐만이 아니라 교회는 또한 우리들이 생각하고 느끼며 의지하는 형태까지도 지배하는 법을 제정하였다. 이리하여 기독교도의 처지는 유대인의 처지로 되돌려져 버렸다. 유대교의 특성인 율법에의 속박이 ——여기에서 해방되었다고 기독교도들이 대단히 기뻐하였었다—— 다시금 기독교 속에서도 나타났다. 유대교와 기독교 사이의 차이의 본질은 부분적으로는 그들이 사용하는 수단에 있다. 유대인들의 종교적인 의무는 상당히, 기독교에서도 역시 부분적으로는 등장하는, 강제적인 형태를 띤 의무이다. 물론 기득교에서도 그런 종류의 의무가 있다는 사실은, 그런 의무를 부정하는 사람이 여기저기서 여전히 화형에 처해지며, 또 거의 모든 지역에서 정치적 권리를 박탈당한다는 사실에서 잘 드러난다. 기독교에서 추구하는 최고의 수단은, 유대인들도 원래는 사용했던 것인데, 상상력에 영향을 미치는 것이다. 양 진영이 사용한 표상이 다르다는 사실만은 확실하다. 기독교인들이 사용하는 표상은 다음과 같이 표현될 수 있다.

> 공포의 불이 세워져 있다, 높은 탑 위에,
> 몽상가의 환상을 태워 버리려고.
> 거기에 법의 불꽃이 시커멓게 타고 있다.[32]

따라서 유대교와 기독교 사이의 주된 차이점은 다음과 같은 정리될 수 있다. 즉 유대인들은 그들이 외적인 의식을 거행함으로써 신을 기쁘게 한다고 생각하는 반면, 기독교인들에게는 두 사람을 동일하게 행동하게 하는 심성을 갖는 것보다 중요한 것이 없다고 엄하게 가르친다. 이제 기독교인들의 심성에는 아주 정확하고 세심한 규정들이 주어진다. 구원의 질서에는 모든 것을 명백하게 알 수 있는 필연적인 인식의 결과뿐 아니라, 이 인식과는 상관없이 전개되는 심상의 결과들이 정확하게 지시되어 있다. 교회는 기독교인들에게 이 모든 과정을 준수하라고 명령한다. 따라서 유대인과 기독교인의 주된 차이점은 다음과 같은 사실에서 발견된다. 즉 유대

---

32) 실러의 「체념」의 한 구절.
　　"Schreckfeuer aufgesteckt auf hohen Türmen,
　　Die Phantasie des Träumers zu erstürmen,
　　Wo des Gesetzes Fackel dunkel brennt."

주의에서는 단지 행동만이 명령받는 반면, 기독교에서는 감정도 역시 명령받게 되는 모순적인 상황에 처하게 된다. 그러나 이를 통해 기독교는 도덕과 종교의 목표인 도덕성에 결코 영향을 끼치지 못한다. 반대로 이를 통해 교회는 합법성이나 기계적인 덕, 그리고 경건함 등 이것들 이외의 것을 산출할 수 없게 되었다.

감정도 명령을 받게 됨으로써 그것으로부터 필연적으로 다음과 같은 결과가 초래되었다. 첫째, 자기기만, 즉 누구나 미리 규정되어 있는 감정을 가지고 있다는 믿음, 또는 누군가의 감정이 책 속에 기술되어 있는 것과 일치한다는 믿음. 물론 이때 인공적으로 산출된 감정이 힘이나 가치에 있어서 진실하고 자연적인 감정과 동등할 수 없다는 것은 자명하다. 둘째, 이러한 자기기만의 결과는 허구적인 평온함이다. 이 허구적인 평온함은 정신적인 온실에서 조작된 이러한 감정에 높은 가치를 부여하며, 이 감정의 힘이 대단하다고 생각한다. 따라서 이 허구적 평온함은 힘을 필요로 하는 곳에서 허약하며, 누군가가 스스로 이러한 사실을 인식할 경우 그는 곤궁함, 불안 그리고 자기 불신 등에로 침몰한다. 이러한 평온함은 사람을 미치게도 하는 심리적 상태인 것이다. 또한 만약 그의 모든 선의지와 가능한 모든 노력에도 불구하고 그에게 요구되는 정도로까지 감정이 강화되지 않았다고 생각하면, 그는 매우 자주 절망에 빠진다. 그가 그러한 감정의 영역에 머물러 있으며, 그래서 그는 결코 완전성에 대한 확고한 기준에 도달할 수 없기 때문에(상상력의 기만을 통해서는 가능하다), 그는 힘과 판단력을 완전히 결여하게 되며, 평온함을 무한한 신의 은총에서만 발견하는 심각한 불안 상태로 떠밀려 간다. 이러한 상태를 광기와 정신착란으로 몰고 가고 싶으면 상상력의 강도를 조금만 높이면 된다. 물론 가장 일반적인 결과는 위에서 언급했던 자기기만의 한 유형이다. 왜냐하면 자기의 정신적인 감정이 아무리 풍부해도 사람들은 대개 일상생활에서 보통의 세속적인 성격을 보유하기 때문이다.

보통의 인간은 정신적인 자아와 병행하여 살아가며, 기껏해야 정신적 자아에 의해서 수사학적인 어법과 외적인 행동 양식으로 덧입혀져 있을 뿐이다. 그 사람은 무역이나 상거래를 할 때는 일상의 자아와 함께 일하지만, 일요일에, 그의 믿음의 형제들과 함께 있을 때, 또는 기도서를 읽을 때에는 완전히 다른 사람이 된다. 그러한 본래적인 위선을 고발한다는 것은 종종 너무 가혹하다. 행위를 유발한 이유와 이 행위에 부여된 징표 사이의 모순을 의식하는 것이 바로 위선에 속한다. 이 경우에 이러한 의식은 결핍이며, 인간은 결코 통일성을 갖지 못한다. 만약 이 두 가지 종류의 심성이 매우 자주 서로 충돌하게 되며, 그리고 매우 자주 그렇듯이 육체적 욕구가 승리를 얻게 된다. 이 경우 엄청난 양의 도덕적이고 금욕적인 계율들 중에서 그 육체적 심성에 위반되는 것이 적어도 하나는 있을 수밖에 없으며, 그 위반된 계율은 그 행위자에게 아주 칭찬할 만한 형태로 드러날 수 있다.

가톨릭 교회에서는 이러한 궤변을 아주 멀리 추방하였다. 루터교는 대부분의 외적인 관행을 벗어 버렸지만, 경건파 신도들[33]은 감정의 법칙과 규정이 있어야 한다고 주장하고 그것에 따라 실행했다. 이들이 루터교의 한 분파에 불과한 것으로 드러난다 하더라도 우리는 그들이 그들의 신앙과 도덕 체계에 있어서 그들의 모교 교회인 루터 교회의 원리로부터 빗나갔다고 말할 수는 없다. 반면 그들은 루터교의 체계를 단지 좀더 정확하게 표현해 주는 것 같다. 하지만 만약 그들이 자신과 루터교 신도들을 구분

---

33) [옮긴이] 경건파(Pietismus)는 17세기 말 근본주의적 삶의 형태로 돌아가고자 노력했던 독일 루터주의의 한 종파.

한다면, 그 이유는 루터교 신도들이 그들의 삶과 감정을 자연적이고 건전한 상식을 통해 그들의 체계와 일치시킬 수 없다고 하는 데서 찾아진다. 그리고 대체로 대부분의 개혁주의자들은 도덕성을 그들의 주된 원리로 삼은 것처럼 보이며, 금욕의 가르침에는 게을러 보인다.

분파 형성의 불가피성

한편으로는 공개적인 법규와 규칙을 통해서, 또 다른 한편으로는 여기에 필수적인 힘을 통해서 심성과 행동의 동기를 규정하고 명령하며 산출하고자 하는 다양한 기독교 분파의 시도가 있었다. 그러나 이러한 수단을 통해 인간의 자유를 완전히 지배한다는 것은 불가능했으며, 합법성 이상의 것을 산출하는 것도 불가능하였다. 그럼에도 불구하고 교회가 이 정도로 큰 힘을 가졌다면 그 교회는 한 부류의 인류에게서 철회할 수 없을 정도로 인간성을 말살하여, 이러한 결핍을 한 종족의 지울 수 없는 특징으로 만들 수 있어야 했다.

그러나 이러한 교회의 합법성 속에서, 또는 금욕주의자들이나 산출할 수 있을 그러한 특징들 속에서 결코 어떤 만족도 발견하지 못하고, 자유로부터 발생하는 도덕 법칙을 스스로에게 부여할 수 있다고 느끼는 사람들이 때때로 나타났음에 틀림없다. 그들이 이러한 믿음을 자기들만의 것으로 고집하지 않게 되면 그들은 경우에 따라서 교회의 탄압을 받지 않는 새로운 분파를 창시하게 된다. 그리고 자신들의 출발점에서 멀어져 갈수록 그들은 그 창시자의 계율과 법만을 남겨 두게 된다. 그리고 이 계율과 법도 이제 그 추종자들에게는 더 이상 자유로부터 나온 법이 아니다. 그것들은 이제 또 다시 교회의 법규로 되어 버렸다. 그리고 이러한 사실을 통해 다시 새로운 분파가 생겨났다. 처음에 유대인의 교회에서 시작하여 이것으로부터 기독교 분파가 생겨나고, 이 분파는 하나의 교회가 되었으며, 이 교회의 품속에서 새로운 분파들이 다시 한 번 발생되며, 이 분파들은 다시 교회들로 활짝 피어났다. 국가가 자기의 권리의 범위를 오인함으로써 그 국가 안에서 지배적인 교회의 국가가 형성되게 버려 두든지, 아니면 교회에 동화되어 다시 한 번 월권행위를 하는 한 이러한 과정은 계속될 수밖에 없다.

교회의 전 체계의 근간에 놓여 있는 근본적인 오류는 교회가 인간 정신의 모든 능력, 특히 그것들 중 최고의 것인 이성에 대한 자기의 권리를 잘못 인식하고 있다는 것이다. 일단 교회의 체계가 이성을 잘못 판단하게 되면, 그 체계는 인간을 경멸하는 체계일 뿐이다. 인간 정신의 능력의 영역을 칸트는 학을 위해 분리시켰는데, 이러한 유용한 분리 작업이 교회의 입법 활동에서는 이루어지지 않았다. 그리고 유럽의 정신이 실천적인 삶 속에서, 그리고 입법 규정 속에서 이러한 분리를 인식하고 그리스의 참다운 감정을 배울 수 있기 위해 수세기를 기다려야 했다. 기독교에서 또는 순수 도덕을 그 원리로 삼는 종파에서 이성의 도덕적 계율들은 마치 오성의 규칙처럼 다뤄지고 정립된다.[34] 전자는 주관적이며, 후자는 객관적이다. 하지만 기독교는 이성의 주관성을 마치 객관적인 것이나 되듯이 규칙으로서 정립한다.

이성은 도덕적이고 필연적이며 보편적으로 타당한 법을 정립한다. 칸

---

34) [편집자] 문맥상 모순적으로 보이는 이 문장을 H. 놀은 자기가 편집한 『청년 헤겔의 신학론집』에서 다음과 같이 고쳐 쓰고 있다.
   "그리스의 종교에서는 주관적인 이성의 도덕적 계율들이 마치 오성이 다루는 객관적인 규율이기나 한 것처럼 취급되거나 정립되지 않는다." *Hegels theologische Jugendschriften*, hrsg, E. Nohl, 1907, S. 211.

트는 이를 객관적이라고 한다. 물론 이때 '객관적'이란 말은 오성의 규칙과는 다른 의미로 사용되고 있음을 고려해야 하지만, 어쨌든 그는 그것을 객관적이라 이름한다. 이제 우리의 과제는 이러한 법을 주관적으로 만드는 것, 또는 이 법의 동기를 발견할 수 있는 격률格率을 만드는 것이다. 그리고 이 문제를 해결하기 위한 시도는 무한히 다양하다. 신학자들은 그러한 법을 정립할 수 있는 이성의 능력을 거의 부인하지 않는다. 오늘날 이성은 거의 보편적으로 받아들여진다. 만약 신학자들이 그것을 부인했다면 그들이 이성에 대한 두번째 진술만을 이해했다는 것을 의미한다. 즉 이성은 자기의 법에 동기를 부여할 수 없다는 것이다. 그런데 바로 이 동기야말로 이성의 법에 대한 존경심을 산출할 수 있으며, 법에 맞게 행동하고자 하는 의지를 산출할 수 있는 것이다. 기독교는 우리에게 객관적인 동기, 즉 법 자체가 아닌 객관적 동기를 부여한다.

관습법의 관점에서 유일한 도덕적 동기는 그 법을 만든 입법자 자신의 주체 속에서만 발생될 수 있다. 이 법은 그 입법자의 내면으로부터 발생한다. 그러나 기독교는 도덕 법칙이 우리의 외부에 있는 것, 주어진 어떤 것이라고 선언하며, 따라서 다른 방식으로 그 법칙에 권위를 부여하지 않을 수 없다. 실정종교의 개념 속에는 도덕 법칙을 외부로부터 주어진 것으로 여기도록 하는 특징이 있다. 만약 그 도덕 법칙이 미리 주어져 있다면, 덕은 매우 복잡하게 얽히고 설킨 예술이 되고 만다. 이는 분명히 문제를 즉석에서 결정할 수 있는 순수한 윤리적 감정과 대조된다. 왜냐하면 그 윤리적 감정은 스스로 결정을 내릴 수 있기 때문이다. 이러한 복잡한 도덕 예술은 모든 종류의 기교와 기술을 포함하고 있다. 그리고 다른 것과 마찬가지로 그것도 학습될 수 있다고 여겨진다.

하지만 그것은 특별한 운명을 가졌다. 왜냐하면 모든 인간의 예술은 완성되어 가며, 한 세대가 그 전 세대로부터 학습받게 되는 데 반해, 인간의 도덕성만은 현저하게 진보하지 않았기 때문이다. 그리고 도덕성의 문제에서 각자는 전 시대의 경험을 응용하지 못한 채 처음부터 다시 스스로 배워야만 하기 때문이다. 시민법과 시민 체제는 인간의 외적인 권리를 대상으로 갖는다. 하지만 교회 체제는 인간이 신이나 자기 자신에 대해 책임지는 것을 대상으로 갖는다. 인간이 신과 자기 자신에 대해 책임이 있다는 것, 바로 이러한 사실을 교회는 알고 있다고 주장하며, 동시에 교회는 이것에 대해 스스로 판결하는 법정을 세운다. 이 법정에서 교회는 인간의 행동과 사건 속에서 신적일 수 있는 모든 것을 끄집어내며, 행동할 때 인간이 느끼지 않으면 안 된다고 규정해 놓은 법전을 뒤적인다. 이러한 방식으로 교회는 한편으로는 인간이 해야 할 것, 또 한편으로는 인간이 알고 믿어야 할 것, 다른 한편으로는 인간이 느껴야 할 것 등을 포함하는 장황한 도덕 법전을 만들었다. 이러한 법전의 소유와 사용에 근거하여 교회의 재판권과 입법권이 생겨난다. 따라서 인간이 그런 낯선 법전에 복종하는 것은 인간 각자가 갖는 이성의 권리에 배치되며, 결국 교회가 가지고 있는 모든 힘은 불법적이다. 어떤 인간도 자기 스스로 법칙을 부여할 권리, 자기 자신의 법칙에 대해서만 해명의 책임을 지는 권리를 포기할 수 없다. 왜냐하면 이 권리를 양도해 버리면 그는 더 이상 인간이 아니기 때문이다. 그렇다고 해서 인간으로 하여금 이 권리를 포기하지 않게 하는 것이 국가의 임무는 아니다. 왜냐하면 이러한 일은 그 사람에게 인간이어야 한다고 강요하는 것밖에 안 되며, 결과적으로 폭력에 의한 행동일 수 있기 때문이다.

중세와 현대에 기독교에는 많은 분파들이 생겨났는데, 이 분파들은 모두 스스로 법을 제정할 수 있는 권리를 누구나 가지고 있다는 개별적인 인간의 감정에 기초해서 생겨났다. 하지만 문명화되지 않은 시대에, 또는 지배자에 의해 야만인으로 모욕당한 신분 출신의 사람들에게는 일반적으로 열광적이고 거친 그리고 아직 정돈되지 않은 환상이 그러한 입법의 원리였다. 그런데 그들의 환상의 산물들에서 때때로 아주 아름다운 이성의 불꽃이 작열했다. 그리고 이때 자신의 가슴으로부터 법을 산출해야 한다는 양도할 수 없는 인간의 권리가 항상 제기되었다.

2. 「기독교의 실정성」에 대한 보충

1. 실정적 신앙[1]

실정적 신앙은 특정한 종류의 종교적 교리의 체계인데, 실정적 신앙에 따르면 이 계율들은 우리가 믿을 것인지 말 것인지 주저해서는 안 되는 어떤 권위에 의해 우리에게 주어졌기 때문에 우리가 진리로 받아들이지 않으면 안 된다고 한다. 이러한 실정적 신앙이라는 개념에는 무엇보다도 다음과 같은 종교적 교리의 체계, 또는 진리의 체계가 포함된다. 즉 우리의 의지와는 독립적으로 진리로 여겨지고 받아들여져야 하는 진리, 아무도 알지 못하고 아무도 진리라고 생각하지 않는다고 해도 계속해서 진리였던 진리, 그래서 종종 객관적인 진리라고 불리는 진리의 체계가 이 개념에 포함된다. 이 진리는 이제 우리에게 대해서도 진리이어야 하며, 주관적 진리이기도 하다. 오성이나 이성과 관계 있는 진리는 오성이나 이성 그 자체에 의해 수용되어야 하며, 우리의 의지에 대한 계율을 포함하고 있는 진리는 이 의

---

1) [옮긴이] H. 놀의 편집본 214~231쪽. G. 쉴러의 문집 Nr. 54. 비평본 33번째 텍스트(352~358쪽).

지에 의해 우리의 규준으로 받아들여져야 한다. 게다가 그 규준의 첫번째 계율, 즉 모든 여타의 것의 조건이 되는 것은 저 진리들을 진리로 간주하도록 우리에게 요청한 것이다. 따라서 이것은 우리가 복종하지 않을 수 없는 그런 권위로부터 우리에게 명령된 것이다.

이 개념은 본질적으로 실정적 믿음의 개념, 즉 믿음을 우리의 의무로 받아들이는 그런 믿음의 개념에 속한다. 왜냐하면 역사적인 신앙, 더 나아가 부모나 선생들, 그리고 친구들이 우리에게 말한 것에 대한 신앙은 동일하게 권위에 기초한 믿음이기 때문이다. 이러한 믿음은 그 사람들에 대한 신뢰에 기초하고 있다. 이런 신뢰는 자의적이며, 우리에게 전해 준 그들의 소식은 대개 우리에게 믿을 만하다는 데 근거하고 있다. 이와 반대로 실정적 교리의 권위에 대한 믿음은 우리의 자의성에 근거하지 않으며, 이 권위에 대한 신뢰는 우리가 주어진 교리를 접하거나 판단하기 이전에 이미 성립되어 있어야 한다. 우리에 대한 신의 권리와 그에 대한 우리의 복종의 의무는 바로 이런 점에 의존한다. 왜냐하면 그는 우리의 강력한 주인이자 통치자이며, 우리는 그의 피조물이자 종이기 때문이다. 또한 우리에 대한 신의 권리와 그에 대한 우리의 복종의 의무는 우리에 대한 그의 선행과 우리의 감사의 의무와 관계되며, 더 나아가 그는 진리의 원천이며, 우리는 무지한 자이고 맹인에 불과하다는 사실에 기초한다. 여기에서 '무지한 자', '맹인'이라는 표현은 이미 어느 정도 진리에 대한 사랑을 전제하고 있는 표현들이며, 이미 일종의 도덕적 심성, 즉 신의 은총을 입은 사람은 이제 그의 의무가 무엇인지 생각하지 않으면 안 된다는 도덕적 심성을 전제하는 표현들이다. 즉 실정종교에 대한 우리의 의무는 이 경우에 다음의 사실에서, 즉 이 종교는 신의 자비의 선물이고, 감사로 인해 복종한다는 것은 원래 신의 마음에 들게 행하는 것, 그를 기쁘게 하는 것 등이라는 사실에서 유도된다. 우리의 의무의 첫번째 근거는 고유하고 중요한 근거인데, 특히 그 이유는 도덕적 심성을 가져야 하는 사람에게 (즉 신의 자비를 받은 사람, 또는 받았다고 믿는 사람—옮긴이) 이 근거가 적용되기 때문이다. 신과의 이러한 관계로부터, 이런 본질로부터 신에 의해 반드시 실행되는 일종의 강압적 권리가 나타난다. 노예는 지상의 주인으로부터의 해방을 희망할 수 있고, 그의 권력의 범위에서 벗어날 수 있다. 하지만 그것이 신에게서는 불가능하다. "그가 (노예, 인간—옮긴이) 아침노을의 날개로 도망쳐도 당신은 거기 계십니다. 그가 가장 깊은 바다에 숨는다 해도 당신은 거기 계십니다." 한 존재의 이러한 초월적인 능력을 자기 삶의 충동에만 영향을 미치는 것으로 인정하지 않고——왜냐하면 모두는 자연의 이름 아래 있건, 사실의 이름 아래 있건 섭리의 이름 아래 있건 간에, 그러한 삶의 충동을 인정해야 한다——, 자기의 정신에 대해서도, 그의 존재의 전체 범위에 대해서도 그러한 초능력의 영향을 인정하는 사람은 결코 실정적 신앙에서 벗어날 수 없다. 그러한 신앙을 정립할 수 있는 능력은 필연적으로 이성의 자유의 상실을 전제하며, 낯선 권력에 대립할 수 있는 자립성의 상실을 전제한다. 바로 여기에 실정종교에 대한 신앙이나 불신의 출발점이 놓여 있으며, 동시에 바로 그 때문에 여기에 모든 논쟁의 중심점이 놓여 있다. 그리고 논쟁의 중심점이 명확하게 의식되지 않았을 때에도, 이 중심점은 모든 비굴함과 고집스러움의 근거로 자리한다. 정통주의자들은 이 점에 확고하게 붙어 있어야 하며, 어떤 것도 포기해서는 안 된다. 도덕성이 실제로 인류의 절대적이고 최고의 목적이라는 사실을 그들이 인정한다 하더라도, 그리고 이성은 도덕의 순수한 체계를 구축할 수 있다고 그들이 인정한다 하더라도, 그럼에도 불구하고 그들은 이런 일반적 경향보다 우월한 것을 산출할 수 없고, 그들의 요구를 현실화할 수 없다고 주장해야 한다. 그리고 그들은 이러한 요구들, 인류의 궁극적인 목적을 필연적으로 다음과 같이 규정해야 한다. 즉 '인류의 궁극 목적을 정립하지도 실행하지도 못하는 곳에서 인간은 자신 밖에 있는 존재에 의존적이다'라고. 이성의 이러한 무능력이 일단 전제되고 나면, 그리고 모든 결과의 필연적 조건인 우리의 전체 존재가 의존적이라고 일단 전제하고 나면, 어떤 종교, 예를 들어 기독교가 신에 의해 부여된 실정종교에 다름 아니라는 증거는 완전히 역사적으로 유도될 수 있다. 그리고 이 일은 아주 쉬운 일인데, 왜냐하면 우리가 우리의 예속을 인정하게 되면서 판단을 위한 다른 표준을 포기하게 되며, 내적인 근거와 이 내적 근거의 합리성에 대해 질문할 수 있는 권리, 그리고 설명된 소여성이 경험 법칙에 적합한지를 탐구할 수 있는 권리를 스스로 포기하게 되기 때문이다. 이성 적합성 또는 이성 부적합성에 대한 질문은 여기에서 지루함을 달래기 위해서 제시될 수는 있지만, 나의 신앙을 결정하는 데 아무런 영향을 미쳐서는 안 되는 아주 무익한 질문에 불과하다. 일단 인정된 고등 법정 앞에서 모든 미물은 잠잠해야 한다. 이성적이기 때문에 진리로 받아들여지는 것은 결코 나의 실정적 신앙의 범주에 놓이지 않는다. 특정한 믿음이 나에게 이미 주어졌기 때문에 단순히 수동적으로 믿게 되었음에도 불구하고, 그것을 나의 이성에 적합한 것으로 여기고 여러 가지 근거에서 그것을 확신하게 됨으로써 나중에 적극적으로 믿게 되는 사건이 발생할 수도 있다. 하지만 '실정종교의 전체 내용은 궁극적으로 자기의 이성에 의해 진리로 간주될 수 있다'는 사실을 이 실정종교에서 자유로운 타자만이 기대하고 요구할 수 있다. 또는 그런 실정적 교리에서 만족을 얻기 위해 신자가 그 낯선 가르침을 이성으로 환원하는 작업을 할 수도 있다. 오히려 신적인 진리, 즉 신에 의해 사유된 진리를 포함하고 있는 신의 계시에 의한 종교, 신의 사유는 인간의 이성에 의해 파악되거나 측량될 수 없다. 그러한 진리에 대한 실정적 믿음이 어떻게 생각 가능한가? 그것들이 어떻게 주관적으로 될 수 있는가? 인간의 심정은 이런 상황에서 어떻게 작용하고 활동하고 고통을 겪는가? '신앙이란 행위를 유발하고 느낌을 동반하는 살아 있는 확신이다'라는 표현은 너무 무규정적인 것이어서, 이것이 우리에게 말해 주는 것은 없다.

기독교는 부분적으로 대상 인식에 대한 계율을 포함하며, 그 실천적 계기들과 더불어 부분적으로는 행위에 대한 계율을 포함한다.

타자에게 자기의 경험과 생각을 전달할 수 있는 가능성은 그가 우리와 유사한 경험과 생각을 가지고 있다는 것을 전제한다. 즉 우리는 지금 그 경험과 생각들을 그가 경험한 것과는 다른 맥락에서 제시하고 있지만, 그에게 우리가 지금 제시한 것을 특정한 방식으로 연결하도록 하고 있는 것이다. 그리고 그런 전달 가능성은 우리가 그에게 말한 활동들을 스스로 생산할 수 있는 능력이 있다는 것을 전제한다. 인식 능력과 관련이 있는 기독교의 진리는 이제 부분적으로는 구상력과, 부분적으로는 오성과, 그리고 부분적으로는 이성과 관련이 있다.

구상력은 우리의 여타의 경험 법칙과 일치하는 역사적 진리들을 오성의 허락하에 수용한다. 이때 이 구상력은 처음부터 가지고 있었던 표상들을 관계시키는 일을 하는데, 이 구상력에는 이러한 관계시킴 이외에 어떤 새로운 것도 없다. 이 구상력은 그 표상들을 언제나 다른 부차적인 생각과 함께 수용하는데, 부차적인 생각이란, 감정을 소유한 모든 인간에게 필연적인 행위를 하도록 오성을 추동하는 그런 감정이 현존하고 있으며, 이것은 실제적인 경험으로 나타난다는 것이다. 이것이 바로 여기에서 믿음이 의미하는 바의 것이다. 이제 역사적 진리들에 대해 말하자면, 다소 훈련받은 오성은 역사적 진리가 오성의 법칙에 모순된다는 것을 통찰하며, 따라서 오성은 모든 기적과 초자연적인 사건들을 대할 때 그렇게 하듯이 그런 역사적 진리들을 버리는 경향이 있다. 오성은 우리가 초감각적인 원인에 의지하는 것에 결코 만족하지 않는다. 왜냐하면 오성은 그런 대답을 결코 이해하지 못하며, 초감각적인 원인을 말한다는 것은 오성에게 어떤 말도 건넨 것이 아니기 때문이다. 그렇다면 믿어야 할 의무를 어떻게 다 할 수 있는가? 구상력은 초자연적인 원인을 들여오는 것에 완전히 만족한다. 그렇게 하는 것은 구상력에게 전혀 이상한 일이 아니다. 그러나 오성은 구상력의 시를 던져 버리며, 표상의 실제에 대한, 또는 그것의 비실제에 대한 질문이 제기되면 구상력에게 한마디도 하지 못하게 한다. 따라서 오성도 그 앞에서는 침묵하는 보다 높은 능력이 작용해야 한다. 믿음은 의무의 문제로 되고, 오성이 더 이상 현상해서는 안 되는 초감각의 영역으로 떠밀린다. 이런 관점에서 믿는다는 것은 곧 구상력에 소여되어 있는 것들의 관계를, 그리고 오성에게는 언제나 타자로 남아 있는 그런 관계를 의무라는 이름으로, 따라서 여기에서는 강력한 주재자에 대한 두려움을 갖게 함으로써 확고하게 하는 것이다. 이 믿음은 곧 오성을 강요하여 이 오성에게는 정말 혐오스러운 일을 하도록 하게 하며, 원인의 개념을 양도하게 한다. 하지만 이 경우 오성이 계속하여 간섭하고자 하자마자, 이 믿음은 자기의 요구들을 계속 의식적으로 산출하고, 구상력에 소여되어 있는 관계를 의식하며, 이 관계를 확고하게 함으로써 오성에게 어떤 여지도 주지 않는다.

이성의 요구를 만족시키기 위해 실천적 계기들이 이성에게 부여된다. 실천적 계기들은 의지를 행동으로 규정하기 위해 이 의지에로 나아가는 것이 아니라, 의지와 감각 세계가 어떠해야 하는지 규정하는 이성으로, 또는 법으로 나아간다. 실정종교의 체계에서 이성은 이 종교에 의해 충족되어야 할 감각 세계가 어떠해야 하는지를 결정한다. 주재자의 법과 이 법을 지원하기로 약속한 실정종교가 의지의 내용이 어떠해야 하는지를 결정한다. 즉 자기의 힘에 대한 어떤 믿음도 가지지 않는 이런 의지, 실정종교가 포기해 버린 이상에 자신의 힘으로 도달할 수 없다고 느끼는 이런 의지는 위로부터의 도움과 지지를 계속 받을 것이라는 확신을 갖는다. 실정적 신앙 일반을 근본적으로 가능하게 하는 것, 즉 1)도덕적 무능력과 2)여전히 표상하기는 하지만 주어진 표상에 의해 이끌리는 단순한 기계에 다름 아니라는 느낌은 이런 믿음에서 제기되고 반영되어 나타난다. 이것은 이러한 톱니바퀴의 강력함에 대한 우리의 무지에 반영되어 있으며, 특정한 표상으로 추동되는, 종종 확인되는 우리의 무능력에 반영되어 있다. 그리고 이 사실은, 이 톱니바퀴가 질식해서 멈추고자 할 때, 이 톱니바퀴의 최초의 작용자, 즉 훌륭하고 동정심이 많은 주인이 어떻게든 그를 받아들여 도울 것이라는 희망과 연결되어 있다. 실정적 신앙에서 파악된 인간은 여기에서 자신의 전체 상태를 충실하게 자기의 반성의 객체로 만든다. 즉 실정종교에서 인간은 자신에게 주어진 표상에 따라 규정되며, 따라서 여기서 인간은 자신의 이러한 규정을 표상을 매개로 나아가는 것으로 생각하지 않고, 그 규정이 곧 자기활동이라고, 자기의 본질이라고 여기게 된다. 실정종교가 만족스럽게 성취하겠다고 약속한 실천이성의 요구들에 대해 말하자면, 이 요구들은 두 가지 상이한 양식으로 존재한다. 이성은 이것들 중 어떤 것들이 현실화하는 것을 보고자 원하는 반면 다른 것이 현실화하는 것에 대해서는 두려움을 느낀다. 이런 두 가지 사태 때문에 실정종교는 이성에 평안을 주겠다고 약속한다. "이성은 … 원한다"나 "이성은 … 두려움을 느낀다"라는 표현은 이미 여기에 감성이 작용하고 있다는 것을 의미하며, 이성의 발 아래 놓여 있는 이 감성이 저 이성의 요구들을 만들어 내고 있다는 것을 의미하며, 따라서 만족되어야 하는 것은 원래 바로 이 감성이라는 것을 의미한다.

행복과 감성의 조화를 요구하는 문제는 우리 시대에 특히 유명하게 되었으며, 모든 민족에게 나타나는 문제이다. 그런데 이런 관점에서 이성은 자기와 독립해 있고 자기와 아무런 관련도 없는 어떤 것을 인정해야 하는데, 그런 일이 어떻게 가능할까? 특정한 주체 속에서 어느 정도의 지배와 권력을 행사하는 이성은 이러한 당위와 지배의 감정을 의식한다. 이성이 특정한 충동 대상을 가지고 있는 의지에 적용될 경우, 이 의지는 이성에 의해 부여된 형식에 따라 활동하며 물리적인 힘을 투입한다. 이 물리적 힘이 다른 저항 세력과의 투쟁에서 승리하거나 패배할 경우, 그리고 이때에도 의지가 확고할 경우, 어떤 경우든 이성은 만족을 얻는다. 어떤 사람이 명예로운 죽임을 당할 때, 또는 조국이나 덕을 위해 죽을 때, 우리 시대에 기껏 말해질 수 있는 것은, '그 사람은 보다 좋은 운명을 타고나야 했어'라는 말뿐이다. 이성이 감각적 경향에 의해 더 많이 지배되는 의지를 발견하는 곳에서, 이성이 의지를 지배할 기회가 거의 없는 곳에서, 즉 (이성보다 의지의 힘이 더 큰 위력을 가지고 있는—옮긴이) 이런 주체 안에서 감성은 자기의 목소리를, 자기의 당위를 청취한다. 그리고 이 경우 감성은 자기의 고유한 욕구에 따라서 설명하며, 이러한 이성의 당위를 행복에 대한 요구로서 설명한다. 이때 행복에 대한 이러한 요구는 이성의 목소리에 근거해 있다는 점에서, 그리고 당위를 언표할 수 있는 이성의 위력을 전제한다는 점에서 행복의 감각적 요구와 다르다. 이성을 통해 동시에 합법화된 이러한 요구는 행복이라고 하기에 알맞으며, 이성이 행복을 언표할 수 있는 능력을 가지고 있지 않을 때, 이성이 외적인 환경에 패한다거나 무능함을 보일 때, 이것을 우리는 행복이라고 하기 힘들다. 이 두 경우에 이성은 직접적으로 행복을 갈구하는 것이 아니다. 이성은 오성이 행복 개념을 느끼지 못하는 것만큼 이 개념을 느끼지 못한다. 이성은 감성에 의해 파악된 당위만을 의식하거나 의식하지 않는다. 이성은 이 당위의 대상이 무엇이어야 하는지를 결코 규정하지 않으며, 자기의 지배의 대상을 가지지 않는다. 이렇듯 감성과 연합한 상태에서도 이성은 자기의 대상의 현실화를 요구한다.[2] 그리고 이성은 자연의 혼합물을 통해 성장하고 더럽혀짐으로써 이런 혼합물을 현실화할 수 없기 때문에, 이성은 자연에 대한 지배를 가능하게 하는 낯선 존재를 요구한다. 이제 이성은 이런 지배를 그리워하며, 이 지배를 더 이상 거부할 수 없다.

이런 관점에서 믿음이란 '이성은 절대적이며, 자기 완성된 것'이라는 의식을 결여하고 있다. 즉 '이성의 무한한 이념은 자기 스스로에 의해서만, 그리고 낯선 것과 혼합되지 않고서 성취되어야 한다'는 의식의 결여가 곧 믿음이다. 다른 말로 하면 '이성의 무한한 이념은 끈질기게 따라붙는 이 낯선 자와 거리를 취함으로써만, 이 낯선 자에 길들여지지 않음으로써 완수되어야 한다'는 의식을 믿음은 결여하고 있다. 이런 방식으로 제약된 이성의 최종 목적은 신의 현존에 대한 도덕적 믿음을 부여한다.[3] 이때 이 도덕적 믿음이 저 최종 목적을 현실화하고자 하는 의지를 움직이지 못하고, 단지 그 최종 목적 중 자신에 의존하는 부분만을 움직일 수 있는 한, 이 믿음은 결코 실천적일 수 없다. 이러한 부분을 실현함에 있어서 믿음은 감성 역

---

2) 〈여백에 기록된 글〉 "이렇듯 무조건적으로 요구되는 것은 이성의 활동이다. 행복에 요구되는 것을 감성이 제공한다."
3) [옮긴이] 이것은 칸트의 도덕 철학의 한계를 말해 주고 있다. 이성이 자기 완결적이지 않다고 한다면, 이성에 대한, 또는 이성적인 일에 대한 보증자가 필요하게 된다. 칸트는 실천이성의 행위, 즉 도덕적 행위의 보증자로 신을 요청하게 된다. 따라서 신은 이성의 대상이 아니라, 이성을 넘어서 있는 존재, 즉 믿음의 대상이다. 여기서는 이성과 믿음의 분리가 필연적이다. 그리고 그 분리의 극복이 헤겔의 과제였다.

시 만족할 것 같다고 통찰함으로써 그만큼 의욕적이 된다. 예를 들어 조국이 아니라 자신의 명예를 위해서 투쟁하는 공화주의자나 전사戰士들이 그러하듯이, 그들에게 부차적인 것인 행복이 포함되지 않은 목적을 자신의 현존의 목적으로 정립한 사람들이 있을 수 있는데, 그들의 목적 실현은 전적으로 자기 자신에 의존하며, 따라서 그는 어떤 낯선 자의 도움을 필요로 하지 않는다. 실정종교는 상상력에게 상들과 자료들을 제시함으로써 신에 대한 도덕적 믿음을 지원한다. 실정종교는 상상력에 저 대상을 (즉, 신을) 보다 접근시키기 위해(즉 신을 훨씬 더 구체적으로 상상할 수 있게 하기 위해—옮긴이) 그 신을 경험한 사람이 도처에 널려 있다고 이야기함으로써 저 대상을(즉 신을—옮긴이) 객체화한다.

이성에 의해 만족스런 답이 결코 제시될 수 없는 이성의 또 다른 유명한 욕구는 안심을 얻고자 하는 욕구인데, 이런 안심의 욕구는 부도덕성에 필연적으로 따라 나오는 형벌 때문에 요구된다.

2.[4)]

2.1. 유대가 투이스코네스의 조국인가?

모든 민족은 자신만의 환상의 대상들, 고유의 신, 천사, 악마 또는 민족의 전통을 따라 내려오는 성자들을 가지고 있다. 어린아이들은 이들의 행적을 이야기를 통해서 전해 들으며, 이 이야기들은 아이들의 상상력에 깊은

---

4) [옮긴이] H. 놀의 편집본 214~231쪽. G. 쉴러의 문집 Nr. 55. 비평본 34번째 텍스트(359~378 쪽).

인상을 남겨 준다. 이리하여 이 설화들은 영원히 지속된다. 이러한 상상의 창조물들 외에도 대부분의 민족, 특히 자유로운 민족의 기억 속에는 자기 조국의 역사적인 영웅들이 살아 있다. 즉 자기 조국의 건설자나 해방자는 물론 한 민족이 시민의 법 아래에 하나의 국가로 통일되기 전에 용맹을 떨쳤던 영웅들이 이런 영웅에 속한다. 이들 영웅은 단지 민족의 상상의 세계에서만 사는 것이 아니다. 그 민족의 역사와 영웅들의 행적에 대한 기억은 대중의 축제, 민족적인 공공의 기념비나 사원 등에도 나타난다. 자기 자신의 고유한 종교와 정치 체계를 가지고 있는 모든 민족, 또는 다른 민족으로부터 습득하였지만 완전히 자기 민족의 본질적인 일부분으로 자리잡은 종교와 문화를 가지고 있는 모든 민족은 이러한 종류의 민족의 환상들을 가지고 있다. 예를 들면 이집트, 유대, 그리스, 로마를 생각해 보라. 고대 독일, 갈리아, 스칸디나비아인들 역시 그들의 신이 거주하는 발할라[5]를 가지고 있었고, 그들의 영웅들은 노래 속에 살아 있었다. 그 영웅들의 행위는 전쟁터에서 전사들을 고무시키기에 충분하였고, 또한 축제 때는 그들의 영혼을 크게 열광시켰다. 또한 그들은 신들과 가깝게 지내는 성스러운 숲도 가지고 있다.

　기독교는 발할라를 텅 비게 만들었다. 기독교는 신성한 숲을 베어 버리고 민족의 상상력을 한갓 미신 또는 독소로 간주하여 제거해 버렸다. 그런 것들 대신 기독교는 우리들과는 판이한 기후, 법, 문화, 관심 등을 지녔던, 그리고 우리의 역사와는 아무런 관련이 없는 역사를 지닌 민족의 환상을 우리에게 제공했다. 다윗이라든지 솔로몬 같은 인물들은 우리 민족의 상상력 속에 살아 있지만, 우리 조국 고유의 영웅들은 식자들의 역사책에

---

5) [옮긴이] 발할라는 북유럽 신화에 등장하는 오딘 신의 전당.

서 하릴없이 잠들어 있다. 그 역사책들을 기록한 학자들에게 있어서 알렉산더나 카이사르는 카를 대제나 프리드리히 바바로사만큼 흥미 있는 존재이다. 우리는 아직 한번도 통일된 국가를 건설하지 못했는데, 이런 상황에서 프로테스탄트 중에 루터만을 제외하고 도대체 누가 우리의 영웅이 될 수 있단 말인가? 통일된 국가를 세우고 법률을 제정할 우리의 테세우스[6]는 누구인가? 이 땅의 해방자가 되어 우리가 부르는 칭송의 노래를 들어야 할 우리의 하르모디오스와 아리스토게이톤[7]은 어디에 있는가? 수백만의 독일인을 삼켜 버린 전쟁들은 명예욕을 위한 전쟁이었거나 영주로부터 독립하기 위한 전쟁이었을 뿐이다. 민족은 단지 도구였을 뿐이며, 사람들이 아무리 분에 사무쳐 열심히 싸웠다고 하더라도 결국 왜 싸웠는지, 그 싸움에서 무엇을 얻었는지에 대해 얘기할 수 없었다.

종교개혁과 종교개혁의 정당성에 대한 피 튀기는 논쟁은 민족의 일부가 깊은 관심을 가지고 참여한 예외적인 사건이었다. 그들은 상상력을 차갑게 만들어 버린 십자군 전쟁에 대한 관심과는 전혀 다른 관심을 종교개혁에서 보여 준다. 즉 종교개혁의 과정에서 그들이 보여 준 것은 종교적 견해를 표방할 때 무엇보다 중요한 것은 자기 스스로 창조하고 자기 확신에 따라 행동해야 한다는 권리 의식이었다. 그런데 오늘날 프로테스탄트 교회에서 청중들은 종교개혁 기념일에 아우크스부르크 신앙고백[8]과 종교개혁에 관한 지루하고 상투적이며 연례적인 낭송과 이것을 좇아가는 무미

---

6) [옮긴이] 테세우스(Theseus). 그리스의 여러 종족을 통합하고 아테네를 수도로 삼아 아티카 땅을 단일 국가로 만든 왕. 이런 이유로 그리스 신화에서 그는 헤라클레스에 버금가는 영웅으로 미화된다. 가장 잘 알려진 그의 영웅적 행위는 크레타 섬의 반인반수인 미노타우로스를 죽인 일과 아마존 여족을 정복한 일이다.
7) [옮긴이] 하르모디오스와 아리스토게이톤에 대해서는 이 책 78쪽의 옮긴이 주 참조.

건조한 설교를 들을 뿐이다. 이 무미건조한 행사 외에 도대체 우리 가운데 이 사건을 기억할 만한 축제는 어디에 있단 말인가? 이것은 우리의 선조들이 어떻게 이런 권리 의식을 가지고 있었으며 얼마나 많은 사람들이 그것을 확증하기 위해 그들의 삶을 바쳤는가에 대한 기억을 우리 마음속에서 깊이 잠들게 하려는, 이렇게 함으로써 어떠한 생동적인 열정도 우리들이 소유하지 못하게 하려는 교회와 국가의 권력자들의 조작이 아닌가 의심이 든다.

아테네 도시의 역사나 문화, 법을 알지 못하는 사람도 그 성 안에서 일 년만 살 경우 그들의 축제로부터 그런 것들을 거의 다 배울 수 있었다. 그런데 우리는 우리 영토에서 자란, 또는 우리 역사와 맞물려 있는 어떠한 종교적인 상상력도 없으며, 또한 도대체가 정치적인 환상이라곤 하나도 없다. 우리가 가지고 있는 환상은 일반 대중 가운데 미신의 이름으로 잠복하여 있는 그러한 환상밖에 없다. 언젠가 기사들이 비행을 저질렀던 언덕에 대한 기억, 남녀 수도승들이 유령으로 배회했다는 건물, 또는 성실하지 못한 지배인이나 이웃 사람들은 무덤 속에서도 평안을 누리지 못한다는 전설을 담은 건물에 대한 기억들을 단지 귀신에 대한 믿음으로 받아들이고 있을 뿐이다. 역사로부터 인출된 것이 아닌 순수한 상상의 산물로서의 귀신에 대한 믿음은 마력의 가능성을 지닌 유약하거나 사악한 사람들의 전유물이라고 비난받는다. 그런데 실제로 이것들은 인간 자신의 자립성과 재산 추구의 산물이었는데, 기독교의 보급과 함께 이렇게 슬프게 그리고

---

8) [옮긴이] 아우크스부르크 신앙고백(Augusburger Konfession, 1530). 필립 멜란히톤이 루터의 입장을 반영하여 아우크스부르크 제국의회 동안 편찬하여 의회와 왕에게 보고한 신앙고백서. 이것은 개혁 교회의 가장 중요한 신앙고백서에 속한다. 총 28개 조항으로 이루어져 있는데, 그 중 처음 21개는 루터의 가르침을 해석하고 있다.

초라하게 취급된 채 남겨지게 되었다. 민족의 계몽된 계층은 일반적으로 이런 종류의 이야기들을 완전히 박살내 버려야 한다고 생각한다. 상류 계층의 이러한 특성 때문에 그 유용한 소재들을 조잡하고 거친 상태 자체로 놓아 둘 수 있을 뿐, 결코 남아 있는 신화들을 고귀하게 형상화하여 일반 민중의 상상력과 감수성을 세련되게 할 수 없게 되어 버렸다. 이 분야에서 횔티[9], 뷔르거[10] 및 무조이스[11]의 유쾌한 연극들도 우리 민족의 경우에는 완전히 쓸모없는 것으로 사라져 버렸다. 왜냐하면 그 연극의 즐거움을 만끽하기에는 우리 민족의 일반적인 교양 수준이 너무 낮기 때문이다. 또한 좀더 교양 있는 사람들이 가지고 있는 환상은 평범한 신분의 사람들의 환상과는 달리 전혀 다른 영역을 갖고 있다. 그래서 일반인들은 교양 있는 사람들을 위해 일하는 작가와 예술가들의 작품을 대할 때 그 속에서 나오는 장면이나 인물들을 결코 이해하지 못한다.

이와는 반대로 고대 아테네에서는 가난 때문에 공공 의회에서 투표할 권리를 빼앗겼거나 또는 자신을 노예로 팔지 않을 수 없었던 처지에 있었던 시민들조차도 소포클레스[12]와 에우리피데스[13]가 그들의 작품을 아름답고 웅대한 고귀한 남성의 형태로 무대에 올려놓을 때, 또는 피디아스[14]

---

9) [옮긴이] 횔티(Ludwig Christoph Heinrich Hölty, 1748~1776). 소위 '괴팅거 숲'(Göttinger Hain) 동인의 창시자 중 한 사람으로 가장 중요한 서정시인. 이 동인은 클롭슈토크의 예술 성향을 추구하였다.

10) [옮긴이] 뷔르거(Gottfried August Bürger, 1747~1794). 낭만주의 시대 담시(譚詩)를 주로 썼던 시인. 괴팅겐 학창시절 '괴팅거 숲'과 관계 맺기도 했다.

11) [옮긴이] 무조이스(Johann Karl August Musäus, 1735~1787). 독일 예나 출신의 인기 있는 작가로, 독일 민속 이야기들을 수집한 최초의 사람이다. 그가 수집한 이야기들은 이후 많은 작가와 음악가들에게 영감을 준다. 예컨대 「훔친 면사포」는 차이코프스키의 「백조의 호수」에 모티프를 제공한다.

나 아펠레스[15]가 육체의 순수한 아름다움을 묘사하고 있는 그들의 작품을
전시할 때 아가멤논[16]과 오이디푸스[17]가 누구인 줄을 페리클레스[18]나 알

---

12) [옮긴이] 소포클레스(Sophokles, 기원전 497~406). 아이스킬로스와 에우리피데스와 더불어
그리스의 가장 위대한 비극 작가. 「오이디푸스 왕」, 「안티고네」, 「크레온」 등은 그의 가장 중요
한 비극 작품에 속한다.

13) [옮긴이] 에우리피데스(Euripides, 기원전 480~c. a.406). 그리스의 3대 비극 작가 중 가장 젊은
사람. 그의 비극의 특징은 비극의 중요한 부분을 차지하던 합창을 제하고 드라마 중심으로 비
극을 구성했다는 점이다. 그 이전의 비극에서 합창은 비극이 인간도 어쩔 수 없는 신적인 장
난에 의해 이뤄지고 있다는 것을 보여 주기 위한 장치였다면 드라마 중심의 에우리피데스의
비극에서는 비극이 인간의 잘못된 행위에서 나왔음을 강조하고자 한다. 그의 이런 비극관은
이후 아테네와 로마의 작가들(아리스토파네스, 세네카)뿐 아니라 서구 전 역사의 비극 작가에
게 영향을 미친다. 하지만 니체는 그의 이런 태도가 비극의 진정한 의미를 망쳐 버렸다고 비
판한다. 대표작으로 「메데이아」, 「엘렉트라」, 「바카이」 등이 있다. 이 책 685쪽 옮긴이 주 참조.

14) [옮긴이] 피디아스(Phidias). 기원 전 5세기 중엽 그리스 고전주의 시대에 건축가 겸 조각가로
활동함. 그의 작품 원본은 하나도 전해 오지 않지만 많은 모조와 그의 작품을 담은 동전, 그의
작품에 대한 많은 사람의 보고 등을 통해 그의 명성을 알 수 있다. 그는 포르필렌, 아크로폴리
스의 입구 그리고 파르테논 신전 등의 건축을 지휘하였다고 한다. 파르테논 신전의 입상들,
12미터 높이의 황금 코끼리 다리 상, 12미터 높이의 제우스 좌상 등이 그의 대표 작품으로 알
려져 있다.

15) [옮긴이] 아펠레스(Apelles). 기원전 4세기 후반 그리스의 화가로 그의 원본 작품은 남겨져 있
지 않지만 많은 문학 작품에서 그의 작품이 묘사되어 나온다. 그런 묘사를 종합해 보면 그의
작품은 윤곽선의 아름다움으로 유명한 것 같다. 마케도니아의 필립왕과 알렉산더 대왕의 초
상화, 아프로디테와 관련된 우화의 장면 등이 알려져 있다.

16) [옮긴이] 아가멤논(Agamemnon). 그리스 신화에 미케네의 왕이자 저 유명한 트로이 전쟁의
그리스 군 최고 책임자. 트로이의 공주 브리사이스를 놓고 아킬레스 장군과 다툰 일화를 호메
로스는 『일리아스』에서 아주 중요한 기사로 다루고 있다. 전쟁에서 승리하여 돌아오지만 아
내의 술책으로 비극적인 종말을 맞는다. 비극 작가 아이스킬로스는 그의 3부작 「오레스테스」
의 첫 부분에서 이 비극을 그려 준다. 오레스테스는 아감멤논의 아들로 아버지의 복수를 한
사람이다.

17) [옮긴이] 이 책 147쪽의 옮긴이 주 참조.

18) [옮긴이] 페리클레스(Perikles, 기원전 495~429). 그리스 민주주의와 고전 문화의 황금시대의
한 주역. 아낙사고라스는 그의 가장 중요한 스승이었고, 소포클레스, 헤로도토스, 피디아스
그리고 프로타고라스 등과 깊은 유대를 가지고 있었다. 그는 페르시아에 대항하여 강한 해군
력으로 에게 해 연안을 장악하였고, 국내적으로는 귀족정치에 반대하고 민주주의를 강력하
게 주장하였다.

키비아데스가[19] 알고 있는 만큼 잘 알고 있었다.

셰익스피어는 그의 등장인물들을 아주 진솔하게 묘사했기에, 비록 많은 부분에 있어서 역사적으로 전형적인 인물이 아니라 할지라도, 그 등장인물들은 영국 민족에게 깊이 각인되어 있으며, 그 민족에게 완전히 독자적인 일단의 환상의 표상들을 형성시켜 주었다. 결과적으로 영국 민족은 셰익스피어 갤러리, 즉 가장 위대한 작가들이 경쟁하는 아카데미 박람회의 한 부분인 셰익스피어 갤러리를 이해하면서 자유롭게 즐길 수 있게 되었다.

우리 민족 내부의 교육받은 사람과 교육받지 못한 사람 모두가 공유하고 있는 환상의 표상 영역, 즉 우리의 종교 이야기는 우리 민족을 영예롭게 할 수도 있을 시작품 활동에 단점으로 작용할 뿐이다. 교육받지 못한 사람에게 그러한 작품 활동은 단순히 불편함을 가져다 줄 뿐이다. 또한 그들은 사태를 너무나 완고하게 신앙의 관점에서만 바라본다. 교육받은 사람에게는 그 시인[20]이 아무리 아름답게 시작을 했다고 하더라도 한편으로는 이

---

19) [옮긴이] 알키비아데스(Alkibiades, 기원전 450년경~404). 그의 기회주의적인 성격과 권력욕 때문에 펠레폰네소스 전쟁에서 아테네가 스파르타에 패하는 데 큰 역할을 한 것으로 평가되는 사람. 삼촌인 페리클레스 밑에서 자라났고, 대내적으로는 급진적인 민주주의자였고 대외적으로는 스파르타를 고립시키는 정책을 폈다.

20) [옮긴이] 헤겔이 여기서 클롭슈토크의 시「메시아」를 지칭하고 있다는 데 대부분의 학자들은 의견의 일치를 보고 있다. 클롭슈토크는 18세기 독일 문학의 대표자 중 하나로, 합리적 개념을 타파하고 자연에로의 복귀를 노래하였다. 그는 질풍노도 운동을 이끌었으며 청년 괴테에게 많은 영향을 준 것으로 알려져 있다. 그는 계몽주의자들의 그리스 예찬에 반대하여, 한편으로는 독일 민족의 과거사에서, 다른 한편으로는 유대적·기독교적 전통에서 그의 시의 소재를 찾았다. 본문에 곧이어 등장하는 "도대체 아카이아가 투이스코네스(독일을 지칭함)의 조국이란 말인가?"라는 그의 빈정거리는 투의 질문은 그의 반(反)그리스적인 정서를 잘 대변하고 있다.
이에 반해 헤겔은 클롭슈토크의 시도 역시 실패할 수밖에 없다고 보며, 그리스 정신의 복원을 재차 강조한다. 헤겔은 유대주의와 고대 게르만의 복원에 힘쓴 클롭슈토크에 대항해 다음과

작품에 나오는 이름들이 고대 프랑스와 고딕풍의 어떤 것을 연상시키고, 다른 한편으로는 그들이 젊어서부터 이성적이어야 한다는 강압에서 자랐기 때문에 그들이 그 작품을 대할 때 불쾌감을 얻을 뿐이다. 영혼의 자유로운 유희에서 진실로 아름다운 것을 향유할 수 있는데, 이러한 불쾌감이란 그런 아름다움의 향유와는 반대되는 것이다.

고대 문학에 대한 취미와 훌륭한 예술에 대한 취미가 확산됨으로 인해 우리 민족의 많은 계몽된 자들이 그리스의 신화를 상상력의 소재로서 채택하게 되었다. 그들이 그리스의 신화에 그토록 민감한 반응을 보인다는 사실은 자유로운 향유를 위해서는 결코 포기될 수 없는 그들의 자립성과 독립성을 증명해 주는 것에 다름 아니다.

또 다른 부류의 계몽된 자들은 독일인에게 자기 고향 땅에서 자라난 환상을 심어 주고 싶어 하는데, 그들은 다음과 같이 소리친다. "도대체 아카이아[21]가 투이스코네스의 조국이란 말인가?" 그러나 과거 투이스코네스의 심상은 오늘날 게르만 민족의 그것이 아니다. 이미 상실된 환상을 민족에게 부활시키려는 어떤 계획도 항상 실패하기 마련이며, 그런 시도는 황제 율리아누스[22]가 그의 조상들의 신화를 그의 시대의 사람들에게 강력하게 보편화하려 했던 시도보다 더 성공을 거둘 수가 없다. 율리아누스의 시도와 그 결과는 훨씬 더 많은 개연성을 가질 수 있는데, 왜냐하면 그 당시 수많은 옛 신화들이 여전히 인간의 마음속에 자리 잡고 있었으며, 황제는 자신의 뛰어남을 나타내는 신화를 주입시킬 수 있는 많은 수단들을 가

같은 패러디를 한다. "도대체 유대가 투이스코네스의 조국이란 말인가?"
21) [옮긴이] 고대 그리스의 한 지역. 여기서는 그리스 전체를 대표한다.
22) [옮긴이] 이 책 310쪽 옮긴이 주 참조.

지고 있었기 때문이다. 이에 반해 저 옛 독일의 환상을 우리 시대에는 발견할 수 없으며, 그래서 과거의 심상과 오늘의 심상을 연결하여 그것에 적응할 수 없는 것이 우리의 현실이다. 그것은 우리들의 관념, 의견, 그리고 신념들의 모든 범위로부터 단절되어 있어서, 우리들에게는 오세아니아나 인도의 전통만큼이나 낯선 것이다. 그리고 저 시인(클롭슈토크—옮긴이)이 그리스 신화에 대해 자기 민족에게 말한 것을 우리는 유대인의 신화에 대해서도 그와 그의 민중에게 똑같이 얘기할 수 있다. "도대체 유대가 투이스코네스의 조국이란 말인가?"

　환상 그 자체는 자유를 사랑한다. 그러나 한 민족의 종교적 환상은 아주 견고하여서 자유의 틈이 보이지 않는다. 그런 종교적 환상의 체계는 시간의 측면보다는 장소의 측면과 훨씬 더 긴밀한 관계를 맺고 있다. 보통 사람에게 장소의 유사성은 일반적으로 통용되고 있는 이야기가 사실이라고 하는 가장 확실한 증거로 채택된다. 이러한 사실은 왜 그리스 신화가 그들의 마음속에 살아 있는 현재였는가를 보여 주는 이유이며, 또한 가톨릭 교도들이 그들의 성인들과 기적 행위자들에 대해 그렇게도 확고한 믿음을 갖게 되는지를 보여 주는 이유이다. 가톨릭 교도에게는 그들 자신의 국가에서 행해진 기적들은 다른 지역에서 행해진 훨씬 위대한 기적들, 심지어 예수 자신에 의하여 행해진 기적들보다 더 실재적이며 중요하다. 거의 모든 나라는 자기 나라만의 고유의 수호신을 가지고 있는데, 그 수호신은 그 나라에서만 특별한 기적을 행사했으며, 그래서 그곳에서만 배타적인 영예를 안고 있다. 또한 모든 민족은 그 수호신의 특별한 보살핌 때문에 어려움에서 구원을 얻었고 그들만의 특이한 영예를 얻게 되었다고 믿는다. 따라서 다른 모든 민족 앞에서의 이러한 자만심 때문에 그들은 ──유대인의 경우에서 볼 수 있는 것처럼 ── 점점 더 그 수호신에게 의존하게 된다. 바로 이러한 방식을 통해 종교적 환상은 한 민족의 가슴속에 깊이 각인된다.

성서에서 원래 이야기인 것, 예를 들어 대부분의 구약성서와 신약성서 중 우리들의 믿음의 의무를 정해 놓은 책들 이외의 성서들, 따라서 민중의 환상의 대상이 될 수 있는 것, 이런 것들은 우리 민족의 체제와 전혀 어울리지 않는 환상들이다. 다른 말로 하면, 성서는 우리의 풍습, 정체政體, 우리의 정신적·육체적 능력에 의하여 습득된 문화 등과는 너무 이질적이어서 우리는 성서가 포함하고 있는 보편적인 인간 본성을 참고할 때를 제외하고는 도대체 어떤 지점에서도 그것과 접할 수가 없다. 계몽되기 시작한 사람, 즉 자기의 지식과 경험 법칙에서 보편성을 획득하고자 하는 사람에게 있어서 ── 그리고 이러한 부류의 사람들이 증가하면 할수록 ── 성서는 대개의 경우 불쾌한 것이며, 따라서 성서는 다음과 같은 두 부류의 사람에게만 유용한 것일 수 있다. 첫째는 성서에 기록되어진 사실들이 모든 사람의 경험에 열려 있다고 하는 확신에 젖어서 모든 복음을 거룩하고 단순하게 받아들이는 사람들이고, 둘째는 오성의 측면에서 진리인가, 비진리인가 하는 문제에는 결코 관심이 없고, 단지 이러한 문제의 주관적 측면, 즉 그 환상들이 진리인가에 대해서만 생각하는 사람이다. 헤르더Johann Gottfried Herder의 작품에서 우리는 그런 분류를 살펴볼 수 있다.[23] 고대 그리스 사

---

23) 부록에 헤르더의 글이 인용되어 있다.
　　"우리는 오성을 통해 읽든 상상력을 통해 읽든 고대 설화를 읽을 때 상이한 해석 방식이 나타남을 볼 수 있다. 모세 이야기는 그 좋은 예이다. 그가 시나이에서 신을 보았다고 이야기할 경우에 첫째, 보통 기독교 독자들은 이것을 지각 작용의 한 예로, 따라서 우리의 모든 지각 작용에 일치하는 것으로 받아들인다.
　　둘째, 계몽되어 있으며 따라서 합리적인 레카(Recha, Lessing, *Nathan der Weise*, III, 2)는 다음과 같이 말한다. "모세가 어디에 서 있든지 그는 신 앞에 서 있다." 그녀는 신의 객관적 현존을 인정하지만, 그 신은 인간의 지각 작용에 의해 결코 파악될 수 없다고 한다. 그녀는 모세가 신을 생각하고 있지 않을 경우에도 신은 그에게 내내 현존했다고 주장하며, 특히 신은 시각적으

람들은 오로지 그들이 감사하고 제단을 건축하고 희생 제물을 드릴 신을 갖기 위해서 종교적인 영웅 이야기들을 가지고 있었다. 이에 반해 성도전聖徒傳(성경에 나오는 인물들의 행적 이야기—옮긴이)은 우리에게 여러 가지로 유용하다고 추천되며, 우리는 그것으로부터 도덕과 관련하여 여러 가지를 배우고 발견하게 된다고 한다. 그러나 이런 생각으로 성도전을 접한 건전한 도덕적 판단력의 소유자는 이 이야기에서 도덕성을 발견 하기는 커녕 오히려 도덕을 이 이야기에 첨가해야 할 필요가 있을 정도로 비도덕적이라는 것을 발견한다. 그리고 많은 경우 그 성도전의 이야기는 도덕의 근본 원칙에 반하기까지 한다는 것을 발견하게 된다. 경건한 사람에게 이 이야기의 주된 유용성과 주된 영향은 신앙심을 일깨우는 것, 즉 모호하고 성스러운 느낌을 일깨우는 것이다(왜냐하면 이제 그는 신에 대한 관념으로 꽉 차 있기 때문이다). 이런 혼란스러운 느낌을 통해서는 도덕적 통찰을 얻는 것

로 그에게 현존하지 않았다고 주장한다.

셋째, 모세가 신의 현존을 느꼈다고 주장하는 그 장소, 그 순간에, 다른 모든 감정이 우리에게 진실성을 갖는 것과 꼭 마찬가지의 의미에서, 신이 진정으로 그 앞에 현존했다고 주장할 수 있다는 것이다. 그러나 여기에는 그 감정을 객체화하여 교리화 하려는 의도가 전혀 없다. 왜냐하면 "나는 모모를 느낀다"라는 판단에는 객관적 실체에 대한 어떤 문제도 제기되지 않기 때문이다. 여기에서는 결국 우리가 신을 생각하지 않는 장소나 순간에는 결코 신이 현존하지 않는다는 것이다.

이 세 판단 중 첫번째 것은 신에 대한 지각을 객체라고 주장한다. 둘째 것은 신에 대한 지각은 거부하지만 그의 실존을 주장한다. 셋째 것은 신에 대한 지각은 인정하지만 신을 객체로 받아들이지는 않는다. 첫번째 판단에 따르면 모세에게 감각과 오성이 활동을 했고, 둘째 판단에 따르면 모세에게 오직 환상만이 작용했으며, 셋째 판단에 따르면 모세에게 환상과 이성이 활동했었다고 할 수 있다. 두번째 판단을 내린 사람에게는 객체만이 말하며, 이것을 그는 그의 오성과 경험의 법칙에 따라 객체로서 판단한다. 세번째 판단을 내리는 자의 정신은 모세의 정신과 직접 말한다. 그 정신의 소유자는 객체에 대해 신경쓰지 않는다. 그에게 드러난 정신을 그는 이해한다. 첫번째 판단을 내리는 자는 주관적이고 객관적인 진리를 주장한다. 두번째는 객관적 진리와 주관적 오류를 주장한다. 세번째는 주관적 진리와——표현이 허용된다면—— 객관적 오류를 주장한다."

이 애초부터 무시된다. 그 대신 그런 느낌을 통해 일반적으로 신의 영예를 위해 잘못 이해된 성스런 열정, 경건한 자만심 그리고 신에 대한 몽롱한 예속 등과는 다른 소위 성스러운 격정들이 강화된다.

2.2. 그리스의 환상종교와 기독교적인 실정종교의 차이

기독교도들이 즐기는 최고의 감정 중 하나는 그들의 행운과 지식 체계를 이교도들의 불행과 어두움에 비교하는 것이다. 그리고 영적인 목자들이 자기의 양떼들을 자기만족과 거만한 겸손의 풀을 먹이기 위해 인도해 가는 최고의 목초지 중 하나는 이러한 행운을 그들에게 아주 생생하게 보여 줄 수 있는 곳이다. 그런데 이때 눈먼 이교도들은 대개 불쾌하게 그곳을 떠나 버린다. 특히 이교도들은 그들의 종교가 위안을 가지고 있지 않다는 이유 때문에, 즉 이교에는 죄의 용서에 대한 약속이 없을 뿐 아니라, 그들은 특히 현명하고 자애로운 목적으로 통치한다는 신의 섭리에 대한 믿음도 없이 그들의 운명을 방치하고 있다는 이유 때문에 동정을 받는다. 그러나 우리는 그들에 대한 우리의 동정심이 불필요한 것임을 곧 인식할 수 있다. 왜냐하면 고대 그리스 사람들은 오늘날 우리의 실천이성이 가지는 그러한 욕구를 가지지 않았음이 드러날 것이기 때문이다 ── 우리는 현실적으로 실천이성에 너무 많은 짐을 부과하고 있다.

기독교에 의해 이교도들의 종교가 쫓겨난 사건은 하나의 놀랄 만한 혁명이며, 생각하는 역사 연구자는 그 원인의 탐구에 몰두해야만 한다. 눈앞에 닥친 거대한 혁명에 앞서 시대정신 속에서 고요하고 은밀한 혁명이 일어났다. 그 혁명은 모든 사람에게 다 보이는 것은 아니며 또한 적어도 동시대인들에게는 관찰될 수 있는 성질의 것이 아니다. 그리고 그것은 말로 표현되거나 파악되기 어렵다. 정신세계에서 일어난 이와 같은 혁명을 전혀 몰랐기 때문에 사람들은 그 결과에 대해 아주 놀란다. 그러한 혁명, 즉 낯선 종교에 의해 아주 오래된 토착 종교가 몰려나는 식의 혁명, 정신의 왕국에서 직접적으로 일어난 혁명의 원인을 우리는 시대정신 그 자체 속에서 직접 찾아야 한다.

　　수백 년 전부터 국가 속에 뿌리 내려온 종교, 국가의 헌법과 아주 긴밀하게 관련을 맺고 있던 종교가 어떻게 해서 축출당하게 되었는가? 사람들은 매일 그 신들에게 제사를 지냈고, 무슨 일에서나 신들의 은총이 있기를 빌었으며, 그 신들의 깃발 아래 서면 오직 승리만이 있지 않았던가? 또 사람들은 그들의 승리에 대해 신들에게 감사드렸고, 기쁨의 노래와 진지한 기도를 바쳤으며, 신들의 사원, 제단, 보물과 조상彫像들은 사람들의 자랑거리요, 예술의 명성이 아니었던가? 신들을 숭배하고 신들에 대한 축제를 벌이는 가운데 모든 사람들은 기쁨을 맛보지 않았던가? ——수천 가닥의 실로 인간의 삶이라는 천속에 얽혀 있었던 이 신들에 대한 신앙이 어떻게 해서 이렇게 인간의 삶의 맥락으로부터 갈기갈기 찢겨 나가게 되었는가? 정신의 의지와 많은 육체적인 힘들은 육신의 어떤 한 습관과 대립될 수 있으며, 확고한 의지 이외에 많은 영혼의 힘들은 다른 개별적인 영혼의 힘의 습관과 서로 대립될 수 있다. 그러나 고립된 힘이 ——이런 고립된 힘을 우리는 오늘날 종종 종교에서 마주친다—— 아니라 인간의 힘의 모든 측면을 휘감고 있고 가장 자립적인 힘으로 가장 내면에서 움직이는 영혼의 습관에 대립해 있는 힘이 있다면, 이 힘을 극복할 수 있기 위해서는 얼마나 더 큰 힘으로 저항해야 하는가?

　　이 질문들에 대한 통상적인 대답은 다음과 같다. 기독교를 알게 되면서 민족들은 한편으로는 그들의 종교가 얼마나 빈곤하고 절망적인 것이며, 그들의 신화와 우화가 합리적 관점에서 보면 얼마나 바보스럽고 조소어린 것인가를 보게 되었으며, 그래서 더 이상 그것에 만족할 수 없게 되었다는 것이다. 이러한 부정적인 결과 외에 다른 한편으로 그들은 기독교를 인간의 정신과 마음의 모든 욕구에 알맞은 종교로, 모든 문제에 대해 이성적으로 답하는 종교로 받아들였다는 것이다. 게다가 그들은 기독교를 기적으로 확증된 신적 기원을 갖는 종교로 받아들였다. 이러한 부정적 결과(이교의 퇴치)와 긍정적 결과(기독교의 수용)를 나열함으로써 위에 제기한 질문에 답하는 것이 일반적인 방식이다. 이러한 대답을 하는 사람들은 '지적인 계몽'이나 '새로운 통찰력'과 같은 표현들을 즐겨 사용한다. 우리는 이런 표현에 아주 익숙해져 있어서, 이 표현을 간직하고 있는 설명은 중요한 모든 것을 이내 사유하기나 한 듯이, 그리고 모든 것을 이미 설명하기라도 한 듯이 그것을 무조건 수용하는 경향이 있다. 우리는 그 과정을 아주 쉽게, 그 결과를 아주 자연스럽게 상상한다. 왜냐하면 이교도들이 믿고 있듯이, 신들이 이리저리 걸어 다니며 먹고 마시고 말 타기하며, 또 어떤 정숙한 사람도 지상에서 하기에는 어색한 일들을 신들이 행한다는 믿음, 이 믿음이 얼마나 어리석은 것인가를 설명하기란 식은 죽 먹기에 불과하기 때문이다.

그러나 이교도들 역시 오성을 가지고 있었으며, 위대하고 아름답고 고귀하며 자유로운 것에 대해 그들은 우리의 전형적인 모범이며, 따라서 그들이 성취한 사실에 대해 감탄과 존경으로 그들의 우월성을 인정해 줄 수 있는 사람, 종교 특히 환상의 종교가 책상에서 이뤄지는 차가운 추론을 통해 마음, 특히 민족의 전체 삶과 환상을 찢을 수는 없다는 것을 아는 사람, 기독교의 확산은 단순히 이성과 오성에 의해 그렇게 된 것이 아니라 다른 모든 요소들의 연합에 의해서 그렇게 되었다고 아는 사람, 기독교를 기적으로 설명함으로써 모호하게 만들어 버리기에 앞서 "그때 기적, 특히 역사에 기록된 그러한 기적을 발생시킬 수 있었던 시대적 특징은 무엇이어야만 하는가?"라는 문제를 우선적으로 제기할 수 있는 사람, 그리고 이 모든 것을 알고 있는 사람, 바로 이런 사람은 이교 신앙이 어떻게 폐기되었는가에 대한 위의 일상적인 대답에 심한 불만을 느낄 것이다.

자유로운 로마는 자유를 상실했었던 수많은 국가를 그의 통치하에 두었다. 로마는 초기에는 아시아에서, 후기에는 서양에서 자유롭게 남아 있던 몇몇 국가들도 파괴시켰다. 왜냐하면 그들이 로마의 명령에 순응하기를 거부했기 때문이다. 그런데 이 세계의 정복자에게 주어진 영예란 기껏 자유를 가장 마지막에 상실하는 것이었다. 그리스와 로마의 종교는 자유로운 민중을 위한 종교였다. 그러나 자유의 상실과 더불어 종교의 의미와 위력, 사람들에 대한 종교의 적합성까지도 사라져 버렸다. 탄약을 모두 다 써 버린 부대에 대포는 무슨 쓸모가 있겠는가? 그들은 다른 무기를 찾아야 한다. 강물이 말라 버렸다면 고기잡이에게 그물이 무슨 소용인가?

자유로운 인간으로서 그리스인과 로마인은 스스로 제정한 법을 따랐으며, 스스로 상관으로 뽑은 공직자에게 복종했으며, 스스로 결정한 전쟁을 치렀고, 자신들의 수많은 목적을 위해 그들의 재산과 정열을 바쳤고, 수천 명의 목숨도 희생시켰다. 그들은 배우지도 가르치지도 않았지만, 자신들에게 고유한 것이라고 할 수 있는 행동을 통해 기본 덕목들을 실행했다. 공적인 생활에서뿐 아니라 사적인 생활이나 가정생활에서도 모두가 자유로웠으며, 각자가 고유한 법칙에 따라 살아갔다. 그들의 조국의 이념, 국가의 이념은 눈에 보이지 않는 것이자 숭고한 것이었으며, 그들은 그것을 위해 일하고 그 이념에 따라 움직였다. 이것이 세계에 대한 그들의 궁극 목적, 아니 그들 세계의 궁극 목적이었다. 그들은 그 목적이 현실 속에 나타나고

있음을 알았고, 스스로 그 목적에 맞는 역할을 하거나 그 목적의 유지에 힘
썼다. 이러한 이념 앞에서 그들의 개별성은 사라지고, 그들은 이 이념의 보
존, 삶, 영속만을 희구하며, 그런 희망을 스스로 실현시킬 수 있었다. 그들
은 자기 한 삶만을 위해서 영속이나 영원한 삶을 원하거나 구걸하지는 않
았다. 그들은 일도 없이 게으른 순간에만 자기만을 위한 욕망을 다소 강하
게 느낄 수 있었다. 따라서 카토[24]는 그가 사물의 최고 질서라고 생각했던
그의 세계, 즉 그의 공화국이 파괴되었을 때에야 비로소 플라톤의 『파이
돈』[25]을 향해 몸을 돌렸다. 그는 보다 높은 질서를 찾아 도피한 것이다.

그들의 신들은 자연의 왕국에 군림했으며, 인간에게 고통을 주거나 인
간을 행복하게 만드는 모든 것을 지배했다. 고귀한 정열이 신들의 작품이
었으며, 마찬가지로 지혜, 웅변, 신중함과 같은 훌륭한 재능은 신들의 선물
이었다. 사람들은 어떤 일의 좋고 나쁜 결과를 위하여 신들에게 자문을 구
했그, 신들에게 행운을 빌었으며, 모든 종류의 재능이 신들의 덕택이라고
감사했다. 인간이 신들과 충돌하게 되었을 때에도 사람들은 이러한 자연
의 지배자, 막강한 힘 자체인 신들에 맞서 인간의 자유를 내세울 수 있었다.
인간의 의지는 자유로웠고, 자신의 고유한 법칙에 복종했다. 사람들은 어
떤 신의 계율도 알지 못했다. 사람들이 도덕 법칙을 신의 계율이라 불렀다
할지라도, 그 계율은 문자로 새겨진 어떤 것이 아니라 보이지 않는 가운데
사람들을 지배했을 뿐이다(「안티고네」[26]). 또한 그들은 모든 사람이 그 의

---

24) [옮긴이] 카토(Marcus Porcius Cato Uticensis, 기원전 95~45). 로마의 정치가이자 스토아주의
　　를 신봉하던 철학자. 카이사르의 집권에 반대하여 싸우다 자살함.
25) [옮긴이] 『파이돈』은 플라톤의 말년의 대화편으로서 '영혼의 불멸'을 논한다.
26) [옮긴이] 안티고네. 소포클레스의 비극 「안티고네」에 나오는 오이디푸스 왕의 딸. 삼촌이자
　　왕인 크레온의 명령을 어기고 오빠인 폴리니케스의 장례식을 치렀기 때문에 생매장당해 죽
　　음. 그녀는 오빠에 대한 사랑, 즉 인륜을 '신의 법칙'으로 여겼기 때문에 왕이 내린 '인간의 법

지가 선한 것이든 악한 것이든 간에, 자신의 의지대로 행동할 권리가 있다는 사실을 인식했다. 선한 사람들은 선해야 한다는 의무를 스스로 인식하고 있었지만, 그러나 동시에 선하지 않을 수도 있는 타인의 자유를 존중했다. 따라서 그들은 신적인 도덕이나 스스로 만든 추상적인 도덕을 제시하여 다른 사람에게 강요하지 않았다.

아테네와 로마에서는 전쟁에서의 승리, 부의 증대와 더불어 사람들의 생활이 점점 편리해지고 사치에 익숙해졌는데, 이에 따라 전쟁에서 명성을 얻은 자들과 부자들에 의한 귀족정치가 생겨났다. 이리하여 결국 그들은 많은 사람들을 지배하고 사람들에게 영향력을 행사하게 되었다. 사람들은 귀족들의 행위, 특히 재산을 이용한 뇌물 공세에 매수되었으며, 그 결과 기꺼이 그리고 자의적으로 그들에게 엄청난 권력과 국가의 통치권을 내맡겼다. 그러나 점차로 그들은 과거에 지도자들에게 종종 하던 비판을 하지 않게 되었다. 다른 말로 하면 그들은 지도자들과 어떤 밀접한 관계도 유지하지 않았으며, 그래서 그들에게 감사할 필요도 없었고 부정의와 자유 중 하나를 선택해야 할 때는, 인간의 덕을 짓밟을 수 있는 전자를 선택하였다. 덕을 무시하는 행위야말로 그들 조국의 몰락을 가져왔다. 이렇게 민중의 무관심 속에서 자유롭게 양도된 권력은 곧 힘에 의해 유지되었다.

칙'을 거역하고 오빠의 시신을 매장하였다. "신의 법칙은 지속적인 법칙이고 문자화되어 있지 않고 움직일 수 없기 때문에 언제 그것이 나오게 되었는지를 아무도 알지 못한다"(「안티고네」II. 450~57).

헤겔은 「안티고네」를 비극 일반의 전형으로 간주하였다. 예나 시절 그는 여러 단편에서 「안티고네」를 언급하고 있는데, 특히 『정신현상학』, 「정신장」, 'b. 인륜적 행동, 인간적 지식과 신적인 지식, 죄와 운명' 절에서 「안티고네」를 완결적으로 분석하고 있다. 여기서 헤겔은 개인과 공동체의 아름다운 조화가 깨어지는 순간을 본다. 이제 고대의 조화는 영원히 돌아올 수 없는 과거로 남는다. 이러한 분석을 통해 헤겔은 근대 가장 중요한 비극 연구가 중 한 사람으로 간주된다.

이러한 사태는 따라서 공동체 의식, 전체에의 소속감의 소멸에 의해 가능하였다. 몽테스키외[27]는 공동체 의식을 덕이라는 이름 아래 공화국의 원리로 삼았으며, 이 의식에 근거하여 공화주의적인 조국에서 실현될 이념을 위해 개별자가 희생될 수도 있다고 생각했다.

자기의 고유한 활동의 산물로 간주되던 국가상이 시민의 영혼에서 멀어져 갔다. 전체를 배려하고 감독하는 것을 한 사람이나 몇몇 사람의 영혼이 도맡게 되었다. 각 개인들은 각기 배당된 위치를 가지게 되었는데, 이 위치는 다소간 제약된 것이며 자기 이웃의 그것과 다른 것이다. 국가기구의 행정은 소수의 시민들이 전담하게 되었으며, 이들은 단지 하나의 톱니바퀴로서 봉사하기 때문에 그들의 가치는 오직 다른 사람과의 관계 속에서만 나온다. 전체는 잘게 쪼개져 각 사람들에게 부분적으로 할당되었고, 그 부분들은 전체와의 관계 속에서 볼 때 너무 사소한 것이어서 결국 각 부분들은 이 관계를 알거나 염두에 둘 필요가 없었다. 국가가 백성들에게 주입시키는 커다란 목적은 국가 안에서의 효율성이었다. 그런데 그러한 목적은 돈벌이나 호구지책이었으며, 따라서 공허한 것이었다. 이제 모든 행위와 모든 목적이 개인적인 것과 연관되고, 전체를 위한, 즉 이념을 위한 행위는 더 이상 있지 않게 되었다. 사람들은 각자 자기 자신을 위해 일하거나 아니면 다른 특정한 개인을 위해 일하도록 강요되었다. 스스로 만든 법칙을 지키고, 평화시에는 자기 손으로 뽑은 관리를, 전시에는 자기 손으로 뽑은 지휘관을 따르며, 스스로 결정한 계획을 실천할 수 있는 자유가 사라져 버렸다. 이제 모든 정치적 자유가 사라져 버렸다. 시민들의 유일한 권리는 이제 그의 전세계를 가득 채우고 있는 소유권을 보장받는 것뿐이었다. 그

---

27) [옮긴이] 몽테스키외(Charles de Montesquieu)에 대해서는 99쪽 옮긴이 주 참조.

의 목적의 전 체계, 그의 생활 속의 모든 행위를 산산이 부숴 버리는 현상, 즉 죽음이 그에게는 두려운 것일 수밖에 없었다. 왜냐하면 이제 그가 죽고 나면 모든 것이 끝장이기 때문이다. 그러나 고대의 공화국은 그 시민들보다 오래 지속되었으며, 공화국은 그들의 영혼이며 따라서 영원한 어떤 것이라는 생각이 공화국의 하늘에 부유해 있었다.

그러나 이제는 그의 모든 목표와 활동성이 개별적인 것에 맞춰졌기 때문에, 그리고 그가 목숨을 걸 만한 어떤 보편적 이념을 자신의 대상으로 더 이상 삼지 못했기 때문에 그는 신에게서도 어떠한 도피처를 발견할 수 없었다. 그 신 역시 개별적이고 불완전한 존재였으며 따라서 보편적인 이념의 요구를 만족시킬 수 없었다.[28]

그리스와 로마인들은 그들의 신이 비록 완전하지는 못했지만 인간의 연약함을 소유하고 있었기 때문에 그들의 신에 만족했다. 왜냐하면 단지 그 사람들은 영원하고 자립적인 것을 자기의 마음속에 간직하고 있었

---

28) G. 포르스터의 『니더라인 여행기』(*Ansichten vom Niederrhein*)중 일부가 이 부분에 발췌되어 삽입되어 있다.

"공화국에는 사람들이 그것을 위해 살아가야 할 이념이 있고, 군주국에서는 사람들이 항상 개별자를 위해 산다. 그런데 이 후자에서도 사람들이 이념 없이는 살아갈 수 없다. 그래서 그들 역시 하나의 개별적인 이념, 즉 하나의 이상을 만든다. 공화국에서는 존재해야만 하는 이념을 이야기하고, 군주국에서는 현존하는, 그리고 사람들이 만들지 않은 이상, 즉 신을 이야기한다. 공화국에서 위대한 정신의 소유자는 그의 모든 힘들, 즉 육체적이고 도덕적인 모든 힘들을 자신의 이념에 몰입시키며, 그의 전체 작용영역은 통일을 이룬다. 자신의 이상에 헌신하는 경건한 기독교도는 신비적 몽상가이다. 그의 이상이 그에게 가득 차면 그는 이 이상의 세계와 그의 세속적인 작용영역 사이의 차이를 분간할 수 없게 되며, 그의 모든 힘을 저 이상의 세계에 쏟아 붓는다. 그래서 결국 하나의 기용(Jeanne Marie Bouvier de la Motte-Guyon, 1648~1717, 정적주의[靜寂主義]의 창시자)주의자가 된다. 이 사람은 이상을 직관할 것을 요구하며, 터무니없는 상상력에 만족한다. 그리고 여기서는 감성 역시 자신의 권리를 주장한다. 예수와 연예하고 그와 포옹했다고 믿는 수많은 수도승들과 수녀들을 보라. 공화주의자의 이념은 그의 모든 고귀한 힘들이 참된 노동 속에서 자기의 만족을 발견하는 그런 류의 것이다. 왜냐하면 몽상가의 만족은 단지 상상력에 의한 속임수일 뿐이기 때문이다.

기 때문이다. 그들은 무대 위에서 그들의 신들이 조롱당하는 것을 참을 수 있었다. 왜냐하면 그 신들을 조롱한다는 것이 성스러움을 조롱한 것은 아니기 때문이다. 플라우투스[29]의 글에서 한 노예는 감히 다음과 같이 말할 수 있었다. "위대한 제우스가 이 일을 했다면, 조그마한 나 인간은 왜 그것을 해서는 안 되는가?"Si summus Jupiter hoc facit, ego homunicio idem non facerem?[30] 이러한 문구에 청중들은 기이하다거나 익살스럽다고 반응하지 않았음이 분명한데, 왜냐하면 인간이 해야만 하는 원리를 신에게서 발견한다는 것이 그들에게는 아주 낯선 것이었기 때문이다. 반면 기독교도에게 그것은 아주 기이한 것이다. 확고한 것, 절대적인 것에 대한 믿음 없이 낯선 의지와 입법에 복종만을 요구하는 상황에서, 조국도 없고 어떤 기쁨도 발견할 수 없는 나라에서 ─ 그 나라의 시민들은 국가의 억압만을 느낀다 ─, 신에게 경배 드리는 축제와 향연에서조차 사람들이 자기의 삶에서 우러나는 기쁨을 만끽하지 못한 상황에서, 자연적인 능력과 교양의 측면에서 본래부터 자기 주인보다 뛰어났던 노예가 그의 주인에게서 자기보다 우월했던 바의 자유와 자립성을 더 이상 발견할 수 없게 된 상황에서, 바로 이러한 상황에서 사람들은 하나의 독특한 종교를 갖게 된다. 그런데 그 종교는 시대의 요구에 부응한 종교이거나 ─ 왜냐하면 그런 종교는 비슷한 정

---

29) [옮긴이] 플라우투스(Titus Maccius Plautus, 대략 기원전 250~184). 로마의 희극 작가. 그의 영향은 르네상스 이후의 시대까지 유지되며, 특히 셰익스피어, 레싱 등도 그의 영향으로 각인되어 있다. 100여 개의 작품 중 20개의 완벽한 작품이 보존되고 있는데,『모스텔라리아』는 그 중 하나이다. 그의 코미디에 나오는 말들 중 많은 것이 그 이후 유머를 표현하는 일상언어가 되었다고 한다.

30) [옮긴이] 녹스(T. M. Knox)의 영어 번역본에 따르면 헤겔이 여기서 작은 실수를 하고 있다. 왜냐하면 이 말은 플라우투스의 글에서가 아니라, 테렌티우스(Publius Terentius Afer)의 글에 나타나기 때문이다(*Der Eunuch*, V, S. 590. T. M. Knox의 영역본 *Early Theological Writings*, p. 173 주석 참조).

도로 타락한 사람들, 빛깔만 다를 뿐 공허하고 결점으로 가득 찬 사람들 속에서 생긴 것이기 때문이다 —— 아니면 인간의 욕구에 순종하는 종교이다.

이성은 그 어디선가 절대자, 자립적인 것, 실천적인 것을 발견하려는 시도를 포기할 수 없었다. 그러나 이것을 인간의 의지에서 만날 수는 없었다. 기독교의 신, 우리의 힘이나 의도와는 동떨어져 있지만 우리의 애원이나 간청과는 동떨어져 있지 않는 그러한 신에게서 다음과 같은 사실이 분명하게 드러났다. 즉 도덕적 이념의 실현은, 따라서 다만 희망의 대상일 뿐——왜냐하면 인간은 자신이 원하는 것을 스스로 이룰 수는 없고, 소망은 우리의 의지와 관계없이 성취되기를 기다려야 하는 것이기 때문이다—— 더 이상 의지의 대상이 될 수는 없다.

최초로 기독교를 전파하던 사람들은 그러한 혁명, 즉 신성한 존재에 의하여 성취될 혁명에 대한 희망을 품고 있었다. 물론 그 혁명에 대해 사람들은 전적으로 수동적인 태도를 취할 수밖에 없다. 그러나 그 희망은 결국 사라져 버렸고, 사람들은 그러한 전면적 혁명이 세계의 종말에나 가서야 오리라고 기대하는 것으로 만족해야 했다. 일단 이념의 실현이 인간의 능력을 벗어나 있으며, 인간이 그것을 더 이상 성취할 수 없는 것이라고 느끼자마자 그들의 희망의 대상은 무한대로 확장되었으며, 따라서 도달 불가능하게 되었다. 따라서 그 대상은 모든 것을 자기 안에 수용할 수 있었는데, 환상을 위해서 그렇게 한 것이 아니라, 현실화할 것이라는 기대감 속에서 그렇게 하였다. 물론 이때 그런 현실에 대한 기대에는 동양적인 상상력이 열광적으로 채색되어 있었다.[31]

---

31) [옮긴이] 헤겔에 따르면 참된 종교는 환상이 살아 있는 종교이다. 그러나 기독교는 인간에게 서 환상을 모두 빼앗아 버린 무미건조한 종교이다. 환상은 인간의 의지의 자유로움이 살아 있

마찬가지로 유대 국가가 스스로 독립을 유지할 수 있을 정신과 힘을 가지고 있었더라면 우리는 유대 민족이 결코 메시아를 갈망하지 않았을 것이라고 생각한다. 외국에 예속된 뒤에야, 그리고 자신의 무력함과 허약함을 깨달은 뒤에야 그들이 이런 종류의 위로를 전해 주는 성서 가운데 숨어 살게 되었음을 보게 된다. 메시아가 그들의 기대를 충족시키지 못하자 그들은 그들의 국가의 존립을 위해 기꺼이 분투해야 한다고 생각했다. 어떤 민족이 이 문제에 무관심하다면 이 민족은 이미 민족이 아닐 것이다. 그들은 쓸모없는 메시아적 희망을 곧장 내던지고 무기를 잡았다. 가장 열광적인 용기로 투쟁을 하였으나, 그들은 커다란 재앙을 만나 자기 자신과 국가를 폐허 속에 묻고 말았다. 예속된 민족이 자신의 독립을 위해 무엇인가 할 수 있다는 것을 당연한 것으로 인정한다면, 그리고 그 민족의 권리와 결정권을 무시해 버리고 그들은 우리의 의견에 따라 살고 죽어야 한다고 우리가 미리 규정할 수 없다면 아마도 유대 민족은 민족의 이야기와 의견에 있어서 카르타고와 사군틴족에 버금갈 것이고, (그 도시들이 국가보다 오래 생존했던) 그리스와 로마보다 위대했을 것이다. 살아남아 흩어진 유대 민족은 유대 국가의 이념을 포기하지 않았다. 그러나 그들 스스로 용기의 깃발 아래로 되돌아가지 않고, 쓸모없는 메시아적 희망이라는 수준으로 되돌아갔을 뿐이다.

을 때에만 가능하다. 기독교에서 환상에 상응하는 소망 또는 희망은 결코 환상일 수 없는데, 왜냐하면 그 단어들에서 인간의 능동적 의지는 보이지 않기 때문이다. 소망하는 인간은 신이 그 소망을 이뤄 줄 때까지 단순히 기다려야 한다.
환상이 없는 기독교의 또 다른 특징은 의지의 자유로운 환상을 거짓으로 여기고, 모든 것이 현실화되어야 한다고 주장하는 데 있다. 정신적 삶의 실종은 눈에 보이는 물질적 삶의 요청과 동전의 양면이다. 바로 이런 이유 때문에 헤겔은 기독교를 정신적 삶, 이념을 생각하는 공화국의 종교가 아니라, 생존의 문제, 물질적인 측면에만 매몰되어 있는 세속의 종교로 간주한다.

이교 추종자들도 역시 실천적 이념의 결핍을 느꼈다. 루키아노스[32]와 롱기누스는 인간사에 그러한 이념이 있어야 한다고 느꼈다. 그리고 이 문제에 대한 그들의 서글픈 경험으로 그들은 씁쓸한 탄식을 자아냈다. 포르피리오스[33]와 얌블리쿠스[34] 같은 또 다른 사람들은 그들의 신들을 인간이 더 이상 소유할 수 없는 부富로 무장시켜서 그 중 얼마를 마력으로 불러내어 선물의 형태로 되돌려 받으려 시도했다. 과거의 이러한 시도들 이외에 우리 시대에도 유사한 시도가 탁월하게 보존되어 있다. 즉 하늘나라에 내던져 버린 보물들을 인간의 재산으로 ——적어도 이론 속에서나마 —— 반환 청구하는 시도가 우리 시대에도 있었다. 그러나 이 권리를 당연한 것으로 여기고 그 소유를 자신에게 귀속시킬 수 있는 힘을 도대체 어느 시대에나 갖게 될 것인가?

신의 은총에 의해서만 구원에 이를 수 있는 이러한 타락한 인간성의 ——이러한 인간론은 도덕적 관점에서 볼 때 경멸의 대상이다—— 모태

---

32) [옮긴이] 루키아노스(Lukianos, 120~180년경). 합리적 회의가 아이러니와 패러디를 가미한 그의 풍자시에 각인되어 있는데, 특히 그는 미신, 종교적인 망상, 인간의 약함, 잘못된 철학 등을 공격한다.

33) [옮긴이] 포르피리오스(Porphyrios von Tyros, 234~304년경). 아테네의 롱기누스에게서 철학을 배운 후 로마로 가서 신플라톤주의 학파에서 플로티노스의 후계자로 활동함. 그는 플로티노스의 저서들을 편집했을 뿐 아니라 플라톤과 아리스토텔레스 철학에 전념하였다. 15권으로 이루어진 기독교에 저항하는 그의 글이 5세기경 파기되어서 그의 그리스 철학 연구서는 전해지지 않는다. 그의 철학은 무엇보다 성 아우구스티누스에게 많은 영향을 주었다.

34) [옮긴이] 얌블리쿠스(Jamblichos, 250~330년 경). 신플라톤주의의 대표자 중 한 사람. 포르피리오스는 그의 스승이며, 나중에 그를 비판한다. 그는 플로티누스의 '선한 일자'를 넘어서는 '제일 일자론'(第一一者論)을 전개하는데, 그에 따르면 모든 대립의 피안에 속성 없고 언료될 수 없는 근원 존재로 이해될 수 있는 '제일 일자'가 있다는 것이다. 플로티누스가 참된 존재의 영역을 세 부분으로 나누었는데, 얌블리쿠스는 그 영역을 다음과 같이 정리한다. 이념과 관련되는 지성의 세계, 다양성을 사유하는 오성의 세계, 그리고 감각적인 코스모스의 세계 등. 그의 철학은 배교자 율리아누스에 의해 받아들여진다. 배교자라는 별칭을 가진 황제 율리아누스에 대해서는 이 책 310쪽 옮긴이 주 참조.

로부터 인간 본성의 타락론이 태어나며, 이 타락론은 사람들에 의해 기꺼이 받아들여진다. 그러한 이론은 한편으로는 그들의 경험에 일치하며, 다른 한편으로는 책임을 회피하고 비참함을 느끼면서도 자부심을 가질 수 있는 근거를 제공해 줌으로써 자만심을 만족시켜 주었다. 그 이론은 부끄러운 것을 명예롭게 만들고, 인간의 힘의 가능성에 대한 믿음을 죄악으로 만들어 버림으로써 무능함을 신성하고 영원한 것으로 바꿔 놓았다. 지금까지는 자연의 영역에만 출몰하였던 이교신들의 지배 영역이, 기독교의 신과 마찬가지로, 자유로운 정신의 영역에까지 확장되었다. 입법의 권리는 오로지 신에게만 귀속되는 배타적인 것이었다. 인간은 이것에만 만족하지 않고 모든 선한 충동, 모든 더 훌륭한 의도와 결정 사항도 그에게서 찾게 되었다. 이러한 것들은 신의 활동으로 간주되었다. 하지만 그것은 스토아주의자들이 모든 선한 것을 그 신성에로 돌린다는 의미에서가 아니라 — 왜냐하면 스토아주의자들은 그들의 영혼을 신적인 것의 섬광으로 간주하거나 아니면 신에게서 기원한 것으로 생각하기 때문이다 — 우리가 결코 나누어 가지지 못한 우리 바깥에 존재하는 자, 즉 우리와는 공통적인 어떤 것도 간직하지 않는 낯선 존재의 활동이라는 의미에서 그렇다. 또한 심지어 신의 작용에 대해 소극적이나마 반발할 수 있었던 능력조차도 약화되어 버렸는데, 왜냐하면 그런 반발이 어떤 사악한 존재의 끊임없는 계략과 간지로 인해 형성되었다고 말하면 되기 때문이다. 그런데 이 사악한 존재는 방랑의 신세를 면치 못하는데, 왜냐하면 그 존재가 또 어떤 때는 자연의 왕국에서, 또 다른 때는 정신의 왕국에서 존립하는 것으로 평가되었기 때문이다. 마니교도들은 사악한 원리가 자연의 왕국을 지배한다고 생각한 것 같다. 이에 반해 정통신학은 이러한 마니교도적인 생각을 신의 권위에 대한 불명예로, 자연에 대한 신의 확고한 지배를 과소 평가하는 것으로 여겼다. 그러나 정통신학은 사악한 원리가 자유의 왕국에서 어떤 힘을 가진다고 함으로써 저기에서(자연의 왕국—옮긴이) 잃어버렸던 손실을 보상해 주었다.

정직한 마음과 모든 것을 긍정적으로만 생각하는 열정을 가진 무기력한 인류는 제단에로 도피하였다. 그리고 인류는 거기에서 도덕성과 자립성을 발견하고서 그것들을 숭배했다. 그러나 기독교가 보다 타락한 그리고 보다 상층의 계급 속으로 스며들어가 기독교 내부에서조차 커다란 귀천의 차이가 생겨났을 때, 즉 전제정치가 삶과 존재의 모든 근원에까지 점점 더 많은 해독을 끼치게 되었을 때, 신의 신성에 대한 기독교적 개념과 그와 관련된 기독교의 논쟁은 (사유의—옮긴이) 전회轉回를 가능하게 하였다. 이러한 전회를 통해 시대는 기독교의 본질이 얼마나 무가치한 것인지를 보여 주었다. 더구나 기독교가 자신의 약점을 신성함이라는 후광으로 둘러싸고 그 약점을 인류의 최고의 영광으로 찬양했었는데, 사유의 전회와 더불어 이제 기독교의 약점은 적나라하게 드러났다.

완전한 이상으로부터, 즉 성스러움이 보존되어 있는 유일한 장소로부터 도덕은 사라졌으며 또는 적어도 망각되어져 버렸다. 도덕, 즉 참된 신성을 바라보면 인간의 마음에 따뜻한 광선이 비춰졌었다. 하지만 이제는 거울이 이 도덕과 참된 신성을 더 이상 비춰 주지 않는다. 오히려 거울은 자기 시대의 상像, 즉 자연의 상像 이외에 어떤 것도 비춰 주지 않는다. 그런데 이 자연은 인간의 자만심과 정열에 의해 임의로 양도된 목적을 위해 형성되었다. 여기서 나는 '자연'이라는 말을 하였는데, 왜냐하면 지식과 신앙에 대한 우리의 전체 관심이 신 이념의 형이상학적인 또는 선험적인 측면에만 집중되어 있기 때문이다. 기독교는 이론이성을 무한자에로 확장할 수 있는 역동적 오성 개념과 더불어 작업하기보다는 오히려 수 개념, 여러 가지 반성 개념 등과 발생, 창조, 산출과 같은 단순한 지각의 표상들을 그 무한자에 적용하며, 자연에 소여所與된 것으로부터 그 무한자의 속성을 유도하여 낸다. 이런 생각과 사소한 궤변은 예전과 같이 신학자의 연구에만 한정되지 않았다. 그것은 전체 기독교, 모든 계층, 모든 세대, 남성과 여성 모두에게 동일하게 적용된다. 그들은 그것에서 동일한 것을 나눠 가지며, 의견의 불일치는 가장 심각한 증오를 가져왔으며, 피비린내 나는 박해를 초래하기도 하며, 때로는 모든 도덕적 유대와 가장 신성한 관계까지도 무자비하게 파멸시켜 버린다. 자연에 대한 그러한 곡해는 가장 무서운 복수를 동반할 뿐이었다.

기독교가 이 무한한 자연에 부여했던 목표는 세계의 도덕적 완수라는 목표와는 완전히 거리가 먼 것이었다. 기독교는 기독교 전파에만 관심을 한정했을 뿐 아니라, 몇 개의 교회당, 몇몇 개인들, 특히 사제司祭 등을 세우고자 하는 것, 그리고 각 개인의 열정, 헛된 영광, 자만심, 야망, 시기와 증오 등을 고취하고자 하는 목표에만 몰두하였다. 그러나 행복론의 정점을 이루는 그림같이 아름다운(즉, 현실성이 없는—옮긴이) 우리 시대의 예정론과 보혜사론[35]이 이때까지 아직 나올 시기는 아니었다. 기독교도들의 상태는 대부분 너무나 불행하여서 그들이 지상에서 행복을 구할 수도 없었으며, 교회의 일반적 교리들이 그들의 영혼 속에 너무 깊이 뿌리 박혀 있어서 개별자들은 스스로 어떤 것을 기대하거나 요구할 수도 없었다. 그러나 그들이 자신들의 관심을 교회의 관심과 연결시킬 수 있게 되자마자, 그들의 교

---

35) [옮긴이] '보혜사'(保惠師)는 '위로하는 자'라는 의미로 성령을 그 내용의 관점에서 부른 이름이다. 따라서 '보혜사론'은 '성령론'의 다른 이름이다. 보혜사로서의 성령은 신의 개별자적 형상이었던 예수의 승천 이후에 성도들의 고통과 아픔을 위로해 주는 임무를 갖는다. 그는 개별자로 온 것이 아니라 보편자로서, 즉 모두의 마음에 임재한다.

회에 대한 요구는 점점 더 강해졌다. 그들은 그들이 포기해야만 했던 지상의 즐거움과 땅에서의 축복을 경멸하였으며, 대신 하늘에서 굉장한 보상을 발견하였다. 교회의 이념은 조국과 자유로운 국가를 대신하였다. 교회는 자유를 위해 지상에 어떠한 장소도 필요로 하지 않는다. 국가가 지상에서 완수되는 반면, 교회는 하늘과 친근하게 연결되어 있다는 점에서 양자는 차이가 난다. 하늘나라는 기독교도들의 감정의 체계와 아주 밀접하게 관계하고 있다. 그래서 그들이 즐거운 것과 좋은 것을 모두 헌납해 버린다고 하더라도 그것이 그들에게는 어떤 희생으로도 여겨질 수 없었다. 따라서 순교자의 죽음도 그러한 양도 행위 중 하나일 수 있는데, 하늘나라에 대한 어떤 친근함도 없는 사람들에게 그런 양도 행위는 정말 특이하게 보일 수밖에 없었다.

로마 군주의 전제정치는 이렇게 인간의 정신을 이 땅에서 몰아내었고, 전제정치에 의해 자유를 강탈당한 인간은 영원하고 절대적인 것을 신에게 양도하였다. 또 전제정치가 몰고 온 빈곤 때문에 사람들은 하늘나라에서의 행복을 추구하고 기다리게 되었다. 신의 객관성은 인간의 타락 및 노예화와 비례하여 발맞춰 나갔다. 이 말은 신의 객관성이란 결국 이러한 시대정신의 현현顯現, 즉 시대정신의 현상일 뿐이었음을 의미한다. 인간이 신에 관하여 아주 많은 것을 알게 되었을 때, 그리고 아주 많은 공식으로 이뤄진 그 본성의 비밀들이 귀에서 귀로 속삭여지는 비밀이 아니라, 집 꼭대기에서 외쳐진, 따라서 어린아이의 마음속에도 알려진 그런 비밀이 되었을 때 시대정신은 이런 방식으로 객관적 신을 통해 드러난다. 또한 신이 무한성으로 뻗어 가지 못하고, 우리와는 전혀 낯선 세계에 놓이게 되었을 때 ―물론 그 세계에 우리는 참여할 수 없으며, 우리의 행동으로 그 세계를 가꿔 나갈 수도 없고, 기껏해야 그 세계에 들어가게 해달라고 구걸하거나 주문을 외워 몰입할 수밖에 없다——, 즉 인간과 신이 서로 비아非我의 관계였을 때 시대정신은 신이라는 객관성 속에서 현현顯現한다. 이때 신은 수 없는 기적으로 계시되는데, 이 기적은 인간이 이성으로 판단하고 증명해야 할 자리에서 이성의 임무를 빼앗는다. 그러나 정말로 무시무시한 것은 인간이 이 신을 위해 싸우고 죽이고 또 명예를 훼손당하고 화형에 처해진다는 사실이며, 이 신을 위해 절도, 거짓말, 배신을 감행하기도 한다는 것이다. 이러한 시대에 나타나는 이 신은 결코 주관적인 것일 수 없으며, 오히려 완전히 객관이 되어 버릴 수밖에 없었다. 도덕률의 저러한 전도顚倒는 이론에 의하여 손쉽게 그리고 논리적으로 정당화되었다.

기독교인들은 신의 계시를 통하여 신이 최고의 주인, 즉 하늘과 땅 전체의 주인, 유기체와 무기체를 포함한 전 자연의 주인, 또한 심지어 정신세계의 주인이라고 알고 있다. 그들이 이 왕에게 경배하지 않으면 그것은 배은망덕과 죄가 될 수밖에 없는데, 왜냐하면 그들이 그에게 철저히 예속된, 그것도 스스로 예속된 존재임을 자처했기 때문이다. 이것이 바로 모든 교회의 체제이다. 그리고 누가 이 범죄자를 판단하고 벌주어야 하는가에 대해서만 교회는 다양한 기준을 따른다. 어떤 교회는 이러한 재판권을 스스로 행사한다. 또 다른 교회는 그 체계에 맞게 정죄하긴 하지만, 지상에서는 손가락 하나 다치게 하는 판결을 내려서는 안 된다고 한다. 그리고 신이 판단할 것이라고 주장한다. 그리고 가르침이나 조그마한 매수 수단들, 또는 죽지 않을 만큼의 억압 등을 통해 그를 도우려는 열정은 점차 식어가는 것처럼 보인다. 그리고 증오의 자리에 연민, 즉 하나의 무력감이 들어선다. 비록 연민의 감정이 '자기는 진리를 소유한 자'라는 자기 망상에 기초하고 있기는 하지만, 그래도 사람들은 저 증오보다 연민을 선호한다.

그런데 자유로운 인간은 이러한 연민만큼이나 저러한 열정도 가질 수 없었다. 왜냐하면 다른 사람과 동일하게 자유롭게 살아가는 자유로운 사람으로서 그는 다른 사람의 권리를 인정해 주는 위치에 있지 않으며——그래서 그는 그에게 개선과 변화를 요구한다거나 그의 격률格率에 간섭하고자 하지 않는다——, 주제넘게 다른 사람의 권리를 문제 삼지도 않기 때문이다—— 그래서 그는 그의 격률이 어떠하며, 어떤 것이고자 하는지, 그것은 좋은 것인지 나쁜 것인지 등을 문제 삼지 않는다. 바로 이런 의미에서 경건과 죄는 그리스인들에게 존재하지 않는 두 개념이다. 우리에게 전자(경건)는 신을 법 제정자로 존경하는 데서 나오는 감응이며, 후자(죄)는 신적인 계명을 위반하는 행동이다. 그리스어로 ἅγιον, ἀνάγιον, 라틴어로 pietas, impieta는 인간의 성스러운 감정과 이 감정에 맞거나 어긋나는 감응 내지 행동을 표현한다. 고대인들 역시 그것들을 신적인 명령이라고 불렀지만, 그 명령이 실정적이거나 권위주의적인 것은 아니었다. 만약 어떤 사람이 다음과 같은 질문을 받았다고 한다면, 즉 "당신은 그 명령과 금기 사항이 신에게서 기원했다고 어떻게 증명합니까?"라고 질문 받는다면 그는 어떤 역사적인 사실로 그 문제에 답할 수 있는 것이 아니라, 다만 그의 마음의 감응과 모든 선한 사람의 의견일치를 해답으로 제시할 수 있을 뿐이다.

* * *

　정치적인 자유가 완전히 소멸함과 동시에 국가와 관련된 모든 관심은 사라졌다. 왜냐하면 인간은 무엇인가를 위해 행동할 수 있을 때에만 관심을 취할 수 있기 때문이다. 만일 삶의 목표가 다소간의 평안함이나 사치와 더불어 일상의 빵에만 국한될 경우, 그리고 국가에 대한 우리의 관심이

바르 이러한 것을 보존하고 유지하는 데 국한되어 완전히 이기적인 추구
에 그치는 경우, 우리는 시대정신 속에 필연적으로 전쟁 업무에 대한 혐오
감이 현존하는 것을 보게 된다. 왜냐하면 이 전쟁 업무는 고요하고 한결같
은 향유를 누리기 위한 일반적 바람과는 정반대되는 것이기 때문이다. 또
한 이 업무는 고통으로 이끌며, 무언가를 향유할 수 있는 가능성에 대한 상
실, 즉 죽음에로 이끌 수 있기 때문이다. 게으름, 태만 그리고 지루함이 자
신의 삶의 마지막 수단으로 남아 있는 사람은, 만약 그가 스스로 목숨을 부
지하고 자신의 욕망을 만족시키고자 한다면 적의 면전에서 비굴해지지 않
으면 안 될 것이다. 로마 사람들 중에는 억압과 정치적으로 비정상적인 상
태에서 도주나 뇌물 공세 또는 자기 스스로 수족手足을 절단하는 행위 등을
통해 군사 요역에서 벗어나는 수많은 사람들이 있었다.

이러한 분위기 속에서 민중들은 도덕적 무능과 불명예 등 당시의 지
배적인 시대정신을 수동적인 복종이라는 이름 아래 영예와 최고의 덕으로
보증해 주는 종교를 환영하지 않을 수 없었다. 그러한 조작을 통하여 사람
들은 타인에 대한 경멸과 자기 자신의 수치스러운 감정이 명성과 자부심
으로 바뀌는 것을 기쁘고 경탄하는 마음으로 바라보게 되었다. 그들은 '인
간이 피를 흘리는 것은 죄이다'라고 설교하는 종교를 환영했다. 이러한 근
거에서 우리는 야만인들이 도시를 부수기 위해 접근하여 올 때 성 암브로
시우스[36]나 성 안토니우스[37]가 많은 무리들과 함께 그 성을 지키기 위해
방어벽을 쌓는 데 바삐 움직이지는 않고, 오히려 교회와 거리에서 무릎을
꿇고서 그들에게 닥친 무시무시한 불행을 반전시켜 달라고 신에게 간청하
는 장면을 이해할 수 있다. 도대체 그런 사람들이 어떻게 전쟁터에서 죽을
수 있단 말인가? 그 도시를 보존한다는 것은 단지 그들에게 있어서는 그들
의 재산과 그것의 향유를 보존하는 수단으로서만 중요한 것이었다. 따라

서 스스로 죽음의 위험에 노출된다는 것은 멍청한 짓에 불과했다. 왜냐하면 수단, 즉 죽음이 목적, 즉 재산과 향유를 당장에 없애 버릴 것이기 때문이다. 재산을 보호하기 위해 재산 자체가 아니라 재산에 대한 권리를 죽음으로 주장하고자 하는 감정, (왜냐하면 권리를 유지하기 위해 죽은 사람은 그 권리를 주장했다) 바로 그런 감정은 은총에 의해서만 자기의 소유권을 갖는다고 생각하는 억압받는 민족에게 낯선 것이었다.

* * *

기적 신앙의 가능성은 방금 말한 객관종교의 욕구와 밀접한 관련이 있다. 단 한 번만 관찰된 사건, 즉 결코 경험으로 고양될 수 없는 지각은 경험인지 아닌지를 판별해 주는 법정의 유일한 재판관인 오성에게는 결코 고려의 대상이 될 수 없다. 서술 자체나 어떤 경험적 통계에 의해 증명되지 않는다면, 그리고 오성이 그것의 특정한 어떤 조건을 사유할 수 없을 경우, 오성은 그 사건을 배타적이며 무용한 것이라고 생각하지 않을 수 없다. 오성은 자기 스스로 생각한 조건이 적합하지 않은 것으로 드러나면 다른 조건을 찾아 나선다. 그리고 명석한 두뇌의 소유자가 생각해 낼 수 있는 모든 것

---

36) [옮긴이] 암브로시우스(Ambrosius, heiliger, 339~397). 373년 밀라노에서 북이탈리아의 총독이 되는데, 그의 온화한 성격과 공정함 때문에 그곳 시민들에게 사랑을 받으며, 밀라노의 수호 성인으로 추앙된다. 세례 받기 이전에 이미 그는 374년에 밀라노의 주교로 선출되는데, 그 때 그는 아리아니스 파와 아타나시우스 파의 투쟁을 화해시키고자 했다. 그의 언어와 시들은 교회 찬양에 많은 영향을 미쳤으며, 소위 「암브로시우스 찬양」은 「그레고리안 찬양」과 함께 기독교의 최초의 위대한 합창의 전통을 만들었다.
37) [옮긴이] 성 안토니우스(Antonius von Egypt). 이 글 258쪽에 나오는 파두아의 안토니우스(Antonius von Padua)와는 다른 인물이다.

들이 그 오성에게 전혀 개연성 없는 것으로 드러나면, 비록 (지금까지 탐구된—옮긴이) 이러저러한 조건들이 (한 사태의 설명에—옮긴이) 적합하지 않은 것으로 드러났다 해도, 이 오성은 거기서 멈추는 것이 아니라 (이 사태 설명을 위한—옮긴이) 완벽한 조건이 있어야 한다는 요청을 끝까지 제기한다.

하나의 사태를 설명하기 위해 보다 높은 존재를 그 사태의 원인으로 제시함으로써 오성의 그 무익한 시도를 끝내고 만족하려는 곳에서 오성은 말을 잊고 침묵한다. 왜냐하면 그런 행위는 오성과는 결코 어울리지 않기 때문이다.

그러나 상상력은 그것에 쉽게 만족하며, 이러한 설명을 행한다는 것은 곧 자신을 그 분야에 투신시키는 것이다. 오성은 이것에 이의를 제기하지 않은 채 비웃을 뿐이다. 하지만 오성은 상상력으로부터 상상력의 노리개를 빼앗는 데는 관심이 없다. 왜냐하면 오성은 그러한 노리개에 부당하게 요구할 만한 권리를 더 이상 가지고 있지 않기 때문이다. 또한 원인이라는 그의 보편 개념을 상상력의 관할로 양도하고, 그 개념을 사용하기 위해 상상력으로부터 다시 빌려오는 것은 오성을 더욱 비참하게 만든다. 그 개념이 이러한 방식으로 적용되는지의 여부를 판가름하는 것은 오성이 아니다. 그러나 기적을 말하는 자는 이러한 오성의 부정적 태도에 만족하지 않는다. 그는 신성부재, 신성모독 그리고 악랄한 행위 등에 대해서는 악을 쓰고 비명을 지른다.

비신앙인은 아무런 변화도 없이 그대로 있다. 그는 오성의 권리를 주장하는 것과 비도덕성과 무종교를 외치는 것과는 전혀 관계가 없다고 본다. 그러나 이제 장면이 바뀐다. 사람들은 이성에게 의지하게 되었다. 기적에서 나타나는 위대한 도덕적 목표, 즉 인류의 증진增進과 지복至福을 이성은 이해한다. 사람들은 이성의 무력감에 의지하며, 상상력에게는 호되게 기합을 준다. 상상력의 공포와 우세한 힘에 어떤 것도 대치시킬 수 없는 이 무력한 이성은 자신에게 주어진 법칙을 두려움으로 받아들이며, 오성의 모순에 침묵한다. 이러한 심정 상태와 더불어 기적 신앙이 존립하거나 없어진다. 오성에 근거하여 기적 신앙에 의문을 제기한다는 것은 무익하다. 그러한 방식으로는 어떠한 것도 성취될 수 없다는 것을 보여 주었다. 이성의 관심이 언제나 기적에 대한 옹호나 반대를 결정했다. 이성이 외적인 입법을 필요로 할 경우 이성은 객관 세계의 경악….[38]

3. 기적의 가능성 …

기적의 가능성과 현실성에 대한 논쟁은 여러 법정에서 수행되고 있으며, 관련 당사자들이 이 문제에 대해 서로 합의하게 되기까지 이 논쟁은 그렇게 빨리 그 혼란에서 벗어날 수 있을 것 같지 않다. 환상의 진리에 대해 모두가 다 의견의 일치를 가진다. 오성에 의해 끊임없이 간섭을 받는 사람들의 환상Phantasie에만 기적이 받아들여지지 않는다. 적어도 판단력만은, 부여된 목적의 합목적성을 판단하기 위해, 언제나 오성 안으로 이끌려 들어간다. 헤르더는 심미적 판단의 측면에서, 즉 상상력Einbildungskraft의 자유라는 측면에서 구약성서를 이러한 의미로 다룬 첫번째, 아마 유일한 사람일 것이다(신약성서는 그렇게 다뤄질 수 없다). 기적을 논박하는 사람들은 사건을 일반적으로 오성이라는 심판석으로 이끈다. 그들의 무기는 경험이며 자연의 법칙이다. 기적을 옹호하는 사람들은 그 사건에 대해 이성이라는 무기로 싸우는데, 이때 이 이성은 자립적인 이성, 즉 자신의 본질에서 독자

---

38) [옮긴이] 이후의 글은 분실됨.

적으로 목적을 정립하는 이성이 아니라, 외부로부터 목적이 정립되는, 그리고 나서 그 목적에 맞게 반성하여 곧바로 하부의 목적들을 고안하고 그것으로부터 보다 고차원의 목적들을 개시하는 그런 이성이다. 양 당사자의 모순, 즉 인간을 위한 최고의 과학을 정초할 때 역사에서 출발해야 하는지 그렇지 않은지의 문제는 다음의 질문으로 환원된다. 즉 이성의 최고의 목적이 이성 자신에 의해서만 이성에게 부여될 수 있다면, 그 목적이 외부로부터 혹은 낯선 권위에 의해 이성에게 정립될 때 이는 이성의 가장 내적인 본질에 모순되는 것이 아닌가? 아니면 이성은 그런 일을 할 수 없는가?

이 점에서만 볼 때 기적을 논박하는 사람들이 기적의 방어자들을 꼼짝 못하게 하고 있음이 분명하다. 역사적이고 해석학적인 해명과 관련을 맺는 것, 혹은 역사적이고 해석학적인 해명의 영역으로 들어가는 것은 자신의 권리를 모르는 것 혹은 자신의 권리를 주장하지 않는 것이다. 여기서 기적의 방어자는 승리하는 경기를 한다. 왜냐하면 만약 사람들이 개별적인 기적으로부터 이 기적이 자연스럽게 설명될 수 있다는 것을 보여 줄 수 있을 경우 (그럼에도 불구하고 '이성의 최고의 목적은 어떤 역사나 권위에 의해 제시될 수 없다'는 근본원리가 보편화될 때까지는 지금까지의 그러한 설명들이 대부분의 사람들에게 아주 강압적인 것으로 보였으며 전체적으로 말해서 누구에게도 불만족스러운 것으로 드러날 수밖에 없었다) 기적의 방어자들에게 이미 너무 많은 것을 양보한 것일 것이기 때문이다. 단 하나의 기적만이라도 설명될 수 없다면 이성은 자신의 권리를 상실한 것이다. 이것이 우리가 딛고 서 있어야 할 최고의 입지점이다. 논쟁을 오성의 심판석에 이끌고 왔다고 하는 것은 우리가 오성에 확고하게 서 있지 않다는 것을, 기적 이야기가 우리를 깜짝 놀라게 했다는 것을, 우리가 오성으로부터서만 감히 기적 이야기를 거절하도록 하는 것이 아니라 우리에게 기적으로 제시된 사실들이 이성의 저런 자립성을 뒤엎어 버릴 수도 있다는 것을 이미 증명하고 있다.

기적의 옹호자와 함께 오성의 영역으로 내려올 경우 가능성과 불가능성에 대한 길이와 넓이가 논쟁이 된다. 이 점 역시 대개 결정되지 않은 채 남겨져 있다. 개별자의 경우 기적에 대해 논박하는 사람은 지각이 경험으로 고양되기를, 즉 지각이 자연법칙에 의해 해명되기를 요구하거나, 아니면 경험이 의심스러우면 그는 지각 자체를 부인한다. 그리고 양 부분은 서로를 더 이상 이해하지 않는다. 기적의 옹호자는 논박자가 어떤 관심을 가질 수 있는지, 즉 기적을 설명의 대상이 아닌 것으로 여기는지 아니면 기적을 부인하는지 등에 대해 파악할 수 없다. 왜냐하면 논박자가 이 문제에 관계됨으로써 이 논박자는 자기의 이성이 독자적으로 서 있을 수 있는지 없는지에 대해 아무런 결정도 내릴 수 없는 지경에 처하게 되기 때문이다. 그가 모든 것을 조급하게 설명하고자 하는 가운데 드러내는 그리고 드러낼 수밖에 없는 그 미숙함으로 인해 그는 한편으로는 가증스럽게 되고 ── 왜냐하면 사람들은 이때 그의 나쁜 의도만을 보기 때문이다 ── 또 한편으로 그는 기적에 양도될 수 있을 아주 사소한 부분도 두려워해야 하고, 나아가 명쾌한 통찰로 인해 고요와 안전을 아주 순수하게 습득하고자 하기보다 훨씬 더 자주 몽롱하게 되고자 한다. 하지만 논박자가 다른 사람을 변화시키고자 하는 논쟁적인 의도에서 스스로 보다 낮은 위치에 자신을 세운다면, 그는 흑인을 하얗게 만들려고 계속 씻겨대는 것과 같으며, 그 흑인을 의심의 나락으로 떨어뜨려 멈춤이 없는 상황으로 처박는 것이다.

3. 「기독교의 실정성」 개정판(1800)[1]

종교의 실정성 개념은 최근에야 비로소 관심의 대상이 되었고 중요한 문제로 부각되었다. 실정종교는 자연종교에 대립된다. 이 말은 다음의 사실을 전제한다. 인간의 본성은 단 하나이기 때문에 자연종교는 단 하나 존재한다는 것, 그리고 이에 반해 실정종교는 다양한 종류로 존재할 수 있다는 것을 전제한다. 이러한 비교로부터 실정종교는 이미 반(反)자연적인, 또는 초자연적인 종교로 드러났다. 왜냐하면 이 종교는 오성과 이성과는 관계없는 개념과 인식으로 채워져 있으며, 인간에게 자연스럽지 않은 감정과 행위를 요구하기 때문이다. 실정종교에서 감정은 강제적인 그리고 기계적인 자극에 의해 발생하며, 행위는 명령에 따른 혹은 자발성이 전혀 없는 복종에 다름 아니다.

이러한 일반적인 설명으로부터 우리는 '한 종교 전체 또는 일부가 실정적인지 아닌지의 여부를 설명할 수 있기 위해서 무엇보다도 인간적인 본성(자연)의 개념이 규정되어야 하며, 동시에 인간의 본성과 신성과의 관계가 규정되어야 한다'는 사실을 알 수 있다. 최근에 (특히 계몽주의 시기

---

1) [옮긴이] H. 놀의 편집본 139~151쪽. G. 쉴러의 문집 Nr. 95.

의―옮긴이) 사람들은 이 개념의 탐구에 대단히 몰두했다. 그리고 그들은 스스로 내린 인간의 본성 개념에 대해 상당히 확신하고 있으며, 그래서 이 본성 개념을 척도로 삼아 종교 자체를 평가할 수 있다고 한다.

개념이란 아주 추상적인 것이며, 개념의 입장에서 보면 인간 본성의 수많은 다양한 현상들이 단지 몇몇 보편적인 개념으로 통일되어 요약되어 있게 된다. 이런 사실을 인식할 수 있기 위해 사람들은 수백 년의 문화 발전의 단계를 기다려야 했다.

이 단순한 개념들은 그 일반성 때문에 인간성에 대한 필연적 개념으로, 그리고 인간성의 특징들로 된다. 따라서 한 민족 또는 개별자의 습속, 관습 그리고 견해 등에 대한 다른 모든 여타의 다양성은, 고정되어 있는 저 보편 개념에 비춰볼 때, 우연성, 선입견 그리고 오류로 되며, 이 다양성에 어울리는 종교는 실정적 종교이다. 왜냐하면 이 종교와 우연적인 것과의 관계 자체가 이미 우연적인 것인데도, 그 우연적인 것이 동시에 종교의 일부로서 신성한 계율로 현재하기 때문이다.

기독교는 아주 다양한 습속과 특성들, 그리고 체제에 아주 잘 어울리는 종교라는 이유로 때로는 비난을 받았고 때로는 칭송을 들었다. 로마제국의 부패는 기독교의 요람이었다. 로마제국이 몰락해 갈 때 기독교는 지배적인 것이 되었다. 사람들은 기독교가 로마제국의 몰락을 지연시켰다고 보지는 않는다. 반대로 로마제국의 몰락은 기독교의 지배 영역을 확대시켰다. 기독교는 이때 과도하게 사치에 젖어 사는, 천박한 패륜아적인 행동에 매몰되어 살아가는 노예적인 로마인과 그리스인의 종교이면서 동시에 무식하고 야생적이지만 자유로운 야만인들의 종교이기도 했다. 기독교는 중세의 방만한 자유가 활개를 치던 시기에 이탈리아 국가들의 종교였으며, 보다 진지하고 자유로운 스위스 공화국의 종교였고, 근대 유럽의 다양한 군주들의 종교였다. 뿐만 아니라 기독교는 가장 억압받던 농노들의 종교이면서 동시에 영주들의 종교였다. 이 두 부류의 사람이 하나의 교회를 다닌다. 십자가를 앞세우고서 스페인 사람들은 아메리카 대륙의 종족들을 모두 살해했다. 인도를 점령하기 위해 영국인들은 찬송가를 불렀다. 기독교는 조형 예술을 꽃피웠으며 거대한 학문의 전당을 일으켰지만, 그 영광 속에서 다른 모든 미술이 금지되었으며 학문의 발달을 불경한 것으로 간주했다. 어떤 기후에서도 십자가라는 나무는 성장했고 뿌리를 내렸으며 열매를 맺었다. 민족들은 삶의 모든 기쁨을 기독교와 연결시켰다. 기독교의 성장과 정당화를 위해 가장 비참한 행위가 기독교에 의해 자행되었다.

인간 본성(자연)의 보편적인 개념은 무한히 모양을 달리하며 나타난다. 이러한 변형은 필연적이며, 인간적 본성이 결코 순수한 형태로 현존하지는 않았다는 사실을 확인하기 위해 굳이 경험에 의존할 필요는 없다. 그러한 사실은 엄격하게 증명될 수 있다. 즉 도대체 순수한 인간적 본성(자연)이란 무엇인가를 확고히 하기만 하면 된다. 이러한 표현은 보편 개념과의 일치 이외에 어떤 것도 그 자신 안에 수용해서는 안 된다. 그러나 생동적인 자연(본성)은 자연의 개념과는 영구히 다르다. 따라서 개념의 입장에서 단순한 변형태, 순수한 우연성 그리고 불필요한 잉여 등이 (생동적인 자연의 입장에서─옮긴이) 필연적인 것, 생동적인 것, 그리고 아마도 유일하게 자연스러운 것이자 아름다운 것으로 된다.

따라서 이제 종교의 실정성에 대해 처음에 제기했던 척도는 완전히 다른 모양을 띤다. 인간적인 본성(자연)에 대한 보편 개념으로는 사태를 충분히 설명할 수 없다. 의지의 자유는 일면적 기준으로 되는데, 왜냐하면 인간의 습속과 특성들, 그리고 이와 관련되어 있는 종교는 개념을 통한 규정에 의존하지 않기 때문이다. 모든 문화 형태에는 확실히 오성과 이성을 초월한 보다 상위의 힘의 의식과 표상들이 있었다. 만약 인간의 일상적인 삶에 자연스러운 감정, 즉 본래적 자연의 감정이 없다면 저 자연적인 감정을 산출하기 위해 강압적인 기구가 반드시 필요하게 된다. 그런데 이 감정에는 언제나 강제적인 무엇이 함께 존재하기 마련이다. 동시에 모든 것이 비자연적으로 되어 버린 시기에는 가장 자연적인 종교가 요청하는 행위도 명령과 맹목적인 복종에 의해서 수행될 뿐이다. 물론 이 상태에서 종교는 이미 실정적으로 되었다. 그런데 그것이 그렇게 되었을 뿐 처음부터 그런 것은 아니다. 종교는 이제 실정적이어야만 하는데, 왜냐하면 그렇지 않을 경우 결코 어떤 종교도 존재하지 않을 것이기 때문이다. 그 종교는 과거로부터 내려온 낯선 유산으로서만 남아 있다. 그런데도 종교가 요구하는 것은 여전히 주목을 받는다. 그리고 아마도 종교의 본질이 덜 알려질수록 그것에 대한 경외와 두려움은 더 커질 것이다. 알려지지 않은 존재 앞에서 전율하는 것, 행동할 때 의지를 포기하고 철저히 기계처럼 주어진 규칙에 복종하는 것, 행동하거나 포기할 때 또는 말하거나 침묵할 때 지성을 포기하는 것, 그리고 그렇게 함으로써 자신을 무감각한 상태로 방치하는 것 등, 이 모든 것은 (이 모든 것을 자연스럽게 받아들이는 복종의 시대에―옮긴이) 자연적인 것일 수 있다. '그 종교가 그의 시대의 본성(자연)에 아주 잘 어울린다는 이유로 그런 정신으로 호흡하는 종교는 결코 실정적인 종교가 아니다'라고 말하는 사람이 있을 수도 있다. 그런데 그런 종교를 요구하는 그 시대의 본성(자연)은 참으로 빈곤한 본성(자연)일 것이다. 그 종교가 그의 시대의 본성(자연)에게 한 단계 높은 그 무엇을 제시한다면, 그리고 그것과 조화를 이루며 그것에서 만족을 얻으면, 이 종교는 어찌되었든지 자기의 목표를 완수했다. 다른 새로운 분위기가 조성되고 나서야, 그리고 한 시대의 본성(자연)이 자기 감정을 얻어서 자기 자신으로부터 해방되고자 할 때, 그리고 이러한 자유를 초월적 존재에게 의존함으로써 간단히 얻고자 하지 않을 때, 바로 이때에야 비로소 그 본성(자연)에게 그 이전의 종교가 실정적인 것으로 보인다. 인간 본성(자연)의 보편적 개념들은 종교성이 가지는 특수한 그리고 필연적으로 다양하게 분출되는 욕구의 척도로 간주될 수 없다. 왜냐하면 그것들은 너무나 공허하기 때문이다.

만일 우리가 기존의 종교들의 불손함, 모든 미신들, 교회의 전제정치, 그리고 잘못된 종교제도를 통해 산출된 우둔함 등, 이 모든 것이 과거에 어떻게 정당화되었는지를 보고자 할 경우, 우리는 그 과거의 것을 나쁜 것으로만 이해하게 될 것이다. 그런데 가장 터무니없고 가장 완고한 미신조차도 영혼이 없는, 인간의 형상만을 가지고 있는 존재에게는 결코 실정적인 것이 아니다. 그러나 그 존재의 영혼이 성숙하여졌음에도 불구하고 미신에 대한 요청이 계속되는 한 그에게 그 미신은 실정적인 것이다. 그러나 제3의 판단자에게 그 미신은 필연적으로 실정적일 수밖에 없는데, 왜냐하면 판단자에게는 인간성의 이상이 미리 있어야 하기 때문이다. 그런데 인간 본성(자연)의 이상은 인간의 규정, 인간과 신과의 관계 등에 대한 보편 개념과는 완전히 다르다. 이상이란 원래 특수성과 규정성도 포함하며, 더 나아가 독특한 종교적 행동, 감정, 관습 등을 요구한다. 그리고 이 이상은 보편 개념이라는 희미한 빛 아래서는 얼음이나 돌처럼 차갑고 딱딱하게 보이는 그런 잉여까지도 받아들인다. 이 잉여가 자유를 폐기할 경우에만, 즉 이 잉여가 오성과 이성의 법칙에 빗나간 터무니없는 요구를 함으로써 이성과 오성의 필연적인 법칙에 모순이 될 때에만 그것은 실정적이다. 오성과 이성에 호소가 들어올 경우에만 이것들은 특정한 사실에 대한 재판관으로 될 수 있는데, 따라서 기준의 보편성은 바로 구체적인 사실 때문에 제약된 것일 수밖에 없다. 어떤 것이 이성적이어야 한다거나 합리적이어야 한다는 요구는 결코 이성이나 오성의 재판 권한이 아니다. 그리고 바로 여기에 요점이 놓여 있다. 이 요점을 무시하게 될 경우 아주 상반된 평결이 내려질 수 있다. 오성과 이성은 모든 것을 자신들의 법정으로 부를 수 있고, 모든 것은 이성적이고 합리적이어야 한다고 쉽게 건방떤다. 그렇게 함으로써 그것들은 실정적인 것을 충분히 많이 발견해 낸다. 하지만 이를 통해 정신적인 노예 상태, 양심의 가책 그리고 미신 등에 대한 경악이 끝나는 것은 아니다. 어떤 것에 결코 사로잡히지 않은 순수한 행동들, 가장 순수한 감정, 그리고 환상에 대한 가장 아름다운 서술 등(즉, 보편적 개념에 의해 포섭될 수 없는 것들—옮긴이)이 이렇듯 (오성과 이성에 의해서—옮긴이) 거칠게 취급된다. 그러나 현실은 이러한 어울리지 않는 행동과 조화를 이루며 나타난다. 합리적인 사람들은 '그들이 감정, 상상력 그리고 종교적인 욕구 등에 대해 합리적으로 진술을 하면 진리를 말한 것이다'라고 믿는다. 그리고 그들은 어떻게 해서 그들의 진리가 저항을 받는지, 그리고 왜 그들이 귀머거리에게 설교해야 하는지 등을 이해할 수 없다. 그들은 빵을 요구하는 아이에게 돌을 제공하는 실수를 범했다. 집을 건축하는 데는 이 돌들이 유용할 수 있다. 그러나 빵이 집을 짓는 것에 적합하다고 말하는 사람도 역시 확실히 모순을 범하고 있다.[2]

---

2) [옮긴이] 여기서 빵은 상상력, 감성 등을 상징하며, 돌은 오성과 이성을 상징한다. 헤겔은 이것들 각자는 각각의 쓰임새가 있으며, 하나로 다른 하나를 자신의 기준에 의해 판단할 수 없다고 생각한다. 독일 계몽주의의 자연종교는 이성을 기준으로, 즉 보편 개념을 중심으로 종교를 재구성하는데, 이 경우 특수성과 우연에 의존한, 즉 비이성적인 과거의 모든 종교들은 미신 내지는 실정적인 종교로 매도된다. 그러나 이 시기 헤겔의 입장에서 보면 종교가 계몽주의적 이성과 오성에 의해서 판단될 수 없으며, 상상력과 환상이, 그리고 계몽에 의해 우연적인 것들로 취급되는 것이 종교의 핵심에 놓여 있을 수 있다고 한다. 그런데 이성과 오성이 보편적인 데 반해 후자는 시대와 문화의 제약을 받기 때문에 변화될 수 있으며, 이러한 변화에 순응하지 못한 종교는 실정적으로 된다. 물론 시대에 순응할 뿐 시대를 넘어서지 못하는 종교 역시 실정적이다.

한 특정한 종교는 그들만의 특정한 행위들, 그들 종교에 큰 영향을 끼친 사람들, 그리고 그런 기억들 등을 신성한 것으로 간주할 수 있다. 하지만 이성은 그것들이 우연적인 것들이라고 선언한다. 이성에 따르면 성스러운 것이란 영원하며 소멸하지 않는 것이다. 그러나 이렇게 함으로써 이성이 저 종교적인 것들을 실정적인 것이라고 증명한 것은 아니다. 왜냐하면 인간은 우연적인 것을 불변성과 성스러움에 관련시킬 수 있고, 나아가 한 종교의 존립을 가능하게 하고자 하는 사람은 그렇게 해야 한다. 영원한 것에 대한 그의 사유에서 인간은 영원자를 그의 사유의 우연성과 연결시킨다. 그런데 오성의 법정에 불려 나온 우연적인 것이 스스로 불변성과 신성함, 그리고 더 나아가 경배 등을 받을 만한 것이라고 주장할 경우, 이성에게는 그것들이 실정적이라고 말할 수 있는 권리가 나타난다. 한 종교가 실정적인지 아닌지에 대한 질문은 그 종교의 교리와 율법의 내용과 관련이 있기보다는 오히려 그 종교가 진리를 증명해 내는 형식, 그리고 율법의 수행을 요구하는 형식 등과 관련이 있다. 모든 각각의 교리, 모든 각각의 율법은 실정적인 것으로 될 수 있다. 그 이유는 각각의 교리나 율법은 강제적으로 자유를 억압할 수 있으며, 특정한 환경에서 진리가 아닌 교리는 없고, 특정한 환경에서 의무가 아닌 율법 조항은 없기 때문이다. 또 다른 이유는 일반적으로 가장 널리 알려진 진리조차도 자신의 보편성을 위해 특정한 환경에서 적용의 한계를 갖는다는 데, 즉 모든 환경에서 통용되는 무조건적인 진리는 없다는 데 있다.

따라서 여기 이 글은 기독교에 실정적인 교리나 율법이 있는지를 탐구하려는 의도를 가지고 있지 않다. 인간의 본성과 신의 속성 등에 대한 보편적 개념이 무엇인지를 묻는 이러한 질문에 답하는 것은 너무나 공허하다. 이런 음조를 띤 가공할 만한 수다스러움은 내용도 없고 끝없이 길어서 지루함만을 산출하며, 그래서 어떤 관심도 받지 못하게 되었다. 따라서 우리 시대의 욕구는 오히려 보편적인 개념이라는 저 계몽의 적용 방식과는 상반되는 것이 어떻게 증명되는가를 듣고자 하는 것 같다. 계몽과 상반된 이러한 증언은 시대의 교육이 낡은 교의학教義學에 속한다고 단정한 근본 원리나 방법에 의해 행해지지 않는다. 오히려 이 증언은 우리가 오늘날 인간적 본성의 욕구로서 인식하는 것으로부터 저 비난받는 교의학을 이끌어 내고, 그것의 자연성과 필연성을 드러내 보여 준다. 그러한 시도는 다음과 같은 믿음을 전제하고 있다. 즉 '수백 년 동안 수백만의 사람들이 의무와 신성한 진리로 간주했던 수백 년간 지속된 그들의 확신은, 적어도 견해라는 측면에 있어서, 우둔한 넌센스나 비도덕성이 아니었다'라는 믿음이 이 시도에는 전제되어 있다. 만약에 보편 개념이라는 인기 있는 방법에 입각하여 교리의 전 체계가 계몽주의 시기에는 유지될 수 없는 암울한 세기의 잔재로 간주될 경우, 인간이라면 다음과 같은 질문을 아주 자연스럽게 제기할 것이다. 즉 인간 이성에 그토록 모순되고 철저하게 오류인 그런 체계가 세워졌고, 동시에 그토록 오랫동안 지속되어 왔다는 사실, 도대체 이 사실을 어떻게 설명할 수 있겠는가?

이 질문에 대한 한 가지 해답은 교회사教會史를 살펴보는 것이다. 교회사를 통해 우리는 근본적이고 단순한 진리 위에 격정과 무지로 인해 오류 덩어리가 쌓여 가는 방식을 볼 수 있다. 또한 수세기에 걸친 교리의 완성 과정 중에 교부들이 항상 이성, 중용 그리고 인식 등에 의해서만 인도 받은 것이 아니었음을 볼 수 있다. 그리고 기독교를 수용할 때 단순히 진리에 대한 순수한 사랑이 아니라 적어도 어느 정도는 매우 혼합된 동기들, 즉 매우 불경한 사고, 순수하지 못한 열정, 그리고 미신에서 유래한 정신적 욕구 등이 작용하고 있음을 볼 수 있다. 또한 교회사를 통해 우리는 민족의 신앙 체계라는 것이 종교와는 전혀 상관없는 요소에 의해서, 이기적인 목적에 의해서, 무력과 교활한 속임수에 의해서, 그리고 이러한 목표에 부합되는 어떤 수단 등에 의해서 성립되었다는 것을 볼 수 있다.

그런데 이러한 설명 방식은 인간에 대한 깊은 경멸과 오성에 대한 불신을 전제하고 있다. 그리고 이 설명 방식은 종교의 자연(본성)과의 상응을 제시하는 가장 중요한 문제, 즉 '어떻게 자연(본성)이 수백 년에 걸쳐 변형되어 왔는가' 하는 문제는 손도 대지 않고 그대로 남겨 둔다. 다른 말로 하면, 사람들은 종교의 진리에 대해 질문을 할 때 항상 그 민족과 시대의 습속과 특성을 관련시켜서 문제 제기를 하였고, 이 문제에 대한 해답은 '종교란 공허한 미신이며 사기이고 우둔함에 불과했다'라고 요약했다. 여기에서 이 모든 오류의 책임은 대부분 감성에 돌려졌다. 그러나 대부분의 책임이 감성에 돌려진다 해도 인간이 그 순간에도 이성적임을 포기하지는 않는다. 다른 말로 하면 인간의 본성(자연)은 항상 필연적으로 종교성에 대한 보다 고차원의 욕구를 가지고 있으며, 인간이 종교에서 만족을 얻는 방식, 즉 신앙, 예배 그리고 의무 등을 규정한 체계는 순수하게 어리석은 것도 아니고 비도덕성과 직접 관련되는 불순한 어리석음도 아니었을 수 있다.

이 글이 공언한 목표는 기독교가 실정적인 계율을 포함하고 있는지의 여부를 묻는 것이 아니라, 기독교 일반이 실정종교인지를 탐구한다. '전체로서의 기독교가 실정적이다 또는 아니다'라는 주장조차 결과적으로는 종교의 계율을 문제 삼게 되며, 따라서 실제로 한 개별적인 계율의 실정성이 탐구될 수도 있다. 바로 이러한 조건하에서 저 두 관점 (즉, 기독교가 실정적인 계율을 포함하고 있는지의 여부를 묻는 것과 기독교 일반이 실정종교인지를 묻는 것—옮긴이)은 하나의 문제일 수 있다. 그런데 각각의 관점은 다른 관점에 나란히 놓임으로써 전체의 한 부분으로 될 수 있다. 하지만 이 관점의 내용은 항상 전체와 관련되어 있다. 더 나아가 위에서 언급한 것처럼 실정성에 대한 물음은 그 내용보다는 형식에 관련된다. 즉 종교란 철저히 주어진 어떤 것인지(따라서 단순히 복종만 해야 하는 것인지 —옮긴이), 아니면 자유로운 것으로 주어졌기에 자유롭게 수용되어져야 하는 것인지 등의 문제와 실정성 문제는 관련되어 있다.

이 외에 이 글은 수많은 시기에 수많은 민족들이 가지고 있었던 정말로 다양한 기독교의 형식들을 다루지 않는다. 또한 우리 시대에 기독교로 여겨질 수 있는 것을 다루지도 않는다. 기독교의 본질에 관해서뿐 아니라 개별적인 교리와 이 교리의 전체 그리고 신과의 관계에 관한 어떤 것도 바로 이 개념보다 다의적이지는 않다. 오히려 이 글이 목표로 삼는 것은 그리스도에 대한 최초의 신앙에, 그리고 예수의 입술과 삶에 실정성으로 이끌 수 있는 어떤 조건들이 이미 내재하고 있지는 않았는지, 그래서 이로 인해 우연적인 것들이 영원한 것으로 받아들여지게 되고, 기독교 일반이 그런 우연성에 기초하고 있지는 않은지, 그리고 이성에 의해 비난되고 자유에 의해 배척되는 주장을 하게 되지 않았는지를 탐구하는 것이다.

어떤 필연성을 불러일으킨 우연성 또는 가변적인 것을 권위라고 부른다. 이때 이 가변적인 것에 의지하여 인간에게 있는 영원자에 대한 의식, 이 영원자와의 관계 등은 감수성, 사유 그리고 행위 속에 근거지어진다.

기독교가 권위에 기초하고 있다는 점에서 기독교의 두 분파는 일치한다. 기독교는 인간의 선에 대한 자연적 감정 또는 갈망에 의존하며, 인간의 신에 대한 앙모를 전제한다. 그러나 인간에게 신의 은총을 입었다는 신앙이 가능하려면 무한한 신에 대한 순수하고 자유로운 복종뿐 아니라, '어떻게 행동해야 하며, 어떤 감정을 가져야 하고, 그리고 어떤 확신에 거해야 하는지' 등을 명령의 형식으로 규정해 놓은 규율과 법들에 복종해야 한다고 예수는 요구한다. 두 분파는 이러한 견해를 함께 가지고 있지만, 이것에 대한 평가는 다르다. 한쪽 편에서는 순수 종교에서 이런 실정적 요소는 비본질적이며, 심지어 비난받을 만한 것이라고 주장하며, 이런 점에서 예수의 종고 역시 덕의 종교에 속하지 않는다고 한다. 다른 한편에서는 이런 실정적 요소들을 진실로 성스러운 것으로 천명하며, 바로 이 요소 위에 모든 인륜성이 건설되어야 한다고 한다. 예수의 종교를 직접적으로 실정적인 것으로 유도한 것이 무엇인가에 대한 문제는 후자의 입장에서 제기되지 않는다. 왜냐하면 예수의 종교는 그의 입술에서부터 이미 실정적 교리를 천명했다고 주장하기 때문이다. 이런 견해에서 볼 때 예수는 그의 모든 가르침, 덕에 관한 규범, 신과 인간의 관계 등을 단지 자신의 권위에 근거하여서만 요구하였다. 이 분파는 『현자 나탄』에서 시타가 기독교도에게 한 말을 비난으로 여기지 않는다.

그 설립자 때부터

인간성을 [미신 또는] 신앙 위에 양념으로 쳐 놓은 것.

그것을 기독교인들은 사랑한다. 그것이 인간적인 것이기 때문이 아니라,

그것을 그리스도가 가르쳤기 때문에, 그리스도가 그렇게 행했기 때문에.[3]

---

3) Lessing, *Nathan Der Weise*, II. 1. 869ff.
　"Was noch von ihrem Stifter her
　Mit Menschlichkeit den (Aber-)glauben würzt,
　Das lieben sie, nicht weil es menschlich ist:
　Weils Christus lehrt, weils Christus hat getan."

이 분파에 따르면 실정종교는 만족에 이를 수 없는 욕구가 인간의 본성에 존재한다는 사실에서 기인한다. 그리고 바로 이 욕구들이 인간의 욕구들 중 최고의 욕구를 이룬다고 한다. 여기에서 발생하는 모순들은 그 자신에 의해서 해결될 수 없고, 모순은 낯선 것을 자비의 마음으로 대할 때 해소된다고 한다.

예수의 모든 가르침과 계율들뿐 아니라 덕의 계율조차도 실정적인 것으로 간주하는 것, 그것의 타당성과 인식 가능성을 '예수가 그것을 제공했다'라는 사실에서만 찾는 것 등, 이러한 태도는 자기 비하하는 겸손을 나타내며, 인간의 본성 내에 있는 고유의 선, 고귀함, 위대함 등을 포기하는 체념 행위일 뿐이다. 하지만 이 사실 자체만을 자세히 생각해 보면 이러한 태도는 인간에게는 초감각적 세계와 신에 대한 자연스런 의무감 내지 의식이 있다는 사실을 전제한다. 외부 세계에 현존하는 덕과 종교에 상응할 수 있는 것이 우리 마음속에 하나도 없다면, 인간을 보다 나은 종교와 덕으로 열광시키고자 한 예수의 행위는 파두아의 성 안토니우스가 물고기에게 설교했던 열정과 전혀 다를 바 없을 것이다.[4] 성 안토니우스는 자신의 설교와 물고기의 본성이 서로의 한계 때문에 만날 수 없다는 것을 알면서도, 이것들 밖에 현존하는 자, 즉 위에 계신 자의 도움으로 그들 사이에 어떤 영향이 생겨날 것이라고 믿었다.

기독교와 인간의 관계에 대한 이러한 통찰이 곧바로 그 자체로 실정적이라고 불릴 수는 없다. 이런 통찰은 인간의 고귀한 품성과 선 등 인간의 고차적 능력들이 신적인 것이며, 신으로부터 왔고, 그의 정신은 신에게서 기원한다고 하는 아름다운 전제에 기초하고 있다. 그러나 인간의 본성(자

---

4) [옮긴이] 이 책 258쪽 옮긴이 주 참조.

연)이 신적인 것과 완전히 결별할 경우, 그리고 그들 사이에 어떤 매개도 허용되지 않을 때, 그리고 선과 신적인 것에 대한 인간의 의식이 단지 낯선 어떤 상위의 존재에 대한 우둔하고 무가치한 믿음으로 강등된다면, 이러한 통찰은 분명 실정적으로 된다. 이러한 문제에 대한 탐구가 사변적이려면, 그리고 철저하게 파헤쳐지려면, 궁극적으로는 유한자와 무한자에 대한 형이상학적인 탐구가 이뤄져야 한다. 그러나 이것은 이 글의 목표를 벗어난다. 이 글은 인간의 본성에는 아주 특수한 욕구가 있다는 사실에 기초하고 있다. 즉 인간은 우리의 의식 안에 인간의 행동으로 있는 보다 높은 존재를 인정하고, 그 존재의 완전성을 직관함으로써 그것을 인간의 삶의 생동적인 정신으로 만들고자 하며, 다른 특별한 목표, 시간, 제도 그리고 감정 등을 모두 무시하고서라도 바로 이 직관에 직접 헌신하고자 하는 욕구를 가지고 있다는 점이 이 글의 기초로 작용한다. 한 종교의 이러한 일반적인 욕구는 많은 개별적인 욕구들을 내포한다. 이 욕구의 만족이 어느 정도까지 자연(본성)에 속하는지, 자연이 만든 모순이 어느 정도까지 자연 자신에 의해 해소될 수 있는지, 기독교가 이 모순들의 유일한 해결책인지, 모순의 해소가 철저히 자연(본성) 밖에 놓여 있는지, 인간은 신앙이라는 수동성을 통해서만 모순을 해소할 수 있는지 등등, 이러한 질문들과 그 의미에 대한 탐구 그리고 그 전개 과정 등을 여기서 다루지는 않는다. 인간 마음의 또는 실천이성의 과제에 대한 기독교적인 해결책은, 피상적으로 보면, 또는 그 드러난 현상의 관점에서 보면, 특수한 행위나 교리의 형태로 나타나는데, 이러한 해결책이 이성에 의해 우연적인 것으로 인식된다면, 여기서 주지되어야 하는 것은 '우연적인 것이란 신성한 것으로 간주되는 것의 한 측면이라는 사실이 망각되어서는 안 된다'는 점이다. 종교는 대개의 경우 가변자를 영원자와 연결시키는데, 만약 이성이 가변자만을 바라보고서 이

가변자를 미신이라고 단언해 버리면, 피상적인 작업으로 영원자를 간과한 것은 이성의 책임이 된다. 이 글에서는 기독교의 가르침과 계율들이 이렇듯 피상적인 보편 개념의 기준에 의해 측정되지 않는다. 또한 이 글에서는 그 가르침과 계율들이 보편 개념에 조화를 이루는지 아니면 모순을 일으키는지, 또는 적어도 그것들이 잉여의 것이며 비이성적인 것은 아닌지, 따라서 불필요한 것은 아닌지 등의 문제가 보편 개념의 척도에 따라 판단되지 않는다. 우연성들이 영원자와 관련됨으로써 영원한 어떤 것이 되며, 이때 이 우연성들은 자기의 우연성의 성질을 상실하게 된다. 바로 이런 우연성을 상실한 우연성들은 따라서 필연적으로 두 측면 (즉, 가변자로서의 우연적 측면과 영원자로서의 필연적 측면—옮긴이)을 갖는다. 이성의 분리 작용을 통해서만 이 두 측면은 서로 떨어진다. 종교 자체에서 그 두 측면은 분리되지 않는다. 종교에서는, 보다 정확히 말해서 종교적인 것에서는 보편 개념들이 결코 적용될 수 없다. 왜냐하면 이 종교적인 것 자체는 결코 개념이 아니기 때문이다. 여기서 지금 나는 반성을 통해서야 비로소 생성되는 그런 우연성들을 말하고 있지 않다. 오히려 여기서 말하고 있는 것은 종교 자체의 대상으로서 우연성으로 존속하고 있는 것, 가변적인 것으로서 고귀한 의미를 가지고 있는 것, 한계지어진 것으로서 성스러움을 가지며 동시에 경외할 만한 가치가 있는 것 등이다. 이 글은 그런 우연적인 것이 최초의 기독교 안에, 즉 예수의 가르침과 행동 그리고 그의 운명 속에 현재했었는지를 탐구하고자 한다. 또한 그의 말하는 형식 속에, 그리고 다른 사람들, 즉 그의 동료들과 그의 적들과의 관계에서 그들과의 상황에 어울리지 않지만 중요성을 지닌 그런 우연적인 것들이 현상하지는 않는지, 다른 말로 하면 기독교의 생성의 시기에 기독교를 실정적인 것에로 이끌 요인이 있었는지를 탐구하고자 한다.

* * *

　주변 민족을 증오하고 멸시했던 유대 민족은 자신들의 관습과 자만심 등을 고집하면서 홀로 고귀하게 자신들의 방식 속에서 살고자 했다. 다른 민족과 동등하게 사는 것, 그들과 연합하여 사는 것을 그 민족은 하나의 가공스러운 혐오로 여겼다. 하지만 그 민족에게 그들의 땅이 작았기 때문에, 무역을 해야 했기 때문에, 그리고 로마제국에 의해서 민족들이 연합되었기 때문에, 즉 여러 가지 이유 때문에 그 민족은 다른 민족과 다양한 관계를 맺었다. 다른 민족으로부터 구별되어 살고자 했던 유대 민족의 열망은 통일을 원하는 민족들의 압력에 굴복하고 말았다. 이 민족이 자기들만의 독자성을 유지하고자 하면 할수록 전쟁은 더욱 격렬해질 수밖에 없었다. 투쟁 이후 그들의 국가가 낯선 권력에 복종당했을 때, 그들은 심하게 굴욕감을 느꼈으며 몹시 쓰라려 했다. 이때 그들은 그들 종교의 율법에 더욱더 집요하게 집착하였다. 그들은 그들의 율법을 그들의 유일신으로부터 유도해 냈었다. 그들 종교의 본질 중 하나는 무수하게 많은 무의미하고 쓸데없는 행동을 하게 하는 것이었다. 이 민족의 초라하기 그지없는 노예 정신은 일상생활의 가장 사소한 부분에 대해서까지 규칙을 제정해야 직성이 풀렸으며, 그렇게 함으로써 전체 민족은 수도원적인 삶을 유지해야 했다. 신에 대한 경배와 덕을 행하는 것은 삶을 죽어 있는 공식에 복종시키는 강제적인 것이었다. 그래서 이 민족의 정신에는 자신의 고유한 법칙을 전혀 갖지 못한 노예들의 복종을 자랑스러워하는 완고한 자만심 외에 남겨진 것이 없었다.[5] 그러나 이런 완고함으로도 점점 더 무거워져 점점 더 빨리 추

---

5) [옮긴이] 노예는 정의상 자기 자신의 법칙을 갖지 않고, 주인에 의해 제정된 법칙을 가질 뿐이

락해 가는 그들의 운명을 돌이킬 수 없었다. 그 민족 전체는 단 한번에 그리고 영원히 파괴되었다. 정치적 상호 의존성과 다른 민족과의 유대감의 증대 때문에 그들의 분리주의적 광란은 성공을 거둘 수 없었다. 유대 민족의 이러한 상황에서도 자신의 자아를 부정하지 않은 자들, 생명 없는 기계가 되거나 기계적인 노예가 되지 않으려고 노력하는 보다 훌륭한 기질의 소유자들이 있었던 것 같다. 또한 그들 중에는 자기의식 없이 실존하기보다는, 자질구레한 규율에 싸여 기계적으로 생기 없이 사는 수도원적인 삶보다는 자유로운 행동과 순수한 독립심으로 살아가려는 욕구를 제기한 사람들이 있었던 것 같다. 즉 기계적인 노예근성과 그 명령을 잘 수행하고 있다는 자만심에 안주하기보다는 고귀한 인간적인 욕구를 제기한 사람들이 있었던 것 같다. 자연(본성)은 이러한 상태에 분노했으며 다양한 반응을 표출했다. 예를 들어, 강도들과 메시아들의 발흥, 엄격한 수도승과 같은 규율을 가진 바리새파의 유대주의, 이 유대주의를 자유와 정치 등과 합성한 사두개파의 혼합주의,[6] 민족의 고통과 염려에 아랑곳없이 살아가는 에세네파[7]의 은자적 형제애, 보다 깊은 인간 본성을 표현하고 있는 플라톤주의로 유대주의를 계몽하는 것, 세례 요한의 홍기와 그의 설교, 그리고 예수의 출현 등은 바로 그런 분노의 표현들이다.

다. 따라서 한 노예가 다른 노예에게 뽐낼 수 있는 근거는 자기 주인의 힘이 다른 주인보다 위대하다는 사실에 있다. 그리고 그는 그 주인에게 복종하는 것을 자랑스러워한다. 주인의 힘이 크면 클수록 복종은 절대적이며, 그 노예의 다른 노예에 대한 자만심 역시 커진다. 고대 그리스의 신들과는 달리 유대의 신은 유일신이자 절대자였다. 이 말은 동시에 유대인들의 자만심이 절대적이었음을 나타낸다. 그들만이 선택된 민족이라는 가공할 만한 요청은 여기서 나온다.

6) [옮긴이] 사두개파. 유대교 3대 종파 중 하나로, 죽은 자의 부활과 천사, 영혼 등의 존재를 믿지 않았다. 그래서 후세에 사람들은 그들을 물질주의자라고 말한다.

7) [옮긴이] 이 책 251쪽 옮긴이 주 참조.

예수는 그의 민족의 악을 그 뿌리로부터 공격하였다. 즉 그는 그들의 오만과 적대적인 민족 분리주의를 공격하였다. 그는 그들 민족의 생명 없고 생기 없는 기계적인 숭배를 철폐하고자 했다. 바로 이 때문에 그의 가르침은 그의 민족의 종교가 아니라 세계의 종교로 되었다. 이 사실은 예수가 그의 시대의 욕구를 얼마나 깊게 파악했으며, 유대 민족이 정신의 노예 상태에 대한 분노도 없이, 선에 대한 어떤 열정도 없이 얼마나 깊이 타락했는지를 증명해 준다.

'예수의 성장은 어떠했는가'라는 흥미 있는 문제에 대해 우리는 아무것도 모른다. 성인이 되어서야 그는 역사의 무대에 등장하는데, 그때 그는 이미 유대의 정신세계에서 떠나 있었고, 세속적 욕구 충족과 삶의 안락함을 위해 그 시대의 제약된 관성으로부터도 자유로웠다. 또한 편견과 악습의 세계에 들어가기만 하면 생활에 만족을 얻을 수 있었을 텐데, 그때 그에게서 그렇게 하고자 하는 야망이나 열정이 전혀 보이지 않는다. 그가 비록 그들 민족 사이에서 성장하긴 했지만 그들로부터 떨어져 있었으며 ——이는 단지 40일만이 아니라 그 이상 동안—— 개혁가의 열광으로 고무되어 있었다. 그리고 또한 그의 행동 양식과 언어 습관 역시 동시대의 다른 사람들이 가지고 있었던 문화나 종교를 따르지 않았다. 그는 젊은이답게 성공에 대한 유쾌한 희망과 의심 없는 자긍심으로 단번에 역사에 등장하였다. 그는 그의 민족의 뿌리 깊은 편견에 의해 저항을 받으리라고 생각하지 않은 것 같다. 그의 민족에게는 자유로운 종교의 정신이 이미 살해되었으며, 노예 속성에 대한 완고한 광적인 열광만 남아 있다는 사실을 그는 잊고 있었던 것 같다. 그는 고집불통의 민족 구성원들의 마음을 연설과 설교를 통해 바꾸려고 했다. 그는 그와 알게 된지 얼마 되지 않은 그의 12명의 친구들 역시 이 일을 수행할 수 있을 것이라고 생각했다. 그는 그의 민족을 아주 성숙한 민족으로 생각했다. 왜냐하면 예수는 살아가는 동안 수많은 약점을 드러냈고, 예수의 말을 앵무새처럼 반복할 뿐인 성숙하지 못한 그의 추종자들에 의해 그의 민족이 자극을 받고 변화될 것이라고 생각했으니 말이다. 자신의 노력이 얼마나 무익했었는지를 씁쓸히 경험하고 나서야 비로소 그 순진무구한 청춘의 젊은이는 사라져 갔다. 그리고 나서 그는 씁쓸하기 그지없는 격렬함으로 그리고 적대적인 저항에 의해 상처 입은 심정으로 말한다.[8]

유대인들이 미래에 소망하는 것, 즉 완전한 신정정치, 신의 왕국 등을 예수는 그들에게 설파했다. "신의 나라가 임했다. 그것은 지금 여기에 현존한다. 그것을 믿는 믿음을 통해 신의 나라는 현재화하며 모두는 그의 나라의 시민이 된다." 노예 속성 때문에 율법에 영원히 종속될 수밖에 없다는 그들 자신의 무력감이 유대인들의 속성인 건축가의 오만함과 필연적인 방식으로 결합되어 있었다. 이런 상황에서 그들에게 자아감정(각자는 무엇인가의 노예가 아니라 자기가 자기 자신의 주인이라는 의식—옮긴이)을 주는 작업, 즉 그들 역시 빈곤한 환경에서 자란 이 목수의 아들처럼 신의 나라의 일원이 될 수 있다는 것을 믿게 하는 것이 가장 어려웠다. 그런데 율법의 멍에에서 자유로워야 한다는 주장은 단지 이러한 신앙의 소극적 특성에 지나지 않는다. 예수는 적극적으로 그들의 종교적 삶이 가지고 있는 기계주의를 강하게 공격하였다. 유대의 율법은 타락할 만큼 타락해서 탁월한 율법 조항들 (즉, 인간의 자율성을 얘기하는 율법 조항들—옮긴이)을 무시해

---

8) [옮긴이] 예수는 십자가상에서 "엘리 엘리 라마 사박다니, 나의 하나님 나의 하나님 어찌하여 나를 버리시나이까"라고 절규한다. 헤겔은 아마도 이 절규를 염두에 두는 듯하다. 이것에 대해 여러 가지 신학적 해석이 가능하지만 헤겔은 여기서 거대한 유대 운명을 되돌리려는 순진한 한 청년의 비극을 볼 뿐이다.

버려도 될 수많은 핑계거리들을 고안해 냈다. 유대인들의 뿌리 깊은 민족적 허영심, 전체 체제와 얽혀 있는 허위의식과 사이비 신성함, 그리고 이런 것들에 근거한 민족 지도자들의 지배는 서로 혼합된 채 통일된 힘을 형성하고 있었는데, 예수 역시 이 힘에 대항하여 성공을 거두지 못했다. 예수는 자유와 도덕성을 삶에 이식하고자 한 그의 열성적인 시도가 완전히 실패했다는 사실을 보며 괴로워했다. 그리고 그는 몇몇 사람에게라도 보다 좋은 희망과 믿음을 불어넣어서 그들을 독립적인 존재로, 그리고 자신을 지지하는 자로 양성하고자 했었는데, 그런 그의 노력조차도 매우 애매하고 불온전한 결과만을 낳았다고 씁쓸해했다(「마태복음」 20장 20절. 요한과 야고보가 예수와 몇 년간 교제하고 난 이후에도 여전히 예수의 진의를 깨닫지 못하고 엉뚱한 요구를 한 사건.[9] 「사도행전」 1장 6절. 예수가 지상에 존재하던 마지막 순간에조차, 소위 승천하기 직전의 마지막 순간에조차 제자들은 예수가 이스라엘을 회복할 것이라는 전통적인 유대인의 희망을 포기하지 않았다[10]). 예수 자신은 그에 대한 제사장들의 극도의 혐오와 그의 민족의 비뚤어진 허영심에 희생되었다.

그 자체 자유롭고 극단적이었던 예수의 새로운 가르침이 이후에 유대의 지식인들에 의해 받아들여졌을 때, 그 가르침은 실정적인 어떤 것으로 변할 수밖에 없었으며, 그들은 그 가르침으로부터, 그들의 조상들이 그랬던 것처럼, 그들이 노예적으로 봉사할 수 있을 무언가를 만들어 냈다. 이런

---

9) [옮긴이] 「마태복음」 20장 20~21절. "그때에 세베데의 아들의 어미가 그 아들들을 데리고 예수께 와서 절하며 무엇을 구하니, 예수께서 가라사대 무엇을 원하느뇨, 가로되 이 나의 두 아들을 주의 나라에서 하나는 주의 우편에, 하나는 주의 좌편에 앉게 하소서."

10) [옮긴이] 「사도행전」 1장 6절. "저희가 모였을 때에 예수께 여짜와 가로되 주께서 이스라엘 나라를 회복하심이 이때이니이까 하니."

사실은 그들의 정신에 비춰볼 때 너무나 당연히 기대될 수 있는 것이다. 우리는 예수의 종교가 그의 민족의 정신에 물들어 있지 않았음을 본다. 그의 표현 중에 미신 냄새가 나는 것, 예를 들어 '인간에 대한 악령의 지배'와 같은 표현을 몇몇 사람들은 철저히 무의미한 것으로 비난했다. 반면 어떤 사람들은 '순응'이나 '시대이념' 등의 단어를 사용하면서, 그 시대에 민중을 가르치는 데 어쩔 수 없었다는 이유로 그 표현들을 옹호했다. 우리의 입장에서 미신으로 간주되는 것에 대해 판단을 내려야 한다면, 그것은 종교에 속하지 않는다고 할 수 있다. 예수의 영혼은 자유로웠고 우연적인 것에 의존해 있지 않았다. 그에게 유일하게 필연적인 것은 신과 신처럼 성스러운 인간에 대한 사랑이었다. 종교적인 이러한 순수성은 한 유대인에게 최고로 값있는 것이었다. 그러나 우리는 그의 계승자들이 유대의 우연성들을 거부하긴 하지만, 유대의 정신에서 해방되지 못하는 것을 본다. 그들은 예수의 말에서, 예수가 보여 주었던 것에서 곧바로 규칙과 의무율을 만들어 낸다. 그리고 그들의 스승에 대한 자유로운 모방 행각이 곧이어 그들의 주인에 대한 노예적인 복종으로 전이되었다.

예수의 행위 양식과 언어 양식에 나타나는 우연적인 것은 무엇인가? 그리고 이 우연적인 것이 성스러운 것으로 간주되어 그렇게 숭배될 수 있는 것인가?

'이러저러한 실정적 교리가 어떻게 기독교 속으로 침입해 들어왔는가', '그러한 교리 체계에 점차로 어떠한 변화가 일어났는가' 등을 탐구하는 것이 이 글의 의도는 아니다. ⋯ (이 책 258쪽 "따라서 우리는 ⋯" 문장으로 연결됨 ─옮긴이)

엘레우시스—
횔더린에 부쳐

1. 엘레우시스[1]
— 횔더린에 부쳐

내 주변에, 내 안에 평온이 깃들고, ── 분주히 일하는 사람들의

지칠 줄 모르는 염려도 잠을 자네. 이 평온을 자유와

---

1) [옮긴이] 1796년 7월 스위스의 빌러(Bieler) 호숫가에 있는 알프스의 도시 축(Tschugg)에서 여름휴가를 보낸 후 베른으로 돌아온 헤겔은 달에 반짝이는 빌러 호수의 밤 풍경의 고요함을 회상하면서 그의 가장 절친한 친구인 횔더린과의 재회를 그리며 이 시를 썼다. 그들은 튀빙겐에서 대학 시절을 함께 보낸 '옛 우정'을 가지고 있었으며, 몇 달 후 헤겔은 이 옛 우정의 친구의 주선으로 프랑크푸르트로 이사하게 되어 있었다. 그런데 횔더린에게 헌정된 이 시가 그에게 전달되었는지에 대해서는 알려져 있지 않다.

헤겔은 이 시에서 "낮 동안 지겨웠던 소음"과 "해방자, 밤"을 대조하고 있으며, 이와 병행하여 모든 것을 말과 언어로 표현함으로써 진리의 신비함을 제거해 버리는 근대의 "공허한 미사여구"와 고귀한 가르침에 침잠한 고대의 신비가들의 침묵을 대조하고 있다. 이것은 상실된 고대 세계에 대한 동경의 표현이며, 그 세계의 원형은 엘레우시스 비교의식(秘敎儀式)에서 찾아진다. 이러한 낭만주의적·신비적 세계관은 횔더린의 영향을 느끼게 한다.

엘레우시스는 아테네의 서쪽 약 20킬로미터 지점에 위치한 고대의 도시로서, 여기에서 데메테르(로마에서는 세레스라 함)와 그의 딸 페르세포네를 기념하는 비교의식이 매년 열렸다. 풍요의 여신인 데메테르(대지를 상징한다)는 그의 딸 페르세포네(지하의 왕 하데스가 납치하여 그의 아내로 삼았고, 지하의 여왕이 됨. 식물의 싹을 상징한다)의 생환을 아주 기뻐하였는데, 이 비교의식은 이 기쁨을 기념하여 만든 축제의식이다(이것은 식물의 씨앗이 땅에 떨어져 겨울 동안 땅속[하데스]에 갇혀 있다가 새봄에 대지를 푸르게 만드는 현상을 신화화한 것이다. 만물의 어머니인 대지는 잃어버린 줄 알았던 씨앗을 새봄에 싹으로 되찾는다). 이 비교의식은 봄에 전 그리스에서 선택된 입교 예정자들을 봉헌하는 소비교의식과 가을에 숭배물들을 엘레우시스에서 아테네로, 그리고 그 역으로 운송하는 대비교의식이 있다. 이때 바다에서는 성스러운 세례의식이 거행되고, 희생의례가 장중하게 개최된다. 이 비교의식은 로마시대에도 이어졌는데, 예를 들

뮤즈[2])가 나에게 선사하네. ──감사하오, 그대 나의

해방자, 오 밤이여! 하얀 안개 면사포 쓴

달은 저 먼 언덕 미지의 능선들을 에워싸고,

저 너머 호수의 밝은 줄무늬

친근하게 반짝이네.

낮 동안 지겨웠던 소음도,

그때와 지금 사이 오랜 세월이 놓여 있기라도 하듯,

기억 속에서 멀어져 가네.

나의 사랑, 그대 모습 내 앞에 다가오고,

지나가 버린 그 시절의 기쁨도 나타나오. 하지만 그 기쁨도

재회의 달콤한 희망에 비하면 아무것도 아니리 ──

벌써 오랫동안 그리워한 불타는

포옹의 장면, 그런 다음 서로 안부 물으며

그때 이래

벗의 태도, 표현, 기질이 어떻게 변했는지 알아보려 서로 은밀하게

염탐하는 장면, ──옛 우정의 신실함이 더 단단해지고 성숙해진 것을

확인하곤 기뻐하는 장면을 그려 본다오.

우리의 우정, 비록 서약은 없었지만,

오직 자유로운 진리에만 살고, 생각과 감정을 속박하는

그 어떤 규정에도 얽매이지 않겠다고 했었지.

어 키케로, 아우구스투스 그리고 마르쿠스 아우렐리우스도 이 의식에 봉헌된 자로 알려져 있
다. 하지만 4세기 말, 서고트인이 이 지역을 점령하면서 엘레우시스는 완전히 파괴되고, 비교
의식 역시 사라진다.
2) [옮긴이] 뮤즈(Muse). 시, 음악, 학문 그리고 오락을 관장하는 신들.

그런데 산과 강 건너 날 쉬 그대에게 이끌었던 이 소원

안이한 현실과 타협하고 마는구려.

이들의 불화를 알리는 것은 한숨, 이 한숨과 더불어 재회의

달콤한 환상의 꿈도 사라져 버리는구려.

눈을 들어 영원한 천궁,

그대에게 향하네, 오! 빛나는 밤의 별들이여!

그대의 영원 앞에서

모든 소원, 모든 희망도 잊혀지네.

(그저 바라보는 가운데 감관은 힘을 잃고,

내 것이라 불렀던 것 사라지네.

헤아릴 수 없는 그에게 날 내맡겨,

나는 그 안에 있고, 나는 모든 것이며, 단지 그일 뿐.

되돌아 온 의식에게

무한자는 낯설고 두려운 것, 그래서 놀란 나머지

이 관조의 깊이를 파악하지 못하네.

환상은 영원자를 감관에 접근시켜,

형태를 얻게 한다네.)[3] —— 환영하오, 그대

숭고한 정령들, 고귀한 그림자들이여!

그대들 이마에 온전함의 빛이 반짝이는구려!

그것은[4] 놀라는 법이 없네. —— 이것은 내 고향의 정기,

진지함, 그리고 그대들을 감싸 흐르는 광휘임을 느낀다오.

---

3) [옮긴이] 헤겔 수고에 괄호 안의 구절은 줄이 그어져 지워져 있다.

아! 이제 그대 성소의 문들 쏟아져 내리는 것 같구려,

엘레우시스를 다스리는 그대, 오! 세레스여![5]

열광에 흠뻑 취한 나 이제

그대 가까이 있음을 느끼고,

그대의 계시 이해할 것 같다오.

형상들의 고귀한 뜻 새기며,

신들의 만찬에서 들려오는 노래와

그들의 고귀한 신탁을 듣는 것 같다오. ──

그런데 그대의 회당에서 소리 그치다니, 오 여신이여!

신들의 영역 성스러운[6] 제단에서 올림포스로 쫓겨나고,

타락해 버린 인류의 무덤에서

한때 인간을 사로잡았던 순결한 정령은 쫓겨났다네!

그대의 사제들 더 이상 지혜를 말하지 않고, 거룩한 봉헌의 어떤 음조로도

우리를 구원하지 못하네. 헛되도다, 탐구자가 추구하는 건

호기심에서 나온 것일 뿐, 그에게서

지혜에 대한 사랑을 찾을 수 없다네.[7] (탐문자는 호기심을 소유하며,

그대를 경멸한다오.) ──지혜를 정복하려 탐문자들은 말들을 채굴하네,

---

4) [옮긴이] 여기서 "그것은"(Er)은 "정기"(Äther), "진지함"(Ernst) 내지 "광휘"(Glanz) 중 하나를
받는 것으로 해석된다.

5) [옮긴이] 세레스. 그리스에서 데메테르라 함. 엘레우시스에서 숭배된 대지와 풍요의 여신.

6) [옮긴이] 비평본에는 "성스러움이 없어진"(entheiligten)으로 되어 있음.

7) [옮긴이] 이 행은 번역 대본으로 사용한 주어캄프 출판사판(이 장 뒤에 수록된 원문)에서 번역
한 것이 아니라 비평본을 참고로 했다. "─ und vergehens sucht / des Forschers Neugier ─
mehr, als Liebe / zur Weisheit"

그대의 고귀한 뜻이 그 말들에 각인되어 있기라도 하듯이!

헛되도다! 그들이 붙잡은 건 먼지와 재일 뿐,

이 안에서 그대의 삶 그들에게는 결코 되돌아오지 않으리.

부패와 영혼이 떠난 상태에서도 우쭐댔던

영원히 죽은 자들이여! ─욕심이 없는 자들이여! ─무상하도다,

그대의 향연의 어떤 징표도, 형상의 어떤 흔적도 남지 않았으니!

봉헌된 아들에겐 고귀한 가르침의 충만함과

형용할 수 없이 심오한 느낌 너무나 성스러워

메마른 말들로 그는 그 가치를 측량할 수 없었다오.

사유로는 영혼을 파악할 수 없다네,

시공 너머 무한성을 예감하며

침잠한 채 자기를 잊다가 다시금 의식으로 깨어나는 것이

영혼이기 때문이라오. 다른 이에게 이 사실을 알리고자 한 이는,

천사의 입술로 말한다 해도, 말의 가난함을 느꼈을 뿐이라오.

그가 두려워하는 건, 생각을 통해 신성이 왜소화되고

말을 통해 더욱 그렇게 될진대, 어느새 말이 그에게 허물로 다가와

알아서 입을 다물게 되어 버리지 않을까 하는 것이라네.

거룩한 밤에 봉헌자가 보고 듣고 느낀 것을 전달할 수는 없는 일,

현명한 법은 그가 삼갔던 것을

더 가난한 정신의 소유자들에게 삼가게 했을 뿐이라네.

이들의 바보 같은 소란도

개심자의 묵상을 방해하지는 못했으니, 그들의 공허한 미사여구는

신성을 향한 그에게 노여움을 안겨 줄 뿐이었다네. 신성은

회상에 의지할 만큼 진창에 떨어질 수 없는 것,

신성은 궤변론자가 은전 몇 닢으로 팔아 치운

노리개나 상품으로 될 수 없는 것,

말 많은 위선자의 외투로도,

쾌활하게 떠들어 대는 아이들을 계도할 회초리로도 될 수 없는 것이었다

네.

그리고 신성은 낯선 자의 혀에서 나온 메아리에 의지할 만큼

그렇게 공허하지 않았다네.

여신이여, 그대의 아들들은

그대의 영예 탐욕스럽게도 골목과 시장에서 끌고 다니진 않았다오. 오직

그들 가슴의 성소에 그 영예 간직하였다오.

그대는 그들의 입가에 살지 않았으며,

그들의 삶 자체가 그대를 경외하는 것이었다오. 그들의 행위에

그대는 여전히 살고 있다오.

이 밤도 나는 그대를 듣네, 오! 거룩한 신이여!

그대 자손들의 삶이 그대를 종종 나에게 보여 준다오!

그대가 곧 그들 행위의 영혼임을 자주 느낀다오!

그대는 고귀한 뜻, 신실한 믿음이며,

모든 것이 멸망해도 흔들리지 않는 신이라오.

(1796년 8월)

Eleusis[8]

An Hölderlin (August 1796)

Um mich, in mir wohnt Ruhe, ——der geschäft'gen Menschen

Nie müde Sorge schläft, sie geben Freiheit

Und Muse mir ——Dank dir, du meine

Befreierin, o Nacht! Mit weißem Nebelflor

Umzieht der Mond die ungewissen Grenzen

Der fernen Hügel; freundlich blinkt

Der helle Streif des Sees herüber, ——

des Tags langweil'ges Lärmen fernt Erinnerung,

als lägen Jahre zwischen ihm und izt.

dein Bild, Geliebter, tritt vor mich,

und der entfloh'en Tage Lust; doch bald weicht sie

Des Wiedersehens süßern Hoffnungen ——

Schon malt sich mir der langersehnten, feurigen

Umarmung Szene; dann der Fragen, des geheimern

Des wechselseitigen Ausspähens Szene,

Was hier an Haltung, Ausdruck, Sinnesart am Freund

---

8) G. W. F. Hegel, *Werke in zwanzig Bänden, 1 Frühe Schriften*, Suhrkamp Verlag, Frankfurt 1986, 230쪽 이하.

Sich seit der Zeit geändert, —der Gewißheit Wonne,

Des alten Bundes Treue fester, reifer noch zu finden,

Des Bundes, den kein Eid besiegelte,

Der freien Wahrheit nur zu leben, Frieden mit der Satzung,

Die Meinung und Empfindung regelt, nie, nie einzugehn.

Nun unterhandelt mit der trägern Wirklichkeit der Wunsch,

Der über Berge, Flüsse leicht mich zu dir trug,

—Doch ihren Zwist verkündet bald ein Seufzer, und mit ihm

Entflieht der süßen Phantasien Traum.

Mein Aug' erhebt sich zu des ew'gen Himmels Wölbung,

Zu dir, o glänzendes Gestirn der Nacht!

Und aller Wünsche, aller Hoffnungen

Vergessen strömt aus deiner Ewigkeit herab;

(Der Sinn verliert sich in dem Anschaun,

Was mein ich nannte, schwindet,

Ich gebe mich dem Unermeßlichen dahin,

Ich bin in ihm, bin alles, bin nur es.

Dem wiederkehrenden Gedanken fremdet,

Ihm graut vor dem Uunendlichen, und staunend faßt

Er dieses Anschauns Tiefe nicht.

Dem Sinne nähert Phantasie das Ewige,

Vermählt es mit Gestalt[9]), —Willkommen, ihr

Erhab'ne Geister, hohe Schatten,

Von deren Stirne die Vollendung strahlt!

Er schrecket nicht, —ich fühl, es ist auch meiner Heimat Äther

Der Ernst, der Glanz, der euch umfließt.

Ha! sprängen jetzt die Pforten deines Heiligtums von selbst

O Ceres, die du in Eleusis throntest!

Begeistrung trunken fühlt', ich jetzt

Die Schauer deiner Nähe,

Verstände deine Offenbarungen,

Ich deutete der Bilder hohen Sinn, vernähme

Die Hymnen bei der Götter Mahlen,

Die hohen Sprüche ihres Rats. —

Doch deine Hallen sind verstummt, o Göttin!

Geflohen ist der Götter Kreis zurück in den Olymp

Von den geheiligten Altären,

Geflohn von der entweihten Menschheit Grab

Der Unschuld Genius, der her sie zauberte! —

Die Weisheit Deiner Priester schweigt; kein Ton der heil'gen Weihn

Hat sich zu uns gerettet —und vergebens sucht

Des Forschers Neugier mehr als Liebe

---

9) Die eingeklammerten Verse sind gestrichen.

Zur Weisheit (sie besitzen die Sucher und

Verachten dich) ——um sie zu meistern, graben sie nach Worten,

In die Dein hoher Sinn gepräget wär!

Vergebens! Etwa Staub und Asche nur erhaschten sie,

Worein dein Leben ihnen ewig nimmer wiederkehrt.

Doch unter Moder und Entseeltem auch gefielen sich

Die ewig Toten! ——die Genügsamen ——Umsonst ——es blieb

Kein Zeichen deiner Feste, keines Bildes Spur.

Dem Sohn der Weihe war der hohen Lehren Fülle,

Des unaussprechlichen Gefühles Tiefe viel zu heilig,

Als daß er trockne Zeichen ihrer würdigte.

Schon der Gedanke faßt die Seele nicht,

Die außer Zeit und Raum in Ahndung der Unendlichkeit

Versunken, sich vergißt, und wieder zum Bewußtsein nun

Erwacht. Wer gar davon zu andern sprechen wollte,

Spräch er mit Engelzungen, fühlt’ der Worte Armut.

Ihm graut, das Heilige so klein gedacht,

Durch sie so klein gemacht zu haben, daß die Red’ ihm Sünde deucht

Und daß er lebend sich den Mund verschließt.

Was der Geweihte sich so selbst verbot, verbot ein weises

Gesetz den ärmern Geistern, das nicht kund zu tun,

Was er in heil’ger Nacht gesehn, gehört, gefühlt:

Daß nicht den Bessern selbst auch ihres Unfugs Lärm

In seiner Andacht stört’, ihr hohler Wörterkram

Ihn auf das Heil'ge selbst erzürnen machte, dieses nicht

So in den Kot getreten würde, daß man dem

Gedächtnis gar es anvertraute, —daß es nicht

(Zum) Spielzeug und zur Ware des Sophisten,

Die er obolenweis verkaufte,

Zu des beredten Heuchlers Mantel oder gar

Zur Rute schon des frohen Knaben, und so leer

Am Ende würde, daß es nur im Widerhall

Von fremden Zungen seines Lebens Wurzel hätte.

Es trugen geizig deine Söhne, Göttin,

Nicht deine Ehr' auf Gass' und Markt, verwahrten sie

Im innern Heiligtum der Brust.

Drum lebtest du auf ihrem Munde nicht.

Ihr Leben ehrte dich. In ihren Taten lebst du noch.

Auch diese Nacht vernahm ich, heil'ge Gottheit, Dich,

Dich offenbart oft mir auch deiner Kinder Leben,

Dich ahn' ich oft als Seele ihrer Taten!

Du bist der hohe Sinn, der treue Glauben,

Der, eine Gottheit, wenn auch Alles untergeht, nicht wankt.

독일 관념론에
대한
최초의
체계 계획

독일 관념론에 대한 최초의 체계 계획[1]

하나의 윤리학. 전체 형이상학은 앞으로 도덕에 속할 것이기 때문에 ──칸트는 두 개의 실천적 요청과 함께 이에 대해 단 하나의 예를 제시했으며, 어떤 것도 철저하게 논하지 않았다 ──, 이 윤리학은 모든 이념의, 즉 모든 실천적 요청의 완벽한 체계로 된다. 첫번째 이념은 당연히 '나 자신을 절대적으로 자유로운 존재로 표상함'Vorstellung von mir selbst als einem absolut freien Wesen이다. 자유롭고 자기의식적인 존재와 더불어 ──무에서── 하나의 전체 세계가 출현한다. 이것이야말로 생각될 수 있는 유일하게 참된 '무로부터의 창조'이다. 여기에서 나는 자연학의 영역으로 나아갈 것이다. 이때 "도덕적 존재에게 세계는 어떤 속성을 가져야 하는가?"라는 질문이 제기된다. 나는 실험에 골몰하며 천천히 걸어가는 우리의 자연학에 다시 한 번 날개를 달아 주고 싶다.

철학이 이념을, 경험이 데이터들을 다루는 것이라면, 내가 후대에 기대하는 그 자연학이 얼마나 위대한 것인가를 우리는 알 수 있을 것이다. 현

---

1) [편집자] 호프마이스터(Hoffmeister ed.) 편집, *Dokumente zu Hegels Entwicklung*, 219~221쪽. 쉴러(Schüler)의 연대기 Nr. 56(1796년 초여름).

재의 자연학이 우리의 정신이며, 정신이어야 할 창조적인 정신을 만족시킬 수 있는 것 같지는 않다.

자연으로부터 나는 인간의 작품으로 올 것이다. 무엇보다 인류의 이념을 다룰 것이다. 내가 보이고자 하는 것은 '국가의 이념은 없다'라는 것이다. 왜냐하면 국가란 어떤 기계적인 것이며, 기계의 이념이란 없기 때문이다. 자유의 대상이 되는 것만이 이념이라 불린다. 따라서 우리는 국가를 넘어가야 한다! 왜냐하면 모든 국가는 자유로운 인간을 기계적인 톱니바퀴로 다뤄야 하기 때문이다. 국가는 그래서는 안 되며, 따라서 멈춰야 한다. 영구평화와 같은 모든 이념들이 보다 높은 한 이념의 종속적인 이념들에 불과하다는 것을 너희들은 보게 될 것이다. 동시에 나는 여기에서 인류사에 원리로 작용했던 것들을 기록할 것이며, 국가, 체제, 정부 그리고 입법 등, 인간의 고루한 작품 전체를 그 껍질까지 발가벗길 것이다. 그런 다음에 마침내 도덕적 세계, 신 그리고 불멸 등의 이념이 온다. 이것은 모든 미신의 전복이며, 새롭게 이성에 아부하는 성직계급을 이성을 통해 추방하는 것이다. 또한 이것은 지성적인 세계를 자기 안에 간직하고 있으며 신神도 불멸도 자기 밖에서 추구해서는 안 되는 모든 정신의 절대적 자유를 의미한다.

마지막으로 모두를 통일시키는 이념은, 플라톤적인 고귀한 의미로 말해서, 미美의 이념임을 보일 것이다. 나는 이성의 최고의 작용이 (이 작용 안에서 이성은 모든 이념을 포괄하게 된다) 미적인 작용이며, '진리와 선은 미 속에서만 긴밀하게 연결된다'고 확신한다. 철학자는 시인만큼이나 예술적인 힘을 소유해야 한다. 예술적인 감각이 없는 인간은 말만의 철학자이다. 정신철학은 예술적인 철학이다. 예술적 감각 없이 우리는 어떤 것에서도 정신적으로 충만할 수 없으며, 역사에 대해서조차 우리는 정신적으로 충만하게 추론할 수 없다. 이념을 이해하지 못하는 사람들은 바로 이 예술적 감각을 결여하고 있다는 사실이 명백하다. 그리고 모든 것이 도표와 색인 이상의 것인 한 그 사람들에게는 모든 것이 어두움에 놓여 있다는 사실 역시 진실한 마음으로 고백되어야 한다.

따라서 시Posie는 고귀한 영예를 얻는다. 시는 마지막에 다시금 처음에 있던 것으로 돌아간다. 그래서 시는 인간의 선생이 된다. 왜냐하면 철학도 역사도 더 이상 없으며, 시 예술만이 모든 여타의 학문을 넘어서기 때문이다.

동시에 우리는 대중이 감성적인 종교를 가져야 한다는 소리를 종종 듣는다. 대중뿐 아니라 철학자 역시 이런 종교를 필요로 한다. '이성과 마음'의 일신론, '상상력과 예술'의 다신론, 바로 이것이 우리가 필요로 하는 것이다.

우선 나는 여기서 한 이념을 말하고자 하는데, 내가 아는 한 이 이념은 아직 누구도 감지하지 못한 이념이다. 우리는 새로운 신화를 가져야 하는데, 이 신화는 이념에 봉사해야 한다. 즉 이 신화는 이성의 신화여야 한다.

우리가 이념들을 예술적으로, 즉 신화적으로 만들지 않으면 이 이념들에 대해 민중은 어떤 관심도 보이지 않는다. 반대로 신화가 이성적이지 않으면 철학자는 이 신화를 부끄러워해야 한다. 따라서 계몽된 자와 계몽되지 않은 자들이 서로 손을 내밀어야 한다. 신화는 철학적으로 되어야 하며, 민중은 이성적으로 되어야 한다. 철학자들을 감각적으로 만들기 위해 철학은 신화적으로 되어야 한다. 그런 다음에야 우리 가운데 영원한 통일이 지배할 것이다. 경멸에 가득한 눈초리도, 현자와 성직자들에 대한 민중의 맹목적인 분노의 떨림도 사라질 것이다. 그런 다음에 비로소, 개체의 힘이건 모든 개별자들의 힘이건 간에, 모든 힘들의 동일한 도야가 기대된다. 어떤 힘도 억압되지 않을 것이다. 그렇게 되면 정신들의 보편적인 자유와 평등이 지배하게 될 것이다! 하늘에서 보내진 최고의 정신이 이 새로운 종교를 우리 가운데 세울 것이며, 이 종교야말로 인류의 가장 위대한 마지막 작품이 될 것이다.

종교와 사랑에
대한
단편들

1. 도덕, 사랑, 종교[1]

실천적이어야 할 믿음이 이론적으로만 현존하는 믿음, 즉 근원적으로는 주관적이어야 할 믿음이 하나의 객체로 현존하는 믿음을 실정적이라 이른다. 즉 주관화될 수 없는 어떤 객체에 대한 표상을 삶과 행위의 원리로 삼고 있는 종교를 실정적이라 한다. 실천적 활동은 대립의 통일을 말할 필요도 없으며, 또한 이런 대립에 의하여 규정되지도 않은 채 자유롭게 행한다. 실천적 활동은 통일을 다양한 소여에로 이양하는 작업이 아니라, 다양한 대립자와 대항하는 가운데 스스로를 유지하는 통일 자체이다. 그런데 그런 대립자란 실천적 능력의 관점에서 보면 항상 고립된 채 머물러 있는 것이다. 실천적 통일은 대립자가 완전히 지양된다는 사실을 통해서 주장된다.

모든 도덕적 계율들은 욕망에 대립하여 이런 통일을 이루기를 요구한다. 도덕적 계율들은 상이한 욕망과 관련이 있으며, 따라서 단지 상이한 것으로 드러날 뿐이다. (도덕적 계율에서) 이런 통일은 표상될 뿐이다.

---

1) [옮긴이] H. 놀의 편집본 374~377쪽. G. 쉴러의 문집 Nr. 67. 1797년 7월 이전에 기록된 것으로 추정됨.

도덕의 개념이란 무엇인가? 도덕의 개념들은 이론적인 개념들이 대상을 갖는 방식과는 다르게 대상을 갖는다. 도덕 개념의 대상은 항상 자아이다. 반면 이론 개념의 대상은 항상 비아非我이다. 도덕 개념의 대상은 자아에 대한 어떤 규정이다. 그런데 이 자아 규정은 개념으로 되기 위해, 인식되고 대상으로 될 수 있기 위해 자아라는 우연적인 것이 고찰되는 방식과는 완전히 다르게 자아에 대립해 있으며, 이제는 인식하는 자아 규정으로부터 배제된다. 개념은 반성된 활동이다. 이러한 방식으로 발생되지 않은 도덕 개념, 활동 없는 개념은 실정적 개념이다. 그런데 실정적 개념은 실천적으로 된다고 한다. 개념은 단순히 인식된 것, 소여된 것 그리고 객관적인 것일 뿐이며, 자신의 힘, 위력, 그리고 자신의 효능 등을 단지 경외나 두려움을 불러일으키는 대상을 통해서만 보유한다. 그런데 만약 그런 실정적 개념들 속에서 저런 (경외나 두려움의) 대상으로 나아가는 길, 즉 죄의 용서를 보여 주는 희망의 길이 우리에게 개시되지 않을 경우, 혹은 (그 대상과의) 통일이 불가능할 경우 우리는 그 대상 앞에서 소멸해야 하고 또 그 대상에 복종해야 할 것이다.

실정적·도덕적 개념은, 자신의 활동이 스스로 전개되어 위력을 얻게 될 경우 실정성이라는 특성을 상실할 수 있다. 하지만 우리가 일상적으로 실정적이라 이른 것은 그 성질상 우리 자신의 반성적 활동이 아니며, 따라서 객체와 이런 객체의 특성을 결코 저버릴 수 없다.

도덕적인 것은 표상되고 파악되는 방식으로 역시 객체화될 수 있지만, 우리 자신이, 그리고 우리의 고유한 힘과 활동 자체가 인식의 대상이라고 하는 의식이 항상 현존하거나 현존할 수 있다. 일상적인 의미에서 도덕적인 것과 대상적인 것은 상호 대립되어 있다.

무한한 대상, 이 대상의 행위 방식 역시 그 인식 능력에 대해 실정적이다. 기적, 계시 현상들이 바로 이런 것이다.

직관 속에는 전체가 소여되어 있지 않다고 하며, 그 속에서 인식 능력은 전체를 자신의 부분으로 상상할 수 있는 그의 본질의 법칙을 포기하며 고통을 안다고 한다. 그리고 동일한 양의 활동이 그에게는 현상 속에 소여되어 있지 않다고 하며, 그 활동은 직관을 결코 그런 전체로서 사유하지 않는다고 한다. 활동, 원인은 알려지지 않은 어떤 것이라고 하며, 변이의 한쪽 요소는 객체, 즉 비아도 아니고 자아도 아니다. 마치 자아를 하나의 요소로 가지는 인간의 문제에서처럼.

실천적 자아의 본질은 이상적 활동이 현실을 넘어선다는 데 있으며, 그리고 객관적 활동이 무한한 활동과 동등해야 한다는 요구에 기반을 둔다.

실천적인 믿음은 그런 이상에 대한 믿음이다. 이런 현실을 넘어서는 행위와 동등성에 대한 요구가 있을 경우 믿음은 실정적이 된다. 이런 요구는 강력한, 지배적인 권위를 통해서만 주어질 수 있는데, 그래서 그 대상과 대상의 행위 방식은 사실상 우리에 의해 파악될 수 없다. 우리가 그 대상을 파악한다면 그 대상은 우리에 의해 규정되는 꼴이 되고 만다. 이 대상의 작용 방식은 우리에게는 불가능한 기적이어야 한다. 다른 말로 하면 그 작용 방식은 우리가 자아의 활동에 의지하여서는 인식하지 못하는 활동을 전제하며, 따라서 대상의 작용 방식은 우리가 자유로운 본질의 행위로서 인식하는 행동들, 즉 자아의 행동들과는 구별된다. 우리가 신의 섭리에 포함시키는 도덕의 목적을 말할 때 우리는 우리에게 알려지지 않은 신의 여타의 본질을 얻으려 숙고하는 것이 아니라, 오히려 우리는 여기서 신의 활동이 바로 자아의 활동이라는 것을 판단한다.

종교

객체에 의존하는 것의 또 다른 극단은 객체들을 두려워하는 것, 객체들로부터의 회피, 통일에 대한 두려움, 지고의 주체성 등이다.

객체란?
1. 공간 속에 있는 현실적인 것
2. '내적 규정은 내적 규정이다'라는 의식을 객관적으로 갖는 내적 규정들
3. '내적 규정은 내적 규정이다'라는 의식이 없는 내적 규정들

종고는 신에 대한 자유로운 숭배이다. 구상력이 결여된 한갓 주관적일 뿐인 종교는 정직함일 뿐이다.

파악함은 지배함이다Begreifen ist beherrschen. 객체를 활기 있게 하는 것은 객체를 신으로 만드는 것이다.

시냇물을 관찰하는 것, 즉 시냇물이 어떻게 중력 법칙에 따라 보다 낮은 지역으로 흘러 내려가야 하며, 낮은 웅덩이나 연못에 의해 둘러 싸여 압력을 받게 되는지를 관찰하는 것은 곧 그것을 파악하는 것이며, 그것에 영혼을 부여하는 것이고, 자신과 동등한 일부로서 그에게 관여함을 말한다. 즉 그것을 신으로 만드는 것이다. 그런데 신격화된 인간이 단순히 인간이었다는 사실 때문에 그가 신이라는 사실이 끊임없이 침해당하는 것과 마찬가지로, 시냇물, 나무, 즉 하나의 대상이 단순한 필연성에 종속될 수 있기 때문에, 그 대상들은 단순한 반신半神들일 뿐 영원이나 필연은 아니다. 주체와 객체, 또는 자유와 자연이 통일되어 있어서 자연이 곧 자유로 드러나

고 또한 주체와 대상이 분리될 수 없게 된 곳에 신적인 것이 존재한다. 그런 이상이 모든 종교의 대상이다. 신은 주체이면서 객체이다. 따라서 신은 객체와 대립해 있는 주체라거나, 신은 대상을 갖는다는 진술을 신에 대해 할 수 없다.

이론적인 종합은 완전히 대상적인 것으로 되며, 주체와 완전히 대립된다. 실천적인 활동은 대상을 무화하며 완전히 주관적이다. 사랑에서만이 대상과 하나가 되며, 대상은 지배하지도 지배되지도 않는다. 구상력을 본질로 삼고 있는 이런 사랑은 신이다. 분열된 인간은 신에 대한 외경과 존경을 갖는다. 자기 속에서 통일된 인간은 사랑을 갖는다. 사악한 양심, 분열의 의식은 전자에게 사랑(신)에 대한 두려움을 제공한다.

이러한 통일을 주체와 객체의 통일, 자유와 자연의 통일, 현실과 가능성의 통일이라고 명명할 수 있다. 만약 주체가 주체의 형식을, 객체가 객체의 형식을 보유한다면, 그리고 자연은 언제나 자연을 보유한다면 어떤 통일도 발생되지 않는다. 주체, 즉 자유로운 존재는 여기서 초능력자로, 객체, 즉 자연은 지배되는 자로 남는다. 고대의 신들은 인간들 사이에서 활보하였다. (양자의) 분리와 간격이 증가할수록 신들 역시 인간들로부터 그만큼 더 벗겨져 나갔다. 신들은 희생 제물, 분향과 예배를 얻으며, 더욱 두려운 존재가 된다. 그리고 (그들 사이의) 분리가 너무 진행된 나머지 이제 통일은 폭력을 통해서만 이뤄질 수 있을 뿐이다. 사랑은 이런 이질성(주체는 주체, 객체는 객체라는 이질성)에 대항해서, 거울에 대항해서, 우리의 본질의 메아리에 대항해서 등장할 수 있다.

2. 사랑과 종교[1]

… 적대적이지 않은 많은 종족들을 알게 됨으로써 그들은 보다 많은 신들을 그들의 범신전에 수용하였다. '너희들의 신은 곧 우리의 신이다.' 즉 그 신은 우리에게 더 이상 특수한 어떤 것이 아니라 통일된 것으로서 고찰된다. 낯선 신들을 수치스러워하는 민족은 전체 인류의 증오를 받아야만 할 뿐이다.

욕망과 현실 사이의 분리가 아주 커서 실제적인 고통이 발생할 수 있다. 욕망은 이러한 격정의 근거로서 비록 독립적으로 활동하지만, 그것이 격정이라는 사실로 인해 고통과 통일될 수 없기에 격정의 원인과의 통일 역시 불가능하다. 그리고 이 욕망은 통일에 대해 적대적이다. 욕망이 적대적 본질로부터 어떤 호의도 향유하지 않았다면, 욕망은 그것에게 변화되지 않는 적대적 본질로 남았을 것이다. 하지만 욕망이 이미 그것으로부터 기쁨을 얻었다면, 즉 이미 욕망이 그것을 사랑했다면 그것은 적대적인 심성을 단지 일시적인 것으로 생각해야 한다. 욕망이 어떤 책임 의식을 갖는

---

1) [옮긴이] H. 놀의 편집본 377~378쪽. G. 쉴러의 문집 Nr. 68. 1797년 여름에 쓰인 것으로 추정됨.

다면 이 욕망은 전에 자신과 친근하게 살았던 신의 형벌의 손을 고통 속에서 인식한다. 그러나 그것이 자신의 순수함만을 의식하고 이러한 완전한 분리를 짊어지고 갈 위력이 충분할 경우 그것은 결코 인간적인 어떤 것이 아닌 미지의 힘, 즉 운명에 굴복하지 않고, 또는 그것과의 통일을 이루지 않고 강력하게 맞선다. 왜냐하면 보다 강력한 존재와의 통일은 단지 예속일 수 있기 때문이다.

본성상 영원한 분리가 존재하여 통일될 수 없는 것이 통일된다면, 거기에 실정성이 존재한다. 이런 통일체, 이러한 이상은 따라서 객체이며, 그 속에 주체가 아닌 어떤 것이 존재한다.

이상을 우리는 우리 바깥에 정립할 수 없는데, 그렇지 않을 경우 결코 이상이 아닐 것이다. 종교는 사랑과 하나이다. 사랑 받는 자는 우리에게 대립되어 있지 않으며, 그는 우리의 본질과 일치한다. 우리는 그 속에서 우리 자신만을 보며, 그렇다고 그가 우리는 아니다. 이것은 우리가 파악할 수 없는 하나의 기적이다.

영원한 아름다움의 충일한 모습을 언젠가 향유해 본 경험이 있는 대가는 아름다움의, 또는 비물질적인 이념의 훌륭한 모형 등, 신과 유사한 얼굴을 마주치게 될 경우, 그는 처음에 경악하여 과거 광경들 중 하나에 붙잡히게 된다. 그 다음에 그는 그것을 더 자세히 관찰하고 그것을 신처럼 경외한다. 그리고 그가 엉터리 투성이인 명성에 구속되지 않을 경우, 그는 신상이나 신에게 봉헌하듯이 자신의 사랑에 스스로 희생할 것이다(플라톤,『파이드로스』).

3. 사랑[1]

모든 것들이 어떤 목적에 봉사하고, 어떤 것도 이 목적과 불화의 관계에 있지 않으며, 어떤 것도 동등한 권리를 갖지 않는…. 이는 마치 예를 들어 아브라함과 그의 가족이, 그리고 나중에 그의 민족이 스스로를 최종목적으로 정립한 것과 같으며, 혹은 전체 기독교가 스스로를 최종목적으로 정립한 것과 같다. 그러나 세계주의자가 전체 인류를 자신의 전체 속에서 파악할 때처럼 이러한 전체(유대교나 기독교와 같은 실정적 체계—옮긴이)가 확장되고, 점점 많은 사람들이 평등한 의존의 관계로 들어올수록, 한 개인은 대상에 대한 지배를 점점 더 상실하며, 지배자의 호의를 점점 더 적게 받게 된다. 각각의 개별자는 그만큼 자기의 가치와 권리, 그리고 자기의 자립성

---

1) [편집자] H. 놀의 편집본 378~382쪽. G. 쉴러의 문집 Nr. 69. 이 단편은 1797년 겨울 내지는 1798년 봄, 즉 「기독교의 정신」보다 약 1년 반 정도 이전에 쓰인 것으로 추정된다. [옮긴이] 이 글의 첫 부분은 소실되었으며, 남아 있는 부분의 첫 두 문장도 중간부터 시작되고 있다. 따라서 이 문장의 의미는 추측에 의존할 수밖에 없으며, 맥락에 의존하여 번역되었음을 밝힌다. 이 글의 첫번째 문단에서 헤겔은 신, 지배자를 최고의 존재로 숭상하고 자신을 하찮은 미물로 격하하는 실정종교나 절대주의 체제를 비판하고 있다. 헤겔은 기독교의 '겸손의 덕'을 그리스의 '용기의 덕'과 대비시키면서 전자를 인간의 가치를 폄하하는 것으로, 후자를 진정한 인간성으로 간주한다. 고대의 회복을 위한 헤겔의 열정은 예나 시기 이후 근대의 역사적 필연성을 인식하면서 약화된다.

을 상실한다. 왜냐하면 그의 가치는 지배의 몫에 있기 때문이다. 각 개인은 사물의 중심이라는 자부심도 없이 집합적 전체의 목적을 자기의 최고의 것으로 받아들인다. 그리고 그는 자신을, 모든 개별자들이 그러하듯, 아주 작은 부분으로 경멸한다.

　　죽은 것을 위한 이러한 사랑은 질료로만 싸여 있고, 질료 그 자체는 사랑과 무관하다. 또한 사랑의 본질은 인간이 그 가장 내적인 본성에 있어서 대립자이자 (대상과 독립해 있는—옮긴이) 자립자라는 데 있으며, 따라서 인간에게는 모든 것이 자기 자신만큼이나 영원한 외부 세계이다. 바로 이러한 사실 때문에 인간의 대상들은 변화하기는 하지만 그렇다고 그 대상들이 인간에게서 없어지는 것은 아니다. 즉 인간은 그의 대상과 신만큼 확실하게 존재한다. 이러한 사실은 어떤 손실을 당한 경우 그가 평안을 얻는 근거가 되며, 또 여기에서는 손실이 다른 것으로 대체될 수 있기 때문에 그 손실이 보충될 것이라는 확신을 얻는다. 물질은 이러한 방식으로 인간에게 절대적이다. 하지만 인간이 그 자체로는 존재하지 않는다면, 그를 위해 어떤 것도 역시 존재하지 않을 것이다. 그리고 인간이 존재해야 할 필연성은 있겠는가? 인간이 실존하고 싶어한다는 것은 충분히 이해할 만하다. 왜냐하면 인간의 유한한 의식 외부에는 자체 내로 완성되어 있는 영원한 통일이 아니라 오직 공허한 무無만 놓여 있기 때문이며(즉 의식 외부에는 아무 것도 놓여 있지 않기 때문이며—옮긴이), 이 무無 속에서 자신을 생각한다는 것은 인간에게 상상도 될 수 없기 때문이다. 인간은 단지 대립자로서만 존재한다. 대립이란 서로에 대한 제약함이면서 제약됨이다. 인간은 그의 의식 밖에서 자신을 생각해야 한다. 제약된 것 없이 제약하는 것 없고 그 반대도 마찬가지다. 어떤 것도 무제약적인 것은 없다. 즉 어떤 것도 그의 본질의 뿌리를 자기 안에 갖지 않는다(즉 모든 것은 자신의 본질을 타자와의 관계에서만 갖는다―옮긴이). 각자는 상대적으로만 필연적이다. 일자는 타자를 위해서 존재하며, 따라서 낯선 힘을 통해서만 대자적으로 존재한다. 타자는 그 낯선 힘의 은총과 은혜를 통해서만 일자에게 배속된다. 낯선 자 안이 아니고서는 어디에도 독립적인 존재는 없다. 인간은 저 낯선 자로부터 모든 것을 선사받는다. 그래서 인간은 자신의 존재와 자기의 불멸성을 저 낯선 자에게 감사하지 않으면 안 되고, 그러한 것들을 벌벌 떨면서 구걸한다.

참된 통일, 즉 본래적인 사랑은 살아 있는 자들 사이에서만 발생한다. 이들은 힘에 있어서 서로 동등하며, 따라서 철저하게 서로에 대해 살아 있는 자들이며, 어느 쪽에 의해서도 죽은 자로 간주되지 않는다. 사랑은 모든 대립을 배제한다. 사랑은 오성이 아닌데, 왜냐하면 오성의 관계는 다양성을 다양성으로 남겨 두며, 오성의 통일은 그 자체 대립이기 때문이다. 그리고 사랑은 이성이 아닌데, 왜냐하면 이성은 자신의 규정함을 규정됨에 단적으로 대립시키기 때문이다. 또한 사랑은 제약하는 것도, 제약된 것도 아니며, 유한한 것도 아니다. 사랑은 감정이지만, 그렇다고 개별적인 감정은 아니다. 개별적인 감정은 삶의 일부이기 때문에 이 개별 감정으로부터 전체적인 삶이 나오는 것은 아니다. 삶은 해체됨으로써 감정의 다양성 속에서 분산되며, 이 다양성의 전체 속에서 자신을 발견한다. 사랑 속에서는 이러한 전체가 많은 특수자들의 총합, 분리된 것들의 총합 속에서 존재하는 것처럼 존재하지 않는다. 사랑 속에서 삶은 자신을 발견하며, 그것도 이중화로서, 이 이중화의 통일로서 발견한다. 이렇듯 삶은 전개되지 않은 통일로부터 시작해서 도야를 통해 완벽한 통일에 이르기까지 원환을 그렸다. 전개되지 않은 통일에는 분리의 가능성과 세계가 마주해 있었다. 전개 과정에서 반성은 만족된 충동 속에서 통일될 대립자를 점점 더 많이 산출했다. 그리고 반성이 인간 전체를 인간에게 대립시킬 때까지, 그리고 사랑이 반성을 완전한 무객체성의 형식volle Objektlosigkeit에서 지양하고, 대립자로부터 낯선 자의 특성을 모두 탈취하여 삶이 어떤 결핍도 없이 자신을 발견할 때까지 그런 대립자는 계속 산출된다. 사랑 속에서도 분리된 것이 여전히 존재하지만 더 이상 분리된 것이 아니라 통일체로서 존재한다. 그리고 살아 있는 것은 살아 있는 것을 느낀다.

사랑은 살아 있는 자의 감정이기 때문에 사랑하는 자들은 어떤 것이 실제로 분리되어 있다는 점에서, 즉 가능태가 존재와 결합되어 현실태가 되었다는 점에서 서로 구별되는 것이 아니다. 오히려 그들은 그들이 죽는 한에서만, 그들이 이러한 분리의 가능성을 생각하는 한에서만 서로 구별될 수 있다. 사랑하는 자들에게는 어떤 물질도 없다. 그들은 살아 있는 전체이다. 사랑하는 자들은 자립성과 고유한 삶의 원리를 갖는다. 그것은 그들이 죽을 수 있다는 것을 의미한다. 식물은 자신만의 고유한 작용 법칙을 갖는 소금과 토양을 갖는다. 이런 분석은 낯선 자의 반성이며, 식물이 썩을 수 있다는 것을 의미할 뿐이다. 하지만 사랑은 이런 분리까지도, 즉 이런 가능성을 단순한 가능성으로 지양하고자 하며, 그 자체 사멸할 것을 통일하여 사멸하지 않을 것으로 만들고자 한다. 분리 가능한 것은, 그것이 완벽한 통일 앞에서 여전히 고유한 분립태로 존재하는 한, 사랑하는 자들을 당혹하게 한다. 이것은 완전한 헌신과 여전히 현존하는 자립성 사이에서, 즉 유일하게 가능한 파괴인 통일 속에서의 대립자의 파괴와 현존하는 자립성 사이에서 발생하는 일종의 갈등이다. 전자(완전한 헌신—옮긴이)는 후자(자립성—옮긴이)에 의해 방해받고 있다고 느낀다. 사랑은 여전히 분리되어 있는 것, 즉 재산에 대해 분노한다. 개별성에 대한 사랑의 이러한 분노는 수치다. 수치는 죽은 자의 경련이 아니요, 자신을 유지하고 존립시키려는 자유의 표현이 아니다. 사랑이 가득한 심정은 사랑이 없는 공격을 받을 때 이러한 적대성으로 인해 모욕을 당한다. 그리고 그의 수치는 이제 재산과 권리만을 방어하는 분노로 된다. 수치라는 것이 적대성에 분노하는 사랑의 결과가 아니라, 탈취 가능한 재산에 대해 자기 소유라고 주장하는 본래적인 의미의 적대적인 것이라면, 우리는 폭군들에 대해 그들이 대개의 경우 수치를 갖는다고 말해야 할 것이다. 이는 마치 돈을 받지 않고는 자신의 매력을 선사하지 않는 여자들, 이 매력으로 사람들을 옭아매려 하는 허영에 젖은 여성에 대해 말하는 것과 같다. 이들 모두는 사랑하는 것이 아니다. 사멸할 것에 대한 그들의 방어는 바로 그 사멸할 것에 대한 분노와는 반대되는 것이다. 그들은 바로 그것에 가치를 부여하며, 그들은 부끄러워하지 않는다. 순수한 심정은 사랑을 부끄러워하지 않는다. 다만 이 심정은 사랑이 완전하지 않은 것에 대해 부끄러워한다. 사랑은 완성을 방해하는 어떤 힘, 즉 어떤 적대적인 것이 여전히 존립한다는 사실에 대해 질책한다. 수치는 육체를 회상함으로써만, 즉 개인적인 현재에 의해서만, 개별성을 느낄 때 출현한다. 수치는 죽은 것을 산출하기 위한, 즉 재산을 산출하기 위한 두려움이 아니라 바로 그것들 자체에 대한 공포이다. 그런데 사랑이 분리 가능한 것을 약화시키자마자 이 공포는 이 분리 가능한 것과 더불어 소멸한다. 왜냐하면 사랑은 공포보다 강하기 때문이다. 사랑은 수치에 대한 공포를 두려워하지 않는다. 그러나 사랑은 이 공포에 이끌려 확고한 대립물이 자신에 대립하지 않을까 염려하면서 분리들을 지양한다. 사랑은 상호적인 주고받음이다. 사랑은 자기의 줌이 거절될까봐 떨며, 자기의 받음이 대립자를 이기지 못할까봐 떤다. 사랑은 희망이 자기를 기만하지는 않는지, 자기 자신을 철저히 발견할 수 있을지 알고자 한다. 받은 자는 그것을 통해 타자보다 부유하게 되지 않는다. 그는 물론 풍요롭게 되지만 타자 역시 동일하게 풍요롭게 된다. 마찬가지로 주는 자는 더 가난하게 되지 않는다. 그는 타자에게 줌으로써 그 만큼 더 자신의 보물을 늘린다. 줄리엣이 로미오의 품안에서 다음과 같이 말한 것처럼. "제가 많이 줄수록 그만큼 저는 많은 것을 가져요." 사랑은 모든 사유, 즉 영혼의 모든 다양성을 지양하는 가운데 삶의 이러한 부유함을 획득한다. 이것은 사랑이 무한한 구별들을 구함으로써, 그리고 동시에 자연의 모든 삶으로부터 사랑을 마시기 위해 자연 전체의 다양성을 회집하는 무한한 통일을 발견함으로써 가능하다. 가장 고유한 본성이 접촉하는 가운데, 즉 느끼는 가운데 무의식의 상태에까지, 즉 모든 구별의 지양에 이르기까지 통일된다. 이제 죽은 것은 분리 가능성의 성질을 버렸고, 불멸성의 씨앗, 즉 영원히 자기 전개되고 자기 산출하는 자의 씨앗, 다른 말로 하면, 살아 있는 자가 형성되었다. 통일체는 다시 분리되지 않는다. 신은 작용했고 창조했다. 하지만 이러한 통일체는 하나의 점이며 씨앗에 불과하다.[2] 사랑하는 자들은 이 씨앗 속에 다양성이 있다는 사실을 전혀 알지 못한다. 왜냐하면 씨앗 속에서는 대립자가 다뤄지는 것이 아니며, 통일은 모든 분리와 무관하기 때문이다. 다양성을 산출하고 현존재를 만들어 낼 수 있는 모든 것은 새로 산출된 것 자체를 자기 안에 끌어 들여 대립시키고 결국 통일시켰다. 씨앗은 점점 더 대립자로 풀려 나아가기 시작한다. 각각의 발전 단계는 삶의 완전한 부유함을 다시 얻기 위한 분리이다. 그래서 상황은 이렇게 정리된다. 즉 통일자, 분립태, 그리고 재통일자. 통일된 자들은 다시 분리된다. 하지만 어린아이에게서 통일은

---

2) 〈헤겔 수고의 삭제된 내용〉 "… 식물로 된다. 가장 내적인 통일로부터 그것은 동물을 지나 인간의 삶으로 진행한다. 하지만 분리 가능한 것은 분리 가능성의 상태로 회귀한다. 그러나 정신은 앞의 것들보다 더 통일적이다. 그리고 특정한 의식과 분리되어 있었던 모든 것은 살해된다. 일자가 타자를 접촉했고 타자에 의해 접촉되었던 모든 점들, 그래서 그 속에서 일자가 타자를 느끼고 생각했던 모든 점들은 상쇄된다. 정신은 지양된다."

분리되지 않았다.

　　사랑의 이러한 통일은 완전하긴 하다. 하지만 이러한 통일은 분리된 것이 대립되어 하나는 사랑하는 자로 되고 다른 하나는 사랑 받는 자가 되는 만큼만, 따라서 각각의 분립태가 한 생명체의 기관으로 되는 만큼만 완전할 수 있다. 이 외에 사랑하는 자들은 죽어 있는 많은 것들과 연결되어 있다. 즉 각자는 많은 사물들을 가지고 있다. 다른 말로 하면 각자는 관계하는 자에게조차 대립자로, 즉 객체로 머물러 있는 그런 대립자들과의 관계 속에 있다. 이렇듯 사랑하는 자들은 재산과 권리를 다양하게 습득하고 소유하는 가운데 다양한 대립을 산출할 수 있다.[3] 한쪽 편의 폭력 아래 놓여

---

3) 〈헤겔 수고의 삭제된 내용〉 "이 경우에 좀 더 가난한 자는 좀 더 부유한 자에게서 무엇인가를 탈취하여 그와 동등한 소유를 갖게 되는 것에 대해 두려워한다. 왜냐하면 부유한 이 사람이 대립의 행위를 했고, 스스로 사랑의 범위 밖으로 나갔으며, 자기의 자립성을 증명했기 때문이다. 소유자는 모든 사람에 대해 배타적으로 갖는 자기의 재산권을 사랑하는 자 앞에서 포기하고 그에게 선사함으로써 그의 재산이 일깨워 준 이러한 두려움을 미연에 방지한다. 물론 선물이란 객체의 성질을 상실할 수 없는 사물의 양도 행위이다. 사랑의 감정만은, 즉 향유만은 공동이다. 재산은 향유의 수단, 즉 죽은 것일 뿐이다. 그리고 사랑은 일면적인 어떤 것도 행하지 않기 때문에 장악 행위, 즉 지배의 통일 속에서도 여전히 하나의 수단인 재산으로 남아 있는 것을 결코 하나도 취할 수 없다. 사물, 즉 사랑의 감정 밖에 놓여 있는 것은 공동의 것일 수 없는데, 그 이유는 바로 그것이 사물이기 때문이다. 이렇듯 사물은 사랑하는 자 어디에도 속하지 않거나, 아니면 각각의 사랑하는 자는 특수한 부분을 소유하거나 둘 중 하나이다. 재화공유(재화공동체)란 동등한 지분을 가지고 있든 규정되지 않은 지분을 가지고 있든 각자가 사물에 대해 갖는 권리를 말한다. 재화공유는 언제나 분할을, 그것도 분할의 필연성을, 즉 특수자, 재산을 전제한다. 이때 분할의 필연성이란 무익한 자, 죽은 자의 고요한 수단의 필연성이 아니라 사용 시에 사물이 필연적으로 분할된다는 것을 말한다. 재산이 사용되지 않는 동안 재산은 분할되지 않은 상태로 있는데, 바로 이를 통해 재화공유는 권리를 완전히 지양하기라도 한 것처럼 우리를 기만한다. 하지만 여기에도 근본적으로 직접 사용되지는 않지만 단지 이용될 뿐인 일부 재산에 대한 권리 역시 존재하며, 그것에 대해 단지 침묵하고 있을 뿐이다. 재화공유에서 사물들은 결코 재산이 아니지만, 이 속에는 사물의 일부에 대한 권리인 재산권이 은폐되어 있다. 따라서 일반적으로 사랑하는 자들 사이의 방식은 사물에 대한 권리를 서로 지양하고 —— 사랑은 인격권(Personenrecht)을 혐오한다. 인격권은 바로 그 명칭에서 보듯 사랑을 배제한다 —— 이것을 사랑의 증거로 간주하며, 판단한다."

있는 죽은 것은 사랑하는 자들 모두와 대립된다. 그리고 여기에서 통일은 이 죽은 것이 양자의 지배 아래로 올 때에만 가능한 것처럼 보인다. 타자를 재산의 소유라는 관점에서 보는 사랑하는 자는 재산을 원했던 타자의 특수성을 감지해야 한다. 그는 타자의 배타적 지배를 지양할 수 없다. 왜냐하면 이것은 다시 한 번 타자의 권력에 대한 대립이기 때문이다. 그 이유는 그가 객체에 대한 지배 외에 객체와의 다른 어떤 관계도 발견할 수 없다는 데 있다. 그는 타자의 지배를 다른 하나의 지배로 대립시켰고, 타자의 관계, 즉 타자의 일체의 배제 행위를 지양하고자 한다. 그리고 소유와 재산이 인간의 아주 중요한 부분을 이루고, 그의 염려와 생각의 대부분을 차지한다면, 사랑하는 자들 역시 억제할 수 없이 그들이 갖는 관계의 이러한 측면을 반성하지 않을 수 없게 된다. 그리고 물건을 이미 공동으로 사용하게 되는 경우 그것과 더불어 소유권이 결정되지 않은 채 남아 있게 될 것이다. 그리고 이 경우 권리에 대한 생각은 잊혀지지 않겠지만——왜냐하면 인간이 소유한 모든 것은 재산이라는 권리 형태를 취하기 때문이다——, 소유자가 타자 역시 동등한 소유권을 가진 자로 인정할 경우 재화공유는 두 사람 모두가 사물에 대해 갖는 권리일 뿐이다.

4. 믿음과 존재[1]

안티노미를 통일하고 있는 통일체가 우리의 표상 속에 현존할 때 우리는 이를 믿음이라 한다. 통일은 활동이다. 이러한 활동이 객체로 반성되는 경우, 이 활동은 믿어진 것이다. 통일을 이루기 위하여 안티노미의 지체들은 저항하는 것으로서, 그리고 그 지체들의 관계는 상호간에 안티노미로서 느끼고 인식되어야 한다. 그러나 저항하는 것은 저항하는 것으로서 이미 통일되어 있다는 사실을 통해서만 인식될 수 있다. 통일은 비교를 가능하게 하는, 대립자 그 자체를 불만족스러운 것으로 현상하게 하는 척도이다. 이제 '대립된 제약들 그 자체가 더 이상 존립할 수 없고, 그 제약들이 지양되어야 하며, 제약이 가능하기 위해서는 통일이 전제된다'는 사실이 드러날 경우, (그것들이 대립자라는 것을 보일 수 있기 위해 이미 통일이 전제된다) 이와 더불어 증명되는 것은 대립적인 제약자들이 통일되어야 한다는 것, 통일이 있어야 한다는 것이다. 하지만 통일 그 자체, 즉 통일이라는 것은 이것을 통해서 증명되는 것이 아니다. 반대로 사람들은 통일의 표상으로 현존하는 이러한 방식을 믿는다. 그리고 저 통일은 증명될 수 없는데, 왜냐하

---

1) [옮긴이] H. 놀의 편집본 382~385쪽. G. 쉴러의 문집 Nr. 72. 1798년에 쓰인 것으로 추정됨.

면 대립자들이 의존자들인 데 반해, 통일은 대립자의 관점에서 비의존자이기 때문이다. 증명한다는 것은 의존성을 보이는 것이다. 하지만 대립자의 관점에서 본 비의존자는 다시 다른 관점에서 보면 의존자, 대립자일 수 있다. 그렇다면 이제 다시금 믿어지는 것인 새로운 통일에로 다시 나아가야 한다.

통일과 존재Sein는 동일한 것을 의미한다. 모든 문장에서 연결사인 'ist'는 주어와 술어의 통일을 표현한다. 즉 하나의 존재를 표현한다. 존재는 단지 믿어질 수 있을 뿐이다. 믿음은 하나의 존재를 전제한다. 따라서 모순적인 언술이 가능해지는데, 즉 믿을 수 있기 위해 사람들은 그 이전에 존재를 확신해야 한다. 존재의 이러한 비의존성, 절대성은 사람들이 저항하는 그런 것이다. 존재는 물론 그렇게 존재해야 한다. 그러나 그것이 존재한다는 사실을 통해 바로 이 때문에 그것은 우리에 대해서 존재하는 것이 아니다. 존재의 비의존성의 본질은, 존재가 우리에 대해서 있건 그렇지 않건 간에, '그것이 있다'는 사실에 있다. 존재는 단적으로 우리와 분리된 어떤 것일 수 있어야 한다. 그리고 여기에서 우리가 존재와 관계를 맺는 것은 결코 필연적이지 않다. 우리가 믿지 못하는 것이 어느 정도까지 존재할 수 있을까? 다른 말로 하면 우리가 믿지 못하는 어떤 것, 그래서 필연적이지 않은 어떤 것의 존재가 가능하고 생각될 수 있다(사유 가능성으로부터 존재가 도출되는 것은 아니다). 그런 한에서 그것이 생각된 것이기는 하지만, 생각된 것은 분리된 것이며, 생각하는 자에 대립된다. 그것은 결코 존재자가 아니다. 이러한 사실을 통해서만 여러 종류의 통일, 여러 종류의 존재가 있다는 오해, 따라서 그런 한에서만 '존재는 어떤 것이다. 그러나 바로 그렇기 때문에 내가 그것을 믿는 것이 필연적이지는 않다'는 말을 할 수 있는 오해가 생겨날 수 있다. 따라서 하나의 존재 방식을 가진 존재에게는 다른 존재

방식이 덧붙여지지 않는다. 더 나아가 믿음은 존재가 아니라 반성된 존재이다. 그런 한에서 존재하는 것은 반성되어서는 안 되며, 의식되어서도 안된다고 말할 수 있다. 존재하는 것은 믿어져서는 안 된다. 하지만 믿어지는 것은 존재해야 한다. 사유된 것은 분리된 것으로서 이제 통일된 것으로 되어야 하며, 그런 다음에야 비로소 그것은 믿어질 수 있다. 사상은 통일이며, 믿어진다. 그러나 사유된 것은 아직 그렇지 않다.

분리된 것은 단 하나의 존재에서만 자기의 통일을 발견한다. 왜냐하면 하나의 관점에서 상이한 하나의 존재는 자연이 아닌 자연, 즉 모순을 전제하기 때문이다.[2] 하나의 통일은 동일한 관점에서 통일이 아닐 수 있다. 실정적인 믿음은 유일하게 가능한 통일 대신 다른 통일을 내세우는 것이며, 유일하게 가능한 존재 대신 다른 존재를 정립하는 것이다. 따라서 실정적 신앙은 대립자들을 하나의 방식으로 통일시키기는 하는데, 이때 이런 방식을 통해 대립자가 통일되기는 하지만 불완전하게, 즉 대립자들이 어떻게 통일되어야 하는지 고려되지 않고 통일된다.

실정적인 신앙에서 모든 통일은 소여된 것이어야 한다. 사람들은 소여된 것을 수용하기 전에 아직 소유하지 않는다. 수용 이후에 소여된 것은 부

---

2) [옮긴이] 'A ist P'라는 명제에서 'A'와 'P'는 서로 분리된 것으로서 'ist', 즉 'Sein'에 의해 서로 연결되고 통일된다. 다른 말로 하면 'A'와 'P'는 'ist', 즉 'Sein'을 통해서야 비로소 하나의 존재자(Seiende)로 된다. 이런 점에서 'Sein'은 언제나 주어와 술어 사이를 통일시키는, 매개하는 활동성이다. 그것은 고정된 것, 소여된 것이 아니며, 규정된 것도 아니다.
그런데 이 존재(Sein)를 고정된 것으로 만들고, '소여된 것'으로 간주하여 주어의 위치에 둘 수 있는데, 이것은 인간의 상상이 만들어 낸 한갓 사유물에 지나지 않는다. 이것은 실정종교가 하는 일이다. 헤겔이 『대논리학』에서 'Sein' 그 자체를 'Nichts'와 다를 바 없는 것으로 본 이유는 바로 여기에 있다. 즉 'Sein'은 매개하는 과정에서만 드러나지, 그것 자체로는 아무것도 아니라는 것이다. 이런 점에서 '존재는 존재한다(Das Sein ist)라는 진술(이 진술은"ist ist"라는 말의 일반화이다. 이런 진술은 가능하지 않다), 즉 존재가 주어의 위치에 고정된 것으로 나타나는 이러한 진술은 가장 공허하고 무의미한 진술에 그친다.

분적으로 머물러 있을 수 있어야 한다. 그런 한에서 소여된 것만이 대립과 다른 것이 아니며, 따라서 통일은 대립물이다. 그것도 모순인 대립물이 통일되는 한에서 그렇다. 이러한 모순은 기만으로부터 발생한다. 그 이유는 어떤 관점에서는 여전히 대립물로 머물러 있는 불완전한 통일의 유형들, 즉 불완전한 존재가 통일을 산출하는 특정한 관점에서 완전한 존재로 받아들여지기 때문에, 그리고 존재의 한 유형이 다른 존재 유형과 섞여 바뀌기 때문이다. 존재의 상이한 형식들은 보다 완전하거나 보다 불완전한 통일을 나타낸다. 모든 통일에는 규정함과 규정됨이 있으며, 그것들은 동일하다. 그런데 실정종교에서 규정자는, 그것이 규정하는 한, 규정되어야 한다. 그의 행동은 능동적인 활동Tätigkeit이 아니라 수동적인 겪음Leiden이다. 하지만 규정 행위가 곧 수동적 겪음으로 나타나는 이런 규정자 역시 여기에서 통일체이다. 이런 통일성에서 행위자는 활동적일 수 있었다. 하지만 이것은 낮은 종류의 통일이다. 왜냐하면 실정적인 믿음에서 발생하는 이러한 통일에서 이런 통일체 자체는 다시금 자기의 대립태를 규정하는 하나의 대립태가 된다. 그리고 여기서 이것은 단지 불완전한 통일에 불과한데, 왜냐하면 양자는 대립자로 머물러 있기 때문이다. 즉 하나는 규정하는 자로, 다른 하나는 규정된 자로 남아 있다. 그리고 규정자 자체는 활동하는 자로 존재하지만, 활동의 형식은 타자를 통해서 규정된다. 다른 말로 하면, 통일은 소여되어야 하며, 활동자는, 그것이 활동하는 한, 규정된 자여야 한다. 활동을 규정하는 자는 하나의 존재자로서 이미 그 이전에 통일되어 있어야 한다. 이러한 통일에서도 규정자가 규정된 것이었어야 한다면 그것은 타자를 통해 규정되었으며, 실정적인 믿음은 단적으로 수동적인 것, 절대적으로 규정된 것이다. 그리고 이것은 모순적이다. 모든 실정적인 종교는 자기 안에 활동을 제약하는 다소간의 협소한 한계를 정립한다. 이 종교는 특정한 통일, 예를 들어 직관을 부여하며, 인간이 특정한 존재임를 용인한다. 예를 들어 인간은 보는 자, 듣는 자 등으로 나타난다. 그리고 이 종교는 인간이 움직이는 자, 활동자임을 용인하는데, 그러나 이 경우 공허한 활동성에 지나지 않는다. 모든 규정된 활동성에서 활동자가 무언가를 규정한 것이 아니다. 반대로 활동자는 제약된 활동자로서 규정된 활동자로 머문다.

규정자는 활동성에 방향과 형식을 부여하는 힘이다. 신뢰에 기반을 두어 믿어지고 행위된다 하더라도 말이다. 신뢰는 다양한 우연성에 마주하여 인격과 의지와 이상이 동일하다는 것을 말한다. 내가 그가 아니고, 그가 내가 아닌 곳에서 내가 그를 믿고 그를 따라 행동할 경우 거기에서 나는 규정된다. 그는 나에 마주한 힘이고, 나는 그에게 실정적으로 처신한다.

실정적인 믿음은 존재하지 않는 것에 대한 믿음을 요구한다. 존재하지 않는 것은 형성될 수 있든지 아니면 결코 형성될 수 없다. 규정된 것은 그런 한에서 존재하는 것이 아니다. 그런데 그것이 믿어져야 하기 때문에 그것은 존재자이어야 한다. 힘은 느껴지며, 사람들은 이 힘에 마주하여 수동적으로 고통을 당한다. 이 힘은 이런 감정 속에 있는 것이 아니라 감정의 분리 속에 있다. 이 감정 속에서 고통을 겪는 자는——이 자는 객체의 양식을 취한다—— 고통에 영향을 주는 자에 (그런 한에서 이것은 주체로 된다) 대립된다.

모든 실정적 종교는 대립자로부터 출발하는데, 이 대립자는 우리인 것이 아니라 우리이어야 하는 것이다. 이 종교는 대립자의 존재 앞에 하나의 이상을 정립한다. 그것을 믿을 수 있게 하기 위해 그것은 하나의 힘이어야 한다. 실정종교에서 존재자, 즉 통일은 단지 하나의 표상, 즉 사유물이다. '나는 그것이 있음을 믿는다'는 말은 '나는 표상을 믿는다', 즉 '나는 내가 무엇인가를 표상하고 있다는 것을 믿는다'는 것을 의미한다. 즉 그것은 '나는 믿어지는 것을 (칸트식으로 말하면 신을) 믿는다'는 것을 의미한다. 칸트 철학과 실정종교(신은 성스러운 의지, 인간은 절대적 부정태. 이것은 표상에서 통일된다. 표상들은 통일된다. 표상은 사유물이다. 그런데 사유물은 존재자가 아니다).

기독교의 정신과
그 운명

1. 유대교의 정신[1]

유대의 진정한 조상인 아브라함과 더불어 유대 민족의 역사는 시작된다. 이 말은 그의 정신이 그의 후손의 모든 운명을 제어하는 통일체이자 영혼으로 작용한다는 것을 의미한다. 이 정신은 다양한 세력에 대항하여 투쟁함에 따라서 상이한 형식으로 출현한다. 또는 이 정신은 무력과 유혹에 굴복하고 낯선 존재를 받아들여 더럽혀지는 경우에도 다양한 형태를 띠면서 나타난다. 따라서 무장과 투쟁의 형식 속에서, 또는 강자의 족쇄를 지고 가듯 그의 정신은 계속 출현한다. 이러한 계속되는 출현 형식이 곧 운명運命이다.

아브라함 시기 이전의 인류 역사의 발전 과정에는 자연 상태의 상실을 극복하고 파괴되어 버린 통일성을 재차 발견하고자 투쟁했던 중요한 시기들이 많이 있었는데, 그중 몇몇 희미한 자취들이 우리에게 남겨져 있다. 노아 시대에 있었던 홍수 사건으로 인해 인간의 마음에 깊은 상처가 각인되었으며, 자연에 대한 광범한 불신이 자리 잡았다. 과거에 우호적이며 평온했던 자연 속의 서로 다른 요소들은 자기들 상호간에 지니고 있던 균형을

---

1) [옮긴이] H. 놀의 편집본 243~260쪽. G. 쉴러의 문집 Nr. 77.

포기했으며, 인류가 자연에 대해 가지고 있었던 믿음은 가장 파괴적이고 극복할 수 없으며 저항할 수도 없는 적대감으로 변했다. 화가 나면 자연은 인정사정도 없이 모든 것을 야만스럽게 황폐화시킬 뿐이다.[2]

역사 속에서 우리는 인류에 대한 자연의 보편적·적대적 살해 행위에 대항하기 위해 인류가 행한 몇몇 현상들을 볼 수 있다. 적대적인 자연의 돌발 사태에 직면하여 계속 생존할 수 있으려면 인간은 자연을 정복해야 했다. 분열된 전체는 이념과 현실로만 분리될 수 있기 때문에, 통치를 하기 위한 지고의 통일성은 사유 아니면 현실 속에 놓여 있다. 노아는 분열된 세계를 사유 속에서 다시 재건했다. 사유를 통해 산출된 이상(신―옮긴이)을 그는 실재 존재자로 만들었으며, 그 존재자에 마주하고 있는 모든 것을 그는 단순히 생각되어진 것, 즉 지배되는 것으로서 정립하였다. 이렇게 산출된 이상은 자신에게 복종하는 요소들을 그들의 일정한 울타리 안에서 보호하겠으며, 다시는 홍수로 인간을 심판하지 않겠다고 노아에게 약속했다. 생명체들 중 이러한 방식으로 지배될 수 있는 존재인 인간에게 그 존재는 법과 율법을 부여하여 인간의 행위 한계를 설정함으로써 인간 상호간의 살상 행위를 피하고자 했다. 이러한 울타리를 벗어난 사람은 신의 권능에 의

---

2) 〈헤겔 수고의 삭제된 내용〉 "순수한 감성의 소유자는 엄청난 물리적 폭력으로 숨진 사람을 ― 그것이 판결에 따라 올바로 집행된 것이건 불법으로 자행된 것이건 간에 ― 보게 될 때, 가장 큰 분노를 느낀다. 왜냐하면 그는 이 막강한 물리적 폭력에 대항하여 어떻게 방어해야 할지 아무것도 알지 못하기 때문이다."
[옮긴이] 헤겔이 앞의 내용을 부연 설명하기 위해 이 부분을 첨가했다가 지웠는지의 여부는 분명치 않다. 그러나 앞의 내용과 연결하여 이 부분을 설명한다면 다음과 같을 것이다. 즉 거대한 자연에 비해 허약한 존재일 수밖에 없는 인간에 대한 자연의 무자비한 공격 행위는 ― 이것은 인간이 초래한 것일 수도 있다 ―, 노아의 홍수 사건에서도 보이듯이, 인류를 절멸시킬 수도 있는데, 유약한 인간은 자연의 그 분노에 대해 아무것도 할 수 없이 그저 당해야 한다. 즉 자연을 적대자로 취급한 인간에 대한 자연의 보복을 인간은 분노할 수는 있지만 감내해야 한다. 이것은 곧 자연과의 적대적 분리를 전제하는 유대의 운명이기도 하다.

해 죽임을 당했다. 그러나 신에게 지배받는 존재인 인간은 모든 동물에 대한 지배권을 보장받았다. 그런데 생명체를 파멸시키는 행위, 즉 식물과 동물을 죽이는 행위가 정당한 것으로 인정이 되고, 궁핍으로 인해 불가피하게 생겨난 (자연에 대한 인간의—옮긴이) 적대감이 합법적 지배로 되긴 했지만, 그렇다고 해서 생명체가 아무렇게나 다뤄지지는 않았다. 그 생명체는 최소한의 정도나마 영예를 존중받았다. 즉 동물의 피를 먹는 것은 금지되었는데, 왜냐하면 피 속에 동물의 삶이, 영혼이 들어 있기 때문이다(「창세기」9장 4절).[3]

노아와는 반대로 니므롯은 (모세의 연대기와 요세푸스가 『유대의 고대』[4장 B 1절]에서 전해 주는 니므롯의 역사를 종합해서 말해도 된다면) 인간 내에 통일성을 두었다.[4] 그에 따르면 인간이란 다른 존재들을 단순한 사유물로 간주할 수 있는 존재, 즉 그것들을 죽이고 지배할 수 있는 존재이다. 그는 자연이 인간에게 더 이상 위협적인 존재가 될 수 없을 만큼 자연을 지배하고자 하였다. 그는 자연에 대항할 만반의 준비를 갖추었으며 "정말로 용맹스럽고 자신의 강력한 팔에 의지하는 용사였다".

그는 신이 세계를 다시 물로 통제할 경우 그에게 저항하기 위해 어떤 힘과 수단도 가리지 않을 것이라고 위협했다. 실제로 그들은 파고와 폭풍

---

3) [옮긴이] 「창세기」9장 4절. "그러나 고기를 그 생명 되는 피째 먹지 말 것이니라. 내가 반드시 너희 피 곧 너희 생명의 피를 찾으리니 짐승이면 그 짐승에게서, 사람이나 사람의 형제면 그에게서 그것을 찾으리라."
헤겔에 의하면 이스라엘의 정신이 분열과 적대성을 기반으로 한 것이었음에도 불구하고 생의 위대함을 근본적으로 파괴할 수 없었다. 근본적으로 파괴될 수 없는 이 생 개념이 이후 헤겔 체계에서 분열과 적대성을 청산하는 변증법적 통일체로 된다.
4) [옮긴이] 니므롯(Nimrod). 홍수 이후 노아에 의해 저주받은 아들인 함 계열에서 태어난 세상의 첫 영걸(英傑)이며 사냥꾼(「창세기」10장 6절 이하).

우가 도달할 수 없을 정도의 높은 탑을 지어서 그들의 조상들의 파멸에 복수하려고 결심도 하였다. 또 다른 전설, 즉 유세비우스Eusebius 책에 있는 유폴레무스Eupolemus의 전설에 따르면 그 탑이 홍수 이후 바로 그 생존자들에 의해 건축되었다고 한다.[5] 그는 사람들에게 자신의 용기와 힘으로 모든 훌륭한 것을 얻으라고 설득하였다. 그는 그런 식으로 모든 것을 변화시켰으며, 짧은 시간 내에 전제적인 지배를 형성했다. 그는 인간이 서로 불신과 소외 상태에 빠져 흩어지려고 하는 순간 그들을 통일시켰다. 그러나 그가 인간에게 부여한 통일은 인간과 인간, 인간과 자연 사이에 신뢰를 바탕하고 있는 유쾌한 상호 교류가 아니었다. 그가 인간을 통일시키기는 했어도 힘에 의한 것이었다. 그는 높은 벽을 쌓아 물(난리)에 대비했으며 사냥꾼이자 왕이었다. 그래서 궁핍, 위급한 상황에 대항한 투쟁에서 세계를 구성하는 요소들, 즉 인간과 동물들은 강자의 법칙을 따라가야만 했다.

자연이라는 적대적인 힘에 대항하여 노아는 자연과 자기 자신보다 더 강력한 힘을 가진 자에게 복종함으로써 자기 자신을 구원했다. 니므롯은 그 자연의 힘을 길들임으로써 자신을 구원했다. 그들 둘 다 적대자와 평화를 체결했지만, 그것은 궁핍의 평화Frieden der Not일 뿐이며, 그런 한에서 그것들에게는 영원히 적대성이 남아 있다. 그런 상태에서는 누구도 화해에 이르지 못한다. 이에 반해 홍수 이후에 살았던 아름다운 부부 듀칼리온과 피라는 인간을 초대하여 세계, 자연과 우정을 맺도록 하였으며, 기쁨과 즐거움으로 결핍과 적대감을 잊게 함으로써 자연과 사랑의 평화Frieden

---

5) [옮긴이] 「창세기」 11장의 바벨탑 사건. 이 기록에 의하면 인류는 홍수 이후 각지로 흩어지는 것을 피하기 위하여 하늘에 닿을 만큼 높은 탑을 쌓는다. 신은 이를 자기에 대한 도전으로 인식하고 언어를 혼잡케 함으로써 그들 간의 의사소통을 불가능하게 한다. 이를 통해 그들은 각지로 흩어지고 만다.

der Liebe를 체결하였다.[6] 따라서 그들은 더 아름다운 민족의 선구자들이 었고 그들의 시대는 새로 태어난, 청춘의 끓는 피를 가진 자연의 어머니가 되었다.

* * *

갈데아에서 태어난 아브라함은 젊어서 이미 그의 아버지의 기업이 있는 조국을 떠났다. 그는 가족들을 떠나서 메소포타미아 평원을 표류하였으며, 완전히 자립적이며 독립적인 사람이 되었고, 스스로 지배자가 되었다. 따라서 그는 모욕당하거나 무엇에 의해 성가셔 할 필요도 없었다. 그가 영화를 누리고 스스로 즐거움에 젖어 살기 위해 새로운 땅을 찾아 그의 가족을 떠날 때, 보통 사람들이 가족을 떠날 때 갖는 사랑의 아픔도 그에게는 없었다. 불법을 자행하고 흉측한 일을 한 후에도, 비록 상처받긴 하지만, 사랑은 완전히 상실되어 버릴 수 있는 것이 아니지 않는가? 아브라함을 한 민족의 조상으로 만든 최초의 행동은 방금 살펴보았듯이 공동체적인 삶과 사랑의 유대를 끊은 바로 이러한 단절이었다. 그는 지금까지 자연, 인간과 더불어 살아왔던 관계의 총체, 즉 그의 젊었을 때의 아름다웠던 총체적 관

---

6) [옮긴이] 듀칼리온(Deukalion)과 피라(Pyrrha). 듀칼리온은 거인 프로메테우스의 아들이자 데 살로니가에 있는 프티아의 왕이며 피라는 그의 부인. 제우스신이 인간의 그릇된 생각에 화가 나서 9일 밤낮으로 비를 내려 인류를 멸하는데, 듀칼리온 부부는 선한 그리고 신의 계율에 맞 는 삶을 산 유일한 사람들로서 아버지 프로메테우스의 충고로 홍수에 대비하여 배를 만들었 다. 배가 파르나스 산 정상에 멈춰 섰을 때, 그들은 배에서 내리고, "너희 어머니의 골격을 너희 어깨 뒤로 던져라"라는 델피의 신탁을 받는다. 그들은 '어머니의 골격'이 대지 위에 널려 있는 돌들을 지칭한다고 깨닫고 신탁을 수행한다. 뒤로 던져진 돌들은 사람들로 변하고, 듀칼리온 은 그들의 왕이 되어 새로운 인류의 역사를 시작한다.

계(「여호수아」 24장 2절)를 거부했다.

　카드모스[7], 다나오스[8] 등도 그들의 조국을 떠났지만, 그들은 투쟁 때문에 그 불화를 피해서 그렇게 했다. 그들은 자유로운 땅을 찾아갔으며 그들이 사랑할 수 있을 만한 것을 찾아갔다. 그러나 아브라함은 사랑하고자 하지 않았으며, 그렇게 함으로써 자유롭고자 했다. 첫번째 사람들은 그들의 조국이 순수하고 아름다운 공동체를 제공하지 못했기 때문에 그런 공동체에서 살기 위해 그들의 신들과 함께 타지로 갔다. 그들은 우수한 병기와 풍습으로 원주민들을 정복한 뒤에 행복하고 집단적인 민족을 형성하기 위해 그들과 융합했던 반면, 아브라함은 바로 그러한 관계에서 해방되고자 했다. 아브라함을 그의 혈족으로부터 이끌어 냈던 바로 그 정신은 그가 남은 일생을 살아가는 동안 이방인들을 마주칠 때에도 그대로 작용하였다. 그 정신은 모든 것을 엄격하게 대립시키며, 사유에 의한 산출물(신—옮

---

7) [옮긴이] 카드모스(Kadmos)는 페니키아의 왕 아게노르의 아들로서 그리스의 도시를 건설한 자이다. 그는 제우스에게 납치당한 여동생 에우로페(유럽)를 구하라는 아버지의 명령으로 페니키아를 떠났다가 누이를 찾지 못하고 신탁에 의하여 테베에 정착하여 테베를 건설한다. 그는 군신인 아레스와 미의 여신인 아프로디테 사이에서 태어난 하르모니아와 결혼한다. 그의 섭정하에 테베가 번영을 누리긴 하지만 그의 후손들에게 불행이 계속된다. 그의 딸들과 그의 두 명의 손자가 비참하게 죽은 이후 그는 늙은 나이에 그의 부인과 일리리아로 피신하며, 그곳에서 죽은 후 그들은 뱀으로 변한다. 전설에 의하면 카드모스가 알파벳을 그리스에 가져왔다고 한다.

8) [옮긴이] 다나오스(Danaos). 그리스 신화에 나오는 이집트의 왕 벨로의 아들. 그의 쌍둥이 형제인 아깁토스는 그의 50명의 아들과 다나오스의 50명의 딸을 결혼시킴으로써 그 둘 간의 전쟁을 끝내고자 하였다. 다나오스와 그의 딸들은 이 제안에 반대하고 이집트를 떠나 아르고스로 도피하며, 그곳에서 다나오스는 왕이 된다. 그런데 아깁토스의 아들들이 그들을 뒤따라와서 다나오스에게 결혼 승낙을 요청하고 승인 받는다. 하지만 그는 자기의 딸들에게 비수를 주어 결혼식 밤에 그 남자들을 죽이라고 말한다. 이 일에 반대한 그의 딸 히페르메스트라는 그날 밤 감금되었다 이후에 풀려나며, 나머지 49명의 딸들은 아버지의 명령을 수행한다. 신들은 이들의 잔인한 살인극에 분노하여 우리에게 '다나이데'라고 알려진 형벌을 내린다. 즉 그들은 밑이 없는 지옥 구덩이에 물이 찰 때까지 물을 붓는 일을 해야 한다.

긴이)을 지배적인 통일체로 삼아 무한한 적대적 자연 위에 군림하게 한다. 왜냐하면 적대자는 지배 관계 속으로 들어올 수밖에 없기 때문이다.

아브라함은 자기의 목축들을 거느리고 끝없는 대지를 방황하였는데, 그는 그 대지를 경작하거나 개간하지 않았으며, 따라서 그것들과 친근하게 되고자 하지도 않았다. 만약에 그가 그렇게 했었다면, 그는 그 대지들과 더욱 가까워져서 그것들을 그의 세계의 일부로 받아들일 수 있었을 것이다. 그 땅은 단지 그의 목축들이 풀을 뜯어먹도록 주어져 있는 것에 불과했다. 물은 흐르는 것이 아니라 깊은 샘 속에 잠자고 있었다. 샘을 파는 노동은 피곤한 것이었으며, 그것은 대개 구입되거나, 아니면 배타적 소유권으로 인정받기 위해, 또는 자신과 그의 목축들의 결핍의 욕구를 채워 주기 위해 투쟁을 통해 쟁취되었다. 그에게 신선함과 그늘을 선사해 준 숲을 그는 곧 다시 떠났다. 그것들 속에서 그는 신의 출현, 즉 지고의 존재의 현현顯現을 목도하였지만, 그는 그것들에 신성한 가치를 부여하지 않았으며 신성의 한 형태인 사랑을 쏟아붓지도 않았다.[9] 그는 지상의 이방인이었으며 땅과 인간에게도 이방인이었다. 사람들 사이에서 그는 언제나 외국인으로 남아 있었다.

그러나 그들에 대해 도대체 아무것도 알 필요가 없을 만큼, 또는 그들과 도대체 아무것도 같이 할 필요가 없을 만큼 그가 그렇게 그들과 낯설게 행동하거나 그들로부터 독립적이지도 않았다. 그 땅이 이미 사람들에게 점유되어 있었기 때문에 그는 전부터 이미 조그마한 종족으로 자리 잡아

---

9) [옮긴이] 이 진술은 「창세기」 18장의 사건을 지시함. 아브라함이 상수리 숲에 살고 있을 때 그 숲에서 신이 그에게 출현하여 그가 아들을 낳을 것과 소돔과 고모라 성이 멸망당할 것이라는 사실을 알려준다. 헤겔은 여기서 숲에 나타난 신을 숲 자체의 신성으로 해석하고 있다.

왔던 사람들을 여행 중에 계속 마주쳤다. 하지만 그는 그들과의 유대 관계 속으로 편입되지는 않았다. 그는 그들에게 곡식을 요구했다. 하지만 그럼에도 불구하고 그는 다른 사람과 공동체 생활을 하도록 강요하는 그런 운명과는 대항하여 투쟁하였다. 그는 계속 자신을 타자로부터 분리시켰으며, 그는 자기와 자기 후손의 육체에 자기들만의 특성을 각인시킴으로써 이런 현상을 확고히 하였다.[10] 그가 이집트나 그랄에서 악하지 않은 왕들과 교류할 때처럼(「창세기」 12장, 20장), 자신보다 강한 사람들과 교류할 때 그는 교활하게 그리고 의심 가득하여 그들을 불신한다. 그가 다섯 왕과 전쟁을 치를 때처럼, 자기 자신이 보다 강한 자라고 생각되어지는 곳에서 그는 칼로 그들을 무너뜨린다. 그에게 어떤 어려움도 가져다주지 않는 사람들과 그는 법적인 관계 속에서 주의 깊게 대처한다. 그가 필요한 것을 그는 샀다. 훌륭한 심성을 가진 에브론 사람으로부터 그는 사라[11]의 장지를 무료로 기증 받는 것에 절대로 반대했다. 그는 그와 동등한 사람과 은혜의 빚을 지는 관계를 맺고자 하지 않았다. 심지어 그는 그의 아들이 가나안 여인과 결혼하는 것을 금했으며, 그와 아주 멀리 떨어져서 살고 있던 그의 종족이 있는 곳에서 한 여인을 그의 아내로 데려다 주었다.

단적으로 대립되어 있는 전체 세계는, 그것이 단순히 무가 아니어야 하는 경우, 이 세계와는 근본적으로 다른 신에 의해 지속되었다. 자연 세계 내에서는 어떠한 것도 신적인 것을 가지고 있지 않았으며, 모든 것은 신의 지배하에 있었다. 전체 세계의 타자는 아브라함에게도 역시 대립자였으며,

---

10) [옮긴이] 유대인들은 선민의 징표로 양피를 베어 냈으며(할례 행위), 이를 통해 스스로를 타민족과 구별하였다.

11) [옮긴이] 사라(Sarah). 아브라함의 아내.

그는 그것 중 어느 것도 가질 수 없었다. 더군다나 아브라함이 세계와 어떠한 관계를 갖고자 할 때 그와 세계를 연결해 주는 유일한 방식은 신을 통하는 것밖에 없었다. 그의 이상은 세계를 그에게 복종시키는 것이었고, 세계로부터 그가 필요한 만큼 얻어내는 것이었으며, 자신을 그 여타의 것과의 대립 속에서 안전하게 유지시키는 것이었다. 그는 아무것도 사랑할 수 없었다. 그가 가지고 있었던 유일한 사랑, 즉 자신의 존재를 확대재생산할 수 있고, 그가 바라고 인식했던 자신의 불멸을 보증해 줄, 즉 후손을 얻을 유일한 희망인 자기 아들에 대한 사랑조차도 그에게는 포기될 수 있는 것이었다. 그런 사랑조차도 그의 완전히 배타적인 심성 앞에서는 흔들거리고 불안에 떨게 하는 나약한 것이었다. 어느 날 그는 아주 먼 곳으로 가서 자기의 사랑을 파괴하고자 했으며, 사랑이란 사랑하는 아들을 자신의 손으로 쳐 죽여도 아무 소리 못할 만큼 아주 유약한 것이라는 확신에 찬 느낌 속에서 이 불안에서 벗어났다.[12]

아브라함이 그와 대립되어 있는 무한한 세계에 대립해서 취할 수 있었던 유일한 관계 양식은 지배와 피지배 관계였다. 그러나 그는 세계에 대한 실제적인 지배자가 되지 못했으며 따라서 그것은 그의 이상 속에서만 남아 있었다. 또한 그는 그 이상에 스스로 지배되었다. 그 이상은 그의 정신 속에 현존했고, 그는 그 이상에 봉사했으며, 따라서 그는 그 이상의 호의에 즐거워했다. 그리고 그의 신성의 근원이 전체 세계에 대한 경멸에서 비롯되었기 때문에, 그는 단지 신에 빌붙는 자에 불과했다. 그러므로 아브라함

---

12) [옮긴이] 아브라함은 신의 명령으로 독자 이삭을 제물로 바치려고 한다(「창세기」 22장). 분리주의 정신의 소유자인 아브라함에게는 지고의 신성인 사랑조차도 사유의 산물인 신의 명령 앞에서 유약한 감정에 불과한 것으로 드러난다.

의 신은 다른 종족의 수호신들이나 민족신들과는 본질적으로 완전히 달랐다. 수호신을 섬기는 가족과 민족신을 숭상하는 민족 역시 자기 스스로를 고립시켜서 통일적인 것을 분리시키고, 그의 신들이 내린 혜택을 다른 이들과 공유하지 않는 것이 사실이지만, 그들은 타자가 그 타자의 신에 의해 받는 혜택 역시 실존한다고 긍정한다. 그들은 스스로 무한하게 많은 것을 가지고 있으며, 따라서 다른 사람을 추방할 필요를 느끼지 않으며, 다른 사람들에게도 자신과 동등한 권리를 부여한다. 그것은 타자의 수호신과 민족신들을 그 타자의 수호신과 민족신들로서 인정하는 것이다. 반면 아브라함과 그 후손의 질투의 하나님은 그만이 유일한 신이며, 자기들만이 신을 가질 수 있는 유일한 민족이라는 가공할 만한 요청을 한다.

그의 후손들이 자신들의 이상을 실현시킬 수 있을 만큼 강력한 힘을 가지게 되었을 때, 그리고 그들이 통일의 이념을 현실화시킬 수 있을 만큼 강력한 힘을 가지게 되었을 때에도, 그들은 타자와 통일을 위해 아량을 베푸는 대신 모든 생명을 광포하게 말살시킬 수 있는 전제 군주처럼 군림했다. 왜냐하면 타자가 죽어 버리면 그들과의 통일을 생각할 필요도 없기 때문이다. 따라서 세겜족이 유례를 찾을 수 없을 만큼 관대하게 자신들의 죄에 대해서 보상해 주고자 했을 때조차 야곱의 아들들은 자기 누이로 인해 생긴 격분을 풀고자 사탄과도 같이 무자비하게 그들에게 복수했다.[13] 왜냐하면 이질적인 것이 그들의 가족과 혼합되었으며 그들과 유대 관계를 맺었다고 생각했기 때문이다. 즉 세겜족이 이스라엘만의 폐쇄적인 고립성

---

13) [옮긴이] 세겜족의 추장 아들이 야곱의 외동딸인 디나를 추행하여 자기 아내로 삼은 사건(「창세기」 34장). 야곱의 아들들은 그 종족이 유대의 의식인 할례를 받는다면, 자기의 누이가 그 추장 아들의 아내로 되는 것에 반대하지 않겠다고 약속하고는 그들이 할례로 인해 고통스러워하는 순간 그들을 습격하여 잔인하게 죽였다.

을 와해시키려고 했다는 것이다. 그들, 즉 총아들만이 나누어 가질 수 있는 무한한 통일성 밖에 있는 모든 것은 ── 고르고의 머리가 모든 것을 돌로 변화시켰던 것처럼 ── 사랑도 권리도 없는 물질이고, 따라서 그들이 충분한 힘만 가지기만 하면 그들은 그것들을 저주받은 자로 취급하여 그들에게 적절한 위치(즉, 죽음)를 할당할 수 있다는 사실을 보여 준 것이다.

요셉이 이집트에서 권력을 획득했을 때, 그는 모든 이집트인들을 왕과 관계시키는 정치적 계급 관계를 성립시켰다.[14] 그런데 이것은 모든 것을 신과의 관계 속에서만 해명하려고 하는 요셉의 생각에서 나왔다. 그는 자기의 신 개념을 (이 정치 조직 속에서 ── 옮긴이) 현실화했다. 요셉은 모든 사람들이 풍년 기간 동안 그에게 바친, 그리고 이제는 기근이 일고 있는 동안 그들을 먹여 살려야 하는 곡물을 수단으로 하여 그들의 모든 땅과 사람들까지도 왕의 소유로 만들었다. 그는 그들의 전 실존을 왕의 소유로 만들었다.[15]

지속적인 거주지를 소유한다거나, 어떤 민족과 더불어 사는 것 등 아브라함과 야곱이 받아들이지 않기 위해 투쟁해야 했던 그 운명에 야곱은 마침내 복종하고 말았다. 그가 자신의 (분리주의적 ── 옮긴이) 정신과는 완전히 배치됨에도 우연히 힘든 궁핍 때문에 다른 민족과 관계를 맺었는데, 그 관계가 깊어 갈수록 그와 그의 후손은 그것을 감당해 내기 힘들어했다. 그들을 노예 상태에서 이끌어 내어서 독립적인 국가로 조직시켰던 정신은

---

14) [옮긴이] 요셉(Joseph). 야곱의 열두 아들 중 열한번째 아들로 그의 형들에 의해 이집트에 팔려 감. 그곳에서 그는 그의 총명함으로 인해 모든 국사를 총괄하는 총리대신이 된다. 하지만 이 일은 야곱의 가족 전체가 이집트에 정착하게 되는 계기가 되고, 결국 이스라엘 민족이 이집트의 노예가 되는 상태로 발전한다.

15) 〈헤겔 수고의 삭제된 내용〉 "요셉의 생각과 감성에는 육체적인 의존성을 갖지 않는 실존의 가능성이 전혀 없었던 것 같다."

단순히 가족 관계로 머물러 있었을 때보다 훨씬 더 다양한 관계 속에서 작동하고 발전하여 나아갔으며, 마침내 훨씬 특화하고 다양한 결과를 산출하였다.

앞의 사건들에서도 그랬던 것처럼, 어떻게 우리가 여기서 이스라엘의 해방 사건을 우리의 일상적인 오성으로 파악할 수 있는가를 말할 수는 없다. 반대로 그 사건이 유대 민족의 환상에 어떻게 현존했는가를, 혹은 회상에 의존하는 그들의 삶에 어떻게 현존했는가를 말할 수 있다. 즉 그 사건 속에서 그들의 정신이 어떻게 행위하는지를 살펴보는 것이 우리에게 중요하다. 자기 민족의 자유에 대해 외롭게 갈망해 왔던 모세가 이스라엘의 장로들에게 그의 계획을 말했을 때, 그의 신적인 소명의 합법성은 억압에 대한 끓어오르는 분노나 창공과 자유에 대한 갈망에서 발견되지 않는다. 모세는 그 합법성을 그가 사람들에게 보여 주었던, 그리고 나중에는 이집트의 마술사들도 동일하게 행했던 몇몇 마술에서 발견하였다. 모세와 아론의 행위는 이집트인에게 그랬던 것처럼 그의 형제들에게도 영향력을 발휘한다. 그런데 이집트인들은 모세와 동일한 것을 함으로써 그에게 복종하지 않는 것을 본다.

모세가 파라오와 협상을 시도한 이후 유대인들은 더 고통스러운 노역을 하게 되는데, 그러한 고통스러운 노동이 유대인들에게 더 강력한 해방에의 자극제로 작용한 것이 아니라, 그저 고통을 더 깊게 겪을 뿐이었다. 유대인들은 무엇보다도 모세에게 격노했으며, 그를 저주하기까지 했다(「출애굽기」 5장 21절, 6장 9절). 모세만이 행동한다. 그는 왕이 두려워하는 것을 보았으며, 그것을 매개로 유대인들을 자신의 고향으로 떠나게 하라고 강요한다. 이집트의 왕이 두려움을 다시 잊어버리고 마지못해 행한 자기의 결정을 후회하고서 그 결정을 번복하는 모습을 보면서 유대인들의 눈에 그러한 행위가 왕 자신의 자립적 활동에서 나온 것이 아니라고 믿었다. 그들의 신에 저항하는 왕의 이러한 행위조차도 그들에게는 그들의 신의 작용이었다. 유대인들에게서 한 위대한 일[16]이 행해졌지만, 그들은 그것을 영웅적인 행위로 시작하지는 않는다. 그들 때문에 이집트는 다양한 질병과 재난을 겪었다. 유대인들은 도처에서 애곡을 들으면서 불행했던 이집트를 벗어났다(「출애굽기」 12장 33~34절). 이집트인들은 겁쟁이 유대인들에 의해 패배한 것이 아니었다. 그러나 유대인들은, 비겁한 자들이 그렇듯이 적의 고통에 대해 즐거워할 뿐이었으며, 자신들이 야기하지 않으면 안 될 그 고통스런 곤궁에 대해 눈물을 흘릴 줄도 아는 용기 있는 의식이 아니라, 한탄의 의식만을 가지고 있었다. 그들은 이 비극의 시기에 아무 상처도 입지 않았지만, 그들의 정신은 그들에게 그토록 호기로 작용한 비애에 대해 기뻐 날뛸 뿐이었다. 유대인들은 승리했지만, 그들은 결코 싸우지 않았다. 이집트인들은 굴복했지만, 그들은 적들에 의해서 그런 건 아니다. 그들은 잠자는 중에, 또는 독으로 살해된 자들처럼 은밀한 공격에 의해 패배했다. 집 기둥에 징표를 가지고 있었던, 그리고 이 재난에서 모든 쓸모 있는 재물들을 얻은 이스라엘인들은 (1720년 프랑스의) 마르세유에서 페스트가 유행할 때 활동했던 악명 높은 도둑과도 같은 자들이었다. 왜냐하면 모세가 이스라엘 사람에게 주지시킨 유일한 행위는 마지막 날 밤 이집트 사람들의 물품을 차용하게 함으로써 실제로 절도 행위를 하게 한 것뿐이기 때문이다.[17]

---

16) [옮긴이] 이집트 탈출 사건을 지칭함.

17) [옮긴이] 이 진술은 「출애굽기」 12장 35~36절을 지시한다. "이스라엘 자손이 모세의 말대로 하여 애굽 사람에게 은, 금, 패물과 의복을 구하매, 여호와께서 애굽 사람으로 백성에게 은혜를 입히게 하사 그들의 구하는 대로 주게 하시므로 그들이 애굽 사람의 물품을 취하였더라."

해방되었지만 가장 노예적인 속성을 버리지 못한 이 민족은 이집트를 떠난 것을 후회했고, 어려움과 위험이 닥칠 때마다 계속 그곳으로 돌아가려 했으며, 따라서 그들이 자유롭긴 하지만 영혼과 자유에 대한 어떠한 자발적인 욕구도 없이 그저 살아갈 뿐이었다. 그러나 이것은 전혀 이상한 일이 아니다.

그 민족의 해방자는 동시에 그 민족의 입법자였다. 이것은 한 민족을 어떤 멍에에서 해방시킨 사람이 그 민족을 또 다른 멍에에 올려놓았다는 것을 의미할 뿐이다. 수동적인 민족이 자기 자신의 법을 만든다는 것은 사실 모순에 불과하다.

조상으로부터 물려받은 정신이 모든 입법의 원리였다. 이 정신은 무한한 객체, 즉 모든 진리와 관계들의 총체인데, 바로 이런 점에서 볼 때 이 정신만이 엄밀한 의미에서 유일하게 무한한 주체이다. 왜냐하면 인간이란 삶을 부여받았으며, 살아 있는, 절대적인 주체라고 정의되는 한에서만 이 정신은 (주체인 인간의 반정립으로서의—옮긴이) 객체로 드러나기 때문이다. 따라서 이 정신이 소위 유일한 종합이다. 한편으로는 유대 민족이, 다른 한편으로는 기타 전체 인류와 세계가 그것의 반정립으로 나타난다. 이 반정립들이야말로 참된, 순수한 객체들이다. 왜냐하면 이 반정립들은 자기 외부에 놓여 있는 무한자와의 관계에서 볼 때 내용 없이 공허하며, 생명 없이 죽어 있는 어떤 것에 불과하기 때문이다. 그리고 이 반정립들은 (무한자의 관점에서—옮긴이) 무에 불과하며, 이런 관점에서 만들어진 것(즉 주체성이 전혀 없는 것—옮긴이), 삶도 권리도 사랑도 독자적으로 갖지 못한 비존재에 불과하다.[18]

---

18) 〈헤겔 수고에 부가되어 나오는 내용〉 "존재하고 존재했으며 존재할 모든 것인 고귀한 신, 키

보편적 혐오는 육체적 의존성만을, 즉 동물적 실존만을 남겨 둔다. 동물적 실존이란 타자의 희생을 대가로 해서만 자신의 안전이 보장될 수 있는 상태인데, 유대인들이 바로 이것을 유산으로 받았다. 타자를 희생하는 가운데 안전을 획득하는 이런 배타성은 무한한 분리에서 필연적으로 나온다. 이집트 노예 상태에서의 해방, 젖과 꿀이 흐르는 땅의 소유, 안전한 음식물의 공급과 생식 행위 등, 이 모든 것들은 신을 숭배하기 위한 요청에 불과하다. 숭배의 명목과 숭배 그 자체는 서로 다르지 않다. 다만 숭배의 명목은 궁핍으로부터의 탈출을 표현하고 있으며, 숭배 그 자체는 예속을 표현한다.[19]

무한한 주체는 보여서는 안 된다. 왜냐하면 볼 수 있는 것은 모두 한계지어진 것이기 때문이다. 천막생활을 하기 전 모세는 이스라엘 백성들에게 신의 비형상성을 상징하는 불과 구름만을 보여 주었다. 우리는 장면들이 계속 새롭게 이어지는, 그래서 특정한 형식 규정에 얽매이지 않는 연극을 볼 때, 이런 비규정성을 예감할 수 있다. 신이 모양을 갖는다는 것은 그들에게 있어서는 신이 돌이나 나무와 꼭 같은 것임을 의미했다——그러한 것들은 보지도 듣지도 못한다. 이런 허황된 설명으로 그들은 스스로 굉장히 현명하다고 상상한다. 그들은 상像(그림이나 조각 등—옮긴이)을 멸시하는데, 왜냐하면 그 상이 그들을 인도해 주지 못하기 때문이다. 그리고 그들은 미적인 향유나 사랑의 직관 속에서 신성을 발견하지 못한다.

벨레의 제사장들은——어떤 사람도 그들의 면사포를 벗기지 못했다—— 거세되었다. 그들은 정신과 육체 양면에서 거세되었다.”

19) [옮긴이] 이 말이 의미하는 바는 신이 그 민족을 궁핍으로부터 탈출시킨 대가로 그 민족은 그의 완전한 노예로 된다는 것이다. 헤겔은 탈출, 즉 자유와 ‘노예로 됨’은 그들에게 동전의 양면임을 말한다.

종교적 감정의 대상이 구체적인 형상을 갖지 않는다고 할 수는 있지만, 그러나 보이지 않는 대상에 대한 헌신과 숭배 역시 그 대상의 일정한 방향성과 배타적인 한계를 갖지 않으면 안 된다. 모세는 천막과 이후 신전 내의 지성소라는 장소를 둠으로써 바로 이런 한계를 보여 주지 않았던가? 폼페이우스가 그 성전의 중심부, 즉 숭배의 심장부에 도달한 후, 그곳에서 그 특이한 민족의 정신을 찾아 그 민족에게 삶을 부여하는 영혼을 발견하고자 했지만, 그리고 그들이 헌신하는 대상으로서의 한 존재, 즉 그들이 숭배하는 중요한 대상을 찾아보고자 했지만, 그가 그 비밀의 장소에 들어갔을 때 그는 스스로 무언가를 잘못 알고 있었다는 사실에, 그리고 그가 텅 빈 공간에 서 있다는 사실에 매우 놀랐을 것이다.

그 외에, 인간이 얼마나 미물이며 은혜를 통해서만 지속될 수 있는 하찮은 존재인가에 대해 그들은 즐기고 활동하는 삶의 매 순간마다 기억해야단 했다. 신의 소유권의 표시로서, 그의 관여의 상징으로서 땅의 모든 소산의 십분의 일이 그에게 돌려져야 했다. 처음 태어난 모든 것은, 다시 돌려받게 되긴 하지만, 그의 것이었다. 인간의 몸체는, 하인이 그의 주인이 부여한 의복을 깨끗하게 유지해야 하는 것과 꼭 같이, 청결하게 유지되어야만 했는데, 왜냐하면 이것은 단순히 양도된 것일 뿐 본래부터 자신의 것이 아니기 때문이다. 즉 이스라엘 민족이 자기의 것 중 일부를 희생시킴으로써 확고하게 하고자 하는 것은 타자의 소유를 이전시키는 것은 횡령이며 불법이고, 그들 스스로는 전혀 어떤 것도 소유하지 않는다는 사실을 공표하고자 하는 데 있었다. 그런데 신에 속한 것은 전적으로 신성한 것이었다. 마치 전쟁을 통해 획득된 노획물과 수많은 산물이 단지 파괴되었다는 사실로 말미암아 완전히 정복자에게 속하는 것처럼.

이스라엘 민족이 자기의 일부분을 양도하고서도 스스로를 보편적이라고 했던 것과 꼭 같은 원리로, 그 종족들 중 한 종족이 그 원리에 따라 완전히 구별되었다. 그 종족은 신에게 완전히 봉사만 하는 신의 소유물이다.[20] 이 종들은 주인에 의해 양육되었고, 그 주인의 가계를 직접 유지하는 자였으며, 그 나라에서 유일한 세금 징수자였고, 그 주인의 집사였다. 그들은 그의 주인의 권리를 주장해야 했으며, 가장 하등의 봉사자로부터 신의 직접적인 대리인에 이르기까지 상이한 위계질서를 갖추고 있었다. 물론 대제사장이 비밀의 수호자는 아니었다. 다만 은밀한 것들을 유지하는 자들이었다. 대제사장은 예배 외에 어떤 것도 배우거나 가르칠 수 없었던 다른 제사장들의 일에 비해 큰일을 한 것은 아니다. 비밀이란 인간이 전수할 수 없는 완전히 낯선 것이다. 인간은 그것에 단지 의존할 수 있을 뿐이다. 그리고 신을 지성소에 숨겨 두는 것은 엘레우시스의 신들의 비밀과는 완전히 다른 것이다.[21] 엘레우시스에서는 신들의 상像, 감정, 그들에 대한 영감과 흠모로부터, 또한 신의 출현으로부터 아무도 배제되지 않았다. 그러나 신의 출현을 말로 표현해서는 안 되었는데, 왜냐하면 말이라는 것은 그런 현상을 모독하는 것에 지나지 않기 때문이다. 그러나 이스라엘 민족은 그들의 사물과 행동에 대해, 예배의 율법에 대해 잘도 재잘거렸다(「신명기」, 30장 11절). 왜냐하면 이것들에는 성스러운 것이 없었기 때문이다. 성스러운 것은 항상 이것들 바깥에, 즉 보이지도 느껴지지도 않는 상태로 있었다.

시나이 산에서 율법이 엄숙하게 주어졌을 때, 그 광경이 모든 유대인

---

20) [옮긴이] 레위족. 유대 민족을 이루고 있는 열세 개의 종족 중 하나로, 그들은 가나안 땅에 정착한 이후 땅을 분할 받는 대신 성전 일만을 하도록 구별되었다.
21) [옮긴이] 이 책 418쪽 옮긴이 주 참조.

들을 대단히 압도해 버렸기 때문에, 그들은 그것이 자신들을 괴롭히지 않게 해달라고 모세에게 부탁했다. 그리고 그만이 신과 대화하여 그의 명령을 자신들에게 전달해 달라고 요청했다.

대부분 향연과 춤으로 즐기는 일년에 세 번 있는 큰 축제들은 모세의 율법에서는 가장 인간적인 것들이었다. 하지만 매 일곱번째 날(안식일—옮긴이)을 엄숙하게 유지하는 것은 매우 특징적이다. 노동으로 고단한 여섯 날 이후 일이 없는 하루 동안 일에서 해방되어 휴식을 취하는 것은 많은 사람들에게 매우 환영받았을 것이다. 그러나 여타의 자유롭고 생동적인 사람들을 하루 동안 단순한 공허 속에서, 활동 없는 정신의 통일 속에서 보내게 하는 것, 신에게 봉헌되는 시간을 헛된 시간으로 여기는 것, 그리고 이런 공허를 재차 반복하게 하는 것 등등, 이 모든 것들은, 우수에 젖은 무감각한 통일을 지고의 통일로 여기고, 자기의 신의 엿새간의 삶을 한 세계의 새로운 삶 속에서 그들의 신에게 대립시키고, 그 삶을 자기 자신에게서 벗어난 어떤 낯선 것으로 고찰하며, 신을 그 낯선 것 위에서 휴식하게 하는 민족의 입법가에게서나 나올 만한 것이다.

이런 철저한 수동성 속에서 유대인에게 남겨져 있는 것은 확고한 노예 근성 외에 오로지 그들의 육체적 실존을 보존하고 그것을 결핍에서 보호하려는 공허한 욕구밖에 없었다. 삶을 보존하는 것만이 욕구를 만족시키는 것이었다. 그들은 더 이상의 것을 원하지 않았다. 그들은 젖과 꿀이 흐르는 살 만한 땅을 얻었다. 정착 민족으로서, 농업에 종사하는 민족으로서 그들은 그들의 조상이 유목민으로서 단순히 횡단하여 지나갔던 그 땅을 소유하고자 했다. 방랑적인 삶의 양식을 가진 그들의 조상들은 그들의 땅에서 도시를 건설하며 사는 사람들을 인정하였다. 그리고 그 사람들 역시 유대의 조상들에게 개간되지 않은 땅에서 평화롭게 방목하도록 했으며, 그들이 그 도시를 떠나 다른 장소에서 방목했을 때 그 도시에 남아 있던 그들의 무덤을 존경해 주었다. 그러나 그들의 후손이 되돌아 왔을 때는 더 이상 방랑객이 아니었다. 그들은 그들의 방랑적인 조상들이 그토록 오랜 동안 거부하며 투쟁했던 그 운명에 패하고 말았다.[22] 그들이 비록 그들 조상의 생활양식을 떠났지만, 그렇다고 그들의 천성이 그들에게서 떠난 것은 아니다. 그들의 천성은 그들에게 더욱더 강력하고 가공할 만한 것으로 되었던 것 같은데, 왜냐하면 욕구의 변화와 더불어 자기 민족의 습속과 다른 민족의 습속을 구별하는 주된 장막이 제거되어 다른 민족과 함께 살게 되었으면서도 그들의 기질을 계속 내세웠기 때문이다. 즉 궁핍이 닥치면 그들은 다른 민족을 적으로 만들었는데, 그들의 적개심은 어디까지나 이 궁핍과만 관련이 있을 뿐, 가나안 사람들 사이에서 그들과 동화되어 정착하며 살게 하는 것에로 나아가지는 않았다.

유목민과 농민의 생활양식의 상이성이 이제 사라졌다. 하지만 사람들을 묶어 주는 것은 그들의 정신이지 어떤 다른 것이 아니다. 즉 유대인들을 가나안 사람들과 구별시켜 주는 것은 오로지 그들의 정신일 뿐이다. 이 증오의 수호신은 옛 거주자들을 철저히 파괴시키라고 유대인에게 요청한다. 그런데 인간 본성이 영예롭다는 사실이 여기서도 부분적으로 드러난다. 즉 인간의 가장 깊숙한 정신이 곡해되어 증오로 드러난다 할지라도 인간의 본성은 그 근원적 속성을 완전히 저버리는 것은 아니며, 또 그 곡해가 완전히 일관된 것도 아니며 끝까지 철저하게 수행되지도 않는다. 이스라엘 민족은 많은 거주자들을, 비록 약탈하고 노예로 삼기는 했어도, 여전히

---

22) [옮긴이] 이 말은 '한 곳에 정착하려 하지 않았던 그들 조상과는 달리 그들은 정착민이 되었다'는 의미이다.

살려 두었다.

광야에서 죽어 약속의 땅에 들어가지 못한 사람들은 그들의 사명, 그들의 현존의 이상을 충족시키지 못했다. 그들의 삶은 단 한 가지 목표에 종속되어 있었다. 그들의 삶은 자립적이지도, 자기 지속적이지도 않았다. 따라서 죽음은 단지 악으로 간주될 수밖에 없었다. 모든 것이 주인에게 종속되어 있었기 때문에 그 죽음은 형벌로서밖에 생각되지 않았다.

새로 지은 집에서 살지 않는 사람, 새로 심은 포도나무에서 열린 포도를 먹지 않는 사람, 아직 결혼하지 않은 사람은 군사 의무에서 면제되었다. 왜냐하면 그러한 것들을 아직 충족시키지 못한 사람들은 그들의 현실적인 삶의 전체적인 가능성과 조건을 깊이 생각해야 할 때 아주 어리석은 자처럼 행동할 것이기 때문이다. 소유와 실존을 위해 이 소유와 실존 그 자체를 건다는 것은 모순이다. (명예를 위해 목숨을 버린다거나 목숨을 위해 명예를 버리는 식의—옮긴이) 서로 다른 관계 항 사이에서 희생 관계가 성립한다. 즉 소유와 실존은 명예, 자유나 미, 또는 어떤 영원한 것의 대가로만 지불될 수 있을 뿐이다. 하지만 유대인들은 어떤 영원한 것도 가지고 있지 않았다.

동방의 전제국에서 군주가 민중들에게 삶의 향유와 행복을 그들 모두에게서 빼앗아 버릴 수 있다고 협박하듯이, 모세는 '아름다운' 협박으로 자기 입법을 봉인하였다.

인간 정신에 대한 다른 고찰들, 다른 양태의 의식들은 이러한 종교적 율법으로 나타나지 않는다. 멘델스존[23]은 (그의 책 『예루살렘 또는 종교적 힘과 유대주의에 대해』*Jerusalem oder über religiöse Macht und Judentum*

---

23) 멘델스존(Moses Mendelssohn, 1729~1786)은 18세기 계몽 시기에 합리주의적 미학이론을 수립한 유대계 독일 철학자이다. 대표작으로는 『감각론』(1755)이 있다.

1783. Bd. II. S. 31~54에서) 자신의 신앙에 따라 영원한 진리를 결코 인정하지 않으며, 그는 바로 이 사실 때문에 자신의 신앙의 높은 가치를 인정한다. '한 신이 있다'는 것은 그것이 국가법의 꼭대기에 위치한다는 것을 의미한다. 그리고 만약 이러한 형식 속에서 주어진 한 법이 진리라고 주장될 경우, 다음과 같은 질문이 자연스럽게 제기될 수도 있다. 즉 "노예들에게 한 주인이 있다는 것보다 더 깊은 진리가 있겠는가?" 그러나 멘델스존이 이것을 진리가 아니라고 말한 것은 옳다. 왜냐하면 노예들이 진리로 간주하는 것이 우리가 보기에는 그들에게 진리와 믿음의 형식으로 나타난 것은 아니기 때문이다. 진리는 지배하지도 지배받지도 않는 자유로운 것이다. 따라서 신이 현존한다는 사실이 그들에게는 진리로서가 아니라 명령으로서 나타난다. 유대인들은 신에게 철저하게 의존하였다. 그런데 사람이 의존하는 대상은 의존이라는 그 형식 때문에 진리의 형태를 띨 수 없다. 진리는 이해라는 형식으로 드러나는 아름다움이다. 진리의 부정적 특성은 자유이다. 그러나 모든 것 속에서 질료만을 보는 사람들이 어떻게 아름다움을 알아챌 수 있단 말인가? 또한 지배받거나 지배하기만 하는 사람들이 어떻게 자유와 이성을 실행할 수 있단 말인가? 그리고 하고자 하는 능력과 심지어는 그들의 실존 자체를 포기해 버린, 그리고 그들이 소유한 땅이 자손 대대로 이어지기만을 바라는, 즉 무가치하고 치욕스러운 이름이 그의 후손들에게 계속되기를 바라는, 먹고 마시는 것 외에는 어떤 다른 고귀한 삶이나 고양된 의식을 향유하지 못한 바로 그런 사람들이 어떻게 자립적으로 지속되기를 바랄 수 있단 말인가? 현존하지 않는 것을 훼손하지 않는 것, 즉 누구도 알지 못하는 자유롭게 방임된 존재를 갖는다는 것이 어떻게 장점일 수 있겠는가? 이는 포도주 세稅를 지불할 필요가 없으며, 중과세로 농업을 천대하지도 않기에 유럽인들보다 우월하다고 뽐내는 에스키모인의 경우와

다를 바 없다.

　시민의 권리가 토지법과 깊은 관련이 있다는 점에서 모세의 제도와 (고대 그리스의) 두 명의 유명한 입법가들에 의해 만들어진 제도는 (비록 그 근원에 있어서 매우 다르지만) 너무나 유사하다. 부의 불평등으로 인해 자유를 위협하는 위험이 국가에서 발생할까 봐 솔론과 리쿠르고스는 여러 가지 방법으로 재산권을 제한하였다. 그리고 재산의 불평등을 가져올지 모르는 몇몇 행위들은 금지되었다. 모세의 나라에서 한 가족의 재산은 언제나 그 가족에 머물러 있어야 한다. 마지못해 자기의 재산이나 자기 자신을 노예로 팔아 버렸던 사람들은 누구나 희년禧年이 되면 자기 자신의 소유권을 돌려받을 수 있었다.[24] 또한 안식년에는 인격적 권리를 회복할 수 있었다. 원래보다 많은 대지를 소유하게 된 사람들은 누구나 그의 옛날 소유만을 두고 환원해야 했다. 다른 종족 또는 다른 민족으로부터 온 사람이 형제가 없어 한 집안의 재산의 소유주가 된 여인과 결혼할 경우, 그 외국인은 그 재산이 속해 있는 가족이나 종족에 편입되었다. 따라서 한 가족에 속한다는 것은 그에게 귀속되어 있는 본래적인 것, 즉 부모로부터 물려받은 혈통적 특성에 의해서 결정되는 것이 아니라, 오히려 습득되어진 것에 (즉 토지에—옮긴이) 의해서 결정되었다.

　그리스의 공화국들의 법은 법이 없다면 발생하게 될지 모를 불평등으로 인해 가난한 자들의 자유가 위협을 받게 되고 또 그들이 정치적인 파괴

---

24) [옮긴이] 유대교에는 숫자 7과 관련된 성스러운 날들이 있다. 제7일을 안식일, 제7년을 안식년, 제7의 7년 첫 해, 즉 50년째 해를 희년(禧年)으로 기념하는 제도가 그것이다. 이 날들은 유대인들에게 정치적·종교적으로 특별한 의미를 지니고 있는데, 이 중에서도 특히 희년은 모든 상태가 50년 전의 상태로 회복되는 해방의 해로서 노예나 재산 상실자 등이 고대하는 해이다.

상태로 떨어질지도 모른다는 사실로부터 유래한다. 유대인들은 그들이 소유한 것을 소유한 것이 아니라 단지 임대받았다고 주장하기에, 그리고 그들이 시민으로서의 권리가 전혀 없기에, 그들의 법은 그들이 자유와 권리를 전혀 가지고 있지 않다는 것에서 나온다.[25] 그리스의 사람들은 모두가 자유롭고 자립적이었기에 평등할 수 있었다. 유대인들은 모두 자립적일 수 없기에 평등하였다. 한 유대인이 한 가족에 속하는 이유는 그가 그 가족의 땅의 일부를 점유하기 때문이다. 따라서 이 땅을 그 자신의 것이라고 할 수 없었다. 그들은 그것을 은혜로 돌렸다. 모든 유대인들이 자기 재산을 증식할 수 없게 한 것은 확실히 입법가의 이상이었다. 그런데 민중들은 그것을 엄격히 준수하지 않은 것 같다. 만약 입법가가 부의 불평등을 회피하기 위해 유대인들의 재산 증식을 막았다면, 그들의 법 체계는 전혀 다른 형태로 만들어졌을 것이다. 그리고 다른 많은 불평등의 근원이 처음부터 차단되려면, 입법의 위대한 목표는 시민의 자유이어야 한다. 이것이야말로 한 체제의 이상일 수 있는데, 이러한 이상이 모세와 그 민족의 정신에는 결코 합치되지 않았다.

재산을 증식할 수 없다는 것은 땅에 대한 권리가 평등하다는 것에서 온 것이 아니라, 오히려 반대로 땅에 대해서는 어떤 권리도 없다는 의미의 평등에서 온 것이다. 이러한 식의 평등 원리에서 볼 때 모세만이 어떤 것에 의미를 부여할 수 있는 특권을 갖는다는 것은 모순으로 비치는데, 이를 모순으로 생각한 고라와 다탄은 폭동을 일으켰다.(「민수기」 16장 3절). 모든

---

25) [옮긴이] 헤겔은 수고에 관련된 성서의 구절을 「레위기」 25장 23절 이하라고 알려주고, 특히 23절을 인용한다. "토지를 영영히 팔지 말 것은 토지는 다 내 것임이라. 너희는 나그네요 우거하는 자로서 나와 함께 있느니라."

법조항의 근거가 되는 원리란 시민들 간의 관계를 규정하는 국법적 관계보다 우월한 것이어서, 법조항에 근거해서 원리를 문제 삼지 못한다.[26] 국가 시민으로서의 유대인들 상호간의 관계는 단순히 그들의 보이지 않는 통치자와 그 통치자의 보이는 하인들과 직무자들에게 모두가 의존해 있다는 점에서 평등하다. 그래서 그들에게는 본래적인 의미의 시민이란 없으며, 그런 의존 관계 속에서 모든 정치적인 자유법의 토대는 제거된다. 그렇기 때문에 유대인들에게는 국가법을 만들고 결정하는 입법권이 있을 수 없었다. 이것은 마치 독재 체제에서 국가법을 문제 삼는 것이 모순되는 것과 같은 이치다. 법관과 공무원(서기관), (한 종족의 수뇌부와 같은) 항구적인 통치자, 또는 우연한 욕망에 의해 또는 힘으로 생겨났다 사라지는 지도자나 감독관들이 있을 수 있고 또한 실제로 있다. 그런데 이러한 형태의 사회적 유대 관계에서는 왕권이 도입되든 그렇지 않든 간에 아무 상관이 없다. 이스라엘 사람들이 다른 민족들처럼 자기들도 왕에 의해 지배된다고 생각했을 법도 하다. 그러나 잘 살펴보면 모세가 내리는 명령은 한편으론 왕의 권력과는 상관도 없는 것이며, 그렇다고 다른 한편으로 왕 제도에 대립하는 국가 체제나 국민권과도 전혀 관계가 없는 그런 유의 것이다. 어떤 권리도 가지고 있지 않았으며 억압당할 것이 더 이상 남아 있지 않은 민족이 도대체 무슨 권리를 위해 위험을 두려워한단 말인가?

모세는 그의 법이 완벽하게 수행되는 것을 한 번도 경험하지 못했다. 그 법은 실제로 이스라엘 역사상 단 한 번도 완벽하게 구현되지 못했다. 모

---

26) [옮긴이] 고라와 다탄은 시민들 간의 평등이라는 법조항에 근거하여 법의 원리가 되는, 또는 적어도 법의 원리의 대리자인 모세에게 항거하였는데, 그들은 결국 죽임을 당하고 만다. 「민수기」 16장 참조.

세도 단 한 번 흥분한 벌로, 즉 신이 명령하지 않았음에도 불구하고 흥분하여 아주 사소한 자기감정을 자제하지 못해 (지팡이로 바위를—옮긴이) 세게 친 벌로 죽고 말았다. 그는 죽기 전 자기의 정치적 삶을 회고하는 가운데 신이 유대인들을 어떻게 인도했는지를 자기 새끼들을 날게 하기 위해 훈련시키는 독수리의 행태와 비교하였다. 독수리는 새끼들 위에서 계속 너풀거리며, 새끼들을 날개 위에 태워서 멀리 날아가는 것을 반복한다. 이스라엘 사람들만이 이 아름다운 형상을 완수해 내지 못했다. 그들은 완성되지 못한 독수리 상만을 가질 뿐이다. 즉 그들은 둥지를 어지럽혀 새끼들에게 비행하는 법을 보여 주고, 자기 날개 위에 그들을 태워 구름에까지 날아가지만 구름의 무게 때문에 스스로 날지 못하고 어미에게서 전달된 체온을 삶의 불꽃으로 승화시키지 못한 독수리와도 같다.

유대 민중 가운데 오늘날까지도 여전히 남아 있는 초라하고 비열한 그리고 빈약한 환경 등 그들의 그 이후의 상태는 그들의 근원적인 운명의 단순한 결과이며 과정이다. 이 운명 ──그들 스스로 극복할 수 없도록 자신들에 대치시켜 놓은 무한한 힘 ──에 의해 그들은 저열하게 취급받았으며, 그리고 그들은 그 운명이 미美의 정신으로 해소되어 화해에 이를 때까지 계속 그렇게 취급받을 것이다.

모세가 죽은 후에 오랜 시기 동안 유대는 국가의 독립과 이방 민족에의 복종이 반복되었다. 행운을 얻은 직후 독립을 상실하게 되고, 억압을 받게 되면 독립을 다시 쟁취하고자 하는 투쟁 정신을 습득하게 되는 운명. 모든 민족에게 일반적인 이러한 운명은 또한 유대 민족의 운명이었지만, 그들의 경우에는 그것을 두 가지로 특수하게 정식화할 수 있다.

a.

축복된 상황에서 나태한 상태로 변화되는 현상을 유대인들은 이방신들을 섬긴 결과 나타난 상태의 변화로 해석하며, 억압된 상황에서 독립을 이루고자 하는 고양된 정신은 그들 자신의 신에로의 복귀를 의미한다. 고난이 완화되면 그들은 적대적이고 황폐케 하는 그들의 신인 엘 샤다이[27], 즉 그들의 궁핍의 하나님을 버린다. 이 시기에 그들의 마음속에 좀 더 인간적인 감정이 돋아나며, 좀 더 우호적인 분위기가 생겨난다. 그들은 더 아름다운 정신들을 숭배했고 낯선 신들에 경배했다. 그러나 이 낯선 신들에 경배할 때조차 그들의 운명은 그들을 놓아주지 않았다. 그들은 숭배자들이 아니라 이 신들의 종들일 수밖에 없었다. 그들은 처음에는 자기 자신에게 또는 그들의 이상에 종속되어 있었던 세계에 이제는 반대로 의존하게 되었다. 따라서 적대성만을 산출할 뿐일 그들의 힘이 그들을 파멸시켰다. 그리고 그들의 국가의 끈이 완전히 해체되었다. 그 국가는 모든 시민이 확고한 토대를 갖는다는 사실에 의해서 지탱될 수 없었다. 그들은 모두가 어떤 한 사회에 의존해 있다는 사실, 하지만 그들에게만 해당될 뿐 나머지 인류에게는 해당되지 않는 그런 사회에 의존해 있다는 사실에 의해서만 국가 속에서 통합되었다.

이방신을 섬기는 것은 우리가 국가법이라고 부르는 개별적인 법에 불충실한 것은 아니지만, 그러나 그들의 전체 입법의 원리이자 그들 국가의 원리에는 불충실한 것이다. 따라서 우상숭배 금지가 그들의 법의 첫번째이자 최고의 항목으로 된 것은 당연한 결과였다. 다른 민족과 섞이고 결혼

---

27) [옮긴이] El-Schaddai. '전능하신 하나님'을 의미하는 히브리어.

과 우정의 관계를 맺으며 노예적인 방식이 아니라 우정어린 방식으로 서로 더불어 사는 삶을 통해 그들 사이에는 하나의 공동체가 전개되었다. 그들은 함께 태양을 즐겼고 함께 달과 별들을 응시했다.[28] 또한 그들 자신의 감응을 들여다보면서 그들은 서로 연합되어 있다는 유대감을 발견하였다. 그리고 그들은 그들이 하나라는 감정 속에서 저 천체를 살아 있는 것으로 상상하였다. 그런 방식으로 그들은 신들을 갖게 된다.

유대 민족의 영혼, 즉 인류에 대한 증오심Odium generis humani이 아주 사소하게 느슨해져서 귀신들이 이 영혼을 이방인들과 결합시켜 증오심을 제거시켜 줄 경우에 그들은 배교자가 되었다. 그리고 그들은 지금까지 그들만의 유대 관계에서는 발견되지 않았던 향유의 영역으로 들어갔다. 이러한 경험, 즉 그들에게 전래되었던 전통을 벗어나서 인간의 마음을 불태워 줄 수 있는 어떤 새로운 것에 대한 경험은 주인에 대한 노예의 불복종에 다름 아닌데, 왜냐하면 그 노예는 주인으로부터 받은 것 외에 다른 어떤 것을 알고자 하며 그것들을 사유하고자 하기 때문이다. 인간성을 소유하게 됨으로써, 비록 그들이 이 인간성을 순수하게 느낄 수는 없었고, 근원적으로 자유로운 어떤 것을 추종하지는 않았다 하더라도, 그들의 힘은 약해졌다. 인간성을 소유하는 것, 이것은 그들 본성에 모순되는 것이었다. 그들이 어떻게 갑자기 그들의 전체적인 운명, 즉 그들의 낡은 혐오스런 공동성을 떨쳐 버리고 아름다운 공동체를 형성할 수 있단 말인가? 그들은 다시 곧 원상 복귀하였다. 왜냐하면 그들의 사회와 국가가 이와 같이 해체된 경우에 그들은 강자의 먹이가 되었기 때문이다. 그들이 다른 민족과 연합하게 되면 그들은 그들에게 의존하게 되었다. 억압은 다시 혐오를 불러 일으

---

28) [옮긴이] 이 말은 그들이 태양신, 달신, 별신을 숭배했음을 의미한다.

컸고, 이번엔 그들의 신이 다시 일어났다. 독립에 대한 그들의 열망은 엄격히 말해서 자기에게 고유한 어떤 것에 대한 의존의 열망이었다.

b.

이런 변화, 즉 다른 민족에게서는 수천 년에 걸쳐 나타나는 이런 변화가 유대인들에게는 매우 빠르게 진행되어야 했다. 그들의 매 상태가 너무 강렬하였기 때문에 그 상태는 오랫동안 지속될 수 없었다. 독립 상태란 동시에 보편적인 적대감을 표현한 것이기 때문에 그 상태는 오랫동안 지속될 수 없었다. 그것은 자연과는 대단히 대립되었다. 다른 민족에게서 독립 상태는 행복한 상태, 보다 아름다운 수준의 인간성의 상태였다. 그러나 유대인들에게서 독립 상태는 완전한 수동성의 상태, 완전히 추한 상태였다. 그들의 독립은 단지 음식과 음료, 즉 곤궁한 실존을 보존해 주는 것에 다름 아니기 때문에 결국은 이런 독립으로 인해, 이런 사소한 것으로 인해 모든 것이 상실되고 위협받게 된다. 그들에게 지속적으로 향유할 수 있는 생동적인 것은 더 이상 남겨져 있지 않았고, 삶을 향유한다는 것은 곧 그들에게는 궁핍과 희생 외에 아무것도 아니라는 것을 배웠을 것이다. 억압된 상태에서 그들의 비참한 현존은 직접적으로 위험에 처하게 되었고, 그들은 그 현존을 구제하기 위해 투쟁했다.[29] 이러한 동물적인 현존 상태는 자유를 통

---

29) 〈헤겔 수고의 삭제된 내용〉 "후대의 몽상가들과는 달리 그들은 도끼로 자살한다거나 굶어 죽을 수 없었다. 왜냐하면 그들은 어떤 이념에 따라 산 것이 아니라 동물적인 현존에 (즉, 생명 보존을 최우선으로 여기는 저급한 상태에 —옮긴이) 머물러 있었기 때문이다. 그리고 그들은 그들의 신을 믿었는데, 왜냐하면 자연과 완전히 분열되었던 그들은 신의 강압적인 지배를 통해 자연과 통일될 것이라고 생각했기 때문이다."

해 습득될 수 있을 더 아름다운 인간적인 삶의 형태와 양립할 수 없었다.

　유대인들이 군주권을 (모세는 군주정치가 신정정치와 양립 가능하다 생각했고, 사무엘은 양립 불가능하다고 함) 그들의 정체政體로 도입했을 때, 많은 개별자들은 제사장들과 나눠 가져야 했던, 또는 그들과 대립하여 지켜나가야 했던 정치의 중요성을 획득했다. 자유로운 국가에서 군주정치를 도입하게 되면 모든 시민들이 사인私人으로 강등되는데, 이와 반대로 모든 사람들이 정치적으로 무의 상태에 처해 있는 국가에서 군주정치의 도입은 적어도 개별자를 다소간 제한되기는 하지만 어떤 것으로 고양시킨다. 덧없는 그러나 매우 억압적인 솔로몬 정권의 광휘가 사라진 후 피할 수 없는 그들의 운명의 채찍으로 군주제를 재포장한 새로운 권력자들은 ──그들은 엄청난 지배욕을 가졌으나 허약한 지배력만을 가졌다── 유대 민족을 완전히 찢어 놓았다. 그들은 전에 다른 민족에 대항하여 싸울 때 그랬던 것처럼 무자비하고 관용 없이 그들 자신의 중심부에 대항하였다. 그들은 자기 자신의 손으로 자기 자신을 향해 자신의 운명을 실행하였던 것이다. 유대 민족은 적어도 타민족을 두려워할 줄 알게 되었고, 관념 속에서는 지배하지만 현실에서는 지배받는 민족이 되었다. 그들은 외부 세력에 의존되어 있다는 감정을 얻었다. 그들은 비참한 국가 상태를 비열하게 어느 정도는 유지하였는데, 결국에 가서 ──교활하고 나약한 정치가 불행한 날에 살아남지 못하는 것처럼── 다시 일어날 수 있는 힘도 획득하지 못한 채 모두 몰락해 버렸다. 영감靈感 받은 사람들이 때때로 그들 민족의 옛 수호신에 천착하여 죽음의 고통 속에서 그들을 다시 소생시키고자 했지만, 떠나버린 민족정신을 그러한 영감을 통해 다시 회복시킬 수는 없었다.

　확실히 열광을 통해서는 한 민족의 사라져 버린 정기를 회복할 수 없으며, 민족의 운명을 마법을 통해 떨어 버릴 수도 없다. 그러나 그 열광이 순수하고 살아 있는 것일 때 삶의 내면에서 새로운 정신을 불러올 수는 있다. 그러나 유대의 예언자들은 자기의 불꽃을 스러져 가는 자기 민족신의 횃불에 점화하였으며, 그에게 낡아 비틀어진 과거의 위력을 회복해 주고자 했고, 시대의 다양한 관심을 파괴해 버림으로써 그에게서 옛날의 두려운 고귀한 통일을 재산출하려고 했다. 따라서 그들은 단지 차가운 열광자에 불과했으며, 정책과 목표를 조정할 때는 제한되고 영향력 없는 광신자에 지나지 않았고, 또한 지나가 버린 시대를 단순히 회상시켜 줌으로써 과거를 부활시키지도 못한 채 현재를 더욱 오리무중에 빠뜨려 버렸다. 그런 혼합된 격정을 통해서는 이전의 단순한 수동성을 회복할 수 없었다. 그러나 그들은 그 수동적인 마음으로 인해 더욱 가공스럽게 격노하지 않을 수 없었다.

이 흉측한 현실을 벗어나기 위해 사람들은 관념 속에서 위안을 찾았다. 자기의 재산이 아니라 자기 자신을 기꺼이 드리고자 했던 평범한 유대인들은 메시아를 대망待望하는 가운데 위안을 발견했다. 바리새인들[30]은 예배 의식 속에서, 그들의 현재의 객관적 행위 속에서 그리고 그들의 행위와 의식의 통일성 속에서 위안을 발견했다(자신을 불완전한 존재로 인식하는 그들은 자신의 행위 영역 바깥에 어떤 낯선 힘이 있다고 느끼기 때문에 어떤 낯선 운명이 그들의 의지의 힘, 행위의 위력 등과 결합되어 있다고 그들은 믿는다). 사두개인들[31]은 자기 실존을 다양한 영역으로 확대하고 불안정한 현존을 여럿으로 분산시킴으로써 위안을 얻었다. 그들이 현존을 유약하게

---

30) [옮긴이] 바리새파. 유대주의 3대 종파 중 하나. 율법의 엄격한 준수를 통해 신에게 나아가고자 한 형식주의자들. 예수 공격의 주된 대상이었다.
31) [옮긴이] 이 책 412쪽 옮긴이 주 참조.

보는 이유는 현존이란 한낱 규정성들로 채워져 있으며, 이 현존 속에서 비규정성이란 한낱 다른 규정성에로의 전이의 가능성에 다름 아니기 때문이다. 에세네파[32]는 영원한 것에서, 즉 모든 소유와 이것과 연관된 모든 것을 분리의 원인으로 간주하여 금지하는, 따라서 다양성이 전혀 없는 살아 있는 일자로만 존재하는 형제관계 속에서 위안을 발견했다. 즉 그들은 현실의 모든 관계에서 완전히 떨어져 나와 독자적인 공동체적 삶을 영위하는 가운데 위안을 발견했다. 그들의 삶은 구성원들의 완벽한 평등으로 인해 어떤 다양성이나 차이에 의해서도 동요되지 않을 그런 공존의 습관 속에서 향유되었다.

유대인들이 그들의 법에 철저하게 의존하면 할수록 자신의 의지를 가질 수 있는 곳에서도 그들의 완고함은 더욱 커지지 않을 수 없었다. 그리고 그들의 의지가 신앙에서 어떤 모순을 발견할 경우 그들의 유일한 행위는 예배였다. 그들의 신앙과는 전혀 다른 것이 그들에게 적대감 없이 다가올 때, 만약 그들이 그 순간 궁핍에 처해 있지도 않고 그들의 저급한 욕구가 충족되어 있을 경우 유대인들은 쉽게 자신의 신앙을 저버렸는데, 이와 마찬가지로 만약 그들이 공격을 받을 때는 예배를 위해 완고하게 저항하였다. 이때 그들은 절망에 처한 사람들처럼 예배를 위해 투쟁하였다. 심지어 그들은 그 무엇에 의해서도 손상되어서는 안 되는 절대적인 법규, 예를 들어 안식일 준수와 같은 계명도 그 예배를 위해 위반할 수 있었다. 그들의 행동은 가장 불경한 광기로 되었고 가장 잔혹한 광신으로 되었다.

온건한 지배하에서 광신이 완화될 거라는 로마인들의 희망은 완전히 빗나갔다. 광신은 다시 한 번 불타올랐고 완전히 파멸되어서야 사라졌다.

---

32) [옮긴이] 이 책 251쪽 옮긴이 주 참조.

유대인의 커다란 비극은 그리스의 비극이 아니다. 그 비극은 공포도, 연민도 불러일으킬 수 없다. 그 두 요소(공포, 연민—옮긴이)는 아름다운 존재가 어쩔 수 없이 저지른 과오에서 빚어지는 운명으로부터 발생하기 때문이다. 유대의 비극은 혐오만을 불러일으킬 수 있다.

유대 민족의 운명은 오히려 (셰익스피어 작품에 나오는—옮긴이) 맥베스의 운명과 같다. 맥베스는 자연으로부터 걸어 나와 낯선 존재에게 붙더니, 그 존재를 경배하게 되고 그런 가운데 성스러운 인간 본성 전체를 뭉개고 파괴하였다. 그러나 마침내 그는 그의 신들로부터 버림을 받고 (왜냐하면 그 신들은 객체이고 그는 노예였기 때문이다) 그의 신앙 속에서 분쇄되어야 했다.

2. 기독교의 정신

1. 「기독교의 정신」의 기본 구상[1]

예수가 유대 민족 가운데 출현했을 때 유대 민족은 아주 혼란한 상태에 처해 있었다. 그들의 상황은 그 이전 시기나 이후 시기에 성공했던 혁명들과 동일한 조건에 의해, 그리고 동일한 일반적 특성들에 의해 유지되고 있었다. 한 민족의 정신이 그들의 체제와 법에서 빗나가서 이 정신이 그 체제와 법에 더 이상 일치하지 않게 될 경우, 사람들은 어떤 다른 것을 찾고 추구하게 된다. 새로운 것을 찾고 추구하는 그러한 행위는 각자에게 서로 다르게 나타나며, 이를 통해 교육, 삶의 양식, 요청, 그리고 욕구 등이 다양한 방식으로 산출된다. 이런 것들이 이후 점점 더 크게 분리되어 더 이상 서로 양립할 수 없게 될 경우, 그것들은 결국에 폭발하게 되고, 인간의 새로운 보

---

1) [옮긴이] H. 놀의 편집 385~398쪽. G. 쉴러의 문집 Nr. 80. 이 글은 1798년 가을과 겨울 사이에 쓰인 것으로 추정되는데, 「기독교의 정신」을 서술하기 위한 준비 작업의 형식을 취하고 있다. 즉 헤겔은 신약 성경, 특히 「마태복음」을 자세히 분석하면서 「기독교의 정신」에서 그가 예수와 기독교에 대해 취할 태도를 예고하고 있다. 하지만 이 글은 「기독교의 정신」의 초고나 서론이 아니라, 그것을 쓰기 위한 준비 단계를 기록한 것이기 때문에 많은 부분에서 문맥이 부정확하게 나타난다. 「마태복음」과 함께 읽는다면 이해에 도움이 될 것이다.

편적 형식에 따라, 새로운 인간 집단에 따라 새로운 규정을 얻게 된다. 이 집단의 유대가 느슨하고 서로 통일되어 있지 않을수록, 그 속에는 새로운 불경등과 미래의 폭발의 씨가 더 많이 내재하게 된다.

이와 동일하게 예수 시대의 유대 민중은 우리에게 더 이상 전체의 상을 보여 주지 않는다. 그 시대는 보편자를 임시변통으로나마 가지고 있다. 하지만 낯설고 다양한 소재들이 너무 많았으며, 삶과 이상이 너무 다양하게 많았고, 불만족스러운 것도 많았으며, 새로운 것을 찾아 호기심 어린 마음으로 두리번거리는 행위가 너무나 많았다. 그래서 확신과 희망을 가지고 등장한 모든 개혁가들은 자기의 추종자들뿐 아니라 적대적인 파당까지도 자기 수중에 넣을 수 있다고 생각했다.

유대 국가는 외적인 독립을 상실한 상태에 있었으며, 그래서 로마인에 의해 용인된, 또는 임명된 왕들과 로마인은 유대인들의 보편적이고 은밀한 혐오를 전부 받았다. 독립에 대한 요구는 그들의 종교에 아주 깊이 각인되어 있어서, 다른 민족이 그들과 함께 존립할 수 있는 여지는 거의 없었다. 자기 후손들에 대한 다른 민족의 지배를 그들이 어떻게 참아 내겠는가? 그 여타의 현실이 아직 병들지 않고 유지되고 있는 그 민족은 아직 이 현실을 자발적으로 포기해야 할 지점에 있지 않았으며, 그래서 낯선, 힘으로 무장한 메시아를 기다렸다. 이 메시아는 그들에게 그들이 감히 스스로 하지 못하는 것을 위해 행위하는 인물로, 또는 그 민족에게 용감한 행위를 하도록 고무하고, 이러한 힘을 통해 그들의 마음을 사로잡는 존재로 그들에게 알려져 있었다.

많은 사람들은 모든 세세한 종교적 가르침들을 엄격하고 정확하게 고수함으로써 뛰어난 자들이 되었다. 그들이 그러한 것으로 뛰어난 자가 되었다는 사실을 통해 우리는 그들이 이미 순수함을 상실했으며, 자신의 행위를 통해서는 얻을 수 없는 것에 도달하려고 수고하고 투쟁했다는 것을 보게 된다. 그들의 예배는 맹목적인, 자연 내부에 놓여 있지 않은 숙명에 대한 예배였다(이에 반해 그리스 사람들은 자연 내부에 놓여 있는 숙명을 예배한다). 그들의 위대한 종교성은 다양한 형태로 나타나는데, 여기에는 추종자와 의존자가 꾸준히 있었다. 이 다양한 형태는 모두 그들의 일자一者와 관련이 있기는 하지만, 자기와 다른 의식을 배제한다. 바리새인들은[2] 힘을 다해 온전한 유대인이 되고자 했다. 그리고 이 사실은 그들이 그렇게 될 수 없다는 것을 알고 있었다는 것을 보여 준다. 사두개인들은[3] 그들의 유대인적인 특성을 현실로서 그대로 수용하였다. 왜냐하면 그것이 어쨌거나 현존하고 있었기 때문이다. 그리고 그들은 거의 만족하지 못했다. 하지만 그들에게 여타의 향유의 조건이 존재하는 한, 그들은 다른 어떤 것에 곧바로 관심을 갖지 않았던 것 같다. 그 외에 그들과 그들의 현존은 그 자체 최고의 법이었다. 에세네파[4] 사람들 역시 유대적인 것과 싸우지 않았다. 그들은 그것을 한쪽 편으로 제쳐놓았다. 왜냐하면 싸우는 것으로부터의 회피를 그들은 경건한 삶의 양식으로 삼았기 때문이다.

유대주의를 곧바로 공격하는 인물이 이제는 나타나야 했다. 그러나 그가 유대인들 중에서 그의 싸움에 도움을 줄, 그가 붙들고서 의지할 수 있을 그 무엇을 발견하지 못했기 때문에 그는 몰락해야 했고, 곧바로 하나의 종파를 설립해야 했다.

낯선 자에의 예배 내지 예속, 즉 객체적인 것이 유대교의 뿌리다. 예수는 이것들을 공격했다.

---

2) [옮긴이] 이 책 487쪽 참조.
3) [옮긴이] 이 책 412쪽 참조.
4) [옮긴이] 이 책 251쪽 참조.

A. 주인의 법률에의, 의지에의 예속. 이것에 마주하여 서 있는 것이 곧 자기규정, 자기활동성이다. 법률에의 예속이란 무엇인가?

1) 대립태 속에서 ―― 의지 없음.

2) 타자와의 관계에서 ―― 무감각, 아름다운 관계와 사랑의 결핍, 분리.

3) 신 없음.

B. 주인, 볼 수 없는 주인. 이 주인에 운명 없음Schicksalslosigkeit이 대립된다. 운명 없음은 무죄Unschuld라는 운명 없음이거나 아니면 자기 권력Selbstmacht이라는 운명 없음이다. 무죄는 불가능하다. 신은 양 대립자를 운명 없음에로 통일시킬 수 없다. 왜냐하면 원래 대립자들 중 하나만이 저항 없이 지배하기 때문이다. 후자인 자기 권력도 불가능한데, 이것은 신 없음으로 존재한다 ―― 따라서 지배는 아버지와 아들의 관계에서 완화된다. 궁핍의 상황에서 사랑하는 자에 의존함.[5]

C. 타자는 1) 나에 의해서 규정되거나 ―― 이 나에게는 도덕성이 대립해 있다 ――, 아니면 2) 다른 타자에 의해서 규정된다(인간에 대한 경멸, 이기주의, 그리고 객관적인 도움에 대한 희망) ―― 타자의 존경, 이러한 희망의 정정 내지는 무화.

---

5) [옮긴이] 유대교의 신은 절대적 권력을 소유한 자이고 유일하게 죄가 없는 일자이다. 따라서 인간이 "죄가 없다"(Unschuld)라고 말한다거나, 신의 도움 없이 스스로의 힘으로 무언가를 성취할 수 있다고 말한다면, 그것은 신의 위엄에 대한 도전이며, 더 나아가 신이 없다(Gottlosigkeit)고 말하는 것과 동일하게 받아들여진다. 예수는 신과 인간의 이런 절대적 분리의 관계, 즉 주인과 노예의 관계를 사랑으로 연결되는 부자관계로 대치한다. 이 점이 헤겔이 노기에 기독교와 유대교의 핵심적인 차이이지만, 그렇다고 기독교가 근본적인 통일의 종교가 될 수는 없다고 한다. 왜냐하면 아버지와 아들의 관계도 여전히 외적인 관계이기 때문이다.

권위에 대항한 권위 ──인간 본성에 대한 믿음에 대해서만 권위 인정. 요한. 그는 인간 속에 어떤 힘이 있는지를 알았다. 기적. ── 그는 인간의 힘의 작용 역시 희망했다. 그것은 실제적이기는 해도 극단적인 것은 아니다. 몇몇 관점에서 주관적인 것을 자극함. ──아름다운 종교를 세우는 것, 그것은 이상인가? 사람들은 그렇게 생각하는가?

도덕성이 회복된 이후에야 비로소 예배법과 도덕법 사이에 차이가 있음을 알 수 있다. 유대 종교에서 도덕성은 불가능한데, 왜냐하면 거기에 자유는 존재하지 않고 철저한 지배만 있었기 때문이다.

대체적으로 말해서 (예수)는 법에 대립해서 주체를(정립했다).

그는 법에 대립해서 도덕성을 내세웠는가? 도덕성이란, 칸트에 따르면, 개별자의 보편자에의 종속, 보편자에 대립하고 있는 개별자에 대한 보편자의 승리이다. 아니 오히려 개별자의 보편자에로의 고양, 통일, 통일을 통한 양 대립자의 지양.

a) 규정된 것의 일치는 자유를 전제한다. 왜냐하면 제약자는 대립자를 갖기 때문이다.[6]

---

6) 〈여백에 기록된 글〉"그리고 일치 그 자체는 이러한 방식으로 하나의 제약된 것이다. 그리고 그것이 불완전한 통일인 오성의 통일은 아니다. 오성의 통일을 통해서는 분리된 것들이 분리된 것으로 남아 있으며, 실체들은 분리된 채 머물러 있다. 여기에서 통일은 객관적인데, 의지의 통일에서는 분리된 것들이 실체가 아니다. 하나는 대립자들에 의해서 완전히 배제된다. 타자는 선택된다. 즉 표상과 표상하는 자 앞에서 통일이 이뤄진다. 표상하는 자와 표상된 것은 하나로 된다. 이것은 행위이다. 행위의 도덕적 측면은 선택에 놓여 있다. 선택에서의 통일이란 '배제된 것은 분리하는 것'이라는 말에 다름 아니다. '활동성을 가진 표상하는 자와 행위 속에서 통일된 표상된 것은 그 자체 이미 통일된 것'이라는 말은, 만일 그것이 분리하는 것이라면, 비도덕적이다. 대립의 가능성은 자유이다. 대립자 자체는 자유의 작용이다.
도덕적 행위는 따라서 그 자체 불완전하고 온전하지 못하다. 왜냐하면 그 행위는 선택을 전제하며, 자유, 대립자들, 한 대립자의 배제 등을 전제하기 때문이다. 이 배제된 것이 더 많이 밀착되어 있을수록, 헌신, 분리는 더 크며, 운명은 더 불행하다. 이러한 개별적 희생이 클수록, 인간의 이념은 더 찢겨진다. 그의 삶이 강렬할수록, 그의 삶은 더 많은 것을 상실하며, 그는 자신과

b) 전체 인간의 일치.

c) 일치의 이상.

일치하고자 하는 의지라는 생각은 의지의 반대이다. 의지의 목적은 의지될 수 없다. 그러나 행위의 대상, 사상, 목적 등은 언제나 하나의 욕망, 활동성, 반성된 활동이다. 하지만 그것이 수동적인 인간의, 즉 낯선 의지의 활동은 아니다. 특정한 행위를 위해서는 특정한 의지나 욕망이 필연적이다. 그러나 이러한 특정한 의지는 수동적인 인간에게서 현실적으로 존재하지 않으며, 따라서 그런 인간에게는 단지 이념 속에서만, 표상 속에서만 존재한다. 이런 낯선 의지는 객관적인 법이다.

낯선 의지가 그들에게 '그들은 나쁜 의지를 가지고 있다'는 것을 보여 줌으로써 그 의지는 그들에게 '그들은 나쁜 의지를 가지고 있다'는 것을 보여 주었다.

산상수훈에는 언제나 객관적 계율과 의무의 대립태가 나타난다. 은혜를 받고 용서받기 위해서 너희들은 희생자를 그 의무와 계율 때문이 아니라 그저 '용서해야 한다'.

──성전에서 행한 맹세는 성전 때문에 성스러운 것이 아니다. 오히려 너희들은 진실해야 한다. 행위와 너희들의 의도는 일치해야 한다. 너희들은 행위를 너희들의 전체 테두리 안에서 해야 한다. 모든 행위는 하나의 법으로부터 기인하며, 이 법은 너희들에게 고유한 것이어야 한다.

도덕적 계율들 중에서 금지 조항만이 객관적으로 될 수 있다. 도덕적 계율은 통일체인데, 그것은 규칙으로 표현된다. 규칙은 객체들의 상호 관

더 많이 분리된다. 도덕성은 삶이 법에 적합함을, 즉 삶이 법에 통일되었음을 의미한다. 그러나 이 법이 삶의 법이 아니라 그 자체 낯선 것이라면 그것은 지고의 분리이다. 즉 그것은 객관성에 다름 아니다."

계이다. 외적인 관계, 즉 분리된 것들의 관계는 부정적으로만, 즉 금지로서만 서술된다. 왜냐하면 살아 있는 통일, 도덕적 행위에 있어서의 일치는 결코 외적인 통일이 아니기 때문이다. 즉 관련된 것들이 더 이상 분리된 것이 아니기 때문이다.

도덕성은 삶 속에서의 분리의 지양이다. 이론적 통일은 대립자의 통일이다. 도덕의 원리는 사랑이다. 분리 속의 관계는 규정함이거나 규정됨이다. 규정함은 타자에 대해 비도덕적이며, 규정됨은 자신에 대해 비도덕적이다. 왜냐하면 양자는 단지 이론적 통일의 작용이기 때문이다. 의지함은 대립자들을 제거하는 행위이다. 행위는 의지된 것, 그래서 이제 표상된 것과 추구함, 활동성, 욕망, 의지함 등 사이에 있는 분리의 지양이다. 실정법의 경우 행위는 어떤 통일이 아니라 규정됨이다. 여기에서 그것의 원리는 사랑이 아니다. 실정법의 모티프는 고유한 의미에서 운동의 원인이 된다. 이때 이 모티프는 원인으로, 작용하는 자로 행동한다. 그것은 낯선 자일뿐, 의지함의 양태가 아니다. 실정법 안에서 행위의 객체는 반성된 충동 내지 객체로서의 충동이 아니다. 그것은 낯선 것이며, 충동과 다른 것이다.

칸트의 실천이성은 보편성의 능력이다. 즉 그것은 배제할 수 있는 능력이다. 그것의 추동력은 보편성에 대한 존경에 있다. 그리고 이 배제된 것을 두려움 속에서 (보편자에―옮긴이) 종속시킨다. 즉 그것은 해체이며, 여전히 통일되어 있는 것들을 배제하는 것이다. 배제된 것은 지양된 것이 아니라 분리된 채 존립한다. 계율은 비록 주관적인 것, 즉 인간의 한 법이지만, 인간 속에 현존하는 다른 것과 모순되는 법이며, 지배하는 법이다. 그것은 단지 명령할 뿐이다. 존경이 행위를 유발하지만, 존경은 행위가 따라야 하는 원리와 마주한다. 원리는 보편자이다. 존경은 보편자가 아니다. 계율은 존경에게 언제나 소여된 것이다.

예수는 계율 대신 심정을 내세웠다. 즉 그는 그렇게 행동하게 하는 경향성을 계율 대신 내세웠다. 경향은 자기 안에 근거를 갖고 있으며, 자기의 이상적인 대상을 자체 내에 갖고 있다. 다른 말로 하면 경향은 자신의 이상적인 대상을 타자 (즉 이성의 도덕법) 속에서 가지고 있는 것이 아니다. 예수는 다음과 같이 말하지 않는다. 즉 '그런 계율들을 지켜라. 왜냐하면 그것들이 너희 정신의 계율이기 때문이다. 그것들이 너희 조상들에게 주어진 것이기 때문이 아니라, 너희들이 스스로에게 그것들을 부여하기 때문이다.' 이런 식으로 그는 말하지 않는다. 그는 심성, 즉 도덕적으로 행동하려는 경향성을 이에 대비시킨다. 하나의 도덕적 행동은 제약되어 있기 때문에, 그 도덕적 행위를 가능하게 한 전체 역시 언제나 제약되어 있으며, 이 전체는 이러한 제약 속에서만 드러난다. 하지만 도덕적 행동은 자기의 대상을 통해서만, 즉 이 도덕적 행위를 지양하는 특정한 양식의 분리를 통해서만 규정된다. 그 외에 이러한 한계 안에서 도덕적 행위의 원리는 완전한 통일체이다. 하지만 이러한 심성이 제약되고 한계지어져 있기 때문에, 이 심성은 잠잠히 있으며, 전제 조건이 발생할 경우에만 행동한다. 그리고 그 다음 통일된다. 따라서 심성은 한편으로는 행동 속에서만, 즉 이 심성이 작용하는 곳에서만 보인다(사람들은 이 심성을 그 완벽한 의미에서 말할 수 없다. 왜냐하면 그것은 무제약적인 것이 아니기 때문이다). 다른 한편 이 심성은 행위 속에서 완벽하게 서술되지 않는다. 왜냐하면 행위는 행위에 현존하는 것들의 객관적인, 야기된 관계만을 보일 뿐 생명체인 살아 있는 통일을 보여 주지 않기 때문이다. 하지만 이러한 통일은 이러한 행위 속에서만 존재하기 때문에, 이 통일은 개별적인 것이고 고립된 것이다. 이러한 행위 속에서 발생한 통일 이외에 더 이상의 통일은 없다.

동시에 이러한 행동들을 다양화하려는 갈망Streben이 현존한다면, 원리는 더 이상 고요한 심성이 아니다. 하나의 욕구와 통일이라는 전체의 욕구, 즉 (보편적 인류애로서의) 사랑의 욕구가 현존한다. 사랑은 무수하게 다양한 행동들 속에서 전체를 만들어 내고자 하며, 개별적 행동이라는 제약자에게 수많은 다양성을 보여 줌으로써 이 개별적 행동이 전체의 가상이라는 것을, 무한자의 가상이라는 것을 알게 하고자 한다. 따라서 불행한 아름다운 영혼은 자기의 운명을 의식하거나 아니면 사랑의 완전한 충족 속에서 만족하지 못한다. 이렇듯 아름다운 영혼은 자비를 행한다. 이 영혼은 향유라는 아름다운 계기들을 가진다. 하지만 그것들 역시 계기에 지나지 않는다. 그러한 아름다운 행동에 대한 동정과 감동의 눈물은 이 행위의 한계에 대해 슬퍼하는 것이다. 또는 이러한 눈물은 감사를 완고하게 거절하는 행위이다. 감춰진 관용은 상황의 결핍에 대한 부끄러움이다. 자선가는 수혜자보다 훨씬 더 위대하다.

「마태복음」, 「마가복음」, 그리고 「누가복음」에서 그리스도는 훨씬 더 유대인들에 대립적이다. 즉 그는 도덕을 훨씬 더 강조한다. 「요한복음」에서 그는 자기 자신에 대해, 종교적 내용에 대해, 그와 신과의 관계에 대해, 그의 공동체에 대해, 그와 아버지와의 통일성에 대해, 그리고 어떻게 그의 추종자들이 그와 하나가 되어야 하는지 등에 대해서 많이 강조한다. 그는 중심점이며, 수령이다. 여러 인간들의 가장 생동적인 통일의 경우에도 여전히 분리가 존재하는 것 같이, 이 통일체에도 역시 분리가 있다. 이것이 바로 인간의 법칙이다. 이상 속에서 여전히 분리되어 있는 것이 완전히 통일된다. 그리스 사람들은 민족신들 속에서 통일되었고, 그리스도인들은 그리스도 속에서 통일되었다.

   a) 도덕

   b) 사랑

c) 종교-자아 그리스도-신의 왕국-이러한 상황에서 신의 왕국의 형
   태-기적

심성은 실정성, 즉 계율의 객관성을 지양한다. 사랑은 심성의 한계를,
종교는 사랑의 한계를 지양한다.

객관적인 인간 속에서 인간은 자기를 지배하는 힘Macht에 대립된다.
그런 한에서 그는 고통을 겪는다. 그가 그렇게 활동하는 한, 그는 그렇게 처
신하는 자이며, 어떤 고통이 그에 대립해 있다. 그는 언제나 독재에 대립한
노예이며, 동시에 노예에 대립한 독재자이다. 실정종교에서 인간은 규정되
고 지배되며, 신은 주인이다. 신의 대립자 (즉 인간—옮긴이) 역시 객관적
인 것으로서 홀로 외롭게 있는 것이 아니다. 그는 신에 의해 지배되는 자이
다. 심성을 통해서는 객관적인 법만이 지양될 뿐 객관적 세계가 지양되는
것은 아니다. 인간은 개별적으로 서 있고, 세계 역시 그렇게 서 있다. 사랑
은 계기들 속의 점들을 서로 연결시킨다. 하지만 사랑 속에서 세계는 여전
히 존립하며, 인간과 세계의 지배는 여전히 존립한다. 유대의 지배는 전제
주의와 다르다. 왜냐하면 전제 군주가 현실적인 것인 반면, 그들의 여호와
는 비가시적인 것이기 때문이다. 현실적인 전제 군주는 적대적이다. 동시
에 그는 전제주의 이념을 지지한다. 왜냐하면 각자는 자기의 이념을 선호
하기 때문이다. 지배적인 이념이 나를 지배하고, 나에게 대립해 있지만, 동
시에 나와 세계와의 대립 속에서 그 이념은 내 편에 서 있다.[7]

---

7) 이 부분에 다음의 글이 덧붙여져 있다. 즉 "지배 관계에서 현실적인 A는 활동을 하고, 현실적
   인 B는 고통을 당한다. 종합 C는 목적이다. C는 A 속에 있는 이념이며, 그런 한에서 B는 수단
   이다. 하지만 A 역시 C에 복종하는 자, C에 의해 규정된 자이다. A는 C와의 관계에서 지배되는
   자이며, B와의 관계에서 지배하는 자이다. 동시에 C가 A의 목적이기 때문에, C는 A에 봉사하
   며, B를 지배한다."

객관적인 법과 더불어 지배하는 행위와 지배되는 행위의 일부가 떨어져 나간다. 법은 결과Wirkung로서의 활동성이며, 따라서 특정한, 제약된 활동성이다. 이러한 활동성은 발생한 제약 조건의 입장에서 볼 때 결과이다. 또는 오히려 그것은 조건과 결과로서의 활동성 사이의 연관이다. 이 연관이 필연적이면, 그것은 필연이다. 활동성을 드러내지 않는 것이 가능하다면, 그것은 당위이다. 연관이 필연적이라면, 자유란 없다. 이것은 두 가지 방식으로 기술된다. 1. 제약 자체 속에서의 완벽한 근거, 즉 완벽한 연관, 즉 살아 있는 결과. 2. 또는 제약 속에 있지 않는 것, 즉 죽은 것. 양자 사이에 자유와 법이 있다.

a) 객체를 극복하기 위해 유용함

b) 결핍성

도덕성은 자아가 무엇에 의해 지배되는 것을 지양하며, 그와 더불어 생동적인 것에 대한 자아의 지배 행위 역시 지양된다. 그러나 이를 통해 생동적인 것들은 여전히 무수한 분열태로, 비연결자로 남아 있다. 그리고 이 생동적인 것은 기타 무한한, 죽어 있는 질료를 보유한다. 개별적으로 파편화된 이러한 것들은 여전히 지배자, 신을 필요로 하며, 도덕적 존재가 도덕적이지 않는 한, 도덕적 존재 자체도 지배자를 필요로 한다. 도덕적 존재는 어떤 폭력도 행하지 않고, 어떤 폭력도 겪지 않는 평온한 자이다. 어떤 존재에게 제3자에 의해 폭력이 발생한 곳에서도 도덕적 존재는 도움을 준다. 보편자는 죽어 있는 것이다. 왜냐하면 보편자는 개별자에 대립해 있기 때문이다. 그리고 삶은 양자의 통일이다. 도덕성은 자아에의 의존성이며, 내 자아 안에서의 분열이다.

도덕성은 어떤 법도 자기 자신의 것으로 인정하지 않는다. 이러한 사실을 통해 도덕법은 동시에 순수하게 실정적인 계율을 지양한다. 그런데 도덕법이 단순히 규정하는 것은 아니지만, 그것은 규정할 수 있음이다. 그래서 도덕법 속에는 비일관성이 놓여 있다. 따라서 도덕법은 언제나 낯선 권력의 영향 아래 놓여 있다.

객관적인 법의 변화와 더불어 유대인들이 가지고 있던 다른 측면의 관계들 역시 변화되지 않으면 안 되었다. 인간 자신이 의지를 가지면, 단순히 수동적인 존재가 신과 갖는 관계와는 완전히 다른 관계를 인간은 신과 갖게 된다. 두 개의 독립적인 의지, 두 개의 실체는 없다. 신과 인간은 따라서 하나여야 한다. 그러나 (예수에게서―옮긴이) 인간은 아들로, 신은 아버지로 묘사된다. 인간은 독립적이지 않으며, 자기 스스로 서지 못한다. 인간은 대립되는 한에서만, 변양인 한에서만, 따라서 아버지가 그 안에 있는 한에서만 존립한다. 제자들 역시 이 아들 안에서 존재한다. 그들 역시 이 아들과 하나이다. 이것은 실제적인 실체 변화Transsubstantiaton, 즉 아버지가 아들 속에, 아들이 그의 제자들 속에 실제로 거하는 것을 의미한다. 이들 모두는 단적으로 분리되어 있고, 단지 보편 개념 속에서만 통일되어 있는 실체가 아니라, 포도나무와 그 가지의 관계와 같다. 즉 그것들 속에는 신이 생동적으로 살아 있다. 예수는 인자人子인 자기에 대한 믿음을 요구한다. 인자에 대한 믿음은 아버지가 자기 안에 거하고 있다는 것에 대한 믿음이다. 인자를 믿는 사람 속에는 그 인자와 아버지 역시 거한다. 이러한 믿음은 수동성이라는 객관성에 직접적으로 대립되며, 몽상가들의 수동성과 구별된다. 몽상가들은 자기 자신과 그들 속에서 지배하는 이러한 본질을 구별하며, 따라서 하나의 객체에 의해 지배되는 자들이다. 이러한 사실을 통해 그들은 신과 그리스도가 자기 안에 거하고 있다는 사실을 산출하거나 느끼고자 한다. 그리고 '그리스도는 하나의 이상이라고 할 만큼 그리스도가 주관적으로 되었다'는 것은 '그에게서 삶을 탈취한 것이며, 그를 하나의 사상물

思想物로 만드는 것이며, 인간에 마주하여 그를 실체로 만드는 것이다'라고 설명함으로써 그 몽상가들은 객관적인 역사적 예수로부터, 예수에 대한 의존으로부터 우리를 해방시키고자 한다. 여기에서 사상물은 살아 있는 신이 아니다. 사상물을 인간의 단순한 선생으로 만드는 것은 신을 세계, 자연, 그리고 인간으로부터 떼어 내는 것을 말한다. 예수는 자신을 메시아로 불렀다. 인자人子만이 그럴 수 있으며, 다른 어떤 타자도 그럴 수 없다. 자연에 대한 불신만이 타자를, 즉 초자연적인 것을 기대할 수 있다. 초자연적인 것은 자연 이하라는 것이 전제될 경우에만 현존한다. 왜냐하면 비록 (전체가 초자연과 자연 이하로─옮긴이) 분리되어 있기는 하지만, 그런 분리는 전체의 현존을 전제하기 때문이다. 사랑은 신이다. 신은 사랑이다. 사랑 이외에 어떤 다른 신도 없다. 신적이지 않은 것만이, 사랑하지 않는 것만이 신을 이념 속에서, 자기 밖에서 가져야 한다. 신이 예수 안에 있었고, 신이 인간 안에 거하고 있다는 것을 믿을 수 없는 사람은 인간을 경멸한다. 사랑이 인간 안에 거하면, 신이 인간 안에 거하면, 신들이 존재할 수 있다. 그렇지 않은 곳에서는 신에 의해서 언술되어야 한다. 그리고 그곳에서는 어떤 신의 존재도 불가능하다. 신들은 개별적인 분리들의 이상일 뿐이다. 모든 것이 분리되어 있으면, 단 하나의 이상만 존재한다.

'계율의, 즉 법의 객관성을 파괴한다'는 것은 '어떤 것이 인간 욕구에, 즉 자연에 근거되어 있다'는 것을 보여 주는 것이다. 죄를 사하고ἀφιέναι 면제한다는 것은 일반적으로 죄에 대한 형벌을 없애는 것을 의미한다. 이것은 기적인데, 왜냐하면 결과가 원인으로부터 분리될 수 없기 때문이다. 그러나 무엇보다도 운명은 사멸될 수 없다. 형벌의 지양이란 것을 생각한다면, 형벌은 완전히 객관적인 것, 객체로부터 오는 것, 죄와 반드시 필연적이지는 않는 방식으로 관계 맺고 있는 것이다. 사람들이 형벌을 죄와 완전히 분리될 수 없는 것이라고 생각한다 하더라도, 형벌이 법의 결과라고 할 만큼 형벌은 객관적이다. 사람들은 위반 행위를 함으로써 그 법으로부터 빠져 나왔지만, 그래도 여전히 그 법에 의존한다. 내가 학대한 만큼 학대를 받으면, 즉 내가 행한 분리가 나에게 되돌아온다면, 법은 객관적으로, 그리고 재판관에게서 만족된다. 도덕적인 형벌의 경우 분리된 것은 내가 빠져 나온, 내가 격파할 수 있는 외적인 것이 아니다. 행위는 그 자체 형벌이다. 내가 행위로 외관상 낯선 삶에 상해를 입힌 만큼, 나는 내 자신의 삶에 상해를 입힌다. 삶은 삶으로서 삶과 다르지 않다. 상처받은 삶은 나에게 운명으로 마주한다. 내가 단순히 힘으로 범죄 행위를 한 것과 마찬가지로, 내가 그 상처받은 삶의 힘, 즉 죽음의 힘을 느낄 때, 그 삶은 만족된다. 법은 화해될 수 없다. 그 이유는 법이 언제나 자신의 무서운 위엄에 집착하며, 사랑을 통해서 대처할 수 있는 것이 아니기 때문이다. 왜냐하면 그것은 가설적이며, 가능성은 결코 지양될 수 없고, 법의 생성 조건은 결코 불가능하게 될 수 없기 때문이다. 이러한 조건이 발생하지 않는 한, 법은 휴지 상태에 있다. 그러나 이때에도 법은 지양되지 않는다. 그런데 이런 휴지 상태는 결코 화해가 아닌데, 왜냐하면 법이 언제나 효력을 발휘하고 분리를 단행해야 할 만큼 지속적이지는 않지만, 그러나 법은 제약하기 때문이다. 법이 제약하는 이유는 법이 분리라는 조건하에서만 가능하기 때문이다. 이에 반해 운명은 화해되는데, 왜냐하면 운명은 분절된 것들 중 하나로서, 분리된 것으로서 자기의 대립자에 의하여 무화되는 것이 아니라, 통일을 통해 지양될 수 있는 분리된 것이기 때문이다. 운명이란 특이한 방식의 법인데, 이 법은 내가 행위 가운데 수립한 것임에도 도리어 내 자신에게 다시 영향을 미친다(이때 이 행위가 다른 법의 위반이건 아니건 상관없다). 형벌은 법의 결과일 뿐이다. 하나의 사건의 필연적인 결과는 지양될 수 없다. 결과의 지양은 행위를 없었던 것으로 한다는 것이다. 어떤 것도 원인과 결과로, 분리된 것으로 존재하지 않는 곳에는 사건의 단절이란 것이 가능하지도 않다. 그러나 운명, 즉 자신에게 반작용하는 법 그 자체는 지양될 수 있다. 왜냐하면 내가 스스로 세운 법을, 내가 스스로 만든 분리 등을 나 역시 무화할 수 있기 때문이다. 행위와 반작용은 하나이기 때문에, 반작용이 일방적으로 지양될 수 없다는 것은 자명하다. 형벌은 낯선 힘의, 적대자의 의식이다. 형벌이 법의 지배하에서 나타나면, 이 법은 만족된다. 그리고 나는 나를 저버리고 다시금 위협적인 형태로 되돌아간, 그렇지만 내가 친구로 삼지 못한 낯선 자로부터 해방된다. 사악한 양심은 사악한 행위의, 한 사건의 의식이며, (내가 그것에 대하여 어떠한 힘도 갖지 못하는) 전체 중 일부분의 의식이다. 여기에서 한 '사건'이란 결코 발생되지 않은 것으로 될 수 없는데, 왜냐하면 그것은 규정된 것, 제약된 것이었기 때문이다. 운명은 (행위의 의식이 아니라) 자기 자신의 의식이며, 자기 자신을 전체로 보는 의식이다. 그리고 운명은 이러한 전체의 의식을 반성하고 객관화한다. 이러한 전체는 스스로에게 상처를 입히는 생명체이기 때문에, 이 전체는 다시금 자기의 삶으로, 사랑으로 귀환할 수 있다. 전체의 의식은 다시금 자신에 대한 믿음으로 되며, 자신에 대한 직관은 타자의 직관으로 된다. 그리고 운명은 화해된다. 그런데 사랑은 욕구이다. 휴지 상태는 그 자체 상실된다. 이것은 남아 있는 상처이고, 자기 자신을 현실적인 것으로 바라보는 것이다. 이러한 현실태에 대립하여 자신을 이 현실성과 구별되는 갈망하는 자로 직관하는 행위가 마주한다. 그러나 여기에는 갈망하는 행위만이 있기 때문에, 그것은 욕구이며, 사랑 속에서, 즉 만족된 갈망 속에서 떨어져 없어지는 우수와 연결되어 있다.

죄의 용서는 따라서 형벌의 지양이 아니다. (왜냐하면 모든 형벌은 무화될 수 없는 실정적인 것, 객관적인 것이기 때문이다.) 그리고 죄의 용서는 나쁜 양심의 지양도 아니다. 왜냐하면 어떤 행위도 행위 아닌 것으로 될 수는 없기 때문이다. 오히려 죄의 용서는 사랑을 통해 화해된 운명이다. 따라서 예수의 법칙은 다음과 같다. '만약 너희들이 타인의 실수를 용서하면, 너희의 실수 역시 아버지에 의해 용서될 것이다. 타자를 용서하는 것은 오직 적대성의 지양, 즉 회복된 사랑이라고밖에 할 수 없다. 그리고 이 사랑은 모든 것이다. 실수의 용서는 너희들로부터 온다. 이러한 용서는 파편이 아니고, 개별적인 행동이 아니다. 너희들이 비판을 받지 아니하려거든 비판하지 말라. 즉 너희들은 어떤 법도 세우지 말라. 왜냐하면 이 법은 너희들에게도 역시 적용되기 때문이다.' 예수의 확신에 찬 다음의 진술은 이러한 사실을 잘 보여 준다. 즉 예수는, 막달라 마리아 이야기에서 보이듯이, 믿음과 사랑을 발견한 곳에서 '너의 죄를 사한다'라고 말한다. 그가 그의 동료들에게서 예수 자신(즉 인간)에 대한 믿음을 발견했을 때, 그는 그들에게 묶고 풀 수 있는 권능을 주었는데, 이 권능이란 바로 위에서 말한 죄 사함의 권능이다. 이때 믿음은 인간 본성의 전체 심연을 느낀다. 이러한 믿음은 자기 속에 타자를 관통하여 느끼고, 그들의 본질의 조화와 부조화를 지각할 수 있는 능력을 포함한다. 그리고 이 믿음은 그들의 한계와 운명을, 즉 그들을 묶고 있는 끈을 인식할 수 있다. 도덕성으로의 회귀는 죄와 형벌, 즉 운명을 지양하지 않는다. 행위는 유지되지만, 그 행위는 그만큼 더 고통스럽다. 도덕성이 크면 클수록 행위의 비도덕적인 측면은 그만큼 더 깊게 느껴진다. 형벌, 즉 운명은 지양되지 않는데, 왜냐하면 도덕성이 객관적인 힘으로 훨씬 더 크게 다가오기 때문이다. 행위의 지양, 즉 손실에 대한 보충은 완전히 객관적인 행위이다.

　「요한복음」 5장 26절 이하.[8)] 아버지는 통일이자 분리되지 않은 것, 즉 아름다운 것이며, 아들은 변양태이다. ──사람의 아들υἱὸς ἀνθρώπου은 통일에서 떨어져 나온 것이다. 바로 이 때문에 그는──적대자와 대립자들에 대해서── 그들을 판단할 수 있는 힘을 갖는다. 그를 배반한 자들에 대한 법.──자유의 왕국과 현실.

아래 A에서는 '예배의식들'이 다루어짐. 성스러운 것들과 예배에 대한 계율. 유대인의 특권에 대항하여:「마태복음」8장 10절 이하.

금식에 대하여:「마태복음」9장 14절. 인간적인 삶과 사랑이 그것보다 위다. 동 16, 17절에서는 낡은 것과 새 것을 함께할 수 없음을 보인다. 즉 도덕성을 실정적인 것을 통해 규정하는 것의 위험에 대해. 금식은 기쁨 또는 슬픔의 마음 상태에 의존해야 한다.

「마태복음」12장 1~8절: 안식일의 탈신성화. 유대의 제사장의 예(안식일이 절대적으로 신성하다는 사실이 필연적이지 않음을 보여 줌)와 인간의 입법 활동을 대립시킴. 동 11~12절에서 인간의 욕구의 우선성을 보여 줌.

동 15장 2절: 식사하기 전 손을 씻는 행위 ──바리새인들 자신의 계율 위반에 대해, 그들의 객관적인 계율 위반에 대해 바리새인들을 공격함. 동 11장 20절에서 그 여타의 민중들에게 심정, 즉 인간의 주관적인 것을 대립시킴. 즉 순수하게 객관적인 것, 어떤 소여된 순수성을 대비시킨 것이 아니라, 주관적인 것을 그들에게 대비시킴.

동 17장 25절: 세금 문제. 왕은 아들이 아닌 타인에게서만 세금을 받는다. 그래서 아들은 자유롭다. 그러나 그들이 화를 얻지 않게 하기 위해서

---

8) [옮긴이]「요한복음」5장 26절 이하. "아버지께서 자기 속에 생명이 있음같이 아들에게도 생명을 주어 그 속에 있게 하셨고, 또 인자됨을 인하여 심판하는 권세를 주셨느니라."

σκανδαλίξειν.

동 19장 1절: 사랑, 즉 심정이 법보다 위다. 결혼과 관련하여.

24장.

B에서는 '도덕'이 다루어짐. 도덕성은 사랑의 가능성만을 가지고 있으며, 따라서 그것의 행동 양식에 따르면 단지 부정적일 뿐이다. 그것의 원리는 보편성이다. 이 보편성에 따르면 모두는 동등한 자로, 즉 동일한 자로 취급된다. 그것은 사랑의 조건이다. 보편성의 능력은 이성이다. 철저하게 도덕적일 뿐인 인간은 언제나 재물들을 긁어모으고 보관만 할 뿐, 그것들을 향유할 줄 모르는 구두쇠이다. 도덕적 행위는 언제나 제약된 행위일 뿐인데, 왜냐하면 그것은 하나의 행위일 뿐이기 때문이다. 심정은 일면적이고 불완전한데, 왜냐하면 행위가 이 심정에 대립해 있기 때문이다. 사랑이 없는 도덕성의 경우 보편성 속에서 개별적인 객체에 대한 대립이 지양되기는 하지만, 즉 객체들의 종합이 이뤄지기는 하지만, 개별자들은 배제된 것으로서, 대립자로서 현존한다.

비도덕성은 생동적인 자들을 잘못 다룸으로써 사랑의 가능성을 지양한다. 법의 반작용을 통한, 운명과 형벌을 통한 도덕성으로의 회귀는 객체에 대한 두려움이며, 사람들이 잘못 다룬 것에 대한, 그리고 잘못 다뤄질 것이라는 것에 대한 두려움이다. 그것은 곧 합법성으로의, 즉 객관적 법칙으로의 회귀이다. 도덕성으로의 회귀는 사람들의 욕구에서 나오는 사랑을 통해서만 완성된다. 사랑의 만족은 비도덕성을 통해서는 불가능하며, 생동적인 자는 이 사랑의 욕구를 존경한다.

C에서는 '종교'가 다루어짐. 신, 참으로 무한하게 존재하는 객체, 참으로 구한한 것으로 드러난 수동성. 도덕과 사랑을 통해서만 이러한 특성은 약화된다. 그러나 도덕과 사랑이 완벽한 자립성을 가져오지는 않는다. 이

러한 (수동성)은 객체에 대한 투쟁을 통해 존립하며, 이러한 방식으로는 어
떤 종교도 가능하지 않다. 종교는 객체를 무화하지 않고 그것과 화해한다.
지배자로서의 법은 덕을 통해 지양된다. 사랑을 통해 덕은 제약된다. 그러
나 사랑 그 자체는 감응이며, 그것과 반성은 통일되지 않는다.

사랑은 삶의 피이다. 신의 왕국은 모든 필연적인 변양태들과 발전의
단계들을 가지고 있는 완전한 나무이다. 변양태들은 배제함이지 대립태가
아니다. 즉 어떤 법도 없다. 다른 말로 하면 생각된 것은 현실태와 같다. 그
리고 어떤 보편자도 없다. 어떤 관계도 객관적인 방식의 규칙으로 되지 않
으며, 모든 관계는 삶의 전개 과정 속에서 생동적으로 산출된다. 어떤 객체
도 한 객체로 묶여 있지 않으며, 고정된 것은 없다. 대립자의 자유가 없으
며, 자유로운 나도, 자유로운 너도 없다. 자유를 통한 대립으로부터 권리들
이 발생한다. 대립 없는 자유는 단지 하나의 가능성일 뿐이다. 인간은 존재
해야 할 바대로sein sollen 존재한다. 그런데 만약 객체가 단적으로 극복될
수 없고, 감성과 이성이 ─또는 자유와 자연, 주체와 객체 등이 ─ 절대
자로 나타날 만큼 서로 아주 단적으로 대립되어 있을 경우, 당위의 존재das
Sein-Sollen란 무한한 갈망이어야 한다. 종합은 어떻게? 어떤 객체에 의해서
도, ─어떤 주체, 어떤 자아에 의해서도 ─어떤 비아非我에 의해서도 절
대자로서의 그 대립쌍들의 특성은 지양되지 않는다.

법은 객체들을 사유로 서로 결합한다. 신의 왕국에서는 이러한 사유
된 관계가 있을 수 없는데, 왜냐하면 어떤 객체도 독자적으로 존립하지 않
기 때문이다. 사유된 관계는 확고하고 지속적이며, 정신을 갖지 않으며, 멍
에이고, 사슬이다. 그 관계는 또한 지배와 예속이며, ─활동성과 수동성이
고, ─규정함과 규정됨이다.

A. 「마태복음」 내용 분석

「마태복음」 4장 17절: μετανοεῖτε ἤγγικεν γὰρ ἡ βασιλεία τῶν οὐρανῶν. '하늘 나라가 임했다.'[9] 이 말은 그의 최초의 외침이고 확약이다. 그의 외침과 치료의 결과 많은 추종자가 생겼다.

「마태복음」 5장 17절: πληρῶσαι, 즉 심정으로, 즉 외면에 내면을 첨가함으로써 '보충하다', '완전하게 하다'의 의미. 동 20절: 그의 제자들의 의義는 바리새인과 서기관들보다 더해야 한다. 그리고 이것 외에도 그들이 따르는 법이 그들 자신의 것이라는 사실 역시 첨부되어야 한다. 다른 척도, 즉 심정이 이에 대립된다. 이 척도에 따르면 타자의 존립에 어떤 영향도 미치지 않는 격정적인 행동들이 독자적으로 존립하는 삶을 방해하는 것으로 판단되며, 분리를 지양하는 화해, 즉 경향성이 원리로 부여된다.

동 21~22절: 살인에 대한 객관적인 금지에 덧붙여 그의 형제에 대해 화를 내는 것도 비난받아야 한다고 첨부하며, 속죄 제물을 드리는 것에 덧붙여 실제적인 화해가 있어야 한다고 한다. 동 33절: 헛된 맹세를 하지 않는 것에 덧붙여 주인에게 한 맹세는 지켜져야 한다. 낯선 것에, 하늘에 맹세해서는 안 되는데, 왜냐하면 그것은 신의 왕좌일 뿐이기 때문이다. 그리고 우리의 능력 밖에 있는 머리에 맹세해서도 안 되며, 어떤 낯선 것에도 맹세해서는 안 되고, 그것들에 의지해서도 안 된다. 반대로 우리는 우리 자신으로 머물러 있다. 그러나 만약 인간이 자기 자신과 하나이고, 모든 의존성을, 그리고 객체와의 모든 관계를 거절할 경우, 인간은 궁핍해지지 않을 수 없다. 그런데 6장 25절 이하에서 "궁핍에 대해 염려하지 말라"고 기록되어 있다.

---

9) [옮긴이] 이 그리스어의 정확한 의미는 다음과 같다. "회개하라, 천국이 가까이 왔다."

도덕적 계율이라는 이념으로 타자에게 영향을 미치는 지배 역시 고유한 예속을 그치게 한다. 7장 1절 이하에서 '자신의 자유는 타자의 자유를 동일하게 인정한다'고 기록되어 있다. 인습적 판단Sittenrichterei은 죽음이며, 독자적으로 존립하는 어떤 것도 인정하지 않으며, 모든 것을 단지 법 아래 있는 것으로만, 지배 아래 있는 것으로만 인식하며, 본질과 법이 하나가 아니고, 하나의 본성 속에 있지 않다. 타자와의 관계의 원리는 그들의 자유를 존중하는 것이고, '너희들이 그들에게서 원하는 것을 그들에게 하는 것'이다. 예수는 타락한 민족 가운데서 하나의 새로운 종교를 설립한 자로서, 특징적으로 삶의 편안함을 거부했고, 그의 조력자들에게도 동일한 요구를 하였다. 그리고 그는 여타의 삶의 관계들과 성스러운 관계에서 벗어났다.

「마태복음」8장 22절: 자기 아버지를 장사 지내고자 하는 그의 제자에게 예수가 한 대답.

「마태복음」8장 10절: 유대인들의 차가움에 대한 최초의 언급과 그들의 타락.

9장 15절: 금식은 그 자체 목적이 아니라 상황에 따름.

9장 36절, 10장 1절 이하: 사도들을 여러 곳에 파견하였으나 인간을 화해시켜 인류를 친구로 삼지 않음(참조. 「마가복음」6장 7절에서 예수는 그들을 계속 파견하지만, 6장 30절에 따르면 그들은 다시 모여든다. 「누가복음」9장 6절과 10절, 10장 11절과 17장 20절에서 그들은 다시 돌아온다). 그의 개혁 일반이 수포로 돌아간다. 「마태복음」10장 21절 이하에서 형제가 형제를, 아버지가 자식을, 자식이 부모를 죽일 것임. 동 34절: "내가 세상에 화평을 주러 온 줄로 생각지 말라. 화평이 아니요 검을 주러 왔노라…. 사람이 그 아비와, 딸이 그 어미와, 며느리가 시어미와 불화하게 하려 함이니, 사람의 원수가 자기 집안 식구이리라. 아비나 어미를 나보다 더 사랑하는 자는 내게 합당치 아니하고, 아들이나 딸을 나보다 더 사랑하는 자도 내게 합당치 아니하다." 자연의 모든 관계를 흉측하게 파괴함, 그리고 모든 자연의 파괴.

「마태복음」 11장 12절 이하와 동 25절에서는 그의 시대에 대한 점증하는 비통함을 보여 줌. 당신(하나님)은 "이것을 지혜롭고 슬기로운 자들에게는 숨기고 어린아이들에게는 나타내심을 감사하나이다."

12장 8절 이하: 인간이 안식일보다 높다.

동 16절: 치료받은 자에게 비밀을 누설하지 않게 함.

동 31절: 인자에 대한 죄는 용서되겠지만, 성령에 대한 죄는 용서 안 됨.

동 48절: 누가 나의 어머니이고 형제이냐? 그가 그의 추종자들에게 이것을 말함.

13장 54~55절: "이 사람은 목수의 아들이 아니냐?" 유대인들의 인간의 본성에 대한 불신, 모든 인간적 관계에 대한 경멸. 그래서 예수는 그들을 떠남. 그들이 구원받지 못했다는 생각으로. 선지자는 고향에서 아무런 대접도 못 받음. 이를 위해 위의 10장 36절을 보라. 순수함이 모든 것을 통해 비순수하게 되고, 재산출되지 않는다. 만약 아름다움이 모든 것에서 없어지던, 운명으로부터 벗어날 수 없다. 이렇듯 운명은 무엇보다 이 아름다움을 다시금 산출하기 위해 모든 것을 포기한다.

15장 2절: 바리새인들이 다시금 그에게 실정적인 계율을 가지고 온다. 그의 대답은 산상수훈에서 한 것과 같다.

16장 16~17절: "주는 그리스도시요 살아 계신 하나님의 아들이십니다… 이를 네게 알게 한 이는 혈육이 아니요, 하늘에 계신 내 아버지시니라.' 동 19절: "내가 천국 열쇠를 네게 주리니, 네가 땅에서 무엇이든지 매면 하늘에서도 매일 것이요, 네가 땅에서 무엇이든지 풀면 하늘에서도 풀리리라."

「마태복음」 18장: "너희들이 어린아이들과 같이 되지 아니하면…" 동 20절: 너희들 중 두 사람이 어떤 것에 대해 하나의 뜻을 가지면, 내 아버지가 너희들에게 그것을 줄 것이다. 동 21절 이하: 실수(죄)의 용서. 18장 18절: 푸는 것, 묶고 푸는 것, 그리고 법을 부여하는 것. 베드로가 예수를 메시아로 신앙고백하자마자 그는 객체에서 풀려났고, 위대한 인간 본성으로 채워졌다.

19장 8절: 부부 관계는 시민법보다 우월하다.

19장 12절: 규칙을 지킬 수 있는 자만이 규칙을 지킨다.

19장 20절: 세베대의 여인이 그의 아들들을 부탁함.[10]

25장 40절: "너희들 중에 지극히 작은 자 하나에게 한 것이 곧 나에게 한 것이다."

26장 7절: 여인이 매우 귀한 향유를 그의 위에 부음. 그의 추종자들은 도덕적 목적에 사용할 것을 요구했고, 그래서 사랑스런 영혼이 자유롭고 아름답게 향유를 부은 행위를 책망함.

동 10절. καλὸν ἔργον, 즉 아름다운 행위. 유대인들에 대한 그의 이야기에서 καλόν이라는 이름으로 나오는 유일한 행위. 26장 24절에서도 '아름다운' 행위라는 말이 있다(καλὸν ἦν αὐτῷ, 즉 '그가 태어나지 않았다면, [좋을 뻔했다―옮긴이]'을 의미하는데, 여기에서 καλόν은 훨씬 의미 없는 언어이다).

「마가복음」 16장 17절: 믿는 자들에게 따라다니는 표적. 즉 초자연적인 능력, 즉 자연이 할 수 있는 것이 그들에게 현존했고, 현상으로서, 행위로서 현존했다. 그것이 발생했다. 인간 본성의 모든 측면은 민족의 관습, 습

---

10) [옮긴이] 이 구절은 19장이 아니라, 20장 20절에 나옴.

관, 생활 양식으로 된다. 즉 그것은 객관화된다. 신적인 행위이어야 하는 행위는 초자연적인 행위이어야 한다. 왜냐하면 발생한 어떤 것이 신적인 것이 아니라, 존재하는 것이 신적이기 때문이다. 발생한 신적인 것은 타자가 행한 것보다 위대하며, 따라서 상대적이다. 행위 자체는 상호 연결되어 있는 객체의 연관이다. 이 연관에는 한편에서는 수동적인 고통이, 다른 편에서는 능동적인 행위가 있으며, 모든 객체는, 그것이 하나의 법 아래 놓여 있다는 바로 그 이유 때문에, 보편자이다.

예수는 자신의 설교를 "하나님의 나라가 임했다"라는 말과 함께 시작하였다. 유대인들은 신정정치의 복귀를 기대했다. 그들은 그것을 믿었던 것 같다. 그리고 신의 왕국은 그들의 믿음 속에 현존할 수 있다. 믿음 속에 현존하는 것은 현실성과 현실성의 개념에 대립된다. 보편자는 당위를 표현한다. 왜냐하면 그것은 생각된 것일 뿐, 현존하지 않기 때문이다. 그리고 왜 현존은 증명될 수 없는지 하는 문제도 동일한 근거로 설명된다.

신의 왕국은 신이 지배하는 상태이며, 따라서 모든 규정과 권리가 지양된 상태이다. 그래서 부자 청년에게 말했다. "너의 모든 것을 팔아라. 부자가 신의 왕국에 들어가기는 어려우니라." 즉 그리스도는 모든 소유와 명예를 거부했다. 아버지와의, 가족과의, 그리고 재산과의 이러한 관계는 아름가운 관계로 될 수 없다. 따라서 적어도 반대의 관계로는 떨어지지 않기 위해서 앞의 요소들과의 관계가 현존해서는 안 된다. 그런 것들과의 관계 청산은 도약을 통해서든지 아니면 해체의 방식으로 개별적인 규정들을 지속적으로 지양하든지 간에, 그 둘 중 하나의 방식에 의해 이뤄진다. 예수는 감격을 통한 도약을 시도했다. 그리고 그는 신의 왕국의 현존을 확고히 했으며, 사태의 현존을 진술했다.

유대인들은 신의 왕국의 도래와 더불어 그들이 로마의 지배에서 해방될 것이며, 제사장 계급이 과거의 영광으로 다시 나타날 것이라는 등, 많은 사건이 발생하기를 기대했다. 그리고 이것들 외에도 그들은 많은 변화가 있을 것이라고 기대했다. 그런 유대인들은 예수가 신의 왕국을 선포했을 때, 신의 왕국이 현존한다는 것을 믿을 수 없었다. 그러나 자기 안에 머물러 있던 사람들, 완성된 사람들은 그것을 믿을 수 있었다. 신의 왕국은 고립된 것으로서 존재하지 않는다. 왜냐하면 신은 고립된 것 속에 있는 것이 아니라, 개별자 속에서 고찰된 인간성에 대한 믿음인 생동적인 공동체 속에 존재하기 때문이다. 이때 믿음이란 신의 왕국에 대한 믿음이며, 생동적인 것에 대립한 개별적인 것이다. 그리고 여기서는 신의 법이 지배하지도 않는다. 왜냐하면 신과 그의 법이 다른 것이 아니기 때문이다.

「누가복음」 15장 32절: 삶과 삶으로의 복귀, 하지만 어떤 규칙도 없음.

B. 도덕

「마태복음」 5장의 산상수훈을 예수는 모여든 군중들 앞에서 그의 마음과 인간적 가치에 대한 전통과는 다른 판단 양식을 전하는 소리로 시작한다. 그는 다른 의義가, 인간에 대한 다른 가치가 나타나야 한다고 열광적으로 소리친다. 그리고 동시에 그는 덕의 세속적인 가치를 던져 버리며, 삶의 다른 영역을 제시한다. 이 새로운 삶의 영역에서는 그들이 세상에 스스로를 대립시켜야 하는데, 이 세상에 의해 박해받는 것이 그들의 기쁨 중 하나이어야 한다. 그러나 새로운 삶은 법의 질료를 파괴하는 것이 아니라, 오히려 그것들의 완성이며, 대립의 형태로 지금까지 존재했던 법의 보충이다. 이러한 계율의 형태는 그들의 새로운 삶을 통해 삐꺼덕거리며, 그들의 정신과 그 충만함 앞에서 소멸된다.

동 21~26절: 살인에 대한 법은 보다 높은 화해의 정신으로 채워지며, 그리고 이를 위해 지양된다. 화해의 정신에는 결코 그런 계율이 없다.

동 27~30절: 간음에 대한 법은 사랑의 성스러움으로 완성되며, 자신을 전체로 고양할 수 있는 능력으로 완성된다. 이때 자신을 전체로 고양할 수 있는 능력은 인간의 많은 측면이 관계될 경우 가능하다.

동 31~32절: 이혼. 아직도 사랑을 간직한 여인에 대해 사랑과 우정을 거두는 행위는 사랑 자체를 불충실하게 만드는 것이며, 죄짓는 것이다. 법적인 의무와 철칙을 따르는 것이라고 말하는 것은 그녀의 사랑에 이런 상처를 내기 위한 궁핍한 변명이며, 새로운 완고함이다.

동 33~37절: 네가 진실로 진실하다면, 너는 너의 말과 행동 또는 생각 사이의 연관을 타자와 연결시킬 필요가 없으며, 타자의 손에 올려놓을 필요가 없고, 그 타자를 이 연관의 주인으로 설명할 필요가 없다. 너 스스로 이 낯선 힘 위로 고양돼라. '거짓 맹세하지 말라', 하지만 '신을 그의 말보다 위에 있는 힘으로 삼으라'는 법은 진실함에 의해 완성되며, 동시에 진실함이 법 위로 고양된다.

동 38~42절: 의義. 모든 재산을 지양함으로써 법과 불법의 전 영역을 넘어섬.

동 43절 이하: 전체 구절의 요약.

6장 1~4절: 자선은 많은 사람들 앞에서 이뤄져서는 안 되며, 심지어 자신도 모르게 행해져야 함.

동 5~15절: 기도. 여기서도 역시 기도 행위만이 순수하다. 보여지기 위해 어떤 다른 것이 섞여서는 안 된다. 너희 골방에서 기도해라. 그리고 그런 고요하고 개별적인 기도는 「주기도문」이다. 그것은 한 민족이 그의 신에게 하는 기도가 아니라, 고립된 자의, 불확실한 자의, 막연한 자의 기도이다. "나라가 임하시며…", "이름이 거룩히 여김을 받으시며…" 등. 이것은 개별자의 소원이다. 그리고 민족은 "뜻이 … 이뤄짐 …"과 같이 소원할 수 없다. 명예와 자존심이 있는 민족은 자기의 고유한 뜻(의지)을 행하며, 적대적인 의지 외에 어떤 다른 의지도 알지 못한다. 개별자는 신의 의지와 보편적 의지가 대립되어 있는 것을 볼 수 있다. "오늘 우리에게 일용할 양식을 주시고…"는 아주 고요한 순박함에서 오는 요청이다. 이 기도는 민족의 입에서 나올 만한 것이 아니다. 그렇다면 그 민족은 음식에 대한 지배만을 의식하고 있다는 말이며, 또는 불가능하게도 하루의 식사에 대한 생각만을 가질 수 있다는 말이다. 민족은 오히려 전체의 번영을 위해, 친근한 자연을 위해 기도할 수 있다. 기도는 요청이 아니다. "우리 죄를 용서하시고…" 역시 개별자의 기도이다. 민족은 분리된 것이고, 단절된 것이다. 이 기도는 민족의 입장에서 생각될 수 없는데, 이는 마치 민족이 다른 민족에게 용서를 구해야 하는 것이 생각될 수 없는 것과 같다. 이런 기도는 연합에 의해 발생하는 것이 아니라, 동등함의 감정이나 힘의 우위의 감정을 통해, 즉 두려움을 통해 발생할 수 있다. 자신의 죄의식, 그리고 이러한 반성은 이런 통일을 고통을 통해서만 간직할 수 있다. 왜냐하면 통일은 그 의지를 법 아래서 인정할 수 없기 때문이다. 그러나 개별자는 기도할 수 있으며, 내가 사랑을 가지는 만큼 나는 경험할 것이다.

동 16~18절: 금식. 기도와 자선 행위에서처럼 어떤 낯선 것이 혼합되어서는 안 된다.

동 20~34절: 마음을 분산하지 말라. 그리고 전체는 근심과 의존 속에서 상실되는 것이 아니다. 그런 부분적인 것, 즉 욕구, 부, 음식, 옷 등은 인간을 객체로 만들어 순수한 삶을 불가능하게 하는 규정성을 인간에게 가져온다.

7장 1~5절: 다른 사람을 판단하는 것, 타자를 판단함으로써 어떤 규칙에 가두는 것, 사유에서의 전제정치.

동 7~12절: 주고받는 행위에서 인간의 통일.

동 13절: 완성된 인간의 보편적 상.

「마태복음」 12장 31절 이하: 인간을 훼방하는 사람은 개별자, 특수자를 훼방한다. 그러나 성령을 훼방하는 자는 자연을 훼방하는 것이고, 죄의 용서를 구할 수 없다. 왜냐하면 그는 전체와 통일될 수 없기 때문이다. 그는 고립된 채 머무르며, 배제된다. 그러한 죄는 전체 마음에서 오며, 그가 파괴되었음과 파멸되었음을 보여 준다. 그의 성스럽지 못함은 그가 훼방한 성스러운 것을 가질 수 없다. 그리고 성스러운 것은, 분리와 통일의 관점에서 볼 때, 사랑이다. 하나의 표적이 너희들을 다소간 뒤흔들 수 있다. 그러나 추방당한 귀신이 다른 일곱 귀신과 함께 돌아오며, 인간은 이전보다 더 파멸된다.

C. 종교

「마태복음」 18장 1~8절: ἐν τῇ βασιλείᾳ τῶν οὐρανῶν (천국에서) 가장 큰 자. 아이들과 같은 자. 그들의 천사는 (동10절) 하늘에서 하늘에 있는 아버지를 항상 바라본다. 아이들의 천사는 어떤 객관적 존재로 이해될 수 없다. 왜냐하면 다른 인간의 천사들도 (이런 방식으로 말해 보면) 신을 보고 있다고 생각해야 하기 때문이다. 전개되지 않은 그들의 통일성, 무의식, 신 안에서의, 그리고 하나의 형태 안에서의 그들의 존재와 삶 등이 그들에게서 표상된다. 그런 다음 이것 역시 다시금 실체화하고, 고립되며, 그들의 신과의 관계는 신의 영원한 직관이다. 이러한 제약의 형식 밖에 있는 정신, 즉 신적인 것과 이러한 제약된 생명체들의 공동체를 표식하기 위해 플라톤은 순수한 삶과 제약된 것을 시간의 상이함에로 옮겼다. 그는 순수한 정신들을 완전히 신적인 것을 직관하는 가운데 살게 했으며, 그것들이 땅 위의 삶에서 동일한 것으로 존재하게 했다. 다만 저 하늘의 삶에 대한 희미한 의식만을 간직한 상태로. 예수는 자연을 다른 방식으로 표식한다. 그는 어린아이의 정신의 신적인 것을 항상 신을 직관하는 가운데 살아가는 천사로 묘사한다. 이런 형식에서도 그 순수한 정신은 신으로서가 아니라 신의 아들로서, 특수자로서 기술된다. 직관하는 자와 직관된 것의 대립, 즉 그것들이 주체와 객체로 서로 대립하고 있다는 사실이 직관 자체에서는 없어진다. 그것들의 상이성은 단지 분리의 가능성일 뿐이다. 언제나 태양을 바라볼 뿐인 사람은 빛의 감각일 뿐이며, 그 감각을 자신의 본질로 가질 뿐이다. 완전히 타자만을 직관하면서 살아가는 사람은 이 타자 자체이며, 타자 존재의 가능성을 가질 뿐이다. 화해하고, 분리를 지양하고, 통일되어지는 계명이 이것과 바로 연결되어 나온다. 왜냐하면 "사람의 아들은 잃어버린 것을 복되게 하려고 왔기 때문이다"ὁ υἱὸς ἀνθρώπου ἦλθε δῶσαι τὸ ἀπολωλός(마. 18장 11절).[11] 이런 통일은 신을 직관하는 것이며, 어린아이들이 그렇듯이 생성이다. 만일 모욕자가 공동체의 권고를 듣지 않으면, 그는 이방인이나 세리와 같다. 분리되어 있고, 통일의 추구를 부끄러워하는 사람은 이에 반해 확실히⋯.

더 나아가 동 19절에서 예수는 이러한 통일을 다른 형식 속에서 기술한다. "너희 중 두 사람이 어떤 것에 대해 하나가 되어 그것을 구하면, 아버

---

11) [옮긴이] 「마태복음」 18장 11절은 존재하지 않는다. 본문의 문구는 후대에 삽입된 것으로 알려졌다.

지가 저희를 위하여 이루실 것이다." "구하다", "이루시다" 등의 표현은 아주 통속화되었고 되고 있다….

D. 이야기

개별자로서의 예수가 개별자들과, 그 개별자들이 예수와 맺는 형식. 그의 가르침의 전파.

그의 설교의 시작(마. 4장 17절). 동 19절은 시몬과 다른 사람을 부르는 모습.

동 22절: 두 경우에 인간적인 관계와 욕구를 무시함. 그들의 삶에서의 분리. 그러나 그것은 세리와 죄인으로부터의 단절이 아님(마. 9장 11절).

유대 민족의 상태는 목자 없는 양떼와 같음(9장 36절).

16장 3절에서 바리새인들에게 "너희들은 시대의 표적을 분별할 수는 없느냐?"라고 힐난.

12제자를 파견함(마. 10장). 그들의 가르침. 그들이 설교하기를 "ἤγγικεν ἡ βασιλεία τῶν οὐρανῶν"(천국이 가까웠다. 10장 7절)라고 함. (하늘나라 공동체 외에 ─ 옮긴이) 여타의 모든 다른 것은 부정적이며, 전도 여행을 할 때 어떤 다른 것들을 염려하지 말라고 함. "너희가 합당하다고 생각되는 곳에서 머물라. 그 집이 합당하면 너희가 빌어 준 인사가 거기 임할 것이요, (집에 들어가기 전에 평안εἰρήνη을 빌라고 명령한다), 만일 합당치 아니하면 그 인사가 너희에게 돌아올 것이니라." 이 두 경우에 인사는 동일하며, 말로서의 인사가 집에 유지되든, 아니면 그 집이 인사를 받을 만큼 합당하여 그 구성원들의 심정이 그 인사에 감동을 받든 상관없이, 중요한 것은 집의 합당함이다. 그렇지 않은 경우 그 인사는 "너희에게 돌아올 것이다".

'너희들은 평안을 낭비하지 말라. 평안은 너희 속에서 울린다.' 따라서 가르치고, 다루고, 교육하는 것 등이 없음. 세계의 증오, 핍박. '정신(성령)이 너희 속에서 말함.' '너희들이 무엇을 말할지 염려하지 말라.' 한편으로는 자기의 고통 때문에, 다른 한편으로는 그들의 파견으로 세상에 나타날 파멸 때문에 두려워할 필요 없음.

동 41절: 선지자를 선지자로εἰς ὄνομα προφήτου 영접하는 자, 선지자가 자기에게는 선지자로 나타나는 자(의로운 자를 의로운 자로, 제자를 제자로 영접하는 자 등), 바로 이 사람은 선지자의 상을 받는다. 인간이 인간을 받아들이듯이 인간은 그 자체 그렇게 존재한다. 그의 가르침이 그의 동시대 사람들에 의해서 수용되는 방식에 대한 불만(마. 11장). 그의 가르침의 효력이 어린아이, 수고하는 자, 그리고 무거운 짐진 자νηπίους, κοπιῶντας, πεφορτισμένους에 한정됨. 여기서부터 바리새인에 대한 그의 거친 표현들이 시작된다. 질문과 도전에 대한 그의 대답은 그들을 침묵하게 했으며, 극단적으로 그는 참된 것을 다른 청중들에게만 행한다.

「마태복음」12장 49절: 삶의 다른 관계로부터 예수의 분리.

그의 가르침의 확산과 그것의 운명의 양식에 대해 「마태복음」13장에서 비유로 말하는데, 그 모든 비유들은 (좋은 씨앗, 밀과 가라지, 겨자씨, 누룩, 그리고 발견된 보물의 비유 등) 신화와 완전히 유사하다. 하지만 그것은 유대인적인 것이며, 현실과 연결되어 있다. 그 비유들 속에는 우화가 주는 어떤 교훈fabula docet도 없으며, 어떤 도덕도 그것들로부터 나오지 않는다. 반대로 그것들로부터 존재자의, 영원자의 그리고 생명체의 이야기, 생성, 그리고 진전 등이 나온다. 존재의 생성은 자연의 비밀이다. 선 등의 내적인 확신에 대한 완전히 김빠진 이런 수다는 '초자연적인 깨달음', '거듭남' 등의 표현보다 훨씬 더 무의미하다. 그 많은 양의 비유는 이 비유들이 해명해야 하는 것을 서술할 수 없다는 것을 보여 줄 뿐이다. 그것들은 단지 가치 있는 것은 소망할 가치가 있는 것이지만, 그것들이 인식하는 것과는 다른 것이라는 것만을 보여 준다.

동 55절: 그 비유들은 현실태 이외의 것은 전혀 보지 못하며, 정신을 보지 못하고, 또 그 비유들이 무엇인지 외에 아무것도 못 본다. 「마태복음」 25장에서도 역시 그렇다. 이 비유들은 동양의 우화도, 그리스의 신화도 아니다. 이 양자는 사태 자체를, 존재를, 아름다움을, 그것의 전개와 솔직함과 변화 등을 말하는데, 동양의 경우 대개 그것들은 엄청나고 비자연적인 탄생의 형태로 나타난다. 왜냐하면 그런 것들이 그 자체로 단지 환상에 의해서만 설명되며, 따라서 거대한 괴물로서 간주되기 때문이다. 그리스에서도 그것들이 실체로서, 변양태로서 한 생명체의 모습으로, 현실태의 모습으로 나타나기는 하지만, 환상에 의해 자연적 행위에, 인간의 모습에 달라붙는다. 동양의 우화는 등장하는 괴물이 우화 속에서 보여 주고자 하는 이상을 상실하지 않는다. 물론 그 이상은 어떤 개인적인 삶(예를 들어, 세레스나 비너스처럼)으로 되지 않는다. 이러한 신 형상의 비인간적인 면은 신적인 것과는 이질적인 것, 예를 들어 땀, 노동, 궁핍 등과 같은 것으로부터의 해방일 뿐이다. 그리스도의 비유는 본래 직유이며, 이 속에서는 비교를 위한 제3자tertium comparationis가 존재한다. 이런 점에서 그것은 근대의 동물 우화와 같다. 여기에서는 비교는 비교 대상과 같은 것으로 생각된다(고대 이솝 우화에서 욕망, 본능, 그리고 그와 똑같이 변양된 삶이 있었다). 그리스도의 비유에서는 완전히 현실적인 이야기가 나오며, 따라서 항상 '직유'로 존재한다.

2. 기독교의 정신[12]

예수는 유대 운명의 다양한 요소들이 뒤섞여 발효하는 바로 그 마지막 위기의 순간 직전에 나타났다. 다양한 요소들이 전체에로 집중되어 가고 순수한 대립, 즉 공개적인 전쟁이 발발하기 위해 각각의 요소들이 끊임없이 전개되어 가는 내적인 동요의 시기에 몇몇 부분적인 돌발 사태가 궁극적인 행동을 앞질러 일어나고 있었다. 세속적인 영혼을 가지고 있지만 그럼에도 불구하고 정열을 소유한 사람들은 유대인의 운명을 불완전하게 파악했다. 따라서 그들은 어떤 의식 없이 수동적으로 조류를 따라서 헤엄쳐 나가든지 아니면 더 강력한 힘을 키우기 위해 사태 전개 과정을 주시하며 기다리든지 했어야 했음에도 그들은 침착성을 발휘하지 못했다. 결과적으로 그들은 전체의 움직임보다 너무 앞서 나갔으며 명예도 성취도 없이 몰락하고 말았다.

예수는 유대의 운명의 일부와 투쟁했을 뿐 아니라——왜냐하면 그는 유대의 운명의 다른 부분에 의해 사로잡혀 있지 않았기 때문이다—— 유대의 운명 전체와도 대립했다. 그렇게 함으로써 그는 스스로 유대의 운명 위로 고양되었으며, 그의 민족도 자기처럼 그 운명으로부터 벗어나기를 바랐다. 그러나 그가 지양하고자 했던 그런 적대성들은 용기를 통해서만 극복될 수 있는 것이지 사랑을 통해서 화해되는 것이 아니다. 심지어 유대의 운명 전체를 극복하고자 했던 그의 장엄한 노력조차도 그의 민족과 더불어 실패할 수밖에 없었으며, 그는 희생 제물이 되어야 했다. 예수가 유대의 운명과 결코 제휴하려 하지 않았기 때문에 그의 종교는 유대 민족에게 거

---

12) [옮긴이] H. 놀의 편집본 261~342쪽. G. 쉴러의 문집 Nr. 83.

의 수용되지 않았다. 왜냐하면 유대 민족은 그들의 운명에 아주 복잡하게 얽혀 있었기 때문이다. 오히려 세계의 나머지 민족에게서, 즉 유대의 운명의 어떤 부분도 방어하려고 하거나 주장하려고 하지 않는 그런 민족들에게서 그의 종교는 광범위하게 수용되었다.

예수의 정신 앞에서…[13] 법이란 인간 본성을 생동적으로 변형한 것(인간이 스스로를 지배할 때 스스로에게 부여한 권리들)으로 인식할 수 있음에도 불구하고 그들(유대인들—옮긴이)에게 법은 그저 주어진 것, 철저히 실정적인 것이었다. 그러므로 여기서 유대의 다양한 입법 활동의 근저에 놓여 있는 질서는 그들에게 이질적이고 가공된 질서이다. 그래서 그 법에 대해 그들과 상이하게 반응할 경우 그 차이는 금세 눈에 띄게 된다.

주인에 대한 단순한 복종만을 강요한 명령들, 기쁨도 즐거움도 사랑도 없는 직접적인 노예 상태, 복종의 상태, 즉 신에 대한 예배만을 강요하는 무의미한 명령들, 바로 이러한 유대의 정신에 대항하여서 예수는 그것과는 정확히 대립되는 것, 즉 인간의 충동, 욕구를 내세웠다. 종교적 행위들은 가장 정신적이고 가장 아름다운 것이다. 다른 말로 하면 그 행위는 사태가 전개되어 가는 과정 속에서 필연적으로 분리되어야 했던 것을 다시 통일하고자 갈구하며, 현실에 더 이상 대립되지 않은 완벽한 통일체를 이상理想 속에서 서술하고자 한다. 따라서 종교적 행위는 행동 가운데 그런 통일을 표현하고 강화하고자 한다. 바로 그 때문에 종교 행위에 아름다움의 정신이 결여된다면 그 행위는 가장 공허한 것일 수밖에 없다. 즉 그것은 의미 없는 예속에 불과하며 스스로 무無로 되는 의식이다. 이는 또한 자신의 허무虛無, 즉 수동성을 표현해 줄 뿐이다. 따라서 가장 저속한 인간 욕구의

---

13) [옮긴이] 이 부분에서 이행과정을 담은 글이 일부 소실되었다.

만족도 이런 무익한 종교보다 우월한 것이다 ——왜냐하면 비록 이 욕구 속
에도 그의 실존이 텅 비어 있기는 하지만, 그러한 욕구 속에 인간의 존재가
느껴지고 보존되기 때문이다.

'최고의 결핍 상태는 신성한 것을 상해한다'라는 명제는 동일 명제이
다. 왜냐하면 결핍은 분열 상태이고, 신성한 대상을 상해하는 행위는 행위
로 표출된 결핍이기 때문이다. 결핍 중에 있을 때 인간은 대상으로 되어 억
압받든지 아니면 자연을 대상화시켜 그것을 억압한다. 자연만이 성스러운
것은 아니다. 대상 역시 그 자체 성스러운 것일 수 있는데, 이때 이 대상은
많은 것의 통일체인 이상理想을 서술하고 있거나, 또는 어떤 형태로든 이상
과 관계를 맺고 있어야 한다. 결핍은 그런 성스러운 것을 더럽힐 수 있다.
그런데 어느 민족이나 그 민족을 통일시키는 요소를 갖는다는 것은 전 인
류의 공통점이자 전 인류의 재산이다. 따라서 결핍이 없는데도 신성을 모
독하는 것은 방자함에 불과하다. 왜냐하면 그런 경우에 신성모독은 동시
에 모든 자의 권리에 대한 불법적인 모독 행위이기 때문이다. 이방 민족의
신의 사원이나 제단을 박살내고 그 제사장들을 쫓아내는 방식의 경건한
열정은 모든 사람에게 속하는 공통의 신성을 모독한 것이다. 자기의 권리
를 단념하고 서로 봉사하는 경우에 한해서 모두가 성스럽게 통일되는 것
이라면, 타자와 자기를 분리시키는 자는 자기의 권리를 다시금 요청하는
것에 다름 아니다. 그리고 그러한 신성한 것이나 계명에 손상을 가하는 행
위는 타자의 관점에서 보면 하나의 방해 행위에 불과하다. 왜냐하면 그런
행위는 그들 타자 모두와의 공통성을 포기하는 것이며, 자신의 것을 (그것
이 시간이건 존재하는 무엇이건 간에) 다시금 자의적으로 사용하겠다고 반
환 청구하는 것에 다름 아니기 때문이다. 그런데 그러한 권리와 권리의 희
생이 적을수록 모두에게 최고의 것으로 간주되는 것의 권리에 대해 한 사

람이 나머지 시민들과 대립될 필요가 적어지며, 그들과의 가장 내적인 공통성을 파괴할 필요 역시 그만큼 적어진다. 그러나 공동체 전체가 경멸의 대상이 될 경우에, 그리고 예수는 그의 민족 전체의 실존을 거부했기 때문에 이러한 포용 방식이 여기에서는 존립하지 않는다. 한 사람이 전체를 포용하고 인정할 경우 그는 무의식적으로 전체의 테두리 내에 머물게 되며, 그곳에서 그는 단지 하나의 마음이자 하나의 영혼으로 존재할 뿐이다. 예수는 유대의 성스러움을 지킨다는 이유로 자기의 일을 포기한 경우가 없었으며, 자기의 아주 일상적인 욕구의, 즉 자의恣意의 만족을 뒤로 미루지 않았다. 우리는 그가 그의 민족과 완전히 분리되어 있었으며, 객관적인 규율에 예속되는 것을 완전히 경멸했음을 본다.

그의 제자들은 안식일에 밀 이삭을 잘라서 먹음으로써 유대의 율법을 공격했다.[14] 이 정도의 밀을 먹는다고 해서 그들의 배고픔을 달랠 수는 없었다. "안식일을 지키라"라는 유대의 계율대로 그냥 그 길을 지나쳐 갔다고 하더라도 그 정도의 사소한 만족은 얻을 수 있었을지 모른다. 예수는 이런 불법적 행동을 비난하는 바리새인과 극단적인 허기 상태에서 성전의 빵을 움켜잡았던 다윗의 행위를 비교했다.[15] 또한 예수는 제사장들이 그들의 임무를 수행할 때 필연적으로 안식일을 모독하게 된다고 덧붙였다.

---

14) [옮긴이]「마태복음」12장 1~8절. 유대 율법에 따르면 예수와 제자들은 적어도 두 가지 율법을 어겼다. 첫째는 안식일에는 신에게 경배하는 일 외에 아무것도 해서는 안 됨에도 불구하고 밀 이삭을 따는 노동을 한 것이고, 둘째는 안식일에는 그 전날 만들어 놓은 무교병만을 먹어야 하는데도 불구하고, 다른 것을 먹었다. 예수는 율법을 어기는 이러한 저항 행위를 통해 완고한 율법 대신 저속하게 보일지도 모르는 인간의 욕구, 즉 자연의 위대함을 내세웠다.

15) [옮긴이]「사무엘 상」21장 1~6절. 다윗이 그의 정적(政敵)인 사울의 눈을 피해 쫓겨 다니다가 배가 고픈 나머지 제사장들만이 만질 수 있는 성전의 떡을 먹은 사건. 그러나 그 사건이 다윗에게 전혀 해(害)가 되지 않았다.

하지만 그들이 안식일에 일을 하는 것은 합법적이기 때문에 그들이 안식일에 일을 했다고 해서 신성을 모독한 것은 아니다. 한편으로 예수는 유대의 율법을 심각하게 위반하는데, 왜냐하면 그는 제사장들이 성전에서 안식일을 위반하고 있다고 말하고 있을 뿐 아니라, 더 나아가 "성전보다 더 큰 이가 여기 있다", 즉 '자연이 성전보다 더 성스럽다'고 말하기 때문이다. 다른 한편 그는, 보다 일반적으로 말하자면, 유대인들이 신성도 없고 성스러움도 없는 것으로 간주하는 자연을 고양시키며, 유대인들에 의해 만들어진 한 특정한 장소에 신의 세계를 가두는 것을 지양해 버린다. 좀더 구체적으로 말하자면 그는 성스러운 시간(안식일―옮긴이)과 인간을 비교하여 전자가 인간 욕구의 사소한 만족보다 열등하다고 천명한다.

같은 날 예수는 한쪽 손이 마른 사람을 치료해 준다. 위험에 처해 있는 한 마리의 양의 비유는 유대인들 자신의 고유한 행위들이, 예를 들면 성스러운 빵을 잘못 사용한 다윗과 안식일에도 일해야 하는 제사장의 예에서 보여지듯이, 절대적인 규율일 수 없다는 것을 보여 준다. 즉 예수는 그들의 눈에서조차 안식일의 성스러움이 반드시 절대적일 수 없으며, 이 명령을 준수하는 것 이상으로 더 위대한 것이 있다는 사실을 스스로 알도록 그들에게 증명해 주었다. 그가 유대인들 앞에서 보여 준 사건은 위급한 사건이었으며, 그러한 위급함은 죄를 탕감한다. 우물에 빠진 동물은 즉각적인 도움을 필요로 한다. 이때 사람이 일몰 때까지 도움의 손길을 자제할 것인지 안 할 것인지 하는 문제는 완전히 우문愚問에 불과하다. 예수의 행동은 몇 시간 먼저 행동할 수 있는 자신의 자유의지를 표현한 것이며, 최고의 권위에 의해서 부과된 명령보다 자신의 자유의지가 우월하다는 생각을 표현한 것이다. 빵을 먹기 전에 손을 씻어야 하는 유대의 관습 대신 예수는 인간의 총체적 주관성을 내세웠다(「마태복음」 15장 2절). 그리고 규율에 예속되는 것 대신, 그리고 대상의 순수함이나 불순함 대신 그는 마음의 순수함과 불순함을 주장한다. 그는 객관적 규율을 정확하게 추종하는 것과는 하등 상관없는, 즉 규정되지 않은 주관성에 대해 얘기한다.

순수하게 객관적인 계율 대신 예수는 그것과는 완전히 다른 것, 즉 주체 일반을 정립하였다. 그런데 예수는 이 순수하게 객관적인 계율에 반대하는 방식과는 다르지만, 그래도 다양한 관점에 따라 시민의 계율이나 도덕적 계율이라고 부르는 그러한 법에 대해서도 그는 반대의 입장을 취한다.[16] 법은 인간의 자연적인 관계를 계율의 형태로 표현한다. 따라서 법은 전체적으로건 부분적으로건 간에 필연적으로 객체화될 수밖에 없다. 그렇다면 법이라는 형태 그 자체가 본질적으로 오류라고 할 수 있다. 왜냐하면 법은 대립물을 현실적으로는 여전히 대립물로 남겨 놓은 채 오직 현실과 대립하는 개념 속에서만 대립물들을 통일시킬 뿐이며, 그 개념은 당위로 표현될 수밖에 없기 때문이다. 만약 개념이 내용이 아니라 형식의 관점에서 고려된다면, 즉 그 개념이 인간에 의해 만들어지고 파악된 형식을 취한다면 그 계율은 도덕법적이다. 만약 특수한 대립물들의 특수한 통일이 내용의 측면에서만 고려된다면, 따라서 당위가 개념의 고유성으로부터 발생하지 않고 외적인 권위에 의해 고려된다면 그 계율은 시민법적이다. 후자의 경우 대립물의 통일이 사유, 즉 주체에 의해서 성취되지 않기 때문에 시민법은 생동적인 것들 사이의 대립에 한계를 정한다. 반면 도덕법은 순수하게 하나의 생동적인 것 속에서 대립의 한계를 정한다. 따라서 시민법은 하나의 살아 있는 존재를 다른 살아 있는 존재에 대립시키며, 도덕법은 살

---

16) 〈헤겔 수고의 삭제된 내용〉 "그런데 그러한 계율들이 인간적인 존재의 활동 속에, 그 존재의 힘 속에 근거지어지는 한, 그 계율들은 주관적이다."

아 있는 존재의 한 측면, 하나의 힘을 그 존재의 다른 측면, 다른 힘에 대비시킨다.[17] 그리고 이 존재의 힘은 자신의 또 다른 힘을 지배하는 한에서 성립한다. 시민법이 될 수 없는 순수한 도덕법, 즉 대립과 통일이 그 속에서는 서로 낯선 형식을 취할 수 없는 순수한 도덕법은 그러한 자기 내부의 힘들을 한계짓는 법이다. 따라서 그 힘들의 활동은 다른 인간과 대립하는 활동이 아니다. 만약 이 법이 단순히 시민법적 규율로서 작용한다면 이 법은 실정적이다. 그리고 그 시민법적 규율은 그 소재의 측면에서 보면 도덕법과 동일하기 때문에, 또는 개념 속에서의 객체의 통일은 비객체적인 것을 전제하거나 그런 비객체적인 것으로 될 수 있기 때문에, 만약에 그런 법이 도덕법으로 된다면, 즉 법의 당위성이 낯선 힘의 명령이 아니라 자신의 고유한 개념을 추종하는 것, 즉 의무에 대한 경외에서 나온다면, 이는 곧 시민법의 형식의 지양을 의미한다. 그러나 시민법적 계율로 될 수 없는 도덕적 계율 역시 특정한 환경에서 객관적인 것으로 될 수 있다. 좀더 구체적으로 말하면, 통일(또는 한계)이 개념이나 계율로서 작용하는 것이 아니라, 비록 여전히 주관적이긴 하지만, 제약된 힘에 낯선 것으로서 작용할 경우, 이 도덕적 계율은 객관적인 것으로 될 수 있다. 이런 종류의 객관성은 개념 자체를

---

17) 〈헤겔 수고의 삭제된 내용〉 "그러한 법들은 본성상 부분적으로 실정적이다. 왜냐하면 그 법은 다른 부분에게는 낯선 일면적인 힘에 대해서만 반성하며, 따라서 이 다른 부분들은 저 일면적인 하나의 힘에 의해 배제되거나 지배된다. 그러나 만약 그 법들이 한번도 인간의 힘으로서가 아니라 철저히 낯선 권력으로서 작용할 경우, 그리고 만약 인간이 이 주인을 한번도 자기 안에 갖지 않고 자기 밖에 가질 경우, 이 법들은 철저하게 실정적으로 될 수 있다.
예수는 새로운 도(길)를 제시하기 위하여 일한 것이 아니라, 이 계율들을 주관적인 것으로 만들기 위하여 일을 했다. 그는 '이 계율들은 보편적인 법이며, 이 법의 보편성은 인간적인 능력, 보편성의 능력, 즉 이성의 능력의 표현이다'라는 것을 보여 주고자 했다. 법을 인간의 힘의 산물로서 서술해 주는 저러한 전개과정을 통해 그 법으로부터 그 객관성과 실정성이 제거되어진다."

회복함으로써만, 그리고 동시에 이 개념을 통해 활동을 제약함으로써만 지양될 수 있다.

이런 관점에서 우리는 예수가 도덕적 계율의 실정성, 즉 단순한 적법성이 반대했다고 말할 수도 있을 것이다. 또한 이런 관점에서 우리는 그가 법적인 것은 보편적인 것이며, 그것의 전체적인 구속력은 보편성 속에서만 유효하다는 것을 보여 주고자 했다고 생각할 수도 있을 것이다. 왜냐하면 한편으로 각각의 당위, 즉 각각의 계율들이 비록 낯선 것으로 드러나지만, 다른 한편으로는 그것들이 개념(보편성)으로서 주관적이기 때문이다. 이를 통해 인간적인 힘의 산물, 즉 보편성의 능력인 이성의 산물로서의 저 계율들이 자신의 객관성, 실정성 그리고 이질성 등을 상실하게 되며, 스스로를 인간적 의지의 자율성 속에 근거지어져 있는 것이라고 서술하면 되기 때문이다. 그러나 이러한 길을 통하여 우리는 실정성을 단지 부분적으로단 제거할 수 있을 뿐이다.[18] 물론 통구스족의 샤먼(이들은 교회 및 국가를 통치하는 유럽의 성직자들과 비교된다) 내지는 무굴제국의 사람들과 (이들은 청교도들과 비교된다) 자기 자신의 의무율에 복종하는 사람 사이에는 차이가 있긴 한데, 그 차이는 '전자가 스스로 노예가 된 반면, 후자는 자유롭다'[19]는 점에 있는 것이 아니라, '전자는 자신의 밖에 있는 주인을 섬기는 반면, 후자는 자신 속에 있는 주인을 섬긴다'는 점에, 따라서 후자는 자기 자신의 노예라는 점에 있다. 충동, 성향, 병리적인 사랑, 감성 등, 이러한 특수자에게 보편자는 필연적으로 그리고 영원히 낯선 것, 객관적인 것이

---

18) 〈헤겔 수고의 삭제된 내용〉 "왜냐하면 의무율은 특수자와 계속 대립하고 있는 하나의 보편성이며, 보편성이 지배하는 경우 특수자는 억압되기 때문이다."

19) Kant, *Die Religion innerhalb der Grenzen der bloßen Vernunft*, IV, 2, §3 참조.

다. 파괴할 수 없는 실정성은 그대로 남아 있게 된다. 그리고 보편적인 의무율이 간직하고 있는 내용, 즉 각각의 의무는 제한되어 있으면서 동시에 보편적이라는 모순을 담고 있기 때문에, 그리고 형식적인 보편성을 위해서, 즉 그 일면성을 위해서 가장 엄격한 것을 요구하기 때문에 그 실정성은 결국에 불쾌한 것이 되고 만다. 의무 개념과 어긋나는 인간관계에는 재앙이 따르는데, 왜냐하면 그 개념은 단지 공허한 사상적 보편성에 그치는 것이 아니라 행동으로 나타나야 하는 것인 만큼 다른 모든 관계를 배제하거나 지배하기 때문이다.

완전한 인간성을 회복시키고자 하는 사람이 분열된 인간의 모습을 그대로 방치하는, 그리고 더 나아가 그것에 대해 완고한 자만심을 갖게 하는 그러한 길을 택할 수는 없을 것이다. 그는 의무를 존중하고 성향을 거부하는 것이 법의 정신에 따라서 행동하는 것이라고 생각할 수 없을 것이다. 왜냐하면 정신의 두 부분은 (심성이 분열되어 있을 때는 이렇게 "두 부분"이라고 표현할 수밖에 없다) 그 법의 정신 안에서 드러나는 것이 아니라 그 정신에 대립하여 드러나기 때문이다. 이렇게 말할 수 있는 이유는 그 정신은 한편으로는 배타적이고 자기 제약적인 것이며, 다른 한편으로는 억압된 것이기 때문이다.

도덕성을 넘어선 고양된 예수의 정신은 법을 공격하는 산상수훈에서 직접적으로 보이는데, 그곳에서 예수는 수많은 예를 열거하면서 율법의 형식성을 벗겨내고자 시도하고 있다. 그 설교는 법에 대한 숭배를 가르치지 않는다. 반대로 그 설교는 법을 충만하게 하지만 법을 법으로 지양하여 법에 대한 복종보다 더 고귀한 것이 있다는 것을 가르친다. 따라서 그는 법이 잉여의 것에 불과하다고 가르친다. 의무율이 분리를 전제하며, 개념이 당위 속에서 지배한다고 드러났기 때문에 이러한 분리를 회복시킬 수 있는 것은 존재이다. 그런데 이 존재는 삶의 양태로서 대상의 관점에서 볼 경우에만 배타적이고 제한된 것으로 고찰된다. 왜냐하면 배타성은 대상을 규정함으로써만 주어지며 대상에만 관계하기 때문이다. 예수 역시 법에 대립하여 정립한 것을 계율의 형식으로 표현하고 있지만 (예를 들면, "내가 법을 폐하고자 한다고 생각지 말라", "너희에게 말하나니 너희는 저항하지 말라", "하나님과 네 이웃을 사랑하라" 등), 이 어법들은 의무율의 당위적 표현과는 완전히 다른 의미에서의 계율들이다. 구체적으로 말하면, 삶이 사유나 언어로 파악된 경우에만 이 삶은 자신에게 낯선 개념적 형태를 취하는데 반해, 의무율은 보편자로서 처음부터 개념일 수밖에 없다.

삶이 반성과 언표言表의 형식 속에서는 이렇듯 인간에게 대립하는 것으로 나타나는데, 이 경우 "무엇보다 하나님을 사랑하고 네 이웃을 네 몸과 같이 사랑하라"라는 예수의 표현을 칸트가 계율이라 부른 것은 잘못이다.[20] 왜냐하면 그는 사랑 역시 법처럼 명령될 수 있는 것으로 생각하기 때문이다. 그가 의무율과(의무율의 본질은 개념과 현실의 대립에 있다) 특이한 방식으로 표현되는 삶을 혼동하고 있기 때문에 그가 계율이라고 부른 것을 자기의 의무율로 쉽게 환원하였다(칸트는 "무엇보다 하나님을 사랑하고 네 이웃을 네 몸과 같이 사랑하라"를 계율이라 부른다). '사랑은 명령되지 않는다'는 그의 진술은 스스로 실패하게 된다(칸트는 사랑을 '기쁨으로 수행되어지는 의무'로 이해한다. 왜냐하면 사랑 속에서는 의무에 대한 생각들이 완전히 사라지기 때문이다). 그리고 그는 예수의 요청을 피조물이 도달할 수 없는 성스러운 이상理想으로 여겼는데, 이는 곧 그가 이 요청에 부여했던 영예 역시 의미 없는 것이 되고 만다는 것을 뜻한다. 왜냐하면 의무는 대립물을

---

20) Kant, *Kritik der praktischen Vernunft*, I. T., I. B., III. 참고.

요구하며, 자발적 행동은 어떤 대립물도 요구하지 않기에 의무가 즐겁게, 기꺼이 행해진다는 이상은 자기모순이기 때문이다. 그리고 그는 합리적인 피조물이 (이 문구는 참으로 특이한 말의 조합이다) 타락할 수는 있지만 이상에는 도달할 수 없다고 설명하기 때문에, 그는 그의 이상 속에서도 이런 통일 없는 모순을 계속 유지할 수 있다.

예수는 산상수훈을 일종의 패러독스로 시작한다.[21] 예수는 자기에게 무엇인가를 기대하는 수많은 청중들에게 자기의 입장을 솔직하게 설명한다. 즉 그는 그들이 원하는 것과는 완전히 다른 어떤 것, 다른 정신 그리고 다른 세계 등을 말한다. 이것은 그가 덕에 대한 일반적인 평가에서 완전히 벗어나 있음을 보여 준다. 그리고 또한 이것은 그가 그 일반적인 평가에 의해 증오와 박해를 받을 뿐인 새로운 법과 빛, 새로운 삶의 영역을 선포하는 절규이다. 그러나 그는 그들에게 하나님의 나라에서 법이 해소되어 버린다는 것을 보여 준 것이 아니라, 그 법이 의무의 정당성보다 더 완전한 새로운 의미의 정당성을 통해 완성되어야 한다는 것을 보여 준다. 이것은 곧 법의 결핍을 보충하는 것이다.

그는 여기서 몇몇 법들에 보충을 가한다. 보충된 내용은 법 조항을 그렇게 행동하게 이끄는 경향성이라고,[22] 즉 법과 성향의 통일이라고 부를 수 있다.[23] 이러한 통일성 속에서 법은 법으로서의 형식을 상실한다. 성향과의 이러한 완전한 일치는 법의 완성πλήρωμα, 즉 옛 표현을 따르자면, 가

---

21) [옮긴이] 「마태복음」 5장부터 7장까지를 '산상수훈'이라고 부른다. 여기에 예수의 가르침의 핵심이 들어 있으며 유명한 경구들, 예를 들어 황금률로 간주되는 사랑의 실천 등이 담겨 있다. 패러독스로 시작하는 첫 구절은 다음과 같다. "마음이 가난한 자는 복이 있나니 천국이 저희 것임이요…."

22) 〈헤겔 수고의 삭제된 내용〉 "성향을 통해 도덕적 심성을 지원하는 것이 아니라, 경향으로 된 도덕적 심성, 즉 투쟁 없는 도덕적 심성."

능성이 충족된 존재이다. 왜냐하면 가능성은 사유되어진 것, 즉 보편자로서의 대상이며, 존재는 주체와 객체가 대립을 해소한 그들의 종합이기 때문이다. 유사하게 저 경향성, 즉 덕은 하나의 종합인데, 이 종합 속에서 법은 (칸트는 이를 항상 객관적인 것이라고 부른다) 그 보편성을, 주체는 그 특수성을 상실한다. 다른 말로 하면 저 경향성, 즉 덕은 양자가 대립물을 상실한 종합이다. 반면 칸트주의적인 덕 개념으로 보면 이러한 대립들이 여전히 남아 있으며, 보편자는 지배자가 되고, 특수자는 피지배자가 된다. 성향과 법의 일치는 법과 성향이 더 이상 다르지 않다는 점에서 성립한다. 그리고 결과적으로 법과 성향이 일치한다는 표현은 완전히 부적당한 것이 된다. 왜냐하면 법과 성향은 여전히 특수자이며 대립물로 남아 있고, 법과 성향에 의해 도덕적 심성, 법에 대한 존경 그리고 의지의 특수함 등이 지지된다는 것은 쉽게 이해될 수 있기 때문이다. 그리고 이렇게 통일된 두 요소가 근본에 있어 여전히 서로 다르기 때문에 양자의 일치 역시 우연적인 것이며 낯선 자들 간의 통일이고 사유된 것일 뿐이다. 그러나 법과 의무 이 양자의 보완관계에서 도덕적 심성과 같은 것은 성향과 대립되는 보편자가 더 이상 아니며, 성향은 법과 대립되는 특수자가 더 이상 아니다. 따라서 법과 성향의 일치는 삶이며, 타자들의 관계로서의 사랑이고 존재이다. 존재가 개념, 즉 법으로 표현되면 그것은 필연적으로 법 그 자신과 일치하며, 현실로 표현되면, 즉 개념과 대립되는 성향으로 표현되면 그것은 동시에 성

---

23) [옮긴이] 'Neigung'을 '성향'으로, 'Geneigtheit'을 '경향성'으로 번역하였다. 헤겔은 여기서 전자를 보편성과는 구별되는 주관의 임의적 기질로, 후자를 보편성과 주관적 특수성을 통일한 보편적 기질로 간주한다. 이때 통일은 하나의 다른 하나에 대한 일방적 지배를 통한 강제적 통일이어서는 안 된다. 헤겔에 따르면 예수의 계율이 경향성을 띠는 데 반해 ——왜냐하면 그 형식은 법이라는 보편성을 취하고 있지만, 그 내용은 주체의 자율적 행위를 전제하기 때문이다 ——, 칸트의 명법은 성향을 무시한 법의 보편성에 여전히 머물러 있다.

향과 일치한다.[24]

　(마. 5장 21~26절.) '살인하지 말라'라는 계명은 모든 합리적인 존재에게 타당하며, 보편적인 입법의 원리로서 타당할 수 있는 격률格率이다. 예수는 이 계명보다 높은 화해의 정신(사랑의 양태)을 주장하였는데, 그것은 이 계명을 어기면서 행동하지 않도록 할 뿐 아니라, 그것을 완전히 포괄한다. 그것은 빈약한 법들이 결코 가질 수 없는 풍부하고 생동적인 충만함을 그 자체에 갖는다. 화해 속에서 법은 그 형식을 잃고, 삶은 개념을 몰아낸다. 모든 특수성을 단지 개념 속에 간직하고 있는 보편성의 측면에서 볼 때 화해로 인해 상실된 것은 없으며, 단지 무엇인가가 상실된 것처럼 보일 뿐이다. 오히려 화해 속에서는 소수의 풍부한 생동적인 관계를 통해 참되고 무한한 소득이 발생한다. 화해는 현실을 배제하는 것이 아니라 단지 사상과 가능성을 배제한다. 그리고 개념의 보편성 속에서의 이러한 풍부한 가능성, 즉 계율의 형식은 그 자체 삶의 파열이며, 그 계율의 내용은 아주 빈약하여서 금지된 몇몇 계율을 제외하고는 모두 위반될 수밖에 없는 것들이다. 이에 반해 화해에서는 화내는 것조차 죄이며, 억압에 대해 재빨리 반작용하는 감정은 다시금 억압하고자 하는 흥분 상태에 다름 아니다. 이 흥분은 일종의 맹목적 정의이며, 따라서 평등과 적대성을 동시에 전제한다.

---

24) 〈헤겔 수고의 삭제된 내용〉 "모든 계율은 그것이 보편자이기 때문에 당위만을 표현한다. 동시에 그것은 존재를 진술하지 않기에 자신의 결핍을 보여 준다. '살인하지 말라'라는 계명에 예수는 덕, 즉 인간의 사랑의 심성을 대비시킨다. 이 심성은 저 계명을 그 내용의 측면에서 쓸모없게 만들 뿐만 아니라, 그 형식의 측면에서, 즉 명령하는 자로서의 계율과 그것에 대한 저항의 구조를 갖는 그러한 형식적 측면에서 그 계율을 지양한다. 그리고 이 심성(Gesinnung)은 심정(Gemüt)이 희생되어야 한다거나 파괴 또는 복종되어야 한다고 결코 말하지 않는다. 그리고 동시에 이 심성은 이성의 차가운 계율보다 훨씬 더 풍부하고 생동적인 충만함으로 이루어져 있다."

반면 화해의 정신은 적대적인 심성 없이 적대감을 지양하고자 노력한다. 만약 사랑이 판단의 척도라고 한다면, 자기 형제를 악당이라고 욕하는 것은 죄이며, 그것은 화내는 것보다 더 큰 죄가 된다. 그러나 자신, 즉 한 인간을 다른 사람들과 적대적으로 대립시키는, 그리고 이러한 무질서를 유지하고자 노력하는 고립무원에 처해 있는 악당조차도 여전히 그 무엇으로 간주되고 있으며, 여전히 가치 있는 인물이다. 왜냐하면 그 악당은 증오 받고 있으며, 어떤 위대한 악당은 숭배되기도 하기 때문이다.[25] 그러므로 타자를 '바보'라고 부르는 것은 사랑에 이질적이다. 왜냐하면 이것은 타자와의 모든 관계뿐 아니라, 존재의 공통성인 평등 역시 모두 없애 버리기 때문이다. 바보라고 불린 사람은 표상 속에서 완전히 정복당하며 비존재로 그려진다.[26]

반면 제단祭壇 앞에서 분열을 의식하는 사랑은 자기를 희생하여 그의 형제와 먼저 화해한다. 그리고 나서 비로소 순수하고 통일된 마음으로 신에게 나타난다.[27] 사랑은 재판관에 의해 권리를 배분 받지 않으며, 어떤 권

---

25) [옮긴이] 법에 의하면 위반은 모든 관계로부터의 배제를 전제한다. 이에 반해, 화해의 정신에서 악당은 (이는 구체적 존재이다) 여전히 관계의 총체 속에 놓여 있다. 즉 악당은 미움, 증오의 대상일 수 있는데, 관계성이 전혀 없다면 그런 감정도 없을 것이다.

26) 여기에서 '바보'라는 말은 그리스어의 ραχά를 번역한 것인데, 해석자들이 이 단어에 부여하는 도덕적 의미의 상이함으로 인해 해석의 어려움이 발생한다. 해석자들은 '바보'를 '악당'보다 더 경미한 것으로 보며, 두 단어를 그 단어들의 출처인 심정에 따라서 판단하는 것이 아니라, 그 단어들이 만들어 낸 인상에 따라서 판단한다. 이때 '바보'로 설명되어진 자는 수치심(sui iurius)을 느낀다. 그리고 다른 사람에게도 그런 일이 발생하면 그는 반대로 그 타자를 '바보'라고 부른다.

27) [옮긴이] 「마태복음」 5장 21~24절. "옛 사람에게 말한 바 살인치 말라 누구든지 살인하면 심판을 받게 되리라 하셨다는 것을 너희가 들었으나, 나는 너희에게 이르노니 형제에게 노하는 자마다 심판을 받게 되고 형제를 대하여 '라가'(Racha. 바보)라 하는 자는 공회에 잡히게 되고 '미련한 놈'이라 하는 자는 지옥 불에 들어가게 되리라. 그러므로 예물을 제단에 드리다가 거기서 네 형제에게 원망(怨望) 들을 일이 생각나거든 예물을 제단 앞에 두고 먼저 가서 형제와

리도 고려하지 않고 화해한다.[28]

　(마. 5장 27~32절). 이와 동일하게 부부 관계에서의 의무적인 신뢰와 아내와 이혼할 수 있는 권리 대신 예수는 사랑을 내세웠다. 사랑은 저 의무가 금지하지 않은 것, 즉 욕망도 배제하며, 저 의무에 모순되는 이혼의 허락을 지양한다. 따라서 한편으로 사랑이 신성한 이유는 이혼과 대립하여 법을 완성$\pi\lambda\acute{\eta}\rho\omega\mu\alpha$한다는 데에 있다. 인간 내의 다양한 측면 중 하나가 전체로 되고자 하거나 전체에 대립하고자 할 경우, 이런 신성함만이 그런 가능성을 미리부터 자제시킬 수 있는 능력을 갖는다. 전체에 대한 감정, 즉 사랑만이 존재의 흩어짐을 방지할 수 있다. 또 다른 한편으로 사랑은 이혼 허가를 지양한다. 사랑이 지속되는 동안에도, 그리고 사랑이 그쳐도 사람들은 사랑에 대립해서 어떤 허가나 권리를 말할 수 없다. 여전히 사랑을 간직하고 있는 아내에 대해 사랑을 그치는 행위는 사랑 자체를 신실하지 못한 것으로 만들며, 따라서 죄를 짓는 것이다. 사랑의 열정을 다른 사람에게로 전이하는 것은 사악한 양심을 가진 자들이 속죄하지 않으면 안 되는 그들의 과오일 뿐이다. 확실히 이 경우에 사랑은 자기의 운명을 피할 수 없다. 그리고 부부 관계는 그 자체로 분열된다. 그런데 남편이 권리와 법에 의지하여 자기의 정당함과 적절함을 강변한다면, 그는 아내의 사랑에 대한 모욕 위에 비열한 완고함까지 덧붙여 놓게 된다. 아내가 사랑을 다른 사람에게 주는 예외적인 경우에 한해서 남편은 사랑의 노예이기를 그칠 수 있다. 모세는 유대인들에게 그들의 마음의 완악함$\sigma\kappa\lambda\eta\rho o\acute{\iota}\varsigma\ \chi\alpha\rho\delta\acute{\iota}\alpha$ 때문에 결혼에 관한 법

　화목하고 그 후에 와서 예물을 드리라."
28) 〈헤겔 수고의 삭제된 내용〉 "사랑은 더 나아가 분리와 무례함을 먹고 자라는 권리를 지양하라고 요구하며, 화해를 요구한다."

과 권리를 주어야만 했다. 그러나 태초에는 그렇지 않았다.

(마. 5장 33~37절). 하나의 현실에 대한 보증은 주체와 객체의 분리를 전제한다. 또는 미래에 대한 보증, 즉 약속 행위에서 자기의 의지 천명과 이 약속의 실행은 아직 완전하게 분리되어 있다. 거기에는 진리, 즉 양자간의 확고한 관계가 성취될 것인지가 여전히 문제로 남는다. 맹세는 이미 발생한 행위이거나 아니면 미래에 발생할 행위를 문제 삼는데, 맹세의 형식을 취한 보증에서 맹세라는 행위 표상은 신적인 것과 연관된다. 그리고 (맹세의) 말과 행동의 연관, 그것들의 관계의 총체로서의 존재Sein는 하나의 존재자Seienden 속에서 기술되며, 그 속에서 현재화된다. 맹세된 사건의 진리는 본질적으로 보일 수 없는 것이기 때문에 진리 자체, 즉 신이 진리의 위치에 정립된다. 이러한 방식으로 한편으로 신은 타자에게 주어지며, 그에게 확신을 불어넣으며, 다른 한편으로는 이 존재자가 맹세자의 단호한 심정에 역으로 영향을 미침으로써 거짓이 제거된다. 그리고 여기에 어느 정도까지 미신이 관여되어 있는지는 결코 도외시될 수 없다. 유대인들이 하늘, 땅, 예루살렘 또는 그의 두발에 맹세하고, 그 서약을 신의 처분에 맡기고, 그것을 주인의 손에 올려놓았을 때, 그들은 보증된 것(즉 서약된 것)의 현실성을 객체와 연결시키고 있다. 그리고 그들은 이 두 실재를 동등하게 정립하고, 그 객체와 보증된 것의 관계, 즉 양자의 등가를 낯선 힘의 위력에 위탁했다. 그리고 신은 말의 위력을 유지하기 위해 정립된다. 그런데 이러한 관계는 인간 자체에 근거지어져야 한다. 보증된 행위와 대상은——이 대상에 걸고 맹세되었다—— 서로 상호 연관을 맺고 있으며, 따라서 만약 일방이 지양되면 상대방 역시 부인되며, 관념 속에서 지양된다. 그리고 만약 약속된 행위 또는 약속된 사실이 수행되지 않거나 사실로 나타나지 않는다면, 그 사람이 맹세했던 대상, 즉 하늘, 땅과 같은 것 역시 부정된다. 그

리고 이 경우 그 대상의 주인은 그것의 반환을 청구해야 한다. 즉 신은 존 재자들의 보복자가 되어야 한다.

보증된 행위를 어떤 대상과 이렇게 연결시키는 것에 대해 예수는 반대했으며, 맹세를 유지할 의무를 주장하지 않는다. 그는 맹세가 불필요하다고 천명한다. 왜냐하면 하늘도 땅도 예루살렘도 두발도 말과 행동을 연결시킬 수 있는 인간 정신이 아니라, 어떤 낯선 소유물에 지나지 않기 때문이다. 행위의 확실성은 이런 낯선 것과 연결되어서는 안 되며, 낯선 자의 손에 놓여져서도 안 된다. 반대로 말과 행동의 연관관계는 살아 있는 것이어야 하며 인간 자신에 의존해야 한다고 천명한다.

(마. 5장 38~42절). 율법은 "이에는 이, 눈에는 눈"이라고 말한다. 인과 응보의 원칙은 모든 정치체제가 의존해야만 하는 정당성의 성스러운 원리이다. 그러나 예수는 그의 청중들에게 그들의 권리를 포기하고 사랑으로 정당성이나 부당성의 전 영역을 넘어 고양하여 가라고 요청한다. 왜냐하면 사랑 속에서는 차별 당하고 있다는 감정과 이 차별에 대해 동일하게 되갚아 주고 싶은 감정, 즉 적에 대한 적개심 역시 권리와 함께 사라지기 때문이다.

예수는 지금까지 완전히 시민법적인 법과 의무에 대해서 이야기했다. 그리고 그는 그러한 법에 대한 순수한 경외감을 동기의 측면에서 요구했으며, 그것들을 법이나 의무로 확증함으로써 완성하지는 않았다. 반대로 그는 법과 의무로 굳어져 버린 것을 경멸했다.

(마. 6장 1~4절). 예수는 법과 의무에 정신을 부가한다. 정신의 행위가 법과 의무율의 관점에서 판단될 경우, 그것은 법과 의무율에 맞게 드러나지만, 그러나 의무와 권리에 대한 의식을 갖지는 않는다. 더 나아가 그는 순수하게 도덕적인 의무, 즉 자비의 덕을 말한다. 기도와 금식에서 보이

듯 이 도덕적인 의무에서도 낯선 것과의 혼합, 즉 행위의 비순수성이 드러나는데, 예수는 이를 비난한다. 이러한 근거에서 예수는 다음과 같이 말한다. '사람들에게 보이려고 행동하지 말라.' 행동의 목적, 즉 행동이 실행되기 이전의 사유된 것으로서의 행동은 완수된 행동과 동일하다. 위선, 즉 행위에 대한 사유(동기)와 행위 속에 있지 않은, 모두에게 보이는 것(결과)을 혼합시키는 위선을 제외하고 예수 역시 충족된 의무로서의 행위와 의식을 분리시키는 것 같다.

"오른손이 한 것을 왼손이 모르게 하라"라는 계율은 행동이 알려져서는 안 된다는 말이 아니라 사람들에게 드러내 보이려 행동해서는 안 된다는 말이다. 그리고 이러한 행위가 의미를 가져야 한다면 이 행위는 의무의 적합성에 대한 자기반성을 표현해야 한다. 나의 행동에서 내가 유일한 관찰자인지, 아니면 내가 생각하기에 타자 역시 관찰자인지, 또는 나만이 나의 의식을 향유하는지, 아니면 내가 타자의 칭찬을 향유하는지 등의 문제는 크게 중요하지 않다. 왜냐하면 의무, 즉 보편자가 특수자에게 거둔 승리(의무의 완수—옮긴이)를 타자가 공개적으로 칭찬하게 되면 그것은 더 이상 단순히 사념 속에 있는 것이 아니라 (즉 은밀하게 사유 속에만 있는 것이 아니라—옮긴이) 보편성과 특수성이 모두 보인 상태로 존재하게 되기 때문이다. 이때 보편성은 타자의 관념 속에, 특수성은 타자 속에서 현실 자체로 존립한다. 임무의 완수라는 순수한 의식은 명예와 그 양식에서 구별되는 것이 아니다. 오히려 명예에서는 보편성이 보편적으로 타당할 뿐 아니라 또한 보편적으로 타당하다고 인식된다는 점에서 이 순수한 의식은 명예와 구별된다. 자신의 의무를 완수했다고 생각하게 되면 개별자는 자기 자신에 대해 보편성을 요구할 수 있다. 그는 자기 자신을 보편자로, 특수자로서의 자신을 넘어선 자로, 특수성의 전 영역을 초월한 자로, 즉 개별자 집단을 넘어선 자로 직관한다. 왜냐하면 보편성의 개념이 개별자에 적용되듯이, 특수성의 개념 역시 개별자와의 관계를 함유하고 있으며, 개별자는 보편성과 특수성의 대립을 함유하고 있기 때문이다. 이때 보편성에 따라, 즉 의무를 충족하는 가운데 자기 자신을 인식하는 개별자는 자기를 보편자로 인식하는 자이다. 그리고 이러한 그의 자기의식은, 사람들의 칭찬이 그러하듯, 행동과는 낯선 것이다.

스스로 올바르다는 이러한 확신과 그것에 대한 타자의 멸시에 (특수자와 보편자의 필연적인 대립 때문에 양자는 불가피하게 연관성을 맺는다) 대해서 예수는 「누가복음」 18장 9절 이하의 비유에서 이야기한다. 바리새인은 그가 토색, 불의, 간음한 자와 같지 않다는 것에 대해, 그리고 심지어 세리와 같지 않다는 것에 대해 하나님께 감사한다. 그리고 그는 아주 겸손하여서 이러한 경건한 행위가 자신의 의지의 힘이라는 사실을 결코 인정하지 않는다. 그는 규칙대로 금식하며, 의로운 사람이 해야 하듯 양심적으로 십일조를 바친다. 정직하지 않다고 말할 수 없는 이러한 의로운 의식에 대항해 예수는 눈을 들어 감히 하늘을 우러러보지도 못하는 세리의 겸손한 눈을 대비시킨다. 세리는 자기 가슴을 치며 "신이여 이 죄인을 불쌍히 여기소서"라고 말하는 자이다.

의무를 완수했다는 바리새인의 의식은 모든 법을 충실하게 지켰다는 젊은 부자 청년의 의식(마. 19장 20절)과 마찬가지인데, 이런 선한 양심은 위선에 불과하다. 그 이유는 다음과 같다. 1) 한편으로 이 양심이 행위의 의도와 연관을 가질 경우 이 양심은 이 양심 자신과 행위에 대한 반성이며, 따라서 행위에 속하지 않은 불순물이다. 2) 다른 한편 바리새인과 젊은 청년의 경우에서처럼, 양심이 자기 자신을 도덕적 인간으로 표상表象한다면 이 양심은 덕을 내용으로 갖는 표상이다.[29] 덕은 그 영역이 주어져 있고,

그 질료가 제한되어 있는 한계지어진 것이다. 그런데도 선한 양심, 즉 '자신의 의무를 완수했다'라는 의식은 위선적으로 스스로를 전체라고 주장하며, 그래서 이 의식은 불완전한 것이다.

(마. 6장 5~18절). 이와 동일한 정신의 바탕에서 예수는 기도와 금식을 이야기한다. 양자는 완전히 객관적인 의무, 즉 철저히 명령된 의무이든지, 아니면 단순히 어떤 욕구에 근거해 있다. 그것들은 도덕적 의무로 생각될 수 없는데, 왜냐하면 이것들은 하나의 개념 속에서 통일될 수 있는 대립물을 결코 전제하지 않기 때문이다. 이 양자에서 예수는 다른 사람의 눈에 띄게 하려고 실천하는 모습을 비판했으며, 특히 기도할 때 중언부언하는 것을 비난했다. 왜냐하면 중언부언한다는 것은 단지 의무를 수행하고 있다는 것으로밖에 표현할 수 없기 때문이다. 예수는 금식에 대해 "혼인집 손님들이 신랑과 함께 있을 동안에 슬퍼할 수 있느뇨? 그러나 신랑을 빼앗길

---

29) [옮긴이] '표상'은 'Vorstellung'을 번역한 것이다. 일반적으로 'Vorstellung'은 '생각', '관념' 등으로 번역될 수 있는데, 독일 고전 관념론, 특히 셸링과 헤겔에게는 중요한 철학적 의미를 지닌다. 이 책에서는 헤겔이 이 개념에 아직 특수한 의미를 부여하지 않지만, 성숙한 헤겔에게서 이 개념은 아주 중요한 철학적 범주로 작용한다. 성숙한 헤겔에 따르면 예술, 종교 그리고 철학은 그 다루는 범위와 내용이 전혀 다르지 않다. 그 범위와 내용은 모두 절대자이다. 다른 말로 하면 이 세 분야는 절대적 관념의 세계를 다룬다. 절대자를 다루는 이 세 분야의 차이는 이 절대자를 다루는 형식에서 드러난다.
예술이 절대자를 다루는 방식은 직관(Anschauung)을 통해서이다. 더 정확히 표현하면 예술의 세계는 직관의 세계이다. 그런데 감성적 능력으로서의 직관은 개념의 추상성과 보편성에 이를 수 없고, 따라서 아직 학의 원리는 되지 않는다(논리학). 직관이 비록 지각의 객관화이기는 하지만, 즉 대상을 내면의 형식에서 외면의 형식으로 변화시키는 능력이기는 하지만, 직관을 의식적으로 반성할 수 있는 표상의 영역에서야 비로소 철학적 사유는 시작된다. 종교가 절대자를 다루는 방식이 바로 이 표상이다. 즉 종교는 표상의 세계이다. 미의 세계가 직관, 즉 '바라봄'(이 말 자체는 여전히 보이는 외적 대상을 전제한다)의 세계에 머물러 있는 데 반해, 표상은 순수한 관념성을 표현한다. 그러나 표상은 아직 명석판명한 분화의 길을 걷지 못한다. 개념을 통해서야 비로소 절대자에 대한 명확한 이해에 도달한다. 헤겔에 따르면 절대자에 대한 명석판명한 이해를 가능하게 하는 개념의 세계가 철학의 세계를 이룬다.

날이 이르리니 그때에는 금식할 것이니라"(마. 9장 15절)라고 말함으로써 금식을 마음의 감정과 금식하게 하는 욕구와 연결시켜 판단하였다. 기도할 때 마음의 비순수성을 거부함과 동시에 예수는 기도하는 방식을 규정한다. 이 글에서 기도의 진정한 측면에 대해 고찰하는 것은 적합하지 않기에 이만 생략한다.

(마. 6장 19~34절). 삶의 근심 걱정을 버리고 부(富)를 경멸하라는 요구에 대해서는 할 말이 없다(이 요구는 「마태복음」 19장 23절에도 명확하게 나타난다. "부자가 천국에 들어가기는 … 어려우니라"). 이 요구는 설교나 격언 속으로 옮겨져야 할 진부한 소리일 뿐이다. 왜냐하면 그러한 요구가 우리에게는 진실성이 없기 때문이다. 재산이라는 운명은 너무나 강력하기 때문에 우리가 그것에 대해서 성찰하는 것은 불가피하며, 그것과 우리를 분리시키는 것은 생각조차 할 수 없다. 그러나 부의 소유가 그것과 관계된 모든 권리 및 근심 걱정과 더불어 인간에게 일정한 한계를 가한다는 사실, 또한 그것은 의무나 덕목들의 한계를 정하고 그것들을 조건지으며 또 다른 것에 종속되게 만든다는 사실, 의무나 덕목들도 부에 의해서 조건지어지고 부에 종속되어진다는 사실, 그리고 이 의무와 덕목들은 전체, 즉 완전한 삶을 허락하지 않는다는 사실 ─ 왜냐하면 삶이 대상에 얽매여 있고, 자기 자신 밖에 규정들을 가지기 때문에, 그리고 삶에는 재산으로 표현될 수 없는 어떤 고유한 것이 부가되어 있기 때문에 ─ 등도 모두 분명하다. 부는 다양한 권리들 중 하나이기 때문에 사랑이나 완전성과 곧 대립되게 된다. 결국 한편으로는 부와 관계되는 덕, 즉 정의와 다른 한편으로는 부의 범위 내에서 가능한 또 다른 덕들이 필연적으로 서로 배척되며, 따라서 모든 덕스러운 행위는 그 자체가 각각 대립적인 것이다. 그런데 서로 대립되는 것을 절충시키거나 두 주인을 섬기는 일은 생각조차 할 수 없다. 왜냐

하면 무규정자와 규정자가 그 형태를 각각 유지하면서 결합될 수는 없기 때문이다. 사랑에 대립되는 영역을 파괴하기 위하여 예수는 의무들의 충족뿐 아니라 이 원리들의 대상, 즉 의무의 영역의 본질까지도 보여 주어야 했다.

「누가복음」의 저자는 좀 더 명확하고 구체적인 맥락에서 예수가 어떻게 부를 평가했는지 보여 준다(눅. 12장 13절). 어떤 사람이 예수에게 와서 자기의 형이 자기와 유업을 나눌 수 있도록 중재할 것을 요구한다. 예수는 그런 중재에 대한 부탁을 거절하였는데, 이런 거절 행위가 단순히 이기주의자의 행동으로 보일 수도 있다. 그 청원자에게 한 대답을 보면 예수는 그것을 할 수 없는 무능력자로 보인다. 그러나 그의 대답의 정신 속에는 그가 재산을 나눠 줄 권리를 갖지 못한다는 것 이상의 그 무엇인가가 있다. 왜냐하면 그는 즉시 그의 제자들에게 탐욕에 대해 경고하며, 하나님이 부유한 사람을 책망하는 이야기를 비유로 덧붙이기 때문이다. 이 비유에서 신은 부유한 사람을 다음과 같이 책망한다. "어리석은 자여 오늘밤에 네 영혼을 도로 찾으리니 그러면 네 예비한 것이 뉘 것이 되겠느냐? 자기를 위하여 재물을 쌓아 두고 하나님께 대하여 부요치 못한 자가 이와 같으니라"(눅. 12장 20~21절). 예수에 따르면 불경한 자들은 법의 측면만을 중시한다. 그의 제자들에게 예수는 법의 영역, 정의의 영역, 형평의 영역, 그리고 이 분야에서 사람들이 실행할 수 있는 우정을 위한 봉사의 영역 등을 뛰어넘어, 그리고 재산의 전 영역을 뛰어넘어 고양할 것을 요구한다.

(마. 7장 1~5절). 판단할 때 법을 타자에 적용시키는 것은 양심, 즉 자기 자신의 의무의 합법성이나 비합법성의 의식과는 대치된다. 예수는 "비판을 받지 아니 하려거든 비판하지 말라. 너희의 비판하는 그 비판으로 너희가 비판받을 것이기 때문이다"라고 말한다. 타자를 법 개념에 종속시키는

것은 허약한 짓이라고 할 수 있는데, 왜냐하면 비판자는 타자를 완전히 드러낼 수 있을 만큼 강력한 자가 아니기 때문이다. 오히려 판단자는 판단 행위를 통해 타자를 분열시키며, 타자의 독립성을 견뎌낼 수 없으며, 타자를 있는 그대로 취급하는 것이 아니라 있어야 할 것으로 취급한다. 그리고 이렇게 비판함으로서 그는 타자를 사유 속에서 자기에게 종속시킨다. 왜냐하면 그가 개념, 즉 보편성을 소유하기 때문이다. 그러나 이런 비판과 더불어 그는 법을 인정했으며, 스스로 이 법에 예속되었으며, 스스로 비판의 척도를 설정하게 되었다. 그리고 형제의 눈에서 티끌을 제거하고자 하는 사랑스러운 심정과 함께 그는 사랑의 왕국으로 떨어진다.

그 다음 계속 이어지는 부분(마. 7장 6~29절)은 그 앞부분과는 달리 법보다 고귀한 영역을 법에 대립시키지 않는다. 그 대신 아름답고 자유로운 영역에서의 삶의 몇 가지 표현들, 즉 요청하고 주고받는 행위에서의 인간의 통일성을 보여 준다. 예수의 전체 가르침은 설교 시작 때에 의도했던 것처럼 이러한 법의 영역들 밖에서 인간의 상像을 서술하고자 하는 노력으로 끝난다. 처음에 그는 특정한 법들에 대립하여 왜 삶의 순수함이 삶의 양태들에서도, 즉 특수한 덕들 속에서도 화해로서 드러나는지, 즉 결혼의 신실함으로서, 정직으로서 드러나는지를 보여 주었다. 그런데 그러한 인간상은 불충분할 뿐인 비유 속에서만 제시될 수 있었다.

예수가 최고의 것으로 여겼던 사랑 속에서 법과 의무가 해소된다는 생각은 세례 요한의 방식에도 존재한다. 누가가 이에 대해 몇 가지 예를 기록하고 있다(눅. 3장). 그는 유대인들에게 말하기를 "누가 너희를 가르쳐 장차 올 진노의 운명을 피하라 하더냐? 그러므로 회개의 합당한 열매를 맺고, 속으로 아브라함이 우리 조상이라 말하지 말라." 계속하여 그는 "이미 도끼가 나무 뿌리에 놓여 있다"라고 말한다(눅. 3장 7~8절). 그리고 유대인들이 그에게 '그러면 어떻게 해야 하느냐'라고 물을 때 그는 다음과 같이 말했다. "옷 두 벌 있는 자는 옷 없는 자에게 나눠 주어라." 그는 세리에게 지정된 것 외에 더 거두지 말라고 경고했으며, 병사들에게 강포하거나 무소치말라고 경고했다. 「마태복음」 14장 4절에서 그는 헤롯 왕과 그의 형의 아내와의 관계를 비난하기 시작하는데, 그 때문에 그는 참수당했다. 그의 운명은 그런 규정성 때문에 끝났다. 그의 가르침은, 위의 예에 따르면, 특정한 덕들에 대한 경고였을 뿐, 그 덕들의 위대한 정신, 즉 모든 것을 포괄하는 영혼을 자기의 의식 속에서 제시하지 않는다. 그도 역시 자신의 이런 부족함을 스스로 느꼈으며, "자기 손에 키를 들고 타작마당을 청소할 사람"을 예고했다. 요한은 자기 뒤에 오는 자가 자기의 물세례 대신 불과 영으로 세례를 베풀 것이라고 희망했으며 믿었다.

* * *

예수는 유대인들의 실정성에 인간을 대립시켰다. 그는 법과 의무 대신 덕을 내세웠으며, 이 속에서 실정적 인간의 비도덕성이 극복된다. 실정적 인간은 자기 속에서, 자기를 위해 봉사하는 특정한 덕의 관점에서 보면 도덕적이지도 비도덕적이지도 않다. 그리고 그가 어떤 의무를 수행하는 가운데 드러나는 행위 그 자체는 그 의무에 대항하는 부덕이 아니다. 그러나 이러한 특정한 무차별성은 다른 측면의 부도덕함과 연결되어 있다. 그의 실정적 행위는 한계를 가지고 있으며, 그는 이 한계를 뛰어넘을 수 없기 때문에 그의 실정적 행위는 그 한계 밖에서 비도덕적이다. 따라서 실정성의 이러한 부도덕성은 인간관계의 또 다른 측면과 관계된다. 즉 그것은 실정적인 복종의 영역으로 된다. ──그 안에서는 도덕적이지 않은 것이 부도덕한 것은 아니다.[30] 실정적인 것에 대립해 주관성을 정립하게 되면 행위의 무차별성[31]과 그 한계는 사라진다. 인간은 대자적對自的으로 존립하며, 그의 특성과 그의 행동은 인간 그 자신으로 된다. 그가 장벽을 정립하는 곳에서만 그는 장벽을 가지며, 그가 한계를 정한 규정성들이 그의 덕들이 된다. 대립을 구획 정리할 수 있는 가능성은 자유이다. 다른 말로 하면 그 가능성은 덕 또는 악이라는 말 중간에 있는 '또는'에 있다. 법과 자연, 보편자와 특수자의 대립에서 양 대립자들이 정립된다. 실제로 한 편은 다른 편 없이는 존재하지 않는다. 덕과 악덕의 대립의 도덕적 자유에서는 한쪽 편에 의해 다른 쪽 편이 배제된다. 따라서 한 편이 정립되면 상대편은 가능적으로 존

---

30) 〈헤겔 수고의 삭제된 내용〉 "그런데 덕의 대립태는 비도덕성, 즉 악덕이다. 사변적 도덕가, 즉 도덕 선생은 덕을 철학적으로 서술한다. 그의 서술은 연역적이며, 그 서술 내에서는 어떤 모순도 있어서는 안 된다. 한 사태에 대한 서술은 언제나 표상된 사태이다. 그가 이 표상, 개념을 생명체에 적용하면, 그 생명체는 바로 그것이어야 한다. 개념과 생명체 사이에는 전자는 사념된 것이고 후자는 존재자라는 것 외에 어떤 모순도 있어서는 안 된다. 사변 속에 있는 덕만이 존재하며, 필연적이다. 즉 그것의 개념만이 필연적이다. 그리고 그 반대는 존재할 수 없다. 개념으로서의 덕 속에서는 어떠한 변화도 습득도 발생도 소멸도 존재하지 않는다. 그러나 이 개념은 생명체와 함께 묶여 있다. 생명체의 양태로서의 덕은 발생하고 소멸할 수 있거나 아니면 그 반대이다. 사변적 도덕가는 자기 자신에 홀려서 덕스러움과 악덕스러움이라는 날카롭지 못한 통찰에 빠질 수 있다. 그러나 그러한 통찰은 생명체와 전쟁을 일으킬 수 있고, 생명체를 논박할 수도 있으며, 또는 그 개념들만을 아주 차갑게 고려한다는 데 문제가 있다.
그러나 민중 교사, 즉 인간 자체를 문제 삼는 인간의 계도자는 덕의 생성, 덕을 위한 교육 등을 말하지는 않지만, 악덕을 파괴하는 것, 덕으로의 회귀 등은 말한다. 악덕의 파괴의 본질은 그것이 인간에게 형벌을 부과한다는 데 있다. 형벌은 범죄에 대한 필요악적인 결과이다. 그러나 범죄의 모든 결과가 형벌로 명명될 수는 없다. 예를 들어, 범죄를 행한 인물이 범죄행위 가운데 더욱 사악해졌다면 그것은 형벌이 아니다. 사람들은 그가 훨씬 더 나쁘게 되었다고 말할 수는 없다."

31) [옮긴이] '봉사(또는 예배)의 무차별성'(Gleichgültigkeit des Dienstes)이란 봉사할 때, 주체의 자발적 동의 없이 주어진 임무에 기계처럼 복종하는 상태를 의미한다. 자기의 의무를 잘 수행하고 있다는 점에서 그 자체로는 사회적 비난의 대상이 아닐 수 있지만, 그러한 인간은 죽은 인간이다. 헤겔은 이 개념으로 중세 기독교의 맹목적 복종의 강요뿐 아니라, 근대의 개인주의화된 사회 역시 비판하고자한다. 근대 사회에서의 개인은 전체에 대한 고려 없이 자신의 생존을 위해서만 존립하는 기계의 한 톱니바퀴에 불과하다고 헤겔은 본다.

재할 뿐이다. 의무와 성향의 대립은 사랑의 양태, 즉 덕 속에서 그 통일성을 발견했다. 법은 그 내용에서가 아니라 그 형식에서 사랑에 대립되기 때문에 법은 사랑으로 용해될 수 있었다. 하지만 이런 과정을 통해 법의 형식은 상실되었다. 이에 반해 범죄 행위는 내용의 측면에서 법과 대립된다. 법에 의해 범죄가 배제되지만, 그러나 여전히 현실적으로는 계속 존립한다. 왜냐하면 범죄는 자연(본성)의 파괴이기 때문이다. 자연은 통일되어 있기 때문에 파괴된 자에게 파괴가 발생한 만큼 파괴하는 자에서도 파괴가 발생한다. 통일자가 대립된 것으로 드러나면 대립자의 통일은 개념 속에서만 현존하며, 그 통일자는 여기서 법으로 드러난다. 대립자가 파괴되어지면 개념, 즉 법은 그렇게 파괴된 것으로 머문다. 그러나 그때 그 법의 내용이 실제로 이미 무효화되어 버렸기 때문에 그 법은 결함과 공백만을 표시하게 된다. 그리고 그때 이것을 우리는 형법刑法이라고 부른다. 그리고 이러한 법의 형태는 직접적이며, 그 법은 그 내용의 측면에서 보면 삶에 대립된다. 왜냐하면 이러한 법의 형식은 처음부터 삶의 파괴를 지시해 주고 있기 때문이다. 그러나 형벌을 통한 정당성을 이야기하는 이러한 유형의 법이 어떻게 지양될 수 있는지를 생각하는 것은 훨씬 더 어려운 문제로 보인다. 덕을 통해 법을 지양했던 앞의 경우에서는 법의 형식만 사라졌을 뿐 그 내용은 머물러 있었다. 그러나 여기서는 형식과 함께 내용도 지양되어 버린다. 왜냐하면 그 내용은 형벌이기 때문이다.

형벌은 법이 직접적으로 모욕당했다는 데서 성립한다. 범죄는 다른 사람의 권리를 침해하는 것이므로, 범죄자는 자신이 침해한 남의 권리와 동일한 권리를 상실한다.[32] 범죄자는 법의 내용인 개념 외부에 처하게 된

---

32) 〈헤겔 수고의 삭제된 내용〉 "즉, 그는 벌을 받는다. 형벌이 행해지는 필연성은 어떤 외적인 것

다. 법은 단지 그가 법 속에 포함된 권리를 잃어야 한다고 말할 뿐이다. 그러나 법은 곧 사유일 뿐이기 때문에, 개념으로서의 범죄자만이 권리를 상실한다. 그리고 범죄자가 그 권리를 현실 속에서도 상실하게 할 수 있기 위해, 즉 개념으로서의 범죄자가 상실한 것이 현실의 범죄자 역시 실재로 상실하는 것이기 위해 법은 삶과 연결되어 있어야 하며, 권력으로 덧입혀 있어야 한다. 법이 경외하리만큼 장엄하게 유지되면 아무도 그것을 빠져나갈 수 없다. 그리고 범법자에 대한 형벌은 반드시 이뤄진다는 사실을 취소할 자는 없다. 그렇지 않으면 법은 스스로 폐기될 것이기 때문이다. 법은 범법자에 의해 파괴되었다. 그 내용은 그 범법자에게는 더 이상 존재하지 않는다. 그는 그것을 지양해 버린다. 그러나 법의 형식, 즉 법의 일반성은 그를 쫓아가서 그 범법자에게 바싹 붙는다. 법의 행동은 일반적이며, 범법자가 지양해 버렸던 권리 역시 그에게서 지양된다. 따라서 법은 보존되며, 그것의 보상인 형벌도 보존된다. 그러나 그의 힘이 법과 통일되어 있는 살아 있는 존재, 즉 범법자가 개념 속에서 잃어 버렸던 권리를 현실 속에서 실재로 빼앗는 집행관인 판사는 추상적인 정당성이 아니라 존재이며, 정당성은 그 존재의 한 양태일 뿐이다. 형벌 그 자체의 필연성은 확고하지만, 정의의 집행은 필연적인 것이 아니다. 왜냐하면 그것은 살아 있는 것의 양태로서 소멸할 수도 있고 또 다른 양태로 나타날 수도 있기 때문이다. 따라서 정의는 우연적인 것이 된다. 보편적인, 즉 사유된 정의와 현실적인, 즉 살아 있는 것 속에 존재하는 정의 사이에는 모순이 있을 수 있다. 복수자는 복수를 포기하고 용서할 수 있다. 재판관은 재판관으로서의 행동을 포기할 수도 있고, 용서할 수도 있다. 그러나 이것은 정의를 만족시킬 수 없다. 왜냐

에 놓여 있으며, 범죄 행위에 상응한다."

하면 정의는 양자택일의 문제가 아니기 때문이다. 그리고 법이 최고의 것인 한, 그리고 그것을 빠져나갈 자가 없는 한, 개별자는 보편자에 희생되어야 한다. 즉 개별자는 보편자에게 죽어야 한다. 이런 이유로 인하여 많은 동일한 범법자의 대표로 한 사람을 벌줌으로써 법을 만족시킬 수 있는 것처럼 생각하는 것 역시 모순이다. 왜냐하면 타자들 역시 그 대표자와 함께 형벌을 견뎌 내야 하는 한에서, 그 대표자는 그들의 보편자, 즉 그들의 개념이기 때문이다. 그리고 명령하고 벌을 내리는 것으로서의 법은 특수자에 대립됨으로써만 법이다. 법의 보편성의 조건은 행동하고 있는 인간과 그의 행동이 특수자라는 것에 있다. 그리고 행동이 보편성, 즉 법과 관련되어 고려되는 한에서, 즉 법에 순응하거나 법에 반하는 한에서 그 행동은 특수자이다. 이러한 관점에서 보면 행동과 법과의 관계, 즉 행동의 규정성은 결코 어떤 변화도 겪을 수가 없다. 그 행동은 현실적인 것이며 본질이다. 발생한 것은 발생하지 않은 것으로 될 수 없다. 형벌은 그 행동을 뒤따르며, 그러한 관계는 해소될 수 없다. 확실히 법은 범법자가 처벌받을 때 만족된다. 왜냐하면 그렇게 함으로써 선언된 명령과 범법자의 현실 사이의 모순이, 즉 범법자가 보편성으로부터 이끌어 내고자 했던 예외 조항이 해소되기 때문이다. 범법자만이 법과 화해되지 않는다(이 법은 범법자에게 낯선 존재이거나, 또는 사악한 양심으로서 그에게 주관적인 것이다). 이 경우에 범법자가 스스로 짊어지게 된 이 낯선 권력은, 범법자에게 영향을 미치는 형벌이 가해질 경우, 적대적 존재이기를 멈춘다. 범법자가 적대적 존재에 영향을 미쳤던 것과 동일한 방식으로 이번에는 이 적대적 존재가 범법자에게 영향을 미쳤을 경우, 이 적대적 존재는 그대로 유지되긴 하지만 위협을 주는 위치로 퇴각한다. 그리고 그 형태는 사라지지 않거나 우호적으로 변화한다. 사악한 행위의 의식, 즉 자기 자신을 사악한 자로 여기는 의식인 사악한 양심의 경우 그에게 형벌이 내려진다 해도 변화되는 것은 전혀 없다. 왜냐하면 범법자는 자기를 항상 범법자로 바라보며, 그는 그의 현실적인 행위에 대해 아무런 힘도 가지지 않으며, 이러한 그의 현실성은 그의 법의식과 모순되기 때문이다.

하지만 인간은 이런 불안을 유지할 수 없다. 그는 은총을 통해서만 이 가공스러운 악의 현실과 법의 부동성으로부터 도피할 수 있다. 나쁜 양심의 억압과 고통 때문에 그는 다시 한 번 부정직에로 내몰리게 되고, 이를 통해 그는 자기 자신과 법 그리고 정의로부터의 탈출을 시도할 수도 있다. 그는 선善을 경험할 수 있는 추상적인 정의의 집행자에게 자신을 맡긴다. 그리고 이를 통해 그는 선이 자기를 눈감아줘서 현재의 모습과는 다른 모습으로 비쳐지기를 희망한다. 그 스스로는 자기의 소멸을 부인하지는 않지만, 부정직하게도 선에 의해서 자기의 소멸이 부정되기를 바란다. 그리고 그는 사유 속에서, 즉 진실하지 못한 관념 속에서 위안을 얻는데, 여기서는 또 다른 존재들이 그를 구성하고 있다. 따라서 이러한 순수한 도정 위에서는 오로지 부정직한 구걸만이 있을 뿐, 도대체가 순수한 통일성에로의 회귀도, 형벌, 위협적인 법, 그리고 사악한 양심 등의 철폐도 없을 것이다. 형벌이 유일하게 절대적인 것으로서 여겨지는 한, 즉 형벌이 어떤 타자에 의해 제약받지 않으며, 자기보다 더 높은 어떤 조건을 갖지 않는 한 통일도 지양도 결코 존재하지 않을 것이다. 이렇듯 법과 형벌은 화해할 수 없지만, 운명의 화해 속에서 양자가 지양될 수는 있다.

형벌은 범법자가 스스로 관계를 끊었지만 여전히 의존하고 있는 법이 위반된 결과로 주어진다. 그는 법, 형벌 또는 그가 행한 것으로부터 빠져나갈 수 없다. 법의 특성은 보편성이기 때문에, 범법자가 법의 내용을 깨뜨리기는 했어도 그 형식, 즉 보편성은 여전히 남아 있다. 범법자는 법을 깨뜨림으로써 법의 지배자가 되었다고 믿는데, 그래도 그 법은 유지된다. 그러나 그 법은 그 내용에 있어서 그에게 대립되어 있다. 법은 과거의 법에 모순되는 행위의 형태를 취한다. 행위의 내용은 이제 보편성의 형태를 가지며, 따라서 법이다. 이러한 법의 전도顚倒, 즉 그 법이 과거의 법의 반대로 되었다는 사실이 곧 형벌이다. 인간이 법의 관계망을 벗어났지만, 그는 여전히 그 법에 종속된 채 남아 있다. 보편자로서의 법이 유지되고 있기 때문에 행위 역시 남아 있다. 왜냐하면 행위는 특수자이기 때문이다.

운명으로 표상된 형벌은 종류가 전혀 다른 것이다. 운명 속에서 형벌은 적대적인 힘이며 하나의 개체이다. 이 개체 속에서는 당위와 이 당위의 실행이 분리되어 있지 않다는 관점에서 보편자와 특수자가 통일되어 있다. 그러나 법의 경우에는 법이 단지 규칙이며 사유된 것이며, 따라서 그것은 법에 대립된 것, 즉 그것으로부터 힘을 획득하는 현실적인 것을 필요로 한다. 이 적대적인 힘 속에서는 보편과 특수가, 보편자로서의 법과 특수자로서의 인간 또는 경향성이 대립되듯이, 그렇게 분리되지는 않는다. 운명은 적일 뿐이며, 인간 역시 그 운명에 맞서 싸우는 힘이다. 이에 반하여 보편자로서의 법은 특수자를 지배하고 특수자로서의 인간을 자기 자신에게 복종시킨다. 운명에 갇혀 있는 것으로 여겨지는 인간의 범법 행위는 따라서 그의 통치자에 대한 신하들의 반란이 아니며, 그의 주인으로부터의 노예의 탈출이 아니고, 종속으로부터의 해방이 아니다. 즉 그러한 범법 행위는 죽어 있는 상황으로부터의 소생이 아니다. 왜냐하면 인간은 살아 있고, 그가 행동하기 전에 분리나 대립, 더군다나 지배는 존재하지 않기 때문이다. 법에 의해 통제되거나 법에 반하지 않는 고유한 삶으로부터 벗어남을 통해서만 낯선 것이 산출된다. 삶의 무화無化는 '삶이 아님'이 아니라 삶의 분리이다. 그리고 무화의 본질은 삶이 적대적인 것으로 변형된다는 데 있다. 삶은 불멸이며, 삶이 살해된 경우 삶은 삶의 모든 부분들을 관통하는 무서운 유령으로 나타나서 자기의 복수의 여신을 풀어놓는다. 타인의 삶을 파괴하고 그럼으로써 자신의 삶을 확장했다고 믿는 범죄의 환상은 상처 입은 삶을 떠난 영혼이 그 범죄에 맞서 나타날 때 깨어져 버린다. 이는 마치 맥베스의 친구로 왔던 뱅코우가 살해당한 뒤에도 사라지지 않고 그 순간에 만찬의 동료로서가 아니라 유령으로서 다시 나타났던 것과 같다.

범죄자는 범죄가 타인의 삶과 관계된다고 생각하지만, 사실상 그는 자기 자신의 삶을 파괴한다. 왜냐하면 삶은 단 하나의 신 안에 존재하고 있으므로 삶과 삶이 다를 수 없기 때문이다. 그리고 자신의 횡포로 그는 삶의 친근함만을 파괴할 뿐이며, 삶을 적으로 돌려놓는다. 행위를 통해서야 비로소 법이 창조되고, 이제 그 법의 지배가 시작된다. 이 법은 외견상 낯선, 상처 입은 삶과 범법자 자신의 상실된 삶 사이에 내재하는 평등을 개념 속에서 통일시킨다. 이제야 비로소 상처 입은 삶은 범법자에 대항하는 적대적인 힘으로 나타나며, 그 범법자가 타자를 다뤘던 것 같이 그 자를 다룬다. 따라서 운명으로서의 형벌은 범법자 자신의 행동에 대한 동등한 반작용이다. 즉 운명으로서의 형벌은 그가 스스로 무장한 힘의, 그가 스스로 적대자로 만들었던 적대자의 동등한 반작용이다.

운명과의 화해는 형법과의 화해보다 더 생각하기 힘든 것처럼 보인다. 왜냐하면 운명을 화해시키기 위해서는 무화가 지양되어야 할 것 같기 때문이다. 그러나 화해라는 관점에서 볼 때 운명은 형법보다 장점을 갖는다. 왜냐하면 운명이 삶의 영역 내에서 발생하는 데 반해, 법과 형벌 아래서 있는 범죄는 극복 불가능한 대립자의 영역, 절대적 현실의 영역에서 드러나기 때문이다. 이 후자의 영역에서는 형벌을 지양하고 사악한 현실의 의식을 추방할 수 있는 어떤 가능성을 생각해 낼 수가 없다. 왜냐하면 법은 삶을 종속시키는 힘이며, 그 힘을 넘어서면 아무것도, 심지어는 신성도 존재하지 않기 때문이다. 왜냐하면 여기에서 신성은 지고의 사유를 갖는 힘일 뿐이며, 법의 집행자일 뿐이기 때문이다. 하나의 현실은 아주 쉽게 망각될 수 있다. 다른 말로 하면 이 현실은 어떤 다른 허약한 환경에서 자신을 단순히 표상된 것으로 생각함으로써 자신의 현실성을 상실할 수 있다. 그렇게 함으로써 그의 존재는 지속적인 것으로 정립되어질 것이다. 그러나 운명으로서의 형벌의 경우에 법은 삶보다 나중의 것이며, 삶보다 더 뒤에 놓여 있다. 법은 힘으로 나타나는 결함 있는 삶, 즉 삶의 결함일 뿐이다. 그러나 삶은 자신의 상처를 다시 치유시킬 수 있으며, 분열된 적대적인 삶을 다시 자기 자신에게로 복귀시킬 수 있다. 그리고 범죄가 어설프게 이뤄놓은 것을 무화시킬 수 있으며, 법과 형벌을 무화시킬 수 있다.[33] 범법자가 (형벌을 받음으로써) 자신의 삶이 파열되었다고 느낄 때, 또는 스스로 (나쁜 양심 속에서) 파괴되었다고 알 때 그의 운명은 작용하기 시작하며, 삶이 파열되었다는 이러한 감정은 상실된 것에 대한 갈망을 불러일으킨다. 삶의 결핍은 삶의 일부분으로, 즉 삶 속에 있어야 하지만 지금은 없는 어떤 것으로 인식된다. 이러한 공백은 비존재Nicht-Sein가 아니다. 오히려 그것은 삶을 비존재nicht-seinend로 인식하고 느끼는 것이다. 이러한 운명을 가능한 것으로 느낀다는 것이 곧 운명에 대한 두려움이며, 운명에 대한 이러한 감정은 형벌에 대한 두려움과는 완전히 다른 감정이다. 운명은 분리에 대한

---

33) 〈헤겔 수고의 삭제된 내용〉"법률 위반, 범죄 그리고 형벌은 결코 인과관계에 서 있지 않다. 그것들을 규정해 주는 끈은 한 객체, 즉 법이다. 이 경우에 원인과 결과는 단적으로 분리된 것으로서 결코 통일될 수 없다. 반대로 운명에서는 범죄자에게 반작용으로 영향을 미치는 법이 지양될 수 있다. 왜냐하면 범죄자가 법 자체를 세웠기 때문이다. 그가 만든 분리는 통일될 수 있다. 이러한 통일은 사랑 속에 있다."

두려움, 자기 자신에 대한 공포감이다. 형벌에 대한 두려움은 낯선 것에 대한 두려움이다. 왜냐하면 법이 자기의 법으로 알려져 있다 하더라도, 범법자가 형벌을 통해 자신이 무가치한 존재로 되어 버릴 것이라는 두려움을 갖지 않는다면 형벌에 대한 두려움 속에서 형벌은 여전히 낯선 것이기 때문이다. 그런데 형벌 속에서는 불행의 현실, 즉 인간의 개념이 상실한 것,[34] 즉 인간이 더 이상 가치 없게 놓여 있는 상태인 불행의 현실이 덧붙여져 무가치하게 방치된다. 따라서 형벌은 이러한 현실의 낯선 주인을 전제한다. 그리고 형벌 앞에서의 두려움은 그 주인 앞에서의 두려움을 의미한다.

한편 운명에서의 적대적인 힘은 적대화된 삶의 힘이다. 그러므로 운명에 대한 두려움은 낯선 존재에 대한 두려움이 아니다. 더군다나 형벌은 범법자를 개선하지 못한다. 왜냐하면 그것은 고통이며, 범법자가 관계 맺고 있지 않을 뿐 아니라, 관계 맺고자 원하지도 않는 그런 주인 앞에서의 무력감이기 때문이다. 형벌은 적과의 대립 속에서 고집만을, 즉 완고함만을 드러낼 수 있다. 왜냐하면 인간은 그 속에서 자포자기하기 때문이다. 그러나

---

34) [편집자] 헤겔 수고에 이 문구는 원래 다음과 같이 기록되어 있었다. 즉 "die Wirklichkeit eines Unglücks hinaus, das (sich) der Begriff des Menschen verloren"(인간 개념이 상실한 불행의 현실을 넘어)라고. 그런데 H. 놀은 이 문장을 다음과 같이 읽기를 제안한다. 즉 "die Wirklichkeit eines Unglücks, der Verlust eines Glücks hinzu, das (sich) der Begriff des Menschen verloren"(불행의 현실, 즉 인간 개념이 잃어 버린 행복의 상실).
[옮긴이] 이 글의 편집자는 이 부분을 "die Wirklichkeit eines Unglücks (hinzu), daß der Begriff des Menschen verloren"(불행의 현실, 즉 인간의 개념이 상실한 것) 이라고 읽기를 제안한다. 본문에서도 이 제안대로 해석하였다. 하지만 옮긴이의 견해에 의하면 H. 놀의 제안이 문맥상 더 어울리는 것으로 보인다. 왜냐하면 이 시기 헤겔에 따르면 '개념'이란 삶과 구체성을 상실한 보편성, 추상성, 실정성 등과 직접 관련이 있는 것이다. '인간'이 아니라 '인간 개념', '덕'이 아니라 '덕의 개념'이 그의 비판의 주된 표적이 된다(이 책 「기독교의 실정성」 개정판」 첫 부분 참조). 이런 문맥에 따르면 구체적인 '인간'이 아니라 '인간 개념' 그 자체는 삶과 구체성을 상실한 불행의 징표이다. 인간 '개념'은 진실로 행복의 상실과 동근원을 갖는다.

운명의 경우 인간은 자기의 삶을 인정하며, 그가 그 운명에 간청하는 것은 주인에게 간청하는 것이 아니라, 자기 자신으로의 회귀이며, 자기 자신으로의 접근이다.

운명 속에서 인간은 상실된 것을 느끼는데, 이 운명은 상실된 삶에 대한 갈망을 불러일으킨다. '좋아짐' 내지는 '좋아졌음'이라는 도식으로 판단해 본다면 이러한 갈망은 이미 사태가 좋아지고 있다는 것을 보여 주는 징표이다. 왜냐하면 갈망은 삶이 상실되었다는 느낌이기에, 그것은 상실되어진 것을 삶으로, 즉 언젠가 그의 친구였던 것으로 인식하며, 이러한 인식은 그 자체 이미 삶의 향유이기 때문이다. 그리고 이러한 갈망은 양심적일 수 있다. 다른 말로 하면 이 갈망은 그의 죄의식[35]과 새롭게 관조된 삶 사이의 모순 속에서 이 삶으로 빠르게 복귀하는 것을 주저한다. 즉 이 갈망은 사악한 양심과 고통의 감정을 연장하여, 매 순간 이 의식과 감정을 자극할 수 있다. 그 이유는 이 갈망이 삶과 경솔하게 통일되기 위해서가 아니라, 보다 깊은 영혼으로부터 다시금 통일을 일궈 내고, 그 고통의 감정을 다시 친구로 영접할 수 있기 위해서이다.[36] 희생과 속죄의 과정에서 범법자들은 스

---

35) [옮긴이] 법의 파괴는 범죄(Verbrechen)이며, 삶의 파괴는 범죄보다 훨씬 넓은 외연을 갖는 죄(Schuld)이다. 전자는 법의 관점에서, 후자는 삶의 관점에서 위반을 바라본 것이다. 범죄자는 자기의 의지와 상관없이 보편자인 법의 지배를 받게 되며, 법은 범죄자에게 형벌을 가함으로써 만족된다. 그러나 범죄자와 법의 대립관계, 즉 특수자와 보편자의 대립관계는 여전히 해소되지 않는다. 그러나 삶의 파괴자는 삶을 파괴시켰다는 바로 그 사실 때문에 삶의 결핍을 느낀다. 왜냐하면 삶은 단 하나이며, 파괴는 곧 삶의 분열을 의미하기 때문이다. 결핍된 삶을 회복하고자 하는 의식이 곧 죄의식이다.
이를 종합해 보면 범죄자의 의식이 분리의 의식이라고 한다면, 죄의식은 통일을 향한 감정이다. 이때 독일어 'Schuld'는 보통 '채무', '과오', '죄' 등으로 번역되는데, 이 단어들은 모두 결핍을 내포하고 있다.

36) [옮긴이] 타자의 삶에 상해를 입힌 사람은 그 타자에게 진심으로 죄의식을 가질 수 있다. 그 자가 진심으로 죄의식을 갖는다면 겉치레의 인사로 그와 화해하는 데 만족하지 않고, 자기로

스로 고통을 겪는다. 머리에 수건을 두르고 맨발로 뜨거운 모래사막을 거니는 순례자처럼 그들은 자신들의 죄에 대한 의식과 고통을 연장시켜 증폭시킨다. 그들이 상실한 것, 즉 그들의 삶에 내재한 이러한 분열을 그들은 뼛속 깊이 이러한 경험을 통해 느끼며, 그들이 그들의 상실을 적대적인 것으로 이해한다 할지라도, 그들은 여전히 그것을 삶으로 이해한다. 그리고 이것 때문에 그들은 다시 통합할 수 있는 가능성을 갖는다. 대립은 재통합의 가능성이며, 고통 속에서 삶이 대립되었다고 느끼는 만큼 그것의 재통합의 가능성은 높다. 적대적인 것까지도 삶으로 느껴질 수 있다는 점에 운명과의 화해 가능성이 있다.

이러한 화해는 따라서 타자의 파괴나 억압이 아니다. 그리고 그것은 자기 자신에 대한 의식과 타자 속에 있는 자기 자신에 대한 상이하게 의도된 표상과의 모순도 아니며, 법의 관점에서 벌을 받는 것과 법의 완수 사이의 모순도, 개념으로서의 인간과 현실로서의 인간 사이의 모순도 아니다. 자기 자신을 재발견하는 삶의 이러한 감정이 사랑이며, 사랑 속에서 운명은 화해된다. 범법자의 행동은 이렇게 고찰해 보면 결코 한 파편이 아니다. 삶으로부터, 전체로부터 튀어나온 행동은 따라서 전체를 기술한다. 그러나 법을 위반한 범법 행위는 단지 전체의 파편에 불과하다. 왜냐하면 그것 바깥에는 처음부터 그것에 속하지 않는 법이 존재하기 때문이다. 삶으로부터 나온 범법 행위는 전체로, 하지만 분열된 전체로 드러난다. 그리고 적대

인해 생긴 그 상해에 대해 깊이 아파하며, 그 상해를 보상할 수 있는 방법을 추구한다. 마치 순례자들이 맨발로 뜨거운 사막을 순례하면서 신을 거역한 자신의 죄를 참회하듯이. 즉 그는 자기의 죄의식에 오랫동안 머물면서 화해의 방법을 찾는다. 이러한 과정을 거친 다음에야 비로소 그는 그 타자와 진심으로 화해에 이르게 된다. 자기의 죄의식에 계속 머물러 있으려는 이러한 속성 때문에 통일에의 갈망은 '양심적'이다.

적인 부분은 다시 전체로 녹아 들어간다.[37] 이렇게 됨으로써 정의는 만족
스럽게 된다. 왜냐하면 범법자는 자기가 해를 가한 것과 동일한 삶을 자기
안에서 상해 받은 것으로 느끼기 때문이다. 그리고 양심의 가책은 무뎌진
다. 왜냐하면 악한 정신이 그 행동으로부터 내몰리며, 인간 속에 더 이상 적
대적인 것이 존재하지 않으며, 그가 한 행동은 기껏해야 현실의 납골당 내
에 있는, 즉 기억 속에나 머물러 있는 정념 없는 해골로 머물기 때문이다.

그러나 운명은 형벌보다 더 넓은 영역을 갖는다. 그것은 범죄 행위
Verbrechen가 아닌 죄Schuld에 의해서도 자극을 받기 때문에 형벌보다도
훨씬 더 엄격하다. 운명이 가장 고상한 죄, 즉 결백이라는 죄에 마주하여 아
주 무시무시하게 등장할 때 운명의 엄격함은 종종 가장 뚜렷한 불의로 이
행하는 것처럼 보인다.[38] 다시 말해서 법은 대립된 것들의 사유된 통일이
기 때문에 이 개념은 삶의 다양한 측면들을 완전히 밝혀 주지 못한다. 그리
고 분리가 개념적으로 통일되어 있는 곳에서는 삶이 의식되는 만큼 형벌
이 자신의 지배력을 행사한다. 그러나 형벌은 해체될 수 없는 삶의 과제들,

---

37) 〈헤겔 수고의 삭제된 내용〉 "따라서 운명은 형벌과는 달리 결코 낯선 것이 아니다. 그리고 그
　것은 양심 속의 사악한 행위가 그러하듯, 결코 확고하게 규정된 현실태가 아니다. 운명은 자
　기 자신에 대한 의식이긴 하지만, 자기 자신을 적대자로 여기는 의식이다. 전체는 자기 속에
　서 우정을 재산출하며, 사랑을 통해 순수한 삶에로 되돌아온다. 따라서 그의 의식은 다시금
　자기 자신에 대한 믿음으로 되며, 자기에 대한 직관은 타자의 직관으로 되었다. 그리고 운명
　은 화해된다. 죄의 용서는 따라서 직접적으로 형벌의 지양이 아니다. 왜냐하면 모든 형벌은
　무화될 수 없는 실정적인 것, 어떤 현실적인 것이기 때문이다. 그리고 이 죄의 용서는 사악한
　양심의 지양도 아닌데, 왜냐하면 어떤 행위도 발생되지 않은 것으로 될 수 없기 때문이다. 죄
　의 용서는 사랑을 통해 화해된 운명이다. 운명은 자기의 행위로부터 발생하든지 아니면 타자
　의 행위로부터 발생된다."
38) [옮긴이] 헤겔은 여기서 '비극'을 염두에 두고 있는데, '비극'에서는 주인공이 결백하게 행위
　를 했음에도 불구하고 그 행위의 결과는 무섭도록 참담하게 드러난다. 즉 운명이 그를 덮친
　다. 예를 들어 예수나 고대 그리스 비극의 주인공들인 오이디푸스 왕, 안티고네 등의 운명을
　보라.

생생하게 통일되어 있는 삶의 여러 측면들을 넘어서면, 즉 덕의 한계를 넘어서면 아무런 위력을 행사하지 못한다. 이에 반해서 운명은 삶이 그러하듯 무엇에 붙잡혀 있지 않으며 무한하다. 그것은 주어진 관계성, 관점과 위치의 상이성, 덕의 영역 등을 인식하지 않는다. 삶이 상처받는 곳에서는, 비록 그것이 아무리 정당하고 또 아무리 만족스럽다고 하더라도, 운명이 출현한다. 따라서 우리는 '결백은 결코 고통 받지 않았고, 모든 고통은 죄이다'라고 말할 수 있다. 그러나 순수한 영혼이 최고의 가치를 유지하기 위하여 점점 더 의식적으로 삶을 해칠수록, 순수한 영혼의 영예는 점점 더 커지며, 불순한 영혼이 점점 더 의식적으로 삶을 해칠수록 범죄는 점점 더 사악해진다.

운명은 낯선 행동을 통해서만 발생하는 것 같다. 하지만 이 낯선 행동은 단지 동기에 지나지 않는다. 그러나 '낯선 행위를 통해 운명이 발생한다'는 말은 '운명이란 낯선 행위에 대한 수용 방식과 반작용의 방식'임을 의미한다. 불법적인 공격을 당한 사람은 무장하여 자신과 자기의 권리를 방어할 수도 있으며, 방어하지 않을 수도 있다. 그 반작용이 투쟁이든 아니면 인고忍苦의 고통이든 상관없이 이 반작용과 더불어 그의 죄, 그의 운명은 시작된다. 이 두 경우에 그는 고통을 겪는다. 그러나 그것은 형벌이 아니며, 또한 불법도 아니다. 투쟁을 선택한 경우 그는 자기의 권리를 강하게 붙들면서 주장한다. 인내를 선택한 경우에도 역시 그는 그의 권리를 포기하지 않는다. 그가 고통을 당하는 이유는 그가 자기의 권리를 인식하기는 하지만, 그것을 현실적으로 유지할 수 있는 힘이 없다는 모순을 보기 때문이다. 그는 그 권리를 위해 투쟁하지 않으며, 따라서 여기서는 의지의 결핍이 곧 그의 운명이다. 위험에 처해 있는 것을 위해 투쟁하는 사람은 그가 얻기 위해 싸웠던 것을 잃지 않았다.[39] 그러나 그가 위험을 감행함으로써 그는 운명에 종속되게 되었다. 왜냐하면 그는 힘과 힘이 겨루는 전쟁터로 들어가서 상대편에 대항하여 모험을 결행하기 때문이다. 그러나 용기는 고통스러운 인내보다 위대하다. 왜냐하면 용기가 결국에는 굴복당한다 할지라도, 이 용기는 이러한 굴복의 가능성을 이미 인식했었으며, 따라서 의식적으로 죄를 떠넘겨 받은 반면, 고통스러운 수동성은 자기의 결핍에 매달려서 자신의 충만한 힘을 이 결핍에 대립시키지 않기 때문이다. 하지만 용기로 인한 고통은 정당한 운명이다. 왜냐하면 용기있는 사람은 권리와 힘의 영역에 종사하고 있기 때문이다.

그러므로 권리를 위한 투쟁은 이미 비자연적인 상태이며, 권리 개념과 그것의 현실성 사이에 모순을 가지고 있는 수동적인 괴로움도 그와 동일하다. 왜냐하면 권리를 위한 투쟁에서도 역시 모순이 존재하기 때문이다. 공격 행위자는 하나의 사유된 것이며, 하나의 보편자인 권리를 다른 하나의 사유로 간주할 뿐이며, 그래서 여기에 서로를 배제하는 두 개의 보편자가 존재하면서 지속된다. 이와 마찬가지로 현실적으로 투쟁하는 자들은 서로 대립되어 있으며, 두 종류의 생자生者들, 즉 삶과 투쟁하는 삶이다. 삶과 투쟁하는 삶이란 모순에 다름 아니다. 상해 받은 자의 자기 방어를 통해 공격자는 동일하게 공격받으며, 이를 통해 자기 방어의 권리가 정립된다. 따라서 양자는 권리를 갖는다. 그리고 그들은 그들 각자에게 자기를 방어할 수 있는 권리를 부여하는 전쟁의 상태에 들어간다. 그들은 폭력과 힘으

---

39) 〈헤겔 수고의 삭제된 내용〉 "그리고 그것은 이념 속에서도 역시 방치되지 않는다. 그리고 그가 겪는 괴로움은 정당한 운명이다. 그러나 만약 그가 공격받은 권리를 포기할 경우, 즉 만약에 그가 자기의 모욕자의 실수를 용서할 경우, 그는 이런 괴로움, 이런 운명을 넘어설 수 있다. 양자, 즉 권리를 위한 투쟁과 권리의 뼈아픈 포기가 비자연적인 상태라는 사실은 양자 속에는 모순이 있고, 그것들은 서로를 지양한다는 사실에서 드러난다."

로 권리를 결정하기에, 그런데 권리와 현실성이 서로 아무런 관련이 없기에, 그들은 이 양자를 혼동하여 권리를 현실에 종속시킨다. 그렇지 않을 경우 그들은 재판관에게 복종한다. 즉 그들이 적대적인 한, 그들은 무방비 상태로 죽는다. 그들은 현실성에 대한 자기 자신의 지배와 힘을 포기한다. 그리고 낯선 것, 즉 재판관의 입에 놓여 있는 법으로 자신에게 형을 가하게 내버려 둔다. 그러므로 자기의 권리가 모욕당한 것에 반박함으로써, 즉 타자의 취급 방식에 대항하여 자신을 드러내고자 함으로써 그들은 스스로 저항했던 그 취급 방식에 종속된다. 이 두 대립자, 즉 용기와 수동성의 진리가 아름다운 영혼에서는 통일된다. 이때 통일은 용기로부터 삶은 유지되지만 대립은 떨어져 나가며, 수동성로부터 권리는 상실되지만 고통은 사라지면서 형성된다. 따라서 괴로움 없는 권리의 지양, 즉 권리의 상실과 투쟁을 넘어서는 자유롭고 생동적인 고양의 단계가 생겨난다. 타자가 적대감을 가지고 다가오는 것을 그대로 방치하는 사람, 즉 타자의 공격 행위에 대해 아무런 대응도 하지 않는 사람은 상실에 대한 고통에서 빠져 나온다. 그리고 그는 타자나 재판관에 의해 다뤄지지 않으며, 타자를 상대해야 할 필연성을 갖지 않는다. 그의 어떤 부분에 문제가 발생하더라도 그는 그것으로부터 빠져 나오며, 그가 공격 순간에 낯선 것으로 만들었던 것을 타자에게 양보한다. 하지만 자기 자신과의 추상을 표현한 것일 뿐인 모든 관계의 철폐는 어떤 고정된 한계도 갖지 않는다.[40] (일단 관계들이 더럽혀지면, 고귀한 본성은 스스로 불순하게 되지 않고서는 그 관계 속에 머물 수 없게 되고, 따라서 그런 관계가 더욱 생동적일수록 그의 불행은 더욱 커진다. 그러나 이러한 불행은 정당하지도 부당하지도 않다. 고귀한 자연[본성]이 저 관계들을 자신

---

40) 〈헤겔 수고의 삭제된 내용〉 "그것은 종말에로 이끌 수밖에 없는 자살이다."

의 의지로 아주 자유롭게 끊어 버릴 경우에만, 그 불행은 그의 운명으로 된다. 따라서 그에게 나타나는 모든 고통들은 정당하다. 그리고 이 고통들은 이제 그가 의식적으로 이룩한 그의 불행한 운명이다. 그리고 이 고통을 공정하게 견뎌 나가는 것이 그의 영예이다. 왜냐하면 그는 그가 적들과 상대하여 확인하고 싶어 했던 권리를 훨씬 넘어서 버리기 때문이다. 더군다나 이 운명은 그 고귀한 본성 속에 놓여 있기 때문에 그는 그것을 참을 수 있고 직면할 수 있다. 왜냐하면 그의 고통은 순수한 수동성, 낯선 존재의 강대한 힘에 의해 산출된 것이 아니라, 자기 자신의 산출물이기 때문이다.) 자신을 구원하기 위해서 그 사람은 자살한다. 자신의 것을 타자 속에서 보지 않기 위하여 그는 그것을 자기의 것이라 부르지 않는다. 자신을 유지하고자 하기 때문에 그는 자신을 무화한다. 왜냐하면 타자의 힘 속에서는 어떤 것도 그 자신이 아니며, 무無는 공격받을 수도 없고 희생될 수도 없기 때문이다.[41]

불행은 아주 강력하게 될 수 있다. 다른 말로 하면 그의 운명, 즉 삶을 무시한 이러한 자살은 그를 아주 멀리 내몰아 완전한 공허에로 퇴각시킬 수 있다. 그러나 자신을 총체적인 운명에 대립시킴으로써 그 사람은 모든 운명을 넘어서서 고양되었다. 삶이 그에게 신실하지 않게 되었다. 그러나 그가 삶에 신실하지 않게 된 것은 아니다. 그는 삶으로부터 도망쳤지만, 그것에 해를 끼치지는 않았다. 그는 그 삶을 현존하지 않은 친구로서 갈망할 수 있다. 그러나 삶이 그를 적으로서 괴롭힐 수 없다. 어떤 측면에서도 그는

---

41) 〈헤겔 수고의 삭제된 내용〉 "양자, 즉 투쟁과 용서는 자기의 한계를 갖는다. 예수 역시 그의 가르침에서보다는 그의 행동에서 그 두 요소에 대한 명확한 입장을 제시하지 못한다. 인간이 타자의 행위를 통해 운명에 얽히게 되었다 할지라도, 그가 스스로 적대성을 드러내지 않거나 또는 그 적대성을 지양한다면, 즉 모욕자를 용서하고 그와 화해한다면, 그는 운명을 화해시킬 수 있다."

상처받을 수 없다. 감수성이 예민한 식물처럼 접촉이 일어나면 그는 자신 속으로 퇴각한다. 그는 삶을 적으로 만들고 운명을 자신에 대립시키기보다는 삶으로부터 도망친다. 따라서 예수는 혐오스러운 세상과의 관계 속으로 들어가지 않기 위하여, 따라서 운명의 가능성에로 들어가지 않기 위하여 부모와 모든 것을 버리라고 그의 동료들에게 요청했다(눅. 14장 26절). 또 다시 그는 "너를 송사訟事하여 속옷을 가지고자 하는 자에게 겉옷까지도 가지게 하라"(마. 5장 40절)라고 했으며 "육체의 한 부분이 너로 실수하게 하거든 그것을 잘라 버려라"(마. 5장 29~30절)라고 말했다.

최고의 자유는 영혼의 아름다움의 부정적 속성, 즉 자기 자신을 유지하기 위해서 모든 것을 포기할 수 있는 가능성이다. 그러나 자기의 삶을 구원하고자 하는 자는 그것을 잃을 것이다.[42] 따라서 최고의 죄는 최고의 순진무구와 일치할 수 있고, 가장 불행한 운명은 모든 운명을 넘어선 고양과 일치할 수 있다. 따라서 권리 관계를 넘어서 어떤 대상에도 붙들려 있지 않은 심정은 모욕자를 용서할 필요조차 없다. 왜냐하면 모욕자는 그의 어떤 권리도 상해하지 않았으며, 이 심정은 그런 권리를 포기했기 때문이다. 그러한 심정은 화해에 개방되어 있다. 왜냐하면 그러한 심정은 삶 그 자체에 어떤 해도 끼치지 않았기에, 모든 생동적인 관계를 즉시 다시 취합하여 우정과 사랑의 유대 속으로 다시 들어갈 수 있기 때문이다. 이 심정의 입장에서 보면 그는 어떤 적대감에 의해서도 방해받지 않으며, 그에게는 상처 입은 권리를 회복하려는 의식이나 요구가 없고, 과거에는 더 낮은 영역, 즉 법의 영역에 머물러 있었는데, 지금은 그 영역에 머물러 있지 않기 때문에 타자에 대해 참회를 요구할 만한 자만심도 없다. 죄의 용서, 타자와 기꺼이 화

---

42) [옮긴이] 「마태복음」 10장 39절 참조.

해하는 자세를 예수는 죄 사함의 조건,[43] 즉 자기의 적대적인 운명을 지양하는 조건이라고 하였다. 양자는 영혼의 동일한 성격을 달리 적용시킨 것일 뿐이다. 이 심정의 본질은 모욕자와의 화해이다. 그러나 그 화해는 더 이상 법적인 대립 상태, 즉 저 심정이 모욕자와 대립하는 가운데 얻은 법적 대립상태에서 이루어지지 않는다. 그리고 심정이 권리와 적대적인 운명으로서의 타자의 악한 정념 등을 포기함으로써 심정은 타자와 화해하며, 삶의 영역에서 대자적으로 된다. 그리고 이 심정은 그에게 적대적이었던 삶을 친구로 만들며, 신적인 것과 화해한다. 이와 함께 자신의 행동으로 인해 스스로에게 야기했던 운명은 밤의 대기 속으로 분해된다.

인격적인 혐오는 개별자가 모욕당했다는 사실에서 발생하며, 이 개인은 모욕을 받은 후 다시 타자에게 되갚으려는 권리 의식으로 가득 찬다. 이러한 인격적인 혐오 외에 의무의 준수를 혐오스러우리만큼 엄격하게 유지하려는 의식인 성실함을 위한 분노 역시 존재한다. 이 의무를 무조건 준수하려는 것은 개별자의 상처에 대해 분노하는 것이 아니라, 개별자의 개념이 상처를 입었다는 데, 즉 의무율이 상처 입었다는 데 분노한다. 이 성실한 혐오는 타자의 권리와 의무를 분간하며, 타자를 판단할 때 이 기준에 엄격하게 의존하는데, 그렇게 함으로써 이 성실한 혐오는 동일한 기준을 자

---

43) 〈헤겔 수고의 삭제된 내용〉 "그리고 '자기 죄를 용서받음'은 필연적으로 '타자의 죄를 용서함' 으로부터 나온다. 왜냐하면 전자는 적대성과 법적 대립의 반대 내지는 지양이기 때문이다. 그리고 이 후자만이 운명을 자극한다. 타자와 대립했고 그 타자와 대립해 있던 자들과 화해한 사람에게는 그 타자에 의해 일깨워진 권리와 적대성을 지양하고 싶어하는 심정이 현재한다. 모욕자와의 화해는 모욕당한 자와의 화해의 다른 측면일 뿐이다. 즉 모욕자와의 화해는 스스로 상처받은 삶의 재산출, 자신의 행위를 통해 고양된 운명의 지양을 의미한다. 그래서 예수는 반복해서 다음과 같이 말한다. "우리가 우리에게 죄지은 자를 사하여 준 것 같이 우리의 죄를 사하여 주소서"(마. 6장 12절).

신에게 부과한다. 이것을 위반한 사람들에 대해 그것은 의로운 분노를 발하며, 그들에게 운명을 부과하고 그들을 용서하지 않는다. 하지만 그렇게 함으로써 그 혐오는 자신의 실수(죄)에 대해 용서받을 가능성, 즉 그 기준들이 자신에게 가져왔던 운명과 화해할 수 있는 가능성을 스스로 잃어 버렸다. 왜냐하면 그것은 현실을 넘어서서, 즉 자기의 실수를 넘어서서 고양되어 가는 것을 처음부터 허락하지 않는 규정들에 얽매여 있기 때문이다. 다음의 계율이 이 범주에 속한다. "비판을 받지 않으려거든 비판하지 말라. 너희의 비판하는 그 비판으로 너희가 비판을 받을 것이다."[44] 그 척도는 법과 권리이다. 그런데 이 계율이 다음과 같은 의미로 해석될 수는 없다. '너희들이 법 어긴 자를 눈감아 주고 그것을 허용한다면, 그것이 너희들에게도 동일하게 눈감아질 것이다.'——나쁜 사람의 연합체는 모든 개별자들에게 나쁠 수 있다는 것을 허용한다.

오히려 저 계율은 다음과 같이 해석되어야 한다. '의로운 행동과 사랑을 삶에서 나온 것으로 여기지 않고, 법에 대한 종속으로, 명령에 대한 복종으로 간주하는 것을 경계하라. 그렇지 않을 경우 너희들은 너희들에 대한 지배를 인정하게 되며, 너희들보다 강한 이 지배에 대해 너희들은 아무것도 할 수 없게 된다. 그리고 이 지배는 너희들 자신에서 나온 권세가 아니다. 너희들은 행동하기 전에 이 행동과는 낯선 것을 타자와 너희 자신을 위해 정립한다. 너희들은 전체 인간 심성의 한 파편에 불과한 것을 절대자로 고양한다. 그 속에서 법의 지배와 감성 또는 개인의 예속이 등장하며, 이러한 방식으로 운명이 아닌 형벌의 가능성이 정립된다. 형벌은 외부로부터, 즉 독자적인 것으로부터 오는 것이고, 운명은 너희의 자연(본성)에 의해 규

---

44) [옮긴이] 「마태복음」 7장 1~2절.

정되는 것이다. 물론 지금은 그것이 너희들의 적대자로서 아직 너희들 위에 있는 것이 아니라 단지 너희들에 대항하고 있기는 하지만 말이다.'

만약 어떤 한 사람에게 모욕자가 도전을 해올 경우 그 사람은 그에 대항하여 자기 권리를 주장할 수 있는데, 이때 그는 타자의 행동을 통해 운명 안으로 얽히게 된 것이다. 그런데 이러한 운명은 그가 이 권리를 포기하고 사랑에 매달릴 경우 회피될 수 있다. 이런 운명뿐 아니라 법에 저촉하여 삶에 상처를 입힌 행위로 인해 자기 자신이 발생시킨 운명 역시 더 강성해진 사랑을 통해 다시 고요해질 수 있다. 법의 형벌은 공정할 뿐이다. 범죄와 형벌의 관계에서 나타나는 일반적인 특성은 단지 평등일 뿐 삶은 아니다. 범법자는 자신이 후려갈긴 타격과 동일한 타격을 스스로 다시금 경험한다. 독재자에 마주하여 이 독재자를 학대하는 자가, 살인자에 마주하여 사형 집행자가 서 있다. 학대자와 사형 집행자는 독재자와 살인자가 행한 것과 동일한 것을 행하지만, 그들의 행위는 정당한 것으로 여겨진다. 왜냐하면 그들은 동등하게 행했을 뿐이기 때문이다. 그들은 의식을 가진 복수자로서 아니면 맹목적인 도구로서 행동한다. 그들의 영혼은 평가되지 않고, 그들의 행위만 평가된다. 따라서 정당성이라는 견지에서는 화해, 즉 삶에로의 복귀에 대해 말할 수 없게 된다. 법 앞에서 죄인은 단지 죄인일 뿐이다.

그러나 법이 인간적 본성(자연)의 한 부분인 것과 마찬가지로 범죄자 역시 그 일부이다. 만약 법이 전체, 즉 절대자라고 한다면 범죄자는 단지 범죄자일 뿐이다. 운명의 적대성에서도 역시 정당한 형벌이 느껴진다. 하지만 이러한 적대성이 인간보다 우월한 낯선 법으로부터 온 것이 아니라, 인간으로부터 비로소 운명의 법과 권리가 발생하기 때문에, 근원적인 상태에로의 회귀, 즉 전체성에로의 회귀는 가능하다. 왜냐하면 죄인은 실존하는 죄 이상이며, 범죄 행위를 한 자이지만 인격성을 가지고 있기 때문이다.

그는 인간이며, 범죄 행위와 운명은 사람 속에 있다. 그는 다시 그에게로 회귀할 수 있고, 그가 그렇게 한다면 범죄와 운명은 그 밑에 놓이게 된다. 현실성의 요소들이 해체되며, 정신과 육체는 분리된다. 행동은 여전히 지속되지만, 과거의 것으로서, 파편으로서, 죽어 있는 것으로서 지속된다. 그러한 사악한 양심의 부분은 사라지고, 행동에 대한 기억은 자기 자신을 더 이상 직관하지 않는다. 삶은 사랑 속에서 삶으로 재발견된다. 범죄와 용서 사이에는 범죄와 형벌 사이에 존재하는 것만큼 낯선 것에 대한 여지가 없다. 삶은 자신을 스스로 분열시키며 동시에 통합시킨다.

예수가 죄와 죄의 용서, 신과의 소외와 화해 사이에 내재하는 관계를 자연 밖에서 발견하지 않는다는 사실은 아주 나중이 되어서야 완벽하게 드러날 수 있다. 그가 사랑과 충만한 삶 속에서 화해를 정립했으며, 기회가 있을 때마다 형식의 변화가 거의 없이 이 이념을 표현해 준다는 사실이 여기서 아주 충분히 인용될 수 있다. 믿음을 발견한 지점에서 그는 대담하게 말했다. "네 죄 사함을 얻었느니라."[45] 이러한 표현은 형벌의 객관적 취소나 계속되는 운명의 철회를 말하는 것이 아니라, 어떤 확신으로부터 기인한다. 그 확신은 그를 만진 그 여인의 믿음 속에서 인식되며, 이 확신을 통해 그녀는 그와 동일한 심성을 인식하게 되며, 그래서 그녀의 신앙 속에서 그는 법과 운명을 뛰어 넘는 심성의 고양을 보며, 그래서 그녀에게 그 죄를 용서한다고 선언했다.[46] 사람에 대한 확고한 신뢰, 그에 대한 열렬한 헌신, 스스로는 어떠한 것도 가지고 있지 않은 사랑 등으로 무장하여 순수성 자체로 파고 들어간 영혼은 그 자체 순수한 또는 정화된 영혼일 수밖에 없다. 예수에 대한 믿음은 그의 실재 인격성을 안다는 것 이상을 의미하며, 자기

---

45) [옮긴이] 「누가복음」 7장 48절.

자신의 현실성, 즉 힘과 능력에서 그보다 열등하다고 느끼는 것 이상을 의미하며, 그의 종이 된다는 것 이상을 의미한다.

믿음은 정신에 의한 정신의 인식이다. 동일한 정신들만이 서로를 인식하그 이해할 수 있으며, 동일하지 않은 정신들은 그들이 타자와 다르다는 것만을 인식할 뿐이다. 정신의 힘의 차이, 즉 힘의 정도의 차이는 불평등이 아니다. 그러나 보다 연약한 자는 어린아이처럼 보다 강건한 자에게 의존하며, 또는 그 강건한 자의 수준으로 성장할 수 있다. 그가 타자의 아름다움을 사랑하고, 그 아름다움을 타자 속에서 보기만 할 뿐 아직 전개시키지 않는 한, 다른 말로 하면, 그가 세계에 대항해서 행동할 때, 균형과 평안함 속에 놓이지 못하고, 그와 사물과의 관계를 확고하게 의식하지 못한 채 자기 내부에 머물러 있을 경우, 그는 여전히 그렇게 믿고 있을 뿐이다. 그래서 예수는 「요한복음」 12장 36절에서 "너희에게 아직 빛이 있을 동안에 빛을 믿으라. 그리하면 빛의 아들이 되리라"라고 말하였고, 또 한편 「요한복음」 2장 25절에서는 자신에 대하여 그를 믿는 유대인들에게 속마음을 토로하지 않았다. 왜냐하면 그는 그들을 알고 있었으며, 그가 그들의 증거를 필요로 하지 않았으며, 그들 속에서 비로소 자기를 인식하게 된 것도 아니기 때문이다.

삶의 풍만함과 사랑의 충만함을 얻기 위해서는 결정의 대담성과 그것에 대한 확신이 필요한데, 그런 대담성과 확신은 자기 자신 속에 인간 본성

---

46) [옮긴이] 「누가복음」 7장 36~50절의 이야기. "예수가 한 바리새인 집에 초대되었을 때, 마을에서 죄인으로 알려진 한 여인이 향유를 담은 옥합을 가져와 그것을 깨뜨려 그의 머리로 예수의 발을 닦고 그 발에 입 맞춘 이야기. 바리새인과 주변 사람들이 죄인을 영접하는 예수를 비난하자, 예수는 오히려 그녀의 사랑 많음과 눈물로 참회하는 것에 감동되어 그녀의 죄를 용서하였다. 그런데 죄의 용서는 신만이 할 수 있는 것으로 간주되었기 때문에 유대인들은 예수의 언동에 대해서 극히 놀랐으며 또한 분노했다."

전체를 간직하고 있는 사람의 감정에서 발생한다. 그러한 심성은 인간사에 대한 탁월하고 심오한 인식을 필요로 하지 않는데, 왜냐하면 자기 자신에 대한 통찰은 하지 않은 채, 수많은 다양성과 잡다한 일면성만을 추론해내는 찢겨진 존재에게는 그러한 인식이 엄청난 외연과 위대한 합목적성을 가진 학문으로 나타나겠지만, 정신은 그런 학문이 추구하는 것을 회피하며, 규정적인 것들만이 그 학문에 적합하기 때문이다. 전체로서의 한 자연(본성)은 이 순간 전체로서의 다른 자연(본성)을 관통하여 느끼며, 그들의 조화나 부조화를 느낀다. 따라서 예수는 주저하지 않고 확신에 차서 말했다. "네 죄 사함을 받았느니라."

그런데 유대인들의 정신에는 충동과 행위, 욕구와 행동 사이에, 그리고 삶과 범죄, 범죄와 용서 사이에 건널 수 없는 균열, 즉 낯선 법정이 있었다. 그래서 만약 누군가가 그들에게 죄와 화해의 끈을 인간과의 사랑 속에서 제시할 경우, 그들의 사랑 없는 본질은 격노하였으며, 그들의 혐오가 판단의 형식을 취할 경우, 그러한 생각은 실성한 사람의 생각으로 그들에게 드러날 수밖에 없었다. 왜냐하면 그들은 사람들 사이의 모든 조화, 모든 사랑, 정신, 그리고 삶 등을 낯선 대상에게 위탁했기 때문이다. 그리고 그들은 인간을 통일시킬 수 있는 모든 정념들을 자기 밖에서 찾으며, 자연(본성)을 낯선 존재의 손에 놓았다. 보다 강력한 자에 의해 부여된 사슬, 즉 율법이 그들 모두를 묶어 주는 끈이었다. 주인에 대한 불복종의 의식은 약속된 형벌을 받음으로써, 즉 죄에 대해 보상함으로써 만족되었다.

그들이 사악한 양심을 거부한 이유는 단지 형벌이 두려웠기 때문이다. 왜냐하면 자신과 자기 자신의 대립의 의식인 사악한 양심은 현실과 결코 조화를 이루지 못하는, 즉 현실과 대립해 있는 하나의 이상을 전제하고 있기 때문이다. 그 이상은 고유한 전체로서의 인간 본성(자연)의 의식이며,

인간 속에 존재한다. 유대인들이 궁핍한 이유는 그들 자신의 직관에 남겨져 있는 것이 하나도 없다는 데 있다. 그들은 모든 고귀함과 아름다움을 무료로 선사해 버렸다. 그리고 가난 때문에 그들은 무한히 부유한 자에게 예배해야 했다. 그들이 그에게서 자기를 위해 빼앗은 것을 통해 ── 이렇게 함으로써 그들은 자아 감정을 훔쳤다 ── 사악한 양심을 가진 사람들인 그 유대인들은 그들의 현실을 빈곤으로부터 더 부유하게 만들기는 하였지만, 그러나 결과적으로 그들은 절도를 감행했기에 그 주인을 두려워해야 했다. 그 주인은 그 절도에 대해 배상하게 했고, 희생물을 바치게 했으며, 그렇게 함으로써 그들에게 빈곤의 감정을 다시 채워 주었다. 그들의 전능한 채권자에게 배상함으로써만 그들은 그 빚에서 자유로울 수 있었고, 배상 후에 그들은 다시 아무것도 소유하지 않은 상태로 되었다.[47]

죄의식에 젖어 있기는 하지만 보다 훌륭한 영혼은 그 희생으로 어떤 것을 얻으려는 것도, 탈취물을 되돌려주고자 하는 것도 아니다. 반대로 그 영혼으로서는 결코 의식할 수 없는 것을 얻기 위해서, 즉 고대하던 아름다움을 직관하는 가운데 자기의 삶을 강하게 하고 자유로운 향유와 기쁨을 얻기 위해서, 그 영혼은 자발적인 결핍과 진심에서 흘러나온 보시로, 의무감이나 예배(봉사)의 감정에서가 아니라 열성적인 기도로 영혼의 순수함에 도달하고자 한다. 그러나 유대인은 자기의 채무를 지불하는 가운데 (또는 죗값을 치르는 가운데) 자기가 벗어나고자 했던 봉사(예배)만을 다시 받

---

47) 〈헤겔 수고의 삭제된 내용〉 "그들이 그 주인에게만 죄의식을 가졌고 그에게만 속죄할 수 있었기 때문에, 한 인간이 어떻게 죄 용서를 약속할 수 있는지, 인간이 어떻게 사랑 속에서 죄 용서의 확신을 발견할 수 있는지, 법과 지배를 넘어서 있는 정신이 어떻게 인간들 사이에 거할 수 있는지, 모든 사슬들을 녹여 주고 최고의 자유를 간직한 생동적인 끈이 어떻게 있을 수 있는지, 모든 지배가 어떻게 상호적인 믿음 속에서 사라지고, 주인과 법이 왜 범죄 행위와 더불어 비로소 드러나는지 등을 그들은 이해할 수가 없었다."

아들이게 되며, 자기의 시도가 실패했다는 느낌으로, 그리고 자기의 노예
적인 멍에를 다시 인정하면서 그는 제단을 떠난다.

사랑 속에서의 화해는 유대인들이 하듯이 복종에로의 회귀가 아니라
해방이며, 지배를 재차 인정하는 것이 아니라 생동적인 유대관계, 즉 사랑
의 정신과 상호적인 믿음을 재산출하는 가운데 그런 지배를 철폐하는 것
이다. 그런데 이 정신은 지배 관계의 입장에서 보면 최고의 자유이다. 이러
한 상태는 유대인의 정신이 가장 이해하기 힘든, 즉 유대인의 정신과 대척
점에 있는 상태이다.

베드로가 예수를 신적인 본성의 소유자로 인식함으로써 인간의 가장
깊은 심연의 감정을 드러내 보여 준 후, 다른 말로 하면 그가 한 인간을 신
의 아들로서 파악할 수 있다는 것을 증명한 후, 예수는 그에게 하늘나라의
열쇠를 양도했다.[48] 그가 땅에서 매는 것은 하늘에서도 매일 것이고, 그가
땅에서 풀면 하늘에서도 역시 풀릴 것이다.[49] 베드로가 일단 신에 대한 의
식을 가졌기 때문에, 그는 그 어떤 다른 사람에게서도 그들 자신의 신성과
비신성을 인식할 수 있어야 했고, 또는 제삼자 역시 신성과 비신성의 감정
을 갖는다는 사실을, 즉 제삼자에게도 역시 그를 모든 현존하는 운명으로

----

48) [옮긴이] 이 부분은 베드로의 유명한 신앙고백 사건을 지시하고 있다. 예수가 제자들에게 세
　　상 사람들이 자신을 누구로 알고 있는지 알고자 물었을 때, 제자들은 세상의 소문을 알려준
　　다. 더러는 예수를 세례 요한으로, 더러는 엘리야로, 더러는 선지자들 중 하나로 본다는 내용
　　이다. 이때 예수가 이 문제에 대한 제자들의 의견을 듣고자 했을 때, 베드로가 저 유명한 신앙
　　고백을 했다. "주는 그리스도시요 살아 계신 하나님의 아들이십니다." 이 신앙고백을 듣고 예
　　수는 반석을 의미하는 베드로 위에 교회를 세우겠다 말하고 그에게 천국 열쇠를 준다.
　　개신교와 가톨릭 사이에 이 부분의 해석에 큰 차이가 있다. 가톨릭은 베드로가 교회의 토대가
　　된다고 하여 베드로를 수장으로 하는 교회가 세워졌다고 하며, 그래서 교황제도의 정당성을
　　주장하며, 개신교는 교회는 인격체인 베드로 위에 세워진 것이 아니라 베드로의 신앙고백 위
　　에 세워졌다고 해석함으로써 교황제도를 부정한다.
49) [옮긴이] 「마태복음」 16장 13절 이하.

부터 해방시키는 문제와 관련되며, 그를 영원하고 변화하지 않는 지배와 법 위로 고양시키는 문제와 관련 맺고 있는 믿음과 불신의 힘이 있다는 것을 인식했어야 했다. 그는 인간의 심정들을 이해해야 했으며, 그들의 행동이 소멸하는 것인지 아닌지, 죄와 운명의 정신들이 지속할 것인지 아닌지를 알아야만 했다. 그는 묶음으로써 여전히 범죄의 현실 아래 서 있다는 것을 설명해야 했고, 풂으로써 그러한 범죄의 현실을 넘어 고양된다는 것을 설명할 수 있어야 했다.

회개하고 돌아온 죄인에 대한 아름다운 예가 예수의 이야기에 나온다. 유명하고 아름다운 죄인 막달라 마리아에 대한 이야기가 그것이다. 이 여인에 대해 복음서들 간에 시간, 장소 그리고 상황들에 편차를 보이고 있는데, 여기서는 단지 동일한 이야기가 상이한 형식으로 다뤄지고 있는 것으로 간주할 것이다. 그리고 이런 해석이 결코 나쁘지 않다고 생각한다. 왜냐하면 두 이야기에서 실제 사건에 대한 언급이 없으며, 우리 견해에 의하면 어떤 것도 잘못 기술된 것이 없기 때문이다. 이 이야기를 다음과 같이 재구성된다.

자기의 죄를 의식하고 있는 막달라 마리아는 예수가 의롭고 정직한 많은 군중들이 모인 바리새인의 집에서 식사하고 있다는 이야기를 듣는다. 그녀의 마음은 이 군중들을 뚫고 예수에게 다다른다. 울면서 그녀는 그의 발에 엎드려 그녀의 눈물로 그의 발들을 씻기며 그녀의 머리로 그 발들을 말린다. 그녀는 그의 발에 입 맞추고 기름으로 그 발을 문지르고 순수하고 값비싼 나르드 향유를 붓는다.[50] 수줍어하고 내적으로만 만족해야 하는, 자존심을 가져야 하는 처녀의 순결함 때문에 그녀는 사랑의 욕구를 드러

---

50) [옮긴이] 동 인도산 방초(芳草)에서 나온 기름.

내 놓고 크게 외치지 못했다. 자기의 영혼을 토로할 때 그녀는 바리새인과 제자들과 같은 법의식에 젖어 있는 사람들의 합법적인 눈총에 반항할 수도 없었다(왜냐하면 그녀의 죄는 법을 위반했다는 사실에 있기 때문이다). 하지만 깊이 상처를 입었기에 거의 절망에 빠진 영혼은 목이 쉬도록 외치면서 자신의 수줍음으로부터 벗어났다. 그리고 그 영혼은 스스로 법적으로 문제가 있는 자라는 의식을 가지고 있었음에도 불구하고, 이러한 내적인 향유 속에서 자기의 의식을 잊어버리기 위해 그 영혼은 충만한 사랑을 제고하고 향유해야 했다. 이러한 눈물의 홍수 앞에서, 모든 죄를 제거하는 이러한 사랑의 입맞춤 앞에서, 그리고 마음의 토로 때 흘러나오는 화해를 마시는 사랑의 행복 앞에서 법적으로 정직하기만 한 시몬은 예수가 그런 피조물과 상대하는 것이 아주 부당하다는 사실만 느낀다. 그는 예수가 그녀와 아무것도 말하지 않아야 하며, 그녀 문제에 대해 관계할 필요가 없다고 생각했으며, 예수가 선지자라면 그 여인이 죄인이라는 것쯤은 알 것이라고 생각했다. 하지만 예수는 "이 여자의 많은 죄가 용서받았다. 그것은 이 여자가 나를 많이 사랑했기 때문이다. 그러나 적게 용서받은 사람은 적게 사랑한다"[51]라고 말한다.

시몬은 단지 그의 판단력만을 드러냈지만, 예수의 친구들은 한술 더 떠 대단히 고귀한 관심, 즉 도덕적 관심을 표현하면서 그 여인을 책망한다. "이 향유를 3백 데나리온에 팔아 그 돈을 가난한 자들에게 줄 수 있지 않았느냐?"[52] 가난한 자들에게 선한 일을 행하려는 그들의 도덕적 경향과 그

---

51) [옮긴이] 「누가복음」 7장 47절.
52) [옮긴이] 「요한복음」 12장 5절. 1데나리온은 당시 노동자들의 하루 품삯에 해당함. 따라서 3백 데나리온은 아주 큰 금액이었다.

들의 계산적인 영민함, 그들의 주의 깊은 덕은 모두 단지 조잡하기 그지없는 것들이다(물론 이 덕은 마음에서 나온 것이 아니라 머리에서 나온 것이다). 왜냐하면 그들은 아름다운 상황을 포착하는 데 실패했을 뿐 아니라, 사랑하는 마음의 성스러운 토로에 상처를 입혔기 때문이다. 예수는 "왜 너희들은 그녀를 괴롭게 하느냐? 그녀는 나에게 아름다운 일을 했다"라고 말한다. 그리고 이것은 예수의 이야기에서 '아름다움'이라는 이름으로 진행되는 유일한 것이다. 그렇게 세련되지 못한 그녀의 행동, 즉 규율화된 행위나 계율을 현실 생활에서 응용하고자 하는 의도가 전혀 없는 그녀의 행동은 마음에 사랑이 가득 찬 여성에게서나 드러나는 행동이다. 제자들에게 공허한 이론과 적절한 통찰력을 갖게 하기 위해서가 아니라, 평화로운 분위기를 얻기 위해서 예수는 그들이 쉽게 받아들일 수 있는 방식으로 설명해야 했으며, 그래서 그녀의 아름다움을 직접적인 방식으로 설명하고자 하지 않았다. 그는 행동을 함으로써 그의 제자들의 존경을 이끌어냈다. 그런 조야한 유대의 영혼 앞에서는 아름다운 심정에 대한 모독을 하지 못하게 하는 것만으로도 만족스러운 일이다. 정신의 향기를 결코 느낄 수도 없는 천박한 조직에게 정신의 훌륭한 향수를 설명하려 애쓰는 것은 무익한 일에 불과한 것이다. 따라서 예수는 단지 "그녀는 나에게 향유를 부어 나의 장례를 준비하였다"라고 말한다. "그녀의 많은 죄가 용서받았다. 그것은 이 여자가 나를 많이 사랑했기 때문이다. 평안히 가라. 네 믿음이 너를 구원하였다." 마리아가 유대인의 삶의 운명에 순종하여, 그 시대의 자동기계로서 법을 어기지 않고 평범하게, 즉 죄도 짓지 않고 사랑도 없이 한 세상 살아가는 편이 더 나았을 것이라고 말하고 싶은가? 죄가 없다는 것은 사랑이 없다는 것이다. 왜냐하면 그녀가 살던 시대는 아름다운 마음이 죄를 짓지 않고서는 살 수 없던 시대이기 때문이다. 그러나 다른 모든 시대와 마찬가지로 그 시대에도 사람들은 사랑을 통해서 다시 가장 아름다운 의식에로 되돌아 갈 수 있었다.

그러나 사랑은 범죄자를 운명과 화해시킬 뿐 아니라, 인간을 덕과 화해시키기도 한다. 다시 말해서 사랑이 덕의 유일한 원리가 아니라면, 모든 덕은 동시에 부덕이 될 것이다. 예수는 낯선 주인의 법칙에 완전히 예속되는 것 대신 자기 자신의 법칙에 부분적으로 예속되는 것, 즉 칸트적인 덕의 자기 강요를 내세운 것이 아니라,[53] 지배도 예속도 없는 덕들, 즉 사랑의 여러 가지 변형을 내세웠다. 그런데 만일 이런 덕들이 살아 있는 하나의 정신의 여러 가지 변형이 아니라 각각 하나의 절대적인 덕으로 간주되어야 한다면, 수많은 절대적인 덕들 사이에 해소할 수 없는 충돌이 생겨날 것이다. 결국 단 하나의 정신 속에서 이루어지는 통일이 없이는 모든 덕이 불완전하게 된다. 모든 덕은 이미 그 이름이 말해 주듯이 개별적이고, 따라서 제한된 것이며, 덕을 가능하게 하는 상황이나 행위의 대상 및 조건들은 모두 우연적인 것이다. 게다가 덕과 그 대상과의 관계는 개별적이며, 또 같은 덕이 다른 대상과 관계맺는 것을 배제시키지도 않는다. 따라서 모든 덕은 그 개념에 있어서나 실행에 있어서 넘어설 수 없는 일정한 한계를 갖는다.

인간은 이렇듯 특정한 범위에서 덕스럽다. 그래서 인간이 덕의 한계를 넘어서 행동한다면, 그는 사악하게 행동하지 않을 수 없게 된다. 왜냐하면 그는 그가 그의 덕에 충실할 때에만 덕스러운 사람으로 남기 때문이다. 그러나 만약 그 사람에게 첫번째 영역의 한계를 넘어서는 또 다른 덕이 있다면, 우리는 이 덕스러운 심성이 —— 덕스러운 심성을 그 자체 독자적이며

---

53) 〈헤겔 수고의 삭제된 내용〉 "덕스러운 심정 ——'심정'(Gesinnung)이라는 표현은 활동성, 즉 행동하는 덕을 함께 지시해 주지 못한다는 불편함을 갖는다."

보편적으로 고찰해 볼 경우, 즉 여기에 정립되어 있는 덕들로부터 추상하여 볼 경우—— 충돌을 일으키지는 않는다고 말할 수 있다. 왜냐하면 덕스러운 심성은 단지 하나이기 때문이다. 하지만 이와 더불어서 전제가 지양되지는 않는다. 두 개의 덕이 있을 때, 하나를 실행하는 것은 그것과 꼭 마찬가지로 절대적인 덕목인 그 나머지 덕을 실행할 수 있는 질료와 가능성을 철폐하며, 따라서 후자의 합당한 요구는 사라진다. 하나의 관계를 위해 한 권리가 포기된다면 그 권리는 더 이상 다른 관계를 위한 권리로 될 수 없으며, 또는 그 권리가 후자를 위해 비축된다면 전자는 굶어야만 할 것이다. 인간관계의 다양성이 증대되는 것만큼 덕의 숫자 및 덕 사이의 필연적인 충돌도 점점 많아지게 되고, 결국 이를 충족시키는 것은 불가능하게 된다. 아무리 유덕한 사람이라고 하더라도 그 수많은 덕들 사이에 일정한 서열을 정하게 되는데, 이 경우에 그가 별로 중시하지 않는 덕목에 대해서는 그렇지 않은 덕목에 대해서만큼 책임을 느끼지 않게 되는 것이다. 따라서 덕이라고 하는 것은 절대적 의무일 수 없으며, 심지어는 죄악이 될 수도 있는 것이다. 이처럼 다면적인 인간관계와 수많은 덕목들 속에서 남은 것은 결국 덕에 대한 회의와 덕 자체의 침해밖에는 없다.

어떤 덕도 자신의 제약된 형식 속에 확고하고 절대적으로 머물러야 한다고 주장하지 않을 경우에만, 여러 덕이 동시에 들어갈 수 있는 곳에 자기만이 들어가야 한다고 주장하지 않을 경우에만, 그리고 살아 움직이는 단 하나의 정신이 주어진 전체 관계를 고려하면서도 완전히 자유롭게 그리고 잡다하게 분열되지 않은 채 행동하고 스스로를 제약한다면 관계의 다면성은 남지만, 절대적이고 서로 모순되는 수많은 덕목들은 사라지게 된다. 그러나 여기서는 단 하나의 동일한 원리가 모든 덕의 근거를 이루며, 또 언제나 동일한 그 원리가 다양한 관계 속에서 다양한 모습으로 변형되어 하나의 특수한 덕으로 나타난다는 사실이 중요한 것이 아니다. 그러한 원리는 보편자이며 따라서 개념이기 때문에, 필연적으로 거기에는 특정한 관계 속에서 특정한 응용, 즉 특정한 덕, 특수한 의무가 나타나게 된다(주어진 현실로서의 다양한 관계, 그 모두를 지배하는 원리, 그 원리의 응용인 여러 가지 덕목들 등, 이 모두는 불변의 것이다). 그러한 절대적 지속 속에서는 덕목들이 서로를 파괴하게 된다. 규칙에 의한 덕목들의 통일이라는 것은 가상일 뿐이다. 왜냐하면 그 통일이란 것은 사유된 것에 지나지 않기 때문이다. 그리고 그러한 통일은 다양성을 극복하지도, 통일시키지도 못하며 오히려 있는 그대로를 존속시킬 뿐이다.

여러 덕목들의 살아 있는 결합, 즉 살아 있는 통일은 개념의 통일과는 전혀 다른 것이다. 그 살아 있는 통일은 어떤 특정한 관계에 대해서 하나의 특정한 덕을 내세우는 것이 아니라, 아주 다채롭게 얽혀진 관계 속에서도 찢겨지지 않고 단순하게 현상한다. 살아 있는 통일의 외형은 무한히 변형될 수 있고, 두 번씩이나 동일한 모습을 띠지는 않을 것이며, 그 표현 양식도 일정한 규칙을 가질 수 없을 것이다. 왜냐하면 그것은 결코 특수자와 대립하는 보편자의 형식을 취하지는 않기 때문이다. 덕이 법에 대한 복종을 보완하듯, 사랑은 덕을 보완한다. 이 사랑에 의해서 덕의 일면성, 배타성 그리고 한계 등이 모두 사라진다. 어떤 덕스러운 죄나 죄 있는 덕은 더 이상 존재하지 않는다. 왜냐하면 사랑은 그 본성상 인간들의 살아 있는 상호 관계이기 때문이다. 그 속에서 모든 분열, 즉 모든 제약은 사라지고, 따라서 덕의 한계 역시 지양된다. 어떤 권리도 더 이상 포기될 수 없다면 덕을 위한 여지는 어디에 있겠는가? 예수는 그의 동료들에게 사랑이 그들의 영혼이어야 한다고 주장한다. "새 계명을 내가 너희에게 주노니, 서로 사랑하라. 이로써 모든 사람이 너희가 나의 동료인 줄 알 것이다."[54]

인간에 대한 사랑은 서로에 대해 아무것도 알지 못하고, 서로 대면하지도 않았으며, 따라서 어떤 관계도 갖지 않은 사람들에게까지 확장될 수 있는데, 이런 보편적 인류애는 특정한 시대의 김빠진, 그러나 특징적인 발견물이다. 이 시대는 사유물에 대립한 덕들, 즉 이상적인 요구를 제시하지 않을 수 없다. 왜냐하면 그 시대의 현실이 너무 빈약하여서 덕을 사유된 대상 속에서나마 화려하게 드러내고자 하기 때문이다. 가까운 이웃들에 대한 사랑은 우리 각자가 접촉하는 사람들에 대한 사랑이다. 사유물은 사랑의 대상일 수 없다. 물론 사랑은 명령되어질 수 없으며, 그것은 파토스적이며 성향이다. 그러나 누구도 사랑의 위대함을 손상시키지 않으며, 사랑의 본질이 낯선 것에 대한 지배가 아니라는 사실로 인해 사랑을 평가절하하지는 않는다.[55] 어떤 것도 지배하지 않으며, 타자에 대항한 적대적인 힘이 아니라는 사실이 사랑의 위대함인데, 그것은 사랑이 의무와 권리 아래 있지 않다는 것을 보여 준다. '사랑은 승리한다'라는 말은 '의무는 이긴다' 즉 '의무가 그 적을 복종시켰다'라는 말과 똑같은 의미가 아니다. 그것은 사랑이 적대성을 극복했다는 의미이다. 사랑이 명령된다는 것, 즉 생동적인 정신인 사랑이 이름으로 불린다는 것은 사랑에 대한 모독이다.[56] 사랑의 이름, 즉 사랑에 대해 반성한 것과 사랑을 언표한 것은 정신도 사랑의 본질도

---

54) [옮긴이] 「요한복음」 13장 35절.

55) 〈헤겔 수고의 삭제된 내용〉 "그런데 의지 내부에 놓여 있는 것만이 이 의지가 의존할 수 있는 것에 의해서 명령될 수 있다. 그런데 이성만이 명령할 수 있고, 의무이행은 명령될 수 있을 뿐이다. 왜냐하면 이성과 의무는 대립과 자유를 전제하기 때문이다. 자유로운 의지에게만 명령될 수 있다. 당위는 사유와 현실의 대립을 표현한다. 바로 이러한 의미에서 사랑은 확실히 명령될 수 있는 것이 아니다."

56) [옮긴이] 즉 사랑도 그 내용이 사상되어 버린 채 단어만으로 쓰일 수 있는데, 이는 생동적인 정신에 대한 모독이다.

아니며, 그것은 오히려 정신에 대립된다. 사랑은 이름으로서만, 단어로서만 명령될 수 있으며, 따라서 사랑이 언표되어야 한다면 오직 다음과 같은 말만이 가능하다. "너희는 사랑하라!" 사랑 자체는 결코 당위를 진술하지는 않는다. 그것은 특수자에 대립되는 보편자가 아니며, 개념의 통일체도 아니고, 오직 정신의 통일체, 즉 신성이다. 신을 사랑한다는 것은 삶의 우주에서 무한자 속에 아무런 한계 없이 거한다고 느끼는 것이다. 물론 어떤 보편성도 이러한 조화의 감정 속에 있지는 않다. 왜냐하면 조화 속에서는 특수자가 반항적인 것이 아니라 한 목소리를 내기 때문이다. 그렇지 않다면 조화란 있을 수 없다. "네 이웃을 네 몸과 같이 사랑하라"라는 계율은 그 이웃을 자기 자신만큼 많이 사랑하란 말이 아니다. 왜냐하면 '자기 사랑'이란 것은 의미 없는 말이기 때문이다. 그것은 '그를 너와 동일한 사람으로 사랑하라'라는 말이다. 즉 사랑의 감정은 자기 자신과 유사한 삶을 의미하지 자기보다 더 강하거나 연약한 것을 의미하진 않는다. 사랑을 통해서만이 객관성의 힘은 파괴된다. 왜냐하면 사랑을 통해서만이 객관의 전체 영역이 전복되기 때문이다. 덕들은 그 자체 한계 때문에 항상 자신을 넘어서는 객관을 전제하며, 덕의 다양성은 더 크고 극복할 수 없는 다양한 객관성을 전제한다. 사랑만이 한계를 갖지 않는다. 사랑과 통일되지 않고 남아 있는 것은 사랑에 객관으로 등장하는 것이 아니라, 사랑이 그것을 간과했거나, 아니면 사랑이 그것을 아직 전개하지 않은 것이다. 따라서 그것은 사랑에 대립되지 않는다.[57]

예수가 그의 동료들과 이별할 때 그는 사랑의 향연을 베풀었다. 사랑은 아직 종교가 아니다. 따라서 이 만찬 역시 엄격히 말해서 종교적인 행위가 아니다. 왜냐하면 사랑이 상상력에 의해 객관화되어 통일체를 이룰 때, 이 객관화된 통일만이 종교적인 숭배의 대상일 수 있기 때문이다. 하지만 예수가 베푼 사랑의 향연에서 사랑은 그 자체 생동적이며, 그 자체로 표현되어진다. 그리고 그것과 연관된 모든 행동은 단순히 사랑의 표현일 따름이다. 사랑 자체는 상像이 아니라 감정으로서 현존한다. 감정과 그 감정의 표상은 환상에 의해 통일되지 않는다. 그런데 사랑의 향연, 즉 최후의 만찬에서는 명백히 객관적인 요소가 등장하고 있는데, 비록 그 객관적 요소와 감정이 연결되어 있다 하더라도, 그것과 그 감정이 아직 상으로 통일되어 있지 않은 상태에 있다. 따라서 이러한 식사는 우정을 나누는 일반적인 식사와 종교적 행위 중간에 위치하며, 이 때문에 그것의 정신을 해석하는 데 어려움이 생겨난다. 예수는 빵을 떼며 말했다. "받아먹으라. 이것이 내 몸이니라. 이것을 행하여 나를 기억하라." 또 마찬가지로 잔을 들고 말했다. "너희가 다 이것을 마시라. 이것은 죄 사함을 얻게 하려고 사람을 위하여 흘리는 바 나의 피 곧 언약의 피니라. 이것을 행하여 나를 기억하라."[58]

한 아랍 사람이 이방인과 커피 한 잔을 마셨다면 그는 그와 우정의 관계를 체결한 것이다. 이런 일상적인 행위를 통해 그들은 유대관계에 들어가며, 이런 유대관계의 힘에 의지해서 그들은 그 자에게 신실함과 도움을 주려고 한다. 여기에서 공동으로 먹고 마시는 것 등은 일반적으로 기표記表라고 부르는 것이 아니다. 기표와 기표된 것 사이의 연결은 그 자체 정신적인 것이 아니며, 삶도 아니다. 그것은 단지 객관적인 끈일 뿐이다. 기표와

---

57) 〈헤겔 수고의 삭제된 내용〉 "예수는 유대인들의 사랑 없음과 사랑을 직접적으로 대비시키지 않았다. 왜냐하면 어떤 부정태로서의 사랑 없음은 필연적으로 하나의 형식에서 드러나야 하며, 그 형식, 즉 그것의 실정태는 법이자 권리이다. 이러한 합법적 형태에서 사랑 없음 역시 항상 등장한다. 막달라 마리아 이야기에서 시몬이 말한 것이 바로 그렇다. "이 사람(예수)이 선지자라면 그 여인이 죄인이라는 것쯤은 알 것인데." 바리새인들은 이렇듯 예수가 세리와 죄인들과 함께하는 것을 부적당한 것으로 여겼다."

58) [옮긴이] 「마태복음」 26장 26절 이하.

기표된 것은 서로 낯선 것들이며, 그들의 연결은 그들 바깥에 있는 제삼자 속에 놓여 있으며, 사유된 것일 뿐이다. 누군가와 먹고 마신다는 것은 연합의 행위이며, 감각으로 느껴지는 연합이지 관습적인 기표가 아니다. 적들과 포도주를 마신다는 것은 자연적인 인간의 감정에 어긋나는 것이다. 이러한 행동에서 공동체가 느끼는 감정은 그 이전에 그들이 느꼈던 분위기와 모순된다.

예수와 그의 제자들이 나눴던 만찬은 본질적으로 우정의 행동이다. 그리고 동일한 떡을 떼고 동일한 컵으로 마신다는 것은 그들이 훨씬 더 끈끈한 유대로 묶여 있다는 것을 의미한다. 이것 역시 단순한 우정의 기표가 아니라, 우정의 행위이자 감정이며, 사랑의 정신의 행위이자 감정이다. 하지만 예수는 만찬 중에 "이것은 나의 살이다", "이것은 나의 피다"라고 그 만찬을 설명하고 있는데, 이 설명은 이 만찬을 종교적 행위로 만드는 것 같이 보인다. 그러나 그 내용을 자세히 살펴보면 실제로 그렇지 않다. 이 설명과 이것과 연결되어 있는 음식을 나누는 행위는 감정을 부분적으로 객관화시킨다. 여기서는 예수와의 교제, 그들 상호간의 우정 그리고 그들의 중심점인 그들 선생과의 통일은 단순히 감각으로 느껴지는 것이 아니다. 오히려 예수는 분배된 떡과 포도주를 그들을 위해 주는 자신의 살과 피라고 하였기 때문에 그러한 통일은 이제 단순히 느껴지는 것이 아니고 보이는 것이 되었다. 그것은 단순히 상像, 즉 비유적인 형태 속에서 표현될 뿐 아니라, 현실적인 것과 연결되어서 현실, 즉 덕이라는 현실 속에서 주어지고 향유된다. 그러므로 한편으로 그 감정이 객관적으로 되며, 또 한편 이러한 떡과 포도주 그리고 분배 행위는 순수하게 객관적이지는 않다. 그러한 분배 행위 속에는 보이는 것 이상의 무언가가 있다. 그것은 신비적인 행동이다. 그들의 우정을 알지 못하고 예수의 말의 의미를 이해하지 못하는 방관자에게서 그것은 단지 몇몇 떡 조각과 포도주를 분배하는 행위에 불과하다. 그는 그들이 즐기는 향유만을 보았을 뿐이다.

이와 유사하게 친구들이 반지 하나를 쪼개어 각자가 한 조각씩 보존할 경우, 방관자는 유용한 물건을 파괴하는 행위와 그것을 쓸모없고 가치 없는 조각으로 분할시켰다는 사실만을 볼 것이다. 그 조각의 신비적인 측면을 그는 결코 포착할 수 없다. 객관적으로 볼 때 빵은 단지 빵일 뿐이며, 포도주는 단지 포도주일 뿐이다. 그러나 양자는 실제로 그 이상의 것이다. 여기 '그 이상'이라는 말은 대상과의 관계에서 다음과 같이 '꼭 마찬가지로'라는 부사를 통해 연결된다는 것을 의미하지 않는다. 네가 먹은 한 조각의 빵이 한 덩어리의 빵에서 나왔고, 네가 마신 포도주가 동일한 컵에서 나온 것과 꼭 마찬가지로 너는 특수자이지만 사랑과 정신 속에서 하나이다. 너희 모두가 이 빵과 포도주에 참여한 것과 꼭 마찬가지로 너희 모두는 나의 희생에도 참여하였다. 또는 여기에서 이 '꼭 마찬가지로'라는 부사를 어떤 다른 의미로 해석할 수도 있을 것이다.

그런데 여기에서 객관과 주관, 즉 빵과 인간의 관계는 비유나 우화의 관계가 아니다. 우화 속에서 비교되는 상이한 것들은 서로 분리된 것으로 배치되며, 비교, 즉 상이한 것들이 서로 유사하다는 생각을 요청할 뿐이다. 그런데 빵과 인간의 관계에서는 상이성이 떨어져 나가고, 따라서 비교의 가능성도 사라져 버린다. 이종적異種的인 것들이 여기에서는 가장 내적으로 연결된다. 「요한복음」 6장 56절에서 "내 살을 먹고 내 피를 마시는 자는 내 안에 거하고, 나도 그 안에 거하나니"나, 「요한복음」 10장 7절에서 "나는 양의 문이라"와 같은 문구에서 그리고 이와 유사한 많은 딱딱한 병렬구들에서 우리는 서로 상이한 것들, 즉 서로 분리되어 있는 것들이 표상 속에서 비교의 형태로 연결되어 있다는 것을 볼 수 있다. 그러나 여기서 빵과 포도주는 (신비한 반지 조각처럼) 신비로운 대상으로 된다. 왜냐하면 예수가 그것들을 자신의 '살'과 '피'라고 불렀으며, 향유, 즉 감정이 직접적으로 동반되기 때문이다. 그는 빵을 취하여 그의 동료들에게 주면서 말했다. "받아먹으라. 이것은 너희를 위하는 나의 희생 몸이다." 그리고 잔을 들고 말했다. "너희가 다 이것을 마시라. 이것은 죄 사함을 얻게 하려고 많은 사람을 위하여 흘린 바 나의 피 곧 언약의 피니라." 포도주는 피이고, 그 피는 정신이다. 잔을 함께 쓰는 것과 함께 마시는 것은 이제 새로운 동맹체의 정신이다. 그 정신은 이 공동체에서 많은 사람에게 스며들며, 그 정신 속에서는 사람들이 그들의 죄를 넘어서 고양되기 위해 삶을 마신다. 그리고 "내가 포도나무에서 난 것을 이제부터 내 아버지의 나라에서 새 것으로 너희와 함께 마시는 날까지 마시지 아니하리라".[59] 흘린 피와 예수의 동료들과의 연관성은 예수가 그들을 위해 자신의 피를 객관적으로 흘렸다는 것에 있지 않다. 오히려 그들 간의 연관성은("나의 살을 먹고 피를 마시는 자"라는 표현에서처럼) 그들이 모두 동일한 잔으로 그들 모두에게 동일한 포도주를 마셨다는 데서 나온다. 그들 모두는 함께 마시는 자들이고, 그래서 동일한 감정이 모두에게 일어난다. 사랑이라는 동일한 정신으로 그들 모두는 젖어 있다. 살을 주고 피를 흘린 것에서 생겨난 은혜와 특혜가 그들 모두를 동일하게 정립하는 것이라면 그들은 살과 피를 받았다는 관점에서 같은 개념 속에서만 통일되어 있을 뿐이다. 그러나 그들이 빵을 먹고 음료를 마시는 행위로 인해, 그리고 예수의 살과 피를 그것들로 전이시킴으로써 예수는 그들 모두에게 존재하고, 그의 본질은 그들에게 신적인 것으로, 사랑으로 스며들었다. 따라서 빵과 포도주는 오성적인 의미의 단순한 객체가 아니

---

59) [옮긴이] 「마태복음」 26장 29절.

다. 먹고 마시는 행위는 단순히 음식과 음료의 파괴를 통해서 발생되는 통일이 아니며, 거기서 발생한 감정은 단순히 음식과 음료를 맛보았다는 데 있지도 않다. 그의 제자들을 하나로 묶어 주는 예수의 정신은 외적인 감정에 대해서는 객체로서 현재하며, 따라서 하나의 현실적인 것이 되었다. 하지만 객체화된 사랑, 즉 사물로 되어 버린 이러한 주관적인 것은 다시 그의 본성(자연, 즉 주관적인 사랑)으로 귀환하는데, 즉 그 객체화된 사랑은 먹을 때 다시 주체로 된다.

이러한 관점에서 이러한 귀환은 문자화됨으로써 사물로 되어 버린 사상과 비교될 수 있는데, 이 사물로 되어 버린 사상은 자기의 죽음으로부터, 자기의 객체성으로부터 독서 행위를 통해 다시 주관적인 것으로 돌아온다.[60] 만약 문자가 해독되고 이해를 통해 사물로서의 성질이 사라진다면 이러한 비교는 더욱더 적절한 것일 것이다. 구체적으로 말하면 이러한 신비적인 대상들, 즉 빵과 포도주를 즐기는 가운데 감정이 깨어나고, 정신이 생동적으로 될 뿐 아니라, 그런 대상들이 대상으로서의 자격을 상실하게 될 경우 저 비교는 훨씬 더 적절한 것일 것이다. 그리고 행위가 정신과 감정에만 치우치고 오성의 존재자를 무시하는 한, 즉 행위가 질료와 정념 없는 것을 철저히 파괴하는 한, 그 행위는 훨씬 더 순수하게 보이며 그 목표에 더욱 적합하게 보인다. 사랑하는 사람들이 사랑의 여신 앞에서 제단을 쌓고, 그들의 갈구하는 감정을 최고의 불꽃으로 정열적으로 발산할 때 그

---

60) [옮긴이] 이 부분은 (플라톤의 글에서도 발견되는) 문자(文字)의 이중성을 연상시킨다. 문자란 생동적인 사유를 객체화시키는 매체이다. 그것은 곧 생동적인 사유의 죽음을 의미한다. 다른 말로 하면 문자의 발견은 기억의 쇠퇴를 가져온다. 그러나 동시에 문자로 기록된 텍스트의 독해를 통해 원래적인 것이 재생된다는 의미에서 문자는 기억을 영구화한다. 즉 문자는 주체를 객체화하면서 동시에 객체를 주체화하는 이중성을 갖는다.

여신 자체가 그들의 마음속으로 들어온다. 그러나 그 석고상은 언제나 그들 앞에 머물러 서 있다. 이에 반해 사랑의 만찬에서는 물질적인 것은 사라지고, 생동적인 감정만이 현존한다.[61]

그러나 감정만 남긴 채 결국에 완전히 지양되어 버릴 그런 객관성은 사랑이 파괴되어야 할 것 속에서 보이고, 그런 것에 의존해 있다는 점에서 하나의 통일이 아니라 객관적인 혼합이라고 할 수 있을 것이다. 그런데 이러한 사실은 행위가 아직 종교적인 행위로 되지 않았다는 것을 의미한다. 떡은 먹어 없어지며, 포도주는 마셔 없어진다. 그것들은 따라서 신적인 것이 아니다. 그것들은 한편으로 다음과 같은 것을 전제하고 있다. 즉 떡과 포도주에 의존해 있는 감정은 그 객관성으로부터 다시금 자기의 본성으로 귀환하며, 신비적인 객체는 다시금 단순히 주관적인 것으로 된다. 하지만 그런 것들이 사랑을 객관적인 것으로 만들기에는 충분하지 않다는 사실로 인해 바로 그 떡과 포도주는 이러한 전제를 상실한다. 신적인 것은 그것이 신적인 것이라는 사실로 인해 음료의 형태로 현존할 수 없다. 우화에서 요구되는 것은 상이한 병렬태들이 단 하나로 이해되어야 한다는 것이 아니다. 그러나 여기에서 사물과 감정이 연결되어야 한다. 상징적인 행위를 통

---

61) [옮긴이] 헤겔은 여기서 그리스의 종교와 예수의 종교를 비교하고 있다. 그리스의 종교가 생동적이면서도 객관적인 것을 무시하지 않는 반면, 기독교는 객관성에 대한 철저한 무시에 기초한다. 여기서는 사랑에 대한 그들 간의 인식 차이를 드러내고자 한다. 그리스에서 사랑의 여신에게 제단을 쌓는다는 것은 여신의 석상을 파괴하지 않고, 그 정신을 내면화한다는 의미를 갖는다. 즉 객관성의 주관성으로의 전이를 통해서도 객관성은 객관성으로서의 지위를 잃지 않는다. 이에 반해 최후의 만찬에서 예수와 그의 동료들은 빵과 포도주를 먹고 마심으로써 사랑의 감정을 만들어 낸다. 즉 그들은 객체를 무화시킴으로써 사랑, 즉 주관성을 습득한다. 헤겔의 이러한 해석은 뿌리 깊은 기독교에 대한 경멸과 그리스에 대한 동경을 보여 준다. 객관적 현실에 대한 철저한 파괴를 통한 새로운 세계 건설을 생각한 예수가 비극적 종말을 맞게 되는 것은 자명해진다. 이에 반해 그리스의 모든 개별자들에게 공화국, 즉 그들의 세계는 그들 사유의 목적이자 출발이었다.

해 음료와 하나가 되었다는 감정은 예수의 정신으로 용해된다. 그러나 사물과 감정, 정신과 현실성은 혼합되지 않는다. 환상은 그것들을 결코 아름답게 묶어 내지 못한다. 직관되었고 동시에 향유된 떡과 포도주는 결코 사랑의 감정을 일깨울 수 없으며, 이러한 감정은 직관된 대상으로서의 그러한 것들 속에서 결코 발견될 수 없다. 마찬가지로 자기내로 현실적으로 수용하는 감정, 주관화된 감정, 즉 먹고 마시는 감정은 사랑의 감응과 모순된다. 믿음과 사물, 묵상과 보는 것 또는 맛보는 것 등 여기에는 항상 두 종류의 것이 현존한다. 믿음에는 정신이 현재現在하지만, 보는 것과 맛보는 것에는 떡과 포도주가 현재現在한다. 그것들에는 어떤 통일도 존재하지 않는다. 오성은 감응에 모순되고, 감응은 오성에 모순된다. 상상력 속에서는 오성과 감응 양자가 존재하면서 지양되는데, 여기에서는 상상력을 위한 여지가 존재하지 않는다. 상상력은 여기에서 직관과 감정을 통일해 주는 어떤 상像도 제시하지 못한다.[62]

아폴로와 비너스 상에서 대리석, 즉 파괴될 수 있는 돌덩이는 잊혀져야 하며, 그 형상 속에서 불멸성만이 보인다. 그리고 그것을 직관하는 가운데 사람들은 동시에 사랑과 영원한 청춘의 힘을 느끼며 그런 감정에 젖는다. 그러나 비너스와 아폴로 상을 먼지로 부수어 놓고서 "이것은 아폴로이고, 이것은 비너스다"라고 말한다면 그 먼지는 내 앞에 있고, 신들의 상은 내 안에 있게 된다. 그러나 먼지와 신적인 것은 결코 하나로 연합되지 않는다. 먼지의 본질은 그 상의 형식이었는데, 그 형식은 소멸되었고, 이제 먼지

---

62) [옮긴이] 'Gefühl'과 'Empfindung'은 일상언어에서 의미상의 큰 구별을 갖지 않는다. 그러나 헤겔은 특히 이 부분에서 양자를 구별하고 있는데, 옮긴이는 전자를 '감정'으로, 후자를 '감응'으로 번역하였다. 헤겔의 구별에 따르면 감정이 육체적인 욕구, 또는 생물학적인 욕구와 관련된 활동이라면, 감응은 정신적 욕구, 예를 들어, 사랑, 우정 등 내면의 직관의 활동이다.

는 단지 먼지로서만 존재한다. 떡의 본질은 신비적인 것이지만 동시에 그 본질은 떡으로서 먹을 수 있는 것이라는 속성을 갖는다. 따라서 경배의 대상이 되었다 해도 그것은 역시 떡으로서 현존해야 한다. 먼지로 부서진 아폴로 앞에서 묵상 또는 예배가 이뤄질 수 있는데, 그것은 먼지에게 드려진 것일 수 없다. 먼지가 묵상을 생각나게 할 수는 있지만, 자기에게 묵상하게 할 수는 없다. 여기에서 유감의 감정이 생겨나는데, 이것은 이러한 분리의, 모순의 감응이다. 이것은 시신과 생동적인 힘의 표상이 통일될 수 없다는 데서 오는 슬픔과도 같다. 제자들의 저녁 만찬 후에 자기의 주인을 곧 잃게 될 것이라는 것 때문에 그들에게는 염려가 발생했다. 그러나 하나의 참으로 종교적인 행위를 한 이후에 그들의 전체 영혼은 만족했다. 그리고 현재하고 있는 그리스도와 저녁 만찬을 한 후 즐겁지도 않은, 아니 구슬픈 기쁨을 동반한 경건한 경탄이 발생한다. 왜냐하면 감응의 분열된 긴장과 오성이 일방적으로 지배했고, 예배는 불완전했으며, 신적인 것이 온다고 약속되었지만 입 속에서 이내 사라져 버렸기 때문이다.

예수가 유대인들의 지배 원리와 무한한 주인에 대립하여 무엇을 그리고 어떻게 제시하였는지를 보는 것은 가장 흥미로운 일일 것이다. 유대 정신의 중심 지점에서 투쟁은 가장 집요하지 않을 수 없었는데, 왜냐하면 유대인들의 모든 것은 일자 속에서 공격되었기 때문이다. 유대 정신의 개별적인 사항들에 대한 공격 역시 원리에 대한 공격과 분리될 수는 없는데, 그러나 여기서는 이 원리가 공격받고 있다고는 의식되지 않고 있다. 원리에 대한 반항이 개별적인 것들에 대한 투쟁의 근저에 놓여 있다는 것을 더 많이 느끼게 된 이후에야 비로소 증오가 등장한다. 이제 유대인과 예수 사이에 최고의 것에 대한 대립이 언표되기 시작했다.

유대인들은 신을 그들의 주인으로, 그들에 대한 지배자로 생각했다.

이에 반해 예수는 이러한 이념 대신에 신과 인간의 관계를 아버지와 자식의 관계로 대치했다.

도덕성은 의식의 영역에서 지배를 지양하며, 사랑은 도덕성의 영역의 한계를 지양한다. 그러나 사랑 그 자체는 아직 불완전한 자연이다. 행복한 사랑의 순간에는 객관성을 위한 여지가 없다. 그러나 모든 반성은 사랑을 지양하며, 객관성을 다시 산출하며, 그것과 더불어 제약의 영역이 다시 시작된다. 따라서 사랑의 완성/충만πλήρωμα은 종교적인 것이다(반성과 사랑은 통일되어 있으며, 양자는 결합되어 있다고 생각된다). 사랑의 직관은 완벽성에 대한 요구를 충족시키는 것처럼 보이지만, 그것은 모순이며, 직관하는 것 또는 표상하는 것은 제약하는 것이며, 제약된 것만을 받아들이는 것이다. 그러나 객체는 무한하다. 무한자는 이 그릇에 들어올 수가 없다.

'순수한 삶[63]'을 생각한다는 것'은 '인간이 무엇이었는가?', '인간은 무엇일 것인가?' 등의 질문과 관련된 모든 것을 인간의 문제에서 벗겨내는 작업이다. 특징이란 활동성을 추상한 것이며, 그것은 특정한 행위들의 보편성을 표현한다. '순수한 삶을 의식한다는 것'[64]은 '인간은 무엇인가?'에 대한 의식이다. 그 속에는 어떤 상이성도, 어떤 전개된, 현실적인 다양성도 존재하지 않는다. 이렇게 단순한 것은 부정적인 단순자가 아니며, 추상의 통일체도 아니다(그 이유는 다음과 같다. 추상의 통일체 속에서는 단 하나의 규정태만이 정립되기 때문에, 이 규정태는 모든 여타의 규정성들을 추상하거나, 아니면 순수한 통일체는 모든 규정태들을 추상한 정립된 요구, 즉 부정적인 비규정태일 뿐이다. 순수한 삶은 존재이다). 다수성은 절대적인 것이 아니다.

---

63) 이 '순수한 삶'은 '자기의식'이다.
64) 순수한 삶을 의식한다는 것'은 '순수한 자기의식'이다.

이러한 순수한 삶은 분열된 모든 생, 충동, 그리고 행동의 근원이다. 하지만 그 순수함이 의식되고 인간이 그 순수함을 믿는다면, 그것은 인간 속에서 생동적이기는 하지만 부분적으로는 인간 밖에 정립된다. 그런 한에서 의식이란 제약하는 행위이기 때문에 의식과 무한자는 일자 속에서 완전히 통일된 채 동거할 수 없다. '신은 모든 행동, 모든 규정태를 추상할 수 있고, 영혼은 그러나 그것들과는 독립적으로 순수하게 유지될 수 있다'라고 할 경우에만 인간은 신을 믿을 수 있다. 영혼도 없고 정신도 없는 것 속에서는 신적인 것이 있을 수 없다. 항상 스스로 규정된 자라고 느끼는 사람, 이러저러한 것을 하고 있다거나 겪고 있다고 느끼는 사람, 즉 어떻든 행동하고 있다고 느끼는 사람, 바로 이런 사람의 추상 속에서는 제약된 것이 정신과 단절되어 있지 않다. 오히려 삶의 대립물, 지배적인 보편자만이 영속적으로 존재한다. 전체 규정성은 사라져 버리고, 규정성에 대한 이러한 의식 위에 총체적 대상의 공허한 통일성이 규정성을 지배하는 본질로서 존재할 뿐이다. 지배와 예속의 무한한 영역은 삶의 순수한 감정과만 대립할 수 있다. 삶의 순수한 감정은 자체 내에 정당성과 권위를 가지고 있다. 그러나 이 삶의 감정이 대립으로 나타남으로써 그것은 특정한 인간 내에 존재하는 한 규정태로 나타난다. 그의 눈이 현실과 얽혀 있고 세속화되었기 때문에 그는 결코 순수성을 직관할 수 없다. 그가 활동하는 특수한 환경 속에서 그는 근원 또는 원천에 ——이 근원과 원천으로부터 한계지어진 삶의 모든 형태가 그에게 흘러들어 온다—— 호소할 수 있을 뿐이다. 그는 여기에서 자기 전체를 절대자로 내세울 수 없다. 그는 보다 높은 존재, 즉 모든 가변성 속에서 불가변성으로 살아 있는 아버지에 호소해야만 한다.

신적인 것은 순수한 삶이기 때문에 이것에 대한 언어적 표현과 진술들은 그 자신 안에 어떠한 대립도 포함하지 않는다. 그리고 객체의 관계 또는 활동성에 대한 반성 표현들은 신적인 것을 객관적인 방식으로 다루는 것인데, 바로 그 때문에 사람들은 이러한 반성 표현들을 회피해야 한다. 왜냐하면 신적인 것의 활동성은 단지 정신의 통일이기 때문이다. 정신만이 본질적으로 정신을 이해하며 포용한다. '명령하다', '가르치다', '배우다', '보다', '인식하다', '만들다', '의지하다', (하늘나라가) '도래하다', (하늘나라에) '가다' 등과 같은 표현은 객체를 하나의 정신 속으로 수용하는 것인데, 이때 이것들은 객체의 관계만을 표현한다. 그러므로 신적인 것에 대해 사람들은 영감 받은 상태에서만 표현할 수 있다. 유대인의 문화에서 우리는 생동적인 관계를 가진 단 하나의 단체를 마주한다. 그런데 이 단체의 생동적인 관계 역시 덕과 자연적인 고유성을 보여 주는 형식으로보다는 개념의 형식으로 드러난다. 그런데 이 단체의 생동적 관계는, 비록 개념의 형식으로 드러나긴 하지만, 자비, 호의 등의 덕목보다 훨씬 더 자연스러운데, 왜냐하면 이 덕목들은 주로 낯선 존재들, 상이한 존재들 사이의 관계만을 표현하기 때문이다.

요한은 신에 관하여 그리고 신과 예수의 관계에 관하여 가장 적절하게 말한 복음서 저자이다. 하지만 정신적인 능력이 아주 빈약한 유대의 문화 때문에 지고의 정신적 실재를 표현하기 위해 그는 객관적인 관계와 현실의 언어를 사용할 수밖에 없었다. 따라서 정신적 감응은 다양한 양식의 형식 속에서 서술되어야 함에도 불구하고, 그는 그것을 매우 자주 아주 딱딱하게 서술한다. "하늘나라", "하늘나라로 들어가다", "나는 문이다", "나는 진정한 떡이다", "나의 살을 먹는 자" 등과 같은 표현은 그러한 메마른 현실의 관계 속에서 정신적인 것이 쫓겨 나갔음을 보여 준다.

유대의 문화 상태는 어린아이의 상태로 여겨질 수 없으며, 그들의 언어 역시 발전되지 않은 천진한 어린아이의 어법이라고 할 수 없다. 그 속에,

아니 오히려 그 속으로 재유입된 철저히 어린아이다운 소리가 몇몇 있기는 하지만, 여타의 어렵고 강제적인 표현 양식들은 최고로 잘못된 민중 교육의 결과이다. 좀더 순수한 존재는 이러한 표현 양식에 맞서 싸워야 한다. 그리고 그 역시 이 민족에 속하기 때문에 그러한 전통적인 형식을 완전히 무시할 수가 없는데, 그러한 전통적인 형식 속에서 자신의 생각을 표현할 경우, 그는 괴로워하게 된다.

「요한복음」 첫머리는 일련의 명제적 문장을 함유하고 있다. 그런데 그것은 신과 신적인 것에 대한 상당히 본질적인 진술들이다. 그것은 가장 단순한 반성 언어의 형태를 사용하고 있다.

> 태초에 말씀이 계시니라. 이 말씀이 하나님과 함께 계셨으니, 이 말씀은 곧 하나님이시라. 그 안에 생명이 있었으니[65]

그러나 이러한 문장은 판단의 가상만을 은밀하게 가지고 있을 뿐이다. 왜냐하면 그 술어들이 반성을 표현하는 판단에 필연적으로 함유되어 있는 개념이나 보편자가 아니기 때문이다. 반대로 그 술어들은 재차 존재하는 것, 생동적인 것들이다. 이러한 단순한 반성조차도 정신적인 것을 정신으로 표현하는 데 적합하지 않다. 신적인 것을 받아들이는 사람은 신적인 것을 전달하는 가운데 자기 자신의 깊은 정신을 가장 잘 파악한다. 신적인 것을 배운다는 것, 즉 그것을 자신 속에서 수동적으로 받아들인다는 것은 결코 가능한 일이 아니다. 왜냐하면 신에 관하여 언어로 표현된 모든 것은 직접적으로 부조리이며, 그것들을 수동적으로 정념 없이 받아들이는 것은

---

65) [옮긴이] 「요한복음」 1장 1절 이하.

심오한 정신을 공허하게 할 뿐 아니라, 오성을 붕괴시키기 때문이다. 오성은 그런 신적인 것을 받아들이기는 하지만 그것과는 모순을 일으킨다. 그러므로 항상 객관적인 이러한 언어는 독자讀者의 정신 속으로 옮겨졌을 때에만 의미와 무게를 발견한다. 그리고 삶의 관계가 상이할수록 그 의미와 무게는 그만큼 상이하며, 살아 있는 것과 죽은 것은 그 정도만큼 대립된 것으로 의식된다.

「요한복음」의 서두를 해석하는 가장 극단적인 두 가지 해석 방식 중에서 가장 객관적인 해석은 로고스(말씀)를 현실적인 것, 즉 객체로 해석하는 것이고, 가장 주관적인 해석은 그것을 이성으로 해석하는 것이다. 전자의 경우 로고스는 특수자로서, 후자의 경우 보편자로서, 전자는 가장 단순하고 배타적인 실재로, 후자는 단순히 사유 존재로 나타난다. 존재자를 두 가지 방식으로 고찰하기 때문에 신과 로고스가 서로 구별된다. 왜냐하면 '반성은 반성되는 것의 형식을 부여한다'는 사실을 반성은 반성도 하지 않은 채 전제하기 때문이다. 즉 반성은 어떤 분열도, 대립도 보유하고 있지 않은 유일자를 전제하면서 동시에 이 유일자를 분리와 무한한 분열 가능성을 가진 것으로 전제한다. 신이 로고스의 형상 속에 있는 질료라고 할 경우에만 신과 로고스는 서로 다르다. 로고스 자체는 신과 함께 있다. 양자는 하나다. 현실의 다양성과 무한성은 현실이 실재로 무한하게 분열되어 있다는 표현이다. 모든 것은 로고스를 통해서 존재한다. 세상은 신의 유출이 아니다. 왜냐하면 그렇지 않을 경우 현실은 철저히 신적인 것일 것이기 때문이다. 하지만 현실적인 것으로서의 신적인 것은 유출이며 무한한 분열 가운데 한 부분이다. 하지만 동시에 그러한 부분 속에는('그 안에'ἐν αὐτῷ는 바로 다음에 따라오는 '지어진 것 중 어떤 것도'οὐδέ ἕν ὃ γέγονεν에 훨씬 잘 연결된다), 또는 무한한 부분들 속에는('그 안에'ἐν αὐτῷ는 '로고스'λόγος에 연결된

다) 삶이 존재한다. 대립태로서의 개별자, 제약된 것, 죽은 것 등은 동시에 무한한 생명수生命樹 가지들이다. 그러나 동시에 전체 밖에 놓여 있는 부분들은 하나의 전체이자 하나의 삶이다. 그리고 이러한 삶은 다시금 주어와 술어의 관계로 표현되는 반성된 것으로서의 삶Ζωή이며 파악된 삶Φώς(빛, 진리)이다. 이러한 유한자는 대립물을 가진다. 그리고 빛의 대립은 어두움이다.

세례 요한은 빛이 아니었다. 그는 단지 빛의 증거자에 지나지 않았다. 그는 유일자를 감지했지만, 그 유일자는 순수하지 않게, 즉 특별한 관계 속에서 제약된 형태로 의식되었다. 그는 그것을 믿었지만, 그의 의식이 삶과 동등한 것은 아니었다. 삶과 동등한 의식은 빛Φώς이다. 빛 속에서 의식과 삶은 동등하지만, 전자는 반성되어진 존재자로, 후자는 존재자로 드러난다는 점에서 차이가 난다. 요한은 그 자체 빛이 아니었다. 그럼에도 불구하고 인간 세계에 등장한 모든 사람에게 그것은 있었다('코스모스'κόσμος는 인간 관계와 인간의 삶 전체를 의미한다. 그것은 3절에 나오는 '만물'πάντα과 '지어진 것'ὃ γέγονεν보다 제약된 것이다). 빛이란 여기서 인간이 세계에 들어오면 당연히 받게 되는 그런 빛φωτίζομενος만을 의미하지 않는다. 빛Φώς은 세상 자체에도 역시 존재한다. 세계는 전체이며, 모든 관계와 규정들은 인간의 빛ἀνθρώπου φωτός, 즉 스스로 발전해 가는 인간의 작품이다. 이러한 관계들에 삶을 부여하는 세계는 바로 그 인간을, 즉 의식을 가진 전체 자연(본성)을 인식하지 않았다. 의식으로 된 자연은 세계 속에 현존했지만, 그것은 세계의 의식 속으로 진입하지 못했다.[66] 인간 세계는 그에게 가장 고

---

66) [옮긴이] 이 문장들은 다음을 의미한다. 인간 세상은 예수가 "의식을 가진 전체 자연"이라는 것, 즉 로고스라는 것을 인식하지 못했다.

유한 것ἴδιον, 그에게 가장 가까운 것이다. 그러나 사람들은 그를 받아들이지 않았고 그를 낯선 자로 취급했다. 그러나 그에게서 자신의 모습을 발견한 사람들은 어떤 권력을 보유하게 되는데, 이 권력은 새로운 힘이나 생동성을 표현하는 것이 아니라 단지 삶의 같음이나 다름의 정도를 표현할 뿐이다. 이를 통해 그들이 과거의 자신과는 다른 자로 되지는 않지만, 그러나 이제 그들은 신을 알며, 그들 자신을 신보다는 다소 약하지만 그와 동일한 본성을 가진 신의 아들로서 인정하게 된다. 물론 이때 그들은 참된 빛으로 비춰진 자φωτιζομένου φωτί ἀληθινῷ로서의 인간의ἀνθρώπου 저러한 관계 ὄνομα를 의식하고 있어야 하며, 그들의 본질을 낯선 존재에서가 아니라 신 속에서 발견할 수 있어야 한다.

지금까지 나는 진리와 인간 일반에 대해 이야기했다. 「요한복음」 1장 14절에서 로고스는 개별성의 양태로 등장한다. 어떤 형태로 그것이 우리에게 드러나는가?(ἄνθροπος ἐρχόμενος εἰς κόσμον. 10절 이하에 나오는 '그'αὐτόν가 어디와 연결될 수 있는지 이 문맥에서는 찾아보기 힘들다).[67] 요한은 빛Φώς에 대해서뿐 아니라(7절), 개별자에 대해서도 증거한다(15절).

신의 이념이 이처럼 승화된다고 하더라도 현실과 사유물, 이성적인 것과 감성적인 것을 대립시키는 유대적인 원리, 삶의 분열, 그리고 생동적인 관계라고 여겨질 뿐 사실은 죽은 관계에 불과한 신과 세계의 연합 등은 항상 그대로 남아 있다. 그리고 이런 관계에 대해 항상 신비적으로 진술될 수 있을 뿐이다. 가장 일반적으로 인용되고 가장 특징적인 예수의 진술은 그

---

67) [옮긴이] 「요한복음」 1장 10절의 "세상이 그를 알지 못했다"에서 '그를'로 번역되고 있는 그리스어는 남성인데, '빛'에 해당하는 그리스어는 중성이다. 헤겔은 10절의 '그를'을 9절의 '세상에 온 사람'을 지시하는 것으로 해석한다. 그러나 7~9절에서 빛은 인격화되어 있으며, 그래서 '그를'은 '빛'을 받는 것으로 해석되어야 한다.

가 신과의 관계에서 자신을 신의 아들이라고 부른 것이며, 신의 아들로서의 자기를 인간의 아들로서의 자기와 대비시킨다는 것이다. 이러한 관계표식은 그 시대 유대인의 언어에 남겨져 있던, 그래서 그들의 행운의 표현들에 속하는 몇 개 안 되는 자연의 소리 중 하나에 속한다. 아버지와 아들의 관계는 사변적인, 삶에서 유리된 통일이 아니며, 심성의 통일 내지 일치나 원리의 등가성 등과 같은 개념이 아니라, 살아 있는 자들의 살아 있는 관계이자 그 자체 삶이다. 아버지와 아들은 삶의 변형일 뿐, 본질의 대립이 아니다. 그리고 그것은 절대적 실체가 다수 있다는 것을 의미하지 않는다. 따라서 신의 아들도 아버지와 동일한 본질이다. 반성의 작용에서, 바로이 작용에서만 신의 아들은 특수자이다. 부족 '코레쉬의 아들'이라는 표현에서도 마찬가지다. 아랍인들이 개인들을 표시하는 방식과 동일하게, '코레쉬의 아들'이란 표현은 개별자가 단순히 전체의 일부가 아니라, 즉 전체가 자기 밖에 있는 어떤 것이 아니라, 그 자신이 바로 자기의 종족 전체임을 드러내고 있다. 또 그처럼 분열되지 않은 원시 부족의 경우에는 전쟁 중에 각 개인이 아주 무자비하게 죽어 가야만 한다는 사실을 보더라도 이 사실은 아주 분명하다. 이에 반해 오늘날 유럽에서 각 개인은 자기 자신 안에 국가 전체를 품고 있지 않으며, 유대관계란 단지 사유된 것, 즉 모든 사람에게 동일하게 작용하는 법일 뿐이므로 전쟁은 개인에 대한 전쟁이 아니라, 개인들 밖에 위치한 전체에 대한 전쟁이다. 진실로 자유로운 민족의 경우와 마찬가지로 아랍인들에게도 각 부분은 동시에 곧 전체이다. 객체, 즉 죽어 있는 것에서만 전체와 부분이 다르다. 이와 반대로 살아 있는 것 안에서는 전체의 한 부분이 전체 그 자체와 동일하다. 개별적인 대상들이 실체로서 정립되고, 각각의 대상이 (숫자적으로 하나를 의미하는) 개별자로서의 특성들만 간직할 경우,[68] 그 대상들의 공통점과 통일은 본질이나 존재자가 아닌 하나의 개념일 뿐이다. 하지만 생명체는 분리되어 있지만 본질이며, 그것의 통일은 본질의 통일이다. 죽어 있는 세계에서의 모순이 살아 있는 세계에서의 모순은 아니다.

세 개의 가지를 가진 나무는 그 가지들과 함께 한 나무를 이룬다. 하지만 그 나무의 아들들, 즉 가지(와 그 나무의 다른 아들들, 즉 잎과 꽃) 역시 그 자체 나무이다. 줄기로부터 가지에 수액을 전해 주는 섬유질은 그 뿌리와 동일한 본성을 가진다. 땅속으로 거꾸로 처박힌 나무는 공중으로 나와 있는 뿌리에서 잎들이 나온다. 그리고 가지들은 땅 속에서 뿌리를 내릴 것이다. 따라서 '여기에 세 나무가 있다'라고 말하는 것이 참인 것과 마찬가지로 '하나의 나무만 존재한다'라고 말해도 틀리지 않다.

예수가 자기와 신과의 관계를 말할 때 그 의미는 아버지와 아들이 신성 속에서 본질적인 통일을 이룬다는 것이었다. 예수의 이러한 생각을 유대인들 역시 예수가 신에 대해 말한 문맥에서 발견하고 문제 삼는다. 그들은 「요한복음」 5장 18절에서 예수에 대해 "그는 하나님을 자기의 친아버지라 하여 자기를 하나님과 동등으로 삼았다"라고 예수를 비판한다. 예수는 신의 지배라는 유대인의 원리 대신 인간의 욕구를 정립시켰다(예를 들어, 그는 안식일임에도 불구하고 인간의 배고픔을 만족시키려는 욕구를 보여 주었다).[69] 그러나 이러한 대립구도 역시 아주 일반적으로 서술되고 있을 뿐이다. 그 시대의 문화 속에서는 이러한 대립을 보다 구체적이고 깊게 전개시킬 수 없었다. 즉 그 시대는 실천이성의 우월성을 구체적으로 말할 수 없

---

68) [옮긴이] '개별자'로 번역되는 독일어 'Individuum'은 '더 이상 나눌 수 없음'이라는 어원을 갖는다.
69) [옮긴이] 이 책 525쪽 이하 안식일에 관한 예수의 가르침 참조.

었다. 예수는 단지 개인의 자격으로 유대주의와 대립했다. 이러한 개별성의 사유에서 벗어나기 위해 예수는, 특히 「요한복음」에서, 계속하여 그와 신의 통일을 부르짖었다. 신은 아버지가 자기 자신 안에 삶을 가지고 있듯이 아들에게도 자기 안에 삶을 갖도록 허용하였다는 것이다. '그와 아버지는 하나이다', '그는 하늘로부터 내려온 떡이다' 등의 표현들은 바로 그 사실을 말해 준다. 이것들은 아주 딱딱한 표현들σκληροὶ λόγοι인데, 이 표현들을 구상적具象的으로 해석한다고 해서, 그리고 이 표현들을 그 자체 삶인 정신으로 받아들이지 않고 개념의 통일체로 받아들인다고 해서 그 딱딱한 표현들이 부드러워지지 않는다. 물론 오성 개념과 구상적인 것이 대립되고, 오성 개념이 지배적인 것으로 받아들여지자마자, 모든 상像은 놀이에 불과한 것으로, 진리가 결여된 상상력의 부산물로 격하되어 제거된다. 그리고 상의 생동성 대신 오직 죽어 있는 대상만이 남는다.

그러나 예수는 자신을 신의 아들Sohn Gottes이라고 부를 뿐 아니라 사람의 아들人子. Sohn des Menschen이라고 부르기도 한다. 신의 아들이 신의 양태를 표현하는 것이라면, 사람의 아들人子은 인간의 양태를 표현한다. 하지만 인간이라는 말은 신성과는 달리 하나의 자연(본성), 하나의 본질이 아니라 개념이며 사유된 것에 불과하다. 그리고 인자人子는 여기에서 인간이라는 개념에 종속되는 것을 의미한다. '예수는 인간이다'라는 표현은 본래 하나의 판단이다. 그 술어(인간—옮긴이)는 살아 있는 본질이 아니라 보편자이다(인간ἄνθροπος은 유로서의 인간을 의미하고, 사람의 아들υἱὸς ἀνθρώπου은 하나의 구체적인 인간을 의미한다). 신의 아들은 동시에 사람의 아들이기도 하다. 신적인 것이 특수한 형상을 입고 한 사람으로 나타난다. 물론 무한자와 유한자의 관계는 신성한 비밀이다. 왜냐하면 이 관계가 바로 삶 그 자체이기 때문이다. 삶을 분열시키는 반성은 삶을 무한자와 유한자로 구별한다. 유한자를 그 자체로서만 고찰하게 되면 인간 개념은 신적인 것에 대립하게 된다. 반성이 없는 곳에서는, 즉 진리 안에서는 그런 일이 일어나지 않는다. 「요한복음」 5장 26~27절에서 "아버지께서 자기 속에 생명이 있음 같이 아들에게도 생명을 주어 그 속에서 있게 하셨고, 또 인자人子됨을 인하여 심판하는 권세를 주셨느니라"에서 보이듯이 사람의 아들이라는 의미는 그것이 신의 아들과 대립되어지는 곳에서 가장 분명하게 설명되고 있다. 또한 5장 22절에서 "아버지께서 아무도 심판하지 아니하시고, 심판을 다 아들에게 맡기셨으니"라고 했으나 동시에 "하나님이 그 아들을 세상에 보내신 것은 심판하려 하심이 아니요, 저로 말미암아 세상이 구원을 받게 하려 하심이라"(요. 3장 17절)고도 했다. 심판(판단)은 신적인 행위가 아니다. 왜냐하면 재판관 안에 존재하는 법은 재판 받아야 하는 자에 대립되는 보편자이고, 재판 행위는 판단 행위, 동일시하거나 동일시하지 않는 행위. 그리고 사유된 통일성이나 통일되지 않은 대립물을 인정하는 행위이기 때문이다. 신의 아들은 심판하지 않으며, 떼어놓지도 않고 분리하지도 않는다. 그리고 그는 대립물 속에서 대립을 주장하지 않는다. 신성의 표현은 결코 입법이나 법의 유지가 아니며, 법의 지배를 주장하지도 않는다. 반대로 세계는 신적인 것에 의해 구원받을 수 있다. 하지만 이 '구원'이라는 말 역시 정신을 썩 잘 표현한 것은 아니다. 왜냐하면 그 단어는 위험 앞에서 위험에 처한 인간 앞에서 스스로는 아무것도 할 수 없다는 절대적인 무능을 표식하기 때문이다. 구원은 어느 정도 낯선 자에 대한 낯선 자의 행동이다. 구원받은 사람이 자기 본질이 아니라 과거의 상태에 낯선 자일 경우에 한해서 신적 작용 역시 구원으로 불릴 수 있다.[70]

---

70) [옮긴이] 이 문장은 다음을 의미한다. 구원이란 위급한 상황에 처해 있을 때 기대하지도 않았

아들이 아버지와 하나인 한에서 아버지가 심판하지 않듯이, 자기 안에 생명이 있는 아들도 심판하지 않는다. 하지만 동시에 그는 권위를 부여받았다. 그리고 심판할 수 있는 능력도 부여받았다. 왜냐하면 그는 사람의 아들이기 때문이다. 변형은 그 자체 한계지어진 것이며, 따라서 그것은 보편자와 특수자를 대립시키고 서로를 분리시킨다. 질료적인 관점에서 그는 힘과 권력을 비교하며, 형상의 관점에서 그는 비교하는 행위, 개념, 즉 법 그리고 법과 개별자를 분리하고 연결하는 행위 등을 수행한다. 하지만 동시에 인간은 그가 신이 아니라면 판단할 수 없다. 왜냐하면 신을 통해서만 그에게 분리를 가능하게 하는 판단의 척도가 존재하기 때문이다. 맺고 풀 수 있는 그의 능력은 신적인 것에 기초한다. 심판하는 행위에는 다시금 두 가지 방식이 있을 수 있다. 즉 비신적인 것을 관념 속에서만 지배하는 것, 아니면 그것을 현실 속에서 지배하는 것. 예수는 「요한복음」 3장 18~19절에서 "저(예수—옮긴이)를 믿는 자는 심판을 받지 아니하는 것이요"라고 말하는데, 왜냐하면 그 사람은 인간과 신의 관계, 즉 자기의 신성을 아직 인식하지 못했기 때문이다. 그리고 "그 정죄는 이것이니… 그들이 빛보다 어

던 우연적인 제3자의 도움으로 위기를 모면했을 때 사용되는 말이다. 이런 낯선 상태에서 벗어난 자는 그것을 '구원'으로, 즉 하나의 신적인 작용으로 표식할 수 있다. 이런 관점에서 기독교에서 '구원'이란 신자의 본질 전체가 세계 전체로부터 구별되었다는 것, 즉 기독교가 세계를 완전히 낯선 자로, 비신적인 것으로 여긴다는 것을 전제한다. 따라서 기독교에서 구원이란 이 낯선 세계에서 구원해 줄 제3자를 필요로 한다는 것을 의미한다. 다른 말로 하면 세계 밖에, 세계와는 전혀 다른 구원자를 기독교는 말하고 있다. 그러나 헤겔에 따르면 신적인 것이란 삶, 본질 그 자체이지, 이 외부에 존재하지 않는다. '구원'이란 말은 신적인 것에 대해 인정한다는 점에서 전체에 대한 표상을 제공하기는 하지만, 삶 자체를 '신적인 것'과 '비신적인 것'으로 나눈다는 점에서 여전히 삶에 대한 '유아적인' 인식이다. 신성과 세계를 구분하지 않는 헤겔적인 의미의 '철학'은 구원이라는 종교적 표상 대신 '인식함', 내지는 '파악함'이라는 개념으로 신과 세계의 관계, 즉 삶을 설명한다. 성숙한 헤겔은 '구원' 개념으로 세계와 신성을 설명하는 종교의 한계를 말하는데, 그 단초를 이미 여기서 우리는 발견할 수 있다.

두움을 더 사랑한 것이니라". 따라서 그들의 죄는 그들의 불신앙이다. 신적인 인간은 악에게 접근하기는 하지만, 지배하고 억압하는 힘으로 그렇게 하는 것은 아니다. 왜냐하면 신적인 인자人子는 힘이 아니라 권위를 부여받았기 때문이다. 그는 세계와 대면하고 투쟁했지만, 현실의 장소에서 그렇게 한 것이 아니다. 그는 세계에 법정을 가져왔지만, 그것을 형벌이라는 의식의 형태로 가져온 것이 아니다. 그와 살 수 없고 즐길 수 없는 것, 찢겨져서 그와 분리되어 있는 것 그리고 이것들과의 빼곡한 경계 등을 그는 한계로서 인식한다. 그러나 그것들은 세상의 최고의 자존심이어서 세상에 의해 한계로 느껴지지 않으며, 고통이 그 세상에게는 고통의 형태를 갖지 않는다. 아니 적어도 그 고통은 법에 의해 손상된 반동적인 모욕의 형태를 갖지 않는다. 그들은 신을 의식하지 못한 채 타락된 상태에 놓여 있었지만, 그럼에도 불구하고 그들은 불신앙을 보다 저열한 영역, 즉 그들 자신이 심판해야 할 영역에 놓았다.

인간이 신적인 것을 완전히 자신 바깥에 두는지 그렇지 않은지에 따라서 아들과 아버지의 관계로서의 예수와 신의 관계는 인식으로 이해되거나 믿음으로 이해된다. 인식이란 인간적인 것과 신적인 것을 완전히 대립시키는 전자의 관계 양식에 해당되는데, 이 인식에는 두 가지 종류의 본성이 정립된다. 신적 본성과 인간적 본성, 인간적인 본질과 신적인 본질. 그런데 이들 각자는 자신의 인격성과 실체성을 가지며, 그들은 각자의 관계 양식 속에서 두 가지 상이한 관계로 머물러 있다. 왜냐하면 그것들은 절대적으로 서로 상이한 자들로 정립되었기 때문이다.

1) 어떤 부류의 사람들은 양자를 절대적으로 다른 것으로 정립하고서도, 절대자는 가장 내적인 관계 방식에서 하나라고 생각해야 한다고 요구한다. 이러한 부류의 사람들은 그들 스스로 오성의 영역 밖에 있는 어떤 것

을 고지하고 있다는 점에서 오성을 지양해 버리는 것이 아니다. 반대로 그들이 기대하는 오성은 절대적으로 상이한 실체들을 파악하면서 동시에 그들 간의 절대적 통일을 발견해 내는 능력이다. 따라서 그들은 오성을 정립함으로써 동시에 오성을 파기한다.

2) 실체들의 주어진 상이성을 받아들이지만 그 통일성을 부인하는 사람들은 보다 일관성이 있다. 그들이 실체의 상이성을 말하는 것은 옳은데, 왜냐하면 그들은 신과 인간을 서로 전혀 다른 유로서 생각하기를 요구하기 때문이다. 이런 점에서 그들이 그것들의 통일을 부정하는 것은 아주 자연스럽고 정당하다. 왜냐하면 그들의 첫번째 요청을 뒤집을 때에만 신과 인간의 분리가 지양될 것이기 때문이다. 이러한 방식으로 그들은 오성을 구원한다. 하지만 그들이 이러한 절대적인 본질의 차별성을 극복하고자 하지 않을 경우 그들은 오성, 절대적 분열, 죽음 등을 최고의 정신적인 것으로 착각하게 된다.[71]

유대인들은 예수의 말을 이러한 오성적 견지에서 받아들였다. 예수가 "아버지는 내 안에 있고, 나는 아버지 안에 있다. 나를 본 자는 아버지를 보았고, 아버지를 아는 사람은 내가 말한 것이 사실임을 알 것이다"라고 말했

---

71) [옮긴이] 헤겔이 1)과 2)에 어떤 사람을 배정하는지 구체적으로 거명할 수 없으나, 철학사적인 관점에서 대강의 그림을 그릴 수는 있을 것이다. 근대 대륙의 합리론자들은 물질과 정신, 신과 인간 등의 차이를 인정하면서도 그들 간의 통일성을 이끌어 내려고 했다. 예를 들어 데카르트는 물질과 정신의 엄격한 이원론을 말하면서 동시에 더 높은 존재, 즉 신에 의한 양자의 통일을 이야기하며, 스피노자는 자연과 신의 양태적 차이와 본질적 동일성을 이야기함으로써 '차이'와 '동일'의 문제를 간단히 해결한다. 이런 관점에서 이들은 1)의 부류에 속하는 자들이라고 할 수 있겠다. 이에 반해 영국의 경험론자들에 따르면 경험적 잡다(雜多)와 상이함에서 귀납적으로 추론되는 법칙은 실체의 근원적 차이성을 무화(無化)하고 통일시키는 이념이 아니라 경험적 규칙 정도로 이해된다. 이런 관점에 따르면 도덕 역시 근원적 통일체인 이념의 산물이 아니라 전통의 습속 정도로 격하된다. 습속, 전통 등은 단순한 경향성의 표현일 뿐이다. 이런 관점에서 이들은 2)의 부류에 속하는 자들이라고 할 수 있겠다.

을 때 유대인들은 그를 신성모독으로 송사訟事하였다. 왜냐하면 그가 분명 인간으로 태어났음에도 불구하고 스스로 하나님이라고 하였기 때문이다. 인간 속에서 비참함만을, 깊은 노예적 속성만을, 신적인 것과는 대립된 것만을, 즉 신 존재와 인간 존재 사이에 건널 수 없는 깊은 심연만을 인식하고 있는 그 천박한 존재들이 어떻게 신성을 인식할 수 있었겠는가? 정신만이 정신을 인식한다. 그들은 예수에게서 그의 친족과 형제들 가운데서 살고 있는 목수의 아들로서의, 나사렛 사람으로서의 인성人性만을 보았다. 비록 그가 그러한 존재였던 것은 사실이지만, 그러나 훨씬 더 그는 그런 존재일 수가 없었다. 왜냐하면 그도 그들과 똑같은 사람이긴 했어도, 그들은 스스로를 아무것도 아니라고 느꼈기 때문이다. 유대의 군중들은 자신들에게 신적인 의식을 주려는 예수의 시도를 파산시키고자 하였다. 왜냐하면 그들의 생각에 따르면 신적인 것에 대한 믿음, 위대한 것에 대한 믿음은 똥구덩이 속에 거할 수 없는 것이기 때문이다. 사자는 우리에 거할 수 없고, 무한한 정신은 유대인의 영혼이라는 감옥에 거할 수 없으며, 삶 전체는 떨어지는 낙엽 속에 거할 수 없다. 언덕과 그 언덕을 바라보는 눈은 각각 객체와 주체이다. 그러나 인간과 신, 즉 정신과 정신 사이에는 객관성과 주관성 사이의 어떠한 간격도 없다. 전자는 스스로가 후자를 인식함에 있어서만 후자에게 타자로 된다. 양자는 하나다.

아들과 아버지의 관계를 객관적인 것으로 받아들이는 분파는 이 관계를 예수에게 분리된 채 나타나는 인간적 본성과 신적 본성이 그 자체로 고려되고 숭배된다는 사실과 연관시키며, 또한 신과 인간의 관계를 발견하고자 하며, 완전히 불평등한 자들 사이의 사랑을 희망한다. 그런데 이런 사랑은 기껏해야 동정일 수밖에 없는 인간에 대한 신의 사랑이다.

아들로서의 예수가 아버지와 맺는 관계는 유아적인 관계이다. 왜냐하면 아들은 본질과 정신에서 자기 안에 살고 있는 아버지와 하나라고 느끼기 때문이다. 그리고 그 관계는 세계의 부유한 통치자에게 빌붙는 식의 유치한 관계가 아니다. 그런 유치한 관계에서 인간은 그 통치자의 삶과 완전히 이질적이라고 느끼며, 선물로 받은 사물을 통해서만, 그 부유한 자의 탁상에서 떨어진 부스러기를 통해서만 그들은 서로 연결된다.

아들과 아버지의 관계로서의 예수의 본질은 진실로 믿음에 의해서만 파악될 수 있다. 예수는 자신에 대한 믿음을 유대 민중에게 요구했다. 이 믿음을 특징짓는 것은 대상인데, 이 믿음의 대상은 신적인 것이다. 현실적인 것에 대한 믿음은 일종의 객체, 즉 제약된 것에 대한 인식이다. 객체가 신과 다르듯이 이러한 인식은 신적인 것에 대한 믿음과는 다르다. "하나님은 영이시니Gott ist Geist 예배하는 자가 신령과 진정으로 예배할지니라."[72] 정신이 어떻게 정신 아닌 것을 인식할 수 있겠는가? 정신과 정신의 관계는 조화의 감정이며 통일이다. 서로 이질적인 것들이 어떻게 통일될 수 있겠

---

72) [옮긴이] 성령은 영어로 'the holy Spirit' 또는 'the holy Ghost'로 번역된다. 후자는 성령의 실체적 의미를 강조하고 있고, 전자는 비실체적 정신성을 강조하고 있다. 독일어 'der heilige Geist'는 이 양자의 의미를 모두 가지고 있다. 일반적으로 'Geist'하면 귀신을 뜻하는데, 이것은 'Geist'의 실체적 의미를 보여 주고 있다. 즉 귀신이 구체적 대상처럼 개별자로서 존재한다는 것이다. 다른 한편 그 단어는 정신을 뜻한다. 예를 들어 '시대정신', '민족정신' 또는 '인간의 정신' 등의 표현에서 보이는 것처럼, 이것은 구체적 대상으로서 존재하는 것이 아니라 보편적 힘으로서 존재한다. 청년 헤겔은 이 'Geist'를 거의 이 후자의 의미로 사용한다. "Gott ist Geist"라는 말을 헤겔은 '신이 객관적으로, 피안의 세계에, 인간과는 다르게 존재하는 것이 아니라 인간에게 힘으로서, 능력으로서 존재한다'고 해석한다. 즉 인간의 특정한 능력, 정신적 능력이 곧 신적인 것이며, 이 신적인 것이 인간의 본질을 이룬다고 그는 생각한다. '신의 내재화', '신의 인간화' 내지는 '신의 세속화'를 정신이라고 표현하고 있다. 한글로 번역되는 '성령'은 실체적 의미만을 강조하고 있어서 번역만을 가지고는 이러한 문제의식에 접근할 수 없다. 왜냐하면 성경의 구절인 "Gott ist Geist"를 "하나님은 영이다"(개역 성경 번역)와 "하나님은 정신이다"로 번역할 수 있는데, 이 번역들 사이에는 커다란 의미의 차이가 존재할 수 있기 때문이다.

는가? 신적인 것에 대한 믿음은 믿는 자 안에도 신적인 것이 있기 때문에 가능하며, 그가 발견한 것이 자신의 고유한 본성임을 의식하지는 못한다 하더라도, 그는 자신이 믿고 있는 대상 속에서 자기 자신의 본성을 재발견한다. 왜냐하면 모든 사람에게는 빛과 삶이 있고, 그는 빛을 소유하고 있기 때문이다. 그리고 낯선 광택만을 가지고 있는 어두운 물체가 스스로 빛을 내지 못하는 것과는 달리, 그는 빛에 의해 비춰지는 것이 아니라, 자기 자신의 고유한 연소 재료에 불이 일어 자신의 불꽃을 낸다. 암흑과 완전히 고유한 신적인 삶 사이의 중간 상태가 신적인 것에 대한 믿음의 상태이다. 암흑이란 신적인 것으로부터의 이탈 상태, 현세에 묶여 있는 상태를 의미하며, 완전히 고유한 신적인 삶이란 자기 자신에 대한 완전한 신뢰를 의미한다. 그 중간 상태인 믿음은 신적인 것에 대한 지식이며, 신과 연합되고자 하는 열망이고, 신적인 삶에 대한 욕구이다. 신성의 위대한 힘은 의식의 모든 거미줄에 삼투해 있고, 세계의 모든 관계를 바로잡아 주며, 그의 완전한 본질 속에서 호흡하는 능력인데, 믿음은 아직 이러한 신성의 위대한 힘이 아니다. 따라서 신적인 것에 대한 믿음은 신자 자신의 본성인 신성으로부터 자라난다. 신성의 변형태만이 신성을 인식할 수 있다.

예수가 그의 제자들에게 "세상 사람들이 나 곧, 인자人子를 누구라 하느냐?"고 물었을 때, 그의 동료들은 유대 민중들이 그를 이상화시키고 인간 세상의 현실성을 넘어선 자로 여기긴 하지만, 그러나 여전히 그러한 현실을 초월해 갈 수는 없는 존재로 묘사한다고 대답했다. 유대 민중들은 그에게서 단지 개별성만을 볼 뿐이다. 그런데 그들은 이 개별성을 예수와 비자연적인 방식으로 연결시켰다. 베드로가 사람의 아들人子에 대한 믿음, 즉 사람의 아들人子 속에서 신의 아들을 인식했다고 표현했을 때 예수는 그에게 축복했다. "바요나 시몬아!⁷³⁾ 네가 복이 있도다. 이를 네게 알게 한 이는 혈육이 아니요, 하늘에 계신 내 아버지시니라." 신적인 본성에 대한 단순한 인식을 위해 계시가 필요하지는 않다. 기독교 교리의 많은 부분에서 이러한 인식을 배울 수 있다. 어린아이들은 기적 등을 통해서 예수가 신이라는 사실을 추론할 수 있다. 우리는 이러한 학습, 이러한 신앙에 대한 수용 등을 신적인 계시라고 부를 수 없다. 어린아이들에게는 명령과 곤봉으로 그것들이 계시라고 주입된다. "이를 네게 알게 한 이는 하늘에 계신 내 아버지시니라"는 '네 속에 있는 신적인 것이 나의 신성을 인식했다'는 것이다. '너는 나의 본질을 이해했다. 그것이 네 속에서 메아리친다.' 요나의 아들 시몬, 사람들 사이에서 거처하던 그를 예수는 베드로, 즉 그의 공동체가 건설될 기초가 되는 반석으로 만들었다.[74] 예수는 그에게 맺고 풀 수 있는 자신의 능력, 즉 자기 자신 속에서 신성을 스스로 수행해 나가는 본성에만 부여될 수 있는 능력을 주었다. 왜냐하면 맺고 풀 수 있는 능력이란 어떤 것이 신적인 것에서 출발했다고 인지하는 능력이기 때문이다. "하늘의 판단도 너와 다르지 않다. 네가 이 땅에서 매여 있거나 또는 자유롭게 있다고 본 것은 하늘의 눈에서도 꼭 같다." 이제 처음으로 예수는 그의 임박한 운명을 제자들에게 말한다. 하지만 그의 스승의 신성에 대한 베드로의 의식은 신적인 것을 느끼기는 하지만 그것을 통해 전체 본질을 충족시키지 못하는, 즉 성스러운 정신(성령)을 아직 받지 못한 단순한 믿음으로 드러난다.

　　예수의 동료들이 예수에 대해 갖는 믿음은 자주 신에 대한 믿음으로 귀속된다. 예수는 종종, 특히 「요한복음」 17장에서 그들을 "신이 그에게 허락한 사람들"이라고 부른다. 이는 마치 「요한복음」 6장 29절에서 "그를 믿

---

73) [옮긴이]. "요나의 아들 시몬아!"를 의미한다. 베드로의 다른 이름이다.
74) [옮긴이] '베드로'는 히브리어로 '반석'이란 의미를 가진다.

는 것이 신의 일, 즉 신적인 활동"이라고 말한 바와 같다.[75] 신적인 활동은 배움을 통해서, 그리고 강의를 통해서 습득되는 것과는 완전히 다르다. 따라서 「요한복음」 6장 65절에서 다음과 같이 말한다. "내 아버지께서 오게 하여 주지 아니하시면 누구든지 내게 올 수 없다."

그러나 이러한 믿음은 예수와 맺는 관계의 첫번째 단계에 불과하다. 최고 단계에서는 그 관계가 아주 친근하여서, 그의 친구들과 그가 하나가 되는 것으로 드러난다. 「요한복음」 7장 35절을 보라. "너희에게 아직 빛이 있을 동안에 빛을 믿으라. 그리하면 빛의 아들이 되리라." 빛에 대한 믿음을 가지고 있을 뿐인 사람과 빛의 자녀들 사이에는 빛에 대한 증인일 뿐인 세례 요한과 인간 속에서 개별화된 빛인 예수 사이에 나타나는 것과 유사한 차이점이 있다. 예수가 자신 속에 영원한 삶을 가지고 있는 것과 마찬가지로 그를 믿는 사람들 역시 영원한 삶을 획득할 것이다(요. 6장 40절). 예수와의 살아 있는 통일성은 요한이 그에 대해 행한 마지막 말에서 가장 잘 드러난다. "그들은 그 안에, 그는 그들 안에 거한다. 그들은 서로 하나다. 그는 포도나무이고 그들은 가지이다." 각 부분은 동일한 본성, 즉 전체 속에 존재하는 동일한 삶을 갖는다. 예수가 그들을 떠나야 했을 때, 그가 그의 아버지에게 간구懇求하고 그들에게 약속한 것의 내용은 그들 관계의 최고 완성 간계를 보여 준다. 그가 그들 가운데 살고 있을 때, 그들은 단지 신자였을 뿐이다. 왜냐하면 그들은 자립적이지 않았기 때문이다. 예수는 그들의 선생이자 스승이었고, 그들이 의존한 개별적인 중심점이었다. 그들은 그들 자신의 독립적인 삶을 아직 획득하지 못했다. 예수의 정신이 그들을 통

---

75) [옮긴이] 「요한복음」 6장 29절. "예수께서 대답하여 가라사대 하나님의 보내신 자를 믿는 것이 하나님의 일이니라 하시니."

치했다. 하지만 예수가 떠난 이후 이러한 객관성, 즉 그들과 신 사이에 놓여 있는 벽도 역시 떨어져 나갔으며, 신의 정신(성령—옮긴이)이 그들의 전全 존재에 생기를 불어넣을 수 있었다. 예수가 "나를 믿는 자는 성경에 이름과 같이 그 배에서 생수生水의 강이 흘러 나리라"(요. 7장 38~39절)라고 말했을 때 요한은 이것이 도래할 성령을 가리켜 말한 것이라고 한다. 그들 모두는 예수가 아직 영광을 받지 못했기 때문에 성령을 아직 받지 못한 상태에 있었다.

예수에 대한 믿음이 삶으로 된 사람들, 즉 신적인 것을 간직한 사람들은 그 본질에 있어서 예수의 본질과 어떤 차이도 없어야 한다. 다른 말로 하면 그들 사이의 상이성에 대한 생각은 모두 제거되어야 한다. 예수는 자기 자신을 매우 자주 탁월한 자연(본성)으로 이야기하는데, 이것은 자신을 유대인에 대비시킨 것이다. 그는 그들과 자기를 분리시켰고, 따라서 그의 신성은 개별자적인 형태를 얻게 되었다. 「요한복음」에서 "나는 진리이고 생명이다", "나를 믿는 자" 등 지속적이고 단조로운 '나'에 대한 강조는 유대인의 특성과 자신을 분리시키기 위해 나온 것이다. 하지만 그가 아무리 정열적으로 유대 정신과 대비되는 특별한 개별자로 되려고 해도 그는 그만큼 모든 신적인 인격성, 즉 신적인 개별성을 지양하지 않을 수 없는데, 왜냐하면 그는 그들과 연합함으로써 하나이고자 하며, 그들은 그 안에서 하나이기 때문이다.

요한은 예수가 인간 속에 무엇이 있는지를 알고 있다고 진술한다(요. 2장 25절). 그리고 부패하지 않은 자연(본성)을 바라보면서 행한 그의 말들은 자연에 대한 그의 아름다운 믿음의 가장 진솔한 반영이다(마. 18장 1절 이하). "너희가 돌이켜 어린아이들과 같이 되지 아니하면 결단코 천국에 들어가지 못하리라…. 가장 어린아이 같은 자가 천국에서는 큰 자니라. 또 누구든지 내 이름으로 어린아이 하나를 영접하면 나를 영접하는 것이다.” 어린아이에게서 어린아이의 순수한 삶을 느낄 수 있는 사람, 어린아이의 본성의 신성함을 인지할 수 있는 사람은 누구나 나의 본질을 지각할 수 있다. 이러한 성스러움을 실족失足시킨 자는 “그의 목에 연자맷돌을 매고 깊은 강물에 빠지는 것이 오히려 낫다.” 오! 신성한 것을 더럽힌 죄가 필경 저렇게도 슬프단 말인가! 자연(본성)은 파괴되어야 하고, 성스러움이 더럽혀져야 한다는 사실, 이 사실은 아름다운 영혼이 갖는 가장 깊고 성스러운 슬픔이자 그 영혼이 가장 파악하기 힘든 수수께끼가 아니던가! 오성에게 가장 이해되지 않는 것이 신적인 것, 신과의 통일성인 것과 마찬가지로, 고귀한 심정에게 가장 이해될 수 없는 것은 신과의 소외 관계이다. “삼가 이 소자小子 중에 하나도 업신여기지 말라. 너희에게 말하노니 저희 천사들이 하늘에서 하늘에 계신 아버지의 얼굴을 항상 뵈옵느니라(마. 18장 10절).

　여기서 “아이들의 천사들”은 객관적 존재로 이해되어서는 안 된다. 왜냐하면 아이의 천사가 객관적인 본질로 이해된다면 다른 사람의 천사 역시 신의 직관 속에 살고 있는 것으로 고려되어야 할 것이기 때문이다. 천사들이 신을 직관하는 것 속에는 다행스럽게도 많은 것이 통일되어 있다. 무의식, 아직 전개되지 않은 통일성, 신 안에서의 존재와 삶 등은 신과 분리되어 있다. 왜냐하면 그것들은 현존하는 어린아이들 속에서 신성의 변형으로 표상되어야 한다고 여겨지기 때문이다. 하지만 천사가 존재한다는 것, 그가 행동한다는 것은 신을 항구적으로 직관한다는 의미이다. 플라톤은 제약되지 않은 정신과 신성을 서술하기 위해, 그리고 제약된 것이 생동적인 것과 함께 있다는 것을 서술하기 위해 순수한 삶과 시간에 의해 제약된 것을 분리한다. 그는 순수한 정신이 신을 완전히 직관하며 살게 하였으며, 그 이후 지상에서의 삶에서도 역시 신을 직관하며 살게 했다. 다만 지상에서는 그 천상의 모습에 대한 희미한 의식만을 가지고 있을 뿐이다. 예수는 다른 방식으로 정신의 본성, 즉 신성을 제약된 것과 구별시키며, 그리고 그 것들을 통일시킨다.

유아적인 정신은 신 속에 어떤 실존도 갖지 않고 현실성도 없는 천사로서 서술되는 것이 아니라, 신의 아들로서, 특수자로서 서술된다. 보는 자와 보여지는 것, 즉 주체와 객체의 대립은 보이는 그 행위 자체 속에서 사라진다. 그것들의 차별성은 단지 분리 가능성일 뿐이다. 태양을 바라보는 데 쏙 빠져 있는 사람은 단지 빛에 대한 감각, 즉 본질로서의 광각光覺일 뿐이다. 완전히 타자만을 바라보면서 살아가는 사람은 완전히 이 타자 자체이며, 그는 그 타자와 다를 수 있다는 가능성을 가질 뿐이다. 그러나 상실된 것, 분열된 것 등은 어린아이들이 그러하듯이 통일성으로, 생성으로 귀환함으로써 다시 획득된다. 하지만 이러한 재통합을 거부하고 자신을 확고하게 통일에 대비시키는 행위는 자신을 잘라 내는 행위이다. '그 행위는 너희들과는 아무런 공통적인 것을 갖고 있지 않은 낯선 것이다. 만약에 너희들이 누군가와 함께한다는 사실을 철폐하고, 그를 고립시킨 채 너희들끼리 연결되어 있다고 할 경우 그것은 하늘에서도 역시 그렇다. 하지만 너희들이 푼 것, 자유롭고 따라서 통일되어 있다고 설명하는 것은 하늘에서도 역시 자유로우며, 그 속에서 하나이다. 따라서 그것은 신성을 직관하지 않는다.'

예수는 이러한 통일성을 또 다른 방식으로 설명한다. "너희 중에 두 사람이 땅에서 합심하여 무엇이든지 구하면, 하늘에 계신 내 아버지께서 저희를 위하여 이루게 하시리라"(마. 18장 19절). '구하라'와 '이루게 하시리라' 등의 표현은 원래 객체πράγματα의 관점에서 통일을 표현한 것인데, 예수는 유대인의 언어 현실에서 이러한 표현을 사용할 수밖에 없었다. 하지만 여기서 문제가 되는 객체는 단지 반성된 통일체 συμφωνία τῶν δυοίν ἤ τ ριάν에 다름 아니다. 이것은 객체로서 하나의 아름다운 것이며, 통일은 주관적이다. 왜냐하면 정신이 객체 속에서 통일되어 있다는 말 자체가 부적절하기 때문이다. 아름다운 것, 즉 너희들 둘 내지 세 사람의 통일체는 전체의 조화 속에서도 역시 아름답다. 그 통일체는 조화의 목소리, 즉 화음이다. 그리고 이 통일체는 이 화음에 의해 유지된다. 아름다운 것이 있는 이유는 그것이 그러한 조화 속에 있기 때문이며 신적인 것이기 때문이다. 신적인 것과의 이러한 연합 속에서 하나로 통일되어 있는 사람들은 동시에 예수와의 연합 속에 있게 된다. "둘 내지 세 사람이 나의 정신으로 εἰς τὸ ὄνο μά μου(마. 10장 41절) 통일된 곳에서", 즉 그들이 존재와 영원한 삶을 나에게 귀속시키는 관점을 취하고, 나 역시 그런 관점 속에 있을 경우 "나는 너희들 중심에 있고 나의 정신도 그러할 것이다".

따라서 예수는 자기의 인격성이 (또한 인격적 신이) 자기와 최고의 우정을 나눈 사람들의 인격과 대립되는 독특한 개별성이라고 주장하지 않는다. 그렇게 주장하는 사람들은 예수의 인격성의 토대를 그들과는 다른 그의 존재의 절대적인 특수성에서 찾는다. 여기서 연인들의 통일성에 관한 진술이 타당성을 갖는다. "남자와 여자 둘이 한 몸이 될지니라. 따라서 이제 그들은 더 이상 둘이 아니다. 그러므로 신이 짝지어 주신 것을 사람이 나눌 수 없을 것이다"(마. 19장 5~6절). 이러한 통일이 남자와 여자 각자의 근원적인 규정과 관계된다면 그 근거는 이혼과 상응하지 않는다. 왜냐하면 이혼을 통해서는 그러한 규정, 즉 개념의 통일성이 지양되지 않으며, 생동적인 통일성이 분리되어질 때에도 그러한 규정성은 남아 있기 때문이다. 신적인 것, 즉 신의 작용이라고 말해질 수 있는 것은 바로 살아 있는 연합이다.

예수는 자신의 민족정신 전체와 투쟁하였고, 또 자신의 세계와 철저히 관계를 끊었기 때문에, 그의 운명의 끝은 적대적인 민족정신에 의해서 압살당하는 것일 수밖에 없었다. 이렇게 파멸해 버린 사람의 아들人子을 예찬하는 이유는 그가 세계와의 모든 관계 자체를 지양해 버렸다는 부정적 측면 때문이 아니라, 그의 본성이 의식적으로 타락의 발 아래에 굴복하거나 무의식적으로 타락에 물들어 그 속에서 헤어나지 못하거나 하지 않고, 비자연적인 세계를 거부했다는, 즉 차라리 투쟁과 몰락 속에서 그 세계를 구원하고자 했다는 긍정적 측면 때문이다. 그는 자기 한 사람의 몰락이 필연적임을 의식하고 있었고 따라서 제자들에게 그 필연성을 설득하고자 했다. 하지만 그들은 그들의 본질과 예수의 인격체를 분리할 수 없었다. 그들은 여전히 단지 신자로만 남아 있었다. 베드로가 사람의 아들人子 속에서 신적인 것을 인지했을 때 예수는 그의 동료들이 독립적으로 의식할 수 있을 것이라고, 그리고 스스로 생각할 수 있을 것이라고 믿었다. 그래서 그는 베드로가 그에 대한 신앙고백을 한 직후 곧바로 그들에게 그러한 자립적 삶을 말했다. 그러나 예수의 말을 듣고 전율하는 베드로의 모습 속에서 예수와 제자들 간의 현격한 믿음의 차이가 드러난다. 개별자 예수가 떠난 후에야 비로소 그들은 그에 대한 의존에서 벗어난다. 그리고 나서 그들 자신의 정신, 또는 신적인 정신이 그들 속에 살게 된다. 예수는 "내가 떠나가는 것이 너희에게 유익이라. 내가 떠나가지 아니하면 보혜사保惠師가 너희에게 오시지 아니할 것이라"(요. 16장 7절)라고 말했다. "보혜사, 즉 진리의 정신(성령)을 세상이 능히 받지 못하나니 이는 저를 보지도 못하고 알지도 못함이라 … 내가 너희를 고아와 같이 버려 두지 아니하고 너희에게로 오리라. 조금 있으면 세상은 나를 보지 못할 터이로되 너희는 나를 보리니 이는 내가 살았고 너희도 살겠음이라"(요. 14장 16절 이하). '너희들이 내 속에서,

그리고 너희들 밖에서 신적인 것을 보지 않을 때, 그리고 너희들이 너희들 속에서 생명을 가질 때, 그때에야 비로소 너희들은 너희 속에서 신적인 것을 의식하게 될 것이다.' "왜냐하면 너희도 처음부터 나와 함께 있었기"(요. 15장 27절) 때문이며, '우리의 본성은 사랑 속에서, 신 속에서 하나이기 때문이다'. "진리의 성령이 너희를 모든 진리 가운데로 인도하실 것"(요. 16장 13절)이며, 내가 너희에게 말했던 모든 것을 너희 마음 속에 두실 것이다. 그는 보혜사이다. 보혜사는 너희들이 잃어버렸던 것과 동등한, 아니 더 큰 선에 대한 전망을 부여할 것이다. 따라서 "너희를 고아와 같이 버려 두지 않을 것이다". '왜냐하면 나를 잃어버림으로써 잃어버렸다고 생각하는 만큼 너희들은 너희 자신 속에서 얻을 것이기 때문이다'.

「마태복음」12장 31절 이후에서도 역시 예수는 유대의 전체 정신에 대립하여 자신의 개별성을 정립한다. "사람의 모든 죄와 훼방은 사하심을 얻되 성령을 거역하는 것은 이 세상과 오는 세상에도 사하심을 얻지 못할 것이다", "마음에 가득한 것을 입으로 말하되 선한 사람은 그 쌓은 선에서 선한 것을 내고, 악한 사람은 그 쌓은 악에서 악한 것을 내느니라"(마. 13장 34절). 개별자, 즉 개인으로서의 나를 모독하는 자는 사랑과 단절되어 있는 것이 아니라, 개인으로서의 나와만 단절되어 있다. 하지만 신과 자신을 분리시키는 사람은 본성 자체를 모독하는 것이며, 본성 속의 정신을 모독하는 것이다. 그의 정신은 그 자신의 성스러움을 파괴했으며, 따라서 그는 자신의 분열을 지양할 수 없고, 사랑으로, 성스러움으로 재통일될 수 없다. 한 표징에 의해 너희들이 동요하게 될 것이지만, 그것 때문에 너희가 잃어 버렸던 본성(자연)을 너희들 속에서 회복하지는 못할 것이다. 너희 본질의 복수의 여신이 깜짝 놀라 경악할 수는 있지만, 추방당한 악령이 너희들에게 남겨 두고 간 공허함은 사랑에 의해서 채워지지 않을 것이다. 반대로 그 공허함은 다시 너희들에게 분노를 이끌어 왔다. 그 분노가 이제 너희들의 의식을 통해 강화시키는 것은 그것이 지옥의 분노이며 너희들의 파멸을 완성시킨다는 사실이다.

믿음의 완성, 즉 인간이 태어났던 신성에로의 복귀와 더불어 인간 발전의 순환은 끝난다. 모든 것은 신성 안에서 살며, 삶이 있는 모든 것은 그것의 자녀이다. 아이는 통일성, 연관성 그리고 일치 등을 완전한 조화 속에서 간직한다. 그런데 아이에게서 각각의 요소들은 파괴된 채 유지되지는 않지만, 그렇다고 그 요소들 자체가 아직 조화롭게 전개되어 있는 것은 아니다. 아이는 자기 밖에 있는 신을 믿기 시작하며, 두려워하기 시작한다. 그런데 이 믿음과 두려움은 그 아이가 점점 더 스스로 행동하게 됨으로써 스스로를 분리시킬 수 있을 때까지 계속된다. 그러나 그 이후 그는 근원적인, 그러나 이제는 이미 전개된, 자기 생산적인, 느껴지는 통일성에로 복귀한다. 이제 아이는 신성을 인식한다. 즉 신의 정신이 아들 속에 현존하게 되며, 아이의 한계로부터 걸어 나온다. 그리고 그는 변형을 지양하고 전체를 다시 산출한다. 신, 아들, 성스러운 정신![76]

(「마태복음」 28장 19절은 예수의 마지막 말로 잘 알려져 있다.) "모든 족속으로 제자를 삼아 아버지와 아들과 성령의 이름으로 세례를 주고 내가 너희에게 분부한 모든 것을 가르쳐 지키게 하라." 바로 이 문맥에서 "~으로 세례를 주고"라는 말이 단순히 물 속으로의 침례浸禮, 즉 소위 세례洗禮를 의미하는 것이 아니라는 것을 알 수 있다. 세례라는 표현은 마술魔術 형태의 언어들과 관련을 갖는다. '가르치다'μαθητεύειν라는 단어에 몇몇 의미를 첨부함으로써 그 말의 원래적 의미인 '가르치다'라는 의미마저 상실

---

76) [옮긴이] '성부, 성자, 성령!'을 의미한다.

되었다. 신을 배운다거나 가르칠 수는 없다. 왜냐하면 그는 삶이며 삶으로써만 이해될 수 있기 때문이다. 그들(즉, 모든 족속)을 유일자, (개념 속에서가 아니라) 삶과 정신 속에서의 변형(분리)과 완성된 재통일의 관계로 충만케 하라(「마태복음」 10장 41절, 즉 "선지자의 이름으로εἰς ὄνομα προφήτου 선지자를 영접하는 자는 선지자의 상을 받을 것이요"에 나오는 이름ὄνομα은 관계를 표현한다). 「마태복음」 21장 25절에서 예수는 "요한의 세례βάπτισμα가 어디로서 왔느냐? 하늘로서냐 사람에게로서냐?"라고 묻는다. 세례βάπτισμα는 정신과 성격의 완전한 봉헌을 의미한다. 이때 물 속으로 침잠한다는 것은 그 자체로서 중요하지 않은 부수적인 사태이며, 단지 그런 식으로 세례를 생각해 볼 수는 있다. 그런데 「마가복음」 1장 4절에서 요한은 이러한 세례 형식이 정신적인 유대와 관련된다는 생각을 하지 않고 있다. 요한은 세례βάπτισμα를 죄 사함이라는 의미로 변화시킨다.[77] 동 8절에서 요한은 "나는 너희에게 물로 세례를 주었거니와 그는 성령으로 너희에게 세례를 주시리라"라고 말한다(「누가복음」 3장 16절에는 "불"로 세례를 준다는 말이 덧붙여져 있다["성령과 불로ἐν πνεύμαται ἁγίῳ καὶ πυρί]. 그리고 「마태복음」 12장 24절 이하에서 "ἐν πνεύματαιθεού ἐκβάλλω τὰ δαιμόνια", 즉 "하나님의 성령으로", 신과 하나로서 세례를 줌). 그리고 계속되는 말의 내용은 이렇다. '그는 너희들에게 불과 성스러운 정신, 즉 성령으로 파고 들어와 너희들을 충만하게 할 것이다. 왜냐하면 성령으로ἐν πνεύμαται(막. 1장 8절), 즉 정신으로 충만해지고 타자에 봉사한 사람은 그 타자들 역시 "성령으로"εἰς πνεύμα, "이름으로"εἰς ὄνομα(마. 28장 19절) 봉사하기 때문이다.'

---

[77] [옮긴이] 「마가복음」 1장 4절. "세례 요한이 이르러 광야에서 죄 사함을 받게 하는 회개의 세례를 전파하니."

그의 정신에 이끌려 온 사람들을 물 속에 적심으로써 세례를 베푸는 요한의 습관(예수가 유사한 방식을 채택했는지는 알려져 있지 않다)은 중요하고도 상징적이다. 무한자에 대한 열망, 무한자에게로 침잠하고자 하는 동경심을 가진 감정은 물 속에 자신을 흠뻑 적시고자 하는 열망과는 결코 동일하지 않다. 물 속에 뛰어든다는 것은 우리 전체, 즉 신체 각 부분을 이질적인 요소에 의해 둘러싸이게 한다는 의미이다. 그는 세계에서 벗어나며, 세계 역시 그에게서 벗어난다. 그는 자기와 맞닿아 있는, 그를 존재하게 하는 지각된 물 외에 아무것도 아니다. 그가 느끼는 곳에서만 그는 존재한다. 물 속에서는 틈새도, 한계도, 다양성이나 규정도 없다. 그 느낌은 방만하게 흩어지지 않으며 가장 단순하다. 침례 후에 인간은 다시 공기 중으로 나온다. 그리고 그는 자신을 물과 분리시키며, 그것으로부터 자유로움을 얻으며, 동시에 도처에 그에게서 물방울이 떨어진다. 물에서 나오자마자 그를 둘러싸고 있는 세상은 다시 규정성으로 드러나며, 그는 강화되어 다양한 의식의 세계로 퇴각한다. 구름 없는 푸른 하늘과 동쪽 수평선 부근의 단순하고 형태 없는 평원을 바라볼 때 우리는 주변을 감싸고 있는 공기를 감지하지 못한다. 바로 이렇게 사유의 역할은 단순히 멀리 바라보는 행위와 다르지 않다. 침례할 때에는 단 하나의 느낌, 즉 세상에 대한 망각, 모든 것에서 물러나서 자기 자신으로 머무는 고독만이 존재한다. 「마가복음」 1장 9절 이하에서 예수의 세례식은 과거의 모든 것으로부터의 물러남으로서, 새로운 세계로의 신들린 봉헌으로서 드러나는데, 새로운 세계의 새로운 정신 앞에서 현실적인 것은 현실성과 꿈 사이에서 불확실하게 부유浮遊한다. "그(예수)가 요단강에서 요한에게 세례를 받으시고 곧 물에서 올라오실 때, 하늘이 갈라짐과 성령이 비둘기같이 자기에게 내려오심을 보시더니." 그리고 계속하여 "하늘로서 소리가 나기를 이는 내 사랑하는 아들이

라. 내가 너를 기뻐하노라", "성령이 곧 그를 광야로 몰아내신지라. 광야에서 40일을 계셔서 사탄에게 시험을 받으시며, 들짐승과 함께 계시니 천사들이 수종隨從들더라". 물 밖으로 나왔을 때 그는 지고의 영감으로 가득 찼으며, 이로 인해 그는 세상에 남아 있을 수 없었고 광야로 몰려났다. 이 시점에서 그의 정신의 작용은 일상사에 대한 의식과 아직 분리되지 않았다. 그는 40일 동안의 광야 생활이 지난 이후에야 비로소 이러한 분리에 눈떴으며, 그 이후에 자신 있게, 하지만 확고한 대립 속에서 세상에 들어갔다.

"가르치고 세례를 주라"μαθητεύσατε βαπτίζοντες라는 표현은 따라서 심오한 의미를 갖는다. "하늘과 땅의 모든 권세를 네게 주셨다"(마. 28장 18절), (「요한복음」 13장 31절에서 유다가 유대인들에게 예수를 팔아넘기기 위해 공동체를 떠난 순간 예수는 자기의 영광을 잠시 이야기한다. 바로 그때는 그가 자기보다 더 위대한 아버지에게로 돌아가기를 기다리고 있던 때였다. 그리고 여기 「마태복음」에서는 그가 세상이 그에게 요구하는 모든 것에서 퇴각해 있으며, 그도 참여했던 세상에서 이미 퇴각한 것으로 나타난다). "하늘과 땅의 모든 권세를 내게 주셨으니, 그러므로 너희는 가서 모든 족속으로 제자를 삼아 아버지와 아들과 성령의 이름으로 세례를 주고, 내가 너희에게 분부한 모든 것을 가르쳐 지키게 하라. 볼지어다. 내가 세상 끝날까지 너희와 함께 있으리라." 예수가 모든 현실성과 인격성에서 해방되어 있는 것으로 묘사된 이 시점에서 우리는 최소한이나마 그의 본질의 개별성과 인격성을 고려해 볼 수 있다. 자기의 본질이 신적인 정신으로 가득 찬 사람들, 신적인 것을 고백하는 사람들, 그 본질이 자기 속에 충만한 신적인 것 속에서 살아가는 사람들, 예수는 바로 이들과 함께 존재한다.

아버지와 아들 그리고 성령과의 관계를 말해 주는 이러한 세례는 「누가복음」(24장 47절 이하)에서는 훨씬 느슨하게 표현되고 있다. 이 부분은 예수의 이름으로 죄 사함을 얻게 하는 회개悔改가 예루살렘으로부터 시작하게 된다는 설교로 나타나 있다. "너희는 이 모든 일의 증인이라 내가 아버지의 약속하신 것을 너희에게 보내리라." 그들은 하늘로부터 능력을 입을 때까지는 예루살렘 밖에서 활동을 할 수 없었다. 순수하고 단순한 교리는 성령을 소유하지 않고서도 설교되어지며, 사건을 증거함으로써 지탱될 수도 있다. 하지만 그러한 교설은 성화聖化 작용도, 성령 세례도 아니다. 「마가복음」에서(마지막 장이 예수의 가르침인지 완전히 진실하지는 않다 하더라도 그 음조는 여전히 특징적이다) 예수의 작별이 아주 객관적으로 묘사되어 있다. 여기에서는 정신성이 오히려 전통적인 형식을 띠고 나타난다. 그 표현은 교회의 풍습으로 냉각되어 관례화되었다. "복음을 전파하라"(여기에 다른 말이 부가되어 있지 않으며, 그래서 일종의 기술적인 술어가 되어 버렸다). "믿고 세례를 받은 자는 구원을 얻을 것이요, 믿지 않는 사람은 정죄定罪를 얻으리라."[78] 여기서 '믿는 자'와 '세례 받은 자'라는 표현은, 모든 개념이 전제해야 하는 영혼을 무시한 채 분파나 공동체를 구별시켜 주는 역할을 하는 특수한 표현일 뿐이다. 마가는 신자들이 어떻게 신의 정신(성령)과 영화榮華된 예수로 채워지는지를 표현하기 위해 "나는 항상 너희들과 함께 있다"와 같은 정신으로 충만한 술어를 사용하지 않는다. 대신 그는 신자들이 장차 할 수 있게 될 현실에 대한 위대한 지배, 마귀의 축출과 이와 유사한 행동 등을 아주 건조하게, 정신으로 영감 받은 흔적도 없이 아주 객관적으로 서술한다. 이러한 객관적 서술은 행동을 이끄는 영혼에 대해서는 전혀 언급도 하지 않고 오직 표피적인 행동만을 묘사하는 데서나 나오는 것이다.

---

78) [옮긴이] 「마가복음」 16장 15절 이하.

인간들 속에 신적인 것이 지배한다는 말, 즉 인간들이 성령으로 충만하게 됨으로써 맺게 되는 관계는 그들이 신의 아들이 된다는 말이고, 그들이 자신의 전全 본질과 특성, 그리고 그들 자신에 의해 전개된 다양성을 조화롭게 유지하며 살아간다는 것이다. 이 조화 속에서 인간의 다양한 의식은 하나의 정신으로, 수많은 삶의 제 형태는 하나의 삶으로 통일을 이룰 뿐 아니라, 그 조화에 의하여 다른 신적인 본질과의 사이를 가로막는 장벽이 없어지며, 이 살아 있는 정신이 서로 다른 본질들에게 혼을 불어넣는다. 따라서 그 본질들은 이제 더 이상 단순히 똑같은 것이 아니라 통일된 존재들이며, 단순한 하나의 집합이 아니라 하나의 공동체를 형성하게 된다. 왜냐하면 그들은 신앙인으로서 보편자, 즉 개념 속에서 통일된 것이 아니라 삶, 즉 사랑으로 통일되어 있기 때문이다. 예수는 인간들 사이의 살아 있는 이러한 조화, 신 안에서의 인간 공동체를 신의 왕국이라고 불렀다. 예수는 '왕국'이라는 말을 유대인의 언어에서 가져왔는데, 그 말은 인간들 사이의 신적인 통일성을 표현하기에는 다소 부적절한 것이다. 왜냐하면 왕국이란 말은 원래 지배를 통해서만, 낯선 자에 대한 낯선 자의 권력을 통해서만 나타나는 통일이며, 순수한 인간관계의 아름다움과 신적인 삶과는(이 삶은 가능한 가장 자유로운 것이다) 완전히 이질적인 통일이기 때문이다. 신의 왕국이라는 이념은 예수가 창시한 종교 전체를 완성하며 포괄한다. 따라서 그 이념이 자연을 완전히 충족시키는지, 또는 어떤 욕구 때문에 예수의 제자들은 그 이념에서 더 나아가게 되었는지 등을 고찰해 보아야 한다.

신의 왕국에서 공통적인 것은 모두가 신 안에서 살고 있다는 것이다. 이 공통성은 개념 속에서의 공통성이 아니라, 그 자체 사랑, 즉 신자들을 묶어 주는 살아 있는 끈이다. 따라서 신의 왕국은 이와 같이 삶이 통일되어 있다는 감정이며, 순수한 적대감으로서의 모든 대립과 계속 지속되고 있는 대립의 통일로서의 권리 역시 지양되었다는 감정이다. 예수는 「요한복음」 13장 34절에서 "새 계명을 너희에게 주노니 서로 사랑하라. 이로써 모든 사람이 너희가 내 제자인 줄 알리라"라고 말한다. 정신으로서 묘사된, 또는 반성의 언어로 표현하자면 본질로서 묘사된 이러한 영혼의 유대 관계는 신적인 정신이며 공동체를 지배하는 신이다. 사랑으로 서로 관계 맺고 있는 사람들의 민족보다 더 아름다운 이념이 있는가? 운명의 힘에 의하여 여전히 조종당할 수밖에 없을 만큼이나 불완전한 것이 이러한 이념 속에 여전히 존재하겠는가? 아니면 이러한 운명이란 너무나 아름다운 고투苦鬪에 대항하여 날뛰는, 자연을 넘어간 것에 대항하여 날뛰는 복수의 여신인가?

사랑하는 인간은 타자 속에서 자기 자신을 재발견한다. 사랑이란 삶의 통일이기 때문에 그것은 삶의 분열, 삶의 전개, 삶의 다양한 측면들 등을 전제한다. 삶이 보다 많은 측면에서 생동적일수록 삶이 통일되었다고 느끼는 지점이 많을 수 있으며, 사랑은 그만큼 더 내적으로 된다. 사랑하는 자들의 관계와 감정이 아주 다양한 측면으로 더 많이 확대될수록, 그리고 사랑이 더욱 내적으로 집중될수록 사랑은 더욱 배타적으로 되며, 낯선 삶의 형태에 무관심하게 된다. 사랑하는 사람들은 그 상대방의 삶과 섞이게 되며, 각자의 삶을 인정하는데, 바로 이것이 사랑의 기쁨이다. 그러나 각자가 상대방에게서 개별성을 느낄 때 사랑의 기쁨은 없어진다. 자기의 문화와 관심의 문제에서, 인간이 너무 개별화되어 있을수록, 그리고 각자가 너무 많은 자기만의 고유성을 가질수록 그들의 사랑은 더욱더 자기 자신에 한계지어진다. 사랑하는 자들이 행복의 의식을 갖기 위해, 그리고 늘 그렇듯이 자기에게 그 행복의 의식을 부여하기 위해 사랑은 자신을 분절시켜 고립시키지 않으면 안 되고, 심지어 적대성을 산출하지 않을 수 없다. 따라서 사

람이 아주 많은 공동체에서의 사랑은 힘이나 그 내적인 깊이에 있어서 일
정 정도의 수준만을 유지한다. 또한 그러한 사랑은 그 회원들 각자에게 정
신, 관심 그리고 많은 생활 관계 등이 같아야 한다고 요구한다. 다른 말로
하면 이 사랑은 개별성의 축소를 요구한다. 하지만 삶이 이렇게 서로 같다
고 하는 것, 정신이 서로 동일하다고 하는 것 등이 그 자체로 사랑은 아니
다. 그래서 삶의 이러한 공동성과 정신의 이러한 동등성은 자기들만의 특
정한, 아주 강하게 표식된 자기들만의 표현 양식을 통해서 의식될 수 있다.
인식과 견해 등의 문제에서 모두가 완전히 일치할 수는 없다. 오히려 그 공
동체의 사람들을 연결하는 끈은 그들이 어떤 필요를 갖는가에 달려 있다.
공통적일 수 있는 대상들에서, 그러한 대상들로부터 발생하는 관계 속에
서, 따라서 그것들을 얻기 위한 공동의 노력 속에서 그리고 공동의 활동성
과 행동 속에서 이 연결 끈이 드러난다. 이 연결 끈은 공동의 재산과 향유
그리고 같은 문화 등 수많은 대상들과 연결되어 있으며, 그것들 속에서 인
식될 수 있다. 수많은 동일한 목적, 포괄적인 육체적 필요 등은 통일된 활동
의 대상일 수 있다. 그리고 이 통일된 활동 속에서 같은 정신이 드러난다.
그런 다음 공동의 정신은 즐겁고 유쾌하게 자기를 즐긴다. 그렇게 함으로
써 이 정신은 평온함 속에서 자신을 인식하고 자기의 통일성에 우쭐거리
며 즐거워한다.

　예수가 죽은 이후 그의 친구들은 서로 의지하며 함께 먹고 마셨다. 그
들 형제 중 몇몇은 모두를 위해 자신의 소유권을 완전히 포기하였다. 또 몇
몇 사람들은 풍부한 자선을 하거나 공동체에 기부함으로써 소유권을 부분
적으로 반납했다. 그들은 그들과 이별한 친구이자 주인이었던 자에 대해
서 이야기했으며, 서로 기도하고 신앙과 용기로 서로를 강하게 했다. 그들
의 적들은 그들 공동체에 속한 자들 중 몇몇이 아내를 공동으로 소유하고

있다고 비난했다. 그것은 곧 그들이 칭찬할 만한 순수성과 용기를 결하고 있다는 비난이거나 아니면 그러한 것에 대해 부끄러워하지 않는다는 비난이다. 많은 사람들은 함께 돌아다니면서 다른 민중들에게 그들의 믿음과 소망을 전하고 동참하게 했다. 이러한 포교 행위가 기독교 공동체의 유일한 활동성이었기 때문에 개종의 권유는 그 공동체의 가장 내적인 본질에 속한다.

이런 공동의 향유, 공동 식사, 공동의 신앙, 같은 소망 등 이런 것들 외부에, 그리고 믿음을 전파하고 믿음의 공동체를 확장하는 이런 유일한 그들의 활동성 외부에 엄청난 객관성의 영역이 여전히 존재한다. 이 객관성에 의해 하나의 운명이 산출되는데, 이 운명은 삶의 모든 방면에 걸쳐 막강한 힘으로 작용하고 인간의 모든 활동에 관계한다. 이 공동체는 사랑의 임무를 수행하는 가운데 가장 내적이지 않은 통일, 지고의 정신이지 않은 정신을 냉정하게 거부한다. 보편적인 인류애라는 현란한 이념, 그 이념의 부자연성과 천박함을 여기서 다룰 필요는 없다. 왜냐하면 그 공동체가 지향하는 바가 그 이념은 아니기 때문이다. 그러나 이 공동체는 사랑 자체를 넘어갈 수 없다.

객체 속에서 맺어지는 모든 다른 유대의 끈은 그것이 어떤 목표를 성취하기 위해 존재하건, 삶의 또 다른 측면을 발전시키기 위해 있건, 또는 공동의 활동을 위해 있건 간에 이 공동체에 낯선 것일 수밖에 없다. 왜냐하면 그러한 유의 유대의 끈은 공동체적인 신앙과 관계가 없으며, 이 공동체를 신앙과 관련이 있는 종교적 행위 속에서 서술하는 것과도 관계가 없기 때문이다. 믿음의 포교 이외의 것을 위해 협동하는 모든 정신 역시 그 공동체에 낯선 것이다. 다른 형태의 삶 속에서 전체적으로 또는 부분적으로 그 낯선 삶을 유희하며 즐기는 정신 역시 이 공동체에 낯설다. 이런 것들을 행한 공동체는 그 정신 속에서 인식되지 않으며, 사랑, 즉 자신의 고유한 정신을 포기했고, 그들의 신에게 신실하지 못하게 되었다. 그리고 또한 그 공동체는 사랑을 포기했을 뿐 아니라 그것을 파괴시켰다. 왜냐하면 그 공동체의 구성원들은 그들 각자의 개별성으로 인해 서로를 공격할 위험에 처해 있으며, 점점 더 그렇게 되지 않을 수 없었기 때문이다. 그 이유는 그들의 교육 환경이 서로 달라서 그들이 서로 다른 성격의 소유자들로, 서로 다른 운명의 힘에 예속된 자들로 변화되었다는 데 있으며, 그래서 사소한 이해관계와 미소한 성격의 차이로 인해 사랑이 증오로 변화되었고 결과적으로 신과의 분리가 수반되었다는 데 있다.

이러한 위험은 비활동적이고 전개되지 않은 사랑, 즉 지고의 삶이긴 하지만 생동적이지 않은 사랑에 의해서만 방지된다. 사랑의 영역이 이렇게 반反자연적으로 확장됨으로써 모순이 형성되었고, 허구에 찬 노력만이 성형하게 되었다. 그런데 이 허구의 노력이 수동적이건 능동적이건 가장 무시무시한 광신의 조상이 되지 않을 수 없었다. 이렇듯 사랑을 자기 자신에 한계짓는 것, 모든 형식의 거부——비록 그 정신이 이 형식들 속에서 호흡한다 하더라도, 또는 그것들이 그 정신으로부터 벗어났다 하더라도——, 즉 모든 운명으로부터의 이러한 이탈이 곧 사랑의 가장 위대한 운명이다. 그리고 바로 이 점이 예수가 운명과 관련 맺는, 그것도 가장 웅대한 방식으로 관련맺는 지점이다. 하지만 동시에 그곳은 바로 그가 고통을 감내해야 하는 지점이다.

＊ ＊ ＊

신에게 도취된 사람의 ——이런 사람을 똑똑한 사람들은 몽상가라고 부른다 ── 믿음과 용기를 가지고서 예수는 유대의 민중 사이에 나타났다. 그는 자기 자신의 고유한 정신을 가지고 새롭게 나타났다. 그는 세상이 어떻게 되어야 하는가를 보여 주었다. 그리고 그가 세상과 맺은 첫번째 관계는 세상이 다르게 되도록 불러 보는 것이었다. 따라서 그는 모든 사람에게 다음과 같이 큰 소리로 말하면서 시작했다. "회개하라. 천국이 가까웠느니라." 삶의 불꽃이 유대인들 속에서 잠시 동안 잠든 상태였다면 유대인들의 비천하기 그지 없는 허영과 욕구들을 소각시켜 버릴 화염으로 불타게 하기 위해 그 삶의 불꽃에 단지 훅하고 불어 줄 한 호흡만이 필요했을 것이다. 현실에 대한 불안과 불만족이 팽배한 가운데서도 그들에게 보다 순수한 것에 대한 욕구가 있었다면 그들은 예수의 외침에서 믿음을 발견했을 것이며, 이 믿음은 믿는 순간 믿음의 대상을 현존시켰을 것이다. 동시에 그들의 믿음과 더불어 신의 왕국도 현존했을 것이다. 예수는 원래 그들의 마음속에 전개되지 않고 의식되지도 않은 채 무의식적으로 놓여 있는 것만을 그들에게 말하고자 했다. 그들이 스스로 언어를 발견하고 그들의 욕구가 의식되기만 해도 그들의 과거의 빈천한 유대가 떨어져 버렸을 것이다. 그리고 과거의 운명으로부터 사멸한 삶의 경련만이 미동했을 것이며, 새로운 것이 바로 그 자리에 나타났을 것이다.

그런데 유대인들이 지금까지의 것과는 다른 것을 원하기는 했지만, 그들이 예속에 대한 자만심에 아주 만족해하고 있었기 때문에, 그들은 예수가 그들에게 제공했던 것 속에서 그들이 추구했던 것을 발견하지 못했다. 예수가 외쳤을 때, 그들이 보인 응답과 반응은 아주 불순하게 그를 주목하는 것이었다. 순수한 영혼을 가진 몇몇 사람들만이 그와 밀착하여서 그로부터 훈련받으려는 충동을 가졌다. 위대한 온화함과 순수한 몽상가의 신앙을 가진 예수는 그들의 갈망을 만족할 만한 심성으로, 그들의 충동을 완성으로 여겼다. 그리고 대개 화려하지는 않았지만 그래도 그들이 그때까지 맺고 있던 관계의 단절을 예수는 자유로, 그리고 치유되고 정복당한 운명으로 여겼다. 그가 그들을 받아들인 직후 그는 그들이 신의 왕국을 널리 전파시키기에 충분한 능력을 가지고 있으며, 그의 백성이 이미 충분히 성숙했다고 생각했다. 그는 자기의 소명을 아주 많이 울려 퍼지게 하기 위해 자기의 제자들을 둘씩 각 지역에 파견했다. 하지만 신적인 정신(성령—옮긴이)이 그들의 설교 가운데 거하지 않았다. 심지어 그들이 예수와 아주 오랫동안 교제를 나눈 후에도 그들은 스스로를 왜소한, 아니면 적어도 순수하지 못한 영혼의 소유자로 비하했으며, 따라서 그들에게도 여전히 신적인 것이 거의 침투되어 있지 않았다. 그들이 받은 교육의 핵심은 자기 자신을 부정하는 것 외에 신의 왕국이 도래했음을 알리는 것이었다. 그들은 곧 다시 예수에게로 모였다. 그리고 우리는 여기서 예수의 바람과 사도들의 활동의 결과 아무 소득이 없었음을 볼 수 있다. 처음에 사람들은 그의 소명을 무관심하게 받아들였다. 그러나 사태는 곧이어 증오로 나타나기 시작했다. 그에 대한 이러한 증오의 결과 그는 점차 그의 시대, 그의 민중 특히 그의 민족의 정신이 가장 강하고, 가장 정열적으로 살아 있는 사람들, 즉 바리새인과 민족의 지도자들에 대한 점증하는 분노를 표시했다. 그들에 대한 그의 태도에서 그들과 화해하고자 하는, 그들의 정신을 습득하고자 하는 의도가 결코 보이지 않는다. 그는 그들에게 격렬한 증오심만을 뱉어 내고 있으며, 그에게 적대적인 그들의 정신을 완전히 벗겨 내고 있다. 그는 단한번도 그들이 회개할 가능성이 있다는 신념으로 그들을 다루지 않았다. 그들의 전체 특성은 예수와 대립되었으며, 따라서 그가 그들에게 종교적인 문제에 관해 이야기할 기회를 얻었을 때, 그는 반박이나 교훈으로 시작하지 않았다. 그는 단지 권위에 의한 증명argumenta ad hominem을 함으로써 그들을 침묵시킬 뿐이다. 그는 그들과 대립되는 진리를 함께 있는 다른 사람들에게 공포한다.

그의 제자들이 돌아온 후 보이듯이(마. 11장), 그는 자기 민족을 단념한다. 그리고 신은 단순한 사람들에게만 자신을 계시한다(마. 11장 25절)고 그는 느끼게 되었다. 이때부터 그는 자신의 활동을 개별자의 교화에 제한했다. 그리고 그는 스스로 자기 민족의 운명에서 벗어나고, 그의 동료들도 민족의 운명에서 퇴각하게 함으로써 그의 민족의 운명을 건드리지 않고 그대로 남겨 두었다. 예수가 세상을 변화되지 않을 것으로 여기는 한 그만큼 그는 세상과 떨어져 있었으며, 세상과 맺고 있는 모든 관계로부터 그만큼 벗어나 있었다. 그가 그의 민족의 전체 운명과 심하게 충돌하면 할수록, 이 말이 모순처럼 보인다 해도, 그는 그만큼 그 운명을 수동적으로 대하게 되었다. 유대인들이 그들의 한 운명인 로마의 세법의 의무에 대해 토론을 개진했을 때 예수는 "카이사르 것은 카이사르에게 주어라"라고 말한다.[79] 그와 그의 친구들이 유대인들과 동일한 조공을 바쳐야 한다는 사실이 그에게 모순으로 보였을지 모르지만 그는 베드로에게 저항하지 말고 세금을 지불하라고 말했다. 그와 그 국가와의 유일한 관계는 그가 그 국가의 사법권 하에 놓여 있었다는 것이다. 그는 이 권력의 판결에 수동적으로 복종했으며, 그의 정신과 모순되는 것을 의식하면서도 받아들였다.

신의 왕국은 이 세계에 속하는 것이 아니다. 그러나 이 세계가 신의 왕국에 대립하여 현존하는가, 아니면 실재하지 않고 다만 가능한 것일 뿐인가 하는 문제는 신의 왕국의 입장에서는 커다란 차이가 있다. 예수가 전자를 받아들였기 때문에, 그래서 의식적으로 국가로부터의 수난을 감수했기

---

79) [옮긴이] 「마태복음」 22장 21절, 「누가복음」 20장 22절, 「마가복음」 12장 17절.

때문에 살아 있는 통일의 중요한 부분이 국가와의 이러한 관계와 더불어 단절되었으며, 신의 왕국의 회원들에게 하나의 중요한 끈이 끊겨 버렸다. 그리고 그들은 아름다운 연합체가 가지고 있는 부정하는 특성인 자유의 일부와 수많은 능동적인 관계, 살아 있는 관계 등을 상실하였다. 신의 왕국의 시민들은 적대적인 국가에 대립하는, 즉 국가로부터 배제된 사적私的 개인들이 된다. 그런데 삶의 이러한 제약은 자유롭게 포기될 수 있는 외적인 사물들에 대한 낯선 지배 권력의 폭력 이상의 것으로 현상하며, 삶의 도난 이상의 것으로 나타난다. 국가의 살아 있는 통일체 속에서 한번도 활동하지 못했으며, 이러한 유대와 자유를 결코 향유하지 못했던 사람들에게는, 특히 국가와 시민 상호간의 관계가 소유권의 측면에서만 접근될 경우, 그런 현상이 더 두드러지게 나타난다. 여기서는 수많은 상호 관계, 유쾌하고 아름다운 다양한 유대관계 대신 고립된 개별성, 개인의 특수성을 가진 협소한 의식이 등장한다. 국가를 통하여 이루어진 모든 관계들이 신의 왕국이라는 이념으로부터 배제되지만──왜냐하면 그들에게 그러한 관계들은 신적인 유대라는 살아 있는 관계들보다 훨씬 더 천박한 것이며, 신적인 유대라는 관계에 의하여 무시될 수 있는 것이기 때문이다──, 그러나 국가가 현존하고 예수나 그의 공동체가 국가를 지양할 수 없다면 예수와 국가 안에 머물러 있을 수밖에 없는 그의 공동체의 운명은 자유의 상실, 삶의 제한, 낯선 힘의 지배를 받는 수동성으로 남아 있을 뿐이다. 그 낯선 힘이 경멸받았지만, 그러나 그 힘은 예수에게 그가 필요로 하는 최소한의 것, 즉 그의 민족들 가운데서 사는 것을 순수하게 허용하였다.

　　삶이라기보다는 단순히 삶의 가능성이라고 불려질 수밖에 없는 삶의 이러한 측면 외부에서는 유대의 정신이 삶의 모든 양태를 지배했을 뿐만 아니라, 이 정신은 그 삶의 양태들 안에서 국가로서의 법으로 되었다. 그리고 그 정신은 가장 순수하고 가장 직접적인 자연의 형식들을 특정한 법으로 만듦으로써 그것들을 위축시켰다. 신의 왕국에는 무분별한 사랑과 지고의 자유에서 생겨난 관계 이외에 다른 관계는 있을 수 없으며, 아름다움의 현상 형식과 그것의 세계와의 연결 끈을 오직 미 자체로부터 획득하는 관계 이외에 다른 관계가 있을 수 없다. 삶의 불순함 때문에 예수는 신의 왕국을 그의 마음속에서만 간직할 수 있었다. 그가 사람들과 관계를 맺은 유일한 이유는 단지 그들을 계몽하고 그들에게 내재한다고 믿은 훌륭한 정신을 발전시키기 위해서, 그렇게 함으로써 자기의 세계를 받아들이는 사람들을 창조하기 위해서였을 뿐이다. 왜냐하면 그들 모두는 사망의 법에 놓여 있었으며, 사람들은 유대주의의 권력에 붙잡혀 있었기 때문이다. 양 측면 모두에게 자유로운 유대관계 속으로 그가 들어갔었다면 그는 유대의 합법성이라는 그물 속으로 떨어졌을 것이다. 그리고 그는 그러한 그물 조직의 실 속에 얽혀 버리게 되었을 것이다. 결과적으로 그는 허공 속에서만 자유를 발견했다. 모든 삶의 양태는 관계 속에서 진행될 수밖에 없었으며, 그래서 예수는 그의 어머니, 그의 형제들, 그의 친족들로부터 떨어져 나왔다. 그는 사랑할 아내도 없었고 자식을 얻을 필요도 없었다. 그는 가장도, 그의 동료들과 공통된 삶을 향유할 수 있는 시민도 되고자 하지 않았다.

자기 민족의 운명 때문에 수난을 당하게 되는 예수는 두 가지 중 하나를 선택해야 할 운명에 놓여 있었다. 첫째, 그는 민족의 운명을 자신의 것으로 받아들이고, 민족의 필연성을 수용하며, 민족의 기쁨을 함께 나누고, 자기의 정신을 민족의 정신과 연합시킬 수 있다. 물론 이때 그는 자신의 고결함 및 신적인 것과의 관계를 포기해야 한다. 둘째, 그는 자기 민족의 운명을 거부할 수 있다. 이때 그는 자기의 삶을 전개해 갈 수 없으며 즐거움도 없는 상태로 자기를 유지해야 한다. 그러나 둘 중 어느 경우에도 자연은 충족될 수 없었다. 전자의 경우에는 자연의 단편들, 그것도 더럽혀진 단편들만을 느꼈을 뿐이고, 후자의 경우에는 자연을 완전히 의식하긴 했지만 자연의 모습을 휘황찬란한 그림자로서만 ——이 그림자의 본질은 최고의 진리이다—— 인식했을 뿐이며, 따라서 그 본질을 느끼는 것, 즉 진리에 삶을 불어넣는 것은 실천적으로나 현실적으로나 단념될 수밖에 없었다. 예수는 후자의 운명, 즉 그의 본성(자연)과 세계의 분리를 선택했으며, 그의 동료들에게도 동일한 것을 요구했다. "아버지나 어머니, 아들이나 딸들을 나보다 더 사랑하는 사람은 나에게 족하지 않느니라." 그러나 그가 이 분열을 깊게 느낄수록 그는 평온할 수 없었으며, 그의 행동은 세계에 대항한 그의 자연적 본성의 용기 넘치는 반응이었다. 그의 투쟁은 순수하고 숭고했다. 왜냐하면 그는 운명 전체를 알고 있었고 또 그것에 맞섰기 때문이다. 그와 그의 공동체가 부패에 저항함으로써 그들은 이러한 부패 자체를 의식하지 않을 수 없게 되었으며, 그들에게 훨씬 더 자유로운 정신을 의식하게 되었다. 순수하지 못한 것과 순수한 것의 투쟁은 장엄한 광경이다. 그러나 신성한 것까지도 세속적인 것에 의해서 수난을 당할 때, 신성한 것까지도 세속적인 것의 손아귀에 사로잡힌 결과 드러난 양자의 융합이 순수하기라도 하듯이 운명에 맞서 날뛰게 될 때 그 투쟁의 광경은 끔찍한 것으로 변해 버린다.

예수는 이러한 총체적 파괴의 공포를 예견했다. 예수는 "내가 세상에 화평을 주러 온 줄로 생각지 말라. 화평이 아니요 검을 주러 왔노라. 내가 온 것은 사람이 그 아비와, 딸이 어미와, 며느리가 시어미와 불화하게 하려 함이니"라고 말한다.[80] 부분적으로는 운명으로부터 풀려났지만, 부분적으

---

80) [옮긴이] 「마태복음」 10장 34절 이하.

로는 여전히 운명에 매여 있는 존재는 이러한 혼합 상태를 의식하든 못하든 간에 자기 자신과 자연(본성)을 무섭도록 찢어 놓지 않을 수 없다. 자연과 부자연이 혼합되어 있는 경우에 후자에 대한 공격은 전자에게도 피해를 줄 수밖에 없고, 밀은 잡초와 함께 짓밟히며, 가장 신성한 자연까지도 상처를 입지 않을 수 없다. 왜냐하면 가장 신성한 자연이 세속적인 것과 엉켜 있기 때문이다. 눈앞의 결과들 때문에 예수는 자기 활동을 포기해야 한다고 생각하지 않았다. 그는 세상이 그 운명에서 벗어나게 하기 위해, 뒤틀린 세상을 부드럽게 하기 위해, 몰락해 가는 세상에 죄를 사한다고 위안을 주는 신앙을 허용하기 위해서 그의 활동을 계속하고자 했다.

따라서 지상에서의 예수의 삶은 세상과의 분리였고 세상으로부터 하늘에로의 도피였다. 그리고 또한 그의 삶은 공허하게 퍼져 있는 삶을 이념 속에서 복원시키는 것 그리고 저항하는 모든 사람에게 신에 대한 기억과 동경을 주는 것 등이었다. 하지만 때때로 그는 신적인 것을 실행했으며, 바로 그런 점에서 운명에 맞서 싸우는 투쟁을 하였다. 그런데 그러한 투쟁은 한편으로는 신의 나라의 확장이라는 이름으로 진행되었고 ——신의 나라의 서술과 더불어 세상의 모든 나라는 붕괴되고 소멸될 것이다——, 다른 한편으로는 자기에게 직접 공격해 오는 운명의 개별적인 부분에 곧바로 저항함으로써 진행되었다. 그런데 그는 예외적으로 그도 의식하고 있었던 국가라는 운명에 대항하여 단지 수동적인 태도를 취했을 뿐이다.

예수의 운명이 전적으로 그의 공동체의 운명과 일치한 것은 아니었다. 그 공동체는 세상과 분리되어 살아가는 수많은 사람들로 이루어져 있었다. 그래서 각 구성원들은 거기에서 자기와 같은 성격을 가진 많은 동료들을 발견하였다. 그들은 단체를 형성하여 서로 의지하였으며, 따라서 세상과는 동떨어진 채 단체의 삶을 영위할 수 있었다. 그들은 세상과의 접촉을 자제했으며 따라서 세상과의 알력도 거의 없었다. 그로 인해 그들은 세상일 때문에 동요되지 않았으며, 투쟁이라는 부정적 활동을 거의 하지 않았다. 긍정적인 삶에 대한 욕구가 더욱 강렬하게 그들 속에서 제기되었던 것 같다. 왜냐하면 부정성을 공동으로 소유하고 있는 공동체는 기쁨을 부여하지 못하며, 그 자체 미도 아니기 때문이다. 그런데 재산권의 파괴, 재화 공유제의 도입, 공동의 식사 등은 긍정적인 통일이기보다는 오히려 통일의 부정적 측면에 속한다. 이 공동체의 본질은 인간으로부터의 분리와 그들 내부에서의 서로간의 사랑이다. 양자는 필연적인 방식으로 결합되어 있는데, 이 사랑은 개별성들 간의 통일이어서는 안 되며 그런 통일일 수도 없다. 오히려 그것은 신 속에서의 통일이다. 한 단체가 현실성과 대립되어 있고 그것과 분리되어 있는 경우에만 그 단체는 오로지 신 안에서, 믿음 속에서 통일될 수 있다. 따라서 이러한 대립은 확고하게 고정되어 있으며, 이 대립은 이 연합체의 원리의 본질적인 부분이었다. 사랑은 언제나 사랑의 형식을, 신에 대한 믿음의 형식을 취하게 된다. 이러한 종류의 사랑은 생동적이지 않고 그 자체 삶의 형태를 띠지도 못한다. 왜냐하면 삶의 모든 형태는 오성에 의해서 객체로, 현실태로 대체가능한 것으로 파악될 수 있기 때문이다. 세상과의 대립적 관계는 세상과의 접촉 자체를 두려워하게 만들었으며, 삶의 모든 형식을 두려워하게 만들었다. 그 이유는 다음과 같다. 즉 삶의 모든 형식은 형태를 가지고 있으며, 그런 한에서 그것은 전체의 한 측면일 뿐이기 때문에 그러한 삶의 형식 속에서는 결함이 제기될 수밖에 없다는 데 그 이유가 있다. 그리고 이러한 결함이 세계에 관여하고 있기 때문이다. 따라서 그 공동체는 운명의 화해를 발견하지 못했다. 그 공동체는 유대 정신의 극단적인 대립물이었을 뿐, 극단들을 미 가운데서 중계시키는 매개자가 아니었다. 유대의 정신은 자연의 양태, 삶의 관계성을 현실태로 고정시켰다. 하지만 그 정신은 이러한 사실에 부끄러워하지 않았을 뿐 아니라——왜냐하면 그것들은 주의 은총이 아니던가?——, 그러한 현실태를 점유하고 있다는 것이 그들의 자만심이자 그들의 삶이었다. 이와 마찬가지로 기독교 공동체의 정신도 자기 발전하면서 스스로를 서술해 가는 삶의 모든 관계 속에서 단지 현실태만을 바라보았다. 그러나 그들의 정신은 사랑의 감정이었기에 그 정신의 가장 커다란 적은 객관성이었으며, 결과적으로 그것은 유대의 정신만큼 빈약한 것으로 남게 되었다. 하지만 기독교 공동체의 정신은 유대의 정신이 숭배하고 받들던 부를 경멸했다.

삶을 경멸하는 그러한 몽상은 쉽게 열광주의로 전이될 수 있다. 왜냐하면 아무런 관계도 갖지 않은 채 자신 속에 머물러 있기 위하여 그러한 몽상은 자신을 파괴시켰던 것을 파괴해야 하며, 그것이 아무리 순수하다 하더라도 자기에게 불순한 것을 파괴시켜야 하기 때문에, 그리고 바로 그러한 것의 내용을——그 내용은 종종 가장 아름다운 관계이다—— 손상시켜야 하기 때문이다. 이후 시대의 몽상가들에게도 삶의 모든 형태는 불순한 것으로 간주되었기 때문에 그들은 삶의 모든 형태를 무조건적이고 공허한 무형식성으로 만들었으며, 모든 자연적인 충동에 대해 전쟁을 선포했다. 왜냐하면 그러한 충동은 외적인 형식을 추구하기 때문이다. 그리고 이렇게 추구된 자살 행위의 결과가 흉측할수록, 그리고 공허한 통일성에 대한 이러한 고집의 결과가 흉측할수록 마음속에서는 다양성이라는 족쇄가 더욱 강하게 죄어 왔다. 왜냐하면 그들은 제약된 형식에 대한 의식만 가지고 있었기에, 그들에게 남겨져 있는 것이라고는 만행과 황폐화를 통해서만 도달되는 공허空虛 속으로의 도주밖에 없었기 때문이다. 하지만 세상의 운명이 너무 강해졌을 때, 그래서 이 운명이 자신과는 양립할 수 없는 교회 주변과 교회 속에서도 기능하기 시작했을 때 도주한다는 사고방식은 더 이상 가능하지도 않게 되었다. 그러므로 자연에 대항하는 위대한 위선자들은 세계의 다양성과 삶이 없는 통일성, 제약되어 있는 모든 법적인 관계들과 인간적인 덕들 등을 단순한 정신과 반反자연적으로 결합하여 유지하고자 했다. 음흉한 사기 행위로 모든 제약들을 유지하면서도 그것을 즐기고 동시에 그것에서 벗어나기 위해 그들은 통일성 속에 은신처를 고안해 냈는데, 그 속에서 그들 각자는 시민적인 행위를 할 수 있었고 욕망과 욕구를 표현할 수 있었다.

예수는 유대인들과 함께 살아가는 것을 경멸했지만, 동시에 자기의 이상을 가지고 현실과 계속 투쟁했기 때문에 불가피하게 그는 이러한 현실성에 굴복하지 않을 수 없었다. 그는 자신의 운명의 이러한 전개 과정을 회피하지 않았지만, 그러나 그것을 적극적으로 추구하지도 않았다. 스스로를 위해서만 꿈을 꾸는 몽상가는 죽음을 환영한다. 하지만 위대한 계획을 위해 꿈을 꾸는 사람은 자신의 계획을 상연할 무대에서 비탄에 잠겨 떠날 수밖에 없다. 예수는 자신의 계획이 수포로 돌아가지 않을 것이라는 확신을 가지고 죽었다.

* * *

기독교 공동체의 운명의 부정적 측면, 즉 삶의 모든 양태를 규정된 것으로, 그 규정태와의 관계를 범죄로 단정함으로써 세계와 대립적 관계를 유지하는 기독교의 모습과는 달리 기독교에는 사랑의 유대라는 긍정적 측면도 있다. 사랑이 전체 공동체로 확장됨으로써 그것의 성격은 변화한다. 즉 기독교 공동체는 더 이상 개별성의 살아 있는 통일이 아니다. 그들의 향유는 서로 사랑해야 한다는 의식에 의해 제약된다. 그들은 삶의 모든 형식에서 벗어나 있는, 또는 삶의 모든 형식을 사랑이라는 보편적 형식을 통해서만 규정하는, 다른 말로 하면 삶의 형식에서 살아가지 않는 공동체를 만들었다. 그러는 가운데 그 공동체 회원들에게는 충족되지 않은 삶으로 도주함으로써 운명에서 벗어났다는 생각이 쉽게 형성되었다.

이 사랑은 신적인 정신이지만 아직 종교는 아니다. 종교가 되기 위해서 사랑은 객관적인 형태를 띠어야만 했고, 또 사랑은 하나의 느낌이고 주관적인 것이므로 표상된 것, 즉 보편자와 융합해야만 했으며, 그럼으로써 숭배할 수 있는 값진 존재 형태를 획득해야만 했다. 주관과 객관, 느낌 그리고 대상에 대한 느낌의 욕구와 오성을 통일시키려는 욕구, 환상을 통하여 미美, 즉 신 속에서 주관과 객관을 통일시키려는 이러한 욕구는 인간 정신의 가장 고귀한 욕구이며 종교에 대한 충동이다. 그런데 신에 대한 믿음을 통해서도 기독교 공동체는 이러한 충동을 만족시킬 수 없었다. 왜냐하면 그들의 신 속에서 그들은 공동의 감정만을 가질 수 있었기 때문이다. 모든 본질적 존재들은 세계의 신Gott der Welt 속에서 통일되어 있는데, 그 공동체의 회원들은 이 세계의 신 속에서 존립하지 않는다. 그들의 조화는 전체의 조화가 아니다. 그렇지 않다면 그들은 특별한 공동체를 형성하지도 않았을 것이며, 사랑으로 서로 연결되지도 않았을 것이다. 그들의 사랑, 그들의 신성은 세계의 신성을 표현한 것이 아니다.

종교에 대한 예수의 욕구는 전체의 신Gott des Ganzen 속에서 충족되었다. 왜냐하면 그의 신관神觀은 세상으로부터 도주하는 것이었으며, 세상과의 끊임없는 충돌이었기 때문이다. 그는 세상에 대립되어 있는 것만을 필요로 했는데, 그 대립자 속에 자기의 대립이 정초되어 있었다. 그는 그의 아버지였고 그와 하나였다. 반면 그의 공동체에서는 세상과의 끊임없는 충돌이 다소간 사라졌다. 그 공동체는 세상에 대항해서 능동적인 투쟁을 감행하지도 않은 채 살았으며, 세상에 의해서 끊임없이 자극되지도 않았고, 그런 한에서 그들은 행복하였다. 따라서 그들은 세계의 대립물, 즉 신에게로 도피할 필요가 없었다. 오히려 그들은 그들의 공동체와 그들 간의 사랑 속에서 만족, 참된 것 그리고 일종의 살아 있는 관계 등을 발견하였다. 모든 관계는 관계되어지는 것과 대립되기 때문에, 즉 감정은 여전히 현실성을 갖기 때문에, 또는 주관적으로 표현하자면, 감정은 현실성을 이해할 수 있는 능력인 오성을 대립되는 것으로 갖기 때문에 공동체의 결함은 양자를 통일하는 가운데 충족되어질 수 있다. 공동체는 이 공동체의 신의 욕구를 가지는데, 바로 이 신 속에서 배타적인 사랑, 공동체의 특성, 공동체의 회원 상호간의 유대관계 등이 서술된다. 그리고 이때 이런 것들은 상징이나 비유로서 서술되지 않으며 또는 주관과 서술된 형태를 분리된 것으로 의식하게 하는 주관의 인격화로서 서술되지도 않는다. 오히려 그런 것들은 마음속에 존재하며 동시에 감정이고 대상이다. 여기에서 감정이란, 모든 개별자가 자기의 감정을 자기 개별적인 것으로 의식한다 하더라도, 모두를 관류하고 있으며, 단 하나의 본질로 유지되고 있는 정신이다.

사랑으로 뭉쳐진 단체, 즉 모든 특수성에 대한 자신의 권리를 포기하고 단지 공동체의 신앙과 희망을 통해서만 통일되어 있는 마음의 공동체, 따라서 그 향유와 즐거움을 순수한 사랑의 협동에서만 찾는 공동체는 바로 규모가 적은 신의 왕국이다. 하지만 그들의 사랑은 종교가 아니다. 왜냐하면 통일, 즉 인간의 사랑이 동시에 이러한 통일의 서술은 아니기 때문이다. 사랑이 그들을 통일시키지만 사랑받는 자들은 이러한 통일을 인식하지 못한다. 그들이 인식하는 지점에서 그들은 분리를 인식한다. 신적인 것이 현상한다는 것은 보이지 않는 정신이 보이는 것과 연합되었다는 것을 의미하며, 따라서 전체가 통일될 수 있고, 완벽한 조화, 즉 완전한 종합이

가능하며, 인식과 감정, 조화와 조화로운 것이 하나로 될 수 있다는 것을 의미한다. 그렇지 않을 경우 분할할 수 있는 자연 전체와의 관계 속에서 세계의 무한성에서 보면 극히 왜소하고, 그것의 객관성에서 보면 극히 위대하여 결코 만족될 수 없는 충동이 남게 된다. 거기에는 해소될 수 없고 만족될 수 없는 신에 대한 욕구가 존재한다.

예수가 죽은 후 제자들은 목자 없는 양과 같았다. 그들의 친구는 죽었다. 그러나 그들은 그가 이스라엘을 해방시킬 수 있는 사람이라고 희망하지 않았던가?(눅. 24장21절) 이 희망은 그의 죽음과 함께 끝나 버렸다. 그는 모든 것을 그의 무덤 속으로 가져가 버렸다. 그의 정신은 그들 속에 계속 머물러 있지 않았다.[81] 그들의 종교, 즉 순수한 삶에 대한 그들의 신앙은 개별자 예수에 매달려 있었다. 예수는 그들의 살아 있는 끈이었으며, 계시되어 형상을 입은 신적인 존재였다. 그들에게는 신 역시 그에게서 나타났다. 그들에게 예수라는 개별자는 규정된 것과 조화라는 규정되지 않은 것을 생동적으로 통일시키는 것으로 나타났다. 그의 죽음과 더불어 그들은 보이는 것과 보이지 않는 것, 즉 현실과 정신의 분열로 다시 되돌아갔다. 예수가 그들로부터 멀리 떠나 버리긴 했지만, 여전히 그들은 신적인 존재를 기억하고 있었을 것이다. 그의 죽음이 그들에게 미친 위력은 시간이 지남에 따라 사라져 가고, 그들의 눈에 그들의 친구의 죽음이 꼭 죽어 있는 것으로만 남아 있지는 않았을 것이다. 살해당한 몸을 보면서 나타난 비탄을 통해 점차 그의 신성을 직관했을 법도 하다. 그의 무덤으로부터 부패하지

---

81) 〈헤겔 수고의 삭제된 내용〉"죽은 지 이틀 후에 예수는 죽음에서 일어났다. 그리고 그들의 마음속에 믿음이 되돌아 왔으며, 곧이어 성령이 그들에게 임했고, 부활은 그들의 믿음과 구원의 근거로 되었다. 이 부활의 영향이 아주 컸기 때문에, 이 사건이 그들의 신앙의 중심점이 되었기 때문에, 부활의 욕구는 필연적으로 그들 속에 아주 깊게 자리잡게 되었다."

않은 정신과 더 순수한 인간상이 그들에게 생겨났는지도 모른다. 하지만 이러한 정신에 대한 숭배와 더불어, 이러한 상像을 직관하는 즐거움과 더불어 그 상의 삶에 대한 기억이 여전히 남아 있었을 것이다. 이 숭고한 정신은 사라져 버린 실존 속에서 항상 그 대립물을 가졌을 것이다. 그리고 이러한 정신이 환상으로 현재現在한다는 것은 종교의 욕구를 의미할 뿐인 동경과 항상 결합되었을 것이다. 하지만 이 그 공동체는 여전히 자신의 고유한 신을 갖지 못했을 것이다.

그 상像에는 미美, 즉 신성을 위한 삶이 결여되어 있었다. 상과 형태는 사랑의 공동체 내에 있는 신적인 것, 즉 이러한 삶을 결여한다. 그러나 부활 형상과 승천 형상 속에서 그 상은 다시 삶을 얻었고, 사랑은 자신의 유일성을 서술하였다. 정신과 육체의 이러한 재결합 속에서 살아 있는 것과 죽어 있는 것 사이의 대립은 사라졌으며, 양자는 신 속에서 통일되었다. 사랑의 갈망은 살아 있는 본질적 존재가 되었으며, 이 사랑의 갈망은 이제 스스로를 향유할 수 있다. 이제 그 단체의 종교는 바로 이 살아 있는 본질을 숭배한다. 종교의 욕구는 부활한 예수에게서, 이러한 형태화된 사랑 속에서 만족된다.

예수의 부활을 하나의 사건으로 고려하는 것은 종교와 관련이 없는 역사가의 관점이다. 그리고 종교에 대한 관심 없이 예수의 부활 사건을 단순한 현실로 믿을 것인가 안 믿을 것인가 하는 문제는 오성이 하는 일인데, 오성의 활동, 즉 객관성을 고착시키는 작용은 종교의 죽음이며, 오성에 의지한다는 것은 종교를 추상한다는 것을 의미한다. 그런데 오성은 그 문제를 토의할 수 있는 권리를 가지는 것처럼 보인다. 왜냐하면 신의 객관적인 측면은 단순히 사랑의 형태로 존재하는 것이 아니라 자기 자신의 존립을 위해 존재하며, 현실태들의 세계에서 하나의 현실태로서 하나의 자리를 주장하기 때문이다.[82] 오성의 이러한 주장 때문에 부활한 예수의 종교적인 측면, 즉 형상화된 사랑을 그것의 아름다움 속에서 확고하게 유지하는 것은 어려운 일이다. 왜냐하면 신격화를 통해서야 비로소 예수는 신으로 되며, 그의 신성은 현실태로 현존하는 자를 신격화한 것이기 때문이다. 그는 개별자 인간으로 살았고, 십자가에서 죽었으며, 묻혔다. 이러한 결점은 인간성에 속하며, 그것은 신의 고유성에는 없는 것이다. 신의 객체, 즉 신의 형태가 단순히 공동체를 통일시키는 사랑을 서술하고 있을 경우, 즉 그것이 단순히 사랑의 순수한 대응물인 경우, 그리고 그것이 사랑 속에 있지 않은 것은 아무것도 포함하지 않으며 ── 그러나 여기서는 그것이 사랑의 대응물로 나타난다 ── 동시에 감정이 아닌 어떤 것도 포함하지 않는 경우, 바로 이런 경우들에 한해서 신의 객체, 즉 신의 형태는 객관적이다. 그러나 본질로 된 통일체인 부활자의 상像에 이 부활자와는 완전히 이질적인 것, 즉 완전히 객관적이고 개별적인 것이 부가되었다. 이 이질적 존재는 사랑과 나란히 나타나지만, 사랑과는 구별되는 개별자로서, 사랑의 대립자로서 확고하게 고정되어 있다. 이 개별자, 대립자는 오성에 의해 산출된 것이다. 따라서 부활자의 상에 덧붙여진 이질적인 것, 즉 사랑의 대립자로서의 객관적인 것은 신격화에 매달릴 때 나타나는 어쩔 수 없는 현실이다. 이는 마치 발이 납에 묶여 있는 사람이 땅 아래로 자꾸 처지려 하는 것과 같다. 왜냐하면 한계를 갖지 않은 하늘의 무한성과 순수한 제약의 집합소인 지상

---

82) [옮긴이] "신의 객관적 측면"이란 신이 객관화된 형태 내지는 신을 섬기기 위한 기구나 제도들을 일컫는다. 교회는 그것의 가장 좋은 예에 속한다. 헤겔에 따르면 신의 객관적 측면, 즉 교회는 사랑을 구현하기 위한 사랑의 공동체, 그래서 '신의 작은 왕국'을 목표로 하지만, 교회사가 보여 주듯이, 교회는 교회 자체의 존립의 문제와 사회 내에서 위상 강화를 위해 투쟁했다. 이것은 교회의 제도화의 정도와 비례하며, 이런 의미에서 제도화된 교회는 헤겔에게서 실정성의 가장 대표적인 예로 간주된다.

과의 중간 지점에서 신이 떠돌아다니고 있기 때문이다. 영혼은 두 가지 상이한 본성을 포기할 수 없다. 헤라클레스가 잿더미 속에서 나왔을 때에 영웅으로 부활했던 것같이 신격화된 사람 역시 무덤에서 나왔을 때에야 영웅으로 되었다. 그러나 헤라클레스의 경우, 그는 형상화된 용기로 머무르며, 신으로 된, 그래서 더 이상 투쟁도 행동도 하지 않는 영웅으로만 남아 있다. 반면 예수의 경우, 그는 영웅으로만 머물러 있는 것이 아니라 기도를 필요로 하는 제단에 봉헌된다. 부활한 자만이 죄인들의 도피처가 되는 것이 아니며, 그들의 신앙을 황홀하게 하는 것이 아니다. 이 외에도 배회하면서 가르치고 결국 십자가에 매달린 사람 역시 숭배되어진다. 이러한 엄청난 결합 위에서 수세기 동안 신을 찾아 헤매던 수백만의 사람들이 싸워 지치그 괴로워했다.[83]

현실이란 껍데기이자 사라져 버릴 어떤 것이라고 하는 데 이의가 없다던, 종교에 대한 충동이 신적인 것의 껍데기로서의 어떤 것과 충돌하게 되는데, 이러한 충돌은 결코 노예 형태나 비굴함이 아니다. 그러나 (기독교에서는—옮긴이) 현실태가 이 신에게서 그리고 신 속에서 확고하게 유지되며, 바로 이러한 사실이 신의 본질에 속한다고 하며, 개별성은 숭배의 대상이 된다고 한다. 무덤 속에서 벗어 던져 버린 현실이라는 껍데기는 무덤으로부터 다시 일어나서 신으로 부활한 자에게 달라붙었다. 공동체에게는 참으로 슬픈, 현실태에 대한 이러한 집요한 욕구는 그 공동체의 정신 그리

---

83) [옮긴이] 여기서도 헤겔은 그리스 문화의 우수성과 기독교 문화의 천박함을 비교한다. 그리스에서는 영웅을 영웅으로 남길 뿐이며, 그래서 이 영웅은 사람들의 마음속에 살게 되는 데 반해, 기독교적 사유는 영웅을 신으로 만들어 이 영웅을 위한 제단을 필요로 하게 만들며, 개별자의 모든 삶의 가치를 이 영웅에게 의존하게 만든다. 즉 이 영웅은 사람들의 마음속에 살아 있기보다는 제단으로 대표되는 외적인 제도에 기생하게 된다.

고 그 정신의 운명과 깊게 관련되어 있다. 그들의 사랑은 모든 삶의 형태를 객체에 대한 의식으로 여기며, 동시에 그러한 삶의 형태를 경멸하는데, 바로 이 사랑이 부활한 자에게 형상화되어 있다고 인식되었다. 하지만 그들의 눈에 그는 순수하고 단순한 사랑이 아니었다. 그 이유는 다음과 같다. 세상과는 단절된 그들의 사랑이 삶의 전개 과정 속에서도, 아름다운 관계 속에서도 그리고 자연적인 관계를 교육하는 가운데서도 현실화되지 않았기 때문에, 또 그들의 사랑이 사랑이긴 하지만 삶이 될 수는 없었기 때문에, 그들이 사랑 속에서 상호간에 신뢰를 할 수 있기 이전에 그들은 사랑을 인식하기 위한 어떤 기준을 가져야만 했다. 사랑 자체는 그들 사이에 철저한 통일성을 창출하지 못했다. 따라서 그들은 그들의 공동체를 서로 연결시켜줄 만한, 또한 그 속에서 모두가 사랑의 확신을 발견할 수 있을 만한 또 다른 끈을 필요로 하였다. 따라서 그 공동체는 현실 속에서 인식되어야 했다. 이제 이 현실은 신앙이 동등하다는 데 있게 되었다. 신앙이 동등하다는 말은 하나의 교리를 수용하고 공동의 스승과 교사를 가지고 있다는 의미이다. 공동체를 통일시키는 힘인 신적인 것이 그 공동체에게는 미리 주어져 있는 것이라는 형식을 갖는데, 이것은 이 공동체의 정신의 두드러진 특징이다.

정신, 즉 삶에는 아무것도 미리 주어져 있지 않다. 정신이 수용한 것 자체가 곧 정신으로 된다. 정신이 수용한 것은 바로 정신 속으로 전이되어서 이제 정신의 양태로 되며, 따라서 그것 자체가 곧 정신의 삶이다. 그러나 그 공동체의 사랑이 비생동적이기 때문에, 그 공동체의 사랑의 정신은 심한 결핍과 공허를 느끼게 된다. 따라서 정신은 자기에게 요구되는 정신을 자기 안에서 완전하고 생생하게 인식하지 못하고 그것과는 소원한 상태에 머물게 된다. 낯선, 그리고 낯선 것으로 느껴지는 정신과의 결합은 그 정신에 종속되어 있다는 의식일 뿐이다. 공동체의 사랑이 모든 사람들에게로 확장됨으로써 그 사랑은 한편으로는 많은 것을 빠뜨리게 되었다. 다른한편 바로 이 때문에 그 사랑은 이상적인 내용으로 가득 채워졌지만, 삶을상실하게 되었다. 사랑의 채워지지 않는 이상은 그들에게 하나의 실정적인 것이 되었다. 그들은 그 이상을 자기들과는 대립되는 것으로, 그리고 스스로 그 이상에 종속되어 있는 것으로 여겼다. 그들이 가지고 있었던 제자의 의식과 주인이자 스승의 의식은 바로 그 정신에 근거해 있었다. 그 정신은 형태화된 사랑 속에서 완전하게 서술되지는 않았다. 그 공동체와 대립해 있는 현실이 사랑의 형상과 결합되었을 때 정신의 여러 측면들 중에서수용하고 학습할 수 있으며 스승보다 더 심오하게 서 있을 수 있는 정신의측면은 사랑의 형태 속에서야 비로소 서술될 수 있다. 이러한 보다 높은 대립태는 그 신이 필연적으로 가지고 있는 숭고함이 아니다. 왜냐하면 그 신속에서는 개별자가 그 신과 동등한 것으로 인식되는 것이 아니라, 통일되어 있는 모든 것의 전체 정신이 그 신 안에 포함되어 있기 때문이다. 반대로 그 공동체는 실정적이고 객관적인 것이다. 그 공동체적인 정신 속에 종속이 있는 것만큼 그 공동체는 자기 자신 속에 낯선 것, 즉 지배를 갖고 있다. 이러한 의존의 공동체 속에서, 하나의 설립자에 의존하는 이러한 공동체에서 그리고 역사적인 현실과 공동체적 삶의 이러한 혼합 속에서 그 공동체는 진정한 유대를 인식하였으며 생동적이지 않은 사랑 속에서는 결코느껴질 수 없는 통일에 대한 확신을 인식하였다.

세계와의 모든 연대를 벗어나 순수하게 자기 자신을 보전하는 사랑 속에서 모든 운명을 피할 수 있을 것처럼 생각하는 공동체는 운명의 손아귀에 쿨잡히게 되었다. 그러나 그 운명의 중심은 모든 관계로부터 벗어나 있는 사랑, 즉 공동체 안에서의 사랑이었다. 그 운명은 한편으로는 공동체 자체의 확장을 통해서 점점 더 발전하고, 다른 한편 이러한 확장에 의해서 세계의 운명과 점점 더 일치하게 된다. 왜냐하면 그 운명은 무의식적으로 세계의 운명의 많은 측면을 수용할 뿐만 아니라 세계의 운명에 맞서 싸우는 동안에 점점 더 더럽혀지기 때문이다.

경배를 요구하는 비신적非神的인 객체는 그 주변이 광택으로 빛난다 해도 결코 신적인 것으로 되지 못한다.

인간 예수조차 하늘의 현상으로 둘려 있다는 것은 사실이다. 그의 출생에 보다 높은 본질이 관련되어 있다고 한다. 또한 언젠가 그는 스스로 빛을 발하는 형상으로 변화되기도 하였다.[84] 하지만 이러한 하늘의 형상들 역시 현실 외부에만 존재한다. 개별자를 둘러싸고 있는 신적인 본질들은 신적인 것과 현실적인 것의 대조를 훨씬 두드러지게 하는 데 이바지할 뿐이다. 신적인 것으로 간주되며 이 신적인 것에서 나온 활동들, 보다 고귀한 형태로 자신을 고양하는 활동들 역시 그러한 지나가는 후광보다 훨씬 열등할 수 있다. 자기 둘레에서 단순히 떠돌아다니는 것이 아니라 그의 내적인 힘으로부터 산출되는 기적은 신에 비견될 만한 속성, 즉 신의 특성으로 현상한다. 기적 속에서는 신적인 것이 객체와 가장 내적으로 통일되어 있는 것처럼 보이며, 따라서 완고한 대립과 대립자들의 단순한 외적인 연결이 여기서는 사라져 버린 것처럼 보인다. 기적과 같은 이러한 사태를 한 인간이 수행하였는데, 그는 신적인 것과 분리될 수 없는 것으로 현상한다. 하지만 결코 통일에는 이르지 못할 이러한 유대관계가 밀착되면 될수록 상

---

84) [옮긴이] 「마태복음」 17장에 나오는 기사를 지칭함. 예수가 언젠가 몇몇 제자들과 높은 산에 올라갔을 때 그의 몸이 변형되어 해같이 빛이 났으며, 그런 가운데 그는 유대의 위대한 조상들인 모세와 엘리야와 더불어 대화를 나누는 장면이 나온다. 이는 예수의 신성을 표현하는, 그리고 그가 메시아임을 표현하는 대표적인 기사에 속한다.

호 연결되어 있는 대립자들 사이의 부자연스러움은 더욱더 거칠게 눈에 띌 것이다.

하나의 행동으로서의 기적에 대해서 오성은 원인과 결과의 관계를 가지고 바라본다. 그리고 오성은 여기서 그것의 개념의 영역을 인정한다. 하지만 동시에 이 개념의 영역은 파괴되고 마는데, 왜냐하면 원인이란 결과만큼의 크기로 규정된 것이 아니라 무한한 것으로 간주되기 때문이다. 오성데게 원인과 결과의 관계는 그 규정성이 동등하다는 데서 성립하기 때문에, 그리고 양자의 대립이란 한편에서는 이 규정성이 활동성으로서, 다른 한편에서는 이 규정성이 수동성으로 나타나는 데서 성립하기 때문에 기적과 같은 행동 속에서는 무한한 활동성을 지닌 무한자가 극단적으로 제약된 결과를 갖게 된다. 오성의 영역을 지양하는 것이 부자연스러운 것이 아니라, 오성의 영역은 정립되면서 지양된다고 하는 것이 부자연스럽다. 이제 한편으로 무한한 원인의 정립이 유한한 결과의 정립과 모순되는 것과 꼭 마찬가지로 무한자는 특정한 결과를 지양한다. 전자는 오성의 관점에서 바라본 것인데, 이 관점에서 무한자는 단지 하나의 부정태이며, 하나의 규정을 덧붙여 가지고 있는 무규정자이다. 후자는 무한자를 하나의 존재자로 바라보는 관점인데, 이 관점에서 무한자는 작용하는 하나의 정신이며, 한 정신이 불러일으킨 작용(결과)을 규정하는 것은 그것의 부정적 측면이다. 정신의 행동을 다른 것과 비교하는 관점을 취할 때만 정신의 행위는 규정된 것으로 현상할 수 있다. 원래 정신의 행위는 규정성의 지양이며, 그 자체 무한한 것이다.

신이 작용을 할 때 신의 그런 작용은 정신에서 정신으로 이행하는 작용이다. 결과는 결과를 불러일으키는 대상을 전제하지만, 정신에서 기인한 결과는 그 대상을 지양한다. 신적인 것은 대립자를 지양함으로써 자기 자신을 통일 속에서 서술하는데, 이러한 전개 과정이 곧 신적인 것의 출현이다. 하지만 기적에서 정신은 육체에 작용을 가하는 것으로 현상한다. 원인은 인과관계를 불러일으키는 형태화된 정신이 아니다. 왜냐하면 정신의 형상이 정신과 대립되는 육체로서 다뤄질 경우 이 정신의 형상에도 인과관계가 성립될 것이기 때문이다. 이때 정신의 형상은 물체와 유사한 것으로, 또는 물체와 대립되는 것으로 물체와 비교되는 그런 유의 것이다. 정신은 정의상 육체와는 아무런 공통점도 갖지 않으며, 육체 역시 정의상 정신과 아무런 공통점도 갖지 않는다. 바로 이 점에서 정신과 육체는 공통점을 갖는다.[85] 그런데 내용적으로 정신과 육체는 결코 공통적인 것을 서로 가지고 있지 않다. 그들은 절대적인 대립이다. 대립을 중단한 그들의 통일이 삶이며, 이 삶이 곧 형태화된 정신이다. 이러한 정신, 즉 신적인 것, 분리되지 않은 것이 작용을 할 때 정신의 행동은 이 정신과 가까운 본질, 즉 신적인 존재와의 결합이며, 그들의 통일성을 서술하여 주는 새로운 존재의 산출이며 전개 과정이다. 그러나 만약 정신이 다른 형태 속에서 작용한다면, 즉 대립물로서, 적대적이고 지배하려 하는 것으로서 작용한다면 그것은 이미 그 신성을 상실했다. 따라서 기적은 가장 비신적인 것을 서술한 것에 불과하다. 왜냐하면 그것은 가장 비자연적인 현상이기 때문이다. 기적은 정신과 육체 사이의 가장 거친 대립을 포함하며, 여기에서 두 개의 직접적인 대립은 아무런 모순의 해소도 없이 결합되어 있다. 신적인 행동은 일자의 복원이며 서술이다. 기적은 극단적인 분열이다.

영화榮華되어 신으로 고양된 예수의 실제 육체가 기적을 통해 신성으로 고양될 것이라는 어떠한 기대도 결코 충족되지 않았다. 그 기대감은 오

---

85) [옮긴이] 즉 정신과 육체는 각각 상대방을 필요로 하지 않는다는 점에서 같다.

히려 정신에 이런 실제적인 육체가 덧붙여져 있다는 완고함을 훨씬 더 높여 놓았다. 그런데 이런 완고함은 초기 기독교 공동체의 회원들에게보다는 우리에게 훨씬 더 크게 작용하고 있으며, 우리는 그들과 비교해 볼 때 훨씬 더 오성적이다. 동양의 정신으로 호흡한 그들은 정신과 육체의 분리를 거의 수행하지 않았다. 그들은 대개 사물을 개체로 간주하지 않았으며, 따라서 그만큼 사물을 오성에게 양도하지 않았다. 우리가 특정한 현실이나 역사적 객관성을 오성적으로 인식하게 되는 지점에서 그들은 종종 정신을 보았다. 그리고 우리가 순수한 정신을 정립한 지점에서 그 정신이 그들에게는 체현되어 있었다. 후자의 통찰 방식으로부터 우리가 불멸성, 특히 영혼의 불멸성이라고 부르는 것에 대한 그들의 파악 형식이 드러난다. 예를 들면 영혼의 불멸성이 그들에게는 육체의 부활로 나타난다. 양자의 통찰방식은 극단적이며 그리스의 정신은 양자의 중간에 위치한다. 우리의 극단성은 영혼과(영혼은 모든 오성에 대립해 있는 하나의 부정태이다) 그 대상, 즉 죽어 있는 육체를 엄격하게 대비시키는 이성의 극단적 사용에 있다. 초기 기독교도의 극단성은 말하자면 육체를 살아 있는 것으로 정립하면서 동시에 죽어 있는 것으로 가정하는 이성의 실정적 능력에 대한 집착에 있다. 그리스인들에게 몸과 영혼이 하나의 살아 있는 형태 속에 머물러 있는 반면, 양극단에 있어서 죽음은 육체와 영혼의 분리이다. 하나의 경우에는 육체가 영혼에 더 이상 깃들지 못하며, 다른 하나의 경우에는 육체가 생명 없이 지속된다. 또한 우리가 단지 오성을 도구로 사용하여 실재적인 것 또는 어떤 낯선 정신을 인식하는 지점에서 최초의 기독교인들은 그들의 정신을 혼합한다.

유대의 문헌 속에서 우리는 인간의 과거의 사건, 개별적인 상황 그리고 지나가 버린 정신을 본다. 유대인들의 신앙 행위에서 그들의 명령에 의

한 행동들은 우리에게 더 이상 진리이지 않다. 왜냐하면 이 행위의 정신과 목적 그리고 그러한 사상이 우리 시대에는 더 이상 존재하지 않기 때문이다. 유대인들에게 이 모든 것은 진리였고 정신이었지만, 이는 바로 그들의 진리이며 그들의 정신이었다. 그들은 그것들을 객관화되도록 내버려두지 않았다. 그들이 예언서와 그 외 다른 유대 문헌들에서 표현했던 정신은 예언자의 관점에서 현실에 대한 견해나 예언 등을 그 책들 속에서 드러내고자 하는 데 있지 않으며, 예언을 현실에 적용시키는 데 있지도 않다. 현실과 정신 사이에는 불확실하고 형태 없는 진동만이 있다. 한편으로 현실 속에서는 정신만이 고려되며, 다른 한편 현실은 그 자체로 현존하지만 고정되어 있지 않다. 예를 들면 요한은 (요. 12장 14절 이하에서) 예수가 나귀를 타고 예루살렘으로 입성한 사실과 고대 예언자의 진술을 연결시켰는데, 이 예언자는 영감을 통해 요한이 예수의 행렬에서 발견한 진리와 동일한 진리를 내포한 그런 행렬을 보았었다.[86]

유대의 문헌들 가운데 많은 유사한 문구들이 원래 가지고 있던 말들의 의미와는 다르게, 때로는 잘못 인용되며, 또 때로는 원래의 상황 속에 간직된 의미를 무시하고 설명된다. 즉 그 인용된 문구들은 때때로 원래 문맥과는 완전히 다른 사건들, 예언자의 영감과는 완전히 다른 사람들과 환경을 지시하고 있다. 이것에 대한 증거는 많이 있는데, 이 증거들은 사도들이 그 문구들을 예수의 생활 환경과 연계시켰다는 사실과 깊은 관계가 있다. 그들은 그러한 연관성이 갖는 진리와 정신을 문제 삼지 않는다. '예언자들의 실재적인 말과 관점은 그 이후의 사건을 미리 언표한 것이다'라고 그들은 그 예언들을 엄격히 객관적인 의미에서 받아들이는데, 그것은 잘못된

---

86) [옮긴이] 스가랴 선지자를 지시함.

것이다. 만일 예수의 이야기와 예언자들의 환상 사이에 유사한 상황이 있다는 사실 때문에 예수의 친구들이 그 양자를 비교한다면 그들이 연결시킨 양자 사이의 연관성은 너무 유약하게 파악된 것이다. 이것은 마치 우리가 종종 어떤 상황을 기술하고자 할 때 특정한 표현들을 과거의 작가들로부터 인용하는 습관을 가지고 있는 것과 똑같다. 위의 인용된 예에서 요한은 예수의 친구들이 예수가 영광을 얻고 그들이 성령을 얻을 때까지는 이러한 연관성을 느끼지 못했다고 명시적으로 말한다. 그런데 요한이 이러한 연관 속에서 단순한 착상, 즉 서로 상이한 사건들 사이에 존재하는 단순한 유사성만을 보았다면 위의 진술을 덧붙일 필요도 없었을 것이다. 예언자의 환상과 예수의 행동의 상황은 정신 속에서 하나이다. 그리고 관계는 정신 속에서만 존재하기 때문에 현실적인 것, 즉 개별적인 것과 예언의 일치로서의 그러한 관계의 객관적 조망은 사라진다.

현실을 고정시키지 않는 이러한 정신, 또는 현실을 무규정자로 만들지 않는 이러한 정신, 다른 말로 하면 현실 속에서 개별적인 그 무엇을 보는 것이 아니라 정신적인 그 무엇을 보는 이러한 정신은 「요한복음」에도 명백하게 나온다(11장 50절 이하). 여기서 요한은 가야바[87]의 말, 즉 "한 사람이 백성을 위하여 죽어서 온 민족이 망하지 않게 되는 것이 너희에게 유익한 줄을 생각지 아니하는도다"와 그 적용을 서로 연결시키면서, 그는 가야바가 이것을 개별자로서 스스로 한 말이 아니라 대제사장으로서, 예언자적인 영감προεφητευσεν 속에서 말했다고 우리에게 상기시킨다.[88] 우리가 신

---

87. [옮긴이] 가야바(Kaiphas)는 예수 당시 유대의 대제사장이다.
88. [옮긴이] 이 부분은 예수가 기적을 일으키고 많은 사람들을 끌어모으는 데 두려움을 느낀 유대교 지도자들이 예수의 문제로 고민하고 있을 때, 그 당시 대제사장이었던 가야바가 일어서서 예수의 죽음의 필연성을 역설한 대목이다. 그는 그 경위가 어떻든 혼란스런 사태를 수습하

적인 섭리의 도구라는 관점에서 바라볼 만한 것 속에서 요한은 정신으로 충만한 것을 본다. 왜냐하면 예수와 그의 친구들의 통찰의 특성은 모든 것을 기계, 기구, 도구로 받아들이는 관점과는 완전히 달랐으며, 반대로 정신에 대한 지고의 신앙이었기 때문이다. 그 자체로는 통일성과 작용 전체의 의도를 헤아릴 수 없는 행동들이 서로 우연히 마주쳐 통일을 이루는 것으로 보이는 곳에서, 그리고 이 행동들이 (가야바의 행동처럼) 행위자의 의도에 종속된 것으로, 통일과 연관시켜 볼 때 무의식적으로 그 행위자의 의도에 지배되고 인도되는 것으로 여겨지는 곳에서, 그리고 그 행동들을 현실태와 도구로 고찰하는 곳에서 요한은 반대로 정신의 통일성을 보았고, 가야바의 행동 속에서 전체 결과에 미치는 정신의 작용을 보았다. 그는 가야바를 예수의 운명의 필연성을 담지하고 있는 정신으로 충만한 자라고 말한다.

오늘날 우리들이 보기에 기적은 육체와 정신의 완고한 대립을 보여 줄 뿐인데, 사도들의 영혼으로 보면 이 기적들은 결코 완고하지 않았다. 왜냐하면 모든 정신을 의식의 내용에서 추출하여 그 내용을 절대적인 객체로, 정신과는 직접적으로 대립되는 현실로 고정시키는 근대 유럽의 오성이 사도들에게는 없었기 때문이다. 그들의 인식은 현실과 정신 사이에서 무규정적으로 떠다녔다. 그들의 인식은 현실과 정신 이 양자를 분열시키기는 하지만 철회될 수 없을 만큼 그렇게 깊게 분열시키지는 않으며, 순수한 자연으로 합체하지도 않았다. 반대로 그들의 인식은 보다 커다란 진전을 해

기 위해 한 사람 예수가 죽어야 한다고 역설한다. 그의 연설은, 그 의미의 전도와는 상관없이, 메시아는 모두를 위해 죽을 것이라는 예언자의 예언을 무의식중에 성취하는 말이다. 정신은 이런 방식으로 자신의 계획을 성취한다. 우리는 여기서 후기 헤겔이 말한 '이성의 간지(奸智)'라는 개념의 단초를 본다.

가는 과정에서 삶과 죽음, 신적인 것과 현실적인 것의 쌍으로 되어 갈 명백한 대립을 이미 가지고 있었다. 그리고 그들의 인식은 현실의 예수를 변용된, 신으로 된 예수와 결합함으로써 종교에 대한 심오한 충동을 만족시키고자 했지만 만족을 이루지는 못했다. 그리고 그들의 인식은 종교에 대한 그 충동을 무한하고 억제할 수 없는, 그리고 채워질 수 없는 갈망으로 만들었다. 왜냐하면 지고의 몽상 속에서도, 즉 가장 순수하게 조직되어 있어서 사랑만을 호흡하는 영혼들의 무아지경에서도 그 갈망은 항상 개별자, 대상 또는 개인적인 것의 저항에 직면하기 때문이다. 이러한 갈증을 느끼는 사람들은 그 개별자(예수—옮긴이)와의 통일을 갈망하는데, 이러한 통일은 그도 개별자이기 때문에 영원히 불가능하다. 개별자는 항상 그들과 대면하며, 그는 영구히 그들의 의식 속에 남아 있다. 그래서 그는 종교를 완벽한 삶으로 되게 허용하지 않는다.

이후의 시대에 운명적으로 전개된 모든 형태의 기독교에서 대립이라는 이러한 근본적인 특징은 항상 신적인 것 속에 대기하면서 휴지하고 있다. 그런데 이 신적인 것은 의식 속에서만 현존할 뿐 삶 속에서는 현존하지 않는다. 이것은 사실 몽상가들의 꿈 속에서의 통일에 불과하다. 이 몽상가들은 삶의 모든 다양성, 심지어 정신으로 하여금 자기 자신을 즐기게 하는 가장 순수한 형태의 삶의 다양성들까지도 포기하며, 신만을 의지하여 자기 자신의 인격성과 신 사이의 대립을 단지 죽음을 통해서만 해소할 수 있다고 생각한다. 그리고 이후에 교회가 가장 다양한 의식의 현실성을 향유하고 자신을 세계의 운명과 통일시킬 때에도, 그리고 동시에 신이 그 운명과 대립되어 있는 때에도 같은 결론을 갖는다. 그런데 운명과의 대립은 두 가지 형태로 등장했다. 1) 그 대립은, 가톨릭 교회에서 그렇듯이, 행동하고 삶을 표현할 때 느껴지는 대립인데, 여기에서 그 행동들과 삶의 표현들은 순종을 수용하고 대립의 무가치함을 느낌으로써 정당화된다. 아니면 2) 그 대립은, 프로테스탄트 교회에서 그렇듯이, 다소간 경건하고 단순한 사유 속에서 나타나는 신과의 대립이다. 다른 말로 하면 한편으로 이 대립은 몇몇 프로테스탄트 종파에서 주장하듯이 수치와 범죄로 간주되는 삶이 질투의 신과 벌이는 대립이다. 그렇지 않으면 이 대립은 다른 한편 온화함과 삶 또는 삶의 기쁨과의 대립인데, 여기서 삶과 삶의 기쁨은 단순히 수동적인 것이며, 신의 은총과 은혜의 산물일 뿐이다. 그리고 그것들은 순수한 현실에 불과하다. 왜냐하면 신적인 인간, 예언자 등의 이념 속에서 부유하고 있는 정신의 형태들이 역사적이고 객관적인 관점을 얻기 위해 현실로 강등되기 때문이다. 우정, 세계에 대한 증오나 무관심 등과 같은 다양한, 또는 감소된 의식의 극단들 사이에서, 그리고 신과 세계, 신적인 것과 삶과의 대립에서 발생하는 극단들 사이에서 기독교는 이리저리 흔들리며 갈피를 못 잡았다. 비개인적인 살아 있는 아름다움 속에서 안식을 발견한다는 것은 기독교의 본질적 특성과 대립된다. 그리고 교회와 국가, 예배와 삶, 경건함과 덕, 정신적 행위와 세속적 행위가 결코 하나로 통일될 수 없다는 사실이 기독교의 운명이다.

1800년 체계
단편

1800년 체계 단편[1]

절대적 대립 […]. 생명체의 다양성은 일종의 대립이다. 생명체는 유기체로 다뤄져야 한다. 삶의 다양성은 대립으로 나아간다. 이 다양성의 일부는 (그리고 이 부분은 그 자체로 무한한 다양성인데, 왜냐하면 그것은 생동적이기 때문이다) 관계 속에서만 고찰되며, 이 일부의 존재는 통일을 가지는 것으로서만 고찰된다. 다른 부분은 (이 부분도 역시 무한한 다양성이다) 대립 속에서만 고찰되며, 이 부분 존재는 저 앞의 부분에서 분리된 것으로서만 고찰된다. 따라서 앞의 일부분은 뒤의 일부분과 분리됨을 통해서만 자기 존재로 규정된다. 첫째 부분은 조직으로, 개체로 불린다. 여기서 다음의 사실이 자명해진다. 즉 한편으로는 삶의 다양성이 관계 속에서만 고찰되며, 이런 관계가 곧 삶의 존재방식이기 때문에, 이 삶은 자기 내에서 구별된 것으로, 단순한 다양성으로 고찰될 수 있으며, 그래서 삶의 관계란 더 이상 절대적으로 이런 관련의 분리로서 존재하지 않는다. 다른 한편으로 이 삶은 자기로부터 배제된 것과의 관계 속에서 나타날 가능성과 더불어서만 고려되어야 한다는 것이다. 이때 가능성이란 개별성의 상실의 가능성, 혹은 배제된

---

1) [옮긴이] H. 놀의 편집본 345~51쪽. G. 쉴러의 문집 Nr. 93.

것과의 연합의 가능성을 말한다. 이와 동일하게, 대립 속에서만 자기 존재를 가지는 다양한 것, 즉 유기적 전체에서 배제된 것도 역시 한편으로는 독자적인 것으로서, 저 조직에서 떨어져 나온 것으로서, 그 자체 절대적으로 다양한 것으로서 정립되어야 할 뿐 아니라, 동시에 스스로 관계 속에 서 있는 것으로서 정립되어야 하며, 다른 한편 자기에게서 배제된 생명체와의 관계 속에 정립되어야 한다. 개별성 개념은 무한한 다양성과의 대립과 동시에 그것과의 결합을 자기 안에 포함하고 있다. 한 인간은, 그가 자기를 구성하는 모든 요소들과 다른 것인 한에서, 자기 밖에 있는 개별적 삶들의 무한성과 다른 것인 한에서, 그는 한 개인적인 삶이다. 그리고 동시에 그가 자기의 모든 요소들과 하나인 한에서, 자기 밖의 삶의 모든 무한성과 하나인 한에서만 그는 한 개별적 삶이다. 그가 삶의 전체를 분유하고 있는 한에서만, 그는 한 부분이며, 다른 모든 것은 다른 부분이다. 그리고 그가 어떤 일부가 아닌 한에서, 그리고 어떤 것도 자기에게서 떨어져 나가지 않는 한에서만 그는 존재한다. 분리되지 않는 삶이 전제되고 확정될 경우에 우리는 생명체를[2) 삶의 표현으로, 삶의 서술로 고찰할 수 있으며(표현들이 정립되었기 때문에 표현의 다양성도 정립되는데, 그것도 무한한 것으로서 정립된다), 반성은 고요하고 항구적인 것으로서, 확고한 점으로서, 개별자로서 고정된다. 혹은 한 생명체가 전제되는 경우, 그것도 우리 통찰하는 자들이 전제되는 경우, 우리의 제약된 삶 외부에 정립된 삶은 무한한 다양성과 무한한 대립, 그리고 무한한 관계 등을 가진 무한한 삶이다. 다양성이면서 동시에 통일인 유일한 유기적 전체는 자연이다. 다양성으로서의 자연은 조직, 즉 개

---

2) 〈헤겔 수고의 삭제된 내용〉 "다양성이 정립되어 있다는 바로 그 이유 때문에 우리는 이 생명체를 동시에 무한히 다양한 것으로 불러야 한다."

별자들의 무한한 다양성이며, 통일로서의 자연은 분리되어 있으면서 통일되어 있다. 자연은 삶을 정립하는 행위이다. 왜냐하면 반성은 관계와 분리의 개념을, 자신을 위해 존립하는 개별자와 서로 연관되어 있는 보편자의 개념을 삶 가운데로 가져오기 때문이다. 반성은 전자의 부분을 제약된 것으로, 후자의 부분을 무제약적인 것으로 정립하며, 삶을 정립행위를 통해 자연으로 만든다.

이렇듯 삶이란 생명체의 무한성으로서, 혹은 자연이라는 형태의 무한성으로서 나타난다. 따라서 삶은 이제 '하나의 무한한 유한자'이며, '무제약적인 제약자'이며, '유한자와 무한자의 이러한 통일'이자 '자신 안에서의 유한자와 무한자의 분리'이기 때문에, 그리고 자연은 그 자체 삶이 아니라 반성에 의해 가장 존엄하게 다뤄진 고정된 삶이기 때문에, 자연을 통찰하고 사유하는 삶은 ─ 일반적으로 말하듯이 ─ 이런 모순을, 다른 말로 하면, 여전히 존립하고 있는 유일한 대립인 자기 자신과 무한한 삶의 대립을 느낀다. 혹은 이성은 이러한 정립행위의, 이러한 통찰의 일면성을 인식한다. 그리고 이러한 사유하는 삶은 형태로부터, 가사적可死的인 것으로부터, 소멸하는 것으로부터, 자기 자신과 무한히 대립되는 것으로부터, 그리고 자기와 투쟁하는 것으로부터 벗어나 소멸되지 않는 것인 생명체를 고양하며, 다양성이라는 죽은 것, 그리고 자기를 죽이지 않는 관계를 고양한다. 이 관계는 사유된 관계로서의 통일이 아니라, 온전하게 살아 있고 온전한 힘이 있는 무한한 삶이다. 그래서 사람들은 이 삶을 신이라 부른다. 이 관계는 결코 생각되거나 고찰되지 않는데, 왜냐하면 삶의 대상은 반성된, 죽은 어떤 것도 자기 안에 간직하지 않기 때문이다.

인간의 이러한 고양은 유한자에서 무한자로의 고양이 아니다. 왜냐하면 유한자와 무한자는 단순한 반성의 산물들이기 때문이다. 그리고 그들 사이의 분리는 그 자체로 절대적이다. 이러한 고양은 오히려 유한한 삶에서 무한한 삶으로의 고양인데, 이러한 고양이 곧 종교이다. 무한한 삶은 정신이라 불릴 수 있는데, 이 정신은 추상적인 다양성과 대립된다. 왜냐하면 정신은 다양한 것을 생동적으로 통일하는 것이기 때문이다. 이때 다양한 것의 생동적인 통일은 다양한 것을 삶 개념에 놓여 있는 다양성을 구성하는 형태로 보는 것에 대립해서 나온 것이지, 다양한 것을 삶에서 분리되어 죽은, 그래서 단순한 다양성으로 보는 것에 대립해서 나온 것은 아니다. 왜냐하면, 만일 그러하다면, 정신은 법, 단순한 사유물, 비생동적인 것 등으로 불리는 단순한 통일에 불과할 것이기 때문이다. 정신은 다양한 것들과의 연합행위 속에서 활력을 불어넣는 법이며, 그래서 이 다양한 것들이 활력에 넘치게 된다. 인간이 활력에 넘친 이러한 다양성을 수없이 많이 정립하여 생명력을 불어넣는다면, 이러한 개별적 삶은 유기체로, 무한한 만유는 삶이라는 무한한 전체로 될 것이다. 만약 인간이, 그 자신 제약된 존재이기 때문에, 무한한 삶을 만유의 정신으로 자기 밖에 정립할 경우, 그리고 자기 자신을 한 제약된 자에 불과한 자기 자신 밖에 정립하여 자기를 생명체로 고양하고, 이 생명체와 가장 내적으로 통일될 경우 인간은 신을 숭배한다.

다양한 것이 여기서 더 이상 다양한 것 그 자체로 정립되지 않고, 활력에 넘친 생동적인 정신과의 관계에서 철저히 유기체로 나타날 경우, 바로 그 때문에 어떤 것은 배제되고, 또한 불완전함과 대립, 즉 죽은 것이 그 배후에 남아 있게 될 것이다. 다른 말로 하면, 만약 다양한 것이 관계 속에서 유기체로 정립될 경우 대립 자체는 배제되지만, 삶은 통일체, 즉 관계로서만 고찰될 수 없고 동시에 대립으로서 고찰되어야 한다. 내가 '그것은 '대립과 관계'의 결합이다'라고 말하면, 이 결합 자체는 다시금 고립되어 '이 결합은 비결합에 대립된다'라는 반론에 부딪힐 수 있다. "삶은 '결합과 비결합'의 결합Verbindung der Verbindung und der Nichtverbindung이다"라고 나는 말해도 될 것이다. 즉 모든 표현은 반성의 산물이며, 따라서 '어떤 것이 정립되었다는 말과 동시에 타자는 정립되지 않으며 배제되지 않는다'는 사실이 정립된 모든 것에 의해 드러날 수 있다. 이렇듯 사태는 쉼 없이 무한 후퇴하게 된다. 하지만 예를 들어 '종합과 반립'의 결합이라 불렸던 것은 정립된 것, 오성적인 것, 반성된 것이 아니라는 사실을 잊지 않음으로써, 그리고 '그 결합은 반성 외부에 있는 것임을 인정하는 것'이 반성의 고유한 특성임을 잊어버리지 않음으로써 그런 무한 후퇴는 단번에 조절되어야 한다. 생동적인 전체 속에 죽음, 대립, 오성도 동시에 다양한 것으로 정립된다. 이때 이 다양한 것은 생동적이며, 생명체로서 스스로를 전체로 정립할 수 있다. 이를 통해 이 다양한 것은 동시에 부분이 된다. 즉 이 부분의 측면에 죽은 것이 있으며, 이 부분 자체는 타자에게 죽어 있다. 생명체의 이 부분 존재는 종교에서 지양되며, 제약된 생명은 무한자로 고양된다. 유한자가 삶이라는 사실을 통해서만 무한한 삶으로 고양될 수 있는 가능성이 나타난다. 철학은 사유이며, 따라서 한편으로는 비非사유와 대립하며, 다른 한편으로는 '사유하는 자와 사유된 것' 사이의 대립을 가진다. 바로 이런 이유 때문에 철학은 종교를 중지해야 한다. 철학은 모든 유한한 것 안에서 유한성을 드러내야 하며, 이성을 통해 유한자의 완전화를 요구해야 하며, 특히 이성의 고유한 무한 능력을 통해 기만을 인식하고 참다운 무한자를 이성의 영역 밖에 정립해야 한다. 유한자에서 무한자로의 고양은 반성을 통한 존재로서의, 즉 객관적인 혹은 주관적인 존재로서의 무한자의 존재를 정립하는 것이 아니다. 이를 통해 볼 때 이러한 고양은 유한한 삶의 무한한 삶으로의 고양으로서, 즉 종교로서 특징지어진다. 따라서 이런 고양은 제약하는 자를 제약된 것에 첨가하는 것이며, 이 제약하는 것을 다시금 정립된 것으로서, 그 자체 제약된 것으로 인식하며, 또한 제약하는 자를 제약된 것에서 추구하며, 이것들을 무한자로 진전시킬 것을 요구한다. 이러한 이성의 활동이 무한자로의 고양이다. 하지만 이 무한자가 […].[3]

[…] 객관적인 중심점을 […]. 모든 민중에게 이 객관적인 중심점은 성전의 지성소였으며, 이 중심은 보이지 않는 신의 숭배자들에게 형태 없는 특정한 공간이며, 단지 한 장소에 지나지 않는다. 그러나 단순히 대립되어 있는 이러한 순수한 객체 속에, 즉 단순히 공간적인 것이 전적인 객관성이라는 이러한 비자립성 속에 머물 필연적인 이유는 없다. 그런 순수한 객체는 스스로, 즉 대자적으로 존립하면서 형상화를 통해 자신의 주관성으로 돌아올 수 있다. 유한자 속에서 느껴지는 무한자, 즉 신적인 느낌은 반성이 그 느낌에 다가와서 이 느낌에 어느 정도 체류하게 되고서야 비로소 완전하게 된다. 하지만 반성과 느낌의 관계는 느낌을 주관적인 것으로 인식함일 뿐이며, 느낌의 한 의식, 즉 분리된 느낌에 대한 분리된 반성일 뿐이다. 순수 공간적인 객관성은 많은 사람들을 위해 통일의 지점을 부여한다. 동시에 당위에 따라 형상화된 객관성은 이 통일의 지점과 연결되어 있는 주관성을 통해 형성되기 때문에, 그 객관성은 실제적인 객관성이 아니라 단지 하나의 가능적인 객관성일 뿐이다. 형상화된 객관성은 그 자체로 사유될 수 있지만, 그런 사유가 필연적이지는 않다. 왜냐하면 이 객관성은 순수하지 않기 때문이다. 그리고 이와 더불어서, 위에서 시간의 안티노미가, 즉 삶의 순간과 삶의 시간이 필연적인 것으로 정립되었듯이, 객관적인 안티

---

3) [편집자] 이 부분에 공백이 있다. 그런데 로젠크란츠에 따르면 이 공백은 다음과 같이 메워진다. 즉 "우리는 쿨투스(문화)를 서술할 수 있는 데까지, 그리고 또 이 문화에 필요한 중심점을 입증하는 데까지 도달한 발전을 […] 결국 받아들여야 한다".

노미가 대상의 관점에서 정립된다. 측량할 수 없는 공간에 놓여 있는 무한한 존재는 동시에 특정한 공간 안에 있다. 이것은 마치 다음의 시구와 같다.

모든 하늘의 하늘도 감싸지 못하는 것,
바로 그것이 마리아의 품에 있네.

종교적인 삶에서 이 삶이 객체와 맺는 관계, 즉 삶의 행위는 생동성의 유지로, 혹은 객체에 활력을 불어넣는 것으로 드러났지만, 자기의 불행한 운명 역시 상기한다. 여기서 운명이란 '삶의 행위는 객체 역시 객체로 존립하게 돼야 하고, 심지어 더 나아가 생동적인 것을 객체로 만들어야 한다'는 것을 말한다. '이러한 객체화가 순간에만 존재해야' 하고, '삶은 스스로를 이 객체로부터 분리하고 해방시켜, 억압된 것을 자기의 고유한 삶에, 이 삶의 소생에 양보한다'라고 말할 수 있다. 하지만 '삶은 객체와의 지속적인 관계에 놓여 있으며, 객관성이 완전히 소멸할 때까지 객체의 객관성을 보유한다'는 것 역시 필연적이다. 지금까지 종교적 통일은 완전화 행위를 통해 드러났고 증가했다. 하지만 이런 모든 종교적 통일에도 불구하고 자신을 위해 간직하고 있는 특수한 재산 때문에 여전히 위선이 발생할 수 있다. 사물에 대한 확고한 소유에 의해서는 인간이 ──부정적으로 표현하자면── 종교의 조건들을 충족시키지 못했을 것이다. 즉 인간은 절대적인 객관성에서 해방될 수 없었을 것이며, 유한한 삶 위로 고양될 수 없었을 것이다. 다른 말로 하면 인간은 무한한 삶과 통일을 이루지 못하는데, 왜냐하면 그는 여전히 어떤 것을 보유하고 있으며, 그것을 어떤 지배 관계에서 파악하거나 종속성 속에 가두기 때문이다. 재산의 필연성이 인간의 운명인데, 따라서 인간은 재산의 일부분을 희사물로 바친다. 왜냐하면 그의 운명은 필연적이며, 따라서 지양될 수 없기 때문이다. 인간은 희사물의 일부를 신 앞에서 무화하며, 그 나머지 부분을 친구들과 함께 나눠서 없앰으로써 가능한 한 많이 그 희사물의 특수성을 없앤다. 이런 행위는 이 특수성이 목적 없는 잉여라는 사실을 말해 준다. 무화행위 자체의 이러한 무목적성으로 인해, 즉 무화를 위한 이러한 무화로 인해 인간은 합목적인 무화와 맺는 자기의 여타의 개별적인 관계를 호전시키며, 동시에 객체의 객관성을 자기와 관련 없는 무화를 통해 완수했다. 즉 그는 객관성의 완전한 무관계성을, 즉 죽음을 완수했다. 그리고 만약 객체를 관계 속에서 무화시키는 이러한 행위에 여전히 필연성이 머물러 있으면, 때때로 무화를 위한 무화인 이런 맹목적인 무화행위가 나타난다. 이 맹목적인 무화행위는 유일하게 종교적인 무화행위로서 절대적 객체로 드러난다.

여기서 간단히 더 다룰 필요가 있는 것이 있다. 즉 1)외부의 공간적인 여타 환경은——이것은 하나의 필연적인 제약이다—— 맹목적인 아름다움으로 다뤄져서는 안 되고, 타자에 대한 합목적적인 미화를 통해 해석되어야 한다. 또한 2) 객관적 신에 대해 명상 혹은 사유하는 통찰을 지양하고 생명체들의 주관성과 기쁘게 매몰되는 것이 예배의 본질이다. 이때 찬양, 육체적인 움직임, 그리고 이 외의 일종의 주관적인 표현들, 예컨대 색깔 있는 연설처럼, 규칙에 맞게 객관적이고 아름답게, 춤으로 될 수 있는 주관적인 표현들이 이 예배에 동원된다. 즉 이 예배에는 다양한 업무들, 제물과 희사물의 배치 등이 동원된다. 또한 이런 다양한 표현들과 일하는 많은 사람들은 생동적인 통일과 질서를 요구한다. 이 통일과 질서는 질서 정돈자이자 명령 하달자이다. 제사장이 바로 질서를 부여하고 명령을 하달하는 자에 속한다. 만약 사람들의 욕구 충만한 외적인 삶이 매우 특이하게 될 경우, 제사장 역시 아주 특이한 자가 되며, 다른 사건들과 이 사건의 끝을 생각하지 않는다.

　종교 안에서의 이러한 보다 완벽한 통일, 즉 유한한 삶의 무한한 삶으로의 고양이 절대적으로 필연적이지는 않다. 다른 말로 하면, '유한하고 제약된 것, 즉 순수하게 객관적인 것 혹은 순수하게 주관적인 것이 가능한 남아 있지 않으며', '이런 고양과 완벽화의 과정에서 생겨난 모든 대립이 다시 완전해질 것'이라는 사실이 반드시 필연적이지는 않다는 것이다. 종교란 유한자가 (정립된 삶으로 이해되는) 무한자로 어떻게든 고양되는 것이다. 이런 고양 자체는 필연적인데, 왜냐하면 유한자는 무한자에 의해 제약되기 때문이다. 하지만 '대립과 통일'의 어느 단계에 인간 종의 특정한 본성(자연)이 머무는지의 문제는 무규정적인 본성(자연)이라는 관점에서 볼 때 우연적이다. 가장 완전한 완벽성은 그들의 삶이 가능한 한 적게 찢겨져 있고 적게 분열되어 있는 민족들에게서 가능하다. 즉 그런 완벽성은 행복한 민족에서나 가능하다. 불행한 민족은 그런 상태에 도달할 수 없으며, 분리된 상태에서 분리의 지체를 보존하고 이 지체의 자립성을 염려해야 한다. 이 민족은 이 분리를 버리고자 추구해서는 안 되며, 그들의 최고의 자랑거리는 이 분리를 확고하게 유지하고 일자一者를 확고하게 붙드는 것이어야 한다. 사람들은 이 일자를 주관성으로 이해되는 자립성의 측면에서 고찰하거나, 아니면 낯선, 분리된, 도달할 수 없는 객체의 측면에서 고찰할 수 있다. 이 두 고찰 방식은 서로 통약 가능한 것처럼 보인다. 왜냐하면 분리가 강할수록 자아는 더 순수해지고, 동시에 객체는 그만큼 인간을 넘어서고 인간과 더 멀어지기 때문이다. 그리고 내적인 것이 더 크고 격리될수록 외적인 것 역시 그만큼 더 크고 격리된다. 그리고 이 외적인 것이 자립적인 것으로 정립되면 인간은 그만큼 굴종의 존재로 되어야 한다. 하지만 아주 위대하게 된 객체에 의한 바로 이런 지배는 관계의 확고화에 다름 아니다.

어떤 측면이 자기의 의식을 지배하게 되는지는 완전히 우연이다. 즉 신을 숭배하는 것이 자기의 의식을 지배할지 아니면 자신을 순수자아로 정립하는 것이 자기의 의식을 지배할지는 전적으로 우연이다. 이때 전자에서 신은 모든 하늘의 하늘을 넘어서는, 관계에 속한 모든 것을 넘어서는, 그리고 모든 자연 위를 부유하는 초강력자로 간주되며, 후자에서 자아는 이러한 육체의 폐허와 빛나는 태양을 넘어서는, 수십만의 천체와 "너희 빛나는 태양 모두" 만큼이나 많은 수많은 아홉 개 태양계를 넘어서는 자로 간주된다. 분리가 무한하면 주관적인 것을 고정한다거나 객관적인 것을 고정하는 것은 대수로운 문제가 아니다. 하지만 절대적 유한자와 절대적 무한자의 대립은 유지된다. 유한한 삶의 무한한 삶으로의 고양은 유한한 삶 위로의 고양일 수 있을 뿐이다. 무한자가 총체성에, 즉 유한자의 무한성에 대립되는 한에서만, 다른 말로 하면, 대립이 아름다운 통일로 지양되는 것이 아니라, 통일이 지양되고, 자아가 모든 자연 위에서 부유하는 그런 대립이 지배적일 때, 혹은 종속성이, 좀더 정확히 말하면, 모든 자연 위의 한 존재와의 관계가 대립으로 나타날 때에만 무한자는 가장 완벽하다. 이 종교는 숭고할 수 있지만, 무섭도록 숭고할 수 있지만 아름답고 인간적일 수는 없다. 지복至福의 상태에서 자아는 대립되어 있는 모든 것을 자기 발 아래 가지게 되는데, 이렇듯 지복이란 시간의 현상이며, '인간이 될 수 없는 절대적으로 낯선 존재에 의존한다'는 것과 근본적으로 동일한 의미를 갖는다. 혹은 이 낯선 존재가 (시간 안에서) 인간으로 된다 하더라도, 이러한 통일에는 절대적인 특수자, 단 하나의 절대적인 일자만 머물게 된다. 왜냐하면 시간과의 통일이 고귀하지 않고 천박한 것이라면, 이 절대적 일자만이 가장 가치 있고 고귀한 것일 것이기 때문이다.

1800년 9월 14일

역사와 정치에
대한
단상들
— 베른/
프랑크푸르트
시기

역사와 정치에 대한 단상들[1]
— 베른/프랑크푸르트 시기(1795/1798)

I.

동양의 정신은 현실에서는 현실을 존경하고 환상 속에서는 현실을 치장한다. 동양인들은 확고하게 규정된 특징을 가지고 있다. 그들에게 한번 그런 것은 더 이상 바뀌지 않는다. 한 번 간 길의 방향을 그들은 결코 떠나지 않는다. 그 길 밖에 놓인 것은 그들에게 현존하지 않는다. 길에서 그들을 귀찮게 하는 것은 그들에게 적대적인 것이다. 한 번 굳어진 특징은 포기될 수 없으며, 이 특징에 대립되는 것을 수용하거나 이것과 화해할 수 없다. 한 쪽은 지배자이고, 다른 한 쪽은 피지배자이다. 힘(권력)을 추구한다는 점에서 이들 모두는 동일하다. 그들의 상호관계를 규정하는 것은 폭력(힘)이다. 강자의 폭력, 천재의 폭력, 혹은 말의 폭력 등이 그것이다. 이러한 확고한 특

---

1) [옮긴이] 여기 번역된 글들은 H. 놀의 편집본 『청년 헤겔의 신학론집』에 포함되어 있지는 않은 헤겔 초기의 단상들의 모음으로 역사와 정치, 종교, 문화 등에 대한 생각들을 담고 있다. 헤겔의 전기 작가인 로젠크란츠가 전해 주는 이 단편들은 주어캄프 출판사에서 출간된 『헤겔 전집』 제1권에 「베른과 프랑크푸르트 시기에 기술된 역사와 정치 연구」(428~448쪽)라는 이름으로 수록되어 있으며, 본 번역 역시 이 편집본을 대본으로 했다.

징으로 인해 그들에게는 자기가 지배하는 것 이외에, 혹은 자신을 지배하는 것 이외에 어떤 것도 자신의 외부에 허용되지 않는다. 왜냐하면 지배야말로 그들의 특징을 규정하는 것이며 그들의 현실이기 때문이다. 이 현실은 모순적인 다른 현실들과, 그리고 적대적인 것들과 함께 존립한다. 이 현실은 또한 이것 외에 다른 어떤 관계도 갖지 않으며, 결코 지양될 수 없다. 그 특징은 사랑에 의해서는 통일될 수 없는 그런 현실로 이루어져 있다. 그래서 현실은 서로 **객체로** 연결되어 있어야 한다. 즉 현실은 하나의 법 아래서 있어야 한다. 현실을 현실로 유지하는 것은 필연성, 즉 모든 것을 지배하는 법이다. 이런 이유로 인해 동양인의 특성에는 외견상 모순되는 두 가지 규정이, 즉 **만물에 대한 지배욕구**와 **노예상태로의 자발적인 복종**이 내적으로 서로 연결되어 있다. 필연성의 법칙이 이 두 규정을 통제한다. 지배와 노예상태, 이 두 상태는 여기서 공정한데, 왜냐하면 그 둘 속에서는 힘(폭력)이라는 동등한 법이 지배하기 때문이다. 자기보다 약한 것에 대해서는 복종시킬 용기를 갖지만, 자기보다 강한 것에 대해서는 공격하지 않고 곧바로 복종하는 사람이 동양에서는 **행복한 사람**이다. 그리고 현실에서 물러나 말과 잠언으로 활동하는 사람이 동양에서는 **현자**이다. (강한 자를―옮긴이) 구별할 줄 알고 그에게 저항하기보다 복종하는 교양인, 그가 자기 위에 있다는 필연성의 법칙을 인식함으로써 스스로 패배자로 정립하는 교양인은 **고귀**하다. 그는 현실적인 승자에서 가능적인 패배자를 보며, 현실적인 노예에서 동시에 가능적인 지배자를 추앙한다. **대립자**의 이러한 가능성, 때로는 지배자로, 때로는 피지배자로 드러나는 현실의 무한한 다양성이라는 이러한 가능성, 혹은 부정태에서 긍정태로, 그리고 긍정태에서 부정태로 **전이**하는 가운데 등장하는 이러한 힘 등, 바로 이것이 동양인들의 무한한 신이다. 그들의 의지와 정부라는 직기織機 위에서 사건이라는 직물이 짜이며, 시대와 세기의 강들은 이 직기가 내리는 명령의 샘에서 이 직기의 권력의 심연으로 흘러들어간다. 확고하게 규정된 동양인의 특징에서 인간적인 관계는 거의 중요하지 않으며, 생겨난 모든 것은 곧바로 자기의 위치를 얻는다. 단단히 굳어 버린 특징을 가진 인간은 자신과 같지 않은 것을 결코 용납하지 않는다. 자신을 성가시게 할 수 있는 대부분의 것을 그는 배척한다. 그는 타자와 투쟁하며, 그 타자의 주인이 되거나 그의 힘에 굴복한다. 하지만 어쨌거나 그의 요청은 언제나 동일하다. 사물의 다양성을 인식함으로써 다방면으로 나아갈 수 있는 능력이 부재하다는 사실을 드러낼 뿐인 이러한 변화불가능성 때문에 동양인은 휴지상태에 머문다. 동양인에게 세계란 현실들의 집합이다. 단순한 대립자들로 존재하는 이 현실들은 영혼이나 정신을 드러냄 없이 단지 벌거벗은 형태로만 현상한다. 이 때문에 동양인은 현실의 부족함을 메우기 위해 현실에 없는 것을 필연적으로 **낯선, 차용된 광채**로 대체하고자 한다. 동양인은 현실을 언제나 상상력으로 치장한다. 동양인은 모든 사물을 형상들로 포장한다. 이 형상들 역시 현실의 상이며, 그들의 궁핍으로 인해 그들은 다른 형상들의 광채를 결코 나눠가질 수 없는 것처럼 보인다. 하지만 이 상들은 서로 결합하여 시적으로poetisch 된다. 이질적인 것들이 서로 결합함으로써 '결합된 것들은 서로 동등하다'라는 삶의 가상이 산출된다. '결합된 것들은 서로 유사하다'고 인식하게 하는 것은 의식되지 않는데, 왜냐하면 상이한 것은 같은 종류의 것이 아님을 말하기 때문이다. 하지만 결합된 것들을 순수한 삶의 형태로 드러나게 할 수는 없다. 그 상들의 고귀한 화려함으로 인해 사람들은 놀라며, 그 그림의 태양 같은 광채는 눈부시다. 하지만 이질적인 것의 결합에서 폭력성을 느끼기 때문에 사람들은 놀란다. 사람들은 이 대상들의 화려함과 관련해서 어떤 요구도 할 수 없기 때문에 현혹된다. 사랑으로 연결되어 있지 않기 때문에 거기에서 감정은 공허하다. 동양정신의 보물들과 진주는 야생적인 아름다움을 가진 괴물일 뿐이다. 그런데 삶의 객관성이 다양성을 벗어 버린 통일로 드러나는 곳에서 이 통일은 단지 하나의 개념, 하나의 보편자일 수밖에 없다. 이때 객관적 현실의 그림은 바로 이 개념으로 채워진다. 고착된 특징이 있기 때문에 다양한 다른 특징들이 결코 허용되지 않는다. 여기서 규정들의 다양성은 분쇄되고 말 것이다. 하지만 본질적으로는 같은 종류의 것이지만 이 규정들 저편에 있는 보다 위대하고 심오한 힘을 가진 것은 보이지 않는 것으로서 그리고 보다 고귀한 것으로서 **기묘하게** 작용하지 않으면 안 되었다. 동양의 특징은 언제나 동일한 종류의 것이며, 언제나 강함, 심오함, 그리고 완고함 등과 관련되어 있다. 권력(힘)을, 그리고 자신의 특징을 맹목적으로 죽자 사자 좇아가는 동양의 이런 수동성은 현존하고 있는 혹은 이미 사라져 버린 동양의 제국들의 구조양식에서, 복종과 위계의 체계로 이뤄진 서민들의 삶에서 잘 드러난다. 이로부터 또한 그 자체로는 인식될 수 없는 비가시적인 삶에 대한 **말과 표현의 중요성이, 말과 표현의 절제와 신중함** 등이 나타난다. 동양인들이 사물들의 벌거벗은 현실을 환상으로 치장하듯이, 그들은 자신을 낯선 장식물로 치장해야 한다. 왜냐하면 그들은 자신에 대한 완전한 의식을 가지지 않으며, 자신의 본성을 만족스럽게 통일적으로 서술할 수 없기 때문이다. 그들의 **치장**은 인간에게 고유한 자유로운 유희와 인간의 형상 등을 그 형식에 맞게 아름답게 보존하는 의복이 아니다. 그 치장은 오히려 인간에게 전혀 낯선 사물이다. 이때 사람들은 자연 전체를 사랑으로 자신 안에 간직하지 않으며, 자신의 감응으로 치장하지 않는다. 그들은 자신의 삶과 이 삶에 의해 형성된 형태와는 아무런 상관이 없는 번쩍이는 사물을, 즉 금을 차용하여 입고 있으며, 꽃들로 치장하고 있을 뿐이다. 동양인들에게 바로 이 자연은 더 이상 자연적인 것이 아니며, 자연은 그들에게 저속하고 억압된 것으로 현상했을 뿐이다. 지배하고자 하는 정열은 여성적인 심정과 **여성에 대한 사랑**과는 전혀 관련이 없었다. 동양의 많은 나라들에서 여성을 언급하는 것, 그리고 이 여성과 관련이 있는 것을 언급하는 것은 아주 치욕적인 불명예이다. 왜냐하면 여성과 관련된 문제에서는 아주 용기 있는 사람도 스스로 주인으로 느끼지 않으며, 따라서 자신의 약점을 기억하게 되기 때문이거나, 아니면 다른 한편으로는 누구도 이 약점들로 인해 자신에 대해 부끄러워하지 않으며, 이런 나약한 인간적 본성과 관련이 있는 모든 것에 대해 언급하는 것을 불명예로 간주하지 않기에 그들은 여성스러운 것을 그들의 여타의 정신에 낯선 것으로, 그들보다 뛰어난 것으로 공경했으며, 그 뛰어난 것을 언어로 다른 많은 저속한 사물과 같은 것으로 분류하게 될까 봐 두려웠기 때문이다. 동양인들에 따르면 여성관계는 다른 모든 사물들의 관계인 지배와 예속의 관계로 될 수 없으며, 그들에게 여성이란 외부 사물을 다루듯 할 수 있는 것도 아니며, 또한 외부 사물을 확신하듯 확신할 수 있는 것도 아니다. 그래서 그들이 할 수 있는 것은 **여성(여성적인 것)을 감금하는** 것뿐이었다.

유대인들은 이러한 소심함을 가지지 않았다. 그들은 성적 관계를 자유롭게 거리낌 없이 말했다. 성관계와 관련이 있는 모든 것은 그들에게, 다른 모든 것과 마찬가지로, 단순한 하나의 현실이었으며, 결코 사랑의 정신으로 채워져 있지 않다. 이런 것을 다룰 때 그들은 사랑의 정신의 인도를 받지 않았다. 여성 문제는 그들의 법에서, 그들의 문화의 총체를 보존하고 있는 그들의 책에서 이렇듯 불쾌하고 천박하며 비열하게 취급되었다. 왜냐하면 감응에 젖은 존재가 성스럽고 순수할수록 이 존재의 각 기관과 그 표현들을 단순히 사물로 서술하고 다루는 것은 그만큼 더 경악스럽기 때문이다. 동양인들에게 **수염**은 성스러운 것이다. 유대인들의 경우 나실인[2]의, 혹은 신에게 봉헌된 자들의 머리에 이발가위를 대서는 안 되었다. 매 일곱 번째 해 그리고 매 오십번째 해는 신에게 봉헌된 해인데[3], 이때에 토지는 경작되어서는 안 되었으며, 포도속을 절단해서도 안 되었고, 포도 수확을 해서도 안 되었다. 땅에서 그냥 자라난 산물의 경우 노예와 가축 그리고 야생동물들이 그것을 자유롭게 취득할 수 있도록 했다. 수염이 자라도록 버려두는 것은 대개 자의Willkür의 문제이다. 수염은 아주 적은 정도이긴 하지만 그래도 신체의 한 기관이다. 이런 관점에서 보자면 수염을 자르는 문제는 손톱을 자르는 문제와 동일하며, 동양인들에게는 일상적인 행위이고 유대인들에게는 명령된 행위인 할례행위는 상당히 큰 신체절단행위이다. 따라서 수염을 유지하는 것이 온전한 인간의 형체에 대한 존경에서 나온 것으로 간주될 수 없다. 온전한 인간의 형체를 존경한다고 하면서 멋대가리 없는 의복으로, 그리고 번쩍이는 다양한 보물로 옷을 장식하여 몸의 형체를 은폐시키려는 행위는 모순적이다. 사람들은 자의를 법으로 규정하기도 하는데, 이 자의에 복종할수록 이 자의는 훨씬 더 완고하게 주장된다. 이는 마치 보다 많은 벌이를 위해 희생을 더 많이 하는 것과 같다. 그런데 왜 동양인들은 바로 이 자의에 자신을 내맡겼는가? 그들은 더 나아가 왜 수염

---

2) [옮긴이] 나실인(Nasiräer). 유대교에서 특별히 신에게 봉헌된 자들. 나실인으로 선택되면 술과 부정한 것을 멀리하고, 머리에 삭도를 대서는 안 되는(「민수기」 6장 1절 이하 참조) 등의 특별한 훈련과정을 거쳐야 했다. 삼손은 그 중의 한 명이었다(「사사기」 13장 3절 이하, 11절 이하 참조).
3) [옮긴이] 유대인들은 매 칠 년을 안식년이라 했으며, 칠 년이 일곱 번 지난 이후 첫번째 해, 즉 매 오십 년을 희년(稀年)이라 하여 크게 기념하였다. 특히 희년에는 노예가 해방되었으며, 상속받은 토지를 팔아 버려 생계유지가 힘들었던 가난한 자들은 과거의 토지를 모두 되돌려 받았다. 토지는 신에게 속한 것으로 특정한 개인이 영구히 소유할 수 없다는 토지 공개념의 유대교적인 변형을 보여 준다. 바로 이런 이유로 희년은 해방의 해로 인식되었다.

을 신성한 것으로 중요하게 여겼는가? 동양의 정신에서 모든 가치와 존립은 무한한 대상에 놓여 있기 때문에, 그리고 이 정신은 독자적으로 존립하는 것에서는, 자신의 삶을 자기 안에 간직하고 있는 것에서는 아무것도 유지할 수 없기 때문에 그 정신은 아무런 생명도 없는 휘황찬란한 사물들을 외부에서 끌어와 스스로를 치장하여 어떤 것으로 되어야 한다. 이렇듯 동양의 정신은 유기체 전체에서 보면 하찮은 것에 불과한 수염 역시 가장 유지하고자 해야 하며, 무가치한 것을 가장 존경해야 한다.

II.

회상Gedächtnis은 그리스의 신들이 질식한 채 매달려 있는 교수대이다. 교수형 당한 자들의 갤러리를 보여 주는 것, 재치라는 바람으로 그들을 소용돌이치게 하는 것, 그리고 그들을 서로 희롱하게 만들고 온갖 종류의 집단을 이루게 하고 왜곡시키는 것 등, 이것을 종종 시詩라고 한다. 회상은 죽은 자를 품고 있는 무덤이다. 죽은 자는 그 안에서 죽은 자로 쉬고 있다. 그것은 돌무더기처럼 또렷하게 된다. 정돈하는 것, 통행하는 것, 그리고 먼지를 떨어내는 것 등, 이 모든 일들이 비록 죽은 자와 관계가 있기는 하지만, 이 죽은 자와 독립해 있다. 그런데 뜻 모를 기도를 재잘거리는 것, 미사를 읽는 것, 로사리오의 기원[4]을 읊는 것, 그리고 무의미한 예배의식을 수행하는 것 등, 이것들은 죽은 자의 행위이다. 인간은 스스로 완전히 객체로 되어서 낯선 자에 의해 철저히 지배되고자 한다. 이런 예배가 신앙심이라 불린다.

---

4) [옮긴이] 로사리오(Rosenkränze)란 '성모에게 장미꽃 다발을 바친다'는 뜻으로 장미꽃 모양의 구슬로 이뤄진 묵주를 돌려가며 기도하는 예식을 말한다. 성 도미니쿠스에 의해 보급되었다.

바리새인이여!

III.

펠레폰네소스 전쟁 첫해에 죽은 자들을 위한 공적 장례식에서의 **대곡녀**[5]. 투키디데스 B, λ δ: καὶ γυναῖκες πάρεισιν αἱ προσήκουσαι ἐπὶ τὸν τάφ-ον ὀλοφυρόμεναι.[6] 고통을 최대한 감소시키는 것은 고통을 소리 질러 외쳐대는 것이며, 고통을 드러내 놓고 말해 버리는 것이다. 고통을 표현함으로써 이 고통은 객관화된다. 이 표현에 의해 홀로 현존하는 주관적인 것과 고통 속에서는 아무것도 아닌 객관적인 것 사이에 균형이 생겨난다. 표현을 통해서야 고통은 의식되며, 의식된 것은 그 다음 지나간다. 의식된 것은 반성의 형식이 되며, 이후에 따라오는 규정들에 의해 밀쳐난다. 하지만 심정이 고통으로 여전히 가득 차 있고, 고통이 여전히 완전히 주관적이라면, 그 속에는 다른 것을 위한 자리가 없다. 눈물 역시 해방이며, 표현이고, 고통의 객체화이다. 이를 통해 고통은 형태를 얻게 되었는데, 왜냐하면 고통은 주관적이면서 객체화되었기 때문이다. 고통은 그 본성상 주관적이기 때문에, 이 고통이 주체에서 빠져나와 객체화된다는 것은 이 고통에 모순된다. 최고로 곤궁한 상황에서만 고통은 추방될 수 있다. 곤궁은 지나가 버렸고, 모든 것은 소멸했으며, 고통이 있는지조차 의심이 될 때에도 고통은 깊은 곳에 숨어 있다. 여기서 최고로 좋은 일은 고통을 불러내는 것이다. 이

---

5) [옮긴이] 대곡녀(Klageweiber). 고대의 장례식에서 삯을 받고 곡을 대신해 주는 여인.

6) 번역: "여자들 역시 장례식에 참가하여 그 권속의 무덤에서 비통하게 소리지른다"(*Geschichte des Peleponnesischen Krieges*[『펠레폰네소스 전쟁사』], 2. Buch, Kap. 34).

질적인 것을 통해서는 이런 일이 발생할 수 없다. 고통이 주어진 경우에만 이 고통은 자기를 자기 자신으로, 자기 밖에 있는 어떤 것의 일부분으로 가지게 된다. 그림은 이런 작용을 하지 않는다. 고통은 바라보기만 할 뿐, 스스로 움직이지 않는다. 말은 주관적인 것을 객관적으로 표현하는 가장 순수한 형식이다. 말은 아직 객관적인 것이 아니지만 객관성을 향한 움직임이다. 노래로 하는 탄식은 아름다움의 형식 그 이상인데, 왜냐하면 이 탄식은 규칙에 따라 움직이기 때문이다. 주문을 받은 여인의 탄식의 노래는, 고통을 가장 깊이 드러내고 또 아주 광범위하게 내어놓음으로써, 고통에 대해, 해방의 욕구에 대해 최고로 인간적인 것으로 된다. 이렇게 내어놓는 행위만이 고통의 감소를 가져온다.

IV.

투키디데스 B, λ ς: τὰ δὲ πλείω αὐτῆς (ὅσην ἔχομεν ἀρχὴν) αὐτοί ἡμεῖς οἵδε οἱ νύν ἔτι ὄντες μάλιστα κ. τ. λ.[7] 크기가 작은 어떤 자유국가의 전체 회의에서나 이렇게 말할 수 있을 것이다. 이러한 회의에서야 '우리'라는 말이 완전한 진리를 갖는다. 좀 더 큰 공화국들에서 '우리'는 훨씬 제한된다. 시민의 수가 많을수록 '우리'라는 것은 '우리'를 말하는 사람들에게 그만큼 더 낯설다. 여기서는 자신이 직접 참여한 행위에 대해서도 자신의 행위라고 할 수 없을 만큼 어떤 행위에 대한 개별자의 지분이 아주 협소하다. 국가의 명성과 관련된 것이 훨씬 더 많이 주장된다. 그런데 이 말은 **'나는**

---

7) 번역: "오늘 살아 있는 우리들은 그것(우리가 소유하고 있는 왕국)을 훨씬 더 부강하게 했다 등"
   (*Ebenda*, Kap. 36).

국가에 속해 있다'를 의미하지, '나는 존재한다'를 의미하지 않는다. 전체는 개별자를 지배한다. 개별자는 이 지배 아래 있다. 자유로운 큰 민족은 따라서 그런 한에 있어서 자기모순을 가지고 있다. 민족은 모든 개별자들의 전체이며, 모든 개별자는 전체에 의해 지배되는 자들이다. 그들의 행위, 즉 한 개별자의 행위는 국가가 하는 행위의 무한히 작은 한 토막에 불과하다.

V.

아킬레스[8]는 발뒤꿈치에 화살을 맞아 부상당해 죽었다. 신체의 다른 부위에 부상을 입을 **수**도 있었을 것이다. 따라서 발뒤꿈치에 부상을 입었다고 하는 것은 엄청난 우연이다. 화살의 방향이 그 부상을 규정해 버렸다. 하지만 (명중된 부위는 다른 부위와 관계함으로써 하나의 전체를 이루기 때문에, 그 부분은 다른 부위들과 필연적으로 관계 맺고 있어야 한다) 다른 부위의 관점에서 볼 때 명중된 부위는 상처를 당한 부위란 점에서, **명중된** 부위란 점에서 다른 부위들과 구별된다. 다른 부위들에 부상을 당할 이러한 가능성과 실제로는 이 부분들에 부상을 입지 않았다는 현실, 그리고 발뒤꿈치에 상처를 입었다는 현실과 이 현실과는 대립되는 부상을 입지 않을 가능성 등, 이것들을 그리스 사람들은 신화를 통한 상상력 속에서 통일시킨다. 즉 아킬레스를 레테의 강에 잠수시켰다는 신화를 통해. 이 신화에 따르면 부상당

---

8) [옮긴이] 아킬레스(Achilles). 트로이 전쟁에서 그리스 군의 최고 장군이었다. 그의 뛰어난 용맹은 신화로 거듭난다. 신화에 따르면 그가 태어날 때 어머니 테티스에 의해 불사의 강인 스틱스 강물에 담기는데, 이때 어머니가 발목을 잡고 거꾸로 담그는 바람에 발목만 물에 젖지 않았다고 한다. 트로이 전쟁에서 그는 이 발목에 화살을 맞아 죽게 된다. 소위 아킬레스건으로 알려진 이 신체 부위에 대한 신화적 해석을 헤겔은 상기시키고 있다. 본문에서 헤겔은 불사의 강인 스틱스 강을 망각의 강인 '레테'의 강으로 착각하고 있다.

하지 않은 부분들은 동시에 부상**될 수** 없으며, 부상당한 부분만이 부상당할 수 있었다.

VI.

리쿠르고스[9]가 십 년 동안 떠나 있다가 스파르타로 돌아오기 전 그는 자신의 입법의 완전한 계획을 수행하기 위해 델피에서 신탁을 물었다. 피티아는[10] 그를 아폴로의 이름으로 신들의 친구이자 연인이라고 불렀다. 피티아는 그에게, 그가 인간이라기보다 신이라고 말했으며, 아폴로는 그가 세운 계획을 허용했다고 설명했다. 그가 자신의 법안을 현실화할 수만 있다면, 세상에 라케데모니아보다 더 잘 정돈된 공화국이 없을 것이란다. 리쿠르고스는 자신의 법을 도입한 후 다시 신탁을 물었다. 이 신탁에 따르면 라케데모니아 사람들을 덕스러울 뿐 아니라 그만큼 행복하게 만들려고 그가 충분히 노력했으며, 만약에 그 사람들이 자기의 법을 항구적으로 유지할 경우 그들은 영원한 명성과 행복을 향유할 것이란다. 그런데 라케데모니아인들과 다른 그리스 사람들이 신적인 실정법에 복종할 능력이 있었다면, 아니 그 법들 중 한 개념만이라도 가질 수 있는 능력이 있었다면, 라케데모니아인들은 다른 그리스 사람들에게 신탁에 의해 가장 완전한 것으로 인정된 그들의 체제를 받아들이도록 강제하거나 그들에게 설교할 필요가 있지 않았을까? 여타의 그리스 사람들은 일관적이기 위해 그 체제를 받아

---

9) [옮긴이] 리쿠르고스(Lykurgos). 그에 대해서는 실존 인물인지에서부터 많은 것이 알려져 있지 않다. 스파르타의 독특한 정치 제도와 법 제도 등을 제정했다고 알려져 있다.
10) [옮긴이] 피티아(Pythia). 델피의 신전에서 아폴로의 신탁을 전하는 무녀.

들여야 하지 않았는가? 그러나 그리스 사람들은 **어떤 신으로부터도 법이 주어지게 하지 않는** 자유로운 민족이었다. 신에 의한 확정이라는 이러한 운동 근거는 그들에게 낯선 것이었다.

VII.

로마와 그리스의 자유가 몰락한 후 대상에 대한 이념의 지배가 인간에게서 없어졌을 때, 인간의 정신은 스스로 분열되었다. **부패한 대중**의 정신은 대상들에게 다음과 같이 말했다. "저는 당신의 것입니다. 저를 가져가소서!" 그리고서 그 정신은 스스로 대상의 강물로 뛰어들었으며, 그 대상들에 의해 계속 찢기게 나뒀고, 그들의 변화 속에서 몰락했다. **스토아주의자**의 정신은 이와 정반대로 했다. 이 정신은 대상들에게 다음과 같이 말했다. "너희들은 내 본질에 낯선 것으로서 나는 너희에 대해 아무것도 알지 못한다. 나는 너희들을 내 이념 속에서 지배한다. 너희들은 너희 의지대로 있을 수도 있으나, 그것은 나에게 아무 상관이 없다. 너희들은 나에게 너무 경멸적이어서 내 손을 너희에게 대고 싶지도 않다." 또 **다른** 정신들은 대상들이 다르게 있어야 한다고 느꼈다. 하지만 이 정신들은 그 대상들을 공격하고 형성할 용기를 가지고 있지 않았다. 대상의 막강한 힘은 그들을 억눌렀으며, 정신에게 단지 자신들의 무능력만을 느끼게 했다. 이 정신들 중 일부는 감각에게 보일 수 없는 대상들로 주조된다. 이 정신은 그 대상들을 민중의 망상에서 발견했지만, 자신의 이념들을 그 대상들로 전이하여 그 대상들에 다음과 같이 간청하였다. "저를 당신의 존재 속에 받아주소서. 우리에게 나타나 당신을 우리에게 계시하소서. 우리를 당신에게 이끄사 우리를 지배하소서!" 그들은 **주술사**라고 불린다. 이 정신들 중 다른 일부는 유사한 새로운 대상을 말했다. 이 정신은 자기에게 허용되지 않는 외부 대상들에서 도망쳐서 '저 보이지 않는 것이 그들 자신과 외부의 대상들을 지배한다'라는 신앙의 팔 안으로 뛰어든다. 이들을 **그리스도인**이라고 부른다. 형성된 교회는 스토아주의자의 소망과 자체 분할된 저 정신들의 소망을 통일했다. 교회는 인간에게 대상의 소용돌이 속에서 살도록 허용하며, 간단한 실습과 조작, 그리고 입술의 놀림 등을 통해 대상을 넘어 고양할 수 있음을 약속한다. 주술사들의 소망은 지금 바로 여기서 소위 기독교적인 **몽상가들**의 머리 안으로 들어 왔다. 이러한 통일은 원래, 여타의 것이 그러하듯, 결코 **수공업**으로 되지 않았다.

VIII.

신의 계시의 계열에서 혹은 신통기神統記에서 태양으로, 별로, 바다로, 공기로 그리고 사랑으로 현현하는 신의 계시들은 **인간**이라는 신의 계시보다 앞서 나타났다. 신의 생산 계열에서 뒤에 따라 나오는 형태가 더 필연적이었다. 알려져 있는 거의 모든 땅에서 자유를 빼앗은 로마 국가의 성립과 더불어 자연은 인간에게는 낯선 법에 복종되었으며, 자기 자신과의 연관성은 찢어졌다. 자연의 삶은 돌로, 나무로 되었다. 신들은 창조된 그리고 봉사하는 존재로 되었다. 힘이 행사되고, 자선이 드러나며, 위대함이 지배하는 곳에 인간의 마음과 특성이 있었다. 테세우스[11]는 그의 죽음 이후에야 비로소 아테네 사람들에게 영웅으로 되었다. 아테네 사람들은 데메트리오스와

---

11) [옮긴이] 테세우스(Theseus). 아테네의 기반을 구축한 왕으로 크레타 섬의 괴물 미노타우로스와 여인족 아마존을 섬멸한 것으로 유명하다.

안티고노스[12]가 사라진 이후에야 그들에게 제사를 드렸다. 로마의 황제들은 신격화되었다. 튀아나의 아폴로니우스[13]는 기적을 행했다. 위대함은 더 이상 초자연적인 것이 아니라 반反자연적인 것이었는데, 왜냐하면 자연은 더 이상 신적이지 않았으며, 따라서 더 이상 아름답거나 자유롭지 않았다. **자연과 신적인 것의 이런 분리** 속에서 인간은 양자의 연결자가 되었으며, 따라서 화해자이자 구원자가 되었다. 하지만 유대 민족은 극도의 혐오를 받으면서 저주받았다. 이 유대 민족에 의해 나중에까지 지상에 여운으로 남겨졌던 것은 기호로 머물렀다. **최근의 민족들이 온갖 종류의 인간성의 형태들을 단지 고통 속에서 고귀하게 간직해야 하듯이**, 유대 민족은 그 형태들 중에서도 가장 극악무도한 형태의 이상으로 서 있다. 호메로스의 세계에서 다양성은 불필요한 혀만을 가지고 있을 뿐인 저 비천한 테르시테스[14]와도 연결되어 있다. 테르시테스가 쓰러진 후 그의 눈에서 눈물이 떨어진다. 두려움에 질려 침묵하는 가운데 그는 앉아서 눈물을 닦는다. 그의 두려움과 침묵은 보다 강력한 인간 존재를 인정하는 것이다. 보다 훌륭한 것에 대한 이런 수용성이 호메로스의 인간들 중 가장 비천한 사람에게도 있었다. 하지만 최근의 인간 세상에서 순수한 하늘의 영혼을 소유한 아말리엔Amalien 곁에서 악독한 자들이 아이들을 불에 태우는 것을 본다. 그리고 자기의 운명을 의식하게 된 두목이 도둑들에게 무시무시하게 검열하면

---

12) [옮긴이] 데메트리오스(Demetrios)와 안티고노스(Antigonos). 알렉산더 대왕 사후 아버지 안티고노스와 그 아들인 데메트리오스는 분열주의자들의 책동에 맞서 마케도니아를 지켜냈다.

13) [옮긴이] 아폴로니우스(Appollonius von Tyana). 1세기 경 그리스의 신피타고라스 학파에 속한 철학자. 기적과 예언을 하고 금욕적 방랑생활을 한 것으로 유명하다. 죽은 후에는 영웅신으로 제사를 받았다.

14) [옮긴이] 테르시테스(Thersites). 호메로스의 『일리아스』에서 트로이 전쟁에 출전한 그리스인 중 가장 볼품없고 못생긴 자로 그려진 인물.

서 위협할 때, 그들은 두목의 기분이 아주 좋지 않다고 생각한다. 이런 다양한 종족들이 분류학자들에 의해 한 통속으로 인간으로 불리는데, 이런 다양한 종족들 중에 유대인 역시 자리하고 있다. 유대인들 중 한 사람은 용감하게도 신에게 다음과 같이 말하게 했다. 즉 "내 계명을 지키지 않은 사람을 나는 삼대 아니 사대까지 벌을 내릴 것이다".[15] 하지만 그들 종교의 복수의 여신은 이미 그들을 1백 대까지 채찍질하고 있다. 하지만 그리스도가 그들을 계단 아래로 집어던졌을 때도 그들은 벌 받는다고 생각하지 않은 것 같다. 왜냐하면 그들은 약간의 동전만 얻을 수 있다면 한 시간 동안 비천하게 취급되어도 상관없다고 생각하며, 다음 시간에 잡담하기 시작하는, 그리고 다음날 다시 찾아오는 그런 유대인이기 때문이다.

IX.

고상한 취향과 선입견 없는 이성으로 그리스 정신의 고귀함을 총체적으로 다양하게 평가할 수 있는 사람들이 있다. 이러한 취향과 이성으로도 여전히 이해 못하는 것이 있는데, 그것은 **사랑의 격정 속에 휘말려 있는 저급한 상태**이다. 그런데 최근에 이 사랑의 격정이 독일 계통의 민족들 가운데 이전과는 아주 다른 숭고한 형상을 습득하였다. 이러한 현상이 자유로운 그들의 삶의 정신과도 관련이 있지 않겠는가? 기사도 시대의 한 기사가 **아리스티데스**[16] 같은 사람에게 자신의 연인을 위해 행한 행위와 강철 같은 인

---

15) [옮긴이] 「출애굽기」 34: 7, 「신명기」 5: 9.
16) [옮긴이] 아리스티데스(Aristides). 아테네의 정치가로 도편추방에 의해 아테네에서 추방되지만 3년 후 복귀하여 페르시아 전쟁을 승리로 이끈다.

내로 수년 동안 그 연인이 자기에게 부과한 한 가지 목적에 헌신하며 그녀를 위해 극복했던 모험을 이야기한다. 이때 아리스티데스가 이 행위의 대상이 누구인지 깊이 고민하는 모습을 상상해 보자. 또는 한 젊은 귀족이 아리스티데스에게 자기의 사랑하는 대상의 아름다움을 상상력을 동원하여 추상적으로 그려 주고, 그 대상에 대해 자신의 존경심을, 즉 자신의 느낌의 성스러움과 순수함을, 그리고 자신의 삶의 유일한 관심이라도 되듯이 그 대상을 위해 일하며 호흡하는 자신의 열광을 묘사한다고 상상해 보자. 이러한 느낌, 행위 그리고 열광이 누구에게 바쳐지는지를 모르는 아리스티데스는 다음과 같은 방식으로 대꾸하지 않겠는가? "나는 내 삶을 조국을 위해 바쳤습니다. 나는 조국의 자유와 안녕보다 더 고귀한 것을 몰랐습니다. 나는 어떤 명예나 권력 혹은 부(富)를 요구함 없이 나의 조국을 위해 일했습니다. 그러나 나는 내가 조국을 위해 많은 것을 하지 못했으며, 그렇게 독특하고 심오한 관심을 보이지 못했다는 사실을 알고 있습니다. 나보다 훨씬 더 많은 일을 했으며, 조국에 더 열광했던 그리스 사람들을 나는 알고 있습니다. 하지만 나는 당신이 서 있는 위치에 다다른, 자기부정의 감정이라는 이러한 높이에까지 온 사람을 결코 알지 못합니다. 도대체 어떤 것이 당신의 이러한 고귀한 삶의 대상이었습니까? 그 대상은 내가 생각할 수 있는 가장 위대한 것보다 훨씬 더 위대하고 존귀한 것일 것이며, 조국과 자유보다 더 위대한 것임에 틀림없습니다!"

X.

주체할 줄 모르는 **중세 여인들의 상상력**은 소름끼치는 마녀행위 속에서, 아주 사소한 질투와 복수를 시도하는 가운데 광란으로 이어졌으며, 결국 그 여인들을 장작더미 위로 이끌었다. 그리스 여성들에게는 **바쿠스** 축제 때 실컷 날뛸 수 있는 여지가 허용되었다. 육체와 상상력이 고갈된 후에 그들은 일상의 감정과 지금까지의 삶의 영역으로 조용히 퇴각했다. 야생적인 마이나스[17]는 일상의 시간 동안에는 이성적인 여인이었다. 중세에는 마녀가 있었다면, 그리스에서는 마이나스들이 있었다. 중세에는 환상의 대상이 마귀와 같은 인상이었던 데 반해, 그리스에서는 아름답고 술에 취한 기분 좋은 신이었다. 중세에는 따라서 질투, 복수심 그리고 혐오 등이 일반화되었는 데 반해, 그리스에서는 목적이 없이, 광란의 상태까지 가는 즐거움이 지배했다. 중세에는 개별적인 정신이상 증세로부터 총체적인·항구적인 정신의 파멸로 발전한 데 반해, 그리스에서는 일상적인 삶으로 되돌아 왔다. 중세는 이상한 광란을 단지 병으로 간주하지 않고 장작더미와 더불어서만 그 죗값을 씻을 수 있는, 신을 거역한 범죄로 여겼다. 이에 반해 그리스에서 여성들의 환상과 열정을 동반한 욕구는 성스러운 것이었고, 이것들이 폭발할 수 있게 국가에 의해 허가 받은 축제가 주어졌으며, 그래서 이런 욕구는 해롭지 않게 될 가능성의 영역으로 편입되었다.

XI.

가톨릭 성직자의 소리는 거의 목이 잠긴 상태에 있다. 고유한 위치, 특이한 수도복, 모든 인간과 관계에서 분리되어 있음, 매 순간 내적인 반응과 이 반응을 유지하기 위해 그들의 근육을 긴장시키는 것(등이 가톨릭 성직자들의

---

17) [옮긴이] 마이나스(Mänas)는 디오니소스 의식을 관장한 여사제들로서 광란의 여인을 상징한다.

특징을 이룬다―옮긴이). 대부분 사람의 경우 목소리는 저 깊은 가슴에서 나온다. 이에 반해 가톨릭 성직자들에게서 목소리는 목구멍에서 걸러져 시끄럽게 울려 퍼지지만, 순수하지는 않다. 프로테스탄트의 설교가들은 보통의 삶에서 나오는 보다 장엄한 소리를 가지고 있다. 큰 소리로 설교하는 가톨릭의 소리는 시종일관 시끄러우며, 슬프게도 발악한다.

XII.

인간에 대한 경멸. 모든 사람들은 자신이 **인류**에 대해 만든 법칙에 따라 타자를 판단하며, 그러한 요청을 하는 데 익숙해 있다. 오랜 기간의 세계 경험을 통해서만, 혹은 넘쳐나는 마음의 재화를 통해서만 우리는 이런 요청에서 벗어난다(협소함에서 벗어나야 한다―옮긴이)는 이러한 요구는 우선 완고함에 사로잡힌 유럽인들에게 적합하다. 예컨데 루소와 같은 사람의 특징을 이성의 규칙에 따라 공개적으로 판단하는 것이 우리 시대의 표식이지, 고귀한 문화, 인류의 목적에 접근해 가는 것, 그리고 완전성에 접근해 가는 것 등이 우리 시대의 표식은 아니다. 모두는 우선 각자 내적인 성찰을 해야 한다는 사실 외에, **덕**만이 스스로에게 규칙을 부여하며, 스스로 판단하고 요구할 수 있다. 하지만 **어떤 인간**도 타자에 대해 자기 자신을 덕의 위치로 정립하여 덕의 화신으로 소개하면서 타자에게 요구할 수 있는 권리를 가지지 않는다. 모든 사람은 그런 사람에게 다음과 같이 답할 수 있다. "덕이 이것을 나에게 요구할 권리를 갖지, 당신이 그런 권리를 갖는 것은 아니다."

XIII.

근대 국가에서 국민의 대부분의 권리와 관계 있으며, 입법의 전체 내용을 규정하는 핵심은 **재산의 안전**이다. 재산에 대한 권리는 우리 시대의 모든 정부가 우선적으로 염려하는 것이며, 우리 국가의 자랑이다. 하지만 이러한 엄격한 재산권이 고대의 몇몇 자유로운 공화국에서는 보호되지 않았다. 라케데모니아 헌법에서 재산과 산업의 안전은 거의 고려되지 않은, ──그렇게 말해도 된다면── 거의 잊혀진 지점이었다. 아테네에서 부유한 시민들은 일상적으로 자신의 재산의 일부를 강탈당했다. 물론 이때 사람들은 명예로운 구실을 내걸어서 그 재산가에게 다가갔다. 예컨데 사람들은 그 사람에게 엄청난 비용을 스스로 조달해야 하는 공직을 덧씌워 줬다. 시민들로 구성된 호민관 회의에서 돈이 많이 들어가야 하는 직위에 선출된 사람은 호민관의 시민들 중에서 자기보다 부유한 사람이 있는지를 살펴볼 수 있었다. 그리고 그가 그런 사람을 발견했다고 믿을 경우, 그런데 이 발견된 사람이 자기가 더 부유하지 않다고 주장할 경우, 앞의 사람은 이 후자에게 그들의 재산을 바꾸자고 제안할 수 있었으며, 이 후자는 이 제안을 주저 없이 받아들여야 했다. 몇몇 시민들의 비교할 수 없을 만큼의 부가 헌법의 가장 자유로운 형태에 얼마나 위협이 되며, 또한 자유 그 자체를 파괴할 수 있는지를 역사는 아테네의 페리클레스와 로마의 세습귀족(그라쿠스와 몇몇 사람들의 위협적인 영향력에 의해 농업에 관한 새로운 법이 제안되었는데, 이로써 이들은 세습 귀족의 몰락을 헛되이 저지하고자 했다), 그리고 피렌체의 메디치가의 예에서 잘 보여 준다. 한 공화국을 지속적인 형태로 보존하는 데 있어서 얼마나 많은 것이 엄격한 재산권에 의해 희생되어야 했는지를 탐구하는 것은 아주 중요한 탐구일 것이다. 만약 사람들이 프랑스에서 상퀼로트주의자들[18]이 의도한, 보다 많은 재산의 평등의 주장을 단지 탐욕 속에서 비롯되었다고 한다면, 그들의 체계는 아마도 부당하게 취급된 것일 것이다.

XIV.

이탈리아에서는 정치적인 자유가 독일에서보다 더 순수하고 아름답게 서술되었는데, 동시에 더 빨리 사라져 버렸다. 그런 다음 이탈리아 볼로냐에서 법학이 문학보다 앞서서 고양되었다. 모든 분야에서 가장 뛰어난 민족의 인재들이 이 분야로 쇄도하여 그들의 조국에서 학식 있고 정확한 법관이 되고자 했다. 왜냐하면 **재판석에서만 그들은 이념의 시종, 법의 시종이었고**, 다른 곳에서는 **한 인간의** 시종이었기 때문이다. 중-북부 이탈리아의 중세 역사에서 우리는 사람과 국가의 관계가 극단적으로 불완전했으며, 그 유대가 극단적으로 느슨했다는 것을 본다. 이 시기의 이탈리아 역사는 본래적인 의미에서 한 민족의, 혹은 여러 민족의 역사라고 할 수 없고, 오히려 **다수의 개인들의** 역사라고 해야 할 것이다. 이 역사의 그림에서 어떤 위대한 집단도 지속적으로 유지되지 않았으며, 짧은 기간 일어났다 곧 안개처럼 사라졌다. 이 때문에 이 시기 이탈리아 역사에 대한 일반적인 관점을 발견해 내는 것은 쉽지 않다. 개별 인간들의 이야기가 그만큼 더 재미있는데, 왜냐하면 이 사람들의 개성은 국가나 체제라는 일반적인 형태로 녹아들지

---

18) [옮긴이] 상퀼로트주의자들(Sansculottismus). 프랑스혁명 때 하층계급 중심의 과격한 공화주의자들의 주장을 대변한다. 이들은 퀼로테(Culottes, 귀족들의 짧은 바지)를 입지 않고 대신 판타롱(Pantalons, 긴 바지)을 입고 다녔다고 하여 '퀼로트를 입지 않은 자들', 즉 '상퀼로트주의자'로 불렸다.

않았기 때문이다. 사람들을 통일하는 것은 일반적으로 순간의 이익이었다. 지속적인 이익을 근거로 하는 유대는 찾아보기 어렵다. 모든 분쟁은 개별 가족이나 개별 인간들의 권리와 관계가 있었는데, 이 권리들은 사회적인 통합을 위해 포기될 수 없는 것들이었다. 도시에서 함께 거주한다고 하는 것은 같은 법에 복종한다는 사실 이상으로 같은 공간에서, 같은 성곽 내에서 서로 지탱하며 산다는 것을 의미했다. 귀족의 권력은 약했다. 어떤 이념도 아직 지배적이지 않았다. 평지는 각자가 자신의 안전을 위해 구축한 무한한 수의 성으로 뒤덮였다. 그뿐 아니라 도시에서 각 가족들의 궁궐은 탑들로 그리고 서로를 둘러싸는 다른 방식으로 요새화되었다. **정의를 행사한다는 것은 다른 파당에 대한 한 파당의 승리일 뿐이었다.**

XV.

공개적인 사형. 몽테스키외는 일본인들이 무시무시한 수많은 공개 처형으로 인해 야생적으로 되었으며, 범죄와 이러한 형벌에 무감각하게 되었다고 기술하고 있다. 입법자와 재판관들은 공개적인 처형으로 범죄에 대해 두려워하고 공포심을 갖게 하려는 의도를 가졌었다. 그런데 그런 계획이 왜 정반대의 현상으로 나타나게 되었을까? 형 집행인들에 의해 처형당하는 모습을 공개하고, 죽음의 공포와 일반적인 경멸을 불러일으킬, 혹은 훨씬 더 억압적인 무서운 형벌장치를 보여 줌으로써, 그리고 일반적인 동정심을 받게 하는 데 노출시킴으로써 구역질, 살벌함, 그리고 오싹함을 불러일으키려 했던 공개적인 처형의 목적을 실패로 돌아가게 한 것은 인습 때문인가? 오른손으로 수천 명을 처단하고 왼손으로 수만 명을 무찌르는 전사戰士에게 죽이는 것이 무감각하듯, 인습은 무감각만을 불러일으킬 것이다. 사형 집행에서 우선 눈에 띄는 것은 무엇이며, 이 사형 집행으로 야기되는 감정은 어떤 것일까? 우선 아무런 무장도 하지 않은 한 사람이 우리 눈에 띈다. 그는 묶여 있으며, 수많은 감시원에 의해 둘러싸여 있고, 버러지 같은 사형 집행 노예들에 의해 붙잡혀 밖으로 이끌려 나온다. 이때 그는 성직자들이 큰소리로 외치며 기도하고 있는 가운데 무장해제 되어 있다. 이 범법자는 현재의 순간을 의식하지 않기 위해 성직자들을 따라 소리 지른다. 그렇게 그는 죽는다. 다른 병사들 옆에서 집단구타를 당하는 병사, 혹은 우연히 보이지 않은 납덩어리를 맞고 쓰러진 병사에 대해서 우리는 이 범인이 처형될 때와 같은 그런 감정을 갖지 않는다. 내 생각에 우리 모두는 이 범인의 마지막 순간에 **자신의 삶을 방어할** 한 인간의 **권리가** 완전히 강탈당한 것을 느낀다. 타자와 싸우다 죽은 사람에 대해 우리는 슬퍼할 수 있다. 하지만 이때 우리는 저 범죄자의 죽음을 보면서 가지게 되는 그런 모욕을 가지지는 않는다. 왜냐하면 함께 싸우다 죽은 사람은 자기의 생명을 보존할 자연적인 권리를 행사했으며, 타자가 자기와 동일한 권리를 주장하는 가운데 나가 떨어졌기 때문이다. 무장한 아주 많은 사람들에 의해 한 명의 무장해제된 사람이 사형 집행되는 것을 바라볼 때 끓어오르는 분노의 감정이 '법의 판결은 관객들에게 신성하다'는 생각으로 인해 격노로 변화되지는 않는다. 그렇다 하더라도 이러한 생각이 최초의 목격에서 생겨난 저 분노의 감정을 완전히 없앨 수는 없다. 사형 집행관들은 차가운 피를 가진 전체 민중의 입장에서 무장해제된 자를 죽일 수 있다. 사형 집행관들은 마치 야생동물처럼 완전히 맹목적인 도구로 작용하면서 범죄자라고 비난받는 사람들에게 자신의 일을 수행하고 있을 뿐이다. 이렇듯 사형 집행관들이 정의의 종사자들이라 하더라도, 그 사람들의 일이나 신분을 **불명예스런 것**으로 낙인찍는 그런 일반적인 감정까지도 억압할 수는 없을 것이다.

계몽된 오성(지성)은 민중의 목소리와 이 목소리가 의지하고 있는 음울한 감정을 선입견이라고 아주 강하게 비난할 수 있을 것이다. 이 오성은 저 감정을 분석해 본 결과 어떤 이성적 근거도 없다는 사실을 긴급하게 반복하여 말할 것이다. 그리고 이 오성은 사형 집행인들이란 자신의 임무를 수행하는 국가와 정의의 하수인에 불과한 자들로서 다른 국가 공무원들과 하등 다를 바 없다고 할 수 있을 것이다. 하지만 이 오성이, 다른 감정의 경우에서처럼, 이러한 사실 역시 완전히 밀쳐버릴 수는 없다. 하지만 적절히 잘 생각하는 자는 자신의 감정을 분노케 하는 일과 이 일을 수행하는 사람 자체를 언제나 분별할 수 있으며, 그 사람이 다른 일을 했으면 하고 원한다 하더라도 그 사람을 공평하게 대할 것이다. 이는 마치 사려 깊은 자가 한 민족의 풍습과 습속이 수치스럽다고 확신하더라도, 그런 이유 때문에 지금 다루려는 그 민족의 한 개별자를 악당으로 간주하지 않는 것과 같다. 이러한 신분의 사람들은 전체적으로 볼 때 고요하고 의로우며 여러 부분에서 경건한 사람들이라고 하는 눈에 띄는 주석이 가해졌다. 형벌을 가장 직접적으로 집행하는 사형 집행관으로서의 업무로 인해 그들의 신분은 경멸을 받는다. 이때 사형 집행관들은 이런 경멸에 맞서서 개별적 존재로서의 자신을 구하려는 자기감정을 가져서는 안 되고 이런 경멸을 그냥 받아야만 하는 것인가? 이때 자기감정이란 인간의 존엄이 신분에 대한 존경이나 경멸에 의존하지 않는 그런 감정을 말한다. 그리스 사람들 중에서 공개적으로 처형당한 사람이 있었다는 것을 나는 알지 못한다. 소크라테스는 적어도 감옥에서 독배를 들었으며, 에우리피데스의 비극에 나오는 오레스테스[19]는 스스로 선택한 죽음의 방식에 따라 죽었다. 오늘날 누군가가 공개적인 사형 집행을 폐지하자고 주장한다면 **다른 사람에게 본보기**를 보이고자 하는 형벌의 주된 목적이 사라져 버릴 것이라고 떠들어 대며 공격할 것이다. 그리스 사람들은 이런 종류의 형벌의 목적을 생각하지 못한 것 같다. 그리고 그리스의 입법가들은 살벌한 광경을 통해 감정과 상상력에 충격을 줌으로써 내적인 도덕성과 법에 대한 존경을 불러일으키려는 시도를 불필요한 것으로 여긴 것 같다. 무시무시한 공개적 형벌에 의해 민족의 인륜적 감정에 법에 대한 신뢰를 쌓을 수 있을 것이라고 생각한 입법자와 판관들이 있을 수 있다. 하지만 이러한 형벌이 필연적으로 가져올 것으로 기대된 그 효과는 전체적으로 볼 때 신뢰를 거의 얻지 못했다.

사형 판결이 공개적으로 수행되지 않을 경우 비양심적인 법관은 부정의를 제어하려는 노력을 더 이상 하지 않게 될 것이라는 제안에 대해서도 강한 반론을 제기할 수 있을 것이다. 전제주의는 사형을 공개적으로 집행할 때보다 훨씬 더 대담하게 어두움 속에서 사람들을 죽일 수도 있다(베네치아에서는 모든 사형 집행이 은밀하게 수행되는가 아니면 국가범죄자의 형집행만 은밀하게 수행되는가?). 이러한 사실을 두려워하여 저런 이의를 제기한 국가의 시민들에게 대답될 수 있는 것은 없다. 대중에 의해 선택되지 않은 법원이 문을 닫은 채 한 동료 시민의 생명에 대해 판결하는 그런 모든 국가에서 백성들이 기대할 수 있는 것은 방청객의 목소리에 묻어나는 중요성의 그림자를 보존하는 것뿐이다. 왜냐하면 공개적인 형 집행과 관련하여 법원은 근거를 가지고 추론된 자신의 판결에 의해 민중의 목전에서 정당화되기 때문이다. 하지만 시민이 상류귀족들에 의해 판단 받아야 할

---

19) [옮긴이] 에우리피데스(Euripides). 고대 그리스 3대 비극시인 중 한 사람이다. 여러 면에서 정통을 벗어난 데카당스적 요소를 다분히 지닌 작가로 분류된다. 「메데이아」, 「아울리스의 이피게네이아」 등의 작품이 있다. 오레스테스는 에우리피데스의 비극 「이피게네이아」에 등장하는 인물로 트로이 전쟁의 영웅 아가멤논의 아들이다. 그는 아버지의 모함에 의한 죽음을 복수하려다 비극적인 최후를 맞는다. 367쪽 옮긴이 주 참조.

법을 가지고 있으며 모두가 법정에 자유롭게 출입하는 그런 국가에서 이런 불쾌감은 없어질 것이다.

XVI.

형무소. 스페인의 망토형벌과 피델형벌이 **프로이센의 국법**에 의해 폐지될 것인지 하는 문제가 제기되었었다. 질문의 요지는 다음과 같다. 즉 농촌과 대부분의 도시들에서 감옥은 수감자들을 수용하여 그들에게 형벌을 느끼게 하는 데만 이바지할 뿐, 농부, 특히 하층계층과 머슴들을 위해 아무것도 하지 않는다. 이때 간단한 체형體刑으로 될 일을 구금으로 문제를 해결하려 한다면, 많은 수의 노동자들이 농촌을 떠나 버리게 되고, 그럼으로써 형벌의 목적이 완전히 빗나가 버릴 수 있다는 것이다. 이에 대해 카르메르[20]의 대답은 다음과 같다. "하층민중의 도덕성을 개선하는 데 방해가 되는 체벌을 가능한 한 하지 않을 것이다. 일반 감옥시설에 변화를 줌으로써 체벌은 무용지물로 될 것이다. 철저한 고독과 다른 사람과의 의사소통에서 철저히 격리됨으로써, 담배를 피우는 것 등 일상적인 욕구와 평안함에서 격리됨으로써, 자신의 감정에 반하지만 건강에는 해를 끼치지 않는 그런 장소와 위치에 있게 됨으로써, 그리고 쉽지 않은 온갖 종류의 고역을 함으로써 체포된 사람은 힘들어하며, 결국 자신의 악한 기질은 점점 없어지고, 게으름의 경향은 자취를 감추게 될 것이다." 이것은 붙잡힌 적에게 고통을 줄 방법에 대해 고민하면서 새로운 고문을 아주 즐겁게 실행하는 이로케겐

---

20) [옮긴이] 카르메르(Johann Heinrich Kasimir von Carmer, 1721~1794). 1794년 제정된 '프로이센 국법'의 제안자.

인디언 같지 않은가? 형벌이 갖는 도덕적 환희와 교화의 의도에서 복수가 주는 기쁨과 크게 다르지 않다. 오싹함을 보여 주는 것과 순화의 의도는 전혀 다른 것이다. 왜냐하면 오싹한 것을 바라봄으로써 폭력에 익숙하게 되어 그것을 보는 것이 점차 혐오스럽지 않게 되기 때문이다. **의사소통을 단절하는 것은 정당하다. 왜냐하면 범죄자는 스스로를 고립시켰기 때문이다.** 차가운 지성으로 인간을 때로는 일하고 생산하는 존재로, 또 때로는 교화될 수 있는 존재로 고찰하고 명령하는 것은 아주 지독한 폭정으로 된다. 왜냐하면 전체의 최선의 것이 공정하지 않을 경우 목적으로서의 이 최선의 것은 인간에게 낯설기 때문이다.

XVII.

[로젠크란츠: 교회와 국가의 분열로부터 이제 헤겔은 스스로 해결책을 찾고자 했다. 칸트의 견해를 헤겔은 다음과 같이 요약했다. "국가와 교회는 서로에 대해 조용히 있어야 하며, 서로 아무런 관계가 없다." 이에 대해 헤겔은 다음과 같이 썼다(1798).]

이런 분리가 어떻게 가능할까? 국가가 **재산의 원리**를 가질 경우, 교회의 법은 국가의 법에 위배된다. 국가의 법은 매우 **불완전하게도** 인간을 소**유자**로 간주하는 특정한 권리들과 관계가 있다. 이에 반해 교회에서 인간은 하나의 **전체**이다. 행동하고 기획하는 보이는 것으로서의 교회는 인간에게 이러한 전체성의 감정을 부여하고 유지하려는 목적을 갖는다. 교회의 정신에서 행위하는 인간은 개별적인 국가법에 대해서뿐 아니라 국가법의 전체 정신에 대해서, 즉 국가법 전체에 대해서 전체로서 행동한다. 시민이 국가와 교회 양자에 아무런 충돌 없이 조용히 머무를 수 있다면, 이것은 그가 국가와의 관계를 진지하게 받아들이지 않거나 아니면 교회와의 관계를 진지하게 받아들이지 않는 것이다. 두 개의 극단적인 종파, 즉 **예수회 교도와 퀘이커 교도**는 이 양자를 모두 진지하게 받아들여서 이 양자를 통일하고자 했다. 퀘이커 교도들은 교회에 반하는 어떤 국가적인 것도 상종하지 않았으며(그런데 국가적인 것을 많이 허용하는 특정한 교회의 경우 교회에 어울리지 않는 많은 것을 법이라는 이유로 교회의 것으로 만들었다), 예수회 교도는 국가의 법 아래 철저히 외적으로 복종했다. 이로써 그들은 양심의 자유라는 내면적인 것을 통해 국가의 모든 시민적인 덕을 사취하고자 했다. 만약 국가가 자신의 전체성에 확고히 붙들려서 강력하게 밀려드는 교회를 강제력으로 제어하려 할 경우, 국가는 비인간적으로 되고, 괴물로 될 것이며, **광신**을 생산해 낼 것이다. 그런데 광신은 개별자 인간을, 인간의 관계를 국가의 권력의 관점에서 보기 때문에 이 광신은 국가를 인간들 속에서 파괴시키며 따라서 그런 방식으로 인간을 파멸시킨다. **하지만 국가의 원리가 완전한 전체라면, 교회와 국가가 다를 수 없다.** 국가에게 사유된 것, 지배하는 것은 교회에게도 생동적인 것으로서, 환상에 의해 서술된 것으로서 동일한 전체이다. 인간이 특수한 **국가인간**으로 그리고 특수한 **교회인간**으로 파괴될 때만 교회 전체는 하나의 파편이다.[21]

---

21) [편집자] 호프마이스터는 (자신이 모은 『헤겔 문헌』 467쪽에서) 헤겔이 기록한 세부사항도 전해 주고 있다(프로이센 국립 도서관에 있는 『헤겔의 수고들』, Bd. 13, 52쪽). 헤겔의 이 기록은, 그의 문체 분석에 따르면, 1798/99년에 이뤄졌으며, 아마도 본문의 이 내용과 관련이 있는 것 같다(「기독교의 정신」, S. 418[이 책 647쪽 이하―옮긴이] 역시 참조하라).
"자아: a) 인간사랑, 적대감 b) 성실함, 혁명 c) 자기의 의무를 충족시킨 의식, 무죄, 명성 d) 감사, 자립성, 자유 e) 신앙, 계몽 f) 가족, 행복, 신분, 사회성 g) 사랑, 애국주의"

XVIII.

카드놀이에 대해(1798). 우리 시대의 가장 큰 특징들 중 하나는 사람들이 카드놀이를 좋아한다는 것이다. 이 놀이에서는 영혼의 여러 특성들 중에서 특히 **오성(지성)과 정열**이 작용한다. 오성은 규칙을 찾아내며, 매 순간 판단력으로 작용하면서 이 규칙을 순간의 상황에 적용한다. 따라서 심오한 이성과 번뜩이는 상상력을 가진 사람들이 자주 훌륭한 카드놀이꾼이 되지 못하는데, 왜냐하면 그들이 놀이에 관심이 없어서가 아니라, 규칙을 일상적인 삶에 끊임없이 적용함에 있어서 종종 그들의 판단력이 실행되지 않기 때문이다. 정열은 주로 관심과 관련이 있다. 단순히 이득을 위해 놀이하는 자가 아닌 차가운 놀이꾼은 카드놀이를 특히 오성과 판단력의 측면에서, 즉 오성과 판단력을 연습하고자 하는 관심에서 수행한다. 이득에 대한 갈구 외에도 카드놀이를 일반화시키는 또 다른 정황이 있는데, 즉 이 놀이에서는 정열이 두려움과 희망으로 수시로 변화한다는 사실이다. 즉 우리 시대의 정신은 마음의 평정을 전혀 가지지 않고 있다. 여기서 마음의 평정은 숭고한 것 자체를 갖는 것이며, 정열의 놀이(연극)에서 그리스 모든 작품들이 호흡하고 있는 것이다. 그리고 정열이 최고로 활동하는 가운데서도 인간이 여전히 인간이지 귀신에 의해 조종되지 않는 한 이 마음의 평정은 여기서 강력하게 드러난다. 정열적이지만 평온하지 않은 정신의 분위기가 우리 시대의 특징이며, 이러한 상황은 카드놀이 확산의 주범이다.

따라서 아주 순수한 놀이에서도 눈에 띄는 사실은 이 놀이와 관련해서 신의 이름을 부르는 것을 듣는 것이다. 왜냐하면 사람들은 아주 미소한 부분에서도, 특히 우연의 영역에 속하는 것처럼 보이는 것들에서도 신의 섭리를 참여시키기 때문이다(특히 하자드 게임에서 악하지 않은, 아마도 현혹되

어 있을 뿐인 사람과 그의 가족의 행운이 단 몇 장의 카드에 달려 있기 때문에)
그는 눈에 띄게 신의 섭리에 호소하게 된다.

XIX.

흄은 사건 자체의 특성을 기술하는 새 시대의 역사 서술가들 중 한 사람이
다. 그의 역사의 대상은 근대의 국가이다. 이 국가의 내적인 관계는, 고대
국가에서와 마찬가지로, 법적으로 규정되지만은 않는다. 오히려 이 국가의
내적인 관계는 이 관계 안에서의 무의식적인 자유로운 삶에 의해 존립하
기보다 그 법의 형식을 통해 존립한다. 보편성이면서 동시에 그 대립자인
특수성인 것에 대한 의식인 법은 상이한 신분들의 위치를 지정해 준다. 그
러나 여기서 인간은 모두에게 생기를 부여하는 어떤 이념 때문에 살아가
는 총체적 인간으로 행동하지 않는다. 인간의 힘과 권력은 눈에 보이지 않
는 바로 이런 이념이지만, 그들이 여러 일을 수행하는 가운데 자신들과 함
께 행동하는 자들(**명령하는 자로서 혹은 복종하는 자로서**)과 맺는 외적인 관
계가 우선적으로 의식된다. 최고의 위치에 서 있는 사람들 중에는 역사가
그들의 행위를 역사적 사건으로 보고하는 사람들이 있다. 이런 사람들은
다방면에서 국가와 관계를 갖는데, 국가를 언제나 자기 위에, 자기 밖에 갖
는다. 국가는 그들에게 '사상'Gedanke으로 존립한다. 국가가 그들을 규정
한다. 그들은 국가에 의지하여 생각하며, 국가를 의식 속에서 자기에 앞서
가게 한다. 이렇듯 우리가 행위하는 가운데 직접 보는 것은 **성격**이 아니다.
오히려 국가로 하여금 그에 따라 행위하게 하는 것은 **통찰들**이다. 국가의
행위 자체는 대부분의 경우 명령이거나 복종이다. '사상으로서의 국가는
규정하는 자이다'라는 것 외에 누구도 행위를 전체적으로 수행하지 않았

다. 개별 행위자들을 그 부분으로 갖는 어떤 행위가 있을 수 있는데, 이 행위 전체는 아주 다양한 부분으로 분산되기 때문에, 전체 작품 역시 상이한 개별행위의 결과이다. **그 작품은 행위로서가 아니라 생각된 결과로서 존재한다.** 그 행위는 하나의 전체인데, 이 행위의 의식은 행위자들 누구에게도 존재하지 않는다. 역사 서술가는 이 사실을 결과들 속에서 인식한다. 그리고 그는 이미 지나간 것들 속에서 이 결과를 인도하는 것에 주목한다. 명령하는 자들만이, 혹은 명령하는 자들에게 어떤 식으로든 영향을 미치는 자들만이 **행위자**로서 간주될 수 있다. 여타의 것들은 자신의 질서 속에서 그 일에 조력할 뿐이다. 모든 것은 질서지어져 있기 때문에, 그리고 **이 질서의 힘**이 지배하고 있기 때문에 대부분의 사람들은 톱니바퀴로 드러날 뿐이다. 생동적인 것, 즉 힘의 조직에 있어서의 변화는 **작고 점차적이며 눈에 보이지 않는다.** 여기에서 모든 것은 규정되어 있기 때문에, 시칠리아 사람들이 티몰레온[22]에게 의존한 것과는 달리, 민중들은 어떤 위대한 사람에게도 의존할 수 없으며, 그들 자신을 아주 위대한 사람으로 만든 알키비아데스와 테미스토클레스[23]의 계획과는 달리, 누구도 자신에게는 개별적인 그런 전체적인 계획을 세울 수 없다. 오히려 그의 행위는 주어진 특정한 범위 안에서의 **행동거지**일 뿐이다.

---

22) [옮긴이] 티몰레온(Timoleon). 고대 코린트의 영웅으로서, 스파르타의 위협에 구원을 요청한 시칠리아의 시라쿠스에 가서 그곳을 섭정하며 안정을 도모하였다.

23) [옮긴이] 알키비아데스에 대해서는 368쪽 옮긴이 주 참조. 테미스토클레스(Themistocles, 기원전 528?~462?). 아테네의 집정관으로서 페르시아와의 전쟁에서 살라미 해전을 승리로 이끈 장수. 그 후 스파르타와의 갈등으로 아테네의 성벽을 굳건히 하였으나 점차 세력을 잃어 도편추방을 당하였다.

XX.

[로젠크란츠: 헤겔은 [···] 1793년 전체 인쇄된 실러의 『30년 전쟁사』를 특별히 비판적으로 다루었다. 헤겔의 비판적인 논평은 이 판본을 인용하면서 진행된다].

519쪽.[24] "하지만 이어지는 그 자신의 행실로 인해 요한 게오르크는 자신의 이유를 폭로하고 말았는데, 그 이유란 그가 황제와 관련하여 가지고 있는 자신의 장점을 이용하려던 일을, 그리고 목적에 맞는 효과를 제시함으로써 스웨덴 왕의 기획을 장려하려던befördern 일을 주저하게 했던abgehalten것이다."[25]

이 복합문의 가장 중요한 부분은 "장려하다"라는 말에 있다. 이에 반해 이 복합문의 목적은 그 반대를 이해하는 데 주어져 있다. 그런데 이 반대는 "주저하게 했다"라는 단어에 놓여 있다. 이것은 전체의 부정적인 의

---

24) [옮긴이] 이 쪽수는 실러의 『30년 전쟁사』 원본의 쪽수를 말함.

25) [옮긴이] 헤겔은 이 단편에서 이후 역사에서 독일어 글쓰기의 한 전형으로 자리하게 되는 실러의 독일어 쓰기를 문제 삼고 있다. 헤겔에 의하면 실러의 서술 방식은 역사 서술로는 적합하지 않다고 한다. 왜냐하면 그의 글은 한편으로는 인과관계를 '사유'에 의해서만 추론하며, 다른 한편으로는 독일어 관계대명사의 특성상 이전에 일어난 일이 자주 문장의 나중에 서술되기 때문이다. 참다운 역사 서술은 사건의 선후를 병렬관계로 나열해야 하며, 사건이 스스로 말하게 해야 한다고 한다. 헤겔은 그리스인들의 역사 서술이 이와 같았다고 한다. 관계대명사를 자주 사용하여 역사를 서술하는 실러의 글이 문제가 되고 있기 때문에 한글과 그 구성에 있어서 큰 차이를 보이는 독어 원문을 함께 수록함으로써 이 글을 이해하는 데 도움을 주고자 한다.
〈원문〉"Aber Johann Georgs nachfolgendes Betragen deckte die Triebfedern auf, welche ihn abgehalten hatten, sich seines Vorteils über den Kaiser zu bedienen und die Entwürfe des Königs von Schweden durch eine zweckmäßige Wirksamkeit zu befördern."

미를 생겨나게 해야 하지만, 이 전체의 가장 중요한 부분은 이 전체를 긍정적으로 표현하면서 간직하고 있다.

504쪽. "선의 길 (즉 개신교도들의 개종의 길)이 아무런 열매도 맺지 못했던 곳에서 사람들은 군인의 도움을 이용하여 길 잃은 자들을 불안하게 함으로써 교회라는 양의 우리로 불러들였다."[26]

이 부록 문장에서 보여 주고자 하는 주된 이념은 개종의 방식이다. 여기서 개종의 방식은 특이하게 '친절과 군사적 도움'이라는 말로 표현되어 있다. 이제 여기 수행의 방식을 부여받고 있는 그 이념이 필연적으로 이미 **앞에** 표현되어 있음에 틀림없고, 또 매우 눈에 띔에도 불구하고, 이 이념의 표현은 이 **부록 문장**에서 전체 절반 이상을 차지하고 있다. 더 나아가 그 표현은 **뒤쪽에** 서 있다. 이 두 상황을 통해 그 표현은 개종의 방식이라는 주된 이념 이상으로 두드러지며, 퇴각하여 심정 속에 머문다. "불안하게 하다"라는 표현만이 개종의 방식과 여전히 관계를 맺고 있으며, 이 표현을 통해 주된 이념이 재생산됨으로써 실수(죄)를 시정한다. 이것 이후에 나오는 두 번째 복합문장이 다시금 결론으로 갖는 것은 "복음을 이단에게 설교해야" 한다는 것이다. 이 문장은 어떤 것에서 역사적인 것을 지우며, 이미 충분히 표현된 주된 이념을 독자에게 다시 한 번 가져온다. 그리고 그 다음 문장은 다시 한 번 "자신의 목적을 관철하고자" 한다.

인물묘사Charaktergemälde는 탁월하다. 다양한 특징들을 통일되게 모

---

26) 〈원문〉 "Wo der Weg der Güte (nämlich zur Bekehrung der Protestanten) nichts fruchtete, bediente man sich soldatischer Hilfe, die Verirrten in den Schafstall der Kirche zurückzuängstigen."

아주고 있는 큰 복합문장들이 이 인물묘사에 가장 유용하다. 하지만 많은 외적인 **정황들**로 이루어져 있는 한 **상황**을 서술하기 위해 실러가 이 인물묘사 문장들을 이용한다면, 그리고 특히 이 인물묘사가 시간과 공간 속에서 원인과 결과의 관계로 기술되어 있지만 **하나의** 실제 행위와 맞지 않는 정황을 위한 한 상황이라면 이것은 상투적인 것이 되고 만다. 그렇게 되면 그 많은 특징들은 서로 매우 분산되어 흩어지며, 통일이 불가능할 만큼 다양한 것으로 되고 만다. 통일은 이미 지나간 것으로서의 다양한 특징들이 서로 관계 맺고 있는 지점일 뿐이다. 예를 들어 501쪽. "자기에게 넘어온 적은 수의 수비대원들에 의해 강해진 작센 장군 아른하임은 라우지츠로 진군하였다. 황제의 장군 루돌프 폰 티펜바하가 자신의 군대와 함께 이 지역으로 건너가서 작센의 그 선제후들을 적의 진영으로 넘어갔다는 이유로 징계했었다."[27] 어떤 이질적인 것들이 여기 모여 있는가! "넘어옴"Übertreten이라는 말이 "강해지다"verstärkt라는 말보다 앞에 있어야 했다.[28] 왜냐하면 '강해지다'는 단순히 부수적으로 따라온 상황에 불과하기 때문이다. 그런 다음 라이프치히의 적대적 수비대원들이 넘어온 사건은 라우지츠로의 진군의 방향을 결정짓는 사건과 병렬로 서 있다. 이 복합 문장의 끝은 황제의 장군에 의해 선제후가 징계 받는 것이다. 이것들은 서로

---

27) 〈원문〉 "Durch die Mannschaft verstärkt, welche von der feindlichen Garnison zu ihm übertrat, richtete der Sächsische General von Arnheim seinen Marsch nach der Lausitz, welche Provinz ein kaiserlicher General, Rudolph von Tienfenbach, mit einer Armee überschwemmt hatte, den Kurfürsten von Sachsen wegen seines Übertritts zu der Partei des Feindes zu züchtigen."

28) [옮긴이] 적의 수비대가 그에게 넘어온 이전의 사건이 그의 군대가 '강화된' 사건의 원인인데, 독일어 문장에서는 앞의 사건을 관계대명사를 사용하여 뒤의 사건보다 뒤쪽에 위치시킨다. 헤겔은 실러의 독일어 글쓰기의 이런 문제를 지적한다. 그러나 번역에서 관계대명사 절이 앞에 위치하기 때문에 헤겔의 지적과는 다른 문장 구성이 된다.

아무런 연관 없이 아주 분리되어 있는 것들이다. 문법적 관계는 상상력이 아니라 오성(지성)에게만 있다. 관계대명사 없이 문장들을 서로 병렬로 나열하는 것이 사건의 전후관계를 참으로 자연스럽게 관계짓는 것이다. 로마인들은 역사적인 서술 양식에서 부정사Infinitiv로 된 문장들을 자주 사용하였다.

508쪽. "기대하지도 않았고 또 설명될 수도 없는 저항의 이러한 부재는 아른하임의 **불신**을 훨씬 더 **자극했다**. 왜냐하면 슐레지엔에서 온 구원군의 성급한 접근이 그들에게 더 이상 비밀이 아니었으며, 작센의 군대는 진지를 구축할 장비를 너무 적게 지급 받았으며, 또 그렇게 큰 도시를 멸망시키기에는 수에 있어서도 턱없이 적었기 때문이다. 매복 장소가 있을까 […] **불안해하다** 등"[29] 아른하임의 불신은 자신의 불신의 근거들에 의해 불신이 더 고조된다는 주된 이념을 표현한다. 이 불신의 근거들은 아른하임의 영혼 속에 있는 **생각**일 뿐이다. 하지만 그 근거들을 열거함으로써 그 근거들은 우리에게 사건Begebenheiten이자 **정황**Umstände이 된다. 우리는 그 근거들을 아른하임의 영혼에서만 보는 것을 잊는다. 우리는 그 근거들 자체를 보며, 이를 통해 아른하임의 불신이라는 주된 이념을 잃어버린다. 따라서 이것(아른하임의 불신이라는 말)은 뒤에 있어야 했다. 이렇듯 종종 한 영웅의 상황을 묘사함에 있어서 가장 이질적인 것들이 목적과 수단의 관계

---

29) 〈원문〉 "Dieser unerwartete, unerklärbare Mangel an Widerstand erregte Arnheims Mißtrauen um so mehr, da ihm die eilfertige Annäherung des Entsatzes aus Schlesien kein Geheimnis und die Sächsische Armee mit Belagerungswerkzeugen zu wenig versehen, auch an Anzahl bei weitem zu schwach war, um eine so große Stadt zu bestürmen. Vor einem Hinterhalt bang usf."

로 배치되는 그의 사유의 통일 속에 함께 놓여진다. 그리스 사람들은 점진적으로 설명한다. 사람들은 행위자의 외적인 행동만을 보지, 그 행위들을 그의 생각으로, 그의 목적으로 보지는 않는다. 하지만 이것은 **그 행위가 목적이었는지**를 언제나 매우 잘 특징적으로 그려준다. 그리고 그 목적이 **위대**했는지 하는 문제는 훨씬 더 중요하다. 이것은 행위 자체로부터 인식된다. 목적은 위대했는데 행위가 작았으면 그 인간은 작은 정신의 소유자이다. 문장들을 관계대명사로 서로 얽어 놓는 것은 문장의 질서에서 나타나는 자연적인 선후관계를 비뚤어지게 한다. 그리고 문장들을 관계대명사로 서로 얽어 놓는 이유는 부분적으로는 불변화 관계사Relativpartikeln의 어정쩡함에 있으며, 부분적으로는 절대적인 […]의 결여에 있다.

찾아보기

길드 305~306

ㄴ·ㄷ

나다나엘(Nathanael) 84, 86
노아(Noah) 458~461
니고데모(Nicodemus) 86, 159~160, 187
니므롯(Nimrod) 460~461
다나오스(Danaos) 463
다수결 317, 320
대의제 318
덕 125~127, 287, 291, 574~576
　　~의 본질 291
데메트리오스(Demetrios) 674
도그마 106
도덕 437~438, 514
　　기독교의 ~ 128
도덕법 215, 289, 501, 527~528
도덕성 39, 43, 112~113, 120~121, 130,
134, 137, 144, 252~253, 289~292, 339,
346, 351, 355, 494, 496, 500, 505
동양 662~668
듀칼리온(Deukalion) 461
디오게네스(Diogenes) 84
디오티마(Diotima) 83

ㄹ·ㅁ

레싱, 고트홀트 에프라임(Gotthold
Ephraim Lessing) 50, 58
　　『현자 나탄』 49~50, 58, 131, 255,
　　314, 407
레위인 291

로고스 591, 593
롱기누스, 디오니시우스 카시우스
(Dionysius Cassius Longinus) 384
루소, 장 자크(Jean Jacques Rousseau)
116, 129, 679
루키아노스(Lukianos) 384
루터, 마르틴(Martin Luther) 103, 320
루터교 347~348
리쿠르고스(Lycourgos) 479, 672
마니교 385
마태(Matthaios) 173
막달라 마리아(Maria Magdalena) 505,
571
맥베스(Macbeth) 489, 552
메멘토 모리 109
메시아 86, 163, 186, 262, 383, 487, 491,
502
　　~ 대망 사상 262~263
멘델스존, 모제스(Moses Mendelssohn)
477
　　『예루살렘 또는 종교적 힘과 유대주
　　의에 대해』 477
모세(Moses) 176, 469, 473, 479~482
모스하임, 요한 로렌츠 폰(Johann Lorenz
von Mosheim) 319
모페르튀, 피에르 루이 모로 드(Pierre
Louis Morean de Maupertuis) 89
몽테스키외, 샤를-루이 드 스콩다
(Charles Louis de Secondat Montesquieu)
99, 379
　　『법의 정신』 99
무조이스, 요한 카를 아우구스트(Johann
Karl August Musäus) 366

물신숭배 59, 72
물신신앙 12, 59, 64
민족 52~53
민중종교 40, 54, 59, 61, 64, 68~69, 72,
74, 114~115, 134, 140
믿음 271~272, 277, 361, 451~453, 604

ㅂ

바리새인 174, 220~222, 487, 492, 540,
669
바쿠스 축제 122
법 500, 503, 523, 532, 544, 547~552
베드로(Petros) 164, 178~179, 189~190,
192, 212, 228~229, 234~237, 267~268,
512, 570, 603~604, 610, 624
보상 122~123
보혜사론 387
부(富) 542~543
부활 635
불멸성 40, 46
뷔르거, 고트프리트 아우구스트(Gottfried
August Bürger) 366
비유(Parabel) 180~181
빌라도, 본디오(Pontius Pilatus) 200,
237~243, 245

ㅅ

사두개인 487, 492
사람의 아들(Sohn des Menschen)
596~598, 603, 610
사랑 440, 442, 445~449, 496, 498~499,

502~504, 507~508, 531, 535~536, 556,
577~579, 631~633
사마리아인 195
사무엘(Samuel) 486
사변이성 150
사형 683~685
　　공개적인 ~ 682
사회 계약 293, 323, 328, 330, 337
삭개오(Zacchaeus) 215
산상수훈 291, 495, 511, 514, 530, 532
상상력(Einbildungskraft) 393~394
생명체 650
섀프츠베리(3rd Earl of Shaftesbury) 116
선입견 52~53
세겜족 467
세례 156, 304, 612
셀롯당 224
셰익스피어, 윌리엄(William
Shakespeare) 368
셸링, 프리드리히 빌헬름 요셉(Friedrich
Wilhelm Joseph Schelling) 151
소유권 307
소크라테스(Socrates) 17, 49, 83, 85,
87~90, 126~127, 135, 268~270, 684
　　~의 동료들 269
소포클레스(Sophokles) 366
　　「안티고네」 377
속죄 105, 107
솔론(Solon) 479
스토아주의 385, 673~674
스피노자, 바루흐 드(Baruch De Spinoza)
116
승천 635